Pierre-Joseph Brétéché

Manager la compétitivité territoriale: théories et pratiques

D1789344

Pierre-Joseph Brétéché

Manager la compétitivité territoriale: théories et pratiques

Analyse de la construction des chemins de la compétitivité par les managers territoriaux

Éditions universitaires européennes

Mentions légales / Imprint (applicable pour l'Allemagne seulement / only for Germany)
Information bibliographique publiée par la Deutsche Nationalbibliothek: La Deutsche Nationalbibliothek inscrit cette publication à la Deutsche Nationalbibliografie; des données bibliographiques détaillées sont disponibles sur internet à l'adresse http://dnb.d-nb.de.
Toutes marques et noms de produits mentionnés dans ce livre demeurent sous la protection des marques, des marques déposées et des brevets, et sont des marques ou des marques déposées de leurs détenteurs respectifs. L'utilisation des marques, noms de produits, noms communs, noms commerciaux, descriptions de produits, etc, même sans qu'ils soient mentionnés de façon particulière dans ce livre ne signifie en aucune façon que ces noms peuvent être utilisés sans restriction à l'égard de la législation pour la protection des marques et des marques déposées et pourraient donc être utilisés par quiconque.

Photo de la couverture: www.ingimage.com

Editeur: Éditions universitaires européennes est une marque déposée de
Südwestdeutscher Verlag für Hochschulschriften GmbH & Co. KG
Heinrich-Böcking-Str. 6-8, 66121 Sarrebruck, Allemagne
Téléphone +49 681 37 20 271-1, Fax +49 681 37 20 271-0
Email: info@editions-ue.com

Agréé: Aix-en-Provence, Université Paul Cézanne, 2011

Produit en Allemagne:
Schaltungsdienst Lange o.H.G., Berlin
Books on Demand GmbH, Norderstedt
Reha GmbH, Saarbrücken
Amazon Distribution GmbH, Leipzig
ISBN: 978-3-8417-8983-9

Imprint (only for USA, GB)
Bibliographic information published by the Deutsche Nationalbibliothek: The Deutsche Nationalbibliothek lists this publication in the Deutsche Nationalbibliografie; detailed bibliographic data are available in the Internet at http://dnb.d-nb.de.
Any brand names and product names mentioned in this book are subject to trademark, brand or patent protection and are trademarks or registered trademarks of their respective holders. The use of brand names, product names, common names, trade names, product descriptions etc. even without a particular marking in this works is in no way to be construed to mean that such names may be regarded as unrestricted in respect of trademark and brand protection legislation and could thus be used by anyone.

Cover image: www.ingimage.com

Publisher: Éditions universitaires européennes is an imprint of the publishing house
Südwestdeutscher Verlag für Hochschulschriften GmbH & Co. KG
Heinrich-Böcking-Str. 6-8, 66121 Saarbrücken, Germany
Phone +49 681 3720-310, Fax +49 681 3720-3109
Email: info@editions-ue.com

Printed in the U.S.A.
Printed in the U.K. by (see last page)
ISBN: 978-3-8417-8983-9

UNIVERSITE PAUL CEZANNE
UNIVERSITE DE DROIT, ECONOMIE ET DES SCIENCES D'AIX-MARSEILLE III
CENTRE D'ETUDE ET DE RECHERCHE DE GESTION D'AIX-MARSEILLE
INSTITUT DE MANAGEMENT PUBLIC ET DE GOUVERNANCE TERRITORIALE

ACTIONS PUBLIQUES ET TERRITOIRES INNOVANTS

Analyse de la construction des chemins de la compétitivité par les managers territoriaux : le cas du pays d'Aix

THESE POUR L'OBTENTION DU DOCTORAT EN SCIENCES DE GESTION
Présentée et soutenue publiquement le 17 septembre 2011 par

Pierre-Joseph BRETECHE

COMPOSITION DU JURY

Rapporteurs :

Geert BOUCKAERT
Professeur, Directeur de l'Institut de Management Public,
Université de Leuven, Belgique

Bernard PECQUEUR
Professeur des Universités, Institut de Géographie Alpine,
Grenoble, Université Joseph Fourier

Suffragants :

Pierre BATTEAU
Professeur agrégé, Directeur de l'Ecole Doctorale de « Sciences
Economiques et de Gestion d'Aix-Marseille », n° 372,
Aix-en-Provence, Université Paul Cézanne

Gilbert BENHAYOUN
Professeur des Universités, Faculté d'Economie Appliquée,
Aix-en-Provence, Université Paul Cézanne

Directeurs de recherche :

Jean-Rodolphe LOPEZ *(non-membre du jury, art. 19, arrêté du 26 Août 2006).*
Directeur, Professeur agrégé, IMPGT Aix-en-Provence,
Université Paul Cézanne

Solange HERNANDEZ *(non-membre du jury, art. 19, arrêté du 26 Août 2006).*
Co-directeur, Maître de conférences, IMPGT Aix-en-Provence,
Université Paul Cézanne

– REMERCIEMENTS –

« Soyons reconnaissants aux personnes qui nous donnent du bonheur ; elles sont les charmants jardiniers par qui nos âmes sont fleuries », (Marcel Proust).

Le chemin parcouru lors d'un travail doctoral se mesure réellement lors de la rédaction de ces lignes de remerciements. Nombreuses sont les personnes que j'ai pu croiser et qui d'une manière ou d'une autre ont pu contribuer à guider mes réflexions.

Mes premiers mots iront, logiquement, à Robert Fouchet, sans qui toute cette aventure n'aurait pas été possible. Vous m'avez permis d'apprendre et d'apprendre à apprendre. Votre soutien et votre confiance lors de ces années à l'IMPGT ont toujours été sans faille, à ce titre je vous remercie sincèrement. Il me faut également citer mes directeurs de recherche : Jean-Rodolphe Lopez et Solange Hernandez, qu'ils soient remerciés.

Par ailleurs, je remercie chaleureusement les managers territoriaux que j'ai pu rencontrer lors de mes allers-retours sur le terrain. S'ils sont trop nombreux pour être cités, c'est à eux que ce travail de recherche s'adresse, car c'est eux qui lui ont donné sa consistance pratique.

Je remercie les rapporteurs de ce travail de recherche : messieurs les Professeurs Geert Bouckaert et Bernard Pecqueur pour leur évaluation experte. C'est avec les Professeurs Pierre Batteau et Gilbert Benhayoun comme membres suffragants que mon jury de thèse est composé. Pour cet immense honneur que chacun d'entre eux soit vivement remercié.

L'IMPGT doit également être remercié pour m'avoir supporté dans tous les sens du terme pendant ces cinq années.

Le personnel administratif d'abord, sans qui la structure ne pourrait passer l'épreuve du quotidien, merci donc à : Josette, Dominique, Manue, Brigitte, Romain, Gaëlle, Elise, Momo, Annie et une pensée particulière à notre ancienne directrice des ressources humaines Elisabeth Lopez.

L'IMPGT c'est aussi un corps enseignant dynamique, jeune et plein d'enthousiasme qui permet d'assurer une pédagogie de qualité dans une convivialité certaine, merci donc à : Olivier, Sophie, Marcel, Bruno, Emil, Christophe, Nelly, Solange, Edina, Céline, Joëlle et les regrettées Johanna et Virginie. Merci à mes compagnons de doctorat : Charlène, Thomas, Maeva, François, Leila et Emilie.

Un merci ne suffirait pas à Elisa et Gregory, mes deux amis, avec qui j'ai pu partager des moments de doute et de joie intenses qui, je l'espère, seront encore nombreux.

L'IMPGT c'est enfin des étudiants qui nous permettent une remise en question stimulante au travers d'un dialogue permanent. Un merci particulier à Claire qui, depuis Paris ou Washington, m'a toujours motivé et soutenu.

Enfin ; mes remerciements s'adressent à mes proches. Ceux de mes amis qui m'ont supporté jusqu'au bout avec mes discours souvent incohérents : Jon Jon, Grégoire le tocard, Fradé ninio et Francis. Mais aussi la belle Florie, la douce Axelle, Florian l'oiseau et Thomas, bien sûr, mon ami de toujours.

Ma famille, avec mes parents et ma mère à qui je dédie ce travail. Mes sœurs : Marie, Claire et Emma et leurs conjoints Cyril, Jean-Marc et Philippe. Mon frère Max (ou DJ MC Rufus). Mes neveux et nièces : Martin, Estelle, Matthieu, Gabriel et Appoline.
Caius Julius César qui se reconnaîtra.

4

– SOMMAIRE[1] –

---

[1] La table des matières peut être consultée en page 599.

– LISTE DES ABREVIATIONS –

ANR : Agence Nationale de la Recherche

APRF : Appels à Projet Recherche Finalisée

ARCSIS : Association pour la Recherche sur les Composants et les Systèmes Intégrés Sécurisés

ATR (Loi) : Administration Territoriale de la République

AUPA : Agence d'Urbanisme du Pays d'Aix

BDM : Bâtiments Durables Méditerranéens

CAPA : Communauté d'Agglomération du Pays d'Aix

CCPA : Communauté de Communes du Pays d'Aix

CDCI : Commission Départementale de la Coopération Intercommunale

CDIF : Club des Districts Industriels Français

CEA : Commissariat à l'Energie Atomique

CEREGE : Centre Européen de Recherche des Géosciences de l'Environnement

CIADT : Comité Interministériel d'Aménagement et de Développement du Territoire

CIMPACA : Centre Intégré de Microélectronique Provence-Alpes-Côte-d'Azur

CMP : Centre de Microélectronique de Provence

CNADT : Comité national d'aménagement du territoire

CNRFID : Centre National RFID

CNRS : Centre National de la Recherche Scientifique

CPER : Contrat de projet Etat Region. Anciennement contrat de plan Etat Région (jusqu'au CIACT du 6 mars 2006)

CREMSI : Centre régional d'Etude de Microélectronique et Systèmes Interactifs

DAP : Dispositif d'Amorçage Provence

DATAR : Délégation Interministérielle à l'Aménagement du Territoire et à l'Attractivité Régionale

DGCIS : Direction Générale de la Compétitivité, de l'Industrie et des Services

DIACT : Délégation Interministérielle à l'Aménagement et à la Compétitivité des Territoires

DOCUP : Document unique de programmation

DRIRE : Direction Régionale de l'Industrie, de la Recherche et de l'Environnement

DSP : Délégation de Service Public

EPCI : Etablissement Public de Coopération Intercommunale

FEDER : Fonds Européen de Développement Régional

FIBM : Fonds d'Industrialisation du Bassin Minier

FNADT : Fonds National d'Aménagement et de Développement du Territoire

FUI : Fond Unique Interministériel

GREMI : Groupement de Recherche Européen sur les Milieux Innovateurs

GIHVA : Groupement des Industries de la Haute Vallée de l'Arc

INEE : Institut d'Ecologie et d'Environnement

INSEE : Institut National de la Statistique et des Etudes Economiques

IRFEDD : Institut Régional de Formation à l'Environnement et au Développement Durable

LOADT : Loi d'Orientation pour l'Aménagement et le Développement du Territoire

LOADDT : Loi d'Orientation pour l'Aménagement et le Développement Durable du Territoire

MPM : Marseille Provence Métropole

OHM : Observatoire Hommes-Milieux

PACA : Provence-Alpes-Côte d'Azur

PAD : Pays d'Aix Développement

PADD : Projet d'Aménagement et de Développement Durable

PAT : Prime d'Aménagement du Territoire

PDIE : Plan de Déplacement Inter-Entreprises

PDU : Plan de Déplacements Urbains

PME : Petites et Moyennes Entreprises

PMI : Petites et Moyennes Industries

PLH : Plan Local de l'Habitat

PLU : Plan Local d'Urbanisme

POS : Plan d'Occupation des Sols

PRIDES : Pôles Régionaux d'Innovation et de Développement Economique Solidaires

RERU : Revue d'Economie Régionale et Urbaine

RRI : Réseau Régional de l'Innovation

RSE : Responsabilité Sociétale des Entreprises

SCOT : Schéma de Cohérence Territoriale

SCS : Solution Communicantes Sécurisées

SGAR : Secrétariats Généraux pour les Affaires Régionales

SIVOM : Syndicat intercommunal à vocations multiples

SIVU : Syndicat intercommunal à vocation unique

SPL : Systèmes Productifs Locaux

SRADT : Schéma Régional d'Aménagement et de Développement du Territoire

SRDE : Schéma Régional de Développement Economique

SRI : Schéma Régional de l'Innovation

SRU (Loi) : Solidarité et le Renouvellement Urbain

TIC : Technologies de l'Information et de la Communication

TPE : Très Petites Entreprises

– INTRODUCTION GENERALE –

Actions publiques et territoires innovants. Chacun de ces termes permet de saisir les enjeux dont il sera question dans les lignes qui vont suivre. Cette recherche s'inscrit avant tout dans le cadre des sciences de gestion. Elle relève cependant d'une approche transdisciplinaire n'ayant jamais rejeté des apports utiles à son élaboration. Avant tout autre chose, attardons-nous sur les concepts-clés de la recherche.

Le territoire dans tous ses états :

Notre première démarche, comme dans tout travail académique s'est orientée vers un examen attentif et minutieux des recherches sur la matière territoriale. Bien mal nous en a pris. Ce champ « conceptuel », partagé par de nombreuses « disciplines » des sciences humaines et sociales s'avère hétérogène, diffus et finalement improductif comme point de départ. Bernard Pecqueur (1996), précise à cet effet, que le territoire « *comme objet d'analyse est à relativiser, il convient d'en ajuster l'importance* ». Pourtant et de manière paradoxale, le concept est de plus en plus sollicité. « *On assiste à une forte consommation du concept, tout est territoire ; et des concepts qui recouvrent d'autres réalités glissent vers cette boîte noire qui représente tout et rien à la fois* », écrit Moine, (2006).

Pour une approche par sciences de gestion, le territoire est donc un concept difficile à appréhender. Pourtant comme le précisent fort justement Lauriol et al., (2008), « *il est impossible de penser les sociétés sans prendre en compte leur dimension spatiale* », (p. 8). Une recherche sur le territoire impose donc *a priori* de prendre un pari, celui au moins de l'évolution. En effet, qu'il faille se projeter vers leur avenir ou se retourner sur leur histoire « *les territoires décrivent des trajectoires d'évolution qui suivent des dépendances de sentier[2]* », avancent Mendez et Mercier, (2006, p. 259). En tout état de cause, nous discuterons abondamment dans cette recherche de la pertinence du concept. Selon nous, il constitue un « tout », autonome et identitaire. L'approche méso-économique de l'espace proposée par Pecqueur (2003) présente le phénomène de territorialisation comme la

---

[2] La référence à la théorie évolutionniste, de Nelson et Winter (1982) est ici évidente, les auteurs de poursuivre d'ailleurs, que ces « *trajectoires, loin d'être inéluctables, expriment des relations obligées entre présent, passé et futur* », (Mendez et Mercier, 2006, p. 259).

11

« *construction d'un « dedans » par rapport à un « dehors »*[3]. Par incidence, alors, « *le culturel, le politique, le social aussi, deviennent de plein droit des « facteurs agissant » que l'on peut théoriser directement, sans les laisser à la porte, inaptes et indignes de rentrer dans le champ scientifique économique* », avance Claude Lacour (1996, p. 33).

Ceci étant, nous nous abstiendrons de définir davantage ce concept, qui, dans le cadre de cette recherche portant sur la compétitivité territoriale, sera envisagé comme un **système**. Car enfin, la compétitivité ne se décrète pas, elle se construit. Nous retiendrons, *ab initio*, l'acception large proposée par Crevoisier et Maillat en 1989 : « *les systèmes de production constituent des espaces de relation entre la technologie, les marchés, le capital productif, les savoir-faire, la culture technique et les représentations* ».

L'action publique est complexe :

Dans le même temps, notre étude de la littérature utile au projet de la recherche s'est tournée vers l'action publique. Nous avons là aussi, vite compris que **la difficulté de conceptualisation du territoire serait décuplée dès lors qu'il serait rapproché d'un concept à dimension organisationnelle**, donc dynamique et vivant. A ce propos, Raulet-Croset (2008), dans son analyse de situations de gestion à fort ancrage spatial rappelle à juste titre que « *l'espace est rarement considéré comme une variable d'action pertinente pour un problème de gestion* ». Elle nous confirme également que les notions « d'espace et de territoire sont peu mises en avant dans les recherches en gestion », (pp. 137-138). En effet, c'est un constat académique : le territoire n'est pas *a priori* une clé d'entrée pertinente pour la résolution d'une problématique managériale. Pourquoi en irait-il différemment pour le management public et la gouvernance territoriale ?

Par ailleurs, comme le décrit Thoenig (2005), « *l'approche standard par les politiques publiques postule un monde étatocentrique. Elle induit une représentation particulière des phénomènes politiques. Tout se passe comme si les autorités gouvernementales légitimes occupaient une position sinon monopolistique, du moins hégémonique, dans le traitement des problèmes publics voire des enjeux collectifs au sein d'un ensemble sociétal ou d'un territoire* », (p. 4). Nous adhérons à ces propos, comme à ceux de bien d'autres. En effet,

---

[3] Pecqueur fait ici référence à la formule de Levy (1997) « *il n'y a pas d'avant et d'après parce qu'il y a un dedans et un dehors* ».

d'autres voix se soulèvent peu à peu pour alerter, pour prévenir, pour avertir. Dubois récemment, (2009), s'interroge sur la gouvernance multi-niveaux, il décrie entre autres choses l'impuissance publique face à une « *complexité des procédures qui rend illusoire toute forme de débat démocratique* », (p.13). Nous l'aborderons également, **les questions de politiques publiques sont complexes et peut-être vaut-il mieux parler d'action publique**. Car effectivement, l'analyse des politiques publiques « *marginalise la co-construction de solutions collectives par l'intervention d'acteurs n'ayant pas de statut ou de légitimité en matière d'autorité gouvernementale* », (Thoenig, 2005, p.6). Et ce dernier de poursuivre que l'on peut définir cette action publique comme « *la manière dont une société construit et qualifie des problèmes collectifs, élabore des réponses, des contenus et des processus pour les traiter. L'accent est mis sur la société plus largement, non pas sur la seule sphère institutionnelle de l'Etat* », (p.6). Nous adhérons à ces propos.

Ceci implique d'une part que lorsque le territoire est mobilisé dans sa dimension managériale face au contexte du secteur public, il tire sa pertinence autant de la volonté d'une gestion efficiente que de la mission d'intérêt général[4] confiée à ce même secteur public. Il forme alors ce que d'aucuns appellent un « *bien commun territorialisé* », dans lequel, « *l'intérêt général ne peut recevoir de contenu que s'il émerge comme question à l'intérieur d'un périmètre délimité. Ce périmètre est à la fois un espace géographique, un regroupement d'acteurs, et une arène politique. Il constitue une condition indispensable à la formalisation d'un bien commun* », (Lascoumes et Le Bourhis, 1998). Ainsi, pour une recherche sur le management de la compétitivité territoriale, la relation entre organisations (privées et publiques) et territoire est fondamentale, elle ne peut être éludée. Elle se base sur des logiques différentes, c'est-à-dire que les acteurs des entreprises comme ceux des organisations publiques ne poursuivent pas les mêmes objectifs. A ce titre, ils n'ont pas les mêmes intentions et ne déclinent pas les mêmes actions sur un territoire pourtant « commun ». Ceci constitue pour grande partie des enjeux de notre entreprise.

Où s'arrête la logique « économique » de la firme lorsqu'elle s'implante durablement sur un territoire ? Comment dans la mise en œuvre des politiques publiques les managers territoriaux doivent-ils concilier mission d'intérêt général portée par l'action publique avec les

---

[4] « *Une décision en matière d'aménagement du territoire est aussi une décision publique, et l'aménagement nous situe dans une problématique orientée « intérêt général* », (Fouchet et Lopez, 2000).

impératifs de performance économique des dirigeants ? Enfin, comment ces derniers doivent-ils manager la relation entre l'intention de la politique publique et l'action qu'ils parviennent réellement à accomplir par leurs arbitrages ? Ces quelques questions suffisent à comprendre la difficulté de positionner une recherche sur la gestion de la compétitivité des territoires. En fait, **ces problèmes, dépassent à la fois largement le cadre du territoire et largement le cadre de la gestion.** Car le territoire, est avant tout une construction sur laquelle l'individu ou le groupe projette des intentions. Ces intentions sont presque infinies dans l'espace et dans le temps. *In fine*, nous le verrons, la compétitivité territoriale est un construit destiné à faciliter la convergence de ces intentions vers un même continuum espace-temps.

Système de représentation et re-présentation du système :

Notre approche de la compétitivité territoriale est complexe[5]. Dans ce cadre, elle s'est centrée initialement sur la compréhension du système de représentation de ceux qui sont confrontés à cette complexité territoriale : les managers territoriaux. Les marges ou limites entre les concepts de territoire et d'actions publiques sont poreuses, tout aussi poreuses, nous le verrons, que les marges et les limites entre l'intention et l'action. Cette porosité, traduit **l'incertitude qui règne non pas sur les éléments de structure du système qui sont identifiables et relativement objectivables mais sur les interactions de ces éléments entre eux.** L'une de ces interactions est sans doute l'innovation. La recherche d'innovation, dans son acception la plus large relève de tous les éléments du système. L'entreprise innove, l'action publique également. Les temporalités sont certes différentes, mais une chose est sûre, les acteurs n'innovent pas *in abstracto*. Pour créer ils doivent être installés, ils doivent être localisés sur un territoire. Nos trois concept-clés sont ainsi inextricablement liés, ils recouvrent cependant plusieurs espaces et plusieurs temps.

Ainsi, manager la compétitivité territoriale renvoie à l'univers de la complexité publique. Le management des systèmes de compétitivité territoriale est un construit. A toutes fins utiles rappelons les mots de Jean-Louis Le Moigne (1990) dans son ouvrage *La modélisation des systèmes complexes* : « *La complexité apparaît et se développe avec l'émergence d'une capacité d'autonomie au sein d'un système : ses comportements sont élaborés par le système lui-même, de façon endogène ; ouvert sur ses environnements qui le*

---

[5] « *Un système complexe est, par construction, un système manifestant quelque forme d'autonomie : si ses comportements devaient être complètement d'interventions extérieures ou exogènes (sur lesquelles il n'exerce aucun contrôle), ils ne seraient pas complexes, mais au contraire complètement prévisible* », (Le Moigne, 1990).

sollicitent et le contraignent, et en transaction avec eux il n'en est pas pour autant
complètement dépendant : ayant ses projets propres, il est capable d'intelligence », (p. 81).

C'est cette intelligence que nous souhaitons re-construire dans ce travail doctoral. Les
champs conceptuels mobilisés et mobilisables pour arriver à cette fin font pléthore. L'élément
commun, celui qui a fini par attirer notre attention, nous l'avons dit est l'innovation. Car
« *l'innovation est par essence un processus complexe et incertain »*, (Genelot, 2001). Le
progrès et l'innovation technologique alimentent et conditionnent dans une large mesure les
intentions du développement économique. La recherche de progrès social et sociétal elle,
passe par l'efficacité organisationnelle, celle de trouver des modalités managériales
intelligentes et proactives. **La compétitivité territoriale se trouve au croisement de ces**
deux chemins, qui prennent leurs origines pourtant, dans des référentiels différenciés, le
premier dans la logique analytique disjonctive et le second dans la logique systémique et
conjonctive. Cette appréhension globale de la compétitivité territoriale est rendue possible si
l'on admet le principe dialogique tel qu'explicité par Edgar Morin (1982) dans son ouvrage
Science avec conscience : « *le principe dialogique signifie que deux ou plusieurs logiques*
différentes sont liées en une unité, de façon complexe (complémentaire, concurrente, et
antagoniste) sans que la dualité se perde dans l'unité ». Ceci est le point de départ de ce
travail de recherche, ce sera également le point d'arrivée.

L'approche de Quevit (2007) est à notre connaissance la plus pertinente pour délimiter
le champ conceptuel d'une recherche sur la compétitivité territoriale. En effet, pour ce
dernier, c'est un « *constat empirique qu'un territoire ne peut devenir réellement innovant que*
s'il répond dans sa stratégie et sa politique de développement aux impératifs des trois grands
déterminants structuraux : les déterminants économiques liés aux nouvelles mutations du
fonctionnement d'une économie globalisée et des nouveaux rapports entre le local et le global
qu'elles induisent ; les déterminants organisationnels liés à la dynamique de la gouvernance
territoriale et des relations entre les acteurs territoriaux impliqués dans une démarche de
développement du territoire qui est intégrée et ouverte au changement ; les déterminants
socio-culturels qui concernent le système de valeurs d'une société mobilisée par une vision du
futur de son territoire et stimulant la créativité et l'inventivité de sa population », (p. 60).

En définitive, on l'aura compris, l'objectif de ce travail doctoral vise à analyser un phénomène particulier : **le management de la compétitivité territoriale**. Selon Raymond-Alain Thietart (2007), « *le management peut se définir comme la manière de conduire, diriger, structurer et développer une organisation* », (p. 1). A la croisée de nombreuses sciences humaines et sociales, le management public a finalement pour destinée d'accompagner l'évolution de l'organisation des sociétés contemporaines. La complexité inhérente à une telle entreprise peut laisser penser, à l'instar de Koenig (2006), que le management est un art nécessitant un regard aiguisé et une grande capacité d'adaptation.

Logiques, dimensions et modalités pour questionner le management de la compétitivité territoriale :

L'organisation « à manager » que nous étudions constitue notre objet de recherche : la compétitivité territoriale. Dans cette optique, le management de la compétitivité territoriale constitue une grille générale d'analyse d'un construit complexe, suivant un processus itératif et réflexif perpétuel, visant à l'actualisation des perspectives possibles de développement d'un système territorial en référence à un axiome global en mouvement permanent. Dès lors, **il invite les managers territoriaux à influencer un processus créatif en impulsant, en orientant et en accompagnant un collectif d'acteurs au travers des structures de projets qui « traversent » un territoire.**

La compétitivité territoriale est un **construit et non une donnée**. A ce titre, la finalité de la recherche à visé l'exploration hybride du phénomène envisagé. Une exploration théorique a donc été menée de front avec une exploration empirique suivant des processus d'allers-retours incessants. Aussi, l'objet de la recherche aura-t-il été appréhendé *in fine* selon la construction des chemins tels qu'effectivement empruntés par les managers territoriaux. Logiquement, **ces managers sont les premiers destinataires de ce travail**. Comme nous le verrons, ils ne constituent pas une catégorie homogène, ils sont les artisans, souvent méconnus, d'un **champ de pratiques destiné au déploiement de la mise en action publique**. Ils sont ainsi des managers-développeurs ou des managers-aménageurs quand ils sont employés par un service déconcentré de l'Etat, au sein d'une collectivité territoriale ou encore au sein d'agences de développement économique ou d'urbanisme. Ils sont aussi des managers de l'innovation quand ils œuvrent pour le compte des grandes politiques publiques nationales ou régionales au sein d'associations de pôle de compétitivité ou de PRIDES. Ils sont enfin des managers publics locaux et régionaux lorsqu'ils ont pour charge de décliner des politiques publiques territoriales mises en place par des collectivités locales.

Ceci étant dit, les questions qui ont guidé cette recherche sont les suivantes : **En quoi consiste la compétitivité territoriale pour le développement local ? Quelles en sont les dimensions constitutives ? Et quelles modalités managériales ce phénomène est-il susceptible de faire émerger ?**

Le management de la compétitivité territoriale implique de recourir à trois niveaux d'analyse successivement imbriqués. Des logiques d'abord pour la compréhension des enjeux, des dimensions ensuite pour les analyses et des modalités enfin pour l'opérationnalisation. Autrement dit, la compétitivité territoriale se manage au troisième degré.

De manière liminaire, nous avons envisagé la compétitivité territoriale comme un objet de recherche répondant de deux logiques axiomatiques initiales : la logique « en société » et la logique « en marché ». En effet, notre travail s'est vu fixé pour point de départ l'hypothèse selon laquelle **la redistribution des cartes opérée par la mondialisation a changé le jeu des entreprises comme celui des territoires.** Macro-phénomène s'il en est, la mondialisation engendre un processus de territorialisation qui met définitivement en cause la capacité du marché à s'autoréguler, (Casteigts, 2003). A ce titre, **le concept d'axiome global est destiné à réunir un certain nombre de constats et de postulats relevés et révélés par des chercheurs d'horizons multiples s'intéressant à la matière territoriale.** Partant, il s'agit donc d'un changement fondamental de paradigme dans la conception même de la perception de la société contemporaine. Comme dans tout processus de changement, il convient alors de tenter d'apercevoir des moments et des mouvements transitoires permettant de qualifier un présent, enrichi par les expériences du passé, dans l'optique de prospecter les possibles d'un avenir incertain.

Les auteurs se référant aux impacts du phénomène de mondialisation pour justifier le point de départ de leurs travaux de recherche sont trop nombreux pour être cités ici. Nous nous contenterons de quelques exemples, réservant des développements plus approfondis au corps du travail doctoral. Ainsi, Rocha (2004) par exemple, fait le constat que la prise en compte de certaines évolutions majeures doit influencer la conception même du développement économique, social et sociétal : La division internationale du travail de la fin du XIXème siècle, la domination de la production de masse et de la grande entreprise du début du XXème siècle ou encore la révolution technologique et la crise pétrolière de la fin des années 70, l'accélération du rythme des innovations, la dérégulation et la globalisation du marché en sont des exemples. Maillat et Kébir (1999) quand à eux, précisent que « *la globalisation n'implique pas la disparition des territoires, mais au contraire l'apparition de nouvelles formes de territorialisation tant il est vrai que certains types de connaissances et d'informations s'échangent plus facilement et de manière plus profitable par le face-à-face que par des relations à longue distance* », (p. 375). Alors que Jean-Benoît Zimmermann (2008) avance que « *l'évolution des moyens de transport et des technologies de la communication transforme les modes de coopération et de coordination à distance des agents et plus généralement des humains, sans pour autant substituer parfaitement la proximité physique, le face-à-face* », (p. 111). Bernard Pecqueur (2005) enfin, parle pour la France de « *clustérisation* » *de l'économie nationale* ». La liste est longue et un travail de thèse ne suffirait pas à réunir toute la littérature se rapportant de près ou de loin à la seule étude des impacts et influences du phénomène globalisant.

C'est pour cela que nous parlerons d'axiome global, pour nous référer à un phénomène mondialisé de changements socio-économiques véhiculés entre autre par : la réorganisation de la société industrielle, la dérégulation du commerce international, l'avènement des technologies de l'information et de la communication, un changement de paradigme économique vers une économie basée sur la connaissance, l'apprentissage et le savoir, l'accélération des processus d'innovation, etc. **Tous ces phénomènes en mouvement constituent l'axiome global.** Finalement, il est possible d'envisager notre concept d'axiome global comme équivalent au cybionte de Joël de Rosnay, métaphore qu'il a développée dans son ouvrage de 1995, *L'Homme symbiotique* pour qualifier un organisme planétaire vivant relié par une multitude de connexions et de réseaux.

En définitive, l'étude de la compétitivité territoriale impose de tenir compte de cet axiome global. D'un point de vue purement conceptuel, l'axiome global est destiné à traduire une transition majeure à l'œuvre depuis une trentaine d'années : celle de la société de marché à la concurrence des territoires. Cette transition, nous le pensons, a été théorisée avec succès par le Nobel Paul Krugman au travers de la nouvelle économie géographique. Comme le précise Thisse (1997) « *sa contribution est fondamentale puisqu'il a présenté le premier modèle d'équilibre général spatial avec concurrence imparfaite et rendement croissant* ». Les apports de Krugman sont donc fondamentaux, car sa nouvelle théorie du commerce international a permis d'apporter une vue « par le haut » rendant compte des impacts majeurs de l'axiome global sur la réorganisation mondiale de la nouvelle géographie économique portant concurrence des territoires.

La compétitivité territoriale emprunte la voie inverse. Notre objet de recherche est destiné à comprendre les impacts de l'axiome global en partant d'une « vue par le bas ». Un tel point de départ, c'est-à-dire une approche territoriale de la compétitivité impose *de facto* la prise en compte simultanée des contextes, des contenus et des processus impliqués et impliquant par et pour l'objet de la recherche. Pour justifier la pertinence de notre objet de recherche, nous avons décidé de recourir à une analogie, celle du rond et du carré, **figure 1** ci-après.

Le rond symbolise la société et le carré le marché. Le marché et la société doivent être envisagés d'un point de vue générique et comme pouvant recouvrir des réalités multiformes. Ils sont destinés à comprendre l'intérêt de recourir au concept d'axiome global, et l'implication de ce concept sur la compétitivité territoriale. Nous commenterons brièvement les deux étapes en incluant les interrelations entre les logiques axiomatiques « en marché » et « en société ». Ces logiques axiomatiques décrivent des tendances ou des mouvements. Elles ne prennent jamais exclusivement l'ascendant l'une sur l'autre, pour ainsi dire elles se répondent et sont constitutives de la compétitivité territoriale. Nous proposons ce premier niveau d'abstraction conceptuel afin de percevoir les phénomènes de manière heuristique, car l'esprit humain ne peut prendre en compte l'ensemble des paramètres incluant une telle complexité.

Dans l'*étape 1*, il s'agit d'envisager le moment où la logique « en société » prévalait sur la logique « en marché ». De manière très schématique, ce moment décrit le mouvement de construction du monde contemporain tel que nous le connaissons aujourd'hui. C'est alors, bien sûr, l'édification des Etats-Nation, ainsi que tous les éléments caractéristiques qui retracent l'avènement du capitalisme, de sa diffusion au travers du globe pour devenir le seul monisme en vigueur et déboucher sur les phénomènes de mondialisation et de globalisation après l'écroulement du modèle communiste. Généralement, cette étape fut commentée par l'expression « société de marché ».

Dans l'*étape 2*, il s'agit à l'inverse d'envisager le moment actuel où la logique « en marché » a pris le pas sur la logique « en société ». De manière encore plus schématique, ce moment décrit le mouvement de construction du monde de demain. Nous proposons d'envisager cette étape comme celle où les territoires sont en concurrence les uns par rapports aux autres. Cette étape est caractérisée par un nouveau mode de développement que certains qualifieront d'endogène. Ce mode de développement renouvelé des territoires n'est ni endogène ni exogène, il se situe à la croisée des deux trajectoires. C'est ce que nous avons identifié comme la croisée des chemins de la prospérité avec ceux de la compétitivité. Dans ce « marché des sociétés » par exemple, les Etats ne font plus d'écrans protectionnistes puisque la plupart des marchés sont dérégulés. Ils sont devenus « filtrants » et tentent plutôt de stimuler leurs territoires devenus le terreau de la compétitivité et qui sont, par ailleurs, directement en dialogue avec l'axiome global. Au « laisser faire, laisser passer » s'ajoute ou se substitue le « laisser faire, laisser pousser ».

Figure 1. De l'analogie du carré et du rond : de la société de marché à la concurrence des territoires

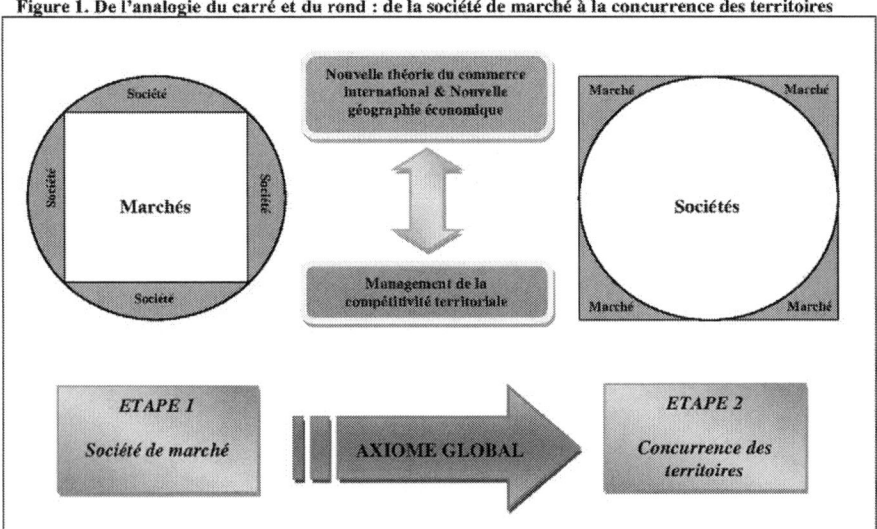

Source : Auteur.

20

Comme nous l'avons matérialisé par une flèche dans la figure ci-dessus, **l'axiome global permet d'envisager un grand nombre d'évolutions paradigmatiques en vue d'apprécier la transition des moments et des mouvements dans les relations complexes entre la société et les marchés et la mise en concurrence des territoires.**

Dans un deuxième temps, nous avons pu examiner la compétitivité territoriale selon un second niveau d'abstraction permettant de dégager les prémices d'une analyse contextuelle, synchronique et systémique. En effet, la compréhension de la construction du phénomène compétitivité territoriale pose le problème de la complexité et nécessite d'étendre le champ du « *macroscope* », (de Rosnay, 1975). C'est ainsi que nous avons identifié puis défini deux dimensions pour notre objet de recherche, dimensions qui permettent d'en analyser la construction et de la projeter sur n'importe quel système territorial :

- La dimension idiosyncrasique de la compétitivité territoriale est constituée par **l'ensemble des facteurs et conditions nécessaires mais non exclusifs à la poursuite de la compétitivité territoriale sous une logique « en marché ».** Par **conditions**, il faut entendre un phénomène d'agglomération des ressources (matérielles, humaines, financières, etc.), donc une **proximité géographique**. Les **facteurs** quant à eux, regroupent l'ensemble des interactions entre des acteurs dont les systèmes de règles, les rites et, – dans une certaine mesure – les représentations sont partagés au travers d'une culture technique et collaborative locale, **la proximité organisée**.

- La dimension diachronique de la compétitivité territoriale est constituée d'un **ensemble de processus d'actions publiques et d'outils permettant de manager la compétitivité des territoires sous une logique « en société ».** Par **processus d'actions publiques**, il faut entendre l'**articulation dialogique de l'institutionnalisation des structures de projet des politiques volontaristes et territoriales**, en vue de rendre un territoire compétitif. Les **outils de management** de la compétitivité territoriale, quant à eux, regroupent d'une part **l'animation d'un réseau local** permettant l'établissement de liens et de relations durables entre les acteurs et les organisations, et d'autre part la **recherche de synergie dans les différents modes de gouvernance** des structures de la société locale, permise par une nouvelle forme de proximité.

Enfin, pour sortir de l'exploration théorique et recouvrir la condition praxéologique inhérente aux sciences de gestion, nous avons proposé des **modalités managériales pour opérationnaliser la compétitivité territoriale**. A ce titre, la construction de l'objet de la recherche n'a pu prendre sa forme définitive qu'au travers d'une validation empirique de l'exploration théorique. Aussi, lorsqu'elle est construite par les managers territoriaux, la compétitivité recouvre alors quatre modalités de management :

- Manager la dimension idiosyncrasique sous une logique « en marché » par :

    - la proximité géographique : en délimitant les périmètres d'interactions potentielles ;

    - la proximité organisée : en construisant des arènes relationnelles pour dégager des innovations.

- Manager la dimension diachronique sous une logique « en société » par :

    - la proximité sociétale : édifiant une arène de convergence des intentions finalisées ;

    - la gouvernance territoriale : en favorisant des modes de gouvernance souples, différenciés et partagés.

A cet égard, pour mettre en forme cette recherche sur le management de la compétitivité territoriale, le travail de thèse s'est décomposé en deux parties. Une première partie a cherché à **définir un cadre conceptuel et méthodologique pertinent pour appréhender le management de la compétitivité territoriale**. Les trois premiers chapitres ont cherché à délimiter les contours de l'action en identifiant les dimensions et les modalités du management de la compétitivité territoriale. Le chapitre 4 a précisé et justifié notre vision de la « réalité » et défini le cadre méthodologique de l'étude empirique. C'est ainsi que l'étude de cas unique avec un design longitudinal et enchâssé (Yin 1994), a été préféré dans l'optique d'une analyse qualitative de type résolument abductif. Une seconde partie a consisté à présenter l'exploration et l'investigation du terrain : le pays d'Aix. Un grand soin a été porté à la justification des techniques et méthode afin de partager l'expérience et favoriser la réplication éventuelle.

– PARTIE 1 –

CONSTRUCTION D'UN CADRE CONCEPTUEL ET METHODOLOGIQUE POUR LE MANAGEMENT DE LA COMPETITIVITE TERRITORIALE

« Les acteurs n'existent ni dans un vacuum social ni dans un champ social homogène et unifié, mais bien dans un univers social fractionné par la concurrence et l'enchevêtrement désordonné d'une multiplicité de régulations locales hétérogènes dont l'encastrement, le recoupement et la hiérarchie ne sont jamais complets.

Leur rationalité et, partant leurs actions ne peuvent donc être analysés et comprises que replacées dans le cadre du système d'action complet englobant à l'intérieur desquels elles se déploient »,

Erhard Friedberg (1993).

Comme nous l'avons introduit, le phénomène de compétitivité territoriale constitue l'objet de cette recherche. L'originalité de cette approche est indubitablement de tenter d'observer ce phénomène depuis un champ conceptuel relativement jeune, porteur de perspectives mais aussi d'interrogations latentes : le management public. En tout état de cause, ce cadre de recherche impose de s'interroger bien au-delà du cadre de l'action publique, du territoire ou encore de l'innovation et même, bien au-delà du cadre des sciences de gestion. L'objet de la recherche est complexe. A ce titre il implique le **recours à l'approche analytique pour se concentrer sur les éléments « objectivables » de la logique « en marché » puis l'utilisation de la systémique pour étudier les relations « non objectivables » qui relient ces éléments entre eux.**

Nos atermoiements pour parvenir à saisir une clé d'entrée appropriée pour ce travail doctoral, ne sont à ce sujet, pas étrangers à la construction même de notre objet de recherche. En effet, comme nous l'enseignent Allard-Poesi et Marechal (2007), « *l'objet revêt sa forme définitive de façon quasi concomitante avec l'aboutissement de la recherche* », (p. 4). Nous l'avons pleinement éprouvé. De cette façon, si nous devons reconnaître que le programme n'a pas toujours suivi une logique prédéterminée, l'utilisation de la méthode systématique pour chaque concept essentiel nous a permis de garder un cap. Par ces allers-retours entre des travaux publicistes, gestionnaires, économiques, géographiques, sociologiques, etc., la conviction de trouver les points communs et transversaux l'a peu à peu emporté sur celle de partir d'un cadre déjà bien établi. Autrement dit, nous avons fait preuve « *d'opportunisme méthodique* », (Girin, 1989).

Deux enseignements ressortent de la construction du cadre conceptuel et méthodologique du management de la compétitivité territoriale : d'abord, la **transdisciplinarité**, qui nous a permis d'élargir le champ conceptuel pour l'appréhension du phénomène étudié, la **complexité** ensuite qui nous a subitement éclairés sur la mise en forme puis la compréhension de la dynamique de ce même phénomène. Toutefois, si notre entreprise se voulait « pro-conceptuelle » au départ c'est sur le terrain qu'elle aura commencé et qu'elle aura fini.

La première partie de ce travail de recherche est donc destinée à formaliser un cadre conceptuel et méthodologique pour la conduite d'une étude empirique portant sur la construction de la compétitivité territoriale. Par ailleurs, le management de la compétitivité territoriale implique de délimiter un cadre d'action pour les managers territoriaux, afin d'identifier et d'analyser leur champ de pratiques professionnelles dans l'objectif d'apporter des préconisations opérationnelles. Une approche par la complexité nous a conduit à re-présenter la « réalité territoriale » vécue par les managers en s'inspirant de leur système de représentation.

Ainsi, dans un chapitre premier avons-nous envisagé d'étudier les interrelations entretenues par les contextes, i.e. l'axiome global, et les contenus, i.e. les systèmes de compétitivité territoriale. Dans ce premier cadre d'analyse, nous avons proposé de construire une typologie dynamique des différents « modèles » les plus utilisés par les littératures. La question sous-tendue visait alors à s'interroger sur la pertinence de vouloir chercher un « modèle » de développement territorial à tout prix. Nous pouvions par là même opérer un premier examen des impacts de l'axiome global sur la logique « en marché » et préparer les éléments conceptuels destinés à la définition de la dimension idiosyncrasique de la compétitivité territoriale.

Le chapitre deuxième s'est inscrit dans la continuité de notre approche par la complexité de la compétitivité territoriale. Il a alors été question d'envisager les interrelations entretenues par les contextes, i.e. l'axiome global, et les processus, i.e. les politiques publiques en faveur de la compétitivité territoriale. A cette occasion nous avons pris l'initiative de construire une taxonomie des politiques publiques trop souvent envisagées comme paradoxales et antinomiques. Notre intuition voulait y voir plutôt une complémentarité potentiellement mobilisable par les managers territoriaux suivant un principe dialogique. Nous avons pu ainsi vérifier les influences de l'axiome global sur la logique « en société » et fournir des pistes théoriques en vue de définir la dimension diachronique de la compétitivité territoriale.

Ces contours contextuels et cadres conceptuels de la compétitivité territoriale ainsi établis, nous avons pu proposer une analyse contextuelle (synchronique et systémique) afin d'interroger l'émergence de modalités managériales définissant un cadre praxéologique à notre objet de recherche. A ce titre, nous avons questionné la pertinence d'un régime d'accumulation des modalités de proximité (RERU, 1993) dans la construction de la dimension idiosyncrasique des systèmes territoriaux. Il s'est avéré que la proximité géographique constituait un cadre d'interaction potentiel, alors que la proximité organisée pouvait analyser la construction des arènes de la collaboration entre les acteurs. Toujours dans une perspective d'accumulation nous avons alors tenté de questionner la dynamique des systèmes lorsqu'ils sont emprunts d'une logique sociétale, i.e. leur téléologie. S'émancipant du mode synchronique et de la logique analytique, la systémique nous a permis de proposer une dimension de proximité supplémentaire destinée à l'appréciation de la convergence des intentions finalisées des acteurs. La dimension diachronique pouvait ainsi être raisonnablement construite et restait à envisager la question de la coordination au travers des modes de gouvernance permettant de qualifier un système de compétitivité territoriale.

Enfin, le quatrième et dernier chapitre de cette première partie a présenté le cadre épistémologique et méthodologique de la recherche. Etape primordiale, nous avons pu y discuter des fondements épistémiques qui soutiennent la construction de notre objet de recherche. Nous avons par ailleurs pris le soin de justifier au mieux la démarche méthodologique utilisée pour la conduite de l'épreuve empirique. Le choix d'une étude de cas unique avec un design longitudinal enchâssé s'est avéré particulièrement utile pour une exploration hybride portant autant sur les contenus que les processus. Le pays d'Aix a constitué par ailleurs, d'une part un choix d'opportunité méthodique en termes de faisabilité et d'autre part un choix particulièrement indiqué pour une recherche portant sur la compétitivité territoriale.

– CHAPITRE I –

CONSTRUCTION D'UNE TYPOLOGIE A LA CROISEE DES CHEMINS : DE LA PROSPERITE A LA COMPETITIVITE

> *« Lorsqu'une industrie a choisi une localité, elle a des chances d'y rester longtemps, tant sont grands les avantages que présente pour des gens adonnés à la même industrie, le fait d'être près les uns des autres »,*

Alfred Marshall (1890).

Qu'est-ce qu'un territoire ? Comment délimiter des frontières pour un territoire ? Comment gérer un territoire ? Qu'elles sont les différentes conceptualisations du territoire ? Existe-t-il une « science » du territoire ? Voici quelques unes des questions qui ont suscité ce travail de recherche. Le territoire est un laboratoire privilégié pour apprécier les combinaisons de dialogues inédites et infinies entre des acteurs aux intentions finalisées hétérogènes. Ces questions liminaires traduisent le sens et l'essence des développements qui vont suivre. Il s'agit dans ce chapitre de questionner les rapports entre le contexte et le contenu de notre objet de recherche : la compétitivité territoriale.

INTRODUCTION DU CHAPITRE

Depuis une trentaine d'années, les conséquences de la mondialisation de l'économie et de l'information, la globalisation financière et l'accélération des changements de paradigmes technologiques sont venues littéralement se fondre et s'imbriquer dans les territoires. Le temps long, qu'il soit économique, industrielle ou territorial suit une logique évolutionniste comme l'ont pressentis Nelson et Winter en 1982. Les atermoiements et les crises successives depuis la fin des années 70 ne peuvent systématiquement faire l'objet de pansements temporaires sans s'attaquer aux causes véritables qui conditionnent l'atteinte du progrès de nos sociétés. Les analyses néoclassiques et néomarxistes convergent de manière surprenante comme ont pu le relever Piore et Sabel en 1984 en empruntant les chemins de la prospérité. La recherche du sens que l'homme doit donner à son existence, à ses activités et plus largement à ses modes de vie ne peut plus être éludée. Les sciences sociales en général et les sciences de gestion en particulier sont indubitablement un moyen pour arriver à cette fin. Le management public, est sans doute une solution pour arbitrer les contraintes et les opportunités du politique et de l'économique. L'intuition de ce travail de recherche repose sur ce postulat, celui que les managers territoriaux par leurs actions quotidiennes peuvent agir au service de l'un et de l'autre.

La maxime du libre-échange formulée par Vincent de Goumay au XVIIIème « laissez faire, laissez passer » constitue depuis le 30 octobre 1947 et la signature du GATT[6] le mot d'ordre d'un libéralisme débridé en faveur de la circulation des richesses entre les Etats, permettant à chacun d'eux de profiter des avantages comparatifs que leur offre le commerce international. Avec la fin de la production de masse et plus globalement la crise du modèle fordiste et des secteurs industriels de tradition, les rapports économiques ont sensiblement changés. Le modèle général d'organisation de l'économie, celui de la grande entreprise et du « circuit en branche » s'est modifié au profit de multinationales dont l'ancrage spatial s'avère beaucoup plus volatile et qui nécessite un profil d'organisation et de spécialisation flexible des unités de production, Piore et Sabel (1984). Ceci est le constat opéré par ces derniers pour les zones de l'Amérique du nord et de l'Europe avant ses élargissements (Communauté Economique Européenne des 12). Dans le même temps mais dans d'autres espaces, les pays dits émergents, dans la roue des deux géants d'Asie : la Chine et l'Inde, sont eux, dans une

---

[6] Accord général sur les tarifs douaniers et le commerce.

phase de transition industrielle accélérée. Ces pays qui observent des taux de croissance à deux chiffres sont le théâtre d'implantation de filiales qui produisent en masse et à bas coût. Ce sont les « délocalisations » qui viennent impacter les territoires des pays dits « occidentaux ». En définitive, les fermetures des unités de production sur ces territoires répondent simplement d'une logique de marché globalisée que les financiers ont su apprendre à maximiser pour baisser les coûts unitaires de production et augmenter la rétribution des actionnaires.

Ces changements dans l'économie au cours des années 70-90 concernent la production de masse pour les biens de consommation courante et ont sonnés le glas des empires industriels érigés à la fin de la seconde guerre mondiale. Ils ont été concomitants avec l'accélération de la globalisation des rapports financiers et commerciaux et plus largement ils ont accompagnés le phénomène de mondialisation, i.e. l'axiome global. Face à ces évolutions majeures, les économistes de la régulation, alors au plus proche de la situation observée, on pu déceler un nouveau régime d'accumulation et de régulation qui était *« fondé sur la spécialisation flexible dont la forme spatiale serait le district, comme le circuit de branche était une forme spatiale de déploiement du fordisme »*, (Benko et Lipietz, 1992).

D'autres théories et d'autres travaux ont perçu ces évolutions majeures qui de manière inédite impactaient à la fois les grands « mouvements » du marché mondial, du commerce international et la localisation des activités ainsi que leur agglomération. Les travaux en nouvelle géographie économique du « Nobel[7] » américain, Krugman, nous l'avons introduit, abondent également en ce sens. En effet, au travers de ses recherches sur les rendements croissants de filiation smithienne qui permettent à la nouvelle théorie du commerce international de se détacher des avantages comparatifs ricardiens. Mais aussi par ses contributions en économie industrielle sur le commerce intra-industrie, les économies d'échelle et la concurrence imparfaite *« et plus particulièrement de la différenciation des produits »*, Coissard et Pecqueur (2007). Ces auteurs dans une logique de développement territorial parlent alors d'avantages différenciatifs afin d'envisager les ressources comme des actifs spécifiques et non-reproductibles dans un commerce international a-spatialisé.

---

[7] Nous employons ici le vocable de Nobel, même si en réalité, il s'agit du prix de la Banque de Suède en sciences économiques créé en 1968 en la mémoire d'Alfred Nobel.

Face à ces modifications dans l'ordonnancement des chaînes de valeur et de production, la théorie néoclassique de l'économie peine à expliquer au travers d'un modèle général et statique la nouvelle donne d'une économie mondialisée. Zimmermann (2008), nous explique à cet effet que « *la théorie économique standard répond au problème de la coordination sur la base d'un concept de marché parfait (le marché walrasien) où agissent des agents rationnels et parfaitement informés à partir de l'information portée par des signaux globaux [...]. On est donc dans une compréhension de l'économie fondée sur la moyenne et l'homogénéité, les déviances autour du comportement moyen se voyant statistiquement absorbées dans l'agrégation selon les principes formulés par le théorème central limite* ». Sauf que le phénomène endogène est bien réel et l'hétérogénéité et la dispersion semblent plus correspondre à l'interaction privilégiée local-global, fruit du mode réactif imposé par un marché mondial. Si cette orthodoxie économique a pour mérite de figer à l'instantané les rapports macro-économiques, ses facultés explicatives et prédictives sont inaptes à rendre compte des relations dynamiques à l'œuvre entre des acteurs territoriaux revendiquant leur spécificité comme facteur de compétitivité.

Notre approche territoriale se base donc sur un développement « par le bas » avec les dynamiques et processus du développement endogène. D'essence pluridisciplinaire, ce courant de recherche du « local », du « régional » pourrait s'illustrer sous une nouvelle maxime : « laisser faire, laisser pousser » portant principe d'un libéralisme économique dont l'unité élémentaire est **interterritoriale**. Par ailleurs, le critère spatial ne pouvant être définit et circonscrit (eu égard à la polymorphie du concept) doit s'entendre dans son acception infranationale, sans plus de précision.

Ce premier chapitre est destiné à opérer une analyse et un effort de classification des types d'organisation productives territorialisées empruntés à une variété de littératures et de disciplines qui toute s'intéressent au territoire mais chacune sous un angle spécifique donc différent[8]. Ces formes d'organisation territorialisées, depuis les années 80-90 « font l'objet d'une littérature abondante », (Mendez et Bardet, 2008), mais si ce constat est partagé par une communauté de chercheurs Moulaert et Sekia (2003), Calme et Chabault (2007), etc. Cette « guilde » des chercheurs sur la matière territoriale reste mal identifiée et peine à s'affirmer.

---

[8] Nous précisons qu'en aucun cas il ne peut s'agir d'une présentation exhaustive de tous les travaux concernant les formes ou modèles de territoire. Il est plutôt question d'en retenir les plus utiles à notre démonstration selon un principe directeur d'opportunisme conceptuel.

Un consensus s'articule autour de la conceptualisation d'un système productif composé d'un territoire, d'une population, d'acteurs privés et publics, d'un capital de connaissance et de savoir-faire, voire d'une identité spécifique. Si aux termes de notre recherche il nous est apparu impensable de définir précisément ces systèmes, il n'en reste pas moins qu'un travail de compilation s'imposait afin de mettre l'accent sur les questions de la compréhension de la dynamique territoriale.

Comprendre la « phase » de la dynamique territoriale c'est admettre le passage d'un mode d'explication macro à une échelle territoriale plus restreinte et socialement ancrée tant dans le territoire que dans la rationalité des acteurs qui l'animent. La construction du phénomène de compétitivité territoriale se trouve au cœur de ce principe. Ainsi, se poser le défi de la compréhension de la dynamique territoriale revient-il à ouvrir la « boîte noire » du système territoire sans en faire une boîte de Pandore. En définitive, peu d'ouvrages ou d'articles sont réellement consacrés à la mise en cohérence des travaux sur le développement territorial. En général, sont plutôt proposés des catalogues destinés à montrer toutes les conceptualisations au risque de s'écarter des fondements théoriques auxquels ils se réfèrent. Beaucoup d'articles sont structurés ainsi : dans une première phase, on propose un catalogue plus ou moins exhaustif des différents systèmes existant dans la littérature, puis dans un second temps on tente d'y raccrocher l'étude d'un processus bien particulier. Les conclusions sont dans ce cas là, la plupart du temps, empreintes d'un effet traditionnellement appelé « localiste ».

Notre point de départ pour proposer une typologie des systèmes de compétitivité territoriale sera celui proposé par Moulaert et Sekia (2003). La **figure (1.1)** ci-dessous résume l'approche de ces derniers. Afin de constituer notre typologie des systèmes de compétitivité territoriale, nous traiterons deux grands ensembles de travaux délimités dans la figure par les contours de couleur orange que nous avons ajouté au schéma initial des auteurs. Ces deux ensembles de travaux nous ont permis de regrouper nos questionnements dans deux sections qui présentent une série de travaux devant être considérés comme complémentaires.

Nous avons fait le choix de présenter les formes territoriales les plus « stables » scientifiquement au sein d'une véritable « jungle » de travaux académiques. Un point commun méthodologique à toutes ces conceptions du développement local peut être souligné au travers du caractère descriptif des recherches menées. En effet, que l'on parle des districts, des clusters ou même des *learning region* l'essentiel des travaux théoriques se sont attachés à formaliser un cadre de compréhension pour le développement territorial. Il faut souligner que les ouvrages pionniers de Nelson et Winter (1982) et de Piore et Sabel (1984) ont joué un rôle de tremplin hétérodoxe pour la formalisation de ces systèmes de compétitivité territoriale.

Figure 1.1 Territorial Innovation Models : theoretical roots and challenges

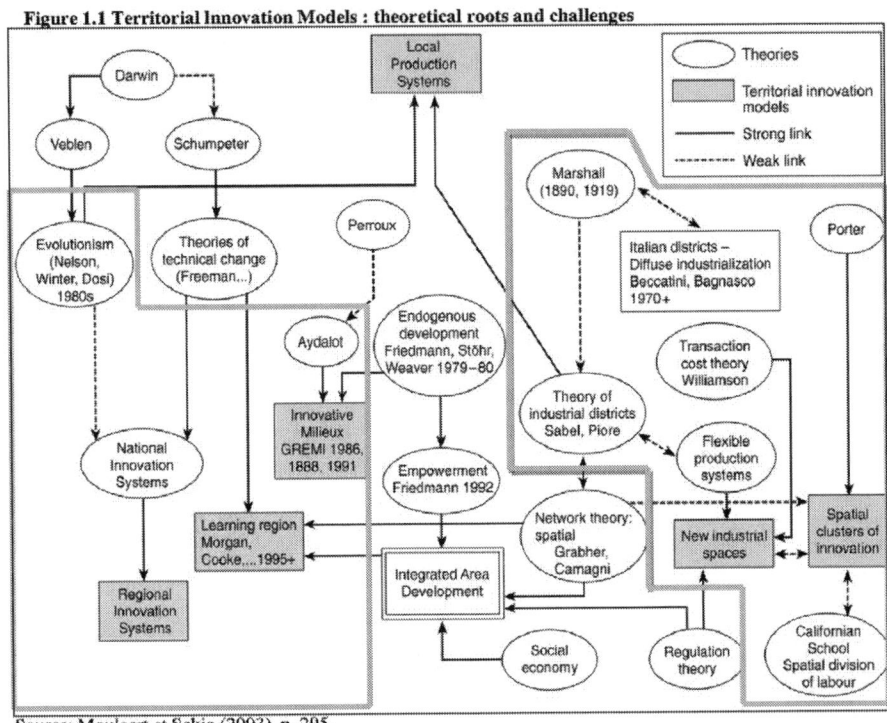

Source: Moulaert et Sekia (2003), p. 295.

Les deux champs conceptuels que nous avons mobilisés pour un établissement critique de cette typologie apparaissent différenciés mais complémentaires. Ils constituent le point de départ de notre recherche sur la construction du phénomène de compétitivité territoriale puisqu'ils s'attachent à étudier les relations complexes qu'entretiennent ces systèmes face à l'axiome global.

La section première vise à proposer un retour historique sur les travaux fondamentaux liés aux regroupements des acteurs économiques au sein d'un territoire délimité. En d'autres termes, ces travaux visent à observer les phénomènes de localisation des activités productives et comprendre les avantages de proximité[9] que les acteurs peuvent en retirer. Le développement endogène semble mieux prendre en compte que les modélisations de l'économie orthodoxe, les enjeux d'une économie mondialisée, d'une information diffusée quasiment en temps réel et finalement de la recherche incessante de différenciation poursuivie par les territoires. Ce retour historique sur l'évolution des recherches portant sur les effets d'agglomération des activités productives à la lumière des enjeux de la mondialisation poursuit un double objectif : il s'agit d'abord de qualifier la transition des districts industriels depuis les premiers travaux de Marshall jusqu'à leur redécouverte par Piore et Sabel, puis extension par Becattini et l'école florentine; mais également de présenter la prise en compte de la nécessaire ouverture à un environnement concurrentiel des clusters à la Porter, ou encore des New Industrial Spaces de l'école de géographie californienne.

La seconde section de la typologie a pour objectif de présenter des approches évolutionnistes qui tentent d'appréhender les questions de l'innovation, de la connaissance et de l'apprentissage sous un angle territorial. Il s'agit ici de poser le problème en sens inverse, c'est-à-dire de questionner les processus qui sont à la base et seraient susceptibles d'expliquer le développement territorial.

En effet, si l'innovation est au cœur des milieux par les effets des retournements spatiaux de son fondateur Philippe Aydalot ; à un niveau spatial plus agrégé, les régions doivent apprendre et constituent le maillon essentiel d'une économie de la connaissance.

---

[9] Nous discuterons plus longuement de ce concept au travers des travaux contemporains sur les économies de proximité dans le chapitre troisième consacré aux modalités de management de la compétitivité territoriale.

Section 1.   *De l'économie industrielle sur les chemins de la prospérité :*

Le district industriel et le cluster constituent ce que d'aucuns appellent des « idéaux-types » de la performance du développement local. Le premier constat opéré quand pour qui étudie ces formes territorialisées est celui de leur caractère prolifique. C'est ce que nous confirme l'historien Daumas quand il avance qu'aujourd'hui « *la littérature sur les districts, du reste essentiellement monographique, est si abondante qu'elle défie l'analyse* », (2006). Une recherche portant sur la compétitivité territoriale se doit de reprendre les travaux conceptuels majeurs qui ont jalonné l'histoire du courant non unifié des hétérodoxies économiques spatiales. Proposer un fondement théorique pour la compétitivité territoriale à destination des managers territoriaux ne peut s'exonérer d'une relecture par l'histoire de la généalogie de ses filiations constitutives. Cette analyse par l'histoire du développement local ne peut, non plus, être éludée du point de vue de la pratique et des politiques publiques car « *le concept de district sert désormais de fondement aux politiques de développement local, si bien que l'enchevêtrement entre enjeux scientifiques et politiques est particulièrement serré* », (Daumas, 2006).

A. Le point de départ : les travaux précurseurs d'Alfred Marshall

Dans cette perspective historique, il nous est apparu incontournable d'aborder la pensée d'Alfred Marshall car celle-ci constitue un « *monument dans l'histoire de la pensée de l'organisation industrielle* », (Philips et Stevenson, 1974). En effet, c'est au XIXème siècle que l'intérêt d'une lecture anthropique du développement économique apparaît avec les travaux Marshall illustre professeur à l'université de Cambridge. Avec le concept de district industriel, Marshall (1890,1919) peut être considéré comme le père fondateur, ou en tous les cas, l'instigateur d'un mouvement d'hétérodoxie économique spatiale. Mouvement qui se développera au cours du siècle suivant et semble appelée aujourd'hui à devenir le *credo* du rapport local / global. Ainsi, la filiation conceptuelle des systèmes de compétitivité territoriale aurait commencée, assez logiquement d'ailleurs ; dans une économie anglaise fleuron mondial des prémices de l'économie de marché moderne. L'étude de Marshall sur la coutellerie de Sheffield a fait du district industriel la forme naturelle du capitalisme naissant (Benko, Dunford et Lipietz, 1996).

1. Intuitions et problématique marshallienne :

Au travers de ses ouvrages majeurs *Principles of Economics*, (1890) et *Industry and Trade*, (1919), Marshall étudie l'organisation industrielle et plus précisément la localisation du point de vue de la production. Plus globalement, il s'attèle à présenter une histoire du capitalisme naissant, avec les premiers échanges et met l'accent sur le rôle de l'entrepreneur qu'il nomme le « colporteur », i.e. celui qui amène de nouveaux produit et crée de nouveaux besoins. Il est aussi le premier à mettre au centre de l'analyse de l'organisation de l'industrie des facteurs qui ne relèvent justement pas des systèmes de production proprement dits, tels que les caractéristiques « *du climat et du sol, existence de mines et de carrières dans le voisinage, accès facile par terre ou par eau* », etc. Il insiste par exemple sur la caractéristique aléatoire de répartition initiale des ressources naturelles formant le capital idiosyncrasique d'un territoire : « *tel ou tel accident peut avoir déterminé le succès d'une industrie particulière dans telle ou telle ville ; le caractère industriel d'un pays tout entier peut aussi avoir été grandement influencé par la richesse de son sol ou de ses mines, ou par les facilités commerciales qu'il présente* ».

Sa véritable intuition novatrice, à contre-courant de l'orthodoxie économique de son époque, réside sans doute dans sa perception de la faculté d'adaptation des hommes face à l'aléa de la distribution initiale des ressources naturelles. Ce faisant, il relève et révèle l'importance du sens que l'homme confère à son action productive au travers du temps ; « *mais nous avons vu aussi que l'usage qu'il fait de ces avantages dépend de ses idéaux de vie, et que les influences religieuses, politiques et économiques sont ainsi entrelacées inextricablement ; si, en outre, toutes ces influences penchent de tel ou tel côté, c'est sous l'influence de grands événements politiques et sous celle de fortes personnalités individuelles* ». En cela, notons qu'il anticipe déjà les travaux relativement récents sur les encastrements sociaux des activités économiques de la sociologie économique, ceux sur les dynamiques de réseaux et finalement la majorité des travaux actuels portant sur les modes de gouvernance de la dynamique socio-économique locale.

La problématique initiale de Marshall est sensiblement proche de celle qui anime le chapitre premier de ce travail de recherche. En effet, dans son œuvre, il souhaite mettre en relief les éléments caractéristiques, propres et singuliers aux territoires qui sous-tendent la dynamique locale et ce par rapport à d'autres facteurs exogènes classiquement traités. Chez

Marshall, le district industriel est une « *construction à partir d'avantages créés et non innés* », (Courlet, 2000). Il se détache de l'analyse orthodoxe de la grande entreprise industrielle régentée par une division technique du travail dans laquelle des agents sont dotés d'une rationalité absolue selon un modèle classique et mécanique. Sa vision de l'industrie est ancrée dans le territoire, emprunte de progrès social recherché par des acteurs baignant dans une « atmosphère industrielle » partagée par des petites entreprises spécialisées dans une phase particulière d'un secteur du système productif. Marshall (1919) résume son questionnement ainsi : « *En d'autres termes, c'est la question de savoir dans quelle mesure, pour la production en grand, les économies doivent être internes, et dans quelle mesure elles peuvent être externes* », (p. 133).

2. La question du niveau d'analyse :

Pour comprendre le niveau d'analyse proposé par Marshall, il convient de replacer le district dans un contexte historique d'industrialisation et plus globalement un environnement qui se complexifie. Cet environnement global en formation correspond à l'organisation mondiale du commerce et la division internationale de la production pour aboutir à l'espace mondialisé que nous connaissons aujourd'hui. A l'époque, pour y revenir, la mondialisation n'est pas une réalité et son développement n'est pas *a priori* coordonné par une instance supérieure. Aussi, comme le relève Pecqueur (1996), « *pour résoudre le problème de la coordination, la théorie économique a souvent simplifié le débat en postulant l'existence d'un tiers démiurge au statut peu assuré* », (p. 212). Ce dernier de poursuivre, que ce tiers coordinateur, a pu prendre différentes formes dans l'histoire économique : le Prince pour les mercantilistes, la main invisible pour Adam Smith ou encore, le commissaire priseur pour Walras. Or, il en est allé différemment.

De fait, la constitution de l'espace économique mondial s'est peu à peu diffusé avec l'arbitrage des sociétés nationales, elles aussi en évolution. Cet environnement complexe géopolitique et géo-économique a, semble t-il, été régulé par des conciliations nées de la pratique des Etats-Nations constitués ou en constitution. C'est ce que note Gerbier (1979) dans son analyse approfondie de l'œuvre marshallienne : « *les diverses nations ne se différencient pas par la nature de leurs structures comme dans la théorie marxiste, mais seulement par l'approfondissement de la division du travail dont l'affinement et la complexification sont la marque, en même temps que la cause, de l'évolution progressive* »,

(p. 161). Si l'organisation mondiale de l'économie et du commerce est basée sur la division internationale de la production, elle est guidée par la recherche d'avantages comparatifs entre les nations. Tous ont en mémoire encore le texte de Ricardo sur la théorie des avantages comparatifs. Notons par ailleurs que la tradition juridique pour l'organisation des échanges commerciaux à l'échelle internationale est elle aussi basée sur une logique constitutive non écrite. En effet, la *lex mercatoria*, est un ensemble de règles permettant d'encadrer les relations contractuelles entre commerçants de pays différents. Cette coutume fut établie historiquement et par tradition sans l'intervention des Etats suivant un processus similaire à l'organisation mondiale du commerce et la division internationale de la production. C'est ainsi une réalité historique qu'il convient de souligner dès à présent comme un des éléments de contexte fondamental pour cette recherche. Les phénomènes de mondialisation tels qu'ils se sont développés au travers de notre histoire contemporaine ont toujours mis à mal la souveraineté des Etats notamment au travers de leur incapacité à produire du consensus légal portant loi générale.

Aussi, et de manière foncièrement contre-intuitive, Alfred Marshall, dès la fin du XIXème siècle perçoit l'intérêt de s'affranchir de l'échelon national. Il oriente en effet ses recherches vers des territoires infranationaux pour constater que les mêmes avantages comparatifs président aux choix de localisation des entreprises sur tel ou tel territoire. Il observe qu'avec le développement des transports et des communications, la tendance de localisation des activités productives dans certaines localités se renforce. Mais que dans le même temps ces mêmes éléments caractéristiques du libre échange poussent les activités à s'implanter dans autant de « marchés » locaux qui viennent annuler les coûts de transport et les coûts de communication. En cela, force est de constater que le rapport local/global était bien au cœur de la réflexion marshallienne, ce, plus d'un siècle avant le « boum » académique du phénomène de mondialisation.

3. Du district, de l'économique et du social :

Marshall étudie donc un phénomène territorial, circonscrit à un échelon analytique infranational et temporellement évolutif au grès des découvertes et innovations dans les processus productifs. Il parle ainsi d'une « *agglomération de l'industrie sur un territoire géographiquement délimité, la spécialisation de l'industrie dans une seule production, le rassemblement d'un grand nombre d'entreprises de petite taille spécialisées dans une phase (ou un petit nombre de phases) de la fabrication d'un produit, le développement d'activités industrielles et commerciales auxiliaires, une atmosphère industrielle favorable à l'apprentissage et à l'innovation et un réservoir de main-d'œuvre qualifiée et mobile »*, (1919).

Issus de l'œuvre marshallienne, les effets d'agglomération des activités de production industrielle ainsi que leur localisation ne sont pas sans rappeler les éléments théoriques à la base des clusters : « *les fabriques se groupent dans les faubourgs des grandes villes et dans les régions manufacturières avoisinantes, plutôt que dans les villes elles-mêmes* ». En observant les systèmes productifs des coutelleries des villes de Sheffield et Solingen notamment, Marshall constate une « *concentration d'un grand nombre de petites entreprises* » dégageant ce que l'économie régionale contemporaine nomme des externalités positives. Il cherche alors à définir ce couple territoire-activités économiques en décryptant les éléments constitutifs de ces districts industriels. Sa démarche est de ce point de vue fondamentalement actuelle, comme nous le rappelle Claude Courlet (2000) : « *La notion de district industriel, représente dans la littérature économique récente l'un des axes majeurs à partir desquels s'est cristallisée la réflexion consacrée aux relations entre industrie et territoire* », (p.139).

Sa façon de décrire les systèmes productifs observés permet de bien comprendre la distanciation qu'il opère avec des critères objectifs et objectivables de l'analyse classique. Comme le souligne Gerbier (1979), pour Marshall, l'homme est un être social, il est donc opposé à la modélisation « par le haut » du marché et à simplification de la compréhension des choix d'un *homo-œconomicus* postulé omnipotent. Sa perception de la rationalité dépasse en effet celle d'un simple agent économique, sans rapports sociaux et sociétaux avec son environnement direct. Il met en exergue les notions de bien commun et de progrès social comme des facteurs associés au développement économique et de l'industrie. Au-delà même dans sa conception de l'organisation de l'industrie et du commerce, l'enseignement est un « *facteur de puissance industrielle et commerciale* », (Marshall, 1919, p. 357).

4. <u>Les apports fondamentaux de Marshall :</u>

Dans son ouvrage *Principles of Economics* (1890), Marshall nous apprend qu'il existe deux possibilités d'organisation industrielle « *d'une part, l'organisation sous commandement unique de la division technique du travail intégrée au sein d'une grande entreprise. D'autre part la coordination, par le marché et par le face-à-face (la réciprocité), d'une division sociale du travail désintégrée entre des firmes plus petites spécialisées dans de grands segments du secteur productif»*, (Benko et al., 1996). C'est à l'encontre des positions dominantes basées sur l'analogie mécanique que Marshall opte pour une parcellisation sociale du marché du travail en prônant la spécialisation des firmes répondant plus d'une logique évolutionniste et donc de l'analogie biologique.

Le point de départ induit par un tel raisonnement pousse Marshall à observer les interactions entre les acteurs du district sans se borner à analyser la division technique du travail au sein des grandes entreprises. A ce titre, il focalise son attention sur les éléments qui relèvent des échanges informels de savoir et de savoir-faire au sein des bassins de main d'œuvre, il en déduit des critères d'adaptation et de compétitivité des territoires étudiés : *« La suprématie dans une industrie spéciale, qu'une région tire d'une atmosphère industrielle, telle que celle de Sheffield ou de Solingen, a montré plus de vitalité qu'il n'aurait semblé possible, étant donné les changements incessants dans la technique »*, Marshall (1919). Pour ce dernier, l'agglomération sur un territoire déterminé géographiquement, d'entreprises issues d'un même secteur de production va permettre à ces firmes de réaliser d'importantes économies externes. Le phénomène de localisation géographique qu'il observe tend à la concentration des moyens et des facteurs de production dans un même lieu (Coutellerie de Sheffield). Les firmes trouvent intérêt à se regrouper dans l'espace et l'efficacité du district (la ou (les) branche (s) industrielle (s) spécialisée (s)), s'en trouve accrue.

Les bénéfices économiques de ce regroupement d'entreprises se mesurent par une baisse des coûts unitaires de production, baisse qui est la résultante de l'influence des facteurs externes sur les firmes. Economie d'agglomération, économies externes, externalités, tentent de décrire cette réalité qui se matérialise par des rendements croissants pour le district tout entier. On parlera dans ce cadre là d'économie de spécialisation, d'économies de coûts de transaction et d'économie d'offre de main d'œuvre. Ces entreprises qui sont dans la plupart des cas des petites et moyennes entreprises très spécialisées peuvent dans ce contexte bien particulier réaliser en externe, ce que les grandes entreprises intégrées peuvent obtenir en interne, (Lescure, 2006).

Il est possible de présenter l'apport fondamental d'Alfred Marshall selon quatre points primordiaux[10].

- En premier lieu, on attribue à Marshall la primauté d'une **analyse de l'agglomération industrielle sous l'angle des économies externes** (Malmberg et Maskell, 2002). Pour lui, la localisation et les choix d'implantation des entreprises s'expliquent par la recherche de la proximité géographique. Les firmes trouvent un intérêt économique à mettre en commun infrastructures et bassin de main d'œuvre, etc. car cela leur permet de réaliser des économies externes. George Benko (2000), nous explique cette notion d'économies externes désigne « *les effets des activités d'autres firmes sur la production, c'est-à-dire les avantages que l'environnement (physique, social, culturel, politique, économique) peut procurer à une entreprise* », (p. 146).

- On attribue également à Marshall le vocable d'**externalité**. Il a su en effet démontrer en quoi les économies d'échelles peuvent être la résultante d'effets externes diffusés au sein du milieu économique porté par le district. Les économies externes de Marshall seront complétées en 1956 par Walter Isard avec le concept d'économies d'agglomération, envisagé comme des économies pouvant se formaliser au niveau communal ou régional.

- De ces économies externes, découle un **abaissement général des coûts de production à l'intérieur du district**, baisse qui est à l'origine des rendements croissants.

- Enfin, Marshall précurseur, en ce point, de l'école italienne, parle d'une « **atmosphère industrielle** » qui viendrait comme imprégner les différents acteurs présents au sein du district. « *Les secrets de l'industrie cessent d'être des secrets, ils sont pour ainsi dire dans l'air, et les enfants apprennent inconsciemment [pour] beaucoup d'entre eux. On sait apprécier le travail bien fait ; on discute aussitôt les mérites des inventions et des améliorations qui sont apportées aux machines, aux procédés et à l'organisation générale de la production. Si quelqu'un trouve une idée nouvelle, elle est aussitôt reprise par d'autres et combinée avec des idées de leur crû ; elle devient*

---

[10] Notons toutefois, qu'il ne peut y avoir en la matière de prétentions à l'exhaustivité quant à l'œuvre marshallienne.

ainsi la source de d'autres idées nouvelles. Bientôt des industries subsidiaires naissent dans le voisinage, fournissant à l'industrie principale les instruments et les matières premières, organisant son trafic et lui permettant de faire bien des économies diverses », (Marshall, 1919).

Ce dernier point est fondamental dans l'œuvre marshallienne. En effet, l'atmosphère industrielle qu'il décrit pose la question du transfert et de la circulation des connaissances et des savoir-faire. Son analyse pousse ainsi à croire que les facteurs explicatifs de tels phénomènes sont à rechercher dans les relations interindividuelles imprégnées dans les tissus socio-économiques locaux. Un mode de développement endogène est ainsi consacré.

5. <u>De la colocalisation des entreprises :</u>

Selon Claude Courlet (2000), il existe deux grandes séries d'avantages qui suscitent l'implantation des entreprises dans les districts qui ont pu être relevé par Marshall.

- D'abord, le premier avantage pour les entreprises *« est lié au rassemblement de ressources humaines spécifiques, notamment à travers la constitution d'un marché local pour un même type de qualification »*. Il s'agit ici de la formalisation d'un bassin d'emploi spécialisé formant une communauté de travailleurs tous issus d'une même branche et destinés à exercer leur métier et offrir leurs compétences dans des phases similaires ou connexes d'un même système productif.

- Ensuite, les entreprises peuvent structurer leurs actions par *« l'interdépendance technique des activités créées par la naissance, « dans le voisinage » d'une industrie principale, d'industries auxiliaires situées techniquement en amont et en aval de celle-ci, au sein d'une même « filière productive »*. A ce niveau, Marshall fait semble t-il écho à la formalisation d'une véritable « chaîne de valeur locale » permettant d'une part de dégager des économies externes et d'autre part de conférer une certaine autonomie au district.

Courlet (2000) poursuit son analyse en tirant une conclusion primordiale suite à ces deux séries d'avantages de la colocalisation des entreprises formulées par Marshall. En effet, l'existence d'une « atmosphère industrielle » permettant la constitution d'un marché local et

41

spécialisé du travail cumulée à la formation d'une chaîne de valeur industrielle locale nécessite *« des relations de connaissances et de confiance réciproque entre les contractants ». Au-delà même, ce dernier de poursuivre, que dans « de telles conditions le mécanisme qui gouverne les transactions ne peut être exclusivement le marché ».* (p. 142). Les effets comme les causes endogènes sont ainsi clairement mit en exergue, l'analyse classique sur les rapports marchands au moyen d'éléments objectivables se révèle donc, en partie au moins, inefficiente. Ce sont les processus cognitifs à la base de la construction des territoires économiques qui permettent une forme de communication développée entre les acteurs *« c'est le cas dans les districts industriels où la proximité géographique permet la répétition des engagements et la vérification constante de leur solidité »*, (Pecqueur, 1996, p. 219). En effet, dans une étude empirique conduite dans la Vallée de l'Arve, (production de pièces de décolletage), Courlet, Pecqueur et Sanson (1992) ont dégagé un ensemble de valeurs dominantes partagées au sein du bassin d'emploi permettant de qualifier *« non seulement un code de conduite mais aussi un guide de connaissance et de reconnaissance entre les individus »*.

Nous nous inscrivons dans cette analyse et partageons la conclusion de Courlet (2000) quand il avance que le district industriel *« apparait donc comme une forme typique d'organisation productive territorialisée dans laquelle les relations entre firmes sont régies par un ensemble de normes, implicites ou explicites, alliant règles du marché et code social »*, (p. 142). Ainsi, un système productif local comme le district industriel met-il en synergie un ensemble de facteurs marchands et non marchands qui induisent des processus complexes de construction de la compétitivité territoriale relevant de deux dimensions distinctes et complémentaires.

- D'abord des éléments singuliers liés au territoire, c'est-à-dire à la présence de ressources naturelles ou crées et de compétences et de talents développées et exploitées : il s'agit ici de la **dimension idiosyncrasique liée à l'espace** et donc au territoire.

- Ensuite, d'autres éléments dépendants, pour leur part, de l'évolution de la population d'entreprises, de la communauté de travailleurs ou encore de « l'atmosphère industrielle » au travers du temps, *« le temps de l'apprentissage, de l'élaboration de la mise en oeuvre d'une capacité de production spécifique »*, (Gaffard et Romani, 1990) :

il s'agit ici de la **dimension diachronique liée au temps** de la coopération entre les acteurs parties prenantes du système.

En définitive, le district industriel proposé par Alfred Marshall constitue la première formalisation d'une représentation territoriale et socio-économique d'un tissu industriel local. Se basant sur l'analyse d'une division sociale du travail entre de petites et moyennes entreprises sur un territoire donné, Marshall, a su décrire et expliquer l'agglomération issue des choix de localisation des entreprises industrielles. Il permet ainsi d'ouvrir la voie vers d'autres travaux avec notamment le concept « d'atmosphère industrielle » qui inclut les facteurs non-marchands comme des variables explicatives de la dynamique locale. Il a ainsi pu mettre en relief « *l'importance des formes d'organisation industrielle construite sur les milieux locaux et le rôle souvent fondateur joué par les aspects de culture industrielle, non quantifiables et qui témoignent de l'existence de certaines formes de relations non transactionnelles entre les agents* », (Zimmermann, 2008, p. 108).

C'est en réalité la « boîte noire » du développement endogène qu'a ainsi ouvert l'illustre économiste anglais. Il faudra néanmoins attendre près d'un siècle pour que ses travaux soient réellement remis au devant de la scène académique, ceci sans doute face aux crises économiques et à la défaillance des modèles explicatifs néoclassiques. Le père du district industriel, premier à caractériser un système de compétitivité territoriale, a semble t-il, pressentit un siècle avant ses héritiers que si une combinaison atypique de ressources vient « habiller » un territoire donné, des dynamiques économiques internes et externes ; spatiales et temporelles sont sélectionnées par le microcosme habitant et constituant du territoire. Claude Courlet (2000), résume fort bien l'apport de Marshall quand il avance que l'organisation d'un système territorial en districts industriels « *repose ainsi sur l'existence d'avantages spécifiques qui se manifestent sous la forme d'externalités non transférables, ni substituables, qui préservent la compétitivité des produits et des performances des entreprises locales au niveau des marchés extérieurs* ». Toutefois, force est de constater que les travaux de Marshall sur les districts industriels, restent trop descriptifs. De plus comme nous le confirme l'historien, « *l'idée d'osmose entre le système des entreprises et la communauté locale est tout à fait étrangère* » à Marshall, (Daumas, 2006). En effet, alors que Marshall limite son analyse au seul système des entreprises, l'économiste italien Giacomo Becattini (1989) explique son fonctionnement et sa dynamique par les caractéristiques de la communauté locale. La notion « d'atmosphère industrielle » est au centre de ce glissement : alors que, chez Marshall, elle désigne exclusivement l'accumulation locale de savoir-faire, Becattini lui donne un contenu social et l'interprète, à la fois, comme l'ensemble des conditions qui fondent la cohésion sociale et la communauté de valeurs de la population locale et comme l'ensemble des relations entre tous les acteurs du territoire qui rendent possible l'apprentissage collectif.

B. *Un renouveau séculaire : spécialisation souple et districts italiens*

C'est indiscutablement sur la base historique des travaux d'Alfred Marshall que se sont développés les conceptualisations sur les districts que nous connaissons dans la littérature contemporaine. Cependant, comme le font remarquer nombre d'auteurs (Daumas, 2006 ; Moulaert et Sekia, 2003, etc.), si la filiation existe, trop de confusions et de simplifications perdurent quant à la nature même de cette généalogie. Ainsi, trop d'amalgames sont-ils réalisés par exemple entre le sens donné par Marshall à son « atmosphère industrielle » et celui conféré par Becattini à sa « communauté de valeur ».

1. Marshall « mis au placard » pendant près d'un siècle :

Avant de discuter les propositions formulées par Piore et Sabel (1984) et celles de l'école des districts italiens guidée par Becattini, il convient d'insister à nouveau sur l'histoire économique afin de comprendre la réactualisation du modèle marshallien. C'est au début du XXème siècle que se développe l'Organisation Scientifique du Travail. Avec les premières théories de l'organisation, Fayol, Ford et Taylor notamment commencent à s'intéresser à la rationalisation des modalités de gestion des organisations. A l'instar des sciences économiques, le postulat de rationalité absolue des acteurs est retenu d'emblée, d'autant que le dynamisme des activités économiques, industrielles et commerciales laisse penser qu'il ne peut en être autrement.

Comme le résume George Benko (2000) : « *l'organisation du travail devient taylorienne, avec une mécanisation poussée sur les chaines d'assemblage. La structure industrielle est fortement oligopolistique. Une régulation sociale efficace se met en place, et le système de production de masse s'installe dans les pays développés jusqu'au milieu des années 1970* ». La période des « trente glorieuses » popularise ainsi, les systèmes de production de masse et l'organisation de l'entreprise en « circuit en branche » devient canonique. Pendant cette véritable embellie économique, l'analyse de Marshall à l'encontre de « *la production en grand* » n'est pas utile, car « *le contexte économique ne s'y prête pas* », (Benko, 2000).

C'est à la fin des années 70, avec les chocs pétroliers notamment et surtout l'accélération de l'évolution des technologies qu'une crise profonde vient grever le système fordiste de la production de masse. Trop de facteurs sont à ce moment cumulativement à l'œuvre pour déterminer avec précision et exhaustivité ce qui a pu conditionner un tel changement. D'aucuns argumenteront par exemple que les biens de grande consommation produits par un tel système avaient saturés leurs marchés. D'autres que l'explosion des technologies a questionnée la variation de l'offre de produit de grande consommation, etc[11]. C'est ainsi qu'à partir du milieu des années 70 s'est diffusée en France la théorie de la régulation avec des chercheurs comme Aglietta, Orléan, Billaudot, Boyer ou encore Coriat. Dans un système en état de crises cycliques, l'intervention de l'Etat devient inéluctable à chacune des quatre étapes identifiées par Boyer (1992) : « *crise extérieure, crise endogène des formes institutionnelles, crise de la régulation, crise du régime d'accumulation* ». Les modes de régulation se succèderaient donc et le fordisme destiné à l'articulation de la production et de la consommation de masse se trouvera en crise jusqu'à aujourd'hui.

2. <u>Les districts industriels sur les chemins de la prospérité :</u>

Le point de départ, l'intuition initiale de Piore et Sabel avec leur ouvrage pionnier *The second industrial divide: possibilities for prosperity*, paru en 1984 se base sur le constat de cette crise du fordisme. Les auteurs se réfèrent largement à la théorie de la régulation de l'école française car elle leur permet d'identifier le « *tronc commun de toutes les expériences industrielles, tout en préservant l'intégrité des structures institutionnelles propres à chaque nation et, à l'intérieur de chacune, aux différentes étapes de son histoire* », (p. 10). Le niveau d'analyse macro-économique mobilisé par Piore et Sabel n'intéresse pas notre objet de recherche par définition infranational. Il n'est donc pas utile à notre fin mais constitue néanmoins un moyen d'analyse des plus pertinents sur le contexte d'évolution qui marque

---

[11] Nous ne nous attacherons pas plus à discuter des causes de cette crise pour relever plutôt qu'il s'agit là de symptômes qui depuis les années 70 se sont multipliés, différenciés et étendus à tous les secteurs... jusqu'à la crise financière de 2007.

l'environnement des systèmes de compétitivité territoriale. Comme le soulignent d'ailleurs les auteurs, l'analyse des périodes de crise peut se faire en envisageant la panne des dispositifs d'autorégulation du système économique : « *Cette panne s'explique par la tendance des économies industrielles à déborder les structures institutionnelles dans lesquelles elles ont trouvé refuge, et on ne pourra y remédier qu'en créant une nouvelle structure capable de prendre en charge la stabilisation et la coordination de l'économie dans l'état de crise où elle se trouve* », (Piore et Sabel, 1984). Aujourd'hui, après la crise financière de 2007, ce genre de préoccupation sur une structure de stabilisation et de coordination de l'économie n'a toujours pas trouvée de réponse[12].

La crise du modèle fordiste a donc sonné le glas des « trente glorieuses » et c'est l'ensemble du système productif qui s'est modifié. L'explosion se répand dans tous les secteurs de l'organisation industrielle et comme le commente Benko (2000), « *on observe une tendance à la désintégration verticale. Le système flexible, segmenté en réseau, est de retour. C'est une réponse à la crise économique et à l'évolution rapide des technologies. Les nouvelles branches industrielles (de haute technologie) s'organisent majoritairement dans cette logique, mais aussi des activités à base artisanale, faisant appel à la création permanente (confection, meubles, etc.), ainsi que le secteur des services dans les grandes villes* ». C'est à cette occasion que les travaux d'Alfred Marshall peuvent revenir sur le devant de la scène académique. Comme l'affirme Mendez (2005), les districts constituent « *la forme spatiale du modèle de la « spécialisation flexible » popularisé par Piore et Sabel (1984) dans lequel la production de masse fondée sur la recherche d'économies d'échelle est remplacée par une production fondée sur la variété, les petites série et la flexibilité* », (p. 2). A mesure que le phénomène de mondialisation se répand avec la diffusion des informations, des communications et finalement le changement de paradigme technologique, les changements dans l'organisation des chaînes de production dans tous les secteurs poussent à un retour des recherches vers les districts. Ce retour sera possible grâce à Piore et Sabel (1984).

Pour résumer l'approche de Piore et Sabel, il faut souligner que ces derniers, dans le chapitre VIII des *Chemins de la prospérité* montrent deux types de comportements adoptés par les entreprises face à la crise du modèle industriel.

---

[12] En tout état de cause, dans leur ouvrage, Piore et Sabel (1984) démontrent l'influence du changement de paradigme technologique sur les structures productives américaines et (dans une moindre mesure) allemandes, italiennes, françaises et japonaises.

- Pour le premier, ils prennent l'exemple du secteur automobile américain et argumentent la diffusion du modèle de production en série, « *en créant des liens entre, d'un côté les installations de production et les marchés des pays capitalistes avancés, et, de l'autre, les économies du tiers monde à taux de croissance élevée* », (p. 35). Cette réalité que nous connaissons encore aujourd'hui se matérialise par le regroupement des entreprises en conglomérats « *afin de compenser les risques qu'elles encourraient sur leur marché principal* », (p. 250) ; ou encore la multinationalisation « *ou redéploiement des activités des firmes au-delà des frontières nationales* », (p. 253). C'est précisément cette évolution des modes de production industriels qui sont à l'origine de ce que l'on appelle aujourd'hui avec fatalisme « les délocalisations ». Cette stratégie de l'industrie de production a montré par la suite ses coûts cachés et a largement contribué à donner au phénomène de mondialisation la mauvaise presse qu'il connaît aujourd'hui. Nous qualifions cet état transitoire de la stratégie industrielle des firmes observé par Piore et Sabel d'ancien modèle de production industrielle.

- Le second comportement adopté par les entreprises face à la crise de modèle industriel a fait la renommée des deux auteurs : la spécialisation souple. Ce chemin identifié par Piore et Sabel consiste pour les firmes en l'adoption d'une « *stratégie d'innovation permanente, un parti pris de s'adapter au changement perpétuel plutôt que de tenter de le contourner. Cette stratégie est fondée sur l'utilisation d'équipements souples, à usages multiples, l'emploi d'ouvriers qualifiés et la création par des moyens politiques, d'une communauté industrielle capable d'éliminer toutes formes de concurrence qui ne favorise pas l'innovation* », (p. 35). Véritablement positionné sur l'approche évolutionniste ce comportement industriel marque l'opposition entre production de masse et production artisanale, dont l'histoire est admirablement retracée par les auteurs. Ces derniers montrent en effet comment la production artisanale a su s'organiser et se structurer d'une double manière : autant dans les marchés qu'on lui attribue classiquement, petites séries de luxe, horlogerie, mode, etc. pour faire court, tout ce que la production de masse ne peut et/ou ne doit pas produire ; mais aussi de manière contre-intuitive dans des secteurs traditionnels de la production de masse. Les auteurs montrent ainsi comment la sidérurgie et la petite aciérie aux Etats-Unis et en Italie, les produits chimiques et le textile en Italie avec le célèbre district textile de Prato, ont pu adopter un mode de spécialisation souple et même de manière plus surprenante l'industrie des machines-outils au Japon.

En définitive, *Les chemins de la prospérité* constitue un ouvrage de référence qui permet d'apprécier les modes de transition de l'économie industrielle confrontée à l'axiome global. C'est en réalité une voie qui est ouverte vers un ensemble de travaux qui viendra interroger les écueils d'une théorie de la régulation essoufflée qui ne parvient plus à arbitrer des logiques d'entreprises globales et des mouvements purement locaux. Jean-Benoît Zimmermann en 2005 pourra d'ailleurs interpeller le nomadisme et l'ancrage territorial des entreprises en précisant que « *l'emboîtement hiérarchique des échelles spatiales ne constitue plus un mode de régulation des équilibres économiques et de marché* », (p. 21). Toujours est-il que Piore et Sabel ont véritablement redécouvert Marshall. Nous concluons donc que la filiation théorique entre ces deux thèses, si près d'un siècle les sépare, est plus solide que ne l'ont analysé Moulaert et Sekia (2003). C'est bien ce que confirme le regretté Georges Benko (2007), quand il avance que « *cette nouvelle bifurcation industrielle rendait en effet toute sa place à la professionnalité de la main d'oeuvre d'une part, à l'innovation décentralisée et à la coordination (par le marché et la réciprocité) entre les firmes d'autre part : deux caractères de « l'atmosphère sociale » du district industriel* », (p. 146). Si Piore et Sabel ont rouvert la brèche marshallienne en 1984, la redécouverte des districts industriels est souvent attribué, à l'économiste italien Giacomo Becattini, pour ses études portant sur la « Troisième Italie ».

3. Les districts de l'industrialisation diffuse :

Près d'un siècle après Marshall, c'est en Italie que la forme conceptuelle du district va renaître avec notamment le livre de Bagnasco intitulé *Tre Italie*, (1977), ce qui marquera le renouveau de ce niveau d'analyse. Bagnasco est le premier a attiré l'attention sur le caractère atypique de l'industrialisation de la Troisième Italie. La Troisième Italie représente les régions « intermédiaires » situées entre le triangle industriel du Nord-Ouest et le Mezzogiorno (Marches, Ombrie, Toscane, Emilie, Venitie), qui sont spécialisées dans des activités traditionnelles (habillement, chaussures, cuir, meuble…) ou plus modernes (petite mécanique, électrotechnique), dont le processus de production peut être aisément décomposé. C'est en effet, dans ces régions italiennes (Toscane, Emilie, Venitie) spécialisées historiquement dans des activités traditionnelles (chaussure, cuir, habillement), qu'il observe un processus de production diffus, où la petite structure entrepreneuriale fait légion.

C'est donc avec Becattini que le courant sociologique de l'école florentine met l'emphase sur le développement endogène de ces territoires du nord de l'Italie. S'exonérant du modèle dominant qui est celui de la grande entreprise donneur d'ordre et du phénomène d'essaimage dit du « circuit en branche », ces formes d'industrialisation observées entrainent un foisonnement de concepts pour qualifier le phénomène : on parle ainsi « *d'industrialisation diffuse, de système de PME, d'économies périphériques ou encore de décentralisation productive* », (Daumas, 2006). Becattini va participer à la redécouverte de Marshall et du district, il va prolonger ses travaux pour la nouvelle sociologie économique. Connu pour ses travaux sur l'industrialisation de la Toscane, Becattini en remettant le concept au goût du jour et permet d'unifier ce champ de recherche situé à cheval entre l'économie et la sociologie. Le district industriel n'est pas mort, il renait et s'enrichit d'un nouvel attribut, sociologique : une « communauté de valeur ».

C'est dans son article intitulé « Du secteur au District industriel », (1979), que Becattini souligne la nécessité de substituer le district au secteur comme unité d'analyse. Comme Marshall il prend pour point de départ les fortes économies externes dégagées par de petites entreprises spécialisées et s'interroge surtout sur le sens de l'appartenance des acteurs du district à une même communauté de valeurs. Sur ce point, il convient de noter cependant que la vision des « valeurs partagées » prônée par Becattini est discutée par de nombreux auteurs. Ainsi, les travaux de l'école italienne sur les districts ont pu conduire « *à surestimer certains attributs des districts – niveau de confiance, importance de la tradition, savoirs tacites, haut niveau de coopération, recouvrement d'activités économiques et de réseaux sociaux – et à donner une vision « angélique » et unifiée de cette forme d'organisation* », (Mendez, 2005, p. 6).

4. <u>Le district à l'italienne : régulation ou coopération ?</u>

Nous pensons à cet effet que si l'analyse de Becattini est légitimement remise en cause, elle a pour mérite d'interpeller le système du district sur la question du « ciment » qui vient lier la coordination des entreprises par une division sociale du travail.

C'est en 1989, que Becattini donne sa propre définition[13] du district industriel à l'italienne : il s'agit pour lui « *d'une entité socio-territoriale caractérisée par l'association active, dans une aire territoriale circonscrite et historiquement déterminée, d'une communauté de personnes et d'une population d'entreprises industrielles. Dans le district, à la différence de ce qui se produit dans d'autres milieux, par exemple la ville manufacturière, la communauté et les entreprises tendent pour ainsi dire à s'interpénétrer* ». Plusieurs leçons doivent alors selon nous être tirées de cette définition nouvelle. D'abord, Becattini semble vouloir « enfermer » son district avec des contraintes spatiales. En effet, l'expression « aire territoriale circonscrite » si elle a le mérite de montrer l'idée qu'il faut modéliser le système productif localisé d'un point de vue spatial, reste néanmoins trop floue pour donner une idée précise de ce qu'elle peut recouper.

Ensuite, l'emploi du vocable « historiquement déterminés », montre également l'intuition qu'à Becattini de prendre en compte la dimension temporelle par une forme d'historicisation. Il semble par là même vouloir exprimer l'idée de cycle, de période, qui renvoi à une logique de phase. Cette vision « évolutionniste » de l'activité productive sur les territoires, comme Marshall est une manière d'insister sur le poids de l'histoire et la sédimentation des connaissances comme vecteur principal de renouvellement du dynamisme des districts.

Les travaux de Becattini sont cependant teintés de velléités régulationnistes locales. Ce reproche constitue en réalité le talon d'Achille de l'école florentine. En effet, si l'on reprend le texte avec attention, la démarche de Becattini s'avère descriptive et si elle permet de montrer avec justesse le processus de développement local, elle ne l'explique pas : « *La source des avantages compétitifs spécifiques (du district) est profondément enracinée dans le rapport unique de symbiose entre l'appareil productif, dont la population des entreprises forme le cœur, et la société locale dans toutes ses composantes. Les économies externes qui donnent au district l'avantage compétitif qui lui est propre, sont dues aux processus auto-éducateurs de la communauté, qui ajustent comportements, institutions, connaissances et valeurs, aux exigences émergentes du marché des produits du district, tout en respectant*

---

[13] Becattini, (1992), proposera une nouvelle définition du district : « *Une entité socio-territoriale caractérisée par la coexistence d'une communauté ouverte d'individus et d'une population segmentée d'entreprises. A partir du moment où, communauté d'individus et population d'entreprises occupent le même territoire, il est inévitable qu'il y ait interaction entre les deux. Il y a donc symbiose entre activités productives et vie communautaire. La communauté est ouverte car la nature industrielle du district ainsi que les problèmes liés aux profits croissants qui en résultent génère des flux permanents de biens et de personnes. La population des entreprises est segmentée dans la mesure où les différentes phases du processus productif sont réparties entre ces entreprises, chacune d'entre elle se spécialisant dans l'accomplissement d'une ou plusieurs phases* ».

cependant une certaine continuité avec la conception locale traditionnelle de ce qui est socialement juste et équitable », (2000, p. 251).

Avec le district industriel italien, il semble donc que la transition (proposée par Piore et Sabel), du modèle de la production industrielle ait été transposée tant du point de vue des activités productives elles-mêmes que du point de vue de la régulation de ce mode de développement. Il est ainsi question de régulation locale, par les institutions locales. Et de ce point de vue, nous partageons pleinement l'analyse de Maris (1996) qui interroge la pertinence des concepts d'institutions et de régulation locale. Il développe à cet effet une démonstration concluant que l'approche en termes de régulation *« fonctionne sur un territoire inadapté à l'économie institutionnelle, et l'économie institutionnelle utilise une notion d'institution inadaptée à la Nation. Aussi conclurons-nous que « régulation locale » est un concept difficilement opératoire, et sans doute non pertinent ; et qu' « institutions locales » recouvre plus que le sens courant d'institution (la loi, le règlement, les administrations, la coutume de négociation, etc.), sens courant qui est lui-même celui, assez précis, des compromis institutionnalisés de l'approche en termes de régulation »*, (p. 196).

Que faut-il en conclure ? La régulation locale, pas plus que l'approche en termes de régulation ne sont efficientes pour assurer la coordination entre l'axiome global et le marché d'un côté et les entreprises et le territoire de l'autre. C'est donc finalement le tiers démiurge comme le commissaire priseur walrasien qui est supposé arbitrer les choix « juste et équitable » pour la socio-économie locale. Sans entrer plus dans le débat régulationniste, observons cependant que Becattini (1989) parle en d'autres occasions de *« contrôle de régularité »* et *« de sanctions sociales »*, ce qui relève ici plutôt d'une approche en termes de gouvernance de type coopérative : *« on peut décrire le district industriel comme un grand complexe productif où la coordination des différentes phases et le contrôle de la régularité de leur fonctionnement ne sont pas assujettis à des règles préétablies et à des mécanismes hiérarchiques, mais, au contraire, sont soumis à la fois au jeu automatique du marché et à un système de sanctions sociales infligées par la communauté »*, (pp. 263-264).

Les travaux de Giacomo Becattini sur les districts de la troisième Italie s'inscrivent donc dans la lignée de ceux de Marshall. Au-delà des querelles académiques, l'élément primordial de sa démarche et de vouloir *« réintroduire le « social » dans l'économique »*,

(Mendez, 2005, p. 4), alors même que le système fordiste de la production de masse avait relégué l'analyse de la division du travail dans un cadre purement technique. Au travers de ses recherches, l'économiste italien a semble t-il développé les travaux de Marshall sur les facteurs non-marchands à l'origine des économies externes dégagées sur un territoire spatialement délimité. Les enjeux conceptuels à cette occasion ont pris un tournant nouveau et Becattini en a bien conscience car il propose un appel en faveur d'une grande alliance interdisciplinaire en ce domaine, appel qui reste vain, Daumas (2006).

Finalement, la démarche des districts industriels italiens permet aux systèmes de compétitivité territoriale de s'affranchir de l'économie industrielle « classique ». Si la convergence vers un mode (et non pas un modèle) de développement territorial et endogène s'affirme depuis le début des années 90, beaucoup de questions restent encore en suspend. C'est ce que nous résume Garnier (2007) : « *L'abondante littérature produite depuis 25 ans au sujet des districts industriels a conduit, bien souvent, à considérer les tissus productifs territorialisés performants comme des entités strictement circonscrites et confinées dans les limites d'un territoire parfaitement identifié dans les ressources duquel elles plongeaient leurs racines et dans les structures duquel elles encastraient leur organisation* », (p.2). Ainsi, peut-être convient-il de rester prudent sur le l'enfermement territorial et temporel du district industriel. Du reste, le district continue de rester une forme territoriale intéressante pour l'analyse du choix de localisation des entreprises.

5. De la colocalisation des entreprises, de l'encastrement des relations sociales :

Dans leur étude sur la gouvernance et la performance des pôles de compétitivité constitués de PME, Bocquet et Mothe (2009) résument l'intérêt pour les entreprises d'être localisées dans la forme renouvelée du district marshallien. A cette occasion, elles distinguent deux types d'externalités d'agglomération comme vecteur de la performance des entreprises, (p. 104).

- **Les externalités « pécuniaires »** d'abord qui n'exigent pas d'interactions directes entre les entreprises. Ce type d'externalité est alors uniquement liée à la stratégie et au choix de localisation de l'entreprise en quête : d'une main d'œuvre qualifiée et disponible en nombre suffisant ; d'une qualité des infrastructures et des équipements publics ; et d'un soutien des institutions locales. Nous retrouvons ici l'importance de la **dimension spatiale, donc idiosyncrasique** dans la construction de la compétitivité territoriale.

- **Les externalités de « communication »** ensuite, c'est-à-dire les bénéfices qui sont liés à un processus de rencontres et d'échanges de connaissances entre des acteurs géographiquement proches. Il s'agit de relever l'influence de la **dimension temporelle ou diachronique** dans la constitution des relations de coopération entre les acteurs pour la compétitivité territoriale.

Cette seconde catégorie d'externalité d'agglomération traduit en réalité le difficile passage du niveau d'analyse méso économique à celui des interactions sociales individuelles. Les questionnements sont de ce point de vue fondamentalement « locaux ».

C'est bien ce que relève Bernard Pecqueur (1996) dans sa confrontation des processus cognitifs dans la construction des territoires économiques. Il conclut dans cette optique que dans le district industriel, se vérifient empiriquement les hypothèses sur l'action et la coordination des acteurs économiques, avancées par Granovetter (1994) qui s'exprime en ces termes : « *la poursuite d'objectifs économiques s'accompagne normalement de celle d'autres objectifs de nature non économique, tels que la sociabilité, l'approbation, le statut social et le pouvoir. L'action économique (comme toute action) est socialement située et ne peut être expliquée par de simples motifs individuels ; elle est encastrée dans le réseau des relations personnelles (comme toutes institutions) n'émergent pas automatiquement sous une forme déterminée par les circonstances extérieures : elles sont socialement construites* ».

Il convient ainsi d'apprécier l'interpénétration de l'économie des conventions et de l'économie industrielle en s'écartant du cadre régulationniste mais en se rapprochant des considérations proposées par Ronald Coase en 1937 et développées par Oliver Williamson (1985) au travers de la théorie des coûts de transaction. C'est ainsi que la construction économique des territoires par le biais des processus cognitifs doit être socialement située, ce qui permet de montrer une fois de plus l'importance de développer une approche territoriale. Cependant, comme l'indique Pecqueur (1996) avec prudence, « *il n'y a pas d'automaticité du rôle du territoire comme dispositif cognitif collectif. Les conditions requises sont aléatoires et souvent provisoirement réunies* », (p. 219). La question du développement endogène (Garofoli 1994), est donc véritablement posée dans le courant des années 90. Les réponses apportées montrent une panoplie d'explications rivales toutes plus séduisantes les unes que les autres. Toujours est-il que si la question du local mobilise l'attention, celle du global, i.e. le chemin du conglomérat et de la multinationalisation emprunté par beaucoup d'entreprises, (Piore et Sabel, 1984) est loin d'être tranchée également.

A ce propos, constatant les effets de la mondialisation sur l'organisation des districts industriels, Mendez (2005) avance que « *dans ces conditions, les districts européens, souvent positionnées sur des produits grand public d'équipement de la personne comme le textile et l'habillement, subissent une concurrence sévère de la part des pays comme la Chine ou l'Inde* », (p. 9). Les délocalisations pour ce qui concerne la « *production industrielle en grand*[14] » reste une réalité pour l'Union Européenne en particulier. Cette dernière de poursuivre en soulignant la rapidité des effets d'imitation sur des produits à forte valeur ajoutée, « *les industriels chinois ou indiens ne sont plus positionnés uniquement sur des produits d'entrée de gamme* », (p. 9). La problématique de la « *production industrielle en grand* » ne concerne donc pas que la production de masse pour les biens de grande consommation. L'opposition entre produits « facile à imiter » et produits nécessitant une grande compétence et un savoir-faire spécialisé s'amenuise donc. A mesure que les effets d'apprentissage se diffusent vers les pays qui n'ont d'émergents plus que le nom, l'hypothèse de la « diabolisation » de la mondialisation par délocalisation « à bas coût et moindre qualité » sort peu à peu des discours politiques et médiatiques. C'est la conclusion tirée par Mendez (2005), les districts européens « *sont donc aujourd'hui inscrits dans une division internationale du travail asymétrique qui leur est actuellement plutôt défavorable* », (p. 9).

Ainsi, comme le district de Marshall, celui de Becattini aura fait (et continue à faire) couler l'encre et crisser les plumes de beaucoup d'universitaires. La recherche académique avance dans la détermination d'un modèle pour le développement territorial. Est-ce une fin en soit ou faut-il simplement apprécier les efforts d'une démarche itérative vouée à l'atteinte impossible d'un optimum sociétal du local ? S'il est trop tôt pour répondre à cette question, remarquons simplement que l'extension du concept initial de district industriel, a pu donner lieu à expérimentation par l'Etat italien au travers d'une politique volontariste dans le nord du pays, la troisième Italie. Par là même occasion, notons que de l'autre côté des Alpes, se développait la politique publique des systèmes productifs locaux en France, soutenue par les écrits de Courlet et Pecqueur (1992). Ces derniers se sont en effet référés à l'œuvre de

---

[14] Pour reprendre l'expression d'Alfred Marshall.

Becattini en identifiant pour les territoires de Cholet ou Oyonnax par exemple, des « *systèmes industriels localisés issus de l'industrialisation diffuse* ».

En définitive, les districts industriels de Marshall en passant par Becattini ont passé un double cap. Le premier est conceptuel puisqu'il a permis de briser la barrière des interdits du développement endogène avec une « *organisation de la production, territorialement intégrée, et sur leur capacité à se développer avec une certaine autonomie. Les travaux sur les districts industriels ont fait ressortir l'importance de la composante territoriale dans la dynamique industrielle* », (Maillat 1994, p. 66). Le second est celui de l'épreuve de la *praxis*, avec la multiplication des expérimentations par les états de politiques publiques dites volontaristes en faveur de ce mode de développement local. Cette nouvelle « réalité territoriale » basée sur l'interpénétration de la théorie et de la pratique est parfaitement mise en lumière par le concept de cluster formulé et expérimenté outre-Atlantique.

C. *New Industrial Spaces et Cluster sur les sentiers de la compétitivité :*

Les travaux de l'école de géographie californienne portant sur les *New Industrial Spaces* ainsi que ceux de Michael Porter et de son équipe de chercheurs constituent des formalisations conceptuelles contemporaines de la relation entre territoires et activités économiques. A la différence des districts industriels que nous avons présentés jusqu'alors, la compétitivité est placée explicitement au cœur de ces formes territoriales. Plus précisément il s'agit d'étudier les caractéristiques du développement d'un groupe d'entreprises et d'infrastructures locales sous l'angle de l'innovation en relation étroite avec un environnement hautement concurrentiel.

1. Les clusters « *on competition* » :

Contrairement à ce que beaucoup de chercheurs laissent entendre, les clusters ne sont pas une conceptualisation récente attribuable à Porter. Comme le précisent Aboiron et Nicoulaud (2008), il faut remonter jusqu'au Moyen-âge pour retrouver les formes initiales de ce que nous appelons aujourd'hui les clusters. En effet, à l'époque les principaux travaux et découvertes scientifiques sont opérés par les hommes d'Eglise et plus précisément les moines, cloîtrés dans leurs monastères. « *L'origine linguistique et conceptuelle des clusters est donc à chercher dans ces clustrum du Moyen-âge* », (p. 2).

Michael Porter est professeur d'économie et de stratégie à l'Université d'Harvard, il est mondialement connu notamment pour ses travaux sur l'environnement concurrentiel des entreprises[15]. Il développe le concept de cluster à partir de 1990 en observant des systèmes de production sur toute la planète qui possède une performance à vocation internationale. Depuis une vingtaine d'années, le « *phénomène cluster* », (Pecqueur, 2005) intéresse tant les chercheurs que les politiques. Cet intérêt croissant peut se résumer par la recherche d'un positionnement stratégique d'un milieu local sur la scène de la compétition internationale. A la différence du district dans lequel les acteurs baignent dans une atmosphère industrielle et forment une communauté de valeur « solidaire » le protégeant des « attaques » de l'environnement, le cluster est en prise directe avec le marché, les innovations y sont radicales et inscrites dans des réseaux mondialisés.

2. Définition et caractéristiques des clusters :

Si une multitude d'auteurs s'intéressent aux clusters, force est de constater que la définition du concept reste vague et floue. Comme le souligne Feser (1998), « *en dépit de l'intérêt intense manifesté pour les clusters industriels dans les politiques de développement économique en Europe et en Amérique du Nord, il y a peu de consensus sur la définition précise des clusters* ». Toutefois, comme le note Torre (2006) qui propose une analyse critique du concept et le passe au crible des économies de proximité, peut-être que ce manque de clarté dans la définition permet une certaine souplesse dans l'appréhension de phénomènes locaux donc et par définition singuliers.

Dans son ouvrage paru en 1990, *The Competitive Advantage of Nations*, Porter décrit « *une concentration géographique d'entreprises liées entre elles, de fournisseurs spécialisés, de prestataires de services, de firmes d'industries connexes et d'institutions associées (universités, agences de normalisation ou organisations professionnelles, par exemple) dans un domaine particulier, qui s'affrontent et coopèrent* »[16]. Le niveau d'analyse du cluster est sur ce point sensiblement proche de celui du district industriel. Au-delà des recherches qu'ils

---

[15] Il a dégagé également les facteurs ou forces influençant la performance de l'entreprise : le pouvoir de négociation des clients ; la menace d'entrants potentiels ; le pouvoir de négociation des fournisseurs ; la menace des produits de substitution ; l'intensité de la concurrence intrasectorielle.
[16] « *Geographic concentrations of interconnected companies, specialised suppliers, service providers, firms in related industries, and associated institutions (for example, universities, standards agencies, and trade associations) in particular fields that compete but also co-operate* ».

ont pu entraîner, le district marshallien et le cluster porterien se différencient sur des éléments fondamentaux et peu expliqués. Ces deux modèles de compétitivité territoriale ne présentent pas un développement économique similaire, sur le facteur de la performance en particulier. « *L'approche en termes de district soutient une conception de la performance circonscrite aux frontières du territoire [...]. Le concept de cluster introduit [...] l'idée d'une performance construite par des acteurs sur un territoire ouvert et imbriqué dans un ensemble d'autres espaces* », (Bocquet et Mothe, 2008). Ces dernières de poursuivre que pour le district industriel « *on raisonne essentiellement en termes d'économies de coûts et d'allocation de ressources existantes* » ; alors que le cluster « *a pour objectif prioritaire d'innover et de créer des connaissances nouvelles* », (p. 5).

Nous retiendrons ici la définition la plus couramment cité dans la littérature : « *Un cluster est un groupe d'entreprises et d'institutions associées dans un champ particulier, géographiquement proches et liées par des attributs communs et des complémentarités* », Porter (2000). A l'instar de Marshall et de l'école italienne, Porter s'intéresse à la performance de la compétitivité régionale. Il propose son analyse de l'avantage compétitif régional au travers de quatre éléments fondamentaux qu'il présente sous la forme d'un diamant :

- **Les ressources** (« factor conditions ») : il s'agit ici de l'**ensemble des facteurs de production utilisés par la chaîne de valeur locale** (ressources naturelles, main d'œuvre, capital, infrastructures).

- **Le contexte socioéconomique local** (« context for firm, strategy and rivalry ») : il faut comprendre par là un **système politique et économique local qui encourage et soutient innovation et investissement**, i.e. un ensemble d'institutions et d'individus qui portent et motivent par leurs actes et décisions la dynamique du milieu local.

- **Une demande qualitative et quantitative pour les produits du cluster** (« demand conditions ») : cette condition est primordiale au sens où elle relève de l'existence même d'un **marché pour la diffusion des produits et / ou services** délivrés par le cluster.

- **Un tissu local en amont et en aval de la chaîne de valeur** (« related and supporting industries ») : Porter fait ici écho aux industries intermédiaires déjà relevées par

57

Marshall et qui constituent (c'est sans doute là l'apport fondamental des travaux du chercheur américain) une véritable **chaîne de valeur régional**.

Dans la conception de Porter, ces quatre « faces » du diamant formalisent une systémique locale permettant des interactions fortes dont la condition *sine qua non* est la proximité géographique. Cette proximité favorise les interactions et attire par là même entreprises, capitaux et investissements selon un principe de cercle vertueux. La dimension spatiale (proximité) permet de d'améliorer la dimension temporelle et vice-versa. Le résultat se matérialise ainsi par la constitution et le maintien d'une « *forme de réseau qui se produit dans une localisation donnée, où la proximité d'entreprises et d'institutions assure certains éléments communs et améliore la fréquence et l'impact des interactions* »[17], Porter (1998). En d'autres termes les éléments de la **dimension idiosyncrasique** servent ceux de la **dimension diachronique** et permettent l'émergence et la continuité de la dynamique locale : il s'agit d'un système de compétitivité territoriale.

3. Effet clusters ou effet de mode ?

Le système de compétitivité territoriale de type cluster a véritablement déclenché un effet de mode tant pour les chercheurs que pour les politiques et par là même pour les managers territoriaux. Sur un plan académique, le concept a été travaillé et revisité par une multitude de chercheurs à travers le monde. Le cluster a par ailleurs été promu comme un véritable instrument de politique publique porteur de compétitivité et d'innovation pour les territoires voulant s'affirmer sur la scène internationale, (OCDE, 1999, 2001).

Ainsi, Enright (1996) par exemple, reprend-il à son compte le concept et parle de cluster régional pour illustrer « *un cluster sectoriel dont les entreprises bénéficient d'une proximité géographique* »[18]. De ce point de vue, il met l'accent sur la relation primordiale entre secteur industriel et territoire spécifique et se rapproche ainsi des questions animant les districts industriels. Ce type de relation apparaît cependant, plus finement, à la loupe du cluster qu'avec celle du district. L'intérêt d'analyser une filière industrielle ou grappe

---

[17] « *A cluster is a form of network that occurs within a geographic location, in which the proximity of firms and institutions ensures certain forms of commonality and increases the frequency and impact of interactions* », (p.226).
[18] « *A regional cluster is an industrial cluster in which member firms are in close proximity to each other* » (p.191).

industrielle « fixée » sur un périmètre géographique régional apparaît comme pertinent dans la perspective de compétition mondiale des territoires. Ce que nous confirment Cooke et Huggins (2003), qui mettent l'emphase sur le positionnement du cluster au sein de son environnement concurrentiel : « *la concentration géographique d'acteurs technologiques unis par des chaînes de valeur économique, évoluant dans un environnement bénéficiant d'infrastructures de soutien, partageant une stratégie commune et visant à attaquer un même marché* ».

Au-delà de la dimension stratégique dans les rapports du système avec son environnement, l'un des intérêts incontestable de l'approche par les clusters reste la démarche de compréhension qu'il peut apporter sur des champs conceptuels connexes. A ce propos, Suire et Vicente (2008) développent une approche passionnante en reliant la théorie des clusters avec le management des réseaux d'entreprises innovantes. Ce faisant, ils étudient le concept de connaissance dans le champ territorial du cluster à l'aune de la complexité. Cela induit alors « *de la part des firmes de combiner des stratégies d'appropriation (des) et d'accessibilité (aux) connaissances. Ainsi, dans la chaîne de valeur de la connaissance, la colocalisation des firmes peut être une stratégie rationnelle visant à favoriser l'accessibilité alors qu'elle peut s'avérer néfaste dès lors que la proximité géographique engendre des risques de sous appropriation* », (p. 120). Si le phénomène cluster fait polémique, c'est sans nul doute en raison de l'engouement qu'il a suscité. Martin et Sunley (2003) notamment se posent en questionneurs académiques vis-à-vis de la porosité entre le concept et les politiques publiques qu'il a pu motiver. Ils montrent dans cette optique que les clusters sont également créateurs d'externalités négatives « *liées à l'augmentation des coûts salariaux, de l'inflation du prix du foncier, et à une éventuelle congestion* ». Maskell et Kebir (2005), s'interrogent sur les éléments théoriques du concept de cluster. A cette occasion, ils mettent en relief trois questions-clés qui orientent les recherches sur le concept en révélant « *les outils permettant d'identifier et de mettre en évidence les facteurs (« quoi »), les relations (« comment »), les justifications (« pourquoi ») lesquels réunis constituent les fondements de la théorie* », (p. 13).

Si l'approche par les clusters rencontre un franc succès outre-Atlantique, ce n'est pas le cas en Europe où les chercheurs préfèrent des conceptualisations alternatives telles que les districts ou les milieux innovateurs. Il existe toutefois une grande similitude entre ces différents systèmes de compétitivité territoriale, mais comme le relève Tremblay (2007), pour les clusters, « *la dimension des ressources humaines ou des compétences constitue souvent une lacune identifiable* », (p. 31). En tout état de cause, le concept de cluster a suscité un véritable engouement, il fait l'objet d'une expérimentation des pouvoirs publics comme stratégie d'aménagement industriel du territoire américain. Peu à peu, une certaine confusion sémantique s'est installée dans ce courant de recherche si bien que, de la théorie à l'expérimentation en politique publique, l'utilisation du terme cluster s'est généralisée. Le concept est ainsi utilisé également pour désigner la politique publique régionale menée par l'Etat américain, Raines (2001). Même en Europe et en France, le vocable de cluster est devenu une référence pour tous les praticiens[19] de la politique et de l'action publique territoriale. Malgré la popularisation du concept cluster par l'outil cluster, Feser (1998) constate qu'en « *dépit de l'intérêt intense manifesté pour les clusters industriels dans les politiques de développement économique en Europe et en Amérique du Nord, il y a peu de consensus sur la définition précise des clusters, la dynamique qui sous-tend leur croissance et leur développement, ainsi que sur les initiatives visant à les construire ou à les renforcer* ». Ainsi, le meilleur atout du cluster, i.e. sa popularité en fait-il peut-être aussi sa plus grande faiblesse. Les clusters sont en effet des systèmes ouverts sur leur environnement ce qui les démarque de l'approche locale des autres formes identifiées, car enfin le « *concept de cluster introduit une rupture en défendant l'idée d'une performance construite par des acteurs, non circonscrite aux frontières géographiques du territoire* », Bocquet et Mothe (2009).

Certains auteurs relient le cluster de Porter aux travaux de Saxenian (1994) sur l'innovation régionale de la Silicon Valley, il s'agit selon Moulaert et Sekia (2003) de « *privilégier une relation artificielle* ». En d'autres termes, le cluster à la Porter participe bien d'une dynamique territorialement ancrée, mais le niveau d'analyse, en particulier le « contexte d'innovation » n'est pas local mais global. En ce sens, les travaux de Porter et de son équipe de chercheurs sont à rapprocher des nouveaux espaces industriels de l'école californienne Scott (1988), Storper et Scott, (1989).

4. <u>Les nouveaux espaces industriels de la géographie californienne :</u>

A partir de 1988 que Scott, Storper et Walker ont défini la notion de New Industrial Spaces, ils ont popularisés un courant de recherche reconnu sous le nom de l'école de

---

[19] Notre recherche nous a confirmée cet état de fait, cependant l'acception originelle est souvent bien loin de la forme que lui donne chaque manager territorial.

géographie économique californienne. C'est notamment au travers de l'étude de la *success story* de la mégalopole de Los Angeles avec l'ouvrage *The City* paru en 1996 que les géographes californiens ont pu identifier tout un agrégat de districts organisant ce territoire.

La clé de lecture inédite qu'ils proposent, articule le concept de spécialisation flexible de Piore et Sabel (1984) sous l'angle des « coûts de transaction » pour l'organisation industrielle du territoire observée d'un point de vue exogène. A l'inverse, ils utilisent les travaux sur les districts industriels italiens (notamment ceux de Brusco, 1986) en les croisant avec ceux de l'école française de la régulation sociale (Boyer, 1986 et Lipietz, 1986 notamment) pour définir les éléments à la base d'un développement endogène du même territoire. A partir de là, il serait possible de voir émerger un « *paradigme Coase-Williamson-Scott* », *selon lequel l'organisation industrielle arbitrerait entre les coûts d'organisation internes à la firme et les coûts de transaction entre firmes* », Benko (2007). C'est donc ainsi, par l'utilisation du patchwork des travaux sur l'organisation industrielle que Scott et ses collaborateurs ont pu dégager une approche intéressante et surtout plus complète puisque articulant économies d'échelle et économies d'agglomération. La proximité géographique permettant ainsi de régler les effets de la désintégration verticale issue de la mise à mal du modèle fordiste et la coopération voire la « régulation locale[20] » quant à elle met en synergie les force vives du territoire.

Ainsi, comme l'explique Scott (1999), « *la globalisation de l'économie, qui correspond à la fois à une mondialisation des marchés et à la mise en place d'une organisation internationale de la production, ne peut pas être considérée comme une sorte d'étendue sans lieux, enserrée dans une structure universelle de flux. Le développement au niveau global est possible non par l'élimination des effets géographiques, mais par l'apparition de structures de plus en plus différenciées des lieux de la spécialisation et des échanges interrégionaux* ». C'est donc une approche complète que propose l'école californienne : celle du changement profond de l'organisation industrielle poussée par les phénomènes de globalisation des rapports marchands, mais aussi celle de la re-territorialisation des rapports non-marchands au travers des travaux sur les districts notamment, en somme l'axiome global.

---

[20] Avec touts les réserves que nous avons déjà pu émettre vis-à-vis de la transposition de l'approche régulationniste à l'échelon local, nous présentons ici la proposition sans la dénaturer. Nous préférons toutefois la proposition de « coopération locale » qui reflète mieux la complexité des réalités territoriales.

Cependant, cette approche par les nouveaux espaces industriels si elle apparaît séduisante à bien des égards, par son caractère complet opère un grand-écart dont il faut se méfier. D'un point de vue conceptuel, comme nous avons pu le constater en retraçant les approches sur les systèmes de compétitivité territoriale les plus mobilisés, les véritables questions n'ont pas été tranchées : celle de la « production en grand » d'abord, mais aussi et surtout celle de l'origine de la dynamique locale et du développement endogène. En ce sens, la compétitivité territoriale n'est sans doute pas une donnée objectivable mais plutôt un construit dont il faut percer la teneur du point de vue de l'action publique. Ce que nous nous proposons de faire dans la présente recherche.

Au final, il nous apparaissait impensable de ne pas souligner les efforts et travaux de Bernard Pecqueur en particulier, au sein de l'Institut de Géographie Alpine. Ce dernier, sans tenter de formuler une approche globale, cherche au contraire à caractériser avec l'ensemble de son œuvre le point de départ pour une approche territoriale et non industrielle. Il présente alors la question en soulignant que « *les caractéristiques du modèle de la production territorialisée nous mènent à l'instauration d'un rapport local / global renouvelé autour de l'articulation complexe entre l'ancrage et l'a spatialité de la production. En d'autres termes, le territoire devient un espace central de coordination entre les acteurs cherchant à résoudre des problèmes productifs inédits* », (Pecqueur, 1996).

A ce stade de notre recherche, nous pouvons déjà prendre la mesure du nombre de travaux et de la qualité de ceux-ci visant à expliquer la réorganisation des rapports entretenus entre l'organisation industrielle et les territoires. L'enjeu majeur de telles recherches revient ainsi selon les mots de Scott à comprendre et décrypter « *la mosaïque globale des économies régionales* », (2001), afin de mettre en exergue les efforts de coordination de groupes d'acteurs à l'échelle locale ou territoriale. Pour résumer les développements précédents sur les districts industriels et les clusters, nous avons reproduit ci-après un **tableau (1.1)** proposé par Bocquet et Mothe (2009) qui synthétise les principaux déterminants et nature de la performance dans le district industriel et le cluster, (p. 107).

Tableau 1.1 Principaux déterminants et nature de la performance dans le district industriel et le cluster

Principaux déterminants de la performance	District	Cluster
Diversité • des membres • des activités • de la taille des membres • des marchés cibles • du capital	*Faible* *Faible* *Faible* *Faible* *Faible (familiale)*	*Forte* *Forte* *Forte* *Forte* *Forte*
Intensité de l'innovation	*Faible*	*Forte*
Type d'innovation	*Incrémentale*	*Radicale*[21]
Barrières à l'entrée/sortie	*Fortes*	*Faibles*
Modes de coordination	*Concurrence et coopération « naturelle »*	*Concurrence et coopération organisée (par les entreprises)*
Performance économique et sociale, à l'échelle du territoire	*PIB local, taux d'emploi, revenu, etc.*	*PIB local, taux d'emploi, revenus, etc.*
Performance collective, à l'échelle du district ou du cluster	*Externalités (accès à un bassin d'emploi dynamique et qualifié, à des infrastructures de qualité, à des connaissances communes)*	*Externalités et échanges volontaires de connaissances*
Performance à l'échelle des entreprises	*Economies de coûts*	*Economies de coûts et innovation*

Source : Bocquet et Mothe (2009), pp. 101-122.

En définitive, deux éléments apparaissent fondamentaux pour l'étude et l'analyse des systèmes de compétitivité territoriale.

---

[21] La différence entre innovations incrémentale et radicale est conforme à celle retenue par l'enquête communautaire sur l'innovation (OCDE, 1997). Elle repose essentiellement sur le degré de nouveauté de l'innovation introduite par l'entreprise considérée. L'innovation incrémentale implique un produit ou un procédé « *nouveau pour l'entreprise* » uniquement. L'innovation radicale implique un produit ou un procédé « *nouveau pour l'industrie* ».

- **La dimension spatiale** au sens de l'agglomération des entreprises et de la proximité qu'elles peuvent rechercher avec des structures et infrastructures susceptibles de dégager des externalités positives. Il s'agit de **l'ensemble des facteurs qui constituent un capital idiosyncrasique pour le territoire** et qui permettra d'expliquer la localisation d'une entreprise en cet endroit plutôt qu'ailleurs.

- **La dimension temporelle** qui est destinée à « organiser » les modes de relations entre les acteurs « situés » sur le territoire. Cette **gestion des relations entre les acteurs peut alors revêtir de multiples formes**, il est possible de parler de coopération, de coordination et nous l'avons vu également certains n'hésitent pas à s'engager sur la voie de la « régulation locale ».

En tout état de cause, les questionnements liés à ces deux dimensions sont loin d'être tranchées. Si un consensus peut être trouvé sur la dimension idiosyncrasique avec le constat de la polarisation comme mode de développement ontologiquement vérifié. La seconde dimension de la compétitivité territoriale reste peu expliquée jusqu'alors en particuliers pour ce qui concerne « *les problèmes de mise en relation des acteurs et de coordination entre ceux-ci [...] qui passent par la constitution de réseaux et notamment de réseaux d'innovation, support du territoire, comme le soulignent les travaux sur les milieux innovateurs* », (Calme et Chabault, 2007, p. 19).

Section 2.   De l'économie territoriale sur les chemins de la compétitivité :

La plupart des chercheurs qui s'intéressent à la question du développement territorial font état d'une littérature foisonnante. Dans les dédales des chemins de la prospérité de la transition industrielle, un fil d'Ariane peut être trouvé dans les travaux du GREMI[22]. En effet, le programme de recherche initié par Philippe Aydalot propose une véritable « assise scientifique » pour le développement endogène. Nous reviendrons sur les développements proposé par cette école mais il convient de présenter dès à présent la clé d'entrée retenue par Aydalot car elle permet de situer une certaine acception du développement territorial : « *On considère que l'entreprise (et l'entreprise innovante) ne préexiste pas aux milieux locaux, mais elles sont sécrétée par eux. Les milieux sont considérés comme des « pouponnières » d'innovations et d'entreprises innovantes. Ce choix implique que les comportements innovateurs ne sont pas nationaux, mais dépendent de variables définies au niveau local ou régional* », (1986).

A l'inverse des formes territoriales que nous avons présenté jusqu'alors, il n'est plus question de traiter de la transition et de l'adaptation du territoire au changement de son environnement. De manière différenciée, le point de départ des milieux innovateurs prend sa source dans le niveau local ou régional. De ce point de vue, il ne s'agit donc pas d'un chemin de la production industrielle au sens de la division internationale mais plutôt d'explorer une voie nouvelle, celle de la conception territoriale. Philippe Aydalot propose une véritable approche du développement local, celui-ci passant par le territoire, par le milieu. Le milieu forme donc pour les tenants de l'école européenne la composante principale à la base du développement. C'est un point de départ différent que celui des systèmes tels que le district industriel, le cluster ou les nouveaux espaces industriels, au sujet desquels Mendez (2005) rappelle qu'il s'agit de « *modèles d'analyse de l'activité industrielle au sein desquels l'espace, le territoire, est une composante essentielle* ». Ainsi donc, composante principale ou composante essentielle ? Voici la question qui est posée pour la reconnaissance du rôle du territoire dans le développement et la dynamique économique.

---

[22] Groupement de Recherche Européen sur les Milieux Innovateurs.

Nous présenterons dans un premier temps le champ conceptuel sur les milieux innovateurs. A cette occasion, nous verrons qu'il s'agit d'une approche complète et complexe permettant d'assoir le développement territorial sur des fondements paradigmatiques « solides ». Nous constaterons ensuite que les milieux sont innovateurs quand ils sont traversés par des réseaux d'innovation qui doivent s'analyser sur une échelle de territoire plus vaste. Ainsi, l'échelon régional apparaît-il pertinent pour implémenter des stratégies d'innovation, de connaissance et d'apprentissage. C'est pourquoi nous détaillerons ensuite les éléments qui permettent de penser les espaces régionaux comme des lieux privilégier de l'innovation et de la connaissance avec en particulier le modèle des *Learning region*. Au final, ressort de cette analyse que les milieux innovent pendant que les régions apprennent.

A. *L'innovation au cœur de la « bataille des milieux » :*

Depuis la fin des années 70, une multitude d'approches ont émergées (ou ré-émergées) pour interpréter la réorganisation de la production industrielle, des systèmes territoriaux et de la diffusion de l'innovation dans une économie globalisée. Toutes ont pour point commun, au départ ou au bout du chemin, une certaine conception du développement endogène[23] (Garofoli, 1994), donc propre au territoire. Comme le souligne Benko (2007), « *cette vision rompt aussi bien avec le structuralisme global qui, lui, peut sans doute rendre compte du déclin des régions (D. Massey et R. Meegan, 1982) qu'avec la théorie des « étapes du développement » initiée par Rostow* », (p. 3). Nonobstant, qu'il soit endogène ou exogène, le développement est sans nul doute une base nécessaire mais non suffisante pour comprendre et expliquer la dynamique des systèmes de compétitivité territoriale. En d'autres termes, ce qui motive ce travail de recherche n'est pas tant de savoir où se situe le point de départ du chemin et où celui-ci nous conduit mais bel et bien de comprendre ce qu'il se passe au cours du voyage, c'est-à-dire au cœur des milieux. Aussi, notre propos s'axera-t-il désormais sur les travaux du Groupement de Recherche Européen sur les Milieux Innovateurs, qui rassemble de nombreux chercheurs s'intéressant à cette théorie dans le sillage de son initiateur Philippe Aydalot.

---

[23] Dans la lignée des travaux de Kaldor, Young ou Myrdal.

1. Genèse d'un modèle adapté pour la compétitivité territoriale :

L'apport principal des travaux sur les milieux innovateurs, résulte du fait qu'au-delà d'une inscription territoriale endogène, ils permettent d'inclure les dynamiques d'innovation internes du milieu en référence à l'espace globalisé. A ce propos l'approche du GREMI permet de porter une attention particulière aux processus d'innovation développés entre les acteurs d'un même milieu. Au-delà, ce courant de recherche constitue une avancée majeure dans la compréhension des processus induits par la mondialisation, donc de l'axiome global : « *L'approche en termes de milieux innovateurs s'insère parfaitement dans la problématique de la globalisation qui exprime la pluralité des dynamiques qui concourent aujourd'hui à la différenciation spatiale des capacités à innover et des processus d'innovation* », Maillat (1994). Le champ théorique des milieux innovateurs peut en effet participer à l'édification d'un courant de recherche[24] à part entière. C'est ce que souligne Peyrache-Gadeau (1999) à propos des travaux précurseurs de Philippe Aydalot, « *il est possible en effet de trouver dans ses écrits les éléments d'une théorie de nature « paradigmatique », c'est-à-dire suffisamment novatrice pour rompre avec les problématiques antérieures et suffisamment en phase avec les préoccupations du moment pour rencontrer un écho tel qu'elle finisse par être travaillée et partagée par une partie de la communauté des chercheurs* », (p. 42).

C'est à partir des années 80 qu'Aydalot commence à remettre en cause le paradigme du développement régional et ses deux corpus théoriques principaux sur les trajectoires spatiales que sont la théorie de la convergence spatiale, d'origine néoclassique et la théorie de la divergence de filiation marxiste. Il consacrera par la suite sa théorie du retournement des dynamiques spatiales, Aydalot (1983). Il détermine ainsi que les différents types d'organisation spatiale c'est-à-dire les phases de polarisation et de division spatiale du travail se succèdent de manière cyclique et viennent tantôt renforcer des régions dites « riches » tantôt d'autres régions dites « pauvres ». La théorie du retournement des hiérarchies spatiales permet donc de se retrouver à la croisée des chemins de la prospérité identifiés par Piore et Sabel (1984). Aydalot ne les oppose pas mais cherche au contraire à les inclure dans une vue plus générale, cyclique et donc complexe. Il poursuit sa démonstration en indiquant que « *ces retournements recouvrent en fait des transformations plus structurelles dans les processus*

---

[24] A ce sujet, force est de constater que l'on ne compte plus les auteurs qui adhèrent ou se réfèrent à ce courant de recherche qu'il conviendrait à terme de regrouper dans un paradigme autonome, une discipline à part entière visant à l'étude et l'analyse de la compétitivité territoriale.

dynamiques : avant la crise c'était le dynamisme innovateur et organisationnel de la grande entreprise qui formait le moteur de la croissance des régions. Maintenant, si des mécanismes polarisateurs prennent une ampleur certaine dans les secteurs de pointe, associant le rôle moteur des grandes entreprises et le dynamisme de nombreuses créations industrielles de petite dimension, un dynamisme nouveau, issu non plus des technologies de pointe mais des milieux eux-mêmes fournit aux régions moins industrialisées les moyens d'un renouveau ». Deux chemins sont donc empruntables, celui de la production industrielle « en grand » qui se diffuse vers les territoires et celui de la compétitivité (de l'innovation au sens large) qui part du territoire vers les champs industriels.

C'est donc par une analyse approfondie de l'influence de l'innovation technologique sur les logiques spatiales qu'Aydalot arrive à déterminer que **l'effet de polarisation** doit être conjugué avec **un effet de coordination**. De ce point de vue Aydalot propose donc de mettre en synergie, dans une approche unifiée, les dimensions idiosyncrasique et diachronique à la base du phénomène de compétitivité territoriale. Le milieu innovateur apparaît donc comme le modèle privilégié de la compétitivité territoriale. En effet, avec la théorie des retournements spatiaux, le milieu innovateur se trouve doté d'une double dimension :

- il est tout à la fois un « **contexte d'innovation** », lorsqu'il s'agit de l'envisager comme l'environnement d'une firme innovante ;

- il est aussi « **acteur de son développement** » en tant que véritable « sujet-agissant ».

Pour le dire simplement, cette approche théorique permet de réunir des approches qui prennent des niveaux d'analyse différents. Les approches par les ressources, qui touchent à la dotation en facteurs de production de « l'espace-réceptacle » et les approches de la coopération, de la coordination des acteurs au sein d'un « espace organisé ». Les approches par les économies de proximité[25], viendront corroborer cette dichotomie en distinguant, « *deux catégories de proximités, respectivement nommées géographiques et organisée* », Rallet et Torre (2005). L'approche par les milieux innovateurs constitue donc semble t-il un modèle approprié pour l'étude de la compétitivité territoriale. Ces travaux permettent tout à la fois de prendre en compte les effets purement endogènes ainsi que les processus dynamiques

---

[25] Nous présenterons les catégories identifiées par les économistes de la proximité dans le chapitre troisième destiné à proposer un cadre managérial pour la compétitivité territoriale.

de mise en réseaux des acteurs, donc l'ouverture du milieu, comme « sujet-agissant » dans son environnement. Ils doivent permettre selon nous, d'hybrider deux types de travaux. Les premiers portant sur les modèles d'innovation territoriale les plus stables scientifiquement, les idéaux-types de la performance locale (district industriel, SPL, cluster). Les seconds analysant les dynamiques de coordination des « modèles-actions » développés par les Etats, qui correspondent à des outils d'aménagement de territoire à mi-chemin entre planification centralisatrice et développement d'initiative locale.

En définitive, l'approche par les milieux innovateurs traduit une volonté d'étudier un phénomène dans sa globalité, par là même dans sa complexité. Cette démarche est « *pluridisciplinaire, alliant interactivement des apports de l'économie industrielle, de la sociologie des organisations, de la science politique et de la géographie territoriale* », (Quévit, 2007). De manière heuristique, cette vision postule (comme pour le district industriel) que le territoire et la communauté d'acteurs hétérogènes qui le composent sont interdépendants et interpénétrants. Le milieu est donc un construit, il « *n'est pas une donnée a priori mais se construit par les firmes et les acteurs qui le composent dans le cadre d'une dynamique de création de ressources spécifiques* », (Lecoq, 1995). C'est véritablement l'introduction de la dynamique dans la compréhension du phénomène local qui fait la force de cette approche. Le milieu c'est tout à la fois un espace géographique, un collectif d'acteur, une logique d'organisation, une dynamique d'apprentissage, Maillat (1996). A l'instar de Calme et Chabault (2007), nous considérons que « *les milieux innovateurs constituent en quelque sorte la forme la plus aboutie en terme d'ancrage territorial, de proximité et d'innovation. Les capacités d'apprentissage y semblent plus fortes* », (p. 14).

Pour bien prendre la mesure de l'importance des travaux du GREMI nous proposons de retracer brièvement les programmes qui ont permis de structurer les recherches d'une communauté académique étoffée.

2. Approche historique et présentation du GREMI[26] :

Le GREMI fut crée en 1984 par Philippe Aydalot. C'est en 1986 qu'il prend la structure d'association et rassemble des équipes de recherche européennes et nord-américaines. La « théorie du retournement spatial » telle qu'explicitée par Aydalot au sortir du

---

[26] Le développement des paragraphes qui suivent doit beaucoup au travail de Matteaccioli et Tabaries, (2006).

recensement français de 1982 met en exergue de nouvelles dynamiques spatiales notamment au travers de la relation entre l'innovation technique et le territoire. Le changement le plus important résulte sans doute dans le niveau d'analyse. De l'analyse du rôle « innovateur » joué par les grandes entreprises que ce soit dans le champ industrielle ou le champ spatial, la question est désormais posée au territoire lui-même. Cette nouvelle problématique formulée par le GREMI peut être alors résumée en des termes simples issus de constats empiriques.

- D'abord, comme tous les systèmes de compétitivité territoriale que nous avons pu déjà présenter, « *des dynamiques endogènes semblent à l'œuvre dans l'espace français, et dans d'autres pays également* », (Matteaccioli et Tabaries, 2006, p. 4).

- Ensuite, le constat des premiers « gremistes » se base sur le déclin des certaines régions de tradition industrielle (ancien modèle fordiste) et la formidable expansion créatrice d'autres territoires qui à l'inverse étaient réputés peu dynamiques voire sous-développées.

Ainsi, la réorganisation industrielle et la mondialisation de l'économie et de l'information entraînent-elles une mise en compétition des territoires les uns par rapport aux autres. Pierre Veltz (1999) résume l'intérêt de s'interroger sur ce type d'articulation entre le local et le global, du point de vue spécifique de l'innovation avec les mots suivants : « *Des innovations qui dans leur source sont fortement décontextualisées, surtout si elles sont directement fondées sur la science, ne peuvent réussir économiquement et socialement que si elles sont recontextualisées quant à leur mise en oeuvre* ». L'intérêt de déplacer le point focal de l'analyse de la firme au niveau territorial se trouve alors justifié par l'implantation d'une logique organisationnelle nouvelle dans le système de production lui-même donc dans les entreprises ; mais aussi « *dans l'organisation territoriale de l'économie, de telle sorte que l'organisation productive et l'organisation territoriale sont étroitement interdépendantes et qu'elles se déploient de manière corrélative en s'appuyant l'une sur l'autre* », (Perrin, 1991, p. 35).

Les hypothèses formulées par Aydalot qui sont à la base des travaux du GREMI ont été synthétisées et présentées par Matteaccioli et Tabaries (2006), nous allons les présenter brièvement. « *L'entreprise innovante ne préexiste pas aux milieux locaux, elle est sécrétée par eux. Les comportements innovateurs dépendent essentiellement de variables définies au*

70

niveau local ou régional. En effet, le passé des territoires, leur organisation, leur capacité à générer un projet commun, le consensus qui les structure sont à la base de l'innovation », (Aydalot, 1986). De plus, le milieu est défini par le GREMI comme la conjonction de deux dimensions interdépendantes lui conférant le statut de système complexe.

- La première dimension est **statique** au sens où elle observe les principes analytiques classiques, elle révèle ainsi les différents enchevêtrements de contextes territoriaux qui permettent le développement socioéconomique. Le milieu est un contexte de développement.

- La seconde en revanche, est **dynamique** et s'intéresse au milieu en tant qu'acteur de son développement, elle focalise alors sur les intentions, les projets du système, et *de facto*, doit être appréhendée par la complexité. Le milieu est ainsi « *un ensemble territorialisé dans lequel des interactions entre agents économiques se développent par l'apprentissage qu'ils font de transactions multilatérales génératrices d'externalités spécifiques à l'innovation et par la convergence des apprentissages vers des formes de plus en plus performantes de gestion en commun des ressources »*, (Maillat, Quévit, Senn, 1993).

A la différence des formes territoriales que nous avons présentées, le milieu doit être envisagé comme **une appréhension plus large du phénomène local étudié**. En effet, au-delà du caractère endogène de développement qui est commun aux districts et aux clusters, les travaux du GREMI proposent de mettre à l'étude la dynamique du territoire vis-à-vis de son environnement.

Les travaux du GREMI se sont déroulés en six phases successives avec pour chacune d'elle, l'adoption d'une méthodologie commune. Les questionnaires ont ainsi été établis en commun et menés pour chaque étude dans une quinzaine de régions européennes. Un bref rappel historique nous permettra de dégager la trame générale des travaux proposés :

- ***GREMI I:*** la première étape a consistée à questionner **le rôle du milieu** (contexte et acteur) **sur les trajectoires d'innovation**[27] **des entreprises**. Une typologie des

---

[27] Nous reviendrons plus en détail sur ces trajectoires d'innovation dans le paragraphe suivant destiné à montrer notre acception de l'innovation vis-à-vis de l'objet de notre recherche.

trajectoires a ainsi pu être dégagée : la rupture-filiation (l'innovation est ici ni radicale ni incrémentale puisqu'elle s'inscrit sur un acquis ou un savoir-faire réorienté). La trajectoire d'attraction ensuite qui met en relief l'implantation d'entreprises extérieures au moyen des capacités et externalités locales existantes. Enfin, une troisième trajectoire, celle de la polarisation rassemblant à proximité nouvelle entreprise et institution de recherche à des fins de production de connaissances.

Notons également que le GREMI I a permis de proposer une typologie des milieux innovateurs selon qu'ils avaient un développement par l'amont ou par l'aval, un développement endogène ou exogène ou encore le type de région.

- *GREMI II* : lors de cette phase de recherche, ce sont **les processus d'innovation** qui ont été confrontés aux milieux eux-mêmes. Cette phase a notamment été l'occasion de **définir plus précisément le milieu, le réseau et leur interdépendance**.

- *GREMI III* : par la suite, les chercheurs se sont attachés au **temps long des réseaux d'innovation**. En partant de la genèse des réseaux, en passant par leur évolution puis en confrontant le rôle du milieu sur les réseaux et inversement. Trois dimensions sur le rapport milieu-réseau ont été identifiées : **une dimension cognitive, une dimension organisationnelle et une dimension territoriale**. *In fine*, l'innovation ou plutôt son champ d'action est véritablement déterminant pour la constitution du réseau et par ricochet influence le type de milieu dont il est question.

- *GREMI IV* : fut l'occasion de **poser la question de l'histoire à la formation et à l'organisation des milieux**. C'est la question évolutionniste qui fut ici posée. En dégageant des éléments historiques sur des milieux européens de tradition, les chercheurs ont pu déceler les lois qui président à la formation et la reproduction desdits milieux. L'approche économique sous-tendue est hétérodoxe et se fonde sur la soutenabilité, la variation et la sélection d'un actif spécifique portant compétitivité du milieu (Bramanti et Ratti, 1997).

- *GREMI V* : proposa une étude des **relations entretenues par le milieu et l'urbain**. Cette phase de recherches permit d'étendre l'étude à des ressources non plus techniques ou technologiques mais **tertiaires ou immatérielles**. Le constat principal est celui de la complexité de la problématique urbaine vis-à-vis de celle du milieu. Les chercheurs se sont ici confrontés aux éléments non-marchands qui intéressent notre recherche. Les résultats dégagés lors de cette étape montrent qu'il n'est pas évident de calquer les effets positifs des milieux sur la ville et inversement, dans de nombreux cas, les externalités d'agglomération ou urbaine ne profitent pas durablement aux milieux imbriqués ou à proximité directe.

- **GREMI VI** : cette dernière phase du programme de recherche s'est intéressée aux **ressources naturelles et culturelles valorisées par les milieux locaux**. Les ressources dites « patrimoniales » sont alors à rapprocher de la notion de bien public et donc directement lié à la problématique de l'intérêt général. Toutefois, comme le souligne (Matteaccioli et Tabaries, 2006), « *si l'approche en termes de biens collectifs était déjà présente dans les travaux du GREMI, du fait du rôle des acteurs publics fournisseurs de tels biens pour l'innovation, et du fait de la création par le milieu lui-même de tels types de biens (capital social, création de connaissances nouvelles, savoir-faire, culture commune... tous collectifs et souvent hors marché), dans cette étape elle devient encore plus importante, du fait de la nature de bien public des ressources patrimoniales* », (p. 15).

En définitive, avec cet aperçu historique, nous pouvons tenter de percevoir la richesse des travaux développés par groupe de recherche sur les milieux innovateurs en Europe. La problématique de l'action publique est bel et bien présente tout au long des différentes phases sans pour autant en constituer la clé d'entrée. Ces recherches ont largement contribuées à forger notre intuition d'étudier le phénomène de compétitivité territoriale du point de vue de l'action publique. Mais qu'entend t-on par compétitivité territoriale ? Est-ce le milieu contexte qui pousse l'innovation avec donc une initiative « en marché » ? Est-ce au contraire le milieu acteur qui produit des innovations à partir d'un contexte purement endogène donc partiellement « en société » ? Ou bien enfin, est-ce plutôt un processus de combinaison / recombinaison des deux propositions du GREMI qu'il faut désormais passer au crible de l'action publique sur ces milieux locaux ?

3. Discussions préalables : innovation des entreprises, compétitivité des territoires

Une recherche intitulée « Actions publiques et territoires innovants » ne peut faire l'économie d'une définition claire, précise et surtout adaptée du concept d'innovation. Il convient donc d'étudier le concept d'innovation au travers des typologies les plus couramment sollicitées par la littérature. Néanmoins, notre acception de l'innovation n'est pas conditionnée seulement par la logique d'entreprise. En effet, la problématique du management de la compétitivité territoriale, au centre de cette recherche vient étendre le champ de l'innovation au territoire par le biais des actions publiques. Ainsi, les actions publiques menées sur un territoire peuvent-elles être innovantes ? La juxtaposition de l'implantation de l'innovation technologique avec l'implémentation de politiques publiques en faveur de l'innovation sur un même territoire peuvent-elles observer un caractère cumulatif ? Cette interrogation est primordiale puisqu'elle induit le partage de l'innovation non plus entre les secteurs (filières industrielles), ou encore entre les entreprises du territoire, ou même entre la sphère privée et la sphère publique ; mais entre tous les acteurs d'un même milieu, formant alors une communauté homogène qui poursuit un but commun : **porter un territoire compétitif au devant de la scène mondiale.**

Dominique Genelot dans son ouvrage *Manager dans la complexité* (2001), appréhende l'innovation comme un processus complexe. Il synthétise le processus d'innovation selon une approche interactionniste[28] comme deux processus cumulatifs qui se combinent, s'enrichissent et se répondent : l'innovation est donc « *un processus continu d'amélioration de l'existant pour un meilleur usage et une meilleure adaptation aux évolutions de l'environnement ; d'autre part par des sauts plus importants correspondant à des créations, à de véritables nouveautés qui repensent complètement le système* », (p. 312).

Cette première définition de l'innovation appelle un constat liminaire : le **champ d'action de l'innovation est évolutionniste** (Dosi et al., 1988).

Ainsi, pour les innovations technologiques : l'environnement est le paradigme technologique (au sens de Piore et Sabel, 1984) et les entreprises sont les acteurs (ou organismes) qui doivent s'adapter ou mourir. Les innovations des entreprises sont des variations portant hétérogénéité dans leurs comportements. Les comportements d'innovation peuvent ensuite se lire selon leur degré de radicalité, soit qu'il s'agisse d'un processus

---

[28] La littérature sur l'innovation peut être classée selon trois grandes perspectives théoriques distinctes qui s'attachent pour chacune d'elle non à la nature de la découverte mais plus à sa structure. Ainsi, Slappendel (1996), cité par Habib (2008) retient trois perspectives : la perspective individualiste d'abord qui étudie le processus innovateur du point de vue de l'individu. La perspective structuraliste ensuite qui postule les capacités organisationnelles comme élément moteur de l'innovation. Enfin, la perspective interactionniste, celle que nous retenons, qui combine les deux premières vues conceptuelles de l'innovation pour les envisager dans une perspective complexe.

étalonné dans le temps suivant une logique « pas-à-pas » et qui modifient l'infrastructure du système; soit au contraire qu'il s'agisse de véritables ruptures « de sauts technologiques », qui opèrent un changement de paradigme et modifient la structure du système. Dans les deux cas, l'environnement, i.e. le marché de diffusion de la technologie, sélectionne les comportements d'innovation susceptibles d'aboutir et donc de survivre.

En ce qui concerne la compétitivité territoriale : elle suit un même **principe évolutionniste**. L'environnement est formé par un contexte territorial d'intervention protéiforme (Mondial, National, Local) influencé par l'axiome global. Le principe de variation c'est-à-dire l'hétérogénéité est issu du contexte territorial local (ou régional) qui est principalement formé par la singularité des territoires locaux (dimension idiosyncrasique). Le principe de sélection quant à lui répond d'une logique temporelle inextricablement liée aux variations spatiales : politiques publiques nationales, régionales et locales en faveur de l'innovation et du développement territorial (dimension diachronique). Les comportements de compétitivité territoriale, comme pour l'innovation répondent de différentes logiques temporelles. Le temps de l'action publique est plus long que celui de l'entreprise, ceci est dû à la complexité des arbitrages inhérents à la gestion de l'intérêt général. D'abord le politique ou système de production de l'action publique doit respecter des impératifs démocratiques. Ensuite, la diffusion de la décision au travers de la mise en application doit à son tour s'adosser au temps administratif, à ses « lenteurs bureaucratiques » et aux résistances individuelles et collectives au changement.

Le champ de recherche sur l'innovation est bien trop large pour qu'une revue exhaustive de la littérature en la matière puisse être réalisée ici. Pour la construction de notre objet de recherche, l'innovation ne peut et ne doit être étudiée en tant que telle. Elle ne constitue pas le principe directeur de la recherche, elle forme pour ainsi dire l'élément commun, le dénominateur nous permettant de relier des logiques *a priori* antagonistes celle du territoire « en marché » et celle du territoire « en société ». Les choix impliqués et impliquant de l'exercice scientifique nous amèneront donc à proposer une **acception spécifique du concept d'innovation lorsqu'il est adjoint à la perspective de compétitivité territoriale**.

i. *De l'innovation pour la survie des entreprises :*

Pour introduire le débat, nous choisissons de reprendre la typologie proposée par Habib (2008) dans son travail doctoral portant sur « La dynamique de création de connaissance dans les processus d'innovation ». A cette occasion, l'auteur a pu relever trois principales oppositions sur les dichotomies entre innovation de type produit ou processus ; celles entre innovation technique ou managériale et pour finir celles entre innovation incrémentale ou radicale, (p. 19).

- Innovation produit ou innovation processus ? « *L'innovation de type produit concerne l'introduction sur le marché d'un nouveau produit (bien ou service). Ces innovations ont une dimension externe et, souvent commerciale. Il s'agit d'introduire une nouveauté pour le client (ou l'usager) en se différenciant de la concurrence. L'innovation de type processus (ou procédé) correspond à l'introduction de nouvelles techniques/méthode de production et/ou de vente. Ces innovations ont une dimension interne visant l'amélioration de la productivité et de la performance de l'organisation* », (p. 20).

- Innovation technologique ou innovation managériale ? « *L'innovation technique (ou technologique) est généralement considérée comme le développement et / ou l'introduction d'un nouveau produit, service ou procédé* », (p. 21). L'innovation managériale, correspond quant à elle à des « *innovations permettant de modifier plus ou moins radicalement les méthodes de travail ou l'organisation du travail au sein de l'organisation* », (Charreire, 2007), cité par Habib (2008).

- Innovation radicale ou incrémentale ? La dernière dichotomie proposée à l'étude par Habib, « *concerne le degré de radicalité de l'innovation* », (p. 21). Cette dernière de poursuivre : « *L'innovation radicale (ou de rupture) est perçue comme une innovation qui modifie les règles du jeu concurrentiel par l'introduction d'un produit service ou d'une conception de marché radicalement novatrice* ». « *L'innovation incrémentale s'apparente quant à elle, à l'amélioration continue de l'offre existante. Il s'agit de rendre un produit ou un service plus performant pour le consommateur ou l'usager* », (p. 21). Cette conception du degré de radicalité de l'innovation est plus ou moins similaire à celle dégagée par l'OCDE dans une enquête communautaire sur l'innovation menée en 1997 : « *L'innovation radicale implique un produit ou un procédé nouveau pour l'industrie* ». Alors que « *L'innovation incrémentale implique un produit ou un procédé « nouveau pour l'entreprise* ».

Afin d'aborder les rapports entretenus entre l'entreprise et l'innovation, nous décidons de recourir au premiers pas de Philipe Aydalot dans le recueil de textes proposés par Camagni et Maillat intitulé *Milieux Innovateur : théorie et politiques* paru en 2006. Dans le premier texte, « Trajectoires technologiques et milieux innovateurs[29] », Aydalot positionne les objectifs de la démarche du GREMI. Il nous indique à cet effet que l'approche par les milieux locaux a été privilégiée. En d'autres termes, qu'il « *s'agit de se demander quelles conditions extérieures à l'entreprise sont nécessaires pour la naissance de l'entreprise et l'adoption de l'innovation. On considère que l'entreprise (et l'entreprise innovante) ne préexiste pas aux milieux locaux, mais qu'elle est sécrétée par eux* », (pp. 21-22). Ce postulat, nous l'avons dit, est le point de départ des recherches sur les milieux innovateurs développées par le GREMI.

Encadré 1.1 Une conception originale de l'innovation

« *L'homme, s'il vit ici ou là, ne fera pas la même invention car celle-ci est une façon d'appliquer une intelligence à une dose de connaissance, une façon de poser les problèmes qui sont fournis par les milieux [...]. La créativité est toujours enracinée dans l'expérience et la tradition* », (Aydalot, 1985a, p.148).

Dans ce travail de recherche, l'innovation doit donc être entendue dans cette même optique. En effet, il n'est pas question d'une innovation radicale au sens de Joseph Schumpeter mais plus d'un processus de réagencement ou de réutilisation de connaissances déjà existantes. Pour l'initiateur de l'école sur les milieux innovateurs, la perception de la relation entreprise / innovation est la suivante : « *la connaissance technologique est le fruit d'un investissement, l'innovation est l'une des réponses que l'entreprise peut apporter aux problèmes qui se présentent à elle. Quand s'ouvre pour un produit ou un ensemble de produits une phase de déclin, l'entreprise doit faire face à plusieurs difficultés : le tassement de la demande qui s'adresse à elle, l'impossibilité d'accroître cette demande par une baisse des prix. [...] l'innovation apparaît comme la seule parade susceptible de lever les blocages*

---

[29] Ce texte est une reconstitution présentée par Andrée Matteaccioli et Muriel Tabariès sur la base de deux textes de Philippe Aydalot. Le premier a pour base *Les milieux innovateurs en Europe*, 1986, Paris, le deuxième fut présenté lors d'un colloque ASRDFL en septembre 1986 et intitulé « Technologie nouvelles et développement régional », Paris.

en autorisant la création d'une demande nouvelle ou l'amélioration de la productivité », Aydalot (1986). Ce dernier de poursuivre que : « *l'innovation, pour l'entreprise, c'est d'abord peut-être l'introduction de rapports nouveaux entre la production et la connaissance. Une innovation majeure peut avoir deux origines : le marché (elle est alors induite par la demande et les perspectives de profit qui apparaissent) ou le développement propre de la connaissance* », (pp. 22-23). De cette définition, nous pouvons déduire qu'Aydalot ne réduit pas l'innovation de l'entreprise à des éléments purement marchands. En effet selon lui, la connaissance peut être la motivation principale d'une innovation (entendue ici plus au sens de l'invention ou de la création), dans ce cas, elle est le fruit d'une motivation individuelle et ses effets s'appliquent à une dimension collective se rapprochant du progrès social dans son acception la plus large. C'est ce que nous confirment par ailleurs Abdelmalki et al., (1996) : « *les activités d'innovation sont trop complexes [...] pour être imputées ou bien à des agents individuels, ou bien à des groupes d'agents coordonnés par des relations de marché pures* », (p. 17). A ce propos, l'approche de l'innovation du GREMI est donc bien centrée sur une perspective interactionniste du processus. Au-delà, même, dans une certaine mesure, « *l'innovation est une construction sociale de l'offre* », comme le conclut Genelot (2001).

C'est par une approche historique du rapport de entre innovation, connaissance et entreprise qu'Aydalot fixe un point de départ à sa réflexion. Ainsi, constate-t-il que la distinction entre les services recherche et développement d'un côté et production de l'autre ne relèvent pas de la même sphère managériale. Cette distinction croissante qu'il décrit « *tend à centrer l'innovation sur les institutions de recherche en amont de l'industrie, alors qu'auparavant elle était plus directement issue de la production* », (p. 23). Ceci permet de comprendre l'évolution du triptyque recherche – innovation – connaissance au travers de l'histoire industrielle et postindustrielle, et finalement, le constat que « *les voies de la collectivisation / privatisation de la connaissance sont l'un des enjeux d'aujourd'hui* », (Aydalot, 1986).

ii.   *Entreprises, innovations et rôle de l'Etat :*

Philippe Aydalot présente l'innovation selon la dichotomie petite/grande entreprise, il confère à chacune de ces structures entrepreneuriales un créneau innovateur spécifique : « *la petite entreprise dominant les phases initiales d'émergence de technologies radicalement nouvelles quand la grande maîtriserait les phases de consolidation et de maturité* », (1986,

78

p.27). Cette opposition entre les grandes et les petites entreprises s'est vue encore plus accentuée par la suite avec des groupes de taille mondiale (conglomérats et multinationales pour reprendre la terminologie de Piore et Sabel) et des TPE et PME de taille « familiale ».

Aydalot introduit par la suite, le rôle de l'Etat et de ses politiques publiques en faveur de l'innovation « *dans les secteurs jugés essentiels notamment sous l'angle de la défense nationale, et plus spécialement dans certains pays (tels que la France), la grande entreprise, levier majeur de l'intervention publique, récupérera un rôle important* », (p. 28). En décrivant ce mode de fonctionnement de l'interventionnisme étatique, avec l'exemple des monopoles publics français qui ont fait les grandes heures de l'ère industrielle, Aydalot en montre l'intérêt, mais surtout les limites. Dans la période actuelle de mondialisation et de globalisation des activités de production industrielle, la puissance publique a perdu de sa superbe. Les monopôles publics ont été et / ou sont démantelés les uns après les autres et la politique de l'Etat français en faveur de l'innovation a radicalement changée de cap. La politique publique de la DATAR en faveur des pôles de compétitivité en est la preuve. Les enjeux économiques ne sont plus du seul niveau national, ils doivent être implantés sur les territoires et ces territoires doivent porter la politique nationale sur la scène mondiale. Nous présenterons dans le chapitre suivant, les éléments historiques qui ont fondés cette politique publique, notamment au travers de la démarche d'expérimentation incrémentale suivie par la DATAR depuis les années 80.

Pour revenir à la perception initiale de l'innovation portant fondement des milieux innovateurs, le véritable changement proposé par Aydalot peut être compris dans cette question qu'il pose de manière simple : « *une autre source de l'innovation ne peut-elle exister ?* ».
Pour répondre à cette question, il argumente que l'innovation n'est pas issue « *de la petite entreprise nouvelle créée par le système de formation et de recherche, ni de la grande entreprise demeurée capable d'innover, mais serait le fruit d'un tissu industriel constitué duquel sortirai par un processus de conversion interne l'invention et/ou l'adoption des innovations* », (1986, p. 30).

En définitive, voici la base de la théorie sur les milieux innovateurs :

- la petite entreprise, derrière laquelle on envisage l'inventeur, le créateur, le chef d'entreprise recoupe la perspective individualiste du processus innovateur ;

- alors que la grande entreprise sous-tend un processus d'innovation organisé et structuraliste selon des capacités organisationnelles bien définies et limitées ;

- **Le milieu**, (comme le district ou le cluster), constituent alors **le lieu privilégié pour l'interaction et au-delà l'infinie variation des combinaisons possibles de ces deux processus d'innovation.** C'est au travers d'une agrégation spatiale permettant la proximité des acteurs (une « atmosphère » et / ou une « communauté ») à l'intérieur d'un espace défini que l'interaction est permise.

Avant d'entrer dans le cœur de la théorie des milieux innovateurs, il nous apparaît primordial de proposer quelques éléments de réflexion sur la compétitivité territoriale, utiles à l'élaboration de notre objet de recherche. Pour ce faire, comme précisé plus haut, nous retenons l'approche interactionniste eu égard à la complexité et à la polymorphie des concepts centraux de ce travail de thèse.

iii.   *De la compétitivité des territoires :*

Finalement, comme le résume Crevoisier (2001), l'innovation est un « *processus de différenciation face à la concurrence : différenciation du secteur par rapport aux autres secteurs, différenciation de l'entreprise face à ses concurrents, etc.* », (p. 156). Le concept d'innovation est donc lié au principe de la concurrence et suit comme nous avons pu le voir une logique évolutionniste. Il peut prendre pour l'entreprise des formes diverses (contenu ou processus) et des temporalités différentes (radicale ou incrémentale). Dans une recherche portant sur la compétitivité territoriale, les processus de l'innovation sont complexes puisqu'ancrés à la fois dans les contenus (entreprises-territoires) et dans les processus (actions publiques-territoires). Ainsi, l'innovation quand elle est entendue au sens de la compétitivité territoriale « *n'est pas seulement un processus d'adaptation d'un système à l'évolution de son environnement, c'est en réalité un processus interactif bouclé entre un système et l'environnement dans lequel il est inclus* », (Genelot, 2001, p. 313).

Nous pouvons ici sensiblement nous rapprocher des propositions de Storper (1996) pour une *Economie régionale évolutionniste* dans laquelle, aux modèles macroéconomiques classiques, une vision horizontale (donc spatiale) de la diffusion de l'innovation technologique doit s'observer comme un « *champ d'action* » *défini par certaines données fondamentales, physiques (types d'équipements, d'usages, de matériaux),* (**dimension idiosyncrasique**) *et cognitives (cadre conceptuel, connaissances),* (**dimension diachronique**) *des problèmes pratiques de productions* », (p. 229). Ce champ d'action correspond à l'arène de notre recherche. Il pose un décor difficilement perceptible *a priori* en raison de la complexité des systèmes de compétitivité territoriale.

Nous reprenons désormais les éléments de la typologie proposée par Habib (2008) pour passer au crible les concepts clés de notre recherche : territoires, actions publiques et innovations.

- De la première dichotomie innovation produit ou innovation processus, nous concluons qu'elle peut s'appliquer à la matière territoriale :

  - en effet, le territoire (i.e. institution) s'il est perçu comme une ressource à part entière, dans l'optique du marketing territorial par exemple peut tout à fait recouper les éléments de l'innovation de type produit. Ceci quelque soit le mode d'organisation industriel, le secteur d'abord avec par exemple les hautes technologies de la Silicon Valley (Cluster), ou encore la myriade de PME spécialisées dans une phase particulière de production d'un secteur formant un ensemble homogène. Nous pensons ici, évidemment aux districts industriels italiens par exemple ;

  - ensuite, le territoire, s'il est perçu comme une organisation, i.e. le champ de l'action publique territoriale, peut également être l'espace de diffusion d'une innovation de type processus. C'est alors le cas des politiques publiques volontaristes menées par les Etats dans le but d'aménager ou de réaménager leur territoires. Ainsi, nous l'avons évoqué plus haut, il s'agit ici de la porosité de la frontière entre concept et modèle-action que ce soit pour les clusters aux Etats-Unis ou pour les Districts en Italie pour ne prendre que ces exemples[30].

- La deuxième typologie de l'innovation, innovation technique ou innovation managériale, reprend peu ou prou les éléments de la première en introduisant toutefois une certaine marge de manœuvre et d'appréciation. Nous pensons qu'elle a pour mérite de proposer une image plus large que la précédente. De ce fait elle semble plus appropriée à une recherche sur la compétitivité territoriale en management public, incluant inexorablement des éléments marchands et d'autres éléments non-marchands. Car enfin, notre objet de recherche est envisagé tout autant dans son contenu (ancrage des innovations technologiques) que dans ses processus (diffusion des innovations managériales publiques).

- La troisième opposition retenue par Habib (2008), radicale / incrémentale représente deux extrêmes qui ne sont, sans doute, dans la pratique jamais clairement identifiés ou identifiables. Pour notre recherche, de degré de radicalité des innovations sera cependant utile à la mise en relief des contrastes entre l'implantation des innovations technologiques dans les territoires et la diffusion des innovations managériales de la DATAR vers les territoires. En tout état de cause, la compétitivité territoriale, c'est notre constat, peut être positionnée au travers de toutes ces conceptions présentées par Habib (2008).

Proposer un objet de recherche comme la compétitivité territoriale apparaît risqué mais beaucoup d'éléments permettent aujourd'hui de justifier une telle entreprise. En effet, le rapport local-global est une réalité admise qui vient apporter des besoins théoriques et pratiques nouveaux en matière de management territorial. Maillat et Kébir (1999), présentaient déjà la problématique en ces termes : « *ce que la globalisation entraîne, c'est la multiplication des systèmes territoriaux de production qui entrent en concurrence les uns avec les autres. Or la compétition entre ces systèmes ne dépend pas que des coûts des facteurs de production mais d'un ensemble complexe de facteurs qui stimulent et génèrent de manière permanente l'innovation* », (1999, p. 375). De plus en plus de chercheurs convergent vers cette problématique de l'économie territoriale. Preuve en est la création du Groupe de

---

[30] Le cas de la France sera examiné en profondeur dans le chapitre suivant.

Recherche en Economie Territoriale à l'Institut de sociologie de l'université de Neuchâtel en Suisse. En outre, l'approche par la compétitivité territoriale est d'autant plus pertinente sous l'angle du management public. La problématique de l'intérêt général est particulièrement liée avec la notion de territoire, les affinités entretenues sont grandes et les perspectives de recherche sont riches.

Par ailleurs, la proximité conceptuelle entre l'innovation et la compétitivité, nous l'avons vu est grande. La conception de l'innovation formulée par Aydalot (1985, p. 16), n'est pas figée ou réductrice (technologique). Bien au contraire, selon lui, l'innovation est territoriale au sens elle correspond à « *la création d'un milieu pour répondre à un défi ou un besoin local par l'utilisation de l'expérience locale* », c'est-à-dire *une innovation qui « est le fruit de l'inventivité du milieu et répond aux besoins de développement local, moyen que se donne une société pour progresser* », (Peyrache-Gadeau, 1999, p. 55). La transposition de l'innovation de l'entreprise au milieu à été clairement établie par le GREMI.

Et finalement comme s'interroge Quevit (2007) **les nouveaux enjeux s'articulent autour de des territoires innovants et de la compétitivité territoriale**, (voir **figure 1.2**). C'est pour lui un constat empirique, « *qu'un territoire ne peut devenir réellement innovant que s'il répond dans sa stratégie et sa politique de développement aux impératifs des trois grands déterminants structuraux :*

- *les **déterminants économiques** liés aux **nouvelles mutations du fonctionnement d'une économie globalisée** et des nouveaux rapports entre le local et le global qu'elles induisent ;*

- *les **déterminants organisationnels** liés à la dynamique de la gouvernance territoriale et des relations entre les acteurs territoriaux impliqués dans une **démarche de développement du territoire qui est intégrée et ouverte au changement** ;*

- *les **déterminants socio-culturels** qui concernent le **système de valeurs d'une société** mobilisée par une vision du futur de son territoire et stimulant la créativité et l'inventivité de sa population* », (p. 60).

La compétitivité territoriale est donc directement conditionnée par un environnement globalisé. Les trois déterminants structuraux proposés par Quevit permettent de vérifier notre conceptualisation sur les dimensions constitutives du phénomène :

- en premier lieu, **les déterminants économiques correspondent à la construction de la dimension idiosyncrasique sous une logique « en marché » des territoires** ;

- ensuite, **les déterminants organisationnels participent à la construction de la dimension diachronique des territoires locaux** ;

- Enfin, **les déterminants socio-culturels**[31] correspondent aux **éléments de prospective, aux projets qui traversent les territoires**. Sous une logique « en société » ce sont les actions publiques résultantes des politiques publiques qui peuvent être de deux ordres : *top-down* ou *bottom-up*.

---

[31] Sur ce point précis, nous ne pouvons adhérer à l'assertion « déterminants socio-culturels ». En effet, notre recherche a pour clé d'entrée le management public et à ce titre nous pensons qu'il s'agit ici de problématiques d'intérêt général, de territoire envisagé comme un bien commun et *in fine* de la question sociétale. En tout état de cause nous débattrons de cette question dans les deux chapitres suivants réservés à l'étude des politiques publiques pour le chapitre deuxième et des modalités d'action des managers territoriaux pour le troisième.

Figure 1.2 Evolution du système de production : du capitalisme industriel au capitalisme de l'économie globalisée

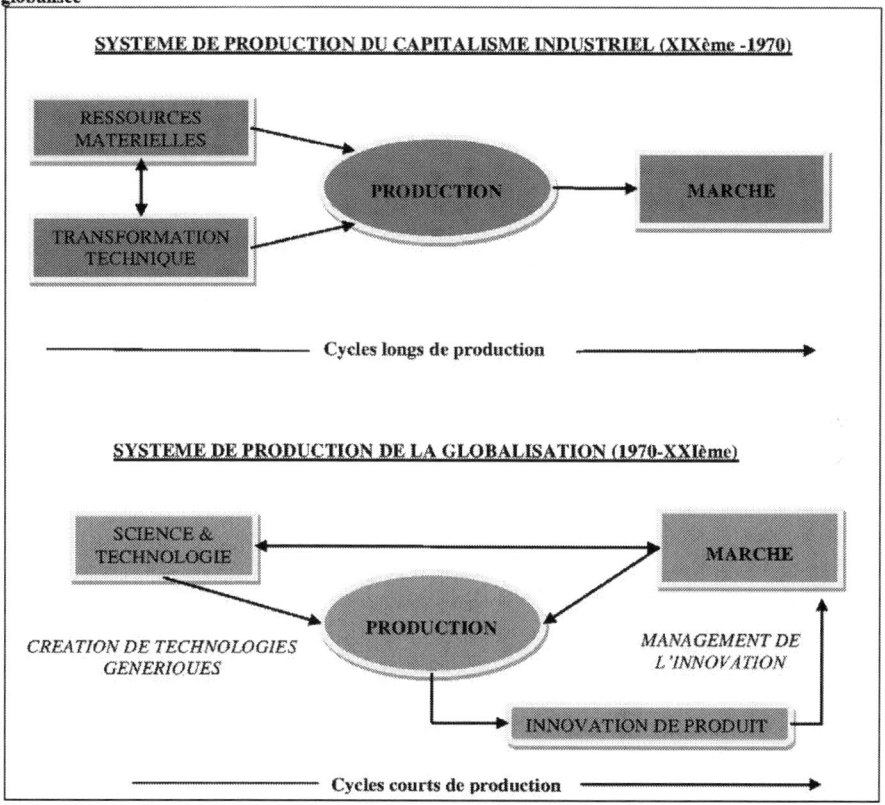

SYSTEME DE PRODUCTION DU CAPITALISME INDUSTRIEL (XIXème -1970)

RESSOURCES MATERIELLES

TRANSFORMATION TECHNIQUE

PRODUCTION

MARCHE

Cycles longs de production

SYSTEME DE PRODUCTION DE LA GLOBALISATION (1970-XXIème)

SCIENCE & TECHNOLOGIE

MARCHE

CREATION DE TECHNOLOGIES GENERIQUES

PRODUCTION

MANAGEMENT DE L'INNOVATION

INNOVATION DE PRODUIT

Cycles courts de production

Source : Quévit, (2007), GREMI et cours de Développement régional (UCL).

« *L'impact de la globalisation de l'économie sur la compétitivité des territoires* », (Quevit, 2007) est donc une réalité. La **figure 1.2** ci-dessus présente les changements majeurs de l'axiome global sur la structuration de l'économie et par effet de ricochet sur les enjeux de la territorialisation des activités productives. Au-delà même, cette figure nous présente en réalité la croisée des chemins : ceux de la prospérité identifiés par Piore et Sabel (1984) et réunissant les approches portant sur les districts industriels, les nouveaux espaces industriels et les clusters[32] ; et ceux de la compétitivité (en cours de formation) alimentés par les écrit

---

[32] Positionner les clusters dans cet ancien modèle de la production industrielle s'est avéré un exercice difficile. En effet, malgré les dissensions conceptuelles qui couvrent cette approche, l'innovation est bel et bien au cœur de la proposition. Cependant, il faut bien reconnaître que les clusters sont avant tout des « grappes industrielles » répondant d'une logique de filières.

majeurs du GREMI sur les milieux innovateurs ainsi que l'économie de la connaissance avec les *Learning region*. Notre approche sur la compétitivité ainsi positionnée, nous allons désormais présenter une synthèse des éléments théoriques permettant de bien maîtriser l'approche par les milieux innovateurs.

1. Les milieux innovateurs éléments théoriques :

Nous l'avons explicité plus haut, les travaux du GREMI sont directement issus de l'intuition de Philippe Aydalot qui, remettant en cause le paradigme du développement régional a proposé une théorie du retournement des dynamiques spatiales. A l'instar de Piore et Sabel (1984), qui constataient une « *convergence surprenante des conceptions néoclassiques et néomarxistes* », (p. 19), Aydalot à la même époque déplore l'insuffisance de ces corpus théoriques pour expliquer les changements dans les techniques et l'organisation de la production industrielle. Comme le note Matteaccioli (2004), dans son ouvrage *Philippe Aydalot : pionnier de l'économie territoriale*, (pp. 32-33), Aydalot adresse des critiques à l'endroit de la théorie néoclassique notamment sur la localisation et son principe d'homogénéité spatiale reléguant le territoire à un facteur passif et donc non déterminant pour les choix de localisation des entreprises. Mais il reproche également à la théorie des pôles de croissance chère à François Perroux de focaliser son analyse sur les économies de coûts de transport au détriment de nouveaux facteurs décisifs tels que le développement des télécommunications et finalement l'avènement du paradigme immatériel.

i.   *Dynamiques spatiales et retournements :*

Comme l'explique (Peyrache-Gadeau, 1999, pp. 44-45) deux forces *a priori* antinomiques sont à la base de l'hypothèse du retournement des dynamiques spatiales.

- D'abord, **les changements de paradigmes technologiques ou les innovations radicales** conduiraient à la création d'un nouveau secteur et d'un nouveau marché et pousseraient à la multispatialisation. L'évolution des modes de production industrielle (automatisation, robotisation, etc.) permettant une volatilité des facteurs de production, amoindrissant, par là même l'importance de la main-d'œuvre et des savoir-faire locaux.

- Ensuite, **les besoins de communication, d'information et d'échanges**, i.e. de réciprocité, des milieux déclencheraient un phénomène inverse se traduisant un besoin de proximité accru entre différents acteurs. Sur ce point, il est en réalité question des innovations de type incrémental, c'est-à-dire celles qui traduisent « *le passage à la maturité des technologies [et] engendrent un processus de division sociale du travail* », (p.45).

De ce constat formulé par Aydalot sur les allers-retours des forces tendancielles structurant l'espace, découlera la formulation de son hypothèse résumée comme suit par Peyrache-Gadeau (1999) : « *le passage d'un type d'organisation territoriale à un autre serait en fait de nature cyclique. Ainsi certaines époques ont été plus favorables à un type d'organisation spatiale, les phases de polarisation succédant à celles de division spatiale du travail au rythme de cycles longs marqués par la succession des technologies* ». En définitive, cette approche peut se résumer ainsi : les innovations technologiques radicales poussent à la polarisation spatiale « volatile », (grande entreprise et modèle classique du circuit en branche) ; alors que le développement incrémental de ces innovations nécessite des rapports de réciprocité et / ou de coordination entre les acteurs induisant alors une division sociale du travail.

Cette approche par les retournements des dynamiques spatiales est donc indiscutablement liée d'une part à la nature de l'innovation technologique et de l'autre aux choix de localisation des entreprises. Il faut comprendre ici que l'innovation selon sa nature implique un mode d'organisation (technique et organisationnel) de la production qui distend ou au contraire resserre la proximité entre les entreprises. Ces processus de « *déterritorialisation-reterritorialisation* » doivent alors selon Aydalot s'analyser comme des cycles, c'est-à-dire selon la phase du développement de la technologie dont il est question. Les travaux du fondateur des milieux innovateurs, de ce point de vue permettent d'ouvrir une voie pour les approches évolutionnistes de l'innovation en matière d'économie territoriale.

Face à ces deux forces tendancielles qui alterneraient selon un processus dynamique, Aydalot (1983) s'interroge *in fine* sur le véritable rôle joué par l'espace, donc le territoire. Il questionne ainsi les bases du développement endogène du point de vue du concept d'innovation envisagé alors dans une acception plus large. En effet, il avance qu'avant « *la crise c'était le dynamisme innovateur et organisationnel de la grande entreprise qui formait le moteur de la croissance des régions. Maintenant, si des mécanismes polarisateurs prennent une ampleur certaine dans les secteurs de pointe, associant le rôle moteur des grandes entreprises et le dynamisme de nombreuses créations industrielles de petite dimension, un dynamisme nouveau, issu non plus des technologies de pointe mais des milieux eux-mêmes fournit aux régions moins industrialisées les moyens d'un renouveau »*, (p. 16). C'est à ce stade précis de la maturation de la théorie qu'émerge le concept de milieu. Cette situation montre **le passage de l'espace-réceptacle à l'espace-organisé.**

Quelques années plus tard, Aydalot lui-même modèrera son analyse et écrira avec beaucoup d'humilité que *« le retournement ne serait ainsi qu'une vision un peu simpliste et purement statistique de processus beaucoup plus complexes »*. (Aydalot, 1987, pp. 5-6). En effet, dans cette approche si les questions du *quoi ?* (nature de l'innovation) et du *comment ?* (polarisation ou division sociale du travail) trouvent des réponses, qu'en est-il du *pourquoi ?* En d'autres termes, est-ce l'innovation (quelque soit sa nature) qui modèle et remodèle les territoires ? Ou bien à l'inverse, est-ce la localisation et la proximité (quelque soit le type d'organisation spatiale) des entreprises innovantes qui conditionnent la nature des innovations ?

In fine c'est la problématique du milieu qui émerge ici comme elle a pu émergée successivement lors de notre étude avec le district industriel marshallien, puis les districts italiens, ou ensuite les nouveaux espaces industriels et les clusters.

    ii.   *De la statique à la dynamique :*

Les travaux du GREMI se sont développés à partir des bases théoriques formulées par Aydalot. Malgré ses réticences à l'encontre du phénomène « développement local » qu'il a vu émergé depuis les années 1950, ce dernier a pu parler de révolution intellectuelle indispensable pour la prise en compte des enjeux socio-économiques et sociétaux révélés par ce mode de développement. Le développement passe par une analyse de l'espace, car *« l'espace est bien autre chose qui dépasse la somme de ses composantes : des valeurs communes, des possibilités d'interaction qui créent des effets de synergie »*, (Aydalot, 1985, p.146). De poursuivre que ces relations et interactions qui permettent des synergies ne peuvent se produire dans un cadre a-spatialisé, il écrira d'ailleurs que *« c'est dans le cadre local, par la mise en valeur des ressources locales et avec la participation de la population que le développement pourra réellement répondre aux besoins des populations »*, (p.109).

Si la problématique des travaux du GREMI est initialement centrée sur les innovations technologiques, cette position a évoluée tout au long des différents programmes établis par le groupe de recherche. C'est ainsi qu'au travers de l'étude des rapports entre trajectoires d'innovation et milieu, le champ d'étude a pu s'ouvrir et se complexifier à mesure que les investigations montraient l'importance de variables insoupçonnées initialement.

L'approche par les milieux innovateurs est donc une approche dynamique qui permet d'analyser les interdépendances entre les trajectoires technologiques et les dynamiques spatiales des territoires. Ainsi, le potentiel innovateur des milieux sera-t-il moins dépendant de « *leurs caractéristiques que du moment qu'ils ont atteint dans leur évolution* », (Aydalot, 1988, p. 43). Il s'agit donc, selon ce dernier, de privilégier les moments de la dimension diachronique de la compétitivité territoriale plutôt que de se focaliser sur les facteurs relevant de sa dimension idiosyncrasique. En effet, le défi revient à « *identifier ces moments, analyser la nature des choix possibles et comprendre le pourquoi des évolutions concrètes, voilà un champ d'étude qui rajeunit la notion d'étape du développement* », (Aydalot, 1985, p.176).

iii. *Phases de développement et typologie des milieux innovateurs :*

Lors du premier programme de recherche du GREMI, trois trajectoires technologiques avaient été identifiées : la **rupture-filiation**, l'**attraction** et la **polarisation**. Dans le même temps, une typologie des milieux innovateurs était présentée en retenant deux clivages majeurs : d'abord les milieux qui montrent un développement endogène ou au contraire exogène ; ensuite un développement par l'amont (capacité d'offre d'une région) opposé à un développement par l'aval (le marché).

Tableau 1.2 Typologie des milieux innovateurs

	Marché du travail	Région sans tradition industrielle	Région de tradition industrielle
		en formation	en mutation
Dynamisme local	**Développement par la DEMANDE**	Demande publique de recherche Demande militaire (Californie)	**FILIATION** Concentration de la capacité d'innovation d'une région industrielle (Paris Sud) Sous-traitance, demande de produits technologiques
	Développement par l'AMONT	OFFRE DE « CONNAISSANCES » **POLARISATION** *Spin-off* à partir de *knowledge centres* (Cambridge, Route 128)	EXISTENCE D'UN TISSU INDUSTRIEL ET D'UN SAVOIR-FAIRE **RUPTURE-FILIATION** - Adaptation des entreprises (Jura suisse) - *Spin-off* à partir d'entreprises qui disparaissent (Besançon) Réemploi des acquis locaux, reconversion
Dynamisme externe	**GRANDES entreprises**	**ATTRACTION** Offre de facteurs de localisation Implantation de grandes entreprises technologiques et de centres de R&D (Sophia Antipolis)	**ATTRACTION-JUXTAPOSITION** Offre de facteurs de localisation Implantation d'établissements de production en marge du système industriel existant qui poursuit son déclin Dualité (Charleroi, Newcastle)
	PETITES entreprises	Offre de facteurs de localisation et d' « ambiance » Implantation de PME innovatrices (Tessin, Aix-en-Provence ?)	

Source : Aydalot (1986), p. 39.

Au travers de ce **tableau 1.2** synthétique, nous pouvons comprendre la diversité et la richesse des situations envisagées par le GREMI. Ainsi, pour chaque cas de figure envisagé, des exemples empiriques permettent de distinguer si le développement est endogène ou exogène et si l'initiative de ce développement est présente au sein du tissu industriel ou importé de l'extérieur. La typologie est également enrichie selon que le milieu bénéficie d'une tradition industrielle (mutation) ou bien qu'il décide de se spécialiser dans un secteur particulier (formation).

Le premier cas est sans doute le plus emblématique. C'est celui d'un développement endogène, l'innovation est alors « demandée » par le marché. C'est l'exemple de la Silicon vallée où la demande publique pour la recherche militaire a généré un tissu industriel dense sur un milieu sans tradition industrielle préalable. C'est aussi le cas inverse où le tissu industriel préexiste (Paris Sud) et la demande se matérialise par un besoin de produits technologiques nouveaux.

Le développement peut également être endogène alors même que le milieu va anticiper le marché et décider d'offrir un produit ou un procédé technologique nouveau. L'offre dans ce cas va anticiper la demande, ce sont alors soit des entreprises nouvelles issues de centre de recherche qui vont se regrouper selon une trajectoire de **polarisation** (Route 128, Cambridge). A l'opposé, dans les milieux bénéficiant d'un tissu industriel et donc d'un savoir-faire ou d'une ressource locale il va s'agir d'une trajectoire de **rupture-filiation** (d'un saut technologique), avec soit l'adaptation/restructuration d'entreprises existantes (Jura Suisse), soit la disparition/réapparition de nouvelles entreprises (Besançon).

Dans le deuxième cas de figure la capacité d'innovation est extérieure au territoire. La trajectoire technologique est alors celle de l'**attraction** des grandes entreprises et de centre de R&D qui vont être attirées au sein du milieu (sans tradition industrielle) par une offre de facteurs de localisation, c'est l'exemple de Sophia Antipolis. Dans le cas d'un tissu industriel préexistant, Aydalot parlera d'**attraction-juxtaposition**, suivant la même logique, mais les nouveaux entrants se superposant au système productif déjà présent à la manière d'une thérapie palliative du territoire, ce sont les cas de Charleroi et de Newcastle.

Enfin, Aydalot a distingué dans ce deuxième cas du dynamisme externe les petites des grandes entreprises. Pour les petites entreprises, il décrit un mécanisme d'attraction par une offre de facteurs de localisation et d' « ambiance » se traduisant par l'implantation de PME innovatrices (Tessin, ou encore Aix-en-Provence ?). Notre terrain de recherche se situe justement autour d'Aix-en-Provence.

Cette présentation de la typologie des trajectoires d'innovation technologiques est donc croisée avec :

- **la nature du développement économique du milieu** (endogène ou exogène) ;

- **l'initiative de la formation ou de la transformation du système de production** (par la demande ou par l'amont) ;

- **la taille des entreprises** (grandes ou PME).

Cependant, force est de constater que si cette typologie proposée (**tableau 2**), a pour mérite de figer une « coupe instantanée et datée », de nous produire une photographie du milieu étudié à un instant « T », elle ne prend pas en compte la dynamique, i.e. l'évolution de ce milieu au travers du temps. C'est pourquoi, les travaux du GREMI, se sont par la suite attachés à étudier les cycles de temps long pour tenter de mettre en relief les dynamiques spatiales en interrelation constante avec l'évolution des systèmes productifs au sein des milieux. « *Ainsi pourrait-on esquisser une lecture dynamique des processus localisés d'innovation, en termes d'étapes dans l'évolution des tissus industriels* », (Aydalot, 1986, p. 41).

Comme le commente Aydalot (1986) lui-même, « *les situations matérialisées par les cases du tableau ci-dessus caractérisent des processus non pas exclusifs mais successifs* », (pp. 40-41). Il nous décrit alors la dynamique des milieux locaux en envisageant les différents cas de figure comme des processus diachroniques et cumulatifs, voir l'**encadré 1.2** ci-dessous :

Encadré 1.2 De la dynamique des milieux locaux

« *A l'origine, survient « l'événement » qui va localiser les développements d'une nouvelle technologie : apparition d'une demande publique concentrée dans une région sans tradition industrielle (exemple de la demande militaire de recherche et de production de pointe dans l'Ouest des Etats-Unis). Ou bien, certains grands établissements de production ou de recherche se localisent dans des régions non industrielles à la suite de décision publiques (aéronautique décentralisée à Toulouse avant la Seconde Guerre mondiale, grands centres de recherche publique implantés à Sophia Antipolis dans les années 1970...).*

Une fois passée cette phase initiale, le développement technologique dépendra de l'aptitude de la zone à sécréter un processus de polarisation centré sur une macro-unité qui sera soit la grande entreprise implantée précédemment qui diffusera des effets dans son voisinage et induira des développements industriels (SNIAS à Toulouse, IBM à Montpellier...), soit un grand centre de production de connaissances qui apportera aussi bien des connaissances scientifiques et techniques que des créateurs d'entreprises potentiels, des ingénieurs, un marché de l'instrumentation scientifique...

Parvenu à maturité, le complexe fera face tôt ou tard à un problème tout différent : l'arrivée d'une technologie nouvelle différente de celle qui avait fondé le développement initial de la zone. Comment les choses se passent-elles par exemple dans la région parisienne, qui demeure la première région industrielle française ? Les atouts nombreux que conserve la

> *région (université-recherche, proximité des centres de décision, tissu industriel puissant et diversifié) engendrent une capacité d'innovation qui se concentre dans un site disponible, en liaison avec les complexes industriels existants, mais suffisamment en marge pour faciliter la formation d'un nouveau marché du travail.*
>
> *Un tissu industriel frappé plus tardivement par l'arrivée d'une nouvelle technologie fait face à une alternative : s'il sait assurer le réemploi de ses acquis et opérer la synthèse entre les nouvelles techniques et ses propres savoir-faire, il s'insérera dans le processus de rupture-filiation décrit plus haut. Sinon, il devra attirer des entreprises extérieures grâce aux facteurs de localisation qu'il possède (attraction-juxtaposition). S'il n'y parvient pas, il sera cantonné à l'écart de l'innovation pour une durée plus ou moins longue ».*

Source : Aydalot (1986), p. 41.

iv.   *Définitions et approches des milieux innovateurs :*

Les principaux éléments théoriques nécessaires à la compréhension de l'approche par les milieux innovateurs ainsi présentés, il nous faut à présent dégager de cette littérature très riche une définition intéressant l'objet de notre recherche. De prime abord, **les travaux du GREMI relèvent indubitablement du paradigme de complexité**, en cela ils concernent bel et bien des systèmes de compétitivité territoriale : « *chaque milieu se présente comme une configuration d'agents et d'éléments économiques, socioculturels, politiques, institutionnels, possédant des modes d'organisation et de régulation spécifiques* », (Maillat et Perrin, 1992, p. 66). Cela explique pourquoi **les recherches se sont focalisées par la suite sur les interactions des acteurs au sein des milieux.** Car enfin, « *en mettant l'accent sur l'organisation des milieux dans lesquels des relations variées de coopération se tissent entre entreprises, clients et fournisseurs, centres de recherches et de formation, etc., on postule que ce n'est pas le territoire en tant que tel qui est l'élément essentiel, mais ce qui importe c'est le regroupement d'acteurs économiques et de ressources immatérielles (formation, recherche) qui, par leur interactions, développement des compétences, des savoir-faire, des règles, etc., spécifiques* », (Maillat, 1994).

- Du milieu aux milieux :

La première dichotomie clairement identifiée dans les travaux du GREMI va opposer le milieu « **contexte d'innovation** » au milieu « **acteur de son développement** ».

93

- Dans le premier cas, le milieu envisagé comme « **contexte d'innovation** », on le comprend, il est fait référence à l'environnement de la firme innovante. Cette conception du territoire comme un offreur de localisation est celle la plus utilisée, son analyse de formule généralement en termes de description des facteurs ou ressources locales. « *Qu'on raisonne, à la manière néoclassique, en termes de dotation en facteurs, ou selon une approche marxiste, en montrant que les taux de profit, les rapports de forces, les tensions entre fractions du capital déboucheront sur des façons différentes d'intégrer le progrès technique et sur des choix spatiaux variés, l'espace est toujours dans cette approche, inerte, passif ; dérivé de forces qui ne se situent pas dans le champ spatial (...)* », (Peyrache-Gadeau, 1999, p. 54). Et comme le poursuit celle-ci, les premières étapes des travaux du GREMI ont favorisées la « *mise en évidence de relations spécifiques au contexte local (c'est-à-dire mobilisant les propriétés de la mobilité spatiale), relations généralement qualifiées d'* « *informelles* » *ou de* « *hors marché* ».

- Dans le second cas, le milieu n'est plus passif et envisagé comme un milieu-environnement, à l'inverse, il est « **acteur de son développement** ». Il s'agit au travers de cette conception de considérer le milieu comme un véritable « **sujet agissant** » et par là même, « *renoncer à une approche concevant l'espace comme un lieu de localisation des acticités, un espace* « *inerte* », *où les dotations de facteurs déterminent l'aptitude au développement* », (Peyrache-Gadeau, 1999, p. 54).

Ainsi, l'intérêt de l'approche par les milieux innovateurs est de pouvoir combiner les deux acceptions du concept dans une seule et même perspective dynamique. De plus, lorsque le milieu est acteur, la compréhension de la dotation en facteurs et en ressources locales spécifiques, si importante soit-elle n'est pas le fruit d'une émergence *ex nihilo*. Pour l'expliquer et la comprendre il faut se référer au temps long de l'évolution dudit milieu, ses capacités à générer de l'innovation, les créations d'entreprises, les liens qui unissent les institutions locales et les coopérations interorganisationnelles. Dans ce cas du milieu comme sujet agissant, l'approche « *est plus directement spatiale que la première : elle s'appuie sur la génération des espaces comme acteurs de leur développement à travers les savoir-faire locaux, les qualifications, les capacités d'auto-organisation, les comportements collectifs. Seule cette approche peut fournir une vision territoriale du développement* », (Aydalot, 1987, p. 3).

94

Comme nous le voyons la conception du milieu a évolué en même temps que l'acception de l'innovation dans les recherches menées par le GREMI. Les bases d'une approche par les actions publiques en matière de développement territorial sont imprégnées dans presque tous les travaux des chercheurs de la fédération de recherche. « *Ces travaux attribuent généralement un rôle important aux acteurs publics, et de façon générale aux « agents médias » (au sens où ils jouent un rôle d'intermédiaires dans l'initiation et l'organisation des actions du milieu local)* », (Peyrache-Gadeau, 1999, p. 56). Ces acteurs publics, sont les managers territoriaux dont nous avons souhaité analyser les rôles et les aptitudes au travers de la présente recherche.

Ces acteurs d'intermédiation ont en effet, *a priori* tout au moins, une position privilégiée afin de porter les projets de développement local. Ceci pour deux raisons :

- en premier lieu **ils répondent *de facto* d'une logique d'intérêt général fondée par la nature même de leurs emplois**, à ce titre, ils évoluent plus naturellement dans les relations « hors marché » ;

- ensuite, ces managers territoriaux exercent leurs aptitudes quotidiennes au travers de la **constitution d'un capital relationnel local puissant leur permettant d'influer sur les projets en cours et à venir.**

En tout état de cause, nous reviendrons largement sur ces questions dans notre chapitre troisième destiné à proposer des modalités de management de la compétitivité territoriale.

- Du milieu au milieu innovateur :

Examinons désormais les éléments conceptuels qui caractérisent et différencient les concepts de milieu et de milieux innovateurs. Le concept de milieu tout d'abord a nourri une littérature abondante. Il correspond à un « *ensemble spatial ayant une dimension territoriale et qui correspond à un espace géographique qui n'a pas de frontières a priori, qui ne correspond pas à une région donnée au sens commun du terme, mais qui présente une unité et une cohérence se traduisant par des comportements identifiables et spécifiques et une culture technique, entendue comme l'élaboration, la transmission et l'accumulation de pratiques, savoirs et savoir-faire, normes et valeurs liées à une activité économique. Ces différents éléments génèrent des attitudes et des comportements « codifiés » qui sont à la base de l'organisation et de la régulation du milieu »*, (Maillat, 1994, p. 68). De cette première appréhension du concept de milieu nous devons retenir qu'il s'agit d'une approche dynamique focalisé sur deux logiques principales que sont **l'interaction** des acteurs et **l'apprentissage**.

Le GREMI, au cours de ses travaux a pu mettre en évidence trois approches de la notion de milieu, synthétisée en 1992 par Maillat et Perrin.

- Approche micro-analytique du milieu : cette première approche soutenue par Camagni (1991) se base sur l'analyse des relations entre les acteurs au sein du milieu par les coûts de transaction. Ainsi, « *le milieu est un opérateur collectif de réduction du degré statique et dynamique d'incertitude auquel sont confrontées les firmes par l'organisation tacite et explicite d'interdépendance fonctionnelles des acteurs locaux, en assurant de manière informelle les fonctions de recherche, transmission, sélection, transcription, transformation et contrôle de l'information* », (Camagni, 1991). L'information et sa diffusion est au cœur de cette vue du milieu, l'objectif poursuivi par les différents acteurs étant la réduction des incertitudes au sein du milieu au moyen de rapports informels institués.

- Approche cognitive du milieu : dans cette approche, ce sont les notions d'apprentissage, de savoir-faire et de culture technique qui sont mises en avant (Maillat, 1992). Notons que dans cette définition du concept de milieu l'emphase est mise sur les interactions entre le système productif et les acteurs. L'approche cognitive favorise ainsi la compréhension d'une « culture technique » qui rappelle en ce sens l'atmosphère industrielle déjà pressentie par Alfred Marshal. Dans cette optique, « *le milieu regroupe dans un tout cohérent un appareil productif, une culture technique et des acteurs. L'esprit d'entreprise, les pratiques organisationnelles, les comportements d'entreprise, le savoir-faire, la manière d'utiliser les techniques et d'appréhender le marché, sont autant d'éléments qui sont à la fois parties intégrantes et parties constitutives du milieu. Le milieu se présente comme un processus de perception, de compréhension et d'actions continuelles* », Maillat, Crevoisier et Vasserot (1992). L'avantage de cette approche est qu'elle permet d'étudier les processus diachroniques d'interaction et d'apprentissage collectif des acteurs du territoire.

-   Approche organisationnelle du milieu : cette dernière approche par l'organisation et relativement proche de la précédente. La différence principale vient du fait que dans l'approche cognitive le milieu est étudié au travers du phénomène de « culture technique ». Dans cette approche organisationnelle, ce n'est plus le modèle techno-productif qui est au centre de l'analyse mais les rapports organisationnels intra-milieu et extra-milieu. L'objectif de cette vision est primordial puisqu'il s'attache à relier les dynamiques organisationnelles internes du milieu à des logiques plus globales telles que le secteur, l'industrie et plus largement l'environnement de l'activité productive. Ainsi, pour (Quévit, 1991) « *le milieu est un mix de formes d'organisation qui structure les stratégies d'entreprise selon la double logique d'externalisation et d'intégration organique. La particularité du milieu innovateur est de générer des processus organisationnels qui s'articulent sur ces deux logiques pour permettre la rencontre de forme d'organisation territorialisées et de réseaux extra-territoriaux. Le concept de milieu se réfère à des systèmes d'acteurs et à des structures appréhendées dans leurs interactions réciproques. La composante organisationnelle qui structure ces échanges est une variable essentielle à la compréhension des mécanismes qui constituent le milieu* ». Dans cette conception du milieu, le système de compétitivité territoriale est ouvert à son environnement. Comme dans les *new industrial spaces* de l'école californienne, les espaces locaux sont interconnectés entre eux par des processus globaux d'innovation organisationnelle directement liés à la réorganisation industrielle.

• Dimensions, logique d'interaction et dynamique d'apprentissage :

Ces différentes approches et conceptions présentées, l'étude des dimensions qui caractérisent le milieu s'avère utile afin de dégager les éléments récurrents, donc les plus stables scientifiquement. Maillat (1994) présente les principales caractéristiques des milieux en distinguant : la dimension territoriale ; le **collectif d'acteurs** ; des **éléments matériels** ; des **éléments immatériels** ; des **éléments institutionnels** ; une **logique d'interaction** qui relève de la coopération, (connaissance des ressources détenues par chaque acteur, comportements normés dans le rapport coopération / concurrence, relation avec l'environnement externe, etc.) ; une **dynamique d'apprentissage**, (savoir-faire, création de nouveaux produits et de nouvelles techniques de production, etc.).

Ainsi, le milieu est-il le lieu des interactions entre des acteurs aux intentions finalisées, les logiques d'interaction et d'apprentissage matérialisent les formes de coopérations. « *Ces coopérations qui interviennent dans une aire géographique s'effectuent sous la forme de réseaux. [...] En tout cas, le milieu fonctionne comme un opérateur de liaisons : il exerce un rôle d'intermédiation* », (Maillat, Quévit et Senn, 1993). En effet, le milieu permet de « gérer » les relations entre les réseaux internes et externes, entre des acteurs privés, publics et associatifs. L'étude du rapport complexe entre les réseaux d'innovation et le milieu permet alors de voir émerger le concept de milieu innovateur.

- Le milieu innovateur :

Le concept de milieu permet d'envisager la gestion efficace des relations entre les acteurs selon les dimensions explicitées. De manière générale, le milieu innovateur quand à lui « *est l'organisation territoriale où prennent naissance les processus d'innovation* », (Maillat, 1994, p. 70). Comme pour celui de milieu, le concept de milieu innovateur fait l'objet de plusieurs définitions qui tentent d'intégrer l'ensemble des dimensions complexes qui le constituent. Aussi, le milieu innovateur est-il : « *un ensemble territorialisé dans lequel les interactions entre agents économiques se développent par l'apprentissage qu'ils font de transactions multilatérales génératrices d'externalités spécifiques à l'innovation et par la convergence des apprentissages vers des formes de plus en plus performantes de gestion en commun des ressources* ». (Maillat, Quévit, Senn, 1993) ; (Perrin, 1992).

Ces derniers présentent le milieu innovateur comme l'intégration de dynamiques interne et de changements survenus à l'extérieur : « *le milieu est innovateur lorsqu'il est capable de s'ouvrir à l'extérieur et d'y recueillir les informations, voire les ressources spécifiques dont-il a besoin. Le milieu innovateur par essence s'ouvre sur la diversité de l'environnement en s'enrichissant dans la réceptivité au changement ; le milieu est innovateur lorsque ses ressources sont organisées, coordonnées et mises en relation par des structures économiques, culturelles et techniques qui rendent les ressources exploitables pour de nouvelles combinaisons productives. La dimension organisationnelle qui se caractérise par la démarche d'innovation dans un milieu se manifeste par la constitution de réseaux d'innovation* ». (Maillat, Quévit, Senn, 1993). Les réseaux d'innovation, de ce point de vue, constituent la gestion dans le temps des relations entre acteurs qui recherchent l'innovation.

Nous envisagerons cette thématique de la diachronie du milieu innovateur dans le paragraphe suivant.

- Les trois paradigmes du milieu innovateur :

Une synthèse sur les rapports entretenus par le milieu innovateur avec son environnement a été proposée par Olivier Crevoisier (2000). Ce dernier recoupe la problématique du milieu innovateur selon trois axes : **le paradigme technologique, le paradigme organisationnel** et **le paradigme territorial**, (2001, p. 155).

Figure 1.3 : Les trois paradigmes du milieu innovateur

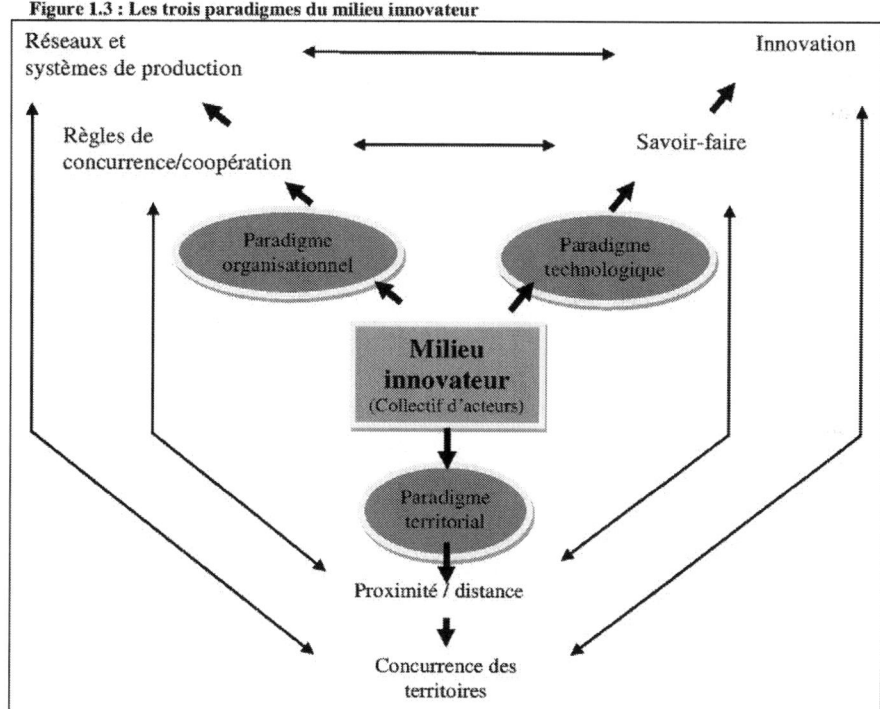

Source : Crevoisier (2000).

Axe 1 : le paradigme technologique

L'innovation est la résultante de l'articulation des ressources de l'entreprise avec son milieu. La question est celle de la différenciation de l'entreprise vis-à-vis de ses concurrents

99

tout en favorisant des relations avec ceux-ci afin de dégager de nouvelles techniques ou savoir-faire susceptible d'améliorer le modèle technico-productif (Crevoisier, 2001, p. 156). Dans ce paradigme, le rapport technique et technologique est prévalent, le vocabulaire standard est celui des ingénieurs, les idées et les techniques y baignent dans une « atmosphère » technologique, non sans rappeler d'ailleurs le pressentiment du district marshallien.

Axe 2 : le paradigme organisationnel

Les relations interorganisationnelles au sein du milieu sont ici au cœur de la réflexion. Sur cet axe, l'entreprise est un élément actif du système territorial qui peut adopter des stratégies combinatoires graduées sur un rapport dialectique concurrence / coopération (Crevoisier, 2001, p. 256). Le lien théorique avec les clusters est ici évident, l'état de « coopétition » des firmes va tantôt faciliter la diffusion des informations stratégiques et dans d'autres cas, la rétention de ces informations limite les possibilités d'imitation et d'isomomorphise organisationnel.

Axe 3 : le paradigme territorial

Le dernier axe concerne les facteurs idiosyncrasiques du territoire susceptibles de participer à la naissance, au développement ou au renouvellement de l'innovation. Il concerne alors le rapport entre le système de production (ressources : savoir-faire, capital, compétence) et les institutions (acteurs : entreprises, institutions, etc.), (Crevoisier, 2001, p. 157). Dans ce cas, les relations interinstitutionnelles sont mises au premier plan, les encastrements sociaux des acteurs institutionnels dans l'économique nous rappelle alors la conception de « communauté de valeur » telle que présentée par Becattini et soutenue par l'école des districts italiens.

En définitive, les trois paradigmes proposés par Crevoisier permettent de bien comprendre l'importance et l'intelligence de l'approche par les milieux innovateurs. Cette vision centrée autour de l'innovation (envisagée au sens large) permet de rassembler les différents apports des systèmes de compétitivité territoriale que nous avons présentés dans la partie précédente. Ainsi, le rapport dialectique concurrence/coopération permet-il l'émergence d'une atmosphère technologique propice à l'innovation qui doit être soutenue et consolidé par une communauté d'institutions partageant des buts communs.

Dans cette perspective, une approche globale par la compétitivité territoriale passe par l'analyse des rapports entretenus entre le milieu local et les réseaux des acteurs qui le composent, cette approche prend la dynamique d'un système complexe.

2. Réseaux d'innovation et milieu local : un modèle dynamique

Dans ce dernier paragraphe, notre objectif est de mettre l'accent sur les concepts de milieu local et de réseaux d'innovation comme opérateurs de réduction des incertitudes. Selon Camagni (2006), « *l'incertitude, et la présence corrélative d'information imparfaite, empêche qu'un simple mécanisme de marché fondé sur les prix réalise une allocation optimale des ressources et conduise les activités économiques vers un équilibre compétitif quelconque* », (p. 80).

i. *Changement de paradigme et rationalité limitée :*

Cette approche par les réseaux d'innovation, permet également d'introduire les travaux portant sur les *learning region* et les approches sur l'apprentissage organisationnel. Plus largement il s'agit de présenter le changement de système de production initié par la mondialisation de l'économie et qui met l'innovation au centre « *d'un nouveau système techno-industriel organisé selon une approche circulaire de relations entre trois composantes majeures : la Science, la Production et le Marché* », Quevit (2007), (voir **figure 1.2**, p. 85).

De ce changement de paradigme, de cette bifurcation des chemins de la prospérité vers ceux de la compétitivité, découle la nécessité de repenser l'approche économique. Cette approche par l'économie territoriale focalise l'attention sur la notion d'innovation, issue de la relation entre milieu local et réseau d'acteurs. Roberto Camagni (2006), s'attache à proposer une approche dynamique du changement technologique. Il reprend à son compte le débat sur la rationalité limitée des acteurs de l'entreprise et insiste sur le fait que le changement technologique n'est pas expliqué par la théorie néoclassique mais simplement supposé. En effet, ce dernier met l'accent sur les conditions d'information et de connaissances dans un environnement turbulent. Pour lui, et nous partageons ce constat, les prévisions des progrès technologiques sont postulées parfaites. Il en va de même pour l'utilisation de l'information existante qui serait parfaite et rationnelle. Ainsi, « *la théorie standard des choix de l'entreprise suppose donc un agent hyperrationnel, qui ne commet aucune faute d'évaluation et de prévision, et choisit sur la base d'un modèle d'optimisation des bénéfices attendus, fondé à son tour sur une information parfaitement maîtrisée et à coût nul* », (p. 76). Or, il en va différemment dès lors que l'on veut étudier l'entreprise sous l'angle d'une approche dynamique et du changement. L'introduction de la dynamique, comme nous l'avons déjà montré pour les milieux innovateurs met l'accent sur la dimension diachronique et soumet le point focal de l'approche à la complexité, au chaos et à l'aléa. L'approche évolutionniste de l'économie révèle alors le « *caractère cumulatif du changement technologique, lié à des phénomènes d'apprentissage qui se manifestent au niveau micro-économique aussi bien qu'au niveau social et institutionnel* », (Camagni, 2006, p. 77). Il s'agit ici de la question de la génétique du changement technique et des « *trajectoires technologiques* », (Dosi et al., 1988) que nous avons abordées pour le concept d'innovation technologique.

ii.   *Milieu local et réseaux d'innovation ou la réduction des incertitudes :*

L'innovation si elle est au centre du nouveau modèle doit alors être gérée. De ce point de vue, le management des réseaux d'acteurs aux intentions finalisées différentes prend une place au premier plan, c'est tout l'intérêt de notre recherche. C'est ce que relève Camagni (2006), « *en raison de l'émergence d'une nouvelle approche théorique relative aux processus d'innovation, reconnaissant pleinement le rôle des phénomènes d'apprentissage, l'importance de l' « histoire » et de la « mémoire » (localisée, si possible, sur le territoire) des processus de développement* », (p. 75). Ce dernier, propose donc d'approfondir la notion d'incertitude dynamique, avec la réunion dans la même approche du milieu local et du réseau d'entreprise, le tout formant « *une organisation de nature coopérative et collective, dont la fonction spécifique consiste à réduire l'incertitude dynamique concernant les comportement*s ».

- Des avantages du milieu local...

Nous l'avons vu, il résulte clairement que la proximité[33] joue un rôle important, non seulement en tant que facteur de réduction des coûts de transport et de communication mais aussi :

- à cause de la présence de ressources locales de capital humain qui détermine pour une large partie des processus collectifs d'apprentissage susceptibles de se renforcer par un effet de polarisation et d'attraction d'entreprises externes, (Ex. Silicon Valley) ;

- à cause de la présence d'un réseau complexe de contacts, surtout informels, entre les acteurs locaux, ce qui renvoi à la notion « d'atmosphère industrielle » identifiée par Marshall ;

- à cause de la présence d'effets synergiques contribuant à la définition des codes de comportements et à la formation des représentations des différents acteurs.

Néanmoins, comme le souligne Camagni (2006), « *l'efficacité du milieu local en tant qu'agent spatial de réduction des incertitudes présente des limites notamment en ce qui concerne la coordination des décisions d'acteurs différents* », (p. 90). En d'autres termes, c'est la dimension diachronique de la compétitivité territoriale qui reste encore peu étudiée, à tout le moins via une approche territoriale.

Camagni poursuit ainsi sa démonstration : « *Ces éléments imposent donc la recherche de nouvelles formes d'organisation et de nouveaux modèles de comportements, c'est-à-dire un nouvel « acteur » capable d'augmenter la capacité de contrôle de l'entreprise sur son environnement turbulent [...]. Ce nouvel acteur, est à beaucoup d'égards supérieur au milieu local et à mi-chemin entre la compétition (de marché) et le pouvoir (de l'organisation), peut-être trouvé dans la coopération entre les entreprises ; son modèle comportemental est le réseau d'entreprises* », (p. 91). C'est dans les lignes qui précèdent, que se trouvent un point d'articulation permettant de passer de la question de la proximité géographique ; à une proximité d'essence relationnelle (réseaux d'entreprises), la question de la proximité organisée.

---

[33] Nous rappelons que le chapitre troisième sera spécialement dédié à la présentation des économies de proximité qui permettent de dégager des modalités de management pour la compétitivité territoriale.

La question de la compétitivité territoriale se trouve vraisemblablement au cœur de cette transition, celle de l'interaction entre la dimension idiosyncrasique et la dimension diachronique. Cette transition semble, comme le laisse entendre Camagni, suivre un caractère cumulatif, les modalités de management de la compétitivité territoriale, de ce point de vue doivent tenir compte de cette accumulation formalisant le passage d'un système linéaire à un système auto-génératif et récursif. Ce dernier, argumente donc qu'au « *milieu » s'oppose et s'ajoute un « réseau », c'est-à-dire un ensemble fermé de liens sélectionnés et explicites avec des partenaires préférentiels, dans l'espace des actifs complémentaires et des relations de marché de l'entreprise, dont le but est la réduction de l'incertitude dynamique* », (p. 91). Nous poursuivrons cette analyse dans notre chapitre troisième.

- … aux réseaux d'innovation :

Pour Perrin (1991), le réseau d'innovation renvoi à « *une forme d'organisation des relations entre les acteurs d'un processus d'innovation qui, par sa durée et son ouverture (pluralité des spécialisations, diversité des savoir-faire), met en œuvre un apprentissage individuel et collectif dont l'effet synergétique contribue de manière déterminante à la créativité de l'ensemble* ». L'effet de réseau est donc au cœur de l'approche par les milieux innovateur. Les définitions du réseau font comme pour les concepts de milieu et de milieu innovateur pléthore. Pour Planque (1990), il s'agit de formes d'organisation « *qui associent dans des partenariats coopératifs de long terme, divers acteurs locaux complémentaires du point de vue de leur compétences dans le domaine de l'innovation* ».

Comme le milieu local, le réseau d'innovation recouvre plusieurs dimensions qui ont été synthétisées par Maillat (1994) :

- « *une dimension organisationnelle : le réseau d'innovation est un mode d'organisation s'inscrivant, d'un point de vue théorique, comme une alternative au marché ou à la hiérarchie. Dans ce sens, les gains réalisés sur les coûts de transaction justifient le recours à ce mode d'organisation* ;

- *une dimension temporelle : un réseau suppose un système de relations durables entre différents acteurs, basé sur un système de confiance et de connaissance mutuelles, de réciprocités et de priorités. Le réseau est un mode d'organisation des transactions qui se développent dans le temps. Il n'est pas figé mais évolutif* ;

- *une dimension cognitive : l'organisation réticulaire est dépositaire d'un savoir-faire collectif supérieur à la somme des savoir-faire individuels des acteurs. L'intérêt de ce mode d'organisation est de permettre le développement de processus d'apprentissage collectifs* ;

- *une dimension normative : tous les réseaux se caractérisent par un système propre de règles plus ou moins formalisées définissant les obligations et contraintes des membres. Ces règles permettent de délimiter un espace de travail collectif et d'en assurer une gestion plus cohérente vis-à-vis des turbulences de l'environnement* ;

- *une dimension territoriale : la constitution des réseaux d'innovation représente pour chacun des partenaires un avantage comparatif de compétitivité qui se territorialise dans des échanges de proximité mais qui n'exclut pas des relations plus lointaines* »,
(pp. 71-72).

En définitive, réseau d'innovation et milieu local sont indissolublement liés, ils constituent pour ainsi dire deux faces d'un même phénomène : la compétitivité territoriale. Ces deux « artefacts » s'interfécondent et il s'établit entre eux une interaction dialectique, les dimensions idiosyncrasiques et diachroniques permettent la construction du phénomène. Comme nous l'avons vu plus haut, le milieu permet une gestion organisationnelle adaptée entre les dynamiques internes et celles de son environnement. Le réseau d'innovation quant à lui permet de comprendre comment va surgir l'innovation. Il est multidimensionnel et permet dans une certaine mesure de réduire les incertitudes liées aux changements de l'environnement.

Les propositions de Camagni (et plus largement celle du GREMI) pour une approche dynamique sont donc fondamentales. Cependant, certaines assertions doivent selon nous être vérifiées et méritent d'être approfondies. Par exemple, quand Camagni (2006) laisse entendre qu'il semblerait que « *les relations de coopération et de réseautage entre entreprises sur une base transrégionale ou transnationale semblent annuler l'espace dans sa dimension géographique aussi bien que relationnelle* », (p. 92). Si effectivement, les relations « à distance » qui sont permises par l'effet de réseau à un niveau régional ou national peuvent créer des liens stratégiques, la distance qu'elle soit physique ou relationnelle reste une contrainte. En tous les cas, cette hypothèse doit être vérifiée empiriquement, ce que nous ferons au travers de notre étude de cas.

Ainsi, pouvons-nous conclure que les apports du GREMI à la problématique de l'économie territoriale sont immenses. Du milieu, du réseau aux milieux innovateurs et aux réseaux d'innovation ; de la statique à la dynamique ; de la polarisation à la dispersion, etc. Les solutions apportées par cette communauté de chercheurs sont à la hauteur de leur réputation. Nous pouvons terminer par ces mots de conclusion de Camagni (2006) qui argumente que l'existence des multiples incertitudes au sein du milieu, de son environnement et dans la relation complexe qu'ils entretiennent, impose « *la création et le développement d'« acteurs » spécifiques, au-delà de la hiérarchie et du marché en mesure d'en limiter l'impact paralysant sur les comportements innovateurs des entreprises, d'agir dans un sens complémentaire à un système des prix imparfait, d'organiser un processus possible d'apprentissage individuel aussi bien que collectif et d'augmenter le potentiel créatif de l'entreprise et de la société* », (p. 97). Qui sont ces acteurs ? A qui reviennent cette charge et cette fonction ? Si nous pouvons répondre pour l'entreprise, pour la « société » la question reste posée. Les managers territoriaux, c'est l'objet de notre étude ont-ils développés des modalités de management pour l'atteinte de cet objectif de compétitivité territoriale ?

Avant de répondre à ces questions, nous allons pour terminer envisager de replacer le milieu, le district ou encore le cluster, en bref le système de compétitivité territoriale dans un espace plus vaste. Cet espace est la région, qui sous une multitude de point de vue apparaît comme une échelle de médiation entre le local et le global.

B. *Une économie pour la connaissance des régions :*

La question régionale est une clé d'entrée privilégiée pour apprécier l'émergence de l'économie de la connaissance sur le chemin de la compétitivité. Comme le note Van Doren (2007) c'est une nouvelle façon de poser la question de la mondialisation et par là même cela permet de « *reconsidérer les enjeux de la compétitivité des régions à l'aune des nouvelles mutations, de la transition d'une société industrielle à une société de l'intelligence et de la connaissance* », (p. 91).

Cette « société de la connaissance » est largement promue par la Commission européenne[34] au travers de la stratégie de Lisbonne. L'objectif de cette stratégie est de « *transformer les territoires, de les rendre intelligents, de construire des régions de la connaissance, des régions apprenantes ou encore des régions créatives* », (Van Doren, 2007, p. 91).

Cet objectif s'il montre des résultats mitigés n'en reste pas moins des plus importants[35] pour l'avenir des territoires européens en particulier. La société de la connaissance passerait donc par l'apprentissage des régions, car la compréhension des dynamiques industrielles impose de remplacer une approche allocative traditionnelle en Economie par une approche centrée sur la création de ressources, (Johnson et Lundvall, 1992).

Avant de présenter le système de compétitivité régional lu au travers des *learning region*, nous allons faire un détour par les concepts de connaissance et d'apprentissage pour positionner nos propos.

1. Discussions préalables sur les concepts de connaissance et d'apprentissage :

La connaissance selon Polanyi (1962) peut revêtir deux acceptions : les connaissances codifiées et les connaissances tacites. Examinons ces deux formes de connaissances à la lumière du processus de création de la connaissance :

- **Les connaissances codifiées :** constituent en quelque sorte la mémoire écrite. Il peut s'agir ainsi de données qui sont répertoriées au sein d'une organisation, ou de manière plus élargie des données qui se trouvent consignées dans des recueils documentaires tels que les archives, les articles ou les ouvrages, etc. Leur caractère « diffusé » dénote dans une certaine mesure leur volatilité et par là même leur facilité d'appréhension par des personnes éloignées du processus de création, d'invention ou d'innovation initial.

---

[34] « *La décision politique prise par le Conseil européen tenu à Lisbonne les 23 et 24 mars 2000 constitue vraisemblablement une décision majeure de nature à accélérer la prise de conscience des divers acteurs de la société d'intégrer la connaissance au-delà d'un concept et d'en prendre sa réelle mesure dans l'action publique et privée. [...] L'Union s'est fixé un nouvel objectif stratégique pour la décennie 2000-2010 : devenir l'économie de la connaissance la plus compétitive et la plus dynamique du monde, capable d'une croissance économique durable accompagnée d'une amélioration quantitative et qualitative de l'emploi et d'une plus grande cohésion sociale* », (Van Doren, 2007, p. 92).

[35] « *Deux types de facteurs et de processus apparaissent déterminants pour ces territoires. D'une part, le développement du capital humain et des ressources immatérielles que sont la recherche, la créativité, les savoirs, l'éducation, la formation, la culture, etc., et, d'autre part, les avantages spécifiques que construisent les acteurs, notamment en mettant en place des réseaux d'intelligence, appuyés sur le territoire mais largement ouverts sur l'extérieur* », (Van Doren, 2007, p. 92).

- **Les connaissances tacites :** à l'inverse sont par essence transmises au cœur des processus créatifs. La proximité physique constitue pour ainsi dire la condition *sine qua non* de leur potentielle diffusion. Les connaissances tacites sont assimilables à la coutume des cultures ancestrales dont le vecteur premier était celui de l'oralité, du contact direct par un processus d'observation-imitation. La diffusion et l'apprentissage d'une connaissance tacite ne peut donc se faire que par un rapprochement voire une participation au processus de création, d'invention ou d'innovation.

Les connaissances, qu'elles soient codifiées ou bien tacites utilisent un médiat commun qui est l'apprentissage. Selon Le Bas (1993), « *l'apprentissage est un processus d'acquisition de connaissances* », (p. 7). Si l'apprentissage est, dans l'analyse économique standard un processus individuel, quand il est examiné à l'aune du développement territorial il prend une nature collective, sociale voire sociétale. Pourtant, « *le processus cognitif qui découle de ces stratégies d'apprentissage s'inscrit clairement dans la durée mais il est rarement situé spatialement* », souligne Pecqueur (1996, p. 209). Ceci étant, si le processus d'apprentissage est initialement individuel, il est diffusé au travers de la culture du territoire et forme une représentation commune pour des acteurs à proximité. Ce qui intéresse l'objet de la présente recherche n'est pas la conception de l'apprentissage telle qu'étudiée par les sciences économiques. Pour les sciences de gestion, l'objectif premier est de focaliser sur l'apprentissage non pas comme un phénomène stable et linéaire mais comme une donnée dynamique permettant de combiner « *arbitrairement des expériences existantes pour aboutir à la création de nouveaux concepts plus performants du point de vue de la résolution d'un problème posé* », (Dupuy et Gilly, 1996, p. 159).

Les contraintes liées à l'exercice de style du travail doctoral ne nous permettent pas de plonger au cœur du concept d'apprentissage organisationnel, d'autant que cette théorie sous de nombreux aspects fait l'objet d'approches différentes. C'est ce que relève Koenig (1994), quand il avance que « *la diversité des approches et des résultats est telle qu'il est impossible de faire aujourd'hui une véritable synthèse des recherches consacrées à l'apprentissage organisationnel* », (p. 78).

En premier lieu, l'approche la plus sollicitée est celle d'Argyris et Schön (1996), pour qui l'apprentissage organisationnel est un processus de remise en question des « théories d'action » des entreprises, c'est-à-dire des ses valeurs, des ses rites et plus globalement de son comportement général en tant qu'unité. Le problème principal de cette vision de l'apprentissage est qu'il tend à réifier l'organisation, il gomme presque entièrement les comportements individuels pour ne retenir que l'unité organisationnelle.

Deux autres approches ne prennent pas l'organisation comme unité d'analyse mais s'attachent à comprendre le processus d'apprentissage de l'organisation dans une perspective dynamique.

- C'est d'abord l'approche évolutionniste de Nelson et Winter (1982), pour qui les routines sont des « *modèles de comportement réguliers et prévisibles* », (p. 14). L'environnement sélectionne et conditionne la survie ou la disparition aux entreprises dont les routines sont les mieux adaptées.

- D'une manière approchante, c'est également l'appréhension opérée par le courant de l'approche par les ressources impulsée dès 1959 par Edith Penrose[36]. L'entreprise est « *une communauté sociale spécialisée dans la rapidité et l'efficacité de la création et du transfert de connaissances* » (Kogut et Zander 1996 p. 503).

Ces différentes approches de l'apprentissage organisationnel peuvent nous éclairer sur deux points. D'abord, de nombreux facteurs peuvent modifier les comportements de l'organisation sans qu'il ne s'agisse d'apprentissage « *le changement de comportement n'est pas une condition suffisante pour apprendre* », (Argyris et Schön 1996, p. 61). Ensuite, l'étude de ce processus est malaisée eu égard au niveau d'analyse, en effet les risques sont grands de sombrer dans la réification de l'organisation quitte à la considérer comme un système cognitif unique capable de penser de lui-même. En tout état de cause, le processus d'apprentissage organisationnel est complexe, aussi est-il plus prudent de parler de phénomène. Koenig (1994), parle à cet effet de « *phénomène collectif d'acquisition et d'élaboration de compétences qui, plus ou moins profondément, plus ou moins durablement, modifie la gestion des situations et les situations elles-mêmes* », (p. 78).

---

[36] Pour l'approche par les ressources voir notamment : Teece (1988, 1990), Foss (1993, 1996a, 1996b), Kogut et Zander (1992, 1996), Dosi et Marengo (1994), Dosi et al. (1990), Langlois et Foss (1996), etc.

Donc l'apprentissage est initialement un processus individuel. Dupuy et Gilly (1996), proposent de l'envisager comme un processus de création conceptuelle recoupant trois caractéristiques principales :

-   il s'appuie sur des représentations mentales (on ne crée pas *ex nihilo*) ;
-   il produit un résultat perçu comme nouveau ;
-   il est non déterministe : les solutions ne peuvent pas être déduites des hypothèses de base du modèle, c'est un processus inductif, (Dupuy, 1994), (p. 159).

L'apprentissage peut donc s'envisager comme un processus collectif à partir du moment où le partage de représentations communes par les acteurs leur permet l'acquisition d'un référentiel socialement situé sur un même territoire. Ce référentiel commun conduit les acteurs à partager des comportements et des routines ainsi qu'à respecter les mêmes règles et les mêmes normes dans la conduite de leurs actions. C'est notamment le concept d'*embeddedness* ou d'encastrement des relations sociales proposé par Granovetter (1985,1994) qui permet de bien comprendre ce patchwork relationnel, social et sociétal qui vient lier les individus. Nous choisissons de reprendre la clé d'entrée proposée par Dupuy et Gilly (1996) dans leur recherche portant sur les rapports entre l'apprentissage organisationnel et les dynamiques territoriales. A cette occasion, ces derniers dégagent deux catégories de dynamiques organisationnelles susceptibles de nourrir la compréhension du processus d'apprentissage au sein d'une organisation ou d'un groupe d'organisation : la dynamique commune (inspirée de la recherche de Pierre Livet, 1994) et la dynamique globale, voir **encadré 1.3** ci-dessous :

Encadré 1.3 : De la dynamique commune à la dynamique globale

La dynamique commune « *dynamique qui se structure par apprentissage dans le but d'atteindre un objectif, ou de résoudre un problème commun à un ensemble d'individu. Cette dynamique ne se réduit pas à une somme d'actions individuelles* ». *[...]* « *Si des règles émergent de l'interaction, elles sont implicites, les acteurs individuels possèdent un certain degré de liberté dans leur interprétation ce qui permet de participer par essai-erreur à la correction des actions des autres. De tels comportements ne sont possibles que parce que les individus ont un but commun : la résolution d'un problème qui constitue le point focal de leur processus d'apprentissage* ». *[...]* « *Ce type de dynamique peut être assimilé à une dynamique « communautaire », part le fait que les individus ont alors des statuts, des origines ou des parcours professionnels proches* ». p. 161

« *La dynamique globale [...] repose sur une collectivité d'individus qui ne participent pas directement à une action commune* ». *[...]* « *Cette dynamique exige l'élaboration d'un*

> *ensemble de règles, surtout explicites ». [...] « La dynamique globale permet de coordonner des acteurs qui ne peuvent plus utiliser les procédures de l'action commune pour se coordonner ». [...] « Les conventions sont donc des repères dans l'action d'acteurs qui n'ont pas de but immédiatement commun. Ce sont des règles communes qui permettent d'intégrer un savoir collectif mais surtout de la transmettre ».*

Source : Dupuy et Gilly (1996), pp. 161-162.

Ainsi, la dynamique collective peut-elle être définie comme la conjonction « *d'un processus d'apprentissage collectif guidé par des actions communes et d'un processus d'apprentissage collectif guidé par des conventions spécifiques (explicites ou implicites), dans un contexte institutionnel donné* », (Dupuy et Gilly, 1996, p. 162). De ce point de vue, les apports de l'école de la régulation sont primordiaux. En effet, Dupuy et Gilly (1996) poursuive leur démonstration en argumentant que les relations de conflit entre les acteurs d'un territoire permettent de mieux « *comprendre la dynamique collective car les individus ne sont pas égaux. Leur rationalité est située (Boyer, Orléan) donc limitée, leurs représentations de leur environnement, mais surtout leur statut institutionnel est variable parce que leurs intérêts sont différents voire divergents* », (p. 162).

En définitive, l'apprentissage organisationnel semble constituer par la confrontation des dynamiques qui le composent un moyen de résoudre et de coordonner les problèmes communs des acteurs. Nous poursuivrons cette analyse passionnante dans notre troisième chapitre réservé à l'étude des modalités de management de la compétitivité territoriale.

2. La Learning economy[37]:

Ainsi, pour terminer la construction de notre typologie sur les systèmes de compétitivité territoriale allons-nous examiner désormais les recherches portant sur les systèmes d'innovation nationaux, Lundvall (1992). Plus largement il s'agit d'un champ de recherche portant sur l'économie de la connaissance et de l'apprentissage Lundvall et Johnson (1994), Asheim (1995), Cooke et Morgan (1998). De filiation évolutionniste ces travaux interpellent la dynamique des processus d'innovation sur les espaces nationaux et régionaux à l'aune de la globalisation. De prime abord, la notion de système national d'innovation va induire l'idée que les activités d'innovation sont trop complexes, multidimensionnelles et collectives « *pour être imputées ou bien à des agents individuels, ou bien à des groupes*

---

[37] La rédaction des paragraphes suivant doit beaucoup à l'article très pédagogique publié par Denis Maillat et Leïla Kébir (1999) dans la *Revue d'Economie Régionale et Urbaine*, n° 3, pp. 429-448.

d'agents coordonnés par des relations de marché pures », (Abdelmalki et al. 1996, p. 178). L'approche focalise donc sur la ressource apprentissage et connaissance comme facteur décisif de compétitivité à l'échelle mondiale, « *la connaissance est une ressource fondamentale de notre économie contemporaine et l'apprentissage, le processus le plus important* », (Lundvall et Johnson, 1994, p. 24).

Comme le soulignent Moulaert et Sekia (2003), « *la théorie des systèmes d'innovation régionale met l'emphase sur le rôle de l'apprentissage collectif, par une référence à la densité des relations coopératives entre les acteurs du système* ». Pour ce courant de recherche, il est question de montrer que l'interaction milieu-environnement renforcée par la mondialisation offre un cadre théorique permettant de rapprocher l'innovation et les acteurs dans un processus d'action continuelle. « *Le learning interactif correspond à la manière dont s'établissent les interactions entre les acteurs lors de la coordination des activités productives ou lors de la mise en œuvre du processus d'innovation* », (Maillat et Kébir, 1999). Dès lors, cette logique conforte et apparaît complémentaire à l'approche des milieux innovateurs.

Le point de départ de ce courant de recherche se base sur le constat que les facteurs idiosyncrasiques ne suffisent plus à conférer aux territoires leur compétitivité. Dans une approche globale, les régions pour rester compétitives sur la scène internationale doivent également capitaliser d'autres formes de ressources, immatérielles relevant celles-ci de facteurs diachroniques. « *Cette théorie, est affiliée à la théorie évolutionniste du changement technologique* », (Moulaert et Sekia, 2003, p. 293). Elle est destinée à procurer un cadre d'analyse pertinent, notamment du point de vue de l'architecture des systèmes d'innovation nationaux et territoriaux, pour apprécier la diffusion des « *trajectoires technologiques* », (Dosi et al., 1988). Au-delà de la technologie et de l'approche évolutionniste, l'économie de la connaissance se base sur des références « créatives » contemporaines essentiellement issues de la recherche américaine. A ce sujet, Richard Florida (2002) et sa thèse de la « *Creative Class* » apparaît comme l'auteur le plus connu. Talent, technologie ou encore tolérance apparaissent comme les déterminants du développement économique de la classe créative. Nous n'entrerons cependant pas plus dans ce sujet, si intéressant soit-il pour nous concentrer sur les formes et systèmes de compétitivité territoriale.

La problématique de l'apprentissage, nous l'avons aperçu plus haut, est au cœur de l'économie de la connaissance. Aussi, « *il dépend des capacités des entreprises – comme des régions et des pays – d'apprendre, de changer et de s'adapter plutôt que de chercher une performance de long terme basée sur l'efficience allocative* », (Maskel et Malmberg, 1995). Dans la même optique que les travaux sur les milieux locaux et réseaux d'innovation que nous venons de présenter, l'élément de compréhension primordial s'articule autour du changement de paradigme de l'économie, du marché et de la production (accéléré par ailleurs par les mouvements de l'axiome global). Savoir, connaissance et apprentissage forment les pierres angulaires de ce courant de recherche sur les régions « apprenantes ». Les travaux portant sur l'économie de la connaissance ont un fondement hétérodoxe. En effet, comme le notent Maillat et Kébir (1999), « *le paradigme de la learning economy s'oppose à l'idée de la rationalité parfaite sur laquelle la science économique orthodoxe s'est constituée* ». Ainsi, le postulat de la learning economy est-il que dans une nouvelle société de la connaissance, la compétitivité territoriale n'est plus fondée exclusivement sur les ressources matérielles, mais qu'à l'inverse ce sont des ressources immatérielles (créativité, savoir, formation, etc.) qui fondent pour grande partie de la dynamique économique. Dans ce cadre là, l'apprentissage devient une notion centrale tant pour les acteurs que pour les territoires.

Comme l'avancent Lundvall et Johnson (1994) et Gregersen et Johnson (1997), (voir **figure 1.4** ci-après), les effets de la globalisation, se font sentir à trois niveaux au moins :

- d'abord au niveau de l'information, de l'informatique et des télécommunications, car le meilleur moyen d'apprendre consiste à avoir les bonnes informations, le plus rapidement possible (et si possible avant les autres) ;

- ensuite, les chemins de la prospérité (Piore et Sabel, 1984) et en particulier la spécialisation souple de la production industrielle sont aussi des chemins de la connaissance comme nous avons pu le montrer plus avant ;

- enfin, la dynamique évolutionniste des technologies et finalement de l'économie qui doit apprendre sans cesse fonde cette nécessité pour les nations comme pour les régions de devenir « apprenantes ».

Figure 1.4 : Les fondements de la learning economy

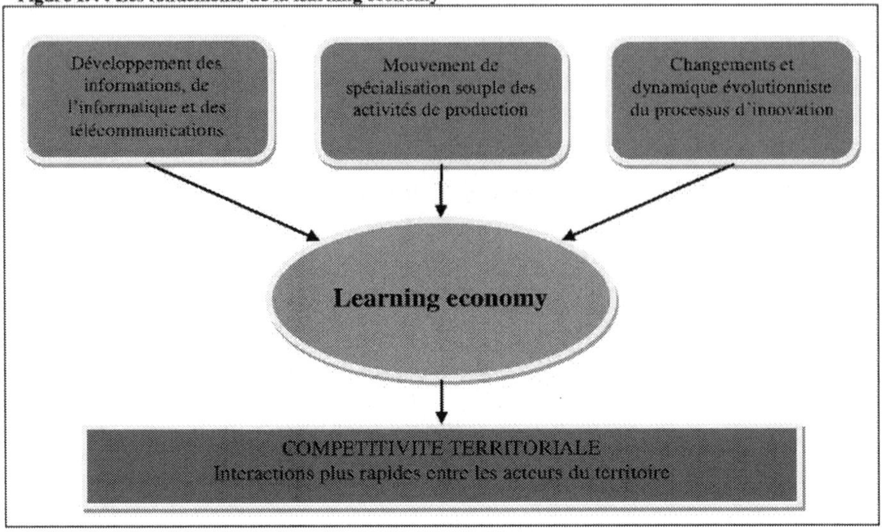

Source : Adapté de (Lundvall et Johnson, 1994, p. 25 et Gregersen et Johnson, 1997, p. 479).

Cette approche s'inscrit dans la lignée de celles que nous avons présentées précédemment, « *la learning economy offre les bases théoriques à la compréhension d'un tel contexte où le changement l'emporte sur l'allocation de ressources et où les connaissances et les processus d'apprentissage occupent une place centrale* », (Maillat et Kébir, 1999, p. 373). Ainsi, comme pour les milieux innovateurs, le point focal de l'analyse est-il centré sur la dynamique et l'évolution du rapport interactif acteurs / territoires en réponse aux turbulences de l'environnement. La learning economy permet de mettre en relief « *des capacités apprenantes et l'expansion du socle des savoirs. Elle fait référence non seulement à l'importance du savoir académique sur les systèmes technologiques – universités, centres de recherches, service de R&D des entreprises, etc. – mais également aux apprentissages sur la structure même de l'économie, les formes organisationnelles et institutionnelles à promouvoir* », (Lundvall et Johnson, 1994, p. 26).

Cette approche par la learning Economy est donc hétérodoxe puisqu'elle recentre l'*homo-socialis* au cœur de la problématique. De ce fait, la problématique sociétale n'est plus éludée, les mécanismes « informels » et la logique non-marchande sont mis en avant. Le rôle de l'acteur public prend une place déterminante pour l'atteinte des objectifs de l'économie de

114

la connaissance et de l'apprentissage, ceci car le bien être de la population dépend des paramètres que cette approche sous-tend. Les lacunes du secteur public en la matière sont alors aisément identifiées et identifiables, « *dans chaque économie, le secteur public joue un rôle fondamental et les politiques publiques sont nombreuses. Mais ce sont des institutions très basiques* », (Lundvall et Johnson, 1994, p. 41). L'objectif est sociétal dans une économie de la connaissance, le secteur public doit y jouer un rôle de premier ordre. Mais en fin de compte au-delà des politiques publiques, existe-t-il des modalités d'action à destination des managers territoriaux pour instiller cette culture de la créativité et de la connaissance ?

Aussi, la learning economy qui se trouve à l'articulation de la globalisation et des systèmes territoriaux permet de s'interroger sur les voies à emprunter pour rejoindre les chemins de la compétitivité. La question du rapport (vertical) local-global permet ainsi de s'interroger sur d'autres types de relations, celles des différentes échelles de territoires et de leurs politiques publiques respectives (rapport horizontal), ou encore l'interaction entre des acteurs aux intentions finalisées différentes pourtant inscrit dans un milieu local, commune et partagé.

Ce champ d'analyse permet de rapprocher la learning Economy et les *learning region* des travaux développés par les économistes de la proximité (RERU 1993) qui étendent l'étude de l'interaction potentielle aux phénomènes de coopération et de coordination entre les acteurs à proximité. De ce point de vue, la proximité entre les acteurs va favoriser les rencontres entre acteurs, la réciprocité, la confiance et *in fine* agit comme un réducteur de l'incertitude. C'est bien ce que relève Maillat et Kébir (1999) dans leur analyse sur les relations fécondes entre milieux innovateur et *learning region* au travers de la notion de coopération interactive. Les « *conditions sont généralement réunies dans les systèmes territoriaux de production qui offrent les conditions de proximité propices à la coopération entre différents types d'acteurs privés et publics. Ceci est d'autant plus vrai que lorsque la technologie évolue rapidement et radicalement, la nécessité d'une proximité géographique et culturelle est d'autant plus importante* », (p. 374).

Le concept de système national d'innovation qui s'analyse selon les influences de la learning economy, permet de s'intéresser à la fois aux processus institutionnels à l'œuvre au sein des systèmes de production et aux processus de co-construction de l'innovation sur une base territoriale. Il « *semble ainsi pouvoir trouver un prolongement dans l'analyse des territoires, notamment au niveau de la région* », (Abdelmalki et al. 1996, p. 177).

3. La *Learning region* :

Le passage de la learning economy à la *learning region* correspond à celui des **systèmes d'innovation nationaux aux systèmes d'innovation régionaux**. Cependant, il ne faut pas y voir un changement d'échelon administratif, mais véritablement le développement d'une capacité d'apprentissage (comme celle des districts industriels, (Asheim, 1995) corrélée à une inscription territoriale forte, dotée d'une autonomie de compétence des pouvoirs publics locaux. « *Il est ainsi peu risqué que d'avancer que le système d'innovation régional est un échelon et une partie du système d'innovation national* », (Moulaert et Sekia, 2003). D'autant que, comme le précisent (Abdelmalki et al. 1996), « *il ne serait pas réaliste de calquer des découpages administratifs sur des phénomènes économiques et technologiques. Le passage de la nation à la région n'est pas isomorphe* », (p. 186).

Le modèle de la *learning region* est (avec les milieux innovateurs comme complément local) sans doute l'un des plus complets, puisqu'il intègre « *la littérature sur les systèmes d'innovation, une vue évolutionniste de l'économie, les processus d'apprentissages et la spécificité des dynamiques institutionnelles régionales* », (Moulaert et Sekia, 2003). La région constitue le point focal où se rencontre les chemins de la prospérité et ceux de la compétitivité. C'est ce qu'entend Florida (1995) quand il avance que les régions « *deviennent le point focal pour la connaissance, la créativité et l'apprentissage* », (p. 528).
Pour Maillat et Kébir (1999), la *learning region* est une région dynamique et évolutive. « *Elle est dynamique parce que chaque acteur que ce soit à titre individuel, dans le cadre de la firme, des institutions ou du réseau est en interaction permanente avec son environnement (direct ou indirect). Elle est évolutive parce que chaque acteur qui en fait partie est un « apprenti » en situation d'expérience* », (p. 377). La perspective de l'innovation pour les auteurs qui utilisent le modèle de la *learning region* est entendue au sens large. Comme dans notre recherche, elle s'entend comme l'accumulation des innovations technologiques, organisationnelles, institutionnelles et sociétales par un groupe d'acteurs sur un territoire donné. Sur ce point, la littérature retient comme facteur principal d'apprentissage les « *interactions nouées entre producteur et utilisateurs, vecteurs de processus d'apprentissage par les interactions* », (Abdelmalki et al. 1996, p. 178). A cet effet, on comprend la nécessité d'élargir l'analyse aux processus institutionnels et organisationnels subséquents qui vont favoriser la proximité des acteurs et par là même les interactions potentielles. C'est toute la

question des territoires d'usage, de l'innovation par les usages en impliquant dans les processus d'innovation les utilisateurs finaux.

Pour bien comprendre les enjeux théoriques mobilisés par le concept de *learning region* il faut distinguer trois catégories de processus dynamiques qui s'interfécondent au sein de la région (Maillat et Kébir, 1999) que nous avons synthétisé dans le **tableau 1.3** ci-dessous :

Tableau 1.3 Les processus qui constituent et qui traversent les *learning region*

Territoire d'innovation	Espace de territorialisation des entreprises	Territoire d'apprentissage
- L'innovation est liée aux territoires dans lesquels sont implantés : les systèmes de production. - Sens large de l'innovation. - Système qui intègre l'apprentissage et le changement. - Le facteur temps est important, pour que les acteurs apprennent à se connaitre et se faire confiance.	Les chemins de la prospérité (Piore et Sabel, 1984[38]): Distinction entre les systèmes de production globaux et les systèmes de production territoriaux constitués de PME. Influence de la learning economy qui montre le passage d'organisation très hiérarchisées marquées par des flux d'information verticaux à des organisations plus plates caractérisées par des flux d'information horizontaux, (Lundvall et Johnson, 1994).	Learning interactif : processus d'interaction par lequel les connaissances nécessaires à la bonne marche du système productif et détenues individuellement par l'ensemble des acteurs (individus, firmes, institutions) sont intégrées et mises en commun.
		Learning institutionnel : capacité des institutions à se mettre en cause, à adapter leurs structures et leurs objectifs, à se renouveler en fonction des changements de l'environnement.
		Learning organisationnel : capacité d'une organisation et de ses acteurs à mieux coordonner les actions et processus de management.
		Learning by Learning : processus d'amélioration des compétences liées à l'apprentissage (Le Bas et Zuscovitch, 1993, p. 158).

Source : Adapté de Maillat et Kébir (1999).

La *learning region* est donc un modèle de développement territorial envisagé selon le paradigme dynamique et évolutif de la learning economy. Les acteurs de la *learning region* sont en interaction coopérative de par la proximité géographique qui les rapproche, mais au-delà, ils sont aussi en interaction collaborative au sens de l'aspect cumulatif des processus de learning autour de projets commun.

En définitive, la démarche du learning est intéressante sous de nombreux aspects puisqu'elle permet d'envisager le phénomène de compétitivité territoriale au travers des

---

[38] Rajouté par nous.

dynamiques d'apprentissage des acteurs. L'opérationnalisation d'une telle conception est toutefois difficile tant les emboîtements théoriques sont nombreux et viennent grever les niveaux d'analyse. Aussi, l'étude du développement local, au-delà du système productif devient-elle conceptuellement risquée puisque la complexité des enjeux institutionnels et organisationnels observe des tensions permanentes entre le « dedans » et le « dehors » du territoire étudié. Sans doute, convient-il de penser l'analyse au niveau régional avec prudence, et retenir les préconisations formulées par Abdelmalki et al. (1996) qui proposent « *moins de déduire d'une structure administrative, politique ou économique qui serait celle de la région l'existence d'un système régional, que de découvrir les formes d'organisation des acteurs, les types de relations qu'ils entretiennent dans les processus innovatifs et d'en expliciter une certaine unité territoriale. Si celle-ci existe, on peut alors parler, non pas de SRI, mais de système territorialisé d'innovation, et tenter d'en imputer l'existence ou l'efficacité à des facteurs territorialisés : mesures de politique publique, existence des ressources locales, etc.* », (p. 186).

La recherche d'un modèle de développement territorial à tout prix ?

Les différents systèmes de compétitivité territoriale que nous avons présentés dans ce premier chapitre nous ont permis de montrer les facteurs qui prêchent en faveur d'un changement de perspective dans l'appréhension du développement territorial. Ce développement est d'abord endogène (dans la lignée des travaux de Kaldor, Young ou Myrdal), c'est-à-dire qu'il émerge du territoire. Cela n'exclu pas, bien au contraire, la relation du territoire avec son environnement, ainsi dans tous ces modèles n'est-il pas question d'effacer les influences de l'environnement. A l'inverse, si la dynamique du développement est anthropique, les chemins de la prospérité ou de ceux de la compétitivité sont connectés à l'extérieur. C'est notamment les changements induits par la mondialisation, la réorganisation industrielle et les dynamiques des trajectoires d'innovation, i.e. l'axiome global, qui permettent de mieux comprendre les phénomènes locaux. La dynamique des systèmes-territoires, fait alors appel à la capacité des acteurs à travailler, à coordonner leurs actions et finalement à apprendre ensemble. La mise en commun des processus d'apprentissage entre les dynamiques territoriales, industrielles et organisationnelles est inéluctablement un facteur décisif dans la construction de la compétitivité territoriale.

Finalement, pour tenter d'apporter une réponse théorique à la question (faut-il rechercher un modèle de développement local à tout prix ?), nous avons structuré notre raisonnement en deux phases. Partant de la recherche de Moulaert et Sekia (2003) et en particulier de leur schéma sur les généalogies conceptuelles et théoriques des différents modèles nous avons élaboré une typologie dynamique en étudiant ces modélisations en référence à leur contexte. Ce contexte, d'axiome global et la mondialisation sous toutes ses facettes au travers de l'histoire académique a pu recouvrir deux trajectoires spécifiques, ce que nous avons tenté d'illustrer par la **figure 1.5** ci-après :

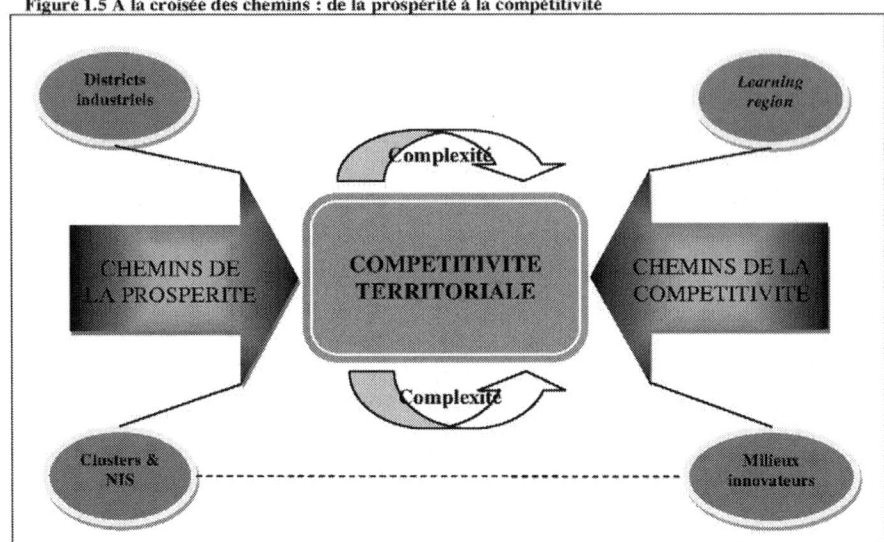

Source : auteur.

La première, celle des chemins de la prospérité a été identifiée pour la première fois par Piore et Sabel en 1984. Ces derniers ont à cette occasion permis à Alfred Marshall de reprendre près d'un siècle plus tard la place centrale qu'il méritait d'occuper de par le caractère fondamentalement précurseur de ses intuitions et de ses travaux. Presque dans le même temps, les économistes italiens emmenés par Giacomo Becattini ont confirmé cette tendance à la résurgence des dynamiques locales en apportant une teinte sociologique non sans soulever à leur tour un certains nombre d'interrogations. Enfin, les économistes et géographes outre-Atlantique ont eux aussi, identifié cette nécessité d'interroger la réorganisation des grappes industrielles ainsi que la transition des modes et des nouveaux espaces de la production.

En définitive, c'est donc véritablement **l'économie industrielle** qui (sans se coordonner) **s'est donner pour objectif de réinterroger la transition du système de production capitaliste du XIXème siècle vers celui du XXIème siècle.** Cela illustre le passage de la société de marché au « marché des territoires ».

La seconde trajectoire, semble avoir emprunté le chemin dans l'autre sens. C'est une trajectoire que nous avons nommé les chemins de la compétitivité. Cette approche semble s'être quelque peu « détachée » de l'économie industrielle pour s'orienter lentement vers l'avènement d'une économie territoriale. La caractéristique première de ces modélisations se trouve dans le point de départ de la réflexion. Celui-ci n'est plus centré sur une vision macro-économique mais à l'inverse se base sur une approche locale ou territoriale. Ainsi, les milieux préexistent-ils à l'innovation, ils sont les incubateurs des entreprises innovantes. Le territoire (au sens du local) devient dès lors une arène sociétale de premier plan pour l'atteinte des objectifs de la compétition qui se livre à l'international. Les Etats sont traversés par les flux de la mondialisation et se trouvent à bien des égards dépourvus de leur capacité régalienne et/ou keynésienne en la matière. **En réalité néolibéraux et néomarxistes comme le soulignent Piore et Sabel n'ont plus vraiment de raison de se quereller puisque les fondements même des deux approches sont ébranlés par un axiome global qui, lui, est en mouvement permanent.**

Face à toutes ces évolutions, un nouveau modèle émerge peu à peu en même temps que le premier se meurt. Ce **nouveau modèle est celui d'une société de la connaissance, du savoir et de l'apprentissage basée essentiellement sur des ressources immatérielles, crées et donc humaines.** L'Homme se trouve ainsi recentré au centre d'un axiome global qu'il a lui-même largement contribué à créer et que sous bien des aspects il ne maîtrise plus. Dans cette perspective, les régions doivent humblement devenir apprenantes pour tenter d'être « connaissantes » et suppléer des états dépassés par un nouveau mode d'organisation de la production.

L'histoire se répète inlassablement... pouvait conclure le regretté Georges Benko. Un « nouveau » modèle doit désormais cohabiter avec un « ancien » modèle. La compétitivité territoriale est le nouveau *credo* d'une société mondiale en mouvement. De nouvelles règles président à la prise de décision des tous les acteurs, la mise en action se trouve inéluctablement impactée par cette évolution. Les entreprises qu'elles soient sur les chemins de la prospérité ou sur celui de la compétitivité convergent toutes vers un même lieu : le territoire. Les états quant à eux ne sont plus « *le medium entre le local et l'international et les territoires se voient entraînés dans une logique de concurrence qui méconnaît les états-nations* », (Zimmermann, 2005, pp. 21-22). Pour autant, nous ne pensons pas qu'il soit raisonnable de proposer un modèle théorique de développement local à vocation universaliste. Au contraire, les situations locales apparaissent bien trop complexes pour qu'un modèle unifié serve de cadre de référence. Et comme l'a relevé Zimmermann (2008) plus récemment encore, ouvrir la boîte noire des externalités locales nécessite « *une convergence entre des préoccupations d'économie régionale-spatiale et des préoccupations d'économie industrielle, mais aussi l'ouverture disciplinaire à une multiplicité de champs connexes : sciences de gestion, géographie, sociologie, etc.* ». C'est bien ce qui semble se passer mais de manière désordonnée. Par ailleurs, il faut trouver de nouveaux arbitres au sein de la société pour mettre en forme la compétitivité des territoires, c'est ce que nous allons désormais analyser dans un chapitre deuxième avec l'étude des politiques publiques en matière de développement économique et de l'innovation. Mais il faudra aussi des hommes et des modalités pour manager cette compétitivité territoriale, c'est ce que nous verrons par la suite dans un chapitre troisième.

– CHAPITRE II –

CONSTRUCTION D'UNE TAXONOMIE DES MODELES-ACTIONS PUBLICS EN FAVEUR DE LA COMPETITIVITE TERRITORIALE

> *« Bref l'action publique est ce qui se passe pendant que l'on fait des plans pour autre chose. L'acteur politique ne suit pas de chemin préconçu. Il crée son chemin en marchant »,*

Jean-Claude Thoenig (2005).

Nous l'avons observé, à la croisée des chemins de la prospérité et de ceux de la compétitivité, au carrefour de l'économie industrielle et de l'économie territoriale, notre objet de recherche semble avoir une place primordiale. Dans le même temps, les effets de l'axiome global influencent depuis une trentaine d'années le paysage des stratégies industrielles et économiques des Etats. Desage et Godard (2005) décrivent cet état de fait de la manière suivante : « *tout se passe comme si la disqualification des formes étatiques de régulation sociale et politique, au nom des contraintes externes de la mondialisation, s'accompagnait de la valorisation de l'action localisée, ancrée dans un territoire délimité* ». Ainsi, les « batailles » ne se livrent-elles plus directement entre les états mais à un niveau infranational, entre des territoires plus petits, plus dynamiques mais aussi plus réactifs.

Nous l'avons dit, Bernard Pecqueur (2005), pour la France parle de « *clustérisation* » *de l'économie nationale* ». Des rapports et commissions en tout genre tirent les sonnettes d'alarme pour inciter un changement de cap de la politique nationale pour se mettre en adéquation avec la transition et la réorganisation de l'ancien modèle vers le nouveau modèle de la production industrielle. Aussi, face à l'émergence de ce phénomène de compétitivité territoriale, qu'en est-il du secteur public ? Que font les états dont les rôles ont été sensiblement atténués par la nouvelle donne territoriale ? Quelles politiques publiques, quelles réformes constitutionnelles sont à l'œuvre pour donner aux territoires français les moyens de se défendre voire de conquérir des marchés dans la compétition mondiale ? Ces questions liminaires traduisent le sens et l'essence de ce chapitre. Après avoir questionné les rapports entretenus par les contextes et les contenus de notre objet de recherche, nous nous attachons désormais à l'étude des relations entre le contexte et les processus sous l'angle du management public. La construction de la typologie du chapitre précédent, nous a permis d'opérer un certain nombre de constats descriptifs qui ont pu pousser beaucoup de chercheur à des tentatives de modélisations analytiques. Nous l'avons conclu, nous ne pensons pas qu'il soit raisonnable de proposer un modèle théorique de développement local à vocation universaliste. Au contraire, les situations locales apparaissent bien trop complexes pour qu'un modèle unifié serve de cadre de référence. En revanche, il semble d'autant plus intéressant de définir les processus d'actions publiques en faveur de la compétitivité territoriale.

INTRODUCTION DU CHAPITRE

La globalisation dont nous avons largement envisagé l'incidence sur les systèmes territoriaux nous pousse à « *envisager l'espace planétaire comme un tout, une globalité à la fois écrasante puisque défiant l'analyse mais aussi morcelée, car proposant une myriade de localités à la recherche d'un sens du local identitaire posant les bases d'une réorganisation territoriale à l'œuvre* », (Brétéché, 2009). De manière générale et de prime abord, les politiques publiques de développement et d'aménagement du territoire, en France, sont mises en œuvre par les organisations publiques. Aussi, d'autres modèles, qui sont influencés par les travaux académiques que nous venons de présenter se matérialisent au travers de politiques volontaristes menées par les Etats. Ces outils d'intervention sont destinés à redynamiser les territoires nationaux, en proposant « *des politiques proactives visant à valoriser des savoir-faire locaux jusqu'alors non exploités et de créer de manière plus ou moins artificielle des conditions d'émergence de coopération inter-organisationnelle* », (Calme et Chabaud, 2007, p. 6). Ces modèles-actions ont vu le jour dans la plupart des pays en recouvrant des appellations diverses et variées : les clusters aux Etats-Unis, les districts industriels en Italie, les Keiretsu au Japon, etc., et, aujourd'hui les pôles de compétitivité en France.

L'objectif de ce chapitre est double. Il est d'abord question de faire un tour d'horizon des politiques publiques en faveur de la compétitivité territoriale afin de présenter au travers d'une analyse historique les changements de cap opérés tant dans les esprits que dans les pratiques. Secondement, il s'agit aussi de montrer que les nouvelles politiques de la compétitivité territoriale si elles peuvent apparaître paradoxales de prime abord présentent une opportunité sans précédent de mise en cohérence. C'est en référence au principe dialogique cher à Edgar Morin que nous avons construit cette taxonomie des modèles-actions publics. Nous parlons bien d'actions publiques, non pas de politiques publiques, c'est-à-dire que nous traiterons dans ce chapitre des éléments de l'action et non pas ceux du politique, même si à de nombreux égards l'analyse de l'action permet de mieux comprendre le politique.

Notre recherche si elle prend ses sources dans un large éventail des sciences humaines et sociales n'en reste pas moins une recherche en management public. Nouvelle discipline s'il en est, le management public recoupe selon Bartoli (1997) « *l'ensemble des processus de finalisation, d'organisation, d'animation et de contrôle des organisations publiques, visant à développer leur performance générale et à piloter leur évolution dans le respect de leur vocation »*, (p.97). Du reste, le point de vue du management public, sur le phénomène compétitivité territoriale est particulièrement silencieux[39]. Nous n'entrerons pas ici dans un débat sur la nature fondamentale de la discipline. Il suffit de dégager quelques éléments de principes pour se rendre compte de l'importance d'établir et de refonder des recherches actualisées sur ce que nous préférons appeler « **la mise en action publique de l'intérêt général et sociétal** ».

- D'abord, en France malgré les réformes en cours qui tentent d'en réduire le nombre, c'est près d'un quart de la population active qui travaille directement ou indirectement pour le secteur public (secteur associatif non compris). Ce premier point est éloquent.

- Ensuite, le mangement public peut être envisagé en contradiction avec le management privé « *chacun s'accorde à reconnaître que l'une des différences fondamentale entre management privé et management public tient dans ce que l'on appelle le Management des Politiques Publiques »*, (Fouchet et Lopez, 2000). Deux sphères sont donc souvent mises en opposition, comme si l'une devait exclure l'autre et vice-versa. La première, la sphère privée, regroupe des finalités qui peuvent être regroupées sous une logique « en marché » ; la seconde, la sphère publique, recoupe des finalités devant être perçues selon une conception « en société ». Il apparaît aujourd'hui évident que cette opposition n'a pas de sens, que les deux sphères sont appelées à cohabiter, à échanger. Finalement elles participent et concourent toutes deux à l'édification des sociétés contemporaines en permettant la bonne intelligence entre des préoccupations individuelles et des préoccupations collectives, voire sociétales.

- Enfin, nous l'avons évoqué, le management public n'est pas du domaine politique. Il est au service de la société et envisage le politique au sens de la décision comme un système de production de l'action. Il n'a pas vocation à s'interroger *ab initio* sur le bien fondé d'une politique publique. Il a pour mission de la mettre en action avec des outils et des modalités destinées à servir le mieux possible les objectifs déterminés par

---

[39] Malgré quelques approches fondamentales : pour une approche généraliste des organisations publiques voir Bartoli (1997) ; pour une approche du management territorial voir Lamarzelle (1997), Huteau (2002), et plus récemment du point de vue stratégique Divay et Mazouz (2008). Pour une approche de la gestion territoriale par les réseaux d'organisation voir Prax (2002) et Chabaud (2009) pour une étude empirique sur la gouvernance des pôles de compétitivité.

le politique. Ce dernier point est essentiel. En effet, la conduite de l'action publique si elle est au service du politique permet de réinterroger sans cesse le sens et les finalités de celui-ci.

En définitive, en tout sens, le management public est au « service de ». Au service du politique, au service des politiques publiques et au service du public. Pour l'analyse du management des politiques publiques, il convient d'envisager la mise en action publique, c'est-à-dire les processus qui permettent de gérer efficacement le mandat de l'action délivré aux organisations publiques par le politique. A ce titre, nous définissons l'action publique à l'instar de Jean-Claude Thoenig (2005) *« comme la manière dont une société construit et qualifie des problèmes collectifs, élabore des réponses, des contenus et des processus pour les traiter. L'accent est mis sur la société plus largement, non pas sur la seule sphère institutionnelle de l'Etat »*, (p. 291). Ce dernier nous propose une véritable épistémologie des recherches sur l'action publique sur laquelle nous nous baserons pour introduire le présent chapitre. Son postulat est présenté dans l'**encadré 2.1** ci-dessous :

Encadré 2.1 Pilotage des problèmes publics par des modèles multi-niveaux

« Un thème récurrent des recherches actuelles auxquelles renvoient les travaux des doctorants en sciences sociales est celui des dynamiques intermédiaires. Comment penser le pilotage des problèmes publics par des modèles multi-niveaux et qui ne soient pas bâtis en termes d'autorité ou de gouvernementalité ?

Les sciences sociales savent identifier des opportunités pour des interventions qui produisent du changement, ad hoc, là et quand une chance existe de faire bouger un système dans un certain sens. Elles analysent le contexte, les niveaux multiples qui le composent, les jeux stratégiques qui s'y déploient. Elles évaluent l'efficace d'instruments de politique. Elles adoptent le point de vue d'un acteur impliqué dans le co-pilotage et qui veut que quelque chose évolue. Enfin elles repèrent les lieux et moments favorables à une action permettant de faire une différence en termes d'innovation ».

Source : Thoenig, (2005), p. 300.

Pour notre objet de recherche, il s'agit d'analyser les relations multi-niveaux entre l'Etat et les collectivités territoriales. Cette analyse peut se faire au travers des trois postures proposées par Thoenig (2005) *« pour qu'un principal ou des acteurs ayant la responsabilité et la charge d'impulsion de pilotage construisent leur relation au système en évolution »*, (p.300). Nous présentons ici ces trois postures, nous retiendrons les deux dernières et tenterons de montrer en quoi si les politiques en faveur de la compétitivité territoriale apparaissent paradoxales de prime abord, elles doivent au contraire être lues selon un principe dialogique.

- De l'ancien modèle : des états-écrans

« Une première posture est éclairée, de type top-down. Le désir du Prince est que sa volonté compte et soit prise en compte. Il anticipe par prudence la dynamique du système. Il fait preuve d'autoritarisme. Il veut aussi donner sa chance au bien public. La posture consiste donc à créer une configuration qui marche plus ou moins indépendamment des circonstances », (Thoenig, 2005, p. 300).

Ce modèle peut être assimilé à celui qui a prévalu jusqu'à la crise du modèle fordiste en matière d'aménagement du territoire, de développement économique et de stratégie industrielle, en bref avant la mondialisation. Traduction du terme anglais *globalization* apparu dans la presse financière américaine au milieu des années 1980, le terme *« mondialisation est devenu presque instantanément un mot clé du vocabulaire contemporain »*, (Bénichi 2008). L'historien de poursuivre, que ce vocable *« sert à désigner un processus d'interdépendance de plus en plus prononcée des économies nationales découlant de la création d'un marché planétaire pour les marchandises, les services, les capitaux mais aussi l'information, les idées, les produits culturels et médiatiques »*.

Les phénomènes de mondialisation, de réorganisation industrielle et de globalisation des rapports économiques, ont donc sensiblement modifié la posture défensive des états sur le plan du commerce international. La diffusion du libéralisme et du libre-échange, la fin des frontières économiques et du protectionnisme ont changé la donne. Avec ces changements fondamentaux, i.e. l'axiome global c'est aussi l'opposition désuète et facile de l'Etat gendarme et de l'Etat providence qui se trouve peu à peu gommée. Comme le précise Albertini (2006) *« l'ouverture croissante des économies a brisé le mythe de l'Etat-écran dont les frontières physiques, juridiques ou fiscales protègeraient durablement les territoires locaux de l'influence de la conjoncture »*. Ainsi, en matière de compétitivité territoriale, le Prince ne peut-il plus s'arroger la préséance de la conduite des politiques publiques. En d'autres termes, l'Etat doit aujourd'hui compter sur ses territoires ce qui implique l'adoption d'un dialogue et d'un rapport renouvelé dans l'organisation des politiques publiques : en somme le management public est devenu incontournable. Pour le management de la compétitivité territoriale, l'étatocentrisme est impossible.

- Du nouveau modèle : des états-filtrants

« *Une deuxième posture est réflexive. Dans ce cas, le pilote essaie de moduler le cours des choses tout en se soumettant à la structure du système et à sa dynamique. Cela inclut notamment une utilisation réfléchie de l'architecture systémique, au besoin en agissant plus à travers la mobilisation de certains niveaux plutôt que d'autres pour influencer le cours des choses. Ce sont des tiers qui apparaissent comme faisant et portant l'innovation et le changement. Le Prince est leur allié et leur facilitateur* », (Thoenig, 2005, p. 301).

Ce deuxième modèle correspond à celui que nous allons présenter dans la première section de ce chapitre. La problématique sous-tendue est à ce propos parfaitement résumée par Gérard Divay et Bachir Mazouz (2009) : « *Depuis le début des années 70, d'importantes réformes administratives sont menées à travers le monde avec plus ou moins de succès. Dans un contexte général et généralisé de dettes et de déficits publics croissants et de crise financière et économique sans précédent, les Etats n'ont d'autres choix que de repenser leurs rôles, leurs actions et in fine même leur raison d'être* », (p. 335). En effet, face à la mondialisation et dans ce contexte de rationalisation des dépenses publiques, les états adoptent des postures réactives et tentent de préparer leur territoire national à l'accueil et à l'ancrage des entreprises les plus compétitives. C'est leur rôle même qui a évolué sous les pressions de l'axiome global, **on assiste au passage des Etats-écrans à celui des Etats-filtrants**. Désormais, l'Etat propose et les territoires disposent.

Les politiques publiques en faveur de la compétitivité territoriale des états visent alors une adaptation des territoires aux pressions exogènes et non plus l'inverse. Il y a là indubitablement une nouvelle forme de régulation : « *dans le contexte de mondialisation, de la fin du système fordiste, le développement territorial ne peut plus s'en remettre à une seule forme de régulation publique* », Coissard et Pecqueur (2007). C'est en cela notamment que la confrontation classique sphère privé *versus* sphère publique n'a plus beaucoup de sens, l'heure est au consensus, au partenariat. De plus, si cette régulation ne peut plus être le domaine réservé de l'action publique, force est de constater qu'en la matière les acteurs publics disposent d'un « *champ de compétence légal* », Moine (2006). Cette tendance ne doit donc pas être envisagée comme sonnant le glas de l'action publique, au contraire, elle constitue une **formidable opportunité de renouvellement pour un management public basé sur l'action**.

Les nouvelles politiques publiques territoriales participent pleinement à la recomposition et la re-territorialisation de l'espace français. En effet, comme le souligne Dubois (2009), « *ces quinze dernières années ont vu la multiplication des dispositifs et procédures en matière d'aménagement et de développement territorial* », (p. 11). C'est ainsi que deux mouvements fondamentaux[40] d'actions publiques sont à distinguer particulièrement : le premier est descendant, il retrace les politiques publiques menées au niveau national par la DATAR que l'on peut qualifier de *top-down*. Nous le verrons ces politiques volontaristes suivent **une logique incrémentale** et décrivent **l'instauration d'un dialogue entre la stratégie nationale et les acteurs locaux pour la construction de la compétitivité territoriale**. C'est ce que montraient Gabriel Colletis et al., (1999) quand il argumentaient que « *la tendance dominante des stratégies territoriales, au cours de ces dernières années, a été celle d'une mise en oeuvre de politiques d'attractivité, tant au niveau national qu'au plan local, visant à capter les flux d'investissement d'entreprises industrielles en quête de sites d'implantation* », (p. 25).

En définitive, cette posture réflexive du Prince (la DATAR) traduit donc un dialogue de l'état avec les acteurs locaux et les territoires (les alliés). Ce premier processus d'action publique permet d'apporter une contribution certaine à la compétitivité territoriale. Un second processus, apparemment opposé puisque trouvant ses sources dans les principes de décentralisation doit alors être pris en compte et sans doute mis en synergie avec le premier.

- Du modèle émergent : des territoires compétitifs et innovants

« *Une troisième posture prend de la distance, sort momentanément du jeu et du système, afin de l'observer et ensuite d'en changer (non pas d'en améliorer) les régimes et les*

---

[40] Pour s'en convaincre, il suffit de d'observer les changements de cap opérés dans les pratiques d'actions publiques tant au niveau local que national. C'est ce que relève Jean-Benoît Zimmermann (2008) : « *Cette préoccupation rencontre celle des décideurs. Décideurs nationaux tout d'abord, de la Datar en France, qui veut remplir le « désert français » en s'opposant à la seule dynamique parisienne et en tentant de l'exporter dans les campagnes provinciales. Décideurs locaux ensuite, qui bien avant que la décentralisation ne devienne une réalité, se voient de fait porteurs d'une responsabilité en termes d'emploi, de fiscalité et de développement économique et social* ». p. 106

institutions. Les sentiers de dépendance étant reconnus par le Prince comme des facteurs importants sinon incontournables, il fait tester d'autres cheminements et d'autres voies, tout en orchestrant et en modulant ces nouvelles alternatives avec les anciennes, et en demeurant à terme partie de toutes les configurations partielles », (Thoenig, 2005, p. 301).

Ce troisième modèle est celui que nous allons décrire dans la seconde section de ce chapitre. En effet, nous avons souhaité au travers de la construction d'une taxonomie des modèles-actions publics mettre en évidence l'intérêt de confronter des processus différenciés qui participent au construit « compétitivité territoriale ».

Ce second mouvement est ascendant. De type *bottom-up*, il **trouve ses origines dans l'autonomie locale** et les marges de manœuvre que les acteurs locaux se sont vu attribuer depuis les années 80. Il s'agit alors de mettre en exergue la **nécessaire adaptation des processus et des procédés de l'action publique locale aux spécificités territoriales**. Une adaptation permanente et continue à l'évolution et aux mouvements des territoires, la « *tectonique des territoires* », disait Lacour (1996), qui permet de réinterroger l'ingénierie même des modes de la gestion publique qui se doit de passer au travers d'une dynamique d'intelligence organisationnelle. Ce mouvement d'action publique est marqué par les réformes institutionnelles, législatives et constitutionnelles qui sont alimentées par le constat que « *le niveau national ne peut plus être conceptuellement considéré comme médium obligé du local à l'international* », (Benko et al., 1996, p. 119). Face à cette réalité, force est de constater que « *les vingt dernières années ont été marquées par la multiplication de nouveaux intervenants dans le champ de l'action publique. Les services déconcentrés de l'Etat ont perdu de leur hégémonie dans la conception et la mise en œuvre des politiques publiques, au moment même où l'implication d'autres acteurs, publics (mairies, conseil généraux et régionaux) et « privés » (chambres de commerce, fédérations de syndicats patronaux, associations, etc.) s'est renforcée* », (Desage et Godard, 2005, p. 638).

Ces fondements renvoient largement, on l'aura compris, à la question du développement endogène des territoires et l'emprunt **des chemins de la compétitivité**. Comme le précise fort justement Bernard Pecqueur (2003) il s'agit de proposer de partir d'une hypothèse de base qui s'appuie « *sur l'observation empirique de la disjonction fonctionnelle sur un site donné entre l'intérêt des firmes et l'intérêt des acteurs présents sur le site. Les* *territoires quand ils existent, sont alors en concurrence entre eux indépendamment du jeu concurrentiel des firmes* », (p.3). Il y a donc désormais une **bataille qui se livre entre les territoires** et il nous apparaît dès lors que le décryptage du phénomène de construction de la compétitivité territoriale en constitue la clé de lecture à privilégier.

Ainsi, notre objectif dans ce chapitre est-il de proposer une taxonomie des nouvelles formes des politiques publiques en faveur de la compétitivité territoriale. Car enfin, au-delà du constat d'impuissance et d'inertie imputé traditionnellement au secteur public, il existe des échelons « récents » où ces traditionnelles contraintes administratives sont moins omniprésentes. Ainsi, deux espaces de « régulation[41] » relativement jeunes semblent se démarquer sensiblement de cette contrainte institutionnelle : les régions et les intercommunalités. Dans les deux cas, ces politiques publiques, qu'elles viennent « d'en haut » ou « d'en bas », sont destinées à structurer ou restructurer les espaces infranationaux. Au-delà même, ces grandes politiques publiques constituent un moyen de contourner la complexité d'un maillage territorial défiant une analyse de type classique. C'est ce que souligne Frémont (2002), quand il rappelle qu'au travers d'ajouts « *successifs, sans effacement des unités existantes, la France se trouve dotée d'un système territorial complexe où interviennent six ou même sept échelons de compétence et de décision superposés* », (p. 3).

Nous le verrons, à l'intersection de ces mouvements descendant et ascendant d'actions publiques, **le projet apparaît comme un cadre générique d'action**. En effet, la dualité territoire-projet octroie aux différents acteurs un bornage spatio-temporel permettant un cadre d'action déterminé dont les objectifs sont réalisables et envisageables à moyen terme. C'est bien le cas pour la politique des pôles de compétitivité avec les projets collaboratifs et un ensemble d'outils d'une part et des projets d'agglomération à l'échelon intercommunal de l'autre. Deux cadres pour l'action publique en faveur de la compétitivité territoriale peuvent alors être identifiés territoire-projet et projet-territoire. L'examen des couples territoire-projet et projet-territoire permet deux apports essentiels : mettre en lumière ces nouveaux espaces de la régulation que sont les régions et les intercommunalités ; à chacun de ces niveaux, deux processus d'action publique apparaissent paradoxaux. Notre objectif est de montrer qu'ils

---

[41] Nous emploierons le terme de « régulation » dans ce chapitre dans son acception littérale, c'est-à-dire comme un processus de réglage, de modification et de pilotage portant sur un élément d'un système plus complexe. Nous nous détachons donc clairement de la théorie de la régulation ou encore de l'acception du concept en sens politique par exemple.

peuvent être envisagé comme différenciés mais complémentaires, c'est-à-dire dialogiques, déterminant ainsi **un cadre de partenariat public-public facilitant la « mise en action publique »** des nouvelles politiques publiques territoriales. Au-delà même, ces territoires de projet et projets de territoire, nous le verrons permettent de conférer un sens réunissant les acteurs privés et publics autour d'objectifs communs, « *cette construction de sens s'appuie certes sur des représentations partagées mais aussi sur des projets collectifs qui fédèrent les acteurs et génèrent des dynamiques d'action* », Loilier (2010). Il s'agit donc de poser la question du sens de l'action publique en faveur de la compétitivité territoriale et par là même d'interroger la finalité des procédés d'action publique, étant entendu que cette finalité « *est davantage un attracteur de comportement qu'un endroit précis vers lequel on va* », (Genelot, 2001, p. 112).

Section 1.   *Les politiques volontaristes de la DATAR : les modèles-actions polarisés*

Le phénomène de re-territorialisation est donc la résultante des changements induits par la mondialisation ? Quels constats sont tirés par les Etats ? Que font les espaces nationaux dans un contexte de crise de la finance publique pour investir dans l'aménagement économique de leurs territoires ? Au-delà de la théorie et pour faire face à une réalité qui semble comme accélérée par cet axiome global, les états réinventent de manière réactive de nouvelles stratégies industrielles et économiques de déploiement. En 2004, Baumard constate que « *la France a perdu les caractéristiques fondatrices d'une puissance technologique* ». En nous présentant son examen des rapports de quatre commissions sénatoriales et constitutionnelles, ce dernier poursuit qu'ils « *mettent en exergue la perte d'attractivité du territoire français pour les innovateurs, l'inadéquation des politiques de soutien à l'innovation, le ralentissement des dépôts de brevets, l'insuffisance du capital risque, etc.* », (2004).

Ce type de constat s'est multiplié, les commissions et rapports ont tous convergés en ce sens, si bien que la nécessité de refonder une grande politique d'aménagement des territoires basée sur l'innovation et la compétitivité s'imposait en ce début de XXIème siècle. Depuis les années 80, avec les technopôles d'abord, les systèmes productifs locaux ensuite et les pôles de compétitivité aujourd'hui, les expériences se sont multipliées pour déterminer la bonne combinaison incitative. La vision d'un aménagement du territoire national garant de l'équilibre et de l'égalité s'est modifiée au profit de la prise en compte des aménités locales : « *Les spécificités territoriales ne sont plus réductibles au nom d'une égalité formelle ; il s'agit de les reconnaître, voire de les valoriser par une politique d'investissements adaptée aux caractéristiques du lieu, de la population et de ses activités* », (Behar et Estèbe, 2003).

Notre analyse, nous pousse à constater une **tendance incrémentale pour l'élaboration des politiques publiques en faveur de la compétitivité territoriale**. En effet, c'est de manière progressive et sans grande publicité que s'est établie la nouvelle stratégie nationale. Nouvelle stratégie qui est la résultante d'un panel de rapports, recherches et études délivrées par des universitaires aux collectivités et à l'Etat qui les commanditent pour déceler et anticiper les besoins des territoires. Il apparaît alors pertinent de constater que sous le mode réactif imposé par l'axiome global, s'est peu à peu mis en place un mécanisme informel de relations « **recherche-action publique** » ayant influencé et alimenté la démarche incrémentale de la DATAR en matière de politiques publiques volontaristes. Nous présenterons ensuite les grandes étapes marquant cette démarche d'apprentissage, des technopôles jusqu'aux pôles de compétitivité. Cela nous permettra d'apprécier le passage d'une expérience marginale à l'instauration d'un véritable dialogue de l'Etat avec les « forces vives » locales.

A. *La DATAR et les territoires de projets : une démarche d'expérimentation incrémentale*

Sous la Vème république, la superposition des échelons territoriaux a fait des politiques d'aménagement du territoire un imbroglio complexe, « *le système politico-administratif doit aussi se soucier de la cohérence créée par ses multiples interventions et des relations qu'il entretient avec les multiples publics et les multiples systèmes de production qui constituent une région* », Decoutère (1997). Le risque est que de cette complexité peut découler une mésintelligence organisationnelle entraînant alors **un « désaménagement » des territoires ballotés entre polarisation et dispersion**. Les problématiques en matière de développement et d'aménagement des territoires s'articulent par l'interaction et la négociation des acteurs et « *le rôle d'organismes comme la DATAR redevient prééminent pour engager le dialogue, établir des partenariats, être un médiateur, un négociateur, un « écouteur » capable de maîtriser un environnement de plus en plus complexe* », (Bodiguel, 2006, p. 414).En effet, à chaque échelon territorial se décline une action différente visant des objectifs différents. Ainsi, pendant qu'au niveau européen se détermine le DOCUP[42], le CNADT[43] détermine-t-il les grandes priorités d'aménagement pour le territoire national qui se concrétise par la négociation des CPER[44], pendant que les conseils de développement des pays et les EPCI déterminent leur conception locale de cet aménagement au travers des projets d'agglomération.

Dans cet état de fait, **il ne peut exister de subsidiarité territoriale pertinente** compte tenu de la multiplicité et de la complexité des différents acteurs institutionnels impliqués. En

---

[42] Document unique de programmation.
[43] Comité national d'aménagement du territoire.
[44] Contrat de projet Etat Region. Anciennement contrat de plan Etat Région jusqu'au CIACT du 6 mars 2006.

effet, l'histoire française en matière d'aménagement du territoire, si elle a toujours été descendante (axée sur la dichotomie capitale-provinces) ne peut soutenir un principe de subsidiarité territoriale « parfait » (selon la notion hayekienne d'ordre institutionnel), car les relations interinstitutionnelles sont illisibles. En effet, il faut bien constater qu'historiquement, « *l'aménagement du territoire national français a figuré parmi les priorités des différents gouvernements qui se sont succédé* », (Bodiguel, 2006). Initialement Délégation à l'Aménagement du Territoire et à l'Action Régionale, la DATAR fut créée à l'initiative du général de Gaulle lors d'une réforme administrative le 14 février 1963[45]. De par son caractère unique et malléable, cette administration interministérielle s'est souvent adaptée tant au politique qu'à ses politiques publiques. Comme le note Bodiguel dans son analyse historique, « *on ne saurait donc concevoir la DATAR comme un tout immuable depuis quarante ans. Elle a en fait été ballottée au gré de l'évolution des politiques* », (p. 409). La DATAR est donc une structure de l'Etat qui revêt une double caractéristique, elle est d'une part atypique au travers de ses attributs interministériels mais elle est également une organisation à part entière dont la charge première est d'aménager et de développer le territoire français. La DATAR est un service du Premier ministre, elle est dirigée aujourd'hui par le préfet Emmanuel Berthier. Si sa vocation « d'aménageur du territoire français » n'a jamais vraiment été modifiée, ses missions et attributions, elles, n'ont eu de cesse d'évoluer au fil de quarante années d'existence. Aujourd'hui, elle est présentée comme une administration qui « *prépare, impulse et coordonne les politiques d'aménagement du territoire menées par l'Etat et accompagne les mutations économiques en privilégiant une approche offensive de la compétitivité* »[46].

La première attribution de la DATAR consiste dans la mise en application des dispositions arrêtées en Comité Interministériel d'Aménagement et de Développement du Territoire (CIADT). Par ailleurs et pour le symbole, la DATAR a changé d'appellation entre 2005 et 2009 pour marquer un peu plus la prise en compte par le gouvernement des impératifs de compétitivité. Elle s'est ainsi intitulée Délégation Interministérielle à l'Aménagement et à la Compétitivité des Territoires (DIACT), ce jusqu'au discours du président de la République présentant le projet de réforme des collectivités territoriales en date du 20 octobre 2009 pour reprendre son appellation d'origine. En reprenant son sigle d'origine, la DATAR adopte toutefois un nouvel intitulé : Délégation Interministérielle à l'Aménagement du Territoire et à

---

[45] Décret n°63-112 du 14 février 1963 créant une délégation à l'aménagement du territoire et à l'action régionale et fixant les attributions du délégué, JORF, 15 février 1963, p. 1531.
[46] http://territoires.gouv.fr/la-datar.

l'Attractivité Régionale. Elle conserve les missions qui lui avaient été attribuées en tant que DIACT et se voit confier une mission de réflexion prospective et stratégique sur les métropoles.

La DATAR poursuit donc deux objectifs principaux :

- favoriser la recherche des objectifs de compétitivité tant pour les acteurs économiques que pour les territoires ;

- anticiper les mutations économiques et les crises sectorielles affectant certains bassins d'emplois. La prise en compte des territoires comme véritables leviers stratégiques n'est plus discutée, « *le rôle nouveau dévolu au territoire dans l'action économique et la décision des opérateurs s'est progressivement imposé à l'action des pouvoirs publics (nationaux et locaux) en matière d'aménagement du territoire* », Albertini (2006).

Figure 2.1 Récursivité des expérimentations de la DATAR entre les politiques publiques et leur environnement

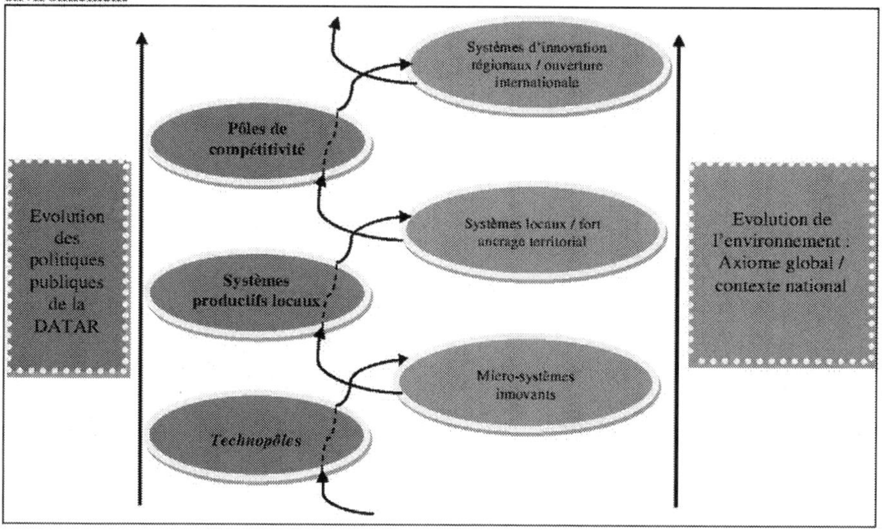

Source : Auteur.

Nous avons opté pour une présentation chronologique des grandes politiques volontaristes contemporaines menées depuis les années 1980, ceci afin de faire ressortir les grandes phases qui ont jalonnées les politiques publiques en faveur de la compétitivité territoriale. En effet, le cadrage par les territoires de projets suit un principe de polarisation hérité des décennies précédentes en matière d'aménagement du territoire. *A posteriori*, nous reconstruisons la démarche récursive d'expérimentation poursuivie par la DATAR, celle de la recherche d'un échelon de territoire « pertinent ». Ces différentes expérimentations décrivent une **tendance incrémentale suivant un principe d'essai-erreur pour la découverte du cadre intégrateur pertinent des politiques publiques incitatives et des territoires d'intervention opportuns**, ce qu'illustre la **figure 2.1** ci-dessus.

Ce premier processus d'action publique de type *top-down* s'observe à l'échelle nationale, il retrace la stratégie de déploiement industrielle et économique de l'Etat sur l'ensemble du territoire. Cette stratégie est menée selon une dynamique descendante, « *l'usage du terme « territoire », dans sa dimension de politique publique, renvoie généralement en France à une démarche que l'on peut qualifier de descendante, où l'on prescrit les limites d'un territoire* », Raulet-Croset (2008). Cette stratégie est élaborée en France par les hautes sphères de l'Etat et elle est mise en œuvre par la DATAR, qui décline ces initiatives en politiques publiques volontaristes (SPL, pôles de compétitivité, etc.). Si comme nous le verrons, les marges de manœuvre sont laissées aux acteurs territoriaux dans leurs réponses aux appels à projet, globalement l'impulsion vient « d'en haut », la réaction vient « d'en bas ». L'échelon régional joue dans ce va-et-vient un rôle particulier qui consiste à assurer la liaison entre l'Etat et les territoires notamment en ce qui concerne l'affectation et la distribution des fonds alloués. Les Secrétariats Généraux pour les Affaires Régionales (SGAR) des préfectures de région, sous l'autorité des préfets de région sont les points de relais de l'action gouvernementale. Cette application de la déconcentration administrative constitue du point de vue de la mise en œuvre de la politique publique territoriale un processus de subsidiarité territoriale permettant de dégager un cadre d'action publique projet / territoire.

Les conseils régionaux participent également à ce processus de subsidiarité territoriale constitutif du cadre projet / territoire au titre de la décentralisation. Les négociations se font alors au travers des Contrats de Projet Etat-Région (CPER) permettant de faire valoir les voix des territoires infrarégionaux. Les processus d'élaboration et de négociation des politiques publiques régionales se trouvent complexifiés par cette logique duale de déconcentration /

décentralisation. En effet, en matière d'aménagement du territoire national l'échelon privilégié est la région qui regroupe la plupart des compétences économiques et dont l'espace permet d'inscrire les grandes dynamiques sectorielles notamment pour l'industrie et la technologie.

En définitive, l'esprit des politiques volontaristes reste « polarisateur » visant à l'agglomération d'activités « innovantes » dans l'optique d'améliorer la compétitivité des entreprises, donc des territoires. Au travers du processus de sélection des projets de candidature présentés par les territoires, la DATAR opère un rôle de « filtre ». En effet, en retenant les projets les plus « compétitifs », le gouvernement oriente sa stratégie économique sur les secteurs « porteurs » de la scène globalisée. Nous le verrons, le processus de labellisation des pôles de compétitivité répond de cette stratégie afin d'orienter l'ancrage territorial des activités les plus compétitives.

B. *Les premiers pas : la logique technopolitaine :*

La rupture de l'aménagement du territoire correspond à la volonté de rapprocher la formation, la recherche et les entreprises dans un même espace en poursuivant un objectif de compétitivité et d'innovation. Le concept de technopôle est apparu depuis la fin des années 1970. Il répond d'un principe de polarisation spatiale, hérité des travaux sur les pôles de croissance et de développement des années 50-60. Les technopôles emblématiques sont nombreux : la Silicon Valley en Californie, la route 128 de Boston et bien sûr, pour la France, Sophia Antipolis, etc. De prime abord, les technopôles « *sont des instruments de développement économique basés sur la valorisation du potentiel universitaire et de recherche et entraînant une industrialisation nouvelle par des entreprises de haute technologie* », (Faberon, 1990, p. 48). C'est avec les technopôles que pour la première fois une politique publique visant véritablement la compétitivité territoriale a pu voir le jour. Au-delà même, cette première ébauche de modèle-action entend souligner le fait que le territoire fait « *l'objet d'une création collective et constitue une ressource institutionnelle* », (Abdelmalki et al., 1996, p. 178). Il n'y a pas eu à proprement parler de réglementation sur la constitution des technopôles en France, l'initiative est restée libre et pouvait provenir de la sphère locale tant publique que privée. Si ce n'est pas un label estampillé « DATAR », cette dernière avait en 1988 donné des précisions et des pistes de réflexion sur les différentes étapes susceptibles d'aider à la création des technopôles :

- lancement de l'idée et définition du projet ;
- constitution d'un premier noyau de promoteurs ;
- création d'une personnalité juridique pour le technopôle (association, groupement d'intérêt économique, etc.) et choix de son nom ;
- désignation d'un leader qui insufflera son dynamisme et sa personnalité au projet ;
- étude de faisabilité et de positionnement ;
- choix du site (ou des sites), constitution éventuelle du groupement de collectivités locales concernées (syndicat mixte, syndicat de communes, etc.), mise au point des mécanismes de répartition des responsabilités et des ressources entre ces collectivités ;
- définition du programme, notamment des services communs et des équipements qui seront proposés, et mise au point du budget de l'opération ;
- création d'un opérateur (société économie mixte...) ;
- mobilisation des forces vives locales, associant les scientifiques et industriels et les établissements financiers ;
- réalisation des aménagements ;
- mise en place du comité agrément qui sélectionnera les entreprises candidates en fonction de leur niveau technologique ;
- démarrage des politiques d'animation de prospection, et de promotion du technopôle.

- Les fonctions technopolitaines :

Une fois créés les technopôles regroupent des fonctions d'aménagement et de développement du territoire par l'interfécondation et l'interdépendance d'acteurs aux intentions finalisées hétérogènes. Dans cette optique, « *la raison d'être d'un technopôle au moment même de sa création est de constituer le creuset de la formation des institutions organiques adéquates et qui ont trait aux formes d'assimilation des nouvelles technologies relevant d'un système de production donné* », Dufourt (1991). Les technopôles ont pour objet une « *fertilisation croisée, c'est-à-dire de réunion féconde de différents éléments : enseignement et recherche scientifique, projet d'entreprise, sans oublier les moyens financiers* », (Faberon, 1990, p. 48). L'objectif affiché par la « politique » technopolitaine est donc de parvenir à créer une atmosphère propice à l'innovation en réunissant dans un même périmètre un certain nombre d'acteurs choisis en fonction de caractéristiques spécifiques.

Ainsi, la première fonction d'un technopôle est-elle, bien sûr, l'accueil des entreprises qui sont sélectionnées selon leur valeur ajoutée technologique et innovante pour le territoire. De cette première mission, il faut retenir que le choix des acteurs que l'on veut « implanter » sur le site, traduit la nécessité pour le « pilote » d'avoir élaboré en amont une véritable stratégie de développement. Ensuite, la fonction de mise en synergie des acteurs scientifiques, industriels et financiers est assurée par le syndicat mixte ou le syndicat de communes qui met en œuvre les actions d'animation. Cette deuxième mission, découle de la première et met en relief la nécessité pour le technopôle d'avoir une équipe opérationnelle compétente au sein de la gouvernance de la technostructure. Enfin, une mission importante est dévolue aux technopôles pour assurer la diffusion des innovations technologiques dans le tissu productif local, au travers notamment de la création de petites entreprises spécialisées. L'effet de mode des technopôles à partir du début des années 90 en a fait un idéal type inspiré des modèles américains. L'objectif final de la technopolisation était donc de structurer des filières technologiques régionales tant par l'amont que par l'aval.

- Définition et objectifs des technopôles :

La définition académique des technopôles communément acceptée est celle proposée par (Ruffieux, 1991), ce « *sont des concentrations géographiques locales d'entreprises innovantes, situées à proximité de centres de recherche et de formation scientifiques, dans le but de former ensemble un micro-système innovant* », (p. 375). Dans son ouvrage *La fièvre des technopôles* (1988), Jacques de Certaines cité par Faberon (1990), distingue trois types de technopôles :

- Les « pôles de désaturation », qui visent à décongestionner les centres urbains ;
- Les « pôles de reconversion », qui tentent de réhabiliter des zones en crises ;
- Les « pôles de développement », qui sont des territoires de promotion de nouvelles technologies.

L'objectif des technopôles est d'organiser un transfert de technologie efficace depuis la recherche fondamentale vers le système de production. Généralement constitués de PME et de TPE, les technopôles ont donc pour objectif premier de développer une organisation réticulaire locale permettant la capitalisation de relations formelles et informelles soutenant les processus innovateurs. « *Leur vocation n'est pas de lier des relations marchandes dans l'objectif de produire un bien, mais de créer un réseau afin de produire de l'innovation »*, (Calme et Chabaud, 2007). L'emphase n'est donc pas portée sur les caractères idiosyncrasiques inhérents au système mais plus sur les caractères diachroniques, c'est-à-dire une mise en réseau des acteurs pour la création d'une dynamique institutionnelle de partage et de diffusion de l'innovation technologique.

L'objectif des technopôles n'est donc pas de s'interroger sur des éléments conceptuels permettant de formaliser des innovations technologiques mais de déterminer les modalités pratiques susceptibles de les encourager. De ce point de vue, *« ce sont des institutions pragmatiques qui sont requises, puisque les acteurs de la création technique entendent découvrir les comportements adaptés à des situations dont la logique est désormais identifiée »*, (Dufourt, 1991, p. 109). C'est en ce sens que nous les qualifions de modèle-action. En effet, le concept s'étend au-delà de la sphère technique, il recoupe la nécessité de faire des choix institutionnels et sociétaux. Comme le décrit Garnier en 1988, *« les contacts directs ne concernent pas seulement les partenaires du complexe scientifico-industriel mais aussi les autres acteurs de la scène locale qui à un titre ou à un autre concourent à organiser et à dynamiser les interactions entre la recherche, l'enseignement et l'industrie : élus locaux, représentants de l'Etat, spécialistes de la communication et du marketing, publicitaires promoteurs immobiliers, etc. [...] La création en effet ne se limite pas aux découvertes et aux applications des domaines scientifiques et industriels. Ni même aux divers services situés en amont ou en aval. C'est l'ensemble des activités humaines qui se trouve entraîné dans le sillage de la révolution de l'intelligence Une révolution qui pour donner tous ses fruits doit en effet englober toutes les sphères de l'existence, ce qui suppose que l'intelligence ne demeure pas cantonnée au seul champ de l'économique »*, (p. 168).

Toutefois, les technopôles s'ils ont pour objectif de mettre en relation les différents acteurs de la scène locale, se heurtent parfois à des difficultés liées justement à l'espace du dialogue local. En effet, au premier chef, les dissensions politiques entre communes viennent grever leur création, mais aussi les écueils des acteurs privés qui ne précisent pas clairement leurs intentions de développement, ou encore le manque de lisibilité à l'échelle régionale, etc.

En définitive, la technopolisation constitue donc un premier pas dans la recherche d'une structure porteuse pour la territorialisation de la compétitivité territoriale. Des politiques publiques technopolitaines ont été menée en Amérique du nord et en Europe révélant des succès mitigés. Les principales lacunes de ces politiques publiques se retrouvent semble t-il dans le défaut de mixité sociale que ces structures « d'élites » rassemblent. Ou encore, la non prise en compte de l'écosystème local (au sens large) avec la problématique environnementale mais aussi l'attraction d'acteurs venus de l'extérieur qui viennent concurrencer des forces vives parfois présentes à l'endogène. Ainsi, comme le précisent ironiquement Behar et Estèbe (2003), il serait sans doute préférable de parler d'un « *mythe technopolitain, dans lequel la ville tertiaire et électronique, peuplée d'ingénieurs, de techniciens et de cadres, occupe une place névralgique* ». En tout état de cause, la rupture de l'aménagement et du développement des territoires est bel et bien en marche au début des années 90, logique d'expérimentation-incitation qui ne se démentira plus. La DATAR va véritablement commencer à dialoguer avec les acteurs et les territoires au travers de sa politique des systèmes productifs locaux. Politique initiée suite à une opération de « benchmarking » de la politique transalpine, constatant le dynamisme des districts industriels italiens.

C. *L'expérience des systèmes productifs locaux :*

C'est avec les systèmes productifs locaux que la DATAR inscrit un changement d'envergure dans sa stratégie économique et industrielle de déploiement sur le territoire. Opérant de manière incrémentale, la DATAR à partir de 1997 décide d'étendre l'expérience de cette réunion d'acteurs « connaissant et intelligents » à tout le territoire national. Aussi, le degré d'ancrage territorial de la politique publique française vient-il se renforcer avec l'expérience des systèmes productifs locaux (SPL).

Encadré 2.2 Les systèmes productifs locaux, une politique attendue

« *Tout ce petit monde s'observait sans se parler et sans parvenir à trouver de réelles solutions. Ce cloisonnement entre le monde de l'entreprise et les autres acteurs du territoire est sans doute une des raisons qui peut expliquer le retard pris en France dans le développement des clusters. Aujourd'hui, avec l'émergence des systèmes productifs locaux, nous assistons à une évolution qui voit les élus locaux devenir des partenaires à part entière et ne plus se cantonner à une attitude attentiste ou passive* ».

Source : J.P BEL, Président du Club des Districts Industriels Français (congrès mondial des SPL, Paris, 23-24, janvier 2001).

1. Les objectifs de la politique en faveur des SPL :

Procédant d'une nouvelle stratégie industrielle, cette grande politique publique tout à fait singulière avait pour but premier de maintenir l'économie française compétitive et au premier plan mondial, face aux phénomènes de mondialisation. La « *vocation du SPL est d'amener les entreprises à travailler différemment afin de résister et, mieux encore, de prendre part à la compétition mondiale* », (DATAR, 2002, p. 6). C'est ainsi qu'afin de dynamiser ces systèmes d'entreprises, la DATAR a engagé en 1997 une politique d'appui aux SPL. Le Comité Interministériel d'Aménagement et de Développement du Territoire (CIADT) du 15 décembre 1997 a officialisé cet objectif. C'est en novembre 1998 qu'un appel à projet est proposé dans le but de définir une « coupe instantanée » des systèmes productifs locaux potentiellement innovants. La singularité du dispositif consiste dans l'adoption d'une « *démarche expérimentale qui ne vise pas à imposer un modèle conceptuel, la DATAR a choisi la formule de l'appel à projets* », (DATAR, 2002, p. 8). Il s'agit de ce point de vue d'une véritable innovation managériale, un dialogue s'établi peu à peu entre la DATAR et les territoires. C'est à partir de 1998 que l'on peut véritablement parler de l'établissement d'un système pour le développement et le management des territoires. C'est au niveau régional que s'est mis en place le dispositif formel, la DATAR a « *laissé au niveau déconcentré de l'Etat, c'est-à-dire au niveau des Secrétariats généraux pour les affaires régionales (SGAR), la latitude de formaliser les accords entre partenaires* », (BBC / BPI GROUP, 2008, p. 6).

Les 60 dossiers sélectionnés en 1998 se sont vu attribuer 2,1 millions d'euros au titre du Fonds National d'Aménagement et de Développement du Territoire (FNADT). Alors que le second appel à projets, lancé en novembre 1999, a permis de retenir 36 nouveaux dossiers. Ainsi donc, pour la première fois, l'Etat a-t-il changé sa stratégie centralisatrice et planificatrice au profit d'appels à projets qui « *s'inscrivent dans le cadre d'opérations d'aménagement, de valorisation des territoires et des ressources locales* », (Calme et Chabaud, 2007, p. 7).

2. Conditions de labellisation et définition des SPL :

Pour obtenir une labellisation « SPL », les projets présentés devaient réunir trois conditions préalables et simultanées :

- une concentration géographique des entreprises (souvent de petite taille) et de la production. (Exemple : Le Choletais (Maine-et-Loire) regroupait (à l'époque) plus de 200 entreprises de la chaussure dans un rayon de 30 km) ;

- une spécialisation poussée autour d'un métier et / ou un produit. (Exemple : Le SPL d'Aix-Rousset (Bouches-du-Rhône) représentait (à l'époque) 30 à 40% de la microélectronique française) ;

- des coopérations qui se traduisent par une mutualisation des moyens, des outils et des savoir-faire mis en œuvre par les PME-PMI d'une même branche. (Exemple : Le SPL hydraulique et mécanique d'Albert (Somme) a ouvert un centre de formation pour faciliter ses recrutements).

De par sa dynamique d'intelligence organisationnelle consistant à développer un dialogue entre les territoires (donc les acteurs) les plus « motivés » et la DATAR, le SPL marque un tournant décisif dans l'ingénierie des politiques publiques, « *la politique des SPL est en effet la première politique publique conduite en France en vue de favoriser des démarches de clusters* », Duranton et al. (2008). Et comme le souligne ces chercheurs, l'apprentissage organisationnel de la politique publique ne se fait pas sans heurts, « *le caractère relativement souple des premiers appels à projets a pu conduire les pouvoirs publics à soutenir des démarches qui se sont avérées peu viables* ».

Toutefois, cette politique publique en faveur des SPL, conduite par la DATAR sous la forme d'un appel d'offre a suscité un réel intérêt de la part des acteurs locaux. En effet, les Chambres des Métiers et les organisations professionnelles ce sont naturellement portées candidates ; celles-ci ayant participé depuis plusieurs années au développement des territoires aussi bien urbains que ruraux. Cette mobilisation s'est formalisée par la construction progressive de partenariats solides avec les collectivités territoriales permettant la mise place d'un embryon de coopération interinstitutionnelle. Par ailleurs, le rapprochement avec le milieu académique a pu transparaître sous deux formes : les écrits de Claude Courlet d'abord tentant d'englober les concepts de l'économie régionale avec les travaux sur les districts industriels et ceux sur les milieux innovateurs afin de représenter une dimension institutionnelle des SPL. Les travaux de Bernard Pecqueur ensuite qui adoptent une position pluridisciplinaire en mêlant les travaux des économies de proximité et d'autres écrits issus de la sociologie voire de la philosophie.

Le SPL, comme le cluster aux Etats-Unis ou encore le district en Italie est donc devenu une représentation territoriale ambivalente, à la fois système et modèle-action :

- tantôt **système de compétitivité territoriale**, le « *SPL est une notion synthétique qui est au carrefour de plusieurs approches théoriques tendant à repenser la question de développement à partir d'une réflexion centrée sur les dynamiques productives et organisationnelles et leurs rapports à l'espace* », (Courlet et Ferguene, 2003).

- tantôt **expérience de la « praxis » publique**, évoquant alors une forme de recherche-action. Car dans le même temps, la réflexion sur le développement économique des territoires a évolué pour aboutir à des espaces locaux de proximité, que l'on retrouve dans les lois d'aménagement du territoire Pasqua[47], Voynet[48] et Chevènement[49] venues consacrer les pays et les communautés d'agglomérations.

Comme le note Courlet (2001), au-delà de cette recomposition institutionnelle du paysage français par l'intercommunalité, les recompositions territoriales sont de quatre autres types. Une *recomposition géographique* d'abord avec la reconnaissance des territoires vécus, 3800 bassins de vie, 350 bassins d'emplois déterminés par l'INSEE et servant de référentiel aux collectivités. Une *recomposition des services publics* ensuite, encouragée par les « pays » de la loi « Pasqua » et visant une offre de services plus adaptée pour les bassins de vie et d'emplois. Une *recomposition sociale et identitaire* avec le renouveau des particularismes locaux, les langues régionales, etc. Enfin, une *recomposition économique*, avec la montée en puissance des PME et PMI[50] qui entérinent les avantages de la proximité en termes de coopération / concurrence.

---

[47] Loi du 4 février 1995, Loi n° 95-115 d'Orientation pour l'Aménagement et le Développement du Territoire (LOADT).
[48] Loi du 25 juin 1999, Loi n° 99-533 d'Orientation pour l'Aménagement et le Développement Durable du Territoire (L.O.A.D.D.T).
[49] Loi du 12 juillet 1999, Loi n° 99-586, relative au renforcement et à la simplification de la coopération intercommunale.
[50] Dernière recomposition identifiée en 2001 par Claude Courlet qui se trouve aujourd'hui démentie tant par le terrain que par l'esprit même de la nouvelle politique en faveur des pôles de compétitivité. A ce propos, nous le verrons, l'un des objectifs premier des pôles de compétitivité est de renforcer le tissu des PME françaises, jugé trop fragile par rapport à leurs homologues outre-Rhin notamment.

Le SPL est défini par un zonage socio-économique révélant son ancrage spatial, ainsi s'agit-il selon la DATAR d'une « *organisation productive particulière localisée sur un territoire correspondant généralement à un bassin d'emploi* ». Elle insiste ensuite comme pour les districts en Italie sur l'importance du tissu local de relations développées entre les acteurs : « *Cette organisation fonctionne comme un réseau d'interdépendances constitué d'unités productives ayant des activités similaires ou complémentaires qui se divisent le travail (entreprises de production ou de services, centres de recherche, organismes de formation, centres de transfert et de veille technologique, etc.)* », (DATAR, 2002).

3. Temporalités, ancrage territorial et entreprises :

Les frontières du SPL sont envisagées avec une relative souplesse, elles sont floues et susceptibles de se modifier dans le temps. En effet, le développement territorial se trouve d'emblée confronté à la question des frontières et du périmètre d'intervention. Le repérage de ce territoire sur lequel agir de manière pertinente constitue alors une première difficulté qu'il faut surmonter. L'histoire et la géographie des lieux sont les premiers facteurs d'identification d'un territoire d'action publique, « *la contribution de l'approche par le SPL au renouvellement de l'analyse spatiale se situerait donc autant du côté de l'histoire et du temps historique que de la géographie et de la distance* », (Courlet et Ferguene, 2003). Toutefois, le territoire est également marqué par une identité culturelle et une histoire commune auxquelles la population se réfère selon un mécanisme d'autoreproduction. Aussi, dans certains cas, c'est la topographie qui va délimiter le territoire une vallée encaissée par exemple) ; dans d'autres, c'est l'histoire qui en façonne peu à peu les frontières. A ce titre, les monographies s'avèrent utiles afin de définir les processus de constitution dudit territoire au fil d'une dynamique historique. La localisation géographique des SPL ne s'est donc pas faite *in abstracto*.

Par ailleurs, les entreprises sont au premier rang des forces vives du milieu local. Leur histoire est parfois intimement liée à leur espace d'implantation, dans ce cas c'est une véritable généalogie entrepreneuriale qui peut être établie au travers d'une étude de l'ancrage territorial des activités productives. Comme nous avons pu le voir dans le chapitre précédent, les PME sont bien adaptées au système de production souple de l'économie « postindustrielle », et il est tout aussi vrai que leur dynamisme passe sous le contrôle des grandes firmes qui demeurent au cœur de la structure du pouvoir économique dans l'économie globale. Ce n'est donc pas à la disparition de la grande entreprise que nous

147

assistons, mais à la crise de son modèle d'organisation traditionnelle fondée sur l'intégration verticale et la gestion hiérarchique et fonctionnelle. En effet, il faut distinguer d'une part le débat portant sur l'aptitude technologique et le déplacement de la puissance économique de la grande firme aux PME, et d'autre part celui qui concerne le déclin de la grande entreprise intégrée en tant que modèle organisationnel. Ce sont les chemins de la prospérité qu'ont identifiés Piore et Sabel (1984).

La politique en faveur des SPL traduit la prise en compte par le gouvernement des changements induits par la globalisation de l'économie et la redistribution des cartes de la production industrielle. Les SPL ont ainsi pour vocation de créer des synergies entre des acteurs provenant de sphère différentes afin de développer ou revitaliser certains espaces. Le pari est de faire cohabiter autour d'objectifs communs des intervenants habilités et habitués aux relations formelles et informelles, marchandes et non-marchandes. La recherche d'effets d'entraînement au niveau du tissu industriel des SPL montre également une volonté affichée par la DATAR de tenter « *d'ancrer les activités sur le territoire et de freiner, voire d'éviter, les délocalisations* », (DATAR, 2002, p. 12). A ce titre, sont encouragés les projets fédérateurs entre les entreprises destinés au développement des compétences et des capacités d'innovation ou encore les collaborations visant l'ouverture des marchés locaux à l'international. Les organismes professionnels et consulaires sont également invités à se rapprocher des collectivités territoriales aux travers de partenariats et de mise en commun des investissements.

Les SPL sont pour grande partie influencés par l'expérience des districts industriels italiens qui montrent des capacités d'exportation signifiantes : 51% du marché mondial des carreaux en céramique, 37% du marché de la bijouterie, 31% du marché des tissus en soie, 28% du marché des meubles et des chaises, 28% du marché des chaussures en cuir et 27% du marché des sacs en cuir (Balestri, 1996). En définitive, l'objectif des SPL est de transposer ce modèle transalpin aux milieux locaux de tradition français comme celui de la coutellerie de Thiers, de l'horlogerie de Franche-Comté, des soieries lyonnaises, des dentelles de Calais, ou encore les fruits confits d'Apt, etc.

4. Les SPL en pratique :

Avec le recul et les retours d'expérience sur cette politique publique inédite, il est possible de dégager un certain nombre de caractéristiques qui sont autant de leçons retenues par la DATAR.

- *Typologie des SPL :*

Au final, ce sont près de 160 projets qui seront labellisés SPL par la DATAR dans le cadre de cette expérimentation. Les appels à projets ont permis de dégager une typologie des SPL sur le territoire français qui peuvent être classés en quatre catégories (DATAR, 2002).

- Les SPL de type « district industriel italien » : ces SPL sont confortés par un artisanat et un savoir-faire traditionnel. On y constate un fort développement endogène et une collaboration entre les entreprises et la communauté locale. Ces systèmes sont rattachés à l'image du territoire et à la tradition, ils sont souvent implantés dans des zones industrielles historiques. Ils rassemblent autour d'eux des PME de manière diffuse (sans donneurs d'ordre), ces PME sont liées entre elles par une même « culture ». Il s'agit souvent de produits qui répondent à des niches de marché (et le luxe) et / ou à des appellations de terroirs, à tout le moins à des spécificités locales.

Exemple : de la coutellerie de Thiers, de tradition depuis sept siècles et dont les entreprises ne collaboraient que très peu : la CCI de Thiers a réuni les couteliers pour leur proposer de répondre à l'appel à projets de la DATAR, le SPL regroupe 260 entreprises et 3000 emplois.

- Les SPL technologiques : implantés en zone urbaine ou en périphérie proche, les entreprises (industrielles le plus souvent) y sont spécialisées autour d'un métier et entretiennent des rapports denses mais informels. La différence primordiale avec les districts italiens vient du fait que ces SPL doivent leur développement à un « saut technologique », c'est-à-dire une rupture avec les savoir-faire locaux traditionnels. On peut alors parler de communauté technique. Il est possible ici de rapprocher ce « comportement » territorial de la rupture-filiation telle qu'elle a pu être proposée par Philippe Aydalot pour les milieux innovateurs.

Exemple : le SPL de Grenoble qui a connu trois « révolutions » scientifiques et technologiques (hydroélectricité / énergie atomique / électronique-informatique). Ces ruptures-filiation ont permis un rapprochement et un resserrement autour de la sphère scientifique et le développement d'une culture industrielle et technique.

- Les SPL gravitant autour d'une ou plusieurs entreprises « donneurs d'ordre » : ces systèmes sont rattachés à la logique donneurs d'ordre localisés et cotraitants. Ce type de SPL s'attache de fait à répondre à des logiques de globalisation des marchés, on peut penser ici aux produits de la haute technologie et / ou des produits de grande consommation. Il s'agit bien sûr ici des « stéréotypes » de l'ancien modèle d'organisation de la production industrielle avec le circuit en branche et les essaimages d'entreprise sur le territoire.

Exemple : le SPL identifié à Montbéliard avec les entreprises sous-traitantes implantées autour du constructeur automobile Peugeot.

- Les SPL émergents : Le SPL est ici en devenir. Les entreprises sont encore en concurrence, il n'y a pas véritablement de coopération. Elles sont encouragées à se regrouper sous l'effet d'un médiateur extérieur au réseau afin d'échanger expériences et méthodes. Ce dernier type de SPL identifié par la DATAR semble correspondre à la forme la plus aboutie du milieu innovateur. En effet, il s'agit d'un secteur d'activité nouveau, pour lequel la filière industrielle n'est pas identifiée, organisée ni structurée.

• *Les fonctions des SPL :*

Les SPL, à l'instar des districts italiens sont donc dotés d'une relation intime avec le territoire. La construction de la forme territoriale passe par l'ancrage spatial de l'appareil productif qui s'est construit à travers l'histoire et en « symbiose » avec une forme de culture locale (voir **figure 2.2**).

Figure 2.2 Le SPL : ancrage territorial de l'appareil productif et culture locale

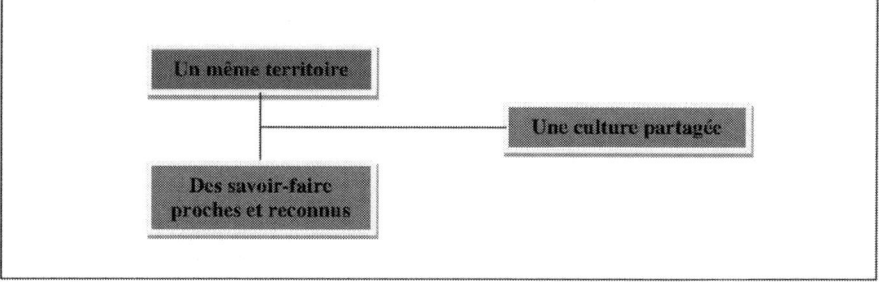

<u>Source :</u> Auteur.

Les avantages de la constitution d'un SPL pour les entreprises se basent donc sur cet ancrage territorial dans l'optique de mieux répondre à la compétition globale. Ainsi, le SPL doit-il permettre aux entreprises « adhérentes » de produire mieux et plus grâce à une division du travail entre entreprises ; de renforcer les synergies entre les entreprises et l'environnement scientifico-industriel ; de mieux gérer les ressources humaines et les facteurs de production ; de faciliter l'innovation et la veille collective ; et enfin d'offrir de nouvelles opportunités de marché.

- *La dynamique et pilotage du SPL :*

Pourtant s'il est ouvert vers son environnement, dans sa dynamique, le SPL répond davantage à une logique endogène qu'exogène. Il y existe un **sentiment partagé par les acteurs concernés d'appartenir à une même « famille professionnelle », qui s'auto-légitime sur la base de compétences communes ou relevant du même secteur** : on appartient au même milieu professionnel. Les relations entre les entreprises des SPL demeurent toutefois de nature marchande, les relations informelles elles, qui permettent de renforcer la confiance autour du dyptique concurrence / coopération sont non seulement difficiles à identifier mais encore plus à favoriser dans un climat incertain. En effet, l'influence de la mondialisation, notamment du fait des délocalisations, alimente une dynamique d'ouverture des territoires locaux et contribue à rendre complexe une intervention visant à impulser des dynamiques de développement endogène.

Au-delà de cette complexité, les entreprises adhérentes semblent trouver un véritable intérêt à la politique publique. La mise en commun concerne d'ailleurs des champs

151

d'intervention extrêmement vastes et peuvent prendre des formes très diverses (DATAR, 2002, pp. 31-32).

- *La définition d'une stratégie collective* : un diagnostic « territoire-métier » permet d'appréhender les éléments de la chaîne de valeur présents sur le territoire et, sur ces bases, d'envisager les axes de développement du territoire et les partenariats à construire.

- *La mutualisation des investissements productifs et des approvisionnements* : afin de valoriser leur savoir-faire commun et de réaliser des économies d'échelle, par nature réservées aux grandes entreprises, les entrepreneurs s'associent pour réduire les coûts de développement de certains projets.

- *Le partager des compétences et des formations* : les entreprises ont besoin de personnels qualifiés ou de connaissances qu'elles n'ont pas les moyens de financer à titre individuel, ce qui les poussent à s'associer pour embaucher ou pour former.

- *Le développement des actions commerciales et promotionnelles communes* : ces actions peuvent aller de l'implication la moins contraignante (annuaire des compétences présentes dans les entreprises, logos collectifs, site Internet, stands communs sur les salons, etc.) à des engagements beaucoup plus conséquents comme la prospection à l'export ou la création d'une marque collective.

- *L'innovation et veille technologique* : certains SPL, plus développés que d'autres, engagent des processus d'innovation et de recherche en mutualisant des équipes ou en créant des ressources technologiques spécifiques. Les organismes de recherche et de formation (lycées professionnels, universités ou instituts de recherche, etc.) localisés sur le territoire sont fréquemment sollicités pour participer à la réalisation de ces projets.

- *La gestion des ressources humaines* : savoir-faire et compétences sont des facteurs primordiaux pour la compétitivité des entreprises. En facilitant les groupements d'employeurs, les SPL offrent des solutions qui présentent un intérêt à la fois pour les entreprises et pour les salariés. Les groupements d'employeurs permettent en effet aux PME de recourir temporairement mais régulièrement des personnels qualifiés et habitués à leur organisation.

Compte tenu de tous ces enjeux, le pilotage des SPL constitue un véritable défi. Les formes de gouvernance apparaissent très diffuses et la réalité d'une stratégie collective des acteurs est difficile à mettre en oeuvre. Ce constat est partagée par la DATAR qui énonce à ce propos que « *créer voire dynamiser un SPL est une opération complexe. Même favorables ; un diagnostic et une volonté politique ne suffiront pas généralement à enclencher un processus durable de coopération. Tous les tissus industriels ne sont d'ailleurs pas propices à l'émergence de cette forme d'organisation* », (2002). Dans la plupart des cas, l'animation du SPL par la structure d'appui et l'élaboration d'une culture commune à tous les acteurs partie prenante prend du temps. Si les projets en réponse aux appels de la DATAR se réalisent rapidement pour obtenir les financements, une confiance réciproque et des pratiques installées et partagées ne vont pas de soi. Les intentions finalisées d'acteurs hétérogènes sont difficiles à mettre en synergie sur le long terme, l'enjeu principal réside donc dans les rapports interorganisationnels et interinstitutionnels, en un mot la gouvernance du SPL.

5. De l'expérience SPL : la boucle interaction – apprentissage – évaluation

L'expérimentation par la DATAR du modèle-action SPL a permis de mettre en lumière deux logiques différentes : une logique d'interaction et une logique d'apprentissage.

La logique d'interaction d'abord qui reflète la faculté des acteurs à nouer des relations qui engendrent des externalités spécifiques en stimulant une ambiance de compétitivité créative. L'organisation réticulaire de la communauté locale permet la mise en synergie d'un capital relationnel dont la constitution historique est ancrée dans le territoire. La problématique de la cohérence inter-organisationnelle qui permet la réalisation de projets novateurs et la fixation de nouveaux objectifs est ici visée. Les SPL sont donc caractérisés par une logique d'interaction forte et localisée entre différents acteurs.
Ces acteurs des SPL rassemblés autour de projets commun et dont l'interaction est recherchée peuvent être classé en différentes catégories (DATAR 2002).

- *L'entreprise, l'acteur clé* : la souplesse de l'appel à projet initial n'impose pas de taille pour les entreprises impliquées dans la logique SPL. Aussi, si la seule volonté politique des élus locaux ne suffit pas, les PME et PMI du territoire sont le véritable moteur de la dynamique coopérative du milieu.

- **La structure d'animation, l'acteur tactique** : les structures de gouvernance sont également envisagées avec latitude par la DATAR. Il peut s'agir d'une agence de développement d'une collectivité territoriale, d'une intercommunalité, mais aussi d'un regroupement professionnel, ou encore d'une chambre consulaire, etc.

- **Le producteur de matière grise, l'acteur stratégique** : ce sont les centres de recherche et de formation qui stimulent la créativité technique du SPL. Ils doivent s'envisager au sens large, en partant des instituts de recherche, avec les centres techniques industriels, mais aussi les lycées professionnels, les universités ou encore les organismes de formation professionnelle.

- **La Région, l'acteur partenaire** : depuis sa création la région est l'agent de développement économique et d'aménagement territorial privilégié de l'Etat. Ses prérogatives, qui ce sont vues renforcées par les lois de décentralisation permettent à l'acteur régional de décliner la nouvelle stratégie nationale sur l'ensemble du territoire. La coordination régionale joue à plusieurs niveaux. Financier, en premier lieu et territorial ensuite avec un rôle de coordinateur entre les acteurs publics des territoires concernés. Les régions ont de plus la charge d'évaluer la politique publique en faveur des SPL. Acteur majeur de la dynamique, l'échelon régional est un relais efficace de détection des dynamiques locales susceptibles d'intéresser la politique publique nationale. De ce point de vue, nous pouvons noter que la région assure une fonction de *feedback* dans le dialogue que la DATAR a instauré avec les territoires.

- **L'Etat, l'acteur politique** : le pilotage et le suivi de politique en faveur des SPL est assuré par la Commission nationale SPL, composée des représentants de la DATAR et de plusieurs départements ministériels. En effet, comme nous l'avons précisé, l'action de la DATAR est interministérielle au sens où elle participe à la mise en place non pas d'une politique publique en particulier, mais elle a la lourde charge de diffuser une stratégie sur le territoire.

Au-delà de la logique d'interaction identifiée dans la dynamique des SPL, une autre logique, celle de l'apprentissage, permet de mettre en relief l'intérêt de la démarche expérimentale. Cette logique traduit la capacité de créer et de s'adapter à la nouveauté. Le SPL, s'efforce, sur ce point, d'être en phase avec les changements environnementaux et s'y adapte en modifiant, en son sein, les rapports de coopération concurrence entre les entreprises concernées. La prise en compte de l'utilité d'agir sur de la gestion des compétences et plus largement de la gestion des ressources humaines pour les TPE et les PME est une avancée primordiale. Ainsi, selon le Club des districts industriels français (CDIF), 70% des SPL ont mis en place et proposés à leurs membres des actions concrètes en termes de GRH : formations partagées entre plusieurs entreprises, opérations de recrutement en commun, création d'un club d'échange des pratiques de RH, partage des compétences, etc., (CDIF, 2005).

Une étude portant sur l'évaluation des systèmes productifs locaux, a été commanditée par la DATAR auprès du cabinet Bernard Brunhes Consultants (BPI Group) et publiée en mars 2008. En voici les éléments substantiels :

Les SPL réunissent en moyenne une cinquantaine d'entreprises, des PME principalement et sont majoritairement nés d'une logique défensive d'adaptation de l'appareil productif aux contraintes du marché. Les actions des SPL sont principalement tournées vers la performance des entreprises (appareil productif, développement commercial), les ressources humaines, l'innovation et le développement durable étant néanmoins des thématiques en croissance. Les objectifs de cette évaluation étaient multiples :

- Il s'agissait d'abord, de recenser les SPL en activité au 31 décembre 2007 pour réaliser un état des lieux de la politique publique. Ainsi, sur les 160 projets labellisés depuis dix ans, une centaine de SPL sont toujours actifs mais se caractérisent par une forte hétérogénéité en termes de taille du réseau, d'objectifs et de positionnement et de nature des projets. Dans 60% des cas, les structures porteuses des SPL sont autonomes avec une forme associative alors que pour les 40% restant, les SPL sont adossés à des chambres consulaires, des agences de développement économique ou des syndicats professionnels, (BBC / BPI Group, 2008).

- Ensuite, l'étude visait à mieux comprendre les modes de fonctionnement des SPL. Cette phase de l'évaluation s'est avérée très difficile à mettre en œuvre compte tenu du nombre de SPL et de leur répartition spatiale. Seules des « grandes lignes » autour des piliers du développement durable ont pu être tracées. Ainsi, concernant, le développement des ressources humaines avec l'encouragement des démarches d'entreprenariat et le développement de l'emploi et des compétences. Ensuite, sur le développement de l'appareil productif, avec la performance des entreprises d'une part et celle du SPL de l'autre. Bien sûr, l'emphase analytique a été portée sur la capacité d'innovation des SPL. Avec le développement de l'innovation dans les entreprises et au travers de projets collaboratifs. Mais également les démarches de veille et d'intelligence économique des SPL sur leurs marchés cibles et la capacité de financement de ces derniers avec l'attraction de nouveaux « capital-risqueurs ». Enfin, c'est la problématique territoriale qui fut évaluée avec la compétitivité des territoires comme point d'orgue ainsi que les démarches de rationalisation des aides publiques et la sensibilisation des différents acteurs parties prenantes.

- L'objectif suivant de l'évaluation a consisté dans l'analyse de la valeur ajouté de la politique publique en termes de développement des territoires, des TPE et PME et de la gestion localisée des ressources humaines. Le bilan, à ce propos s'avère contrasté. En effet, la capacité de mobilisation des PME par les structures des SPL s'avère limitée vis-à-vis du nombre total des PME françaises. De surcroit, la tendance est plus orientée vers l'intégration des TPE (moins de cinquante salariés) que sur des entreprises de plus grande taille, 70% des SPL n'associent aucune entreprise de plus de 250 salariés, (BBC / BPI Group, 2008).

En ce qui concerne le développement et la performance des territoires, le constat fort est celui du périmètre et du rayonnement des SPL. Le territoire « pertinent » s'il se résume dans 35% des SPL aux bassins d'emplois, excède ceux-ci dans près de 50% des cas de figure recensés. Par ailleurs, la gestion des ressources humaines est devenue une thématique récurrente, « *une fois la confiance installée entre les chefs d'entreprise, ce sont des questions dont se saisissent la plupart des SPL. Un quart seulement n'a aucune action en ce sens* », (BBC / BPI, 2008).

- Un autre point primordial de l'évaluation ciblait une mesure de la performance du soutien de l'Etat aux structures des SPL. Au total, l'enveloppe allouée aux quelques 160 SPL s'est élevée à 5,7 millions d'euros, ce qui représente un financement moyen par dossier de 35 000 euros. L'effet de levier des aides de l'Etat est donc important, toutefois il ne s'est pas pérennisé dans le temps puisque la plupart des dossiers n'ont pu bénéficier de financement qu'une seule fois. Quant aux les collectivités territoriales, leurs contributions représentent aujourd'hui plus de 50% des ressources des SPL. Les dotations financières en faveur des SPL se sont vues inscrites dans les volets soutien à l'industrie et compétitivité des Contrats de projet (anciennement Contrats de plan Etat Région).

- Enfin, comme dans toute évaluation des préconisations furent proposées, notamment sur la transition de la politique des SPL à celle des pôles de compétitivité. Une dizaine de SPL sont devenus des pôles de compétitivité. D'autres SPL sont impliqués dans des pôles de compétitivité (de même thème, sur un même territoire) notamment par l'animation des PME du secteur concerné ce qui a pour objectif une meilleure implication des PME aux projets des pôles de compétitivité.

L'une des préconisations a directement et unanimement émergée des groupes de travail de l'étude évaluative. Il s'agit de la continuité des démarches et dynamiques impulsées qui des vœux des acteurs eux-mêmes doivent s'inscrire dans le temps. Car enfin, « *l'expérimentation se heurte encore aujourd'hui à la difficulté récurrente des SPL à stabiliser leur animation et à mobiliser durablement les chefs d'entreprises pour des coopérations fondées sur la confiance à l'instar des districts italiens, ou d'alliances permettant d'atteindre des échelles de PME moyennes pour leurs homologues allemands* ». Ce qui implique alors la « *nécessité d'un appui réel et continu au financement de l'animation dont la charge, compte tenu de l'impact des réseaux sur les territoires, relève plus de l'intervention publique que du financement par les entreprises des réseaux* », (BBC / BPI Group, 2008).

En définitive, la politique de la DATAR en faveur des SPL semble avoir eu une valeur plus réflexive, défensive et curative que véritablement offensive face à la compétition globale. L'expérimentation est au cœur de la démarche, le processus d'essai-erreur est enclenché, même si comme le précisent Duranton et al., 2008, on ne peut trouver « *quasiment aucun effet des SPL sur la productivité des entreprises, peut-être parce que cette politique ne semble avoir eu aucun effet sur leur localisation ».* Ces derniers poursuivent néanmoins en notant l'existence d'effets *« de sélection au sens où ce sont les entreprises sur une « mauvaise pente » qui semblent avoir voulu réagir via le passage en SPL. La mise en place des SPL montre aussi que les préoccupations d'équité géographique n'ont pas disparu puisque ce statut a en fait été donné à des entreprises produisant dans des secteurs et des départements plutôt en difficulté »,* (p. 79).

A bien des égards donc, l'expérience des SPL fut enrichissante tant pour la DATAR que pour les acteurs locaux. La recherche de synergie dans les appareils productifs locaux est devenue un passage obligé pour les Etats qui souhaitent réussir dans la compétition mondiale. Si la France marque un temps de retard dans sa capacité à soutenir les clusters, depuis 1997 le tempo est donné et les expérimentations se multiplient sur tout le territoire. Il aura fallu attendre la politique en faveur des SPL pour que le tournant stratégique s'opère, cette dernière constitue *« en effet la première politique publique conduite en France en vue de favoriser des démarches de clusters »,* (Duranton et al.2008).

Cependant, si cette campagne des SPL a rencontré un franc succès auprès des différents acteurs locaux, les premières évaluations de la politique montre une réussite en demi-teinte. Pour résumer ces lacunes, on peut retenir : que l'espace d'intervention reste encore à affiner, il est plus vaste que le bassin d'emploi mais demeure infrarégional ; que les initiatives en faveur d'une gestion collectives des ressources humaines (compétence et formation) sont à intensifier ; que la confiance des chefs d'entreprises est une denrée à cultiver au travers du temps et à l'épreuve des projets ; enfin que les structures d'animation méritent une attention tant financière que managériale afin de servir réellement à l'objectif de gouvernance territoriale.

Cette politique publique des SPL encore au stade d'expérimentation s'est vue concurrencée par celle en faveur des pôles de compétitivité. En effet, sous les pressions de la mondialisation et de la mise en compétition des territoires, le gouvernement français décide en 2004, de recourir à un dispositif de plus grande envergure, celui des pôles de compétitivité. A l'instar de leurs petits frères SPL, les pôles de compétitivité *« ne sont pas une forme organisationnelle spontanée ou issue des territoires dans lesquels ils s'inscrivent, mais le résultat d'une politique volontariste »,* Mendez et Bardet (2009). Il ne semble pas falloir y voir ici une « cassure » aussi nette avec l'ancrage territorial tel qu'établi pout le SPL, mais plutôt un changement du niveau d'implémentation de la politique publique.

D. La phase « offensive » : les pôles de compétitivité

Les pôles de compétitivité relèvent d'un mode d'organisation qui « *se différencie des clusters américains et des districts italiens par cette approche globale visant à associer tous les acteurs sans exception dans une démarche volontaire à partir d'un thème industriel* »[51]. Voici comment était présentée la nouvelle politique de la DATAR dans la presse en 2005. Véritable rupture ou simple hybridation de modèles conceptuels éprouvés ? Opération de communication ou nouvelle stratégie industrielle ? Les pôles de compétitivité qu'ils dérangent ou bien qu'ils suscitent de l'intérêt font couler beaucoup d'encre depuis leur mise en place.

Sans entrer dans un débat sur la forme qui reste du domaine du politique, attachons-nous désormais à présenter la dernière née des politiques publiques volontaristes françaises. Véritable synthèse des modèles conceptuels que nous avons présenté et forts des expérimentations précédentes, **les pôles de compétitivité de la DATAR reflètent une stratégie industrielle renouvelée.** En effet, la politique des pôles s'inscrit dans une double logique : il s'agit de proposer une action des pouvoirs publics sans précédent en matière d'innovation, tout en favorisant la synergie des spécificités locales existantes. De ce point de vue, une certaine conception du développement polarisé (technopôles, clusters) est censée pouvoir cohabiter avec une dynamique « libre » de développement endogène (districts industriels, milieux innovateurs). Ainsi, comme le relèvent un certain nombre d'auteurs, il semble que cette politique publique « d'hybridation » a pour vocation d'aller au-delà des idéaux types du développement local. Comme pour les technopôles puis pour les systèmes productifs locaux, le constat liminaire de la politique publique des pôles est celui que la concentration géographique des entreprises accroît leur performance et leur productivité. Partant de ce principe, « *ces mécanismes impliquent que la géographie économique produite par les seules forces de marché n'est pas optimale ; cela justifie donc a priori une intervention publique* », (Duranton et al., 2008, p. 7). Et cette intervention publique de l'Etat pour inciter la compétitivité des entreprises et l'innovation sur son territoire s'est vue réaffirmée le 24 septembre 2008 quand le premier ministre François Fillon a lancé la version

---

[51] Interview de Nicolas Jacquet, directeur général à la chambre de commerce et d'industrie de Paris, dans *Le Monde*, supplément « Economie », mardi 24 novembre 2005.

2.0 avec une nouvelle enveloppe de financement de 1,5 milliard d'euros sur la période 2009 / 2011.

Cette nouvelle phase « Pôles 2.0 » visent trois objectifs principaux[52].

- En premier lieu « *renforcer l'animation et le pilotage stratégique des pôles* », avec en particulier la signature de contrats de performance entre les pôles, l'Etat et les collectivités territoriales, pour renforcer la coordination des acteurs.

- Ensuite, « *financer des projets structurants* », avec notamment les plates-formes d'innovation grâce à de nouvelles modalités au travers d'appels à projets spécifiques.

- Enfin, « *développer les autres dimensions de l'écosystème d'innovation* (voir **annexe 1**) *et de croissance des pôles* », avec une meilleure gestion des compétences, des efforts en faveur du déploiement à l'international et plus globalement la recherche de meilleures synergies territoriales.

Comme nous pouvons le voir, cette campagne des pôles de compétitivité est la marque d'une volonté politique forte et se décline en un véritable modèle-action. Toutefois, comme le notent (Defelix et al., 2008), « *l'état des connaissances est encore embryonnaire sur cette expérience volontariste de réseaux organisationnels* », (p. 3). C'est pourquoi il nous faut revenir en détail sur les éléments qui ont amenés le gouvernement à charger la DATAR de la mise en œuvre d'une politique publique de cette envergure.

1. Genèse et lancement de la campagne :

Deux rapports sont à l'origine de la politique des pôles de compétitivité. Le rapport au premier Ministre, présenté par Christian Blanc, en mission parlementaire, *Pour un écosystème de la croissance*, (2004). Ainsi que le rapport de la DATAR, *La France puissance industrielle : Une nouvelle politique industrielle par les territoires*, (2004). Ces rapports mettent en avant les retards cumulés par la France en matière de capacité d'innovation, de productivité et de compétitivité des territoires. Les pôles de compétitivité « *apparaissent ainsi*

---

[52] www.competitivite.gouv.fr.

comme une réaction face aux performances médiocres de la France dans ces domaines », (Duranton et al., 2008, p. 12). Ainsi, l'objectif premier de cette politique publique est-il de permettre à la France de se doter de territoires visibles à l'échelle mondiale, capables d'attirer des investissements, de l'emploi et surtout de susciter une atmosphère innovante. Les pôles sont la marque d'une volonté politique *« d'ancrer sur un territoire un tissu économique dynamique et performant, face à la concurrence internationale, capable de susciter le développement et d'attirer de nouvelles activités »*, (Calme et Chabaud, 2007, p. 16). Au-delà même, **les pôles rompent avec une tradition de péréquation territoriale** au profit de l'atteinte sur certains espaces d'une « masse critique » dans un secteur particulier pour se faire une place de choix dans la compétitivité mondiale.

Comme leurs petits frères, les SPL, les pôles de compétitivité ont rencontrés un franc succès auprès des acteurs dans les projets présentés. La vocation internationale des pôles de compétitivité montre que la DATAR a véritablement saisit les enjeux de la mondialisation, comme l'illustre la communication du gouvernement en la matière, *« cette politique vise à susciter puis à soutenir les initiatives émanant des acteurs économiques et académiques présents sur un territoire*[53] », cependant des questions restent en suspend. Celles de l'ancrage territorial des activités, de la cohérence identitaire et culturelle des milieux considérés, de la gouvernance de ces nouveaux « échelons stratégiques »…en bref, celles du **management de la compétitivité territoriale**[54].

La campagne concernant les pôles de compétitivité est lancée par la DATAR en 2004 à l'initiative du gouvernement. Comme pour les SPL, le processus de sélection privilégié est celui de l'appel à projet national. Lors des Conseils Interministériels de l'Aménagement et du Développement du Territoire successifs du 12 juillet 2005, du 6 mai 2006 et du 10 juillet 2007, 71 pôles de compétitivité[55] seront labellisés (sur cent cinq dossiers déposés). Parmi eux, sept pôles mondiaux et dix pôles à vocation mondiale sont à distinguer.
Pour espérer une labellisation, les projets de création de pôles de compétitivité présentés doivent respecter les critères établis dans un cahier des charges proposé en décembre 2004 par

---

[53] Voir le site internet du gouvernement dédié aux pôles de compétitivité : www.competitivite.gouv.fr.
[54] Nous proposerons dans le chapitre suivant de dégager des modalités spécifiques susceptibles de manager la compétitivité territoriale, modalités que nous irons ensuite, confronter à l'épreuve empirique.
[55] Voir la carte des 71 pôles de compétitivité français proposée en **annexe 2**.

le gouvernement. Quatre critères sont particulièrement mis en avant et les projets doivent présenter :

- une stratégie de développement cohérente avec le plan de développement économique du territoire du pôle ;

- une visibilité internationale suffisante, sur les plans industriels et / ou technologiques ;

- un partenariat entre acteurs et un mode de gouvernance structuré et opérationnel ;

- une capacité à créer des synergies en matière de recherche et développement, et apporter ainsi des richesses nouvelles à forte valeur ajoutée.

La décision finale du CIADT suit un processus de sélection qui est éclairé par l'analyse des préfets de région d'abord ; du groupe de travail interministériel (GTI) qui réunit tous les ministères concernés ensuite ; enfin par une expertise indépendante de personnalités qualifiées issues de l'entreprise, de la recherche et de l'université.

2. Origines conceptuelles et définition :

La politique des pôles de compétitivité dans ses filiations théoriques, découle principalement des concepts de cluster et de district industriel que nous avons présenté dans le chapitre précédent. Pour Bocquet et Mothe (2008), il est ainsi possible de positionner le pôle de compétitivité « *comme une forme hybride entre les deux archétypes* », (p. 5). Cette hybridation souligne une volonté de la DATAR de viser deux cibles à la fois : en effet il s'agit en premier lieu de **laisser « pousser » les dynamiques émergentes des forces vives du territoire** afin d'obtenir une atmosphère innovante susceptible de s'insérer sur les marchés mondiaux. Mais il s'agit également pour l'Etat de **soutenir activement les initiatives des acteurs locaux** en leur octroyant des moyens financiers et un cadre stable de capacités organisationnelles.

De ce point de vue, **la politique des pôles s'écarte de la tradition colbertiste de l'implication publique pour l'innovation et la recherche** (Brette et Chappoz, 2007) : d'une part les initiatives de collaboration sont en effet peu encadrées, et d'autre part, l'échelon régional est privilégié comme un nouvel espace de dialogue entre les dynamiques locales et l'ouverture à l'international. En effet, à la différence des SPL pour lesquels le processus de labellisation s'est imposé par la pratique des collectivités territoriales, le label « pôle de compétitivité » est défini *a priori*. Il est attribué par décision du comité interministériel d'aménagement et de développement du territoire (CIADT). Présidé par le Premier ministre, le CIADT a pour charge de fixer les orientations du gouvernement en matière d'aménagement du territoire en réunissant dès que nécessaire tous les ministres intéressés. Aussi est-il important de souligner que les pôles de compétitivité « *ne sont pas le résultat d'une logique de développement local mais d'une démarche institutionnelle élaborée au niveau national. Ils ne sont pas une forme organisationnelle « spontanée » ou issue des territoires dans lesquels ils s'inscrivent, mais le résultat d'une politique volontariste* », (Mendez et Bardet, 2009, p. 126).

Un pôle de compétitivité est « *une combinaison, sur une espace géographique donné, d'entreprises de centre de formation et d'unité de recherche publiques et privées, qui s'engagent à travailler ensemble au sein d'une même structure, afin de dégager des synergies autour de projets communs à caractère innovant disposant d'une masse critique nécessaire pour une visibilité internationale* », (Retour, 2009, p. 93). Au-delà de cette définition, les pôles de compétitivité reposent sur quatre principes-clés déterminant leur capacité de réussite[56] :

- la mise en oeuvre d'une stratégie commune de développement économique cohérente avec la stratégie globale du territoire ;

- des partenariats approfondis entre acteurs autour de projets ;

- la concentration sur des technologies destinées à des marchés à haut potentiel de croissance ;

- une masse critique suffisante pour acquérir et développer une visibilité internationale.

---

[56] http://competitivite.gouv.fr/politique-des-poles/quest-ce-quun-pole-de-competitivite-472.html. Consulté le 29 mai 2011.

Une fois labellisé, chaque pôle de compétitivité a dû se doter d'un représentant légal chargé d'assurer la gouvernance. Pour garantir une souplesse dans la gestion et afin d'éviter les dérives « localistes » comme « centralisatrices », les collectivités territoriales comme l'Etat ont été invitées en tant que membres consultatifs, la forme associative (Loi 1901) a été préférée.

Figure 2.3 Structure de gouvernance des pôles de compétitivité

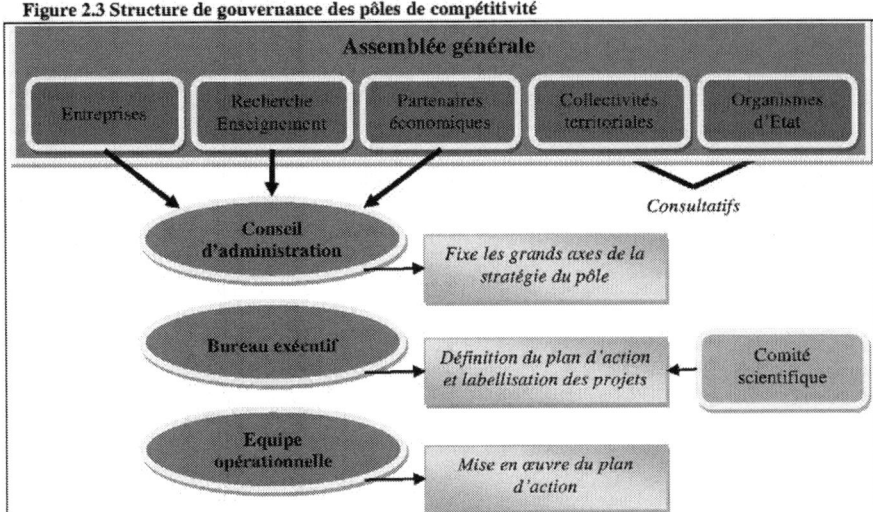

Source : Adapté du schéma de la structure de gouvernance du pôle Pégase.

La **figure 2.3** ci-dessus met en évidence la forme générique de gouvernance adoptée par la plupart des pôles de compétitivité. Ainsi, la politique de la DATAR marque-t-elle une prise distance vis-à-vis de la tradition des politiques de grands programmes menées jusqu'alors en France. En effet, les pôles de compétitivité « *remettent fondamentalement en cause à la fois le type d'acteurs impliqués et la nature même de cette implication, laissant aux acteurs publics une plus grande place qu'à l'Etat* », (Bocquet et Mothe, 2008, p. 13). De surcroît, au-delà de l'agglomération géographique des acteurs, les pôles de compétitivité « *sont alors un portefeuille de réseau et une marque d'excellence destinés à réduire les coût d'information et les risques d'incertitude de leur membres et des partenaires internationaux potentiels* », (Aboiron et Nicoulaud, 2008). Ces derniers de poursuivre que les pôles sont « *reliés non seulement aux autres pôles de compétitivité nationaux ou internationaux, mais aussi à leur territoire d'élection, les pôles de compétitivité peuvent alors être des*

164

organisations apprenantes et structurantes en termes de normes et de marchés au niveau local comme au niveau mondial ». On retrouve donc bien ici la double parentalité du modèle hybride : d'une part le district industriel dont les « atmosphères et communautés » protègent et régissent le niveau local vis-à-vis du niveau global et d'autre part le cluster qui veut structurer une grappe industrielle par l'amont et par l'aval pour que les flux d'innovation s'échangent avec le niveau global et traversent le niveau local.

La ligne directrice de la politique volontariste n'est donc pas qu'économique, au contraire elle « *relève plutôt d'une approche organisationnelle, et donc du management* », (Calme et Chabaud, 2007, p. 8). Il s'agit en effet de mettre en lumière l'existence de systèmes relationnels complexes. C'est ce qui nous confirme d'ailleurs (Colle et al., 2009) quand ils avancent que « *loin du modèle du réseau de sous-traitance où une firme amirale distribue le travail autour d'elle, les pôles relèvent d'une coopération de mutualisation : une situation d'alliance où les partenaires sont à égalité, du moins en théorie, et dans laquelle des ressources sont mutualisées dans une vraie logique de codéveloppement* », (p. 146). Il y a donc clairement un choix qui a été fait, celui d'accompagner la transition de la réorganisation industrielle, de la prospérité à la compétitivité (ce qui nous avons tenté de mettre en évidence dans notre premier chapitre). De ce point de vue, la logique d'agglomération spatiale des acteurs pour le développement de processus innovateurs fait de ces espaces des « laboratoires » privilégiés pour la formation d'économies fondées sur la connaissance, (Vicente, 2005).

Interaction, coopération et collaboration des acteurs dans le but de réaliser des économies fondées sur la connaissance permettraient donc d'augmenter la compétitivité des entreprises et par voie de conséquence, celle des territoires. Dans le but de décrypter ce phénomène, Defelix et al., (2008) proposent d'envisager l'origine de la collaboration et les pratiques qui en découlent avec le type d'acteurs présent au sein de l'agglomération spatiale. Eux-aussi, mettent l'accent sur le caractère hybride de la politique des pôles de compétitivité avec notamment un caractère cumulatif des situations existantes, voir **tableau 2.1** ci-après :

Tableau 2.1 « Les pôles de compétitivité, une forme de collaboration interorganisationnelle

	La collaboration est d'abord voulue par les acteurs eux-mêmes (vocabulaire et registre industriel) [*Logique « en marché »*[57]]	La collaboration est reconnue et renforcée par les pouvoirs publics (vocabulaire et registre de l'action publique) [*Logique « en société »*[58]]
Les partenaires sont tous des entreprises	Districts industriels	Systèmes productifs locaux (SPL)
Les partenaires sont des organisations variées : entreprises, universités, etc.	« Clusters »	Pôles de compétitivité

Source : Defelix et al., (2008), p. 94.

Si l'état des connaissances sur les pôles de compétitivité est encore limité par le manque de recul, Didier Retour (2008) dans un « propos d'étape » attire l'attention sur trois points à développer dans les travaux futurs :

- la politique publique doit soutenir ses marges de progression en qualité de « facilitateur » de rencontre des différents acteurs de l'innovation industrielle ;

- au sujet de la forme de gouvernance des pôles de compétitivité, leur nouvelle configuration organisationnelle nécessite des réponses tout aussi nouvelles ;

- l'enjeu principal enfin, consiste à l'intérieur même de ces structures, d'arriver à l'instauration d'un climat de confiance qui puisse permettre le portage de véritables projets collaboratifs déclinés au travers d'une dynamique propre.

Sur ces enjeux notons que les managers territoriaux ont une fois de plus semble t-il une compétence *a priori* dont ils doivent se saisir afin de constituer les relais efficace entre la stratégie nationale et les spécificités locales ; entre la logique « en marché » et la logique « en société ». Ces derniers constituent certainement le « chaînon manquant » dans la dynamique

---

[57] Rajouté par nous.
[58] Rajouté par nous.

d'évolution de l'action publique permettant par une gouvernance territoriale performante de confronter des territoires compétitifs et innovants à la scène internationale. C'est d'ailleurs le constat tiré par Brette et Chappoz (2007) qui précisent que « *si l'impulsion avec l'instauration des pôles de compétitivité a été réalisée au niveau national (et qu'une partie du financement provient de l'Etat), le relais doit s'effectuer à d'autres niveaux afin que les acteurs soient en mesure de s'approprier les projets* ».

En ce qui concerne les projets qui sont labellisé par les pôles de compétitivité il convient de noter que les modes de financement des projets dits « collaboratifs » ont des origines diversifiées, ceci afin de permettre la plus grande latitude dans la gestion et le soutien à l'innovation.

- Le **Fond Unique Interministériel** constitue le premier de ces guichets de financement, il apparaît comme « *un facteur fort d'attraction dans les pôles de compétitivité doté d'un mode de fonctionnement adapté à l'ambition collaborative des pôles* », (BCG / CM International, 2008).

D'autres mécanismes ou guichets de financement permettent aux pôles de subventionner des projets labellisés, il s'agit principalement de grandes agences publiques :

- **Agence Nationale de la Recherche** : anciennement Groupement d'Intérêt Public, l'ANR est devenue au 1er janvier 2007 un Etablissement Public Administratif. L'ANR a pour missions « *d'augmenter la dynamique du système français de recherche et d'innovation en lui donnant davantage de souplesse. A ce titre, l'ANR doit favoriser l'émergence de nouveaux concepts, accroitre les efforts de recherche sur des priorités économiques et sociétales, intensifier les collaborations public-privé et développer les partenariats internationaux. L'ANR accompagne l'ensemble des communautés scientifiques publiques et privées* »[59]. Dans la pratique du financement des projets collaboratifs labellisés par les pôles de compétitivité, l'ANR joue un rôle de premier ordre.

- **OSEO** : est une entreprise publique qui a la charge d'aider et d'assister les entrepreneurs. Ses missions vont de l'aide à l'innovation, en passant par la garantie des concours bancaires et des investisseurs en fonds propres, jusqu'au financement en

---

[59] http://www.agence-nationale-recherche.fr/missions-et-organisation/missions/. Consulté le 29 mai 2011.

partenariat. Cet acteur de l'innovation joue également un rôle de soutien au financement des projets collaboratifs des pôles de compétitivité.

Parallèlement à ces grands guichets de financement, les collectivités territoriales jouent un rôle majeur dans le financement des projets collaboratifs labellisés par les pôles. En effet, elles viennent abonder les financements consentis par les guichets nationaux après la réunion de comités de financement spécifiques.

3. Les PRIDES une expérience de la région PACA :

Nous l'avons souligné, les collectivités territoriales, se sont fortement mobilisées en faveur de la politique des pôles de compétitivité et en particulier les régions. La région PACA a mis en place un dispositif unique en France en parallèle de la campagne nationale. Ainsi, les Pôles Régionaux d'Innovation et de Développement Economique Solidaires (PRIDES) sont une initiative de la région Provence-Alpes-Côte d'Azur (PACA). C'est en vertu de la loi du 13 août 2004[60] relative aux libertés et responsabilités locales que la région détient la fonction de « *coordonner sur son territoire les actions de développement économique des collectivités territoriales et de leurs groupements* ». Cette loi institue également la possibilité d'une élaboration concertée d'un Schéma Régional de Développement Economique (SRDE). C'est dans le cadre de ce SRDE pour 2006-2010 que la région PACA, le 12 juin 2006 a décidé de mettre en place une stratégie de soutien à la création et au développement d'une économie de réseau avec les PRIDES. Comme l'argumente Michel Vauzelle, Président de la région PACA[61] : « *Promouvoir une économie de réseaux, afin de renforcer nos entreprises et de développer nos emplois dans une logique de solidarité est un axe prioritaire* ».

Un pôle régional d'innovation et de développement économique solidaire (PRIDES) **est un réseau d'entreprises qui, par une culture de projet et de coopération et grâce à une structure de gouvernance, élabore des projets innovants, sur un territoire donné, en vue de renforcer ses entreprises membres.** Ces PRIDES (au nombre de 29) rassemblent des entreprises ou des associations d'entreprises d'un même secteur d'activité en les incitant à coopérer sur des objectifs et des projets communs. Les entreprises membres ont accès à des financements privilégiés de la part du conseil régional, via des fiches d'action déposées

---

[60] Loi n°2004-809 du 13 août 2004 relative aux libertés et responsabilités locales.
[61] PRIDES, Fiche action région, www.regionpaca.fr.

auprès de la région. S'ils sont très proches des pôles de compétitivité, les PRIDES suivent la même démarche, ont le même esprit d'innovation mais n'utilisent pas les mêmes outils. En effet, ils ne focalisent pas leurs actions sur l'innovation technologique mais visent une approche globale de l'innovation (création de nouveaux produits, la gestion des ressources humaines, la formation, etc.).

Moins orientés vers la R&D que les pôles de compétitivité, les PRIDES semblent davantage correspondre aux capacités et aux attentes des PME et TPE. L'objectif premier de la politique régionale consiste dans l'accompagnement des entreprises en focalisant les actions autour de cinq leviers de croissance : **l'innovation**, les **Technologies de l'Information et de la Communication**, **l'international**, la **formation**, la **Responsabilité Sociétale des Entreprises**. Les projets financés ne peuvent dépasser un budget de 20 000 euros.

Les PRIDES rassemblent près de 3000[62] petites et moyennes entreprises regroupées en réseaux et ambitionnent près de 200 000 emplois régionaux à terme. Pour la conduite des projets labélisés, des contrats d'objectifs sont signés entre la région et les PRIDES. Ces contrats sont assortis d'une convention financière annuelle qui assure une aide au fonctionnement de l'animation et à la réalisation des projets coopératifs de ses membres. Un comité de pilotage est alors chargé au sein du PRIDES du suivi des partenariats opérationnels et stratégiques.

Comme pour les pôles de compétitivité, les PRIDES se caractérisent par une structure de gouvernance propre qui prend le plus souvent une forme associative. La structure de gouvernance assure une mission d'animation et d'ingénierie du pôle destinée à favoriser :

- une mise en réseau des entreprises membres afin de susciter une coordination et une concertation cohérente au sein de la filière ;

- la mise en place auprès des membres d'une plate-forme technique de services collectifs ;

- une mutualisation des moyens (achats, logistique, etc.) ;

---

[62] http://www.regionpaca.fr/index.php?id=3109. Consulté le 30 mai 2011.

- une action d'intelligence économique pour la filière avec un partage et un traitement collectif des informations stratégiques et la diffusion des bonnes pratiques ;

- une communication interne ;

- la mise en place d'action collectives et de projets collaboratifs.

En définitive, cette politique régionale des PRIDES participe à la restructuration de l'économie régionale en PACA. Ce que nous confirment (Draetta et al., 2008), quand ils concluent que « *la structuration, par le conseil régional, des PRIDES a favorisé une dynamique de projets à la dimension de PME : grâce au soutien financier de la région apporté aux projets collectifs portés par des associations d'entreprises* », (p. 11).

4. Les évaluations de la politique des pôles de compétitivité :

Une première évaluation du dispositif mis en place par la DATAR a été réalisée dès 2006 à l'initiative de la coopérative KPMG. Cette étude qualitative était adressée aux PME / PMI et aux grandes entreprises adhérentes des pôles et clientes de la société de conseil.

Six principaux constats ont été formulés dans un rapport édité en 2007.

- *Les enjeux de stratégie internationale et de veille concurrentielle sont insuffisamment maîtrisés*. L'étude montre que les pôles n'ont pas inscrits l'ouverture à l'international comme une routine organisationnelle. De même les outils de veille et d'intelligence économique sur les marchés visés ne sont pas suffisamment précis.

- *Les objectifs prioritaires* exprimés sont : développer des partenariats avec d'autres entreprises et avec la recherche, la veille concurrentielle et la surveillance des marchés. Les acteurs interrogés ont bien intégrés les logiques originelles qui fondent la politique publique. En revanche, l'emploi, la formation et l'installation d'entreprises nouvelles sur le territoire sont des objectifs encore non ciblés par les acteurs.

170

- **La réussite se mesurera sur trois critères** : chiffre d'affaires, marges et développement de nouveaux marchés : c'est sur la qualité de l'organisation du pôle et sur l'efficience de ses processus que les acteurs voient les moyens de la réussite.

- *Une implication insuffisante des acteurs et des réalisations encore très modestes* : la coopération notamment au travers des projets collaboratifs est à l'époque jugée trop faible. Les acteurs des pôles ont bien conscience qu'il s'agit là d'un enjeu de tout premier ordre. En d'autres termes, si l'interaction peux être crée, la collaboration, elle, ne se décrète pas !

- *Les entreprises sont encore réticentes à coopérer dans le domaine de l'innovation* : ce constat est sans surprise, en effet, il était à prévoir que la collaboration sur le thème de l'innovation est un objectif difficile à atteindre. Il s'agit d'ouvrir « la boîte à idées » de chaque entreprise et finalement d'arbitrer la dualité qui motive l'effet d'agglomération : la coopération / concurrence.

- *Les points à améliorer* : appropriation de la stratégie, rapidité d'instruction des aides, relations entre acteurs, communication vers l'international : si les entreprises interrogées montrent une réelle motivation sur le dispositif lui-même, les points à améliorer sont nombreux.

En définitive, cette première évaluation réalisée par le cabinet KPMG après un an d'existence seulement montre un bilan plutôt positif. En effet, les structures de pôles ont été bien accueillies par les acteurs et le fonctionnement ne semble *a priori* pas poser de problème. En revanche, les thématiques stratégiques, managériales et financières sont pointées du doigt comme éléments décisifs de la pérennité de l'expérience.

Une autre évaluation des pôles de compétitivité a été commanditée par le gouvernement le 15 novembre 2007. Sur proposition du Comité de pilotage mis en place pour le suivi de l'évaluation de la phase 1.0 des pôles, le consortium Boston Consulting Group / CM International a été choisi. En effet le Président de la République avait conditionné la pérennisation et le renforcement du dispositif à l'issue d'une « *évaluation précise de l'action de chaque pôle* »[63].

Le CIACT du 5 juillet 2007 avait alors décidé que cette évaluation porterait sur une analyse de l'efficacité d'ensemble du dispositif de soutien public aux pôles de compétitivité et un examen de la situation et des perspectives de chaque pôle. Il s'agissait de déterminer précisément pour chacun des pôles labellisés, le fonctionnement de la gouvernance, l'ancrage territorial, la pertinence des choix stratégiques, l'intégration des objectifs du développement durable, l'avancement de chaque projet, et les premiers résultats obtenus.

Il ressort de cette évaluation les points suivants.

-   Les financements ont bien été attribués aux différents projets, les entreprises, les collectivités territoriales et l'Etat ont concouru à ces financements de manière équilibrée. *Le nombre de projets soumis est en forte croissance*. L'effort des acteurs privé en matière de financement de l'innovation reste à accroître.

-   Malgré une forte hétérogénéité des cas de figure, les coopérations entre acteurs issus de sphères différentes font preuve d'un dynamisme encourageant. *Les acteurs sont en général bien impliqués dans les projets*, l'impératif de la formation reste prioritaire.

-   *Les PME sont des acteurs impliqués*, à ce titre elles mobilisent une grande part des financements publics.

-   Les thématiques des projets sont larges, toutefois **la problématique liée au développement durable est encore insuffisamment prise en compte**.

Concernant l'évaluation individuelle des 71 pôles, il s'avère que 39 pôles ont atteint les objectifs de la politique des pôles de compétitivité. Par ailleurs, 19 pôles ont atteint partiellement ces mêmes objectifs, les points d'amélioration portent en particulier sur la définition de leur stratégie, ainsi que les modalités de gouvernance et notamment le rôle des

---

[63] http://competitivite.gouv.fr/documents/commun/transversal/2007-11-15_communique_presse. Consulté le 22 mars 2011.

équipes d'animation. Enfin, 13 pôles semblent devoir faire l'objet d'une restructuration en profondeur.

Sur les perspectives de collaboration, les démarches de coopération inter-pôles se développent, toutefois **la question de la propriété intellectuelle se pose de manière accrue dès lors que les secteurs sont connexes et potentiellement concurrentiels.** Quant au rayonnement international de la politique publique française, le cabinet d'évaluation note que « *vue de l'étranger, la notion de pôle de compétitivité constitue une « marque » qui commence à être reconnue et valorisée* », (BCG / CM International, 2008).

En définitive, la politique publique offre des résultats satisfaisants selon l'évaluateur et à ce titre peut faire l'objet d'une phase « 2.0 ». Le système de financement des projets collaboratifs mis en place avec le Fond Unique Interministériel (FUI) semble efficace et peut être reconduit en l'état. Par ailleurs, **une insistance particulière doit être portée sur la coordination des acteurs publics** (collectivités et Etat), comme principaux vecteurs des synergies locales, notamment pour le soutien des structures d'animation des pôles de compétitivité. Les marges de manœuvre laissées par la DATAR pour l'émergence des projets locaux si elles sont sources de complexité, semblent être un facteur de forte mobilisation des acteurs. De plus, l'ancrage territorial des pôles est fort et la dimension « innovation » apparaît bien intégrée par les politiques de développement économique locales.

A noter enfin que l'évaluation propose de supprimer la catégorie « pôle à vocation mondiale » pour ne garder qu'une dichotomie pôle mondial / pôle national et partant de replacer les pôles « challengers » dans une catégorie ou l'autre. A cet effet, deux critères sont proposés pour une labellisation de type « mondial » :

- pôle dont les capacités d'innovation dans son domaine le placent parmi les leaders mondiaux ;

- pôle dont les thématiques sont suffisamment larges pour lui assurer une visibilité mondiale.

Les pôles de type « national » sont ceux qui ne remplissent pas l'un ou l'autre de ces deux critères.

5. Etat de l'art des recherches sur les pôles de compétitivité :

La politique publique en faveur des pôles de compétitivité a suscité de nombreuses recherches[64] académiques. Ces travaux ont un intérêt certain en ce qu'ils s'attachent à examiner les principaux défis posés par la conduite de l'expérience nationale menée par la DATAR.

i. *Approches comparatives et statistiques :*

En premier lieu, Calme et Chabaud (2007) proposent une approche historique et descriptive des différentes formes d'organisation territorialisées afin de déterminer un cadre conceptuel et théorique. Après un tour d'horizon des différents modèles théoriques de la littérature, les auteurs concluent que les pôles de compétitivité en dépit de leurs spécificités « *ne peuvent donc pas être considérés comme des innovations organisationnelles de rupture mais ils s'inscrivent dans la continuité des systèmes territorialisés mis en place dans d'autres contextes* », (p. 27).

C'est une analyse quantitative sur les morphologies et performances des pôles que nous livrent Hussler et al., (2010). A l'aide d'une analyse en composantes principales les auteurs se proposent de mener une « *étude comparative systématique de l'ensemble des pôles de compétitivité français, de leurs formes et de leurs performances* », (p. 2). De cette analyse découle une typologie des pôles en quatre catégories :

- Les pôles (2 pôles) étiquetés « majeur » : qui détiennent un label mondial et regroupent donc un certain nombre de groupe étrangers mais qui dans le même temps sont fortement ancrés dans le territoire d'origine.

- Les pôles (16 pôles) étiquetés « mixte » : de taille moyenne, ils sont caractérisés par une grande proportion de PME, une main d'œuvre très qualifiée et concentrée dans un même milieu.

---

[64] Si nous présenterons ici, les principaux travaux menées depuis la mise en place de la politique des pôles de compétitivité, nous explorerons de manière plus complète la thématique réccurente de la gouvernance dans notre chapitre troisième dédié aux modalités de management de la compétitivité territoriale.

- Les pôles (12 pôles) étiquetés « ouvert » : de taille variée, ces pôles sont fortement ouverts à l'international et il faut noter la faible concentration de la main d'œuvre qu'ils mobilisent.

- Les pôles (40 pôles) étiquetés « local » : il s'agit pour grande partie des pôles nationaux qui marquent une faible ouverture aux marchés internationaux. S'ils semblent fortement tournés vers leur territoire, il est intéressant de noter que dans cette catégorie, sont présent un pôle mondial (Lyon biopole) et deux pôles à vocation mondiale (Mer PACA et Vegepolys).

Les résultats d'une étude quantitative menée à partir des données fournies par les tableaux de bord 2009 présentés par la DGCIS[65] apparaissent donc intéressants mais sont à relativiser. Intéressant d'abord en ce qu'ils déterminent l'hétérogénéité structurelle des pôles appelant « *la nécessité pour l'Etat d'encourager la mise en place de structures et de mode de gouvernance ad*aptés », (Hussler et al., 2010, p.16). De plus ils interrogent sur les éléments de sélection permettant la gradation de labellisation entre « pôle mondial », « à vocation mondiale » et « nationaux ». A relativiser ensuite car de l'aveu des auteurs eux-mêmes, ces résultats ne déterminent pas de causalité entre les variables et mériteraient **une analyse dynamique**.

ii.   *Approches par l'économie de la connaissance :*

Dans un autre registre, Suire et Vicente (2008) proposent d'analyser la performance collective des pôles de compétitivité en mobilisant les champs théoriques de l'économie de la connaissance et celui des clusters. L'objectif des auteurs est ici de montrer que **l'effet d'agglomération des entreprises en un lieu donné n'est pas une garantie suffisante pour l'innovation**. Au-delà, la connaissance qui est un bien systémique et complexe nécessite un contexte de convergence et de réduction des distances cognitives entre des acteurs qui proviennent d'environnement différents. Dans cette recherche, Suire et Vicente (2008) arrivent à la conclusion que la stratégie française visant à conditionner le potentiel d'innovation « *sur la proximité géographique entre les firmes innovantes est donc loin d'être une garantie de la réussite des pôles de compétitivité. Le charisme géographique d'un*

---

[65] Direction Générale de la Compétitivité, de l'Industrie et des Services.

territoire ne peut être le simple résultat de l'agrégation de talents ; c'est dans la recombinaison de ces talents que se situe le potentiel de créativité. C'est dans la capacité des acteurs publics et privés à organiser les réseaux et à imposer les nouvelles connaissances comme des standards technologiques que ce charisme peut devenir pérenne », (p. 133). Les auteurs mettent donc un peu plus en exergue la nécessité pour les systèmes de compétitivité territoriale d'emprunter les chemins de la compétitivité (milieux innovateurs et *learning region*) afin d'assurer leur transition industrielle.

Draetta et al., (2009) quant à elles envisagent le pôle de compétitivité comme un *« dispositif cognitif collectif »*, (Favereau, 1989). Elles formulent l'hypothèse selon laquelle *« **l'action publique gouvernementale a un pouvoir structurant** – en partie par délégation aux institutions constitutives des pôles – **sur l'organisation de l'innovation** dans les territoires régionaux »*, (p. 3). Pour analyser les effets structurants du dispositif de pôles de compétitivité, elles recourent au corpus théorique des systèmes régionaux d'innovation que nous avons présenté dans la partie précédente. Elles cherchent ainsi à mieux comprendre les dynamiques d'apprentissage collectif intra et inter cluster ; à envisager la gouvernance des pôles comme un élément structurant du territoire régional avec l'animation et l'organisation d'un « marché de la connaissance » et en n'excluant pas une ouverture nationale et internationale ; enfin, elles supposent que **les pôles sont une base d'organisation réticulaire entre les pôles eux-mêmes mais aussi à l'intérieur des secteurs à l'échelle internationale.**

iii. *Performance et gouvernance des pôles de compétitivité :*

A la croisée des préoccupations du développement territorial et des processus de management que suscitent les pôles de compétitivité, Bocquet et Mothe (2008), s'interrogent sur la place des institutions publiques locales dans les structures de gouvernance. Ces dernières postulent qu'au sein des pôles à forte dominante PME, **la gouvernance est un élément structurant dont la performance est accrue par les rôles des institutions publiques locales.** Elles affirment à cette occasion que les pôles *« sont par nature des formes spécifiques dont la performance ne peut résulter d'un processus de coordination spontanée »*, (p. 6). Pour conduire leur recherche, Bocquet et Mothe utilisent des travaux divers mais recourent de manière privilégiée aux travaux des économistes de la proximité découlant naturellement sur la problématique de la gouvernance. En particulier, c'est la typologie de

Gilly et Perrat (2003), qu'elles proposent d'affiner et deux constats intéressants directement la présente recherche sont alors à mettre en relief (p.7).

- D'abord, « *la place occupée par les institutions publiques locales dépend de la configuration spécifique du pôle et de la place que les acteurs sont prêts à leur donner (légitimité)* ».

- Ensuite, « *une implication trop forte des institutions publiques locales dans la gouvernance peut renforcer cette dérive « localiste » sauf à être capables de créer un territoire ouvert, imbriqués dans d'autres espaces* ».

Au final, Bocquet et Mothe en étudiant le système de gouvernance au sein de deux pôles de compétitivité concluent que les **formes de gouvernance sont mixtes** tant au niveau du clivage public / privé que d'une forte hétérogénéité d'acteurs publics. Elles analysent également que les deux modèles de gouvernance mixte s'ils sont distincts, n'en restent pas moins performants. L'un se rapprochant du district industriel avec un ancrage local fort et l'autre de la logique de cluster orientée sur l'innovation et disposant d'une structure de gouvernance propre sans implication des institutions publiques locales.

S'intéressant à la performance de la gouvernance des pôles composés majoritairement de PME, Bocquet et Mothe (2009) nous livrent à nouveaux des enseignements utiles. D'abord elles résument l'intérêt pour les entreprises d'être localisées dans la forme renouvelée du district marshallien. A cette occasion, elles distinguent deux types d'externalités d'agglomération comme vecteur de la performance des entreprises, (p. 104).

- **Les externalités « pécuniaires »** d'abord qui n'exigent pas d'interactions directes entre les entreprises. Ce type d'externalité est alors uniquement liée à la stratégie et au choix de localisation de l'entreprise en quête : d'une main d'œuvre qualifiée et disponible en nombre suffisant ; d'une qualité des infrastructures et des équipements publics ; et d'un soutien des institutions locales. Nous retrouvons ici l'**importance de la dimension spatiale, donc idiosyncrasique** dans la construction de la compétitivité territoriale.

- **Les externalités de « communication »** ensuite, c'est-à-dire les bénéfices qui sont liés à un processus de rencontres et d'échanges de connaissances entre des acteurs géographiquement proches. Il s'agit de relever l'**influence de la dimension temporelle ou diachronique** dans la constitution des relations de coopération entre les acteurs pour la compétitivité territoriale.

Les auteurs formulent toutefois deux critiques intéressantes, la première touchant à la dimension « localiste » de la performance dont-il est question. La performance du territoire étant vue comme exogène aux acteurs, ces derniers ne participant pas activement à la dynamique locale. La seconde sur la nature même de l'innovation : « *L'innovation n'est pas a priori un but en soi, mais semble s'apparenter davantage à un produit dérivé de la division du travail* », (p. 104).

Concernant la gouvernance ensuite, elles mettent en relief la nécessité de prendre en compte l'évolution des structures de gouvernance en fonction du développement des projets des pôles de compétitivité. Partant du cas du pôle Arve-Industries, elles montrent que d'une gouvernance associative initiale, la structure doit évoluer vers un mode de gouvernance territoriale plus impliqué dans laquelle « *seul les partenaires territoriaux institutionnels, à condition qu'ils soient légitimes, peuvent remplir une telle mission* », (p.119). Au-delà même, ces dernières concluent leur étude du pôle Arve-Industries en avançant « *que la gouvernance territoriale, i.e. avec une forte implication des acteurs institutionnels locaux, se présente comme un mode adapté aux pôles qui s'inscrivent dans la continuité d'un district industriel avec un fort ancrage historique et territorial tout en cherchant à introduire une dynamique d'innovation propre aux clusters à l'anglo-saxonne* », (p. 119). C'est ainsi qu'elles proposent des voies de recherche que nous souhaitons emprunter, portant sur l'**implication des institutions territoriales dans la conduite des politiques publiques** telles que celle des pôles de compétitivité.

iv. <u>*La question de la GRH au sein des pôles de compétitivité :*</u>

Dans leur recherche, Tixier et Castro Gonçalves (2008) interrogent les modes de coopération que les pôles de compétitivité génèrent en focalisant sur la notion de compétence. Pour ce faire, elles mobilisent la théorie néo-institutionnelle telle que formulée par DiMaggio et Powell, (1983) afin de mettre en relief les pressions qui s'exercent sur les acteurs et leurs relations au sein des pôles. En effet, selon cette théorie trois types de pressions contraignent les acteurs à l'isomorphisme comportemental : les pressions coercitives, normatives ou mimétiques. L'étude des comportements isomorphes des acteurs des pôles permet ainsi d'obtenir des informations sur l'adoption de tel ou tel comportement par les acteurs en référence aux pressions de leur environnement.

Ainsi, deux résultats particulièrement éclairants ressortent de cette enquête, d'abord, le fait que « *la recherche de compétence se fonde généralement sur des coopérations antécédentes à la labellisation des pôles* », ce qui soutient l'idée d'un **ancrage des relations entre acteurs inscrit dans la mémoire du territoire**. Elles concluent également que dans la pratique des projets collaboratifs, les acteurs « *focalisent sur la recherche pragmatique des compétences accessibles à court termes (voire immédiatement) plus que sur la co-construction de compétence stratégique* », (p. 1). Ce dernier élément confirme la nécessité d'un effort continu en faveur d'une gouvernance stratégique et d'une gestion proactive des ressources humaines dans les pôles de compétitivité. La conclusion tirée par les auteurs consiste alors à déduire qu'au travers de la politique de la DATAR les pressions de l'Etat sur les acteurs des pôles marquent une différence nette d'avec le modèle traditionnel du cluster dans lequel les facteurs endogènes sont favorisés plutôt que contraints.

Pour Colle et al. (2009), le défi posé par les pôles de compétitivité n'est pas seulement technologique et interpelle aussi les spécialistes de la GRH. D'abord, leur recherche vise à démontrer au regard de la littérature existante les fondements théoriques pour la mise en places d'actions de GRH adaptées aux pôles. Ensuite, à partir d'un cas concret ils cherchent à mettre en forme une grille de lecture des différents dispositifs qui émergent du terrain.

Etudiant les 15 pôles de compétitivité de la région Rhône-Alpes, les chercheurs définissent deux tendances principales :

- d'abord un **effet d'isomorphisme** est identifié au travers d'un développement convergent des pratiques de GRH entre les différents pôles ;

- ensuite, le constat est fait sur la **diversité des niveaux d'intervention du fait de multiples facteurs de contingence**.

In fine les auteurs tirent la conclusion que les « *acteurs publics peuvent constituer une force d'incitation et de contrôle dans la mise en œuvre de pratiques RH inventives* ».

Toujours dans le champ de la gestion des ressources humaines mobilisées dans le cadre de la politique publique de la DATAR, Defelix et al. (2008) s'attaquent à l'étude de la conduite des projets collaboratifs. Pour ces derniers, il s'agit de mieux cerner les enjeux de ces projets *« réunissant des salariés relevant d'employeurs différents mais devant travailler ensemble plusieurs années afin de co-innover »*, (p. 2). Dans les deux projets collaboratifs étudiés émerge la nécessité de gérer les coopérations des membres associés. Si les structures de ces projets sont différentes (composition, objectifs, etc.) elles ont toutes deux été influencées à l'origine par les financeurs. Toutefois, c'est à mesure que la conduite des projets s'est mise en place que les chefs de projets ont pris de l'importance dans la conduite de ceux-ci.

En outre, **les différences de cultures organisationnelles de travail** (par exemple entreprise et laboratoire de recherche) se sont peu à peu révélées, provoquant parfois des tensions interindividuelles. Les recherches sur les projets collaboratifs méritent donc des études longitudinales afin d'apprécier l'évolution des pratiques RH entre des acteurs hétérogènes. Les auteurs appellent de leurs vœux un glissement de la GRH au sein de ces projets qui *« de simple administrateur au sein des partenaires, pourra évoluer vers une posture de partenaire stratégique des projets de co-innovation »*, (p. 12).

Au final, la politique en faveur des pôles de compétitivité nous l'avons vu a déclenché un véritable engouement tant pour les académiques que pour les praticiens. Nonobstant, il convient de relativiser l'enthousiasme et l'angélisme qui entourent les pôles de compétitivité. En effet, à en croire certains auteurs qui se basent sur un large panel de données statistiques, la quantification des gains obtenus par concentration des entreprises montre beaucoup d'efforts pour de maigres résultats. Duranton et al., (2008) estiment ainsi que *« pour augmenter la productivité des entreprises concernées d'environ 5 %, il faut doubler le niveau de spécialisation dans une activité et une zone données. Il s'agit donc d'un changement important de la géographie économique pour un gain somme toute modeste »*, (p. 8). De plus les sempiternels questionnements visant à opposer polarisation et dispersion ne sont pas réglés, au contraire, la péréquation abandonnée au profit de l'agglomération laisse planer de mauvais augures au dessus des « régions qui perdent ». Ce sont les dangers que relèvent en tout cas Duranton et al., (2008) et qui dans une certaine mesure paraissent convaincant : *« On voit donc bien le danger d'une politique uniforme de clusters dictée par l'Etat : non seulement il n'est pas certain que cette stratégie soit optimale pour tous les secteurs mais elle priverait aussi les régions défavorisées de toute chance de pouvoir attirer des entreprises »*, (p. 22).

La campagne des pôles de compétitivité se trouve donc formalisée autour d'un cadre territoires-projets avec un relais institutionnel opéré par les SGAR[66] de l'échelon régional. Cependant, ce premier degré de réalité, **ce premier processus ne suffit pas à construire la compétitivité territoriale.** En effet, s'il amène la nécessité d'instaurer des relations interinstitutionnelles par un partenariat public-public, **il ne « colle » pas toujours avec la réalité territoriale du point de vue local.** La politique des pôles, s'inscrit, nous l'avons dit dans la lignée théorique des clusters, avec une nécessaire ouverture du milieu à son environnement au travers des réseaux d'innovation. Subséquemment, **sur un mode intégratif** et non plus réactif, **les milieux locaux tentent eux aussi de répondre directement à l'axiome global par un autre couplage celui du projet de territoire** dont le degré d'ouverture à l'environnement est plus circonscrit. Il s'agit ici de chercher *« de nouveaux modes d'organisation et de gestion territoriale, alternatifs aux démarches territoriales descendantes classiques »*, (Leloup et al., 2005). Car enfin, la dernière née des politiques publiques en faveur de la compétitivité territoriale traduit une vision de la DATAR préconisant *« une approche de type bottom-up au sein des pôles alors que ceux-ci sont issus de politiques volontaristes »*, (Calme et Chabaud, p. 21). Ceci s'explique sans doute par le fait que pour les pôles, la balance penche plus pour un développement économique par agglomération que pour un aménagement du territoire national dans une optique de péréquation : *« d'un objectif affiché d'équité on est passé à un objectif d'efficacité »*, Duranton et al. (2008). Paradoxe donc ou dialogique des processus d'action publique à mobiliser par des managers territoriaux éclairés ?

---

[66] Secrétariat général aux affaires régionales.

Section 2. *De l'autonomie locale : le développement par les projets de territoires*

Nous avons pu apprécier dans la partie précédente les efforts de la DATAR pour redynamiser les territoires au travers de modèles-actions polarisateurs suivant un processus incrémental d'essais-erreurs. Si **la recherche d'un territoire pertinent semble utopique**, la politique des pôles de compétitivité participe d'une restructuration en profondeur des modes d'intervention depuis l'Etat vers les territoires. Parallèlement, le processus de décentralisation est à l'œuvre, l'autonomie des collectivités territoriales s'affirme et des lois sont venues cadrer les contractualisations et procédés destinés à la promotion et au développement territorial. Peu à peu, **la possibilité pour les territoires de maîtriser leur propre développement s'est affirmée** depuis les années 80. Les macro-phénomènes de mondialisation et de rationalisation généralisée des dépenses publiques ont ressuscités « *un intérêt croissant pour le local. On se retrouve alors dans une phase où les stratégies de développement se définissent au niveau local et sont associées à la capacité des acteurs à valoriser des ressources territorialisées* », (Calme et Chabault, 2007).

Au travers des réformes territoriales, l'Etat cherche à adapter ses modes de fonctionnement vis-à-vis d'un environnement globalisé. S'il a perdu beaucoup de ses prérogatives économiques, l'Etat-nation n'a d'autre choix que de **favoriser l'émancipation de ses territoires**. D'autant que la position centralisatrice et planificatrice de l'Etat des années d'après-guerre a pu laisser des séquelles profondes dans l'organisation territoriale française. C'est ce que nous confirme Moine (2006) quand il avance que pendant les « *années 1960-1970 durant lesquelles l'aménagement du territoire, très conquérant en France, s'est développé, l'Etat en occupant une position majeure a créé une réelle distance entre l'échelle de planification et d'intervention nationale et le développement local* », (p. 115). Aussi, aujourd'hui, si l'Etat peut agir comme initiateur et incitateur avec les politiques volontaristes que nous venons de montrer ; il n'a d'autre choix, dans le même temps, que de proposer comme le notent Behar et Estèbe (2003), un « *accompagnement des territoires les plus concurrentiels, c'est bien au travers des reformulations actuelles de l'aménagement du territoire, la figure d'un Etat facilitateur qui paraît se dessiner* ». Il s'agit donc de ce point de vue d'un vrai renoncement d'imposer toujours la vision centralisatrice. L'Etat pour le développement territorial est finalement devenu un partenaire « comme un autre » pour les collectivités territoriales qui souhaitent se doter d'un projet et d'une stratégie de développement.

Dans les paragraphes qui suivent, nous présenterons d'abord les grandes étapes qui ont jalonnées la lente et controversée décentralisation. Il sera question ensuite d'aborder le cœur de la problématique avec les projets de territoires. Nous proposerons enfin une mise en perspective des éléments présentés avec la réforme territoriale en cours et l'épineuse question de la métropolisation.

A. *La décentralisation : les premiers pas vers l'autonomie territoriale*

Art. 1. « *La France est une République indivisible...* ».

Voici les premiers mots de La Constitution française du 4 Octobre 1958. Ces quelques mots sont lourds de sens et certainement à l'origine de beaucoup de débats autour de la décentralisation. L'Etat français est-il unitaire, centralisé ou bien décentralisé ? Un peu tout cela à la fois il semble bien, Jean-Claude Thoenig dira d'ailleurs à cet effet « *qu'en matière de décentralisation, le pouvoir politique gouverne de façon centralisée* », (1992). La première phase de décentralisation de 1982 a véritablement modifié la nature du rôle de la DATAR ainsi que ses moyens d'intervention. En effet, corrélativement à la mise en compétition des territoires à l'échelle mondiale, la décentralisation a « *engendré de multiples chevauchements de compétences et des risques sérieux d'éclatement de la politique d'aménagement. Chaque collectivité s'estime fondée à intervenir sur son territoire sans trop s'interroger sur les limites de ses compétences, et la concurrence entre collectivités est féroce* », (Bodiguel, 2006, p. 411).

La décentralisation est un mécanisme constitutionnel et administratif visant à attribuer aux collectivités territoriales des compétences propres, distinctes de celles de l'Etat, et dont les responsables sont élus par la population. Ce grand mouvement de modification de l'organisation administrative s'est déroulé sur une période de vingt ans au travers d'un arsenal d'une quarantaine de lois et près de 300 décrets, il est par ailleurs appelé à se poursuivre à l'avenir (Acte III en cours depuis 2010). Cette modification de l'organisation territoriale, dans ses rapports verticaux et fonctionnels a entraînée « *une focalisation sur les différents échelons issus de la décentralisation, substituant à la notion de territoire celle de collectivité territoriale, qui isole à la fois les représentations et les pratiques »*, (Moine, 2006, p. 116).

Ainsi donc, les Lois Defferre 1982[67] et 1983[68], suppriment-elles le contrôle *a priori* pour les actes administratifs des collectivités et toute tutelle possible entre les collectivités. Les compétences des collectivités sont réparties entre la région, le département et la commune et les transferts de compétences doivent être assortis de compensations financières. Les aides financières de l'Etat accordées aux collectivités apparaissent sous la forme de dotations globales de fonctionnement, d'équipement et de décentralisation. Néanmoins, cet acte I de la décentralisation n'a pas eu les effets escomptés, sans doute selon Moine (2002) eu égard à la conduite même du dispositif : *« la répartition des nouvelles compétences des différentes collectivités, sans véritable débat préalable, montre que l'Etat a orchestré, dirigé et par là même renforcé son rôle »*, (p. 250).

C'est ensuite la Loi Joxe Marchand de 1992[69] sur l'Administration Territoriale de la République (ATR) qui a poursuivis le processus. Dans son article premier, elle met l'Etat et les collectivités sur pied d'égalité pour moderniser le service public : *« L'administration territoriale de la République est assurée par les collectivités territoriales et par les services déconcentrés de l'Etat »*. Au premier chef, cette loi a permis d'introduire un **principe de subsidiarité entre les administrations** (Verpeaux, 1999), elle marque également les balbutiements de la coopération intercommunale. Ainsi, dans chaque département sont crées des Commissions Départementales de la Coopération Intercommunale (CDCI). Cela n'aura pas suffit et le dispositif mis en place n'aura pas rencontré un grand succès (seulement cinq communautés de ville créées).

La Loi Pasqua de 1995[70] (LOADT) marque un véritable « tournant historique », comme le note Leurquin (2002), puisque c'est la première fois que dans un texte législatif **au vocable « aménagement » et directement adjoint celui de « développement »**. Ce dernier de poursuivre que ce diptyque aménagement-développement *« inaugure une nouvelle*

---

[67] Loi n°82-213 du 2 mars 1982 relative aux droits et libertés des communes, des départements et des régions.
[68] Loi n°83-8 du 7 janvier 1983 et Loi n°83-663 du 22 juillet 1983relative à la répartition de compétences entre les communes, les départements, les régions et l'Etat.
[69] Loi n°92-125 du 6 février 1992 relative à l'administration territoriale de la République.
[70] Loi du 4 février 1995, Loi n° 95-115 d'Orientation pour l'Aménagement et le Développement du Territoire (LOADT).

conception dans la gestion des politiques publiques : à des stratégies étatiques, purement « descendantes » doit se substituer le croisement de stratégies « ascendantes et descendantes », (p. 265). Cette loi, propose également la reconnaissance des pays comme espaces de la cohésion sociale et des solidarités communales, mais aussi comme un « *espace pertinent pour l'élaboration d'un projet de développement* », (Guesnier, 2008). En définitive, avec cette loi charnière, c'est une véritable réforme de la conception même de l'aménagement du territoire qui doit être opérée selon Jean-Louis Guigou, une politique qui doit être « *plus orientée vers des stratégies d'organisation, la décentralisation, la péréquation des ressources et la coopération des collectivités* », (1996). Ces vœux seront entendus dans les deux textes suivants, les lois Voynet et Chevènement qui marquent une avancée vers la possibilité de constituer des projets de territoire, suivant un impératif de durabilité pour la première et une simplification pour mieux « coller » à la réalité de la recomposition territoriale pour la seconde.

La Loi Voynet 1999[71], LOADDT vient modifier les principes de la loi Pasqua en ajoutant les projets d'aménagement et de développement durable du territoire. Par ailleurs elle généralise le recours à l'échelle des pays pour les regroupements de communes. La loi Chevènement 1999[72], s'inscrit dans la continuité de cette dernière et porte sur le renforcement et la simplification de la coopération intercommunale. Cette loi fait des **agglomérations et des pays l'élément de base de la politique d'aménagement du territoire renouvelée.** Le territoire trouve par ces lois une véritable reconnaissance, il constitue un lieu de vie, un espace vécu mais aussi un lieu où s'exerce une autorité permettant de rassembler acteurs et institutions autour d'un projet de développement. Pour la première fois, il est possible de dire que « *localement il existe des systèmes d'acteurs dont les interrelations étroites permettent aux systèmes territoriaux existants de conserver une relative stabilité* », (Moine, 2006, p. 116).

La Loi Gayssot-Besson 2000[73] porte sur la Solidarité et le Renouvellement Urbain, elle remplace les Plans d'Occupation des Sols (POS) par des Plans Locaux d'Urbanisme (PLU) qui doivent être mis en adéquation avec les Projets d'Aménagement et de

---

[71] Loi du 25 juin 1999, Loi n°99-533 d'Orientation pour l'Aménagement et le Développement Durable du Territoire (L.O.A.D.D.T).
[72] Loi du 12 juillet 1999, Loi n°99-586, relative au renforcement et à la simplification de la coopération intercommunale.
[73] Loi du 13 décembre 2000, Loi n°2000-1208 relative à la solidarité et au renouvellement urbains.

Développement Durable (PADD). **L'inflation législative commence alors à montrer les limites de l'intercommunalité, trop de dispositifs, trop de modifications sont mises en œuvre en peu de temps.** C'est pourquoi, la Loi de 2002[74] sur la démocratie de proximité est destinée à développer la démocratie participative et représentative, elle vise à instaurer un dialogue entre la société civile et les élus locaux. Enfin, en 2003[75], une loi sur l'urbanisme et l'habitat viendra compléter ce dispositif législatif déjà bien fourni.

Entre 2003 et 2004, l'acte II de la décentralisation est marqué par trois dispositions législatives portant sur l'organisation décentralisée de l'Etat[76], les communes, départements et régions ont enfin une reconnaissance constitutionnelle. Par ailleurs, la reconnaissance constitutionnelle d'un droit à l'expérimentation pour les collectivités locales (article 5[77] de la loi révisant l'article 72 de la Constitution) constitue selon Desage et Godard (2005), « *l'une des innovations principale de l'acte II de la décentralisation* », (p.633). La Loi sur l'autonomie financière des collectivités territoriales[78] prévoit une liberté de dépense pour les collectivités leur permettant de fixer l'assiette et le taux d'imposition dans les limites fixées par la loi. La Loi de 2004 sur les libertés et responsabilités locales[79] opère les transferts de compétences et de ressources équivalentes qui dessinent la carte de répartition que nous connaissons aujourd'hui. Ce nouvel arsenal constitutionnel est non sans conséquence sur les fondements de l'organisation territoriale, « *en effet, de façon inédite, la mise en scène de l'acte II de la décentralisation a pour corollaire le renoncement à un postulat fondateur de l'action publique territoriale, celui du lien mécanique entre décentralisation et déconcentration de l'Etat* », (Behar et Estèbe, 2003).

En définitive, comme nous venons de le présenter, la décentralisation est un processus itératif qui s'est échelonné sur une vingtaine d'années. De nombreuses, trop nombreuses réformes se sont succédées et finalement, c'est à se demander si par ce trop plein de réforme l'Etat n'a pas chercher à brouiller les pistes en divisant « pour mieux régner ». En tout état de

---

[74] Loi n°2002-276 du 27 février 2002 relative à la démocratie de proximité.

[75] Loi n°2003-590 du 2 juillet 2003 urbanisme et habitat.

[76] Loi constitutionnelle n°2003-276 du 28 mars 2003 relative à l'organisation décentralisée de la République.

[77] Article 5 de la Loi du 28 mars 2003 : « *Les collectivités et leurs regroupements peuvent, lorsque la loi ou le règlement les y autorisent et pour une durée définie à l'avance, déroger aux lois et règlements qui les régissent afin de « tester » localement les effets d'une mesure nouvelle* ».

[78] Loi organique n°2004-758 du 29 juillet 2004 prise en application de l'article 72-2 de la Constitution relative à l'autonomie financière des collectivités territoriales.

[79] Loi n°2004-809 du 13 août 2004 relative aux libertés et responsabilités locales.

cause, la problématique du point de vue central n'est pas simple, les questions à résoudre sont pour ainsi dire insolubles. Il s'agit de donner des compétences, des responsabilités et donc du **pouvoir aux collectivités territoriales tout en conservant l'unité nationale** et l'initiative des grandes politiques publiques. A cet effet, Guesnier (2008) s'interroge sur les capacités et la répartition des compétences de l'organisation territoriale pour résoudre des problèmes « *d'une complexité croissante* », (p.3). Après un examen attentif des lois et des processus mis en œuvre par la décentralisation, ce dernier constate que le **recours à une gouvernance territoriale associant acteurs publics et privés est indispensable pour un développement local effectif.** La question du développement local est donc posée. La construction de notre taxonomie des modèles-actions publics est désormais presque achevée. La pierre « locale » apportée à l'édifice de la DATAR apparaît inéluctable, c'est ce que constatent Mermet et al., (2004) au sujet des vingt dernières années qui ont permis la multiplication des « *expériences de concertation innovantes et réformes de procédure en matière d'aménagement public. Ces innovations poursuivent dans l'ensemble le but de conférer aux décisions un caractère plus « négocié », c'est-à-dire fondé autant que possible sur des accords mutuels et prenant en compte les besoins des parties prenantes* », (p. 1).

La décentralisation a donc permis une modification substantielle du paysage institutionnel français et comme le souligne Moine (2006), elle a « *engendré de « nouveaux territoires » au sein desquels l'administration est devenue plus compliquée, tandis qu'émergeaient les territoires mouvants des intercommunalités, et bientôt ceux des projets au travers des « Pays »* », (p. 118). Ainsi, est-il temps de porter l'analyse sur l'échelon intercommunal, encore plus récent que la région, et qui, avec la politique publique des pays, a offert la possibilité aux territoires locaux de formaliser un projet déterminant les enjeux prospectifs à la hauteur de leurs ambitions.

B. *L'intercommunalité, les pays et les projets de territoire :*

Après avoir retracé les éléments législatifs et constitutionnels en faveur de l'émancipation des territoires, il convient désormais d'analyser le processus d'action publique ascendant (de type *bottom-up*). Ce processus trouve son origine et marque son originalité dans et par les territoires. De par sa nature intrinsèque, ce processus ascendant est moins évident à observer compte tenu du nombre et de la diversité des territoires. Il ne s'agit pas d'une politique publique comme les pôles de compétitivité, il s'agit à l'inverse de l'application du

187

principe de libre administration des collectivités territoriales. Les multiples réformes constitutionnelles et administratives que nous avons décrites plus avant ont en effet permis l'apparition d'initiatives publiques purement locales : **les politiques publiques territoriales.** Jusqu'alors, les acteurs locaux s'étaient longtemps « *contentés de structures associatives comme les syndicats intercommunaux (SIVOM[80], SIVU[81], etc.), ou fédératives comme les communautés urbaines, les districts ou les syndicats mixtes, qui malheureusement ne résolvent pas les problèmes d'administration locale* », (Moine, 2002).

Les acteurs historiques de l'aménagement que sont l'Etat, le département et la commune doivent aujourd'hui concilier avec d'autres collectivités territoriales plus récentes et plus sensibilisées aux réalités économiques. Il existe donc bel et bien une complexité ambiante en la matière qui oblige à arbitrer entre les impératifs sociétaux et les enjeux d'une économie globalisée. « *C'est le paradoxe de l'époque qui au nom de l'efficacité gestionnaire voudrait faire monter en puissance des structures nouvelles (intercommunalités et région) face à des communes ou des départements bien ancrés dans l'inconscient collectif et par là même les plus capables de jouer un rôle d'intégrateurs politiques* », (Dubois, 2009). Ce sont donc aussi les **modes d'intervention qui ont évolués dans le sillage des réformes successives**, « *les concertations et coopérations entre l'Etat et différentes collectivités territoriales se sont multipliées au travers de contractualisations et de projets. En réalité, l'on est passé d'une approche spatiale traditionnelle « à une politique territoriale de projet »*, (Moine, 2002). Il s'agit de présenter le nouveau visage de l'aménagement et du développement des territoires au travers d'un cadre projet-territoire. De ce point de vue, les lois en faveur de l'intercommunalité ont rencontrées un grand succès, aujourd'hui « *ce sont les groupements de communes qui constituent la **maille essentielle du tissu local** ; ils sont dotés de compétences réglementaires et de moyens d'intervention significatifs* », (Aubert et al., 2004, p. 2).

En définitive, les processus d'autonomisation des territoires infranationaux, ont permis à une multitude d'acteurs de se positionner au devant de la scène locale, évinçant pour ainsi dire l'Etat qui est devenu « *un acteur parmi d'autres [...] dans les processus d'élaboration et de mise en place des politiques publiques* » (Le Galès et Thatcher, 1995).

---

[80] Syndicat intercommunal à vocations multiples.
[81] Syndicat intercommunal à vocation unique.

1. De l'ancrage historique à la prospective territoriale :

La commune est l'unité élémentaire du maillage administratif et territorial français. Elle constitue pour ainsi dire l'atome insécable des « sociétés » locales historiquement formées autour des clochers et des mairies. Du dévot en passant par le notable provincial, des personnalités locales ont de tout temps marquées l'histoire de ces territoires. Les lois sur l'intercommunalité de point de vue n'auraient pas dû prendre une telle ampleur. Et pourtant, si l'on regarde la carte de l'intercommunalité en France (voir **annexe 3**) force est de constater que le maillage du local est bel et bien intercommunal. Les raisons d'un tel succès sont sans doute nombreuses, mais au premier rang, il faut mettre en évidence le caractère volontaire et négocié des procédures qui ont permis l'instauration d'un dialogue au niveau local.

Ainsi, les communautés de communes, les communautés d'agglomération et les communautés urbaines s'inscrivent-elles dans une forme de continuité historique d'un développement « par le bas » que l'Etat a longtemps voulu relativiser. C'est dans ce contexte qu'Alain Faure (1995) déclare que *« force est de constater que la décentralisation a ouvert une compétition où chaque collectivité cherche dorénavant à marquer sa différence en puisant des références et une légitimité issues du temps long de sa propre histoire territoriale »*, (p. 49).

Ces structures intercommunales ont permis au-delà de proposer de nouveaux outils en faveur du développement territorial. Et comme le notent Mendez et Mercier (2006) *« même si l'histoire marque ces territoires d'une empreinte profonde, il ne s'agit pas pour autant de conclure à leur incapacité à renouveler des formes de coopération. Sur ces territoires des acteurs sont porteurs de projets (d'une vision), et certains sont bien décidés à dépasser les clivages et les blocages hérités du passé »*, (p. 271). La possibilité de formaliser des projets pour les territoires est issue en particulier de la Loi Voynet du 25 juin 1999. Avec l'arsenal des lois que nous avons présenté plus haut, les projets d'agglomération en particulier se sont trouvés particulièrement plébiscités. La vocation de ces projets de territoire consiste en l'adoption d'une démarche prospective de moyen et long terme (10 à 15 ans) pour les équipements, infrastructures et plus largement politiques publiques structurantes s'inscrivant dans les compétences obligatoires et facultatives choisies par les EPCI.

De manière générale, l'objectif d'une telle entreprise répond d'une logique de projection sur l'avenir. L'emploi du mot « prospective » est traditionnellement attribué à Gaston Berger[82], il désigne l'étude des conséquences de nos actions passées et futures sur notre avenir. Les temporalités quand elles sont reliées à l'action au travers des projets de territoire deviennent ainsi une donnée fondamentale. A ce propos, Fouchet et Lopez (2000) nous rappellent qu'une « *opération d'aménagement du territoire entraîne des conséquences à la fois sur le court et sur le long terme, elle implique une modification des structures de fonctionnement d'une économie locale, elle est souvent non réversible et à ce titre, peut-être porteuse d'effets positifs sur une période, puis d'effets de blocage sur des périodes ultérieures* ». La prospective territoriale permet donc aux territoires de faire un état de lieux (diagnostic) de leur passé pour dégager les principes qui articuleront et structureront leur avenir. De ce point de vue, se forme une **interaction entre les acteurs c'est-à-dire la société locale et le territoire,** Mendez et Mercier (2006) notent à ce propos, en référence aux travaux de Giddens (1984) qu'il s'agit là de mettre en relief « *la dialectique permanente entre projet et héritage, entre capacité d'innovation des acteurs et contextes. Les acteurs et les structures dépositaires de l'histoire sont deux aspects d'une même réalité : les acteurs (individuels ou collectifs) structurent leur environnement autant que celui-ci contribue à les construire* », (p. 271).

Ainsi, le point de départ des projets de territoire doit-il être recherché dans les fondements historiques ancrés tant dans le sol que dans les mémoires des acteurs. De cette remarque liminaire, il devient évident que l'empreinte « locale » prend une place signifiante et le territoire s'envisage alors comme un système formant une conjonction complexe articulant espace et temps. Pour expliquer ce phénomène de construction d'une réalité territoriale, Behar et Estèbe (2003) précisent qu'au « *niveau « micro-territorial », des territoires « ordinaires » des pays et des agglomérations, il apparaît de plus en plus clairement que l'Etat n'a plus de point de vue spécifique, national, à défendre. Tout au plus s'agit-il pour lui d'accompagner les acteurs territoriaux dans la formulation de stratégies de projet, en prenant acte de la diversité des voies aujourd'hui envisageables pour le développement local* », (Behar et Estèbe, 2003).

---

[82] Berger (1957), « Sciences humaines et prévision », (*La revue des deux mondes*, 1er févier 1957, pp. 3-12). « *Notre civilisation s'arrache avec peine à la fascination du passé. De l'avenir, elle ne fait que rêver et, lorsqu'elle élabore des projets qui ne sont plus de simples rêves, elle les dessine sur une toile où c'est encore le passé qui se projette. Elle est rétrospective, avec entêtement. Il lui faut devenir « prospective »*, (p. 3).

Toutefois, cette possibilité pour les EPCI de formaliser des projets pour leur territoire ne pouvait se faire sans une tentative d'harmonisation au niveau national. En effet, le risque d'un retour aux cités-états de la Grèce antique aurait pu traverser certains esprits. Aussi, l'Etat a-t-il accompagné ce mouvement d'intercommunalité par une politique publique, qui sous de nombreux aspects n'aura pas eu la publicité qu'elle méritait, celle des pays.

2. La politique publique en faveur des pays :

Le fondement spatial des projets de territoire pour les EPCI se trouve cristallisé dans la politique publique de promotion des pays. Le label de pays est une appellation identitaire issue de la loi de 1995, dite loi Pasqua, qui le définit comme un « *territoire présentant une cohésion géographique, culturelle, économique ou sociale, à l'échelle d'un bassin de vie ou d'emploi* ». A l'initiative des EPCI, les chartes de pays traduisent une volonté de doter les territoires d'une véritable identité d'abord et d'une vision prospective ensuite, « *la constitution d'un pays permet aux acteurs locaux de prendre en main le devenir de leur propre territoire* », DATAR (2004).

Les chartes de pays constituent un outil prospectif préalable indispensable à l'établissement d'un projet de territoire. De l'outil à la pratique, ces dispositifs se sont avérés être également un moyen de mobilisation sans précédent pour la socio-économie locale. Ce constat est partagé par Aubert et al., (2004) qui argumentent à ce sujet que « *dans la mesure où elle présuppose une analyse préalable du territoire et une concertation élargie avec l'ensemble des composantes de la société locale, l'élaboration de la charte peut générer une certaine mobilisation collective des acteurs locaux autour d'un objectif commun* », (p. 4). Ainsi, au premier rang des acteurs locaux mobilisés, les agences d'urbanisme créées par la Loi d'orientation foncière[83] en 1967 ont-elles jouées un rôle moteur pour la mise en place des diagnostics préalables. C'est pourquoi, les recherches portant sur les missions accomplies par ces organismes méconnus montrent aujourd'hui un dynamisme renouvelé pour des sujets aussi variés que les intérêts « sociétaux » locaux dont il est question, (Prévot et al., 2008). Ces derniers précisent d'ailleurs que la singularité de ces structures en fait peut-être aussi la plus grande qualité : « *En France, les agences d'urbanisme constituent un cas exceptionnel d'outil commun aux collectivités locales et à l'Etat* », (p. 9).

---

[83] Loi n°67-1253 du 30 décembre 1967 relative à l'orientation foncière. L'existence et le rôle de ces agences d'urbanisme a été réaffirmé par la LOADT de 1999 et la Loi SRU de 2000.

La mise en place de cette politique publique par la DATAR montre une volonté d'**aller au-delà du monologue institutionnalisé** jusqu'alors par les politiques volontaristes. En effet, pour la première fois, **les territoires sont appelés à s'exprimer** au travers d'un dialogue établi entre le centre et les périphéries, les agences d'urbanisme de ce point de vue jouent un rôle crucial. De surcroit, comme le précisent Aubert et al., (2004), le pays dispose ainsi d'une « *double propriété de disposer d'une taille suffisante pour permettre d'envisager les questions de développement (de l'ordre de l'arrondissement) et de fédérer les acteurs locaux dans une structure politique légitime pour traiter de ces questions* », (p. 2). De ce point de vue, les prémices d'une démocratie de proximité sont à relever.

Cependant, héritage de l'histoire encore une fois, d'un trop grand nombre de communes (près de 36 682[84]), c'est sans doute un trop grand nombre de pays qui ont émergés donnant à la politique publique une teinte « localiste » et donc illisible. En effet, la législation en faveur des pays a laissé émerger ces formes territoriales sur des caractéristiques relevant de facteurs culturels et historiques. C'est pourquoi, force est de constater que « *le cadre législatif laissant une large marge de manoeuvre aux acteurs locaux dans la délimitation de ces espaces, les pays recouvrent des configurations hétérogènes* », (Aubert et al., 2004, p. 3).

Les pays constituent donc une politique publique de la DATAR visant à favoriser les articulations[85] entre les espaces urbains et ruraux, elle s'attèle donc à la question de la dispersion. Il ne fait donc aucun doute qu'elle a été destinée à contrebalancer les modèles-actions publics polarisateurs présentés précédemment. Le périmètre des chartes de pays a été indiqué dans la LOADDT comme devant s'inscrire sur celui des EPCI à fiscalité propre. La recherche de mise en cohérence territoriale, notamment au travers d'outil tels que les plans locaux d'urbanisme, les schémas de cohérence territoriaux a été dès lors assuré par les agences d'urbanisme.

En définitive, la politique publique en faveur des pays conduite par la DATAR a permis à l'Etat d'accompagner tant que faire se pouvait les premiers outils légaux et institutionnels du développement endogène. Les chemins de la compétitivité se sont donc vus

---

[84] INSEE (2008). Source : http://www.insee.fr/fr/themes/theme.asp?theme=2&nivgeo=0&type=3.
[85] « *Les agglomérations et les pays sont proposés comme cellules de base de la recomposition de ce territoire urbanisé. L'élaboration d'un projet de développement fonde cette recomposition. Le projet scelle des alliances, définit une communauté d'intérêts et trace des perspectives d'avenir communes* », (DATAR, 2001, p. 16).

consacrés au niveau local partant du constat qu'il est aujourd'hui incontournable de s'appuyer sur « *la mobilisation et la valorisation des ressources locales. [...] Elle [la politique des pays[86]] repose sur l'idée que, d'une part, la mobilisation et l'organisation collective des acteurs locaux et, d'autre part, l'activation et la valorisation des ressources internes du territoire, sont porteuses du développement économique* », (Aubert et al., p. 4). Ainsi, prise en compte de l'histoire, mise en cohérence des territoires vécus constituent-ils les ferments de la prospective territoriale. Un **cadre générique permet alors de formaliser l'intelligence collective localisée**, celui du **projet de territoire**.

3. Le projet ou la construction du sens pour le local de demain :

Le concept de projet dans une première acception renvoi à « *un ensemble d'actions tendues vers une finalité : créer du changement [...]. C'est une activité exaltante par la créativité et l'acceptation du risque qu'elle implique, mais aussi frustrante car éphémère* », (Declerck et al., 1979, p. 39). Ces derniers ajoutent qu'il s'agit d'un phénomène spatio-temporel limité, inséré dans un environnement politico-socio-économique et redéfini, pas à pas, par la dialectique entre la pensée et la réalité (p. 40). Le projet de territoire, s'est imposé depuis une vingtaine d'années comme la **nouvelle modalité de l'action publique définissant une ambition prospective pour le territoire** (Brétéché et Arnaud, 2010). « *Dans cet esprit, il décline les orientations stratégiques de développement pour le moyen ou le long terme sur le plan économique, social, culturel et spatial* », (Arab, 2007, p.149).

De manière plus précise, nous retiendrons la définition de Pinson (2006) qui envisage les projets comme « *des dispositifs d'action collective trans-sectoriels, partenariaux et mobilisant sur des temps relativement longs une pluralité d'acteurs, de groupes et d'institutions* », (p. 624). A ce titre, les projets sont donc des vecteurs permettant de cadrer la **mobilisation sociale d'acteurs hétérogènes selon un mode interactionniste et incrémental de poursuite d'objectifs susceptibles de se modifier au fil de l'eau**. Même s'il est initié par les pouvoirs publics locaux, le projet de territoire fait aujourd'hui l'objet d'une concertation et d'une mobilisation des différents acteurs locaux. « *L'autocéphalité est la question clé dans les territoires de projets [...] dans tous les cas, ce qui fait qu'on les repère [...] c'est l'identification de politiques publiques locales qui ne soient pas l'application d'une*

---

[86] Rajouté par nous.

procédure nationale mais l'émergence d'un tricotage de solidarités entre acteurs locaux », (Panico et Poulle, 2005). Ainsi, des modes de concertations locaux aux natures différenciées émergent-ils, organisés autour d'un territoire, résultat d'une action collective construite autour du projet. Toujours selon Panico et Poulle (2005) un double mouvement est alors mis en lumière, les projets transforment l'espace en territoire et le territoire, en tant qu'espace concerté remodèle à son tour la notion de projet (p.148).

L'émergence de ce *« nouveau cadre intégrateur »*, Loilier (2010), procède d'une **logique d'action publique locale, ascendante et intégrative** qui prend naissance dans les mécanismes successifs de décentralisation, particulièrement le principe d'autonomie des collectivités territoriales. En effet, nous l'avons vu, les réformes de décentralisation (Actes I & II), la création des EPCI et des pays (LOADDT) sont venus renforcer cette autonomie. C'est au sein même de ces cadres d'interaction que peut alors s'opérer **une nouvelle forme de « régulation » locale : articulant l'intérêt général – sous-tendu par les politiques volontaristes – et l'intérêt sociétal, émergent lui, des multiples acteurs de la société civile locale.** Cette intelligence collective développée par le milieu local opère alors une fonction de « philtre[87] » et propose sa propre dynamique d'action publique, ascendante et pragmatique, selon un processus que l'on peut qualifier de **téléologie de l'action publique**. Nous faisons ici référence à l'apport fondamental de Jean-Louis Le Moigne à la modélisation des systèmes complexes qui a mis en évidence le caractère « téléologique » de toute connaissance. Ainsi, de l'interaction complexe entre les contextes (issus de l'axiome global), le contenu, i.e. la dimension spatiale (traduite par la dualité EPCI et charte de pays) et les processus, i.e. les temporalités différentes (recoupant la prise en compte de l'histoire pour la construction d'un avenir commun) naît une forme de connaissance nouvelle que les acteurs locaux traduisent dans leur projet de territoire. C'est bien ce qu'entendent Desage et Godard (2005), quand ils avancent que *« l'enjeu de la formation et de l'intégration d'un « sens » serait désormais central dans ces dispositifs fragmentés où se confrontent une multitude d'acteurs, qui ne sont plus uniquement conçu comme des représentants d'intérêt, mais également comme des porteurs de conceptions de problèmes et de façon de les résoudre »* (p. 644).

---

[87] Le mot « philtre » doit ici être entendu au sens de la décoction, c'est-à-dire de l'alliage d'ingrédients différents dont le dosage permet de dégager des vertus inédites. Il s'agit, bien sûr, d'une métaphore destinée à opposer la notion de « filtre » employée plus haut au sujet des politiques volontaristes de la DATAR à celle de « philtre » que nous utilisons pour décrire le processus complexe de mise en synergie des acteurs locaux autour d'un projet commun.

Cette logique correspond au processus d'adaptation par lequel les acteurs locaux prennent acte des influences de l'axiome global, et traduisent « **l'esprit** » des enjeux intégrés dans les politiques publiques nationales pour apporter une réponse, une solution à la socio-économie locale. Cette émancipation, impose *de facto* des aptitudes nouvelles à mobiliser par les managers territoriaux qui, au service des acteurs (politiques) locaux doivent développer des aptitudes pour « bricoler » l'ingénierie des multiples projets et procédures. Ceci afin d'apporter une réponse locale en intégrant les dynamiques de la stratégie industrielle et économique nationale qui s'est engagée sur les chemins de la compétitivité. Cependant, comme le note Dubois (2009), « *la technicité croissante de l'action publique procédurale, de la contractualisation et des financements croisés donne de facto une prime aux élus les plus techniciens et les plus insérés* ». Emerge donc la **nécessite de donner un cadre conceptuel à cette dynamique locale**, ce que nous tentons de faire dans l'**encadré 2.3** ci-après.

Les projets, nous l'avons dit, constituent un cadre générique privilégié pour l'action publique locale. Précisons à ce stade de la démonstration, qu'à ce titre, ils permettent de se démarquer des questionnements méthodologiques opposant les approches « macro » et les approches « micro ». Ils constituent pour ainsi dire un **continuum spatio-temporel d'action dont les acteurs locaux peuvent se saisir**. Il s'agit alors comme le précise Thoenig (2005) d'étudier les dynamiques intermédiaires, c'est à dire « *les lieux et moments favorables à une action permettant de faire une différence en termes d'innovation* », (p. 299). Dans cette perspective des projets de territoire et de leur mise en œuvre plus particulièrement, la fin doit être entendue comme un moyen et vice-versa. Ainsi, le management de projet consiste t-il en une « *approche pluridisciplinaire de réalisation d'un objectif relativement précis dans un délai déterminé. [...] le management de projet inclut aujourd'hui la conception et comporte parfois une part active à la détermination de l'objectif lui-même* », (Royer, 2005, p.111). C'est ainsi que la construction d'un projet de territoire, participe d'une logique itérative et réflexive, permettant des allers-retours incessants entre finalités[88] des acteurs et finalités du projet. Cela implique de constater que « *former un projet pour une organisation publique implique très souvent aujourd'hui un dépassement des pratiques traditionnelles de nos organisations* », (Fouchet et Lopez, 2000).

---

[88] Sur ce point voir notamment Genelot (2001) : « *Plus qu'un but à atteindre, une finalité est une raison d'être qui conditionne le fonctionnement d'un système et ses réactions aux sollicitations extérieures* ».

Les projets de territoire sont donc des outils de co-construction d'objectifs commun à tous les acteurs de la « société locale » dans une optique prospective, car enfin, *« une organisation publique n'a pas le choix discrétionnaire de ses finalités. Elle n'a pas non plus celui du territoire »*, (Fouchet et Lopez, 2000). Ces derniers nous donnent les bases permettant d'envisager le développement territorial par les projets selon une approche conjonctive, susceptible de compléter une modélisation de type analytique.

Encadré 2.3 Téléologie de l'action publique par les projets de territoire

- Axiome d'opérationnalité téléologique : le phénomène est modélisable, ici le comportement de l'organisation territoriale, est perçu action intelligible et donc téléologique, tournée vers des buts. L'organisation n'existe que parce qu'elle agit, et cette action se comprend en fonction des buts poursuivis.

- Axiome d'irréversibilité téléologique : le phénomène est perçu Transformation, formant projet au cours du temps.

- Axiome du tiers exclu : le phénomène modélisable doit être perçu comme conjoignant inséparablement l'opération et son produit, lequel peut-être producteur de lui-même.

« On est ainsi amené à concevoir l'organisation, impliquant une diversité d'acteurs lorsqu'il s'agit des territoires, comme un tout combinant des fonctions et des transformations, animée par son (ses) projet (s) téléologique (s) et baignée dans un environnement actif ».

Source : adapté de Fouchet et Lopez (2000).

En définitive, si l'on peut conclure à l'instar d'Albertini (2006) que *« les collectivités territoriales s'appuient sur leurs nouvelles compétences pour s'affirmer comme des acteurs économiques à part entière, notamment à travers la promotion d'une offre territoriale »*. Il faut bien avouer que ce **développement économique des territoires doit être accompagné d'un sens, d'une téléologie arbitrant les intentions finalisées hétérogènes des acteurs**. De ce point de vue, *« l'aménagement du territoire aujourd'hui ne peut pas accepter des processus de décision ordonnés du sommet et englués dans la « carte », même si cette dernière semble anticiper les futurs. Les décisions sont macro et micro territoriales et à ce titre doivent accepter le « tamis » de la complexité et l'enrichissement de la prospective »*, (Fouchet et Lopez, 2000).

4. Des projets d'agglomération en pratique :

Nous l'avons vu, les intercommunalités développent leurs propres projets de territoire dont la contractualisation se fait au travers de contrat d'agglomération en concertation et partenariat avec l'Etat et la région. De manière concrète, c'est un projet d'agglomération qui vient mettre en cohérence cette réalité territoriale en articulant l'inscription identitaire du pays et les éléments structurant de la prospective élaborés par la socio-économie locale. Une phase de contractualisation permet de réunir et de coordonner la « mise en action publique » de l'action territoriale, dans un dispositif prenant une forme de **partenariat public-public**. L'EPCI, l'Etat et la région dans la négociation et la signature du contrat d'agglomération s'accordent sur un projet commun de développement pour le territoire. Le but de cette mutualisation des moyens de l'action publique étant de définir les orientations à moyen et long terme fondées sur une identification précise des politiques publiques à mettre en œuvre et financées par les acteurs dans une logique coopérative.

Les modalités pratiques pour l'élaboration et la négociation des projets et contrats d'agglomération ont été instituées par les trois lois de la LOADDT (Loi Voynet, Chevènement et SRU). Le contrat d'agglomération est donc soumis à l'élaboration préalable d'un projet d'agglomération réunissant des EPCI et des communes appartenant à une même aire urbaine[89] d'au moins 50 000 habitants.

Pour ce qui est de l'élaboration des projets d'agglomération, il n'y a pas eu d'injonctions législatives ou réglementaires destinées à encadrer les procédures. Seuls les contrats d'agglomération sont soumis à l'article 26 de la LOADDT. Le projet d'agglomération tel qu'entendu par la DATAR est un « *document de référence qui définit les choix de l'agglomération pour son développement durable, pour la définition conjointe des stratégies économiques et sociales, pour son organisation interne et son positionnement par rapport à l'extérieur* », (DATAR, 2001, p. 8).

Toujours selon la DATAR (2001), un projet d'agglomération doit comporter un certain nombre d'éléments :

---

[89] Au sens de l'INSEE, l'agglomération est l'unité urbaine, celle-ci étant définie par des critères de continuité du bâti : c'est une zone bâtie d'au moins 2 000 habitants dont les constructions sont séparées de moins de 200 mètres et qui est délimitée en respectant les limites communales.

- le diagnostic du fonctionnement de l'agglomération concernée et le repérage des grands enjeux qui la caractérisent ;

- l'expression des choix politiques de développement et l'indication des territoires supports de ces choix ;

- les politiques et mesures permettant la mise en oeuvre de ces choix, qui devront être pris en compte dans les contrats d'agglomération, avec un phasage dans le temps et l'identification des priorités.

Enfin, le projet d'agglomération doit être considéré comme un document dynamique : première étape de la procédure contractuelle, le projet d'agglomération peut être revu et renégocié après la signature du contrat pour être actualisé et préparer la deuxième génération des contrats.

En tout état de cause, il existe autant de spécificités, c'est-à-dire de projets et de contrats d'agglomération que de situations locales. En effet, réaliser une présentation exhaustive en la matière ne serait pas utile à notre recherche. Retenons simplement l'esprit de la procédure ainsi que l'hétérogénéité des possibles venant grever d'autant la lisibilité du processus comme par ailleurs (et surtout) **sa compréhension par les managers publics locaux** susceptibles de le mettre en œuvre. En effet, cette logique de développement local, questionne selon nous, le **champ de compétence des managers territoriaux** qui remplissent une fonction essentielle « *d'agents de coordination, d'arbitrage ou de communication* », Ehlinger et al., (2007), dans le passage des territoires de projets au projet de territoire. De plus comme nous enseignent Desage et Godard (2005), dans leur discussion sur l'idéologie des politiques publiques locales, « *le credo de l'élu local contemporain, assurément, c'est le pragmatisme gestionnaire* ».

C. *Réforme territoriale et métropolisation :*

Il s'agit enfin de présenter brièvement dans les lignes qui suivent la réforme territoriale en cours afin de pouvoir recadrer nos propos dans cette perspective.

1. Les objectifs et les raisons d'être de la réforme territoriale[90]:

Nous l'avons répété, observé et éprouvé, **l'organisation territoriale française est en mutation permanente.** Les processus de décentralisation, les réformes constitutionnelles et législatives rythment les politiques publiques en faveur de la compétitivité territoriale, ce au risque que les collectivités et l'Etat se trouvent parfois dépassés.

La réforme territoriale en cours vise selon la communication du gouvernement trois objectifs majeurs :

- préserver les acquis de la décentralisation ;

- renforcer les libertés locales ;

- libérer l'énergie des territoires.

Au-delà de ces grandes déclarations, le gouvernement propose trois types de justifications venant alimenter le caractère incontournable d'une telle réforme :

- le premier et non des moindres, part du constat de l'*empilement des structures* qui n'ont eu de cesse, non l'avons souligné, de complexifier le maillage territorial. A cela, s'ajoute l'*enchevêtrement des compétences* venant limiter l'efficacité d'action de chacune des collectivités territoriales et dans le même temps la rendre illisible et inintelligible pour les citoyens voire pour les agents du service public eux-mêmes ;

- la seconde justification souligne bien sûr la nécessaire *maîtrise des finances publiques locales qui ont augmentées de façon exponentielle* (compétences transférées mise à part). Sont ici particulièrement montrés du doigt les syndicats intercommunaux dont les dépenses de fonctionnement représenteraient 8 milliards d'euros par an. Globalement, il s'agit donc de remettre de l'ordre dans l'organisation territoriale car : « *Des projets prennent du retard. C'est un handicap pour la compétitivité de notre pays* »[91] ;

---

[90] http://www.interieur.gouv.fr/sections/reforme-collectivites/pourquoi-reforme. Consulté le 31 mai 2011.
[91] http://www.interieur.gouv.fr/sections/reforme-collectivites/pourquoi-reforme. Consulté le 30 mai 2011.

- « charité bien ordonnée commence par soi-même », enfin, la troisième justification en faveur de la réforme des collectivités territoriales consiste pour l'Etat à montrer que s'il fait des économies et prend des mesures, il doit en aller de même pour l'organisation territoriale du pays.

Ainsi donc, voici comment la réforme territoriale est présentée et justifiée par le gouvernement. Un nouvel arsenal législatif est en cours de discussion au parlement afin de parvenir à réformer l'organisation au travers de quatre projets de loi. Le premier porte sur la *réforme des collectivités territoriales* ; le second est relatif à *l'élection des conseillers territoriaux* et *au renforcement de la démocratie locale* ; le troisième, et un projet de loi organique sur l'*élection des membres des conseils des collectivités territoriales et des établissements publics de coopération intercommunale* ; le dernier et un projet de loi permettant d'organiser la *concomitance des renouvellements des conseillers généraux et des conseillers régionaux*.

Pour atteindre les objectifs fixés pour réformer l'organisation territoriale, le gouvernement a décidé de concentrer ses efforts sur trois types d'actions :

- <u>Pour simplifier et alléger l'architecture territoriale :</u> il est proposé de **regrouper les collectivités autour de deux pôles principaux**. Un premier pôle **département-région** mis en place à l'horizon 2014 avec 3500 conseillers territoriaux destinés à remplacer les 6000 conseillers généraux et régionaux actuels. Un second pôle **communes-intercommunalités** avec pour objectif de compléter la carte de l'intercommunalité dès 2013. Les préfets départementaux se verront temporairement étendus dans leur pouvoir afin d'apporter une cohérence au niveau des commissions départementales de la coopération intercommunale (CDCI), ceci dans le but de fusionner les structures. Autre élément important, la possibilité de créer des « pays » sera supprimée et les pays existants seront rapprochés des EPCI.

- <u>Concernant les enchevêtrements de compétences :</u> la **clause générale de compétence sera supprimée pour les régions et les départements** et les règles de cofinancements seront encadrées notamment par un schéma de répartition des compétences qui devra être formulées entre les deux collectivités.

- Sur le renforcement de la démocratie locale : le mode de désignation des membres des conseils des **EPCI** se feront au **suffrage universel direct** dans le cadre des élections municipales. Longtemps critiqué, cette réforme était attendue par de nombreux acteurs locaux. Il convient de noter que le projet de loi prévoit que les communes auront au minimum un conseiller, et aucune d'entre elles ne pourra posséder plus de 50 % des sièges.

- La métropolisation enfin : un **nouveau cadre institutionnel métropolitain** sera créé recoupant le statut des établissements publics de coopération intercommunale. Regroupant à minima 500 000 habitants, la création des métropoles sera basée sur le volontariat des communes afin **de porter des projets structurants pour les territoires**. Les transferts de compétences pourront être opérés en accord avec les départements et les régions. Par ailleurs, dans le **souci de respecter les réalités territoriales, des « pôles métropolitains » pourront être préférés**, ils seront alors soumis au régime des syndicats mixtes afin « *d'améliorer la compétitivité d'attractivité du territoire concerné*[92] ». Dans ce deuxième cas, il sera question de « **métropole multipolaire** ».

Voici donc en substance les grands objectifs et projets de loi destinés à jalonner la nouvelle réforme de l'organisation territoriale. A de nombreux égards, cette réforme apparaissait comme indispensable. Il convient toutefois de rester prudent quant à la mise en œuvre de tous les volets de cette réforme, d'abord car **l'alternance politique pourrait venir contredire certains objectifs**, ensuite car **la métropolisation relève d'enjeux politiques locaux** de premier ordre et à ce titre déchaîne les passions.

2. Vers les métropoles comme échelon d'intermédiation :

Au sens de la réforme de l'organisation territoriale, la métropole est un outil de gouvernance des grandes aires urbaines de plus de 500 000 habitants. Cependant et comme le note Daniel Behar (2010) « *voilà une vingtaine d'années que les savants se sont emparé de la question métropolitaine et ont produit à son égard une littérature foisonnante* », (p. 113). Ce dernier ajoute d'ailleurs qu'au-delà des métropoles, c'est du phénomène de métropolisation

---

[92] http://www.interieur.gouv.fr/sections/reforme-collectivites/en-quoi-va-t-elle-consister. Consulté le 31 mai 2011.

dont il est question. Nous ne réaliserons pas ici une revue de la littérature métropolitaine. Nous nous contenterons de présenter quelques éléments de définition réunis par Hernandez (2006) dans sa thèse de doctorat qui a étudiée la question du management stratégique des territoires en comparant cinq métropoles européennes.

Selon Hernandez (2006), il n'existe pas de définition suffisamment précise de la notion de métropole qui est pourtant « *abondamment utilisée pour qualifier les principales agglomérations urbaines d'un pays* », (p. 36). Deux caractéristiques principales doivent être néanmoins retenues :

- selon Ascher (1995), il s'agit ici de territoire regroupant quelques centaines de milliers d'habitants multifonctionnels et **entretenant des relations économiques soutenues avec plusieurs autres agglomérations étrangères** ;

- selon Gouttebel (2001), **les métropoles s'insèrent dans un processus plus large de métropolisation qui correspond à un élément structurel de la dynamique d'évolution des territoires, corollaire de la mondialisation.**

Ainsi donc, il semblerait que la problématique des métropoles cache celle de la métropolisation. Finalement cette question recoupe notre objet de recherche à un niveau plus agrégé : l'aire urbaine. Il semblerait que dans l'optique du gouvernement et à travers la réforme de l'organisation territoriale telle qu'elle se dessine **la métropole est envisagée dans son acception organisationnelle et à des fins de gouvernance. L'objectif managérial de compétitivité territoriale est au cœur de cette future politique publique volontariste.** Car comme l'énonce Philippe Estèbe (2010) le constat est sans appel, « *les villes françaises ne sont pas « à la hauteur » de la compétition mondiale et européenne ; elles sont de trop petite taille, pas assez dotées en fonctions supérieures ; leurs forces vives manquent de dynamisme et d'autonomie* », (p. 258).

Les politiques publiques en faveur de la compétitivité territoriale : paradoxe ou dialogique ?

Les différents modèles-actions publics que nous avons présentés au travers de la construction d'une taxonomie nous ont permis mettre en relief plusieurs éléments primordiaux que nous avons tenté de synthétiser au travers de la **figure 2.4** ci-dessous.

Figure 2.4 Dialogique des processus d'actions publiques en faveur de la compétitivité territoriale

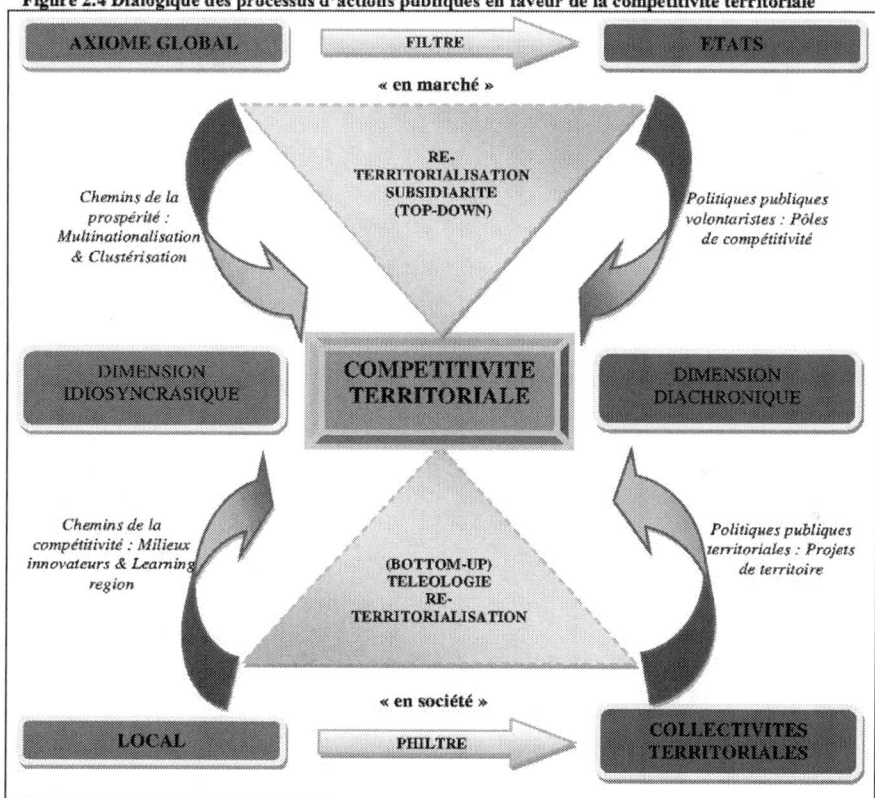

Il faut noter que nous avons inclus dans le schéma les éléments que nous avons conclus à la suite de notre chapitre premier. Ainsi, cette figure plus riche prend-elle en compte les interrelations (chemins de la prospérité et ceux de la compétitivité) entretenues par les contextes (axiome global) et les contenus (systèmes de compétitivité territoriale) mais aussi les interrelations (dialogique des processus d'actions publiques) entretenues par les contextes (axiome global) et les processus (politiques publiques volontaristes, « filtre » et politiques publiques territoriales, « philtre »).

D'abord, la DATAR a depuis les années 80 développée un certain nombre d'expérimentations en matière de politiques publiques en faveur de la compétitivité territoriale. Par l'implémentation de ces modèle-actions polarisés et en suivant une démarche incrémentale, la délégation interministérielle a beaucoup appris. Depuis les premiers pas technopolitains, en passant par les systèmes productifs locaux et pour finir par les pôles de compétitivité, **un processus de re-territorialisation descendant ou top-down est à l'œuvre.** A ce propos, comme nous l'introduisions en début de chapitre, l'Etat ne fait plus écran face aux contraintes d'un environnement global mais tente plutôt de s'y adapter en opérant un premier filtre pour tenter d'insuffler des dynamiques de compétitivité. Ce premier processus d'action publique dans une certaine mesure montre une forme de **subsidiarité territoriale** en déterminant les axes de la stratégie nationale et en attendant que des acteurs des territoires se mobilisent autour de projets innovants. Ainsi, la logique qui préside dans la stratégie de l'Etat peut-elle être qualifiée de **logique « en marché » visant d'une part à orienter les chemins de la prospérité à s'implanter sur le territoire national et d'autre part à inciter les territoires à développer leurs propres chemins de la compétitivité.**

Ensuite, nous l'avons vu également, les différentes phases de décentralisation et la multitude de lois en faveur de l'autonomie et de la libre administration territoriale ont participées à complexifier le maillage du territoire français. Se dégagent toutefois un échelon de pratique qui est celui des pays et des EPCI dans lequel peut s'opérer alors **un « philtre » destiné à coordonner les intentions finalisées d'acteurs locaux pourtant hétérogène.** De ce mouvement du local, ascendant ou *bottom-up* nous pouvons observer **un processus de re-territorialisation endogène.** Les projets de territoire permettent ainsi créer un sens pour le local, au travers d'un **principe de téléologie de l'action publique.** Les milieux locaux se trouvent alors directement confronté à l'axiome global et empruntent *de facto* les chemins de la compétitivité. Aussi, **la logique initiale qui organise les systèmes locaux peut-elle être qualifiée de logique « en société »** visant d'une part à coordonner les intentions des acteurs locaux autour d'un projet commun pour le territoire et d'autre part dans ce processus réflexif et itératif d'adopter une démarche prospective en s'engageant sur les chemins de la compétitivité. C'est selon-nous, ce que précise Pinson (2006) quand il avance que « *les phénomènes de multiplication des acteurs et de dispersion des ressources peuvent engendrer des mécanismes de recomposition des rapports entre acteurs et des innovations en matière d'instrumentation de l'action publique qui, dans certaines conditions, peuvent renforcer la capacité des systèmes d'action collective* », (pp. 619-620).

Dans ce cadre local, nous l'avons brièvement évoqué pour finir, semble émerger d'un consensus général vers une **future politique publique de métropolisation permettant sans doute de faire le lien entre ces deux processus d'actions publiques ascendant et descendant.**

Le lecteur l'aura compris, à la question paradoxe ou dialogue, nous répondons par la seconde proposition. Nous considérons en effet que d**ans la rencontre de ces deux mouvements *top-down* et *bottom-up*, il est possible de tirer des avantages compétitifs servant à la fois le territoire national comme les territoires locaux.** Dans cette perspective, la région et les pays d'intercommunalité constituent donc deux échelles territoriales d'intervention à privilégier. A ce propos, il convient de noter que la réforme de l'organisation territoriale française s'oriente sur cette voie. Ces espaces de re-territorialisation et de régulation permettent de **formaliser des partenariats public-public, se déclinant sous la forme générique de projets** issus, nous l'avons dit, de logiques d'actions publiques pouvant apparaître paradoxales. En facilitant la mise en action publique par des partenariats public-public ce continuum espace-temps de projet inédit, permet de s'exonérer pour grande partie des méandres administratifs classiques qui sont venus rendre les actions territoriales illisibles. Ces couples projet-territoire permettent de faciliter *a priori* une **dynamique d'intelligence organisationnelle entre les acteurs publics** d'abord, et **collective entre les acteurs publics et privés** ensuite. En fait il offre deux échelons de gouvernance pour l'aménagement et le développement économique des territoires. C'est dans ce cadre intégrateur qu'il faut alors, selon nous, voir émerger un espace « facilitateur » de la dimension diachronique de la compétitivité territoriale. A ce stade, les proximités organisées se trouvent facilitées *a priori* permettant une meilleure lisibilité des mécanismes par les acteurs privés et surtout une réduction sensible des interlocuteurs publics. Nous pensons à cet effet que la politique de la DATAR sur la métropolisation visera à réunir ces deux processus à un échelon intermédiaire afin de faciliter encore la lisibilité de l'action publique et de doter l'espace d'un interlocuteur public pertinent donc **habilité à la stratégie économique en faveur de la compétitivité territoriale**.

D'un point de vue purement conceptuel, il apparaît de surcroît que ces deux cadres territoires-projets montrent des similarités importantes avec les modèles de compétitivité territoriale que nous avons présentés.

En effet, les territoires de projets (les pôles de compétitivité) s'inscrivant dans la logique des clusters avec **des réseaux d'innovation ouverts, offrant un espace large dans lequel innovation et apprentissage collectif cohabitent**, non sans rappeler d'ailleurs le modèle des *learning region*. Alors que dans le même temps, les projets de territoire offrent un cadre plus fin pour l'analyse du rapport local-global, l'échelle du pays / EPCI permettant de circonscrire la compétitivité territoriale au travers d'une recherche de cohérence entre l'identité de la socio-économie locale et la réalité du bassin d'emploi. On retrouve alors ici, **l'idée de communauté de valeur et de communauté de sens** telle qu'entendue par l'école italienne des districts industriels et les écrits sur les systèmes productifs localisés. Ces milieux locaux peuvent aussi secréter des entreprises innovantes potentiellement en lien avec des régions apprenantes.

Enfin, ces processus descendant et ascendant des actions publiques en matière territoriale s'ils apparaissent paradoxaux n'en demeurent pas moins complémentaires. Ils sont en effet les « garants » permettant d'éviter une dualité de risque. D'une part des politiques publiques unitaires et centralisées qui mettraient à mal la prise en compte de la diversité des territoires avec le risque d'une uniformisation portant homogénéité des territoires infranationaux déconnectés de la réalité mondialisée. D'autre part, la confrontation de ces mêmes processus permet également de ne pas tomber dans le piège d'un « localisme » effréné qui viendrait promouvoir des territoires « communautaire et identitaire » posant des bases sécessionnistes qui mettraient à mal les principes de solidarité et de péréquation territoriale à l'échelon national.

Ces deux processus d'actions publiques semblent donc plus se nourrir l'un de l'autre et concourir à l'édification du processus de compétitivité territoriale. C'est le sentiment que nous livre Dubois (2009), « *dans le monde de l'après décentralisation et de la dérégulation deux logiques cohabitent, celle de l'ancien modèle de l'Etat garant de la cohésion territoriale et celle issue de la légitimité sans cesse renforcée des collectivités et des découpages territoriaux* », (p. 12). Ces processus d'actions publiques répondent tout deux d'une logique de projet, ils s'appliquent sur deux espaces de référence, les échelles nationales et locales, avec deux lieux privilégiés pour le dialogue territorial : la région et le pays d'intercommunalité. **Ces deux couples territoires-projets décrivent des trajectoires dialogiques** : une logique *top-down* d'abord, les territoires de projet avec en particulier la politique des pôles de compétitivité sur un espace d'action[93] régional ou plurirégional ; une logique *bottom-up* ensuite, les projets de territoire (ou d'agglomération), à l'initiative des EPCI.

---

[93] Nous faisons référence ici aux zonages R&D des pôles de compétitivité, arrêtés par le Premier ministre sous la forme de Décrets définissant avec précision la liste des communes ciblées par la politique publique.

– CHAPITRE III –

MANAGER LA COMPETITIVITE TERRITORIALE : COMPRENDRE LES MODALITES LOCALES POUR MAITRISER LES DIMENSIONS GLOBALES

> « *Si pour accepter les promesses, les engagements, nous devions attendre d'avoir des certitudes sur les intentions des autres, nous ne pourrions jamais agir ensemble. Mais sachant qu'une certitude réelle est inaccessible, nous pouvons accepter de nous satisfaire de données insuffisantes, de signes seulement conventionnels* »,

Pierre Livet (1994).

L'enjeu principal de cette recherche réside dans la découverte de nouvelles modalités de management susceptibles de permettre aux managers territoriaux de conduire une action territoriale compétitive. S'il paraît intuitif qu'une approche locale est un terreau propice aux dérives « localistes », le simple constat que chaque territoire est unique permet de s'en assurer. Au travers des éléments de contenu, il est donc possible de décrire une « carte d'identité » qui est alors spécifique à chaque territoire. Pour ainsi dire le territoire constitue un « tout », autonome et identitaire. L'approche méso-économique de l'espace proposée par Pecqueur (2003) présente par exemple le phénomène de territorialisation comme la « *construction d'un « dedans » par rapport à un « dehors* »[94]. Cette description d'un contenu territorial, par sa nature même, dégage alors des éléments descriptifs intéressants mais non généralisables. C'est tout l'objet de notre chapitre premier. La typologie que nous y avons présentée en interrogeant les interrelations entretenues par les contextes et les contenus nous permettra de **positionner chaque système territorial dans un contenu théorique privilégié**. Ainsi, nous sera t-il possible d'analyser que certains territoires empruntent plutôt les chemins de la prospérité, avec une organisation industrielle « classique » de type district, alors que

---

[94] Pecqueur fait ici référence à la formule de Levy (1997) : « *il n'y a pas d'avant et d'après parce qu'il y a un dedans et un dehors* ».

d'autres, sont plus ouverts à leur environnement car leurs grappes industrielles (ou clusters) sont positionnées par l'amont et par l'aval sur une chaîne de valeur globalisée. Il nous sera également possible d'apprécier que des territoires semblent se donner les moyens d'un renouveau, en empruntant les chemins de la compétitivité : dès lors une organisation industrielle renouvelée permettra d'apprécier que des entreprises innovantes sont sécrétées par les milieux eux-mêmes, milieux locaux interconnectés entre eux au sein même d'une *learning region* dotée d'une véritable stratégie d'innovation.

Décrite ainsi, l'histoire est alléchante. Ces premiers éléments si intéressants soient-ils ont certes une valeur théorique et descriptive mais ils doivent passer l'épreuve empirique. C'est ce que nous avons tenté d'aborder dans le deuxième chapitre en proposant une taxonomie des politiques publiques en faveur de la compétitivité territoriale. La construction de cette taxonomie nous a permis dans une certaine mesure d'introduire la dynamique en interpelant les interrelations entretenues par les contextes et les processus. Cette deuxième étape nous permettra alors de **positionner telle politique publique dans tel processus d'action publique**. Alors que les politiques volontaristes tentent d'adapter le territoire national aux impératifs de la compétitivité de l'axiome global sous une logique « en marché », d'autres politiques publiques, territoriales cette fois, puisent leur énergie dans la rencontre d'intentions finalisées différenciées d'acteurs locaux désireux de bâtir un projet pour leur territoire sous une logique « en société ». Ainsi, nous sera-t-il possible d'**interroger la conduite de plusieurs politiques publiques sur un même territoire** afin de tenter d'en dégager un principe de complémentarité, **un principe dialogique**.

Ces deux premiers chapitres nous ont permis d'envisager l'**analyse contextuelle, synchronique et systémique** de notre objet de recherche : **la compétitivité territoriale**. Contextes, contenus et processus sont inextricablement reliés et interdépendants. Leur description et compréhension apparaissaient comme une étape préalable indispensable. L'objectif de ce chapitre troisième, à l'inverse, n'est pas destiné à envisager de façon disjointe ou bien les contenus territoriaux de manière linéaire ou bien les processus d'actions publiques de manière dynamique. Il s'agit désormais de focaliser notre attention sur **la compréhension des dimensions de la compétitivité territoriale afin de découvrir les modalités d'action** telles qu'elles peuvent être construites par les managers territoriaux.

Considérant la complexité inhérente à la construction de la compétitivité territoriale, l'évolution des compétences des **managers territoriaux** en ce domaine devient une priorité. Ces derniers, sont en effet des **acteurs incontournables** de la construction de la compétitivité des territoires, puisqu'**impliqués dans tous les systèmes de production de l'action**. C'est à ce titre, qu'ils participent à fonder le sens des actions locales en particulier au travers de partenariats entre collectivités territoriales, entre celles-ci et l'Etat mais aussi entre les acteurs publics et les acteurs privés. Nous l'avons dit, ils remplissent, à ces diverses occasions une fonction « *d'agents de coordination, d'arbitrage ou de communication* », Ehlinger et al. (2007). La grande majorité des travaux actuels se focalise sur l'identification d'éléments, de modalités permettant « *d'assurer la stabilité et la coordination de ces systèmes (la proximité, les caractéristiques sociales, l'encastrement socio-territorial, l'ancrage, la confiance, la réciprocité, etc.)* », (Calme et Chabaud, 2007, p. 22). Ainsi, après avoir étudié les interrelations entre les contextes, contenus et processus, convient-il désormais de s'intéresser aux dimensions constitutives et aux modalités d'action mobilisables par les managers territoriaux pour construire cette compétitivité territoriale.

La délimitation d'un cadre théorique pour une recherche portant sur le territoire revient à « enfermer » une aire géographique dans un cadre spatial bien défini. Or cette première étape, déjà largement diffusée dans les disciplines qui s'intéressent au concept, revient dans la plupart des cas à réaliser une description de telle ou telle localité pour en **faire ressortir les particularités**, ce que nous appelons la **dimension idiosyncrasique** de la compétitivité territoriale. Toutefois, du point de vue des acteurs publics qui ont la charge de « gérer » ces espaces au nom de l'intérêt général, il n'est pas suffisant de se borner à décrire des cas de territoires qui réussissent et d'autres qui échouent. En effet, **l'action publique doit s'inscrire dans un cadre de réflexion plus large** et admettre l'étude d'autres éléments pour adapter sans cesse ses outils et pratiques à l'évolution des sociétés contemporaines. Ainsi, s'il s'agit dans un premier temps de tenter de décrire et de mesurer un cadrage spatial stable pouvant être délimité *ad hoc*, les auteurs s'accordent-ils sur des vocables tels que « réseaux d'organisations territorialisés », « systèmes territoriaux d'organisation » ou encore « systèmes productifs ». Cette manière d'appréhender la dynamique territoriale n'est toutefois pas suffisante. C'est bien ce que notent Dupuy et Gilly (1996), quand ils décrivent que « *la* *théorie de la dynamique industrielle localisée (systèmes locaux d'innovation, districts, systèmes productifs locaux) bute toutefois sur la difficulté de cerner les liens entre la dynamique industrielle et la dynamique territoriale »*, (p. 157).

Aussi, doit-il s'agir également de mettre en lumière le **phasage temporel évolutif qui anime et fait vivre ces systèmes territoriaux « au travers du temps »**, ce qui traduit par là le **caractère diachronique** inhérent à ces mêmes espaces. Il s'agit alors de traiter de l'épineuse question de la gouvernance des systèmes de compétitivité territoriale. Si la gouvernance, nous le verrons est une notion polysémique et largement « surfaite », il est plus précis de parler d'entrer au cœur des processus d'actions publiques destinés à construire la compétitivité territoriale. Dans cette optique, il faut analyser d'une part « **l'intelligence organisationnelle** » développée à l'occasion du processus descendant **des politiques volontaristes** et d'autre part « **l'intelligence collective** » produite lors de la « **mise en projet** » **de territoire**. Nous avons pu le constater, malgré une littérature prolifique, cette question n'est pas tranchée. Que ce soit pour les systèmes de compétitivité territoriale ou encore pour les modèles-actions issus des politiques volontaristes et territoriales, la recherche des modalités de gestion de l'interaction et de la coopération des acteurs reste au premier plan.

Cette appréhension duale du système de compétitivité territoriale au travers de ses dimensions idiosyncrasiques et diachroniques, procède selon nous d'une **vision globale du phénomène étudié**. Elle traduit une tendance évolutive dans les recherches sur la dynamique territoriale *« de l'observation de résultat d'un certain nombre de phénomènes vers la compréhension des mécanismes qui induisent ces phénomènes, et surtout un glissement vers la compréhension du rôle des acteurs dans le temps »*, Moine (2006). Cette nécessité de distinguer les deux dimensions constitutives des systèmes de compétitivité territoriale est parfaitement résumée par Albertini (2006) : *« On retrouve ici une conception et un fonctionnement du territoire comme « milieu » catalyseur, offrant simultanément : un espace physique fournissant des facteurs matériels et immatériels à l'origine d'un avantage compétitif pour les entreprises [...], un cadre de coopération organisé en un système local de gouvernance entre acteurs publics et privés et une capacité apprenante collective, suscitant et consolidant les synergies locales grâce à un système relationnel organisé »*. Que faut-il en conclure ?

Tout d'abord de nombreux travaux sur les systèmes de compétitivité territoriale s'attachent à décrire cet « espace physique » en insistant sur les conditions d'émergence par des mécanismes endogènes. Ensuite, force est de constater que les recherche actuelles portent plus sur le « cadre de coopération » et la pérennité des réseaux d'acteurs susceptibles d'orienter les choix stratégiques du territoire. Ces réseaux territoriaux d'innovation « *présentent deux caractéristiques très prononcées – la création d'actifs spécifiques et une incertitude élevée – qui rendent d'autant plus cruciales l'échange de connaissance et la coordination des actions et des acteurs* », (Loilier, 2010, p. 18). Dès lors, il doit s'agir d'**appréhender la compétitivité territoriale comme un phénomène complexe, évolutif et construit par les acteurs. La dimension idiosyncrasique du système permettant d'en borner le contenu. La dimension diachronique susceptible quant à elle d'en éprouver la dynamique** donc les processus, par lesquels les acteurs du système « fabriquent » un territoire compétitif.

Cette nécessité de proposer une analyse contextuelle, synchronique et systémique peut s'expliquer d'abord en référence aux interrelations entre les contextes, les contenus et les processus, nous l'avons vu. Elle peut se justifier aussi par l'évolution de la nature même des ressources susceptibles de fonder l'avantage compétitif des territoires. C'est bien ce que relèvent Mendez et Mercier (2006), ces ressources intransférables « *ont changé de nature au cours du temps. De physiques et matérielles, elles sont devenues organisationnelles, immatérielles et fondées sur des capacités de coopération* », (p. 257). En définitive, cela nous conduit à appréhender le territoire selon une « *double nature, à la fois matérielle (l'espace géographique, sous système du territoire), et symbolique ou idéel, en relation cette fois avec les systèmes de représentation qui guide les sociétés dans l'appréhension qu'elles ont de leur « environnement* », (Moine, 2006, p. 118).

La compréhension du système de compétitivité territoriale au travers de ses deux dimensions (idiosyncrasique et diachronique), nous conduit à déterminer deux cadres d'analyse. **Le premier suit une analogie mécanique sous un mode déterministe et synchronique. Le second repose sur une analogie biologique destinée à permettre l'appréciation de la dynamique par une analyse systémique.** Le choix de poser le problème du territoire et de l'action publique comme un système observe alors une double utilité (Pecqueur, 2003 ; Mendez et Bardet, 2009 ; Zimmermann, 2008).

- D'abord il n'y a pas incompatibilité d'intention systématique entre les acteurs du système territoire car les modalités de proximités « amenuiseraient » d'une part la pression de la mondialisation exercée sur les firmes et d'autre part la pression de l'Etat sur les collectivités territoriales. **Guidés par la dimension idiosyncrasique et sous une logique « en marché », les rapports socio-économiques verticaux se régleraient ici potentiellement par l'interaction et la collaboration.**

- Ensuite, la capacité d'autonomie des acteurs, l'ancrage territorial pour les firmes et l'action publique locale pour les collectivités, permettrait de développer une forme de « proximité sociétale » entre les acteurs. Une instance de gouvernance serait alors en charge d'assurer le pilotage du système territorial. **Construits par la dimension diachronique et sous une logique « en société », les rapports socio-économiques horizontaux se régleraient ici manifestement par la convergence des intentions et par la coordination.**

Ainsi, le système est-il d'abord envisagé non pas dans sa finalité mais par la structure qui le crée. Nous sollicitons à ce sujet les travaux fondamentaux qui portent sur les économies de proximité, (RERU, 1993). En effet, la proximité permet l'interaction et déclenche parfois la coordination des acteurs, (Zimmermann, 2008). La coordination des intentions des acteurs sur un territoire relève donc d'abord de la proximité (contexte de développement). Cependant, cette proximité met en relief des intentions finalisées différentes et parfois divergentes entre les acteurs dont la synergie doit être assurée sur le territoire et dans les différents projets. C'est ici la question de la gouvernance territoriale qui est pointée du doigt. Et ce n'est autre, de ce point de vue, que la représentation d'une « intention » du territoire (le sujet agissant) envisagée comme l'accumulation des intentions finalisées des acteurs qui le composent.

Si les travaux sur les proximités sont aujourd'hui largement reconnus, il en va différemment pour le **débat sur la rationalité** qui reste omniprésent dans les sciences économiques et sociales. Celle-ci peut être **substantielle** pour soutenir l'équilibre général du marché walrasien ou bien **limitée** par l'incertitude et l'incomplétude des informations des acteurs dans l'étude des organisations envisagées comme des « producteurs de décisions », (Simon, Cyert et March). Dans le rapport gestion-territoire, la question de la rationalité, celle de la finalisation du système est de premier ordre. Quand elle n'est pas éludée, elle traite abondamment de la thématique de la gouvernance. **La question ne vise plus alors à s'interroger sur la structure du système mais bien sur sa finalité**, c'est-à-dire son intentionnalité. Les acteurs par leurs proximités développeraient une forme de rationalité « située » (ou endogène) au travers de la dimension temporelle. C'est le constat de Roberto Camagni (1999) à propos de la ville et du milieu quand il nous rappelle que ces construits territoriaux « *partagent des éléments communs, notamment la proximité, porteurs non seulement d'avantages en termes d'économies d'échelle et de réduction des coûts de transaction, mais aussi, **sous certaines conditions**[95], d'avantages à caractère dynamique qui se manifestent dans l'apprentissage, l'innovation économique et sociale, la créativité en général* ».

A ce propos, nous présenterons dans une section première le contexte spatial qui permet l'interaction et la coopération potentielle des acteurs. La **dimension idiosyncrasique** qui privilégie des approches statiques et descriptives, permet toutefois de caractériser une **logique cumulative de proximité des modes de collaboration entre les acteurs** sur un même territoire. A cet effet, il faut porter l'analyse sur les modalités de la proximité telles que présentées par l'école des économies de la proximité, RERU (1993). L'objectif de cette première section visera à déterminer **de quelle manière, l'accumulation des modalités de proximité permet aux systèmes de compétitivité territoriale de créer des conditions d'interactions et de coopérations potentielles pour la dynamique territoriale.** Nous verrons ainsi, qu'au-delà d'une nécessaire et indispensable proximité géographique, des logiques d'appartenance et de similitude participent aux processus de connaissance et de reconnaissance des acteurs sur le territoire. C'est ce qu'entend Torre (2006) lorsqu'il parle d'activer « *les potentialités offertes par la proximité géographique à partir des logiques d'appartenance et de similitude de la proximité organisée* », (p. 29).

Les modalités de proximité accumulées de manière incrémentale déterminent une arène de coopérations potentielles entre des acteurs aux intentions finalisées hétérogènes. La seconde section est alors destinée à mettre en relief **le passage à l'action territoriale, de l'énergie potentielle à l'énergie cinétique, i.e. le passage de la dynamique industrielle à la compétitivité territoriale.** A ce niveau, nous verrons qu'il semble manquer une étape permettant d'assurer la transition et **l'articulation de la logique « en marché » à la logique**

---

[95] Souligné par l'auteur.

« **en société** ». Cela constitue la **dimension diachronique** de la compétitivité territoriale permettant d'**interroger les modes de coordination des acteurs locaux**. L'objectif final vise à déterminer la modalité de gouvernance à mettre en œuvre au sein du système de compétitivité territoriale. Car enfin, c'est au niveau local, avec la réunion de multiples acteurs publics et privés, qu'il semble opportun de porter désormais la réflexion. Comme le notent Divay et Mazouz (2008), « *la configuration collective, celle en émergence aujourd'hui, requiert du gestionnaire local un mode de management stratégique dont la finalité commune est de constituer tous les acteurs de la socio-économie locale en un « acteur collectif », une entité virtuelle capable de réflexivité, d'adaptation et de choix prospectifs* ».

Section 1.   Les proximités : un contenu spatial d'interactions et de coopérations potentielles

Dans cette première section, il s'agit donc d'envisager l'espace comme le cadre de localisation des activités productives. Dans le chapitre premier, nous avons construit une typologie destinée à classer un certain nombre de systèmes de compétitivité territoriale répertoriés par la littérature existante. Qu'il s'agisse du district industriel, du cluster ou encore des milieux innovateurs et des *learning region*, la formalisation d'un cadre spatial est un objectif redécouvert depuis une trentaine d'années. Comme le notent Rallet et Torre (1995), appréhender le concept de territoire n'est pas une démarche aisée, « *s'agit-il d'un acteur doué d'unicité et doté d'une fonction objective ou d'une configuration organisationnelle particulière de firmes et d'institutions ?* », (p. 15). A cette question, la réponse est sans doute, certainement les deux !

Dans un premier temps, il apparaît pertinent de dégager les éléments de contenu des systèmes territoriaux que nous rassemblons au travers de la dimension idiosyncrasique. Nous le verrons, l'objectif est ici de mettre en lumière les principaux enseignements révélés par notre typologie des systèmes de compétitivité territoriale. La description et la maîtrise de cette première dimension idiosyncrasique doit nous permettre ensuite de **déterminer des modalités d'action potentiellement mobilisables par les managers territoriaux**. La proximité entre des acteurs aux intentions finalisées hétérogènes apparaît à ce propos répondre d'une logique cumulative. L'objectif consiste alors à déterminer et comprendre ce régime d'accumulation permettant aux systèmes de compétitivité territoriale de préparer un « terrain » qui soit propice à la coordination des acteurs. Reprenons à cet effet les mots de Maris (1996), qui décrit les territoires comme « *des « attracteurs étranges » de la théorie des chaos, lieux provisoires de proximité, où l'on peut observer – temporairement – des identités ou représentations relativement stables* », (p. 193). Si notre objectif vise à l'appréhension des représentations des pratiques des managers territoriaux, la complexité du concept de territoire nous impose de déterminer d'abord un cadre spatial d'interactions et de coopérations potentielles.

A. Une dimension statique pour décrire chaque système territorial : l'idiosyncrasie

Au premier jour, Dieu créa la terre.

Ces premiers mots de la genèse traduisent assez bien le point de départ d'une recherche sur le territoire : s'il faut être doté d'une foi certaine, il faut aussi parvenir à s'écarter de certains dogmes. De prime abord, la géographie appréhende l'espace de manière pragmatique, il apparaît ainsi selon Lauriol et al., (2008) « *comme un ensemble d'attributs génériques, visant à répondre à un problème* », (p. 94). Ces auteurs, dans une analyse conceptuelle des relations entre *Stratégies, Espaces et Territoires* proposent quatre attributs génériques destinés à définir tout espace, nous les avons résumés dans le **tableau 3.1** ci-dessous :

Tableau 3.1 Des attributs génériques de l'espace

Attributs	Définition
L'échelle	« *instrument de définition des rapports de taille entre différentes entités spatiales* », (p.81).
La métrique	« *définit la manière de mesurer la distance au sein de l'espace concerné* », (p.84).
La substance	La dimension non spatiale des objets spatiaux : « *ce qui, dans une situation spatiale donnée exprime la présence active de la société avec l'espace* », (p. 87).
La configuration	« *l'expression formelle de l'économie relationnelle entre les objets spatialisés* », (p. 87).

Source : adapté de Lauriol et al., (2008).

Si les deux premiers attributs que sont l'échelle et la métrique permettent de définir un ordre de grandeur pour le premier et de mesurer une distance pour le second, il en va différemment pour les deux autres attributs. En effet, la substance et la configuration sont des attributs spatiaux relevant de l'interaction initiale entre la société et l'espace : le territoire. Territorialité, territorialisation, territoire vécu, etc., toutes ces expressions tentent de traduire le fruit des interactions entre les acteurs et les territoires. C'est d'ailleurs ce que concluent les auteurs, « *toute réalité sociale est un système spatial complexe caractérisé par sa multidimensionalité et par les interactions dynamiques que ces différents niveaux entretiennent entre eux* », (Lauriol et al., 2008, p. 95).

Ainsi, l'avènement des sociétés humaines a-t-il très largement contribué à complexifier l'appréhension de la matière territoriale. Ces difficultés pour envisager l'espace au travers de ses attributs spatiaux ont contribué à lui conférer de manière systématique une forme dynamique. A cela il faut ajouter que depuis l'apparition au début des années 80 du concept de territoire en géographie francophone, « *il est devenu un concept pluridisciplinaire, utilisé également dans d'autres disciplines : sciences politiques, économie, sociologie, etc. mais les acceptions auxquelles il renvoie sont souvent floues et polysémiques* », (Raulet-Croset, 2008, p. 139). Toute tentative de définition du concept baigne donc au cœur de cette complexité ambiante. Selon Bailly et al., (1995), le territoire peut être envisagé comme « *une organisation combinant une localisation, un héritage culturel, un processus d'appropriation de l'espace par un groupe qui a conscience d'une identité, un processus de gestion, d'aménagement et d'auto-reproduction* ». Si cette définition tente de recouper l'ensemble des attributs de l'espace, force est de constater que les attributs purement spatiaux sont relégués dans une acception vague de « localisation ». Cependant, cette localisation est marquée par l'histoire au travers d'une sédimentation sociétale, culturelle et socio-économique qui marque la singularité de tout espace par rapport à son environnement. En effet, chaque « *territoire décrit une trajectoire singulière du fait de la présence de telle ou telle catégorie d'acteurs et de leurs modes d'interactions spécifiques* », (Mendez et Mercier, 2006, p. 259). Aussi, l'objectif de la présente section n'est-il pas de proposer un « modèle universel », ce qui, nous l'avons dit, n'est pas raisonnable et apparaît impossible. Nous décidons à l'inverse d'adopter une conception systémique et complexe de l'espace que l'on pourrait qualifier de « *constructionniste* », (Lauriol et al., 2008).

Ainsi, l'analyse du territoire est-elle, sous de nombreux aspects, malaisée. En effet, « *la polysémie du terme renvoie alors à la polymorphie du concept (ou plutôt de ses représentations) et conditionne ainsi son caractère d'appropriation, c'est dire qu'il prend son sens dans un contexte particulier* », (Brétéché et Arnaud, 2010, p. 6). A ce titre, chaque chercheur, pour s'intéresser au niveau d'analyse local ou régional, peut tenter d'explorer le contenu de l'objet de sa recherche puisque « *le territoire est avant toute définition un système* », Moine (2006). Cependant, au-delà de sa nature complexe, le territoire est également l'espace où se matérialise des ressources, des avantages liés à la localisation ou la proximité et des dynamiques d'interactions. En effet, comme l'indique Lajarge (2000), « *le territoire n'est pas un objet neutre décidé dans l'abstraction et déconnecté du réel. Il est avant tout bricolé par les acteurs en fonction d'un grand nombre de paramètres en permanente mutation »*. Aussi, avant de s'intéresser à la phase dynamique de la compétitivité territoriale, il convient d'abord de déterminer les éléments susceptibles d'en recouvrir la dimension idiosyncrasique. Cela revient alors à analyser le contenu territorial par des approches monographiques et descriptives destinées à faire ressortir les facteurs particuliers du territoire étudié. Cette première **phase d'identification de la dimension idiosyncrasique permet de déterminer les conditions d'existence du système territorial sous un mode synchronique**, i.e. selon des éléments figés dans le temps.

Un bon nombre de travaux académiques se sont focalisés sur cet objectif, notamment ceux qui visaient à formaliser un modèle pour le développement territorial. Nous considérons que ces travaux, sous couvert d'étudier le développement endogène, portent plus en fait sur la dimension idiosyncrasique de la compétitivité territoriale. Le terme « idiosyncrasie », du grec « *idiosugkrasia* », signifie « tempérament particulier ». Nous proposons d'appliquer cette notion à la compétitivité territoriale afin de regrouper les particularités et traits de caractères propres à chaque espace, comme un capital potentiellement mobilisable de ressources, d'acteurs et groupes d'acteurs, formant un système d'interactions complexes. Cette dimension de la compétitivité territoriale nous permet de focaliser l'attention, *a priori* et *via* un mode synchronique, **sur des éléments (ou une combinaison d'éléments) mobilisables dans une intention d'action**.

Encadré 3.1 Définition de la dimension idiosyncrasique de la compétitivité territoriale

La dimension idiosyncrasique de la compétitivité territoriale est constituée par l'ensemble des facteurs et conditions nécessaires mais non exclusifs à la poursuite de la compétitivité territoriale sous une logique « en marché ». Par conditions, il faut entendre un phénomène d'agglomération des ressources (matérielles, humaines, financières, etc.), donc une proximité géographique. Les facteurs quand à eux, regroupent l'ensemble des interactions entre des acteurs dont les systèmes de règles, les rites et (dans une certaine mesure) les représentations sont partagés au travers d'une culture technique et collaborative locale, la proximité organisée.

Source : Auteur.

L'idiosyncrasie de ce point de vue constitue la **dimension synchronique du système de compétitivité territoriale** caractérisant l'existence du « dedans » par rapport au « dehors », elle se comprend par une analogie mécanique. Elle matérialise donc au premier chef un élément de visibilité, d'attractivité et de lisibilité pour chaque territoire, et par extension le

point de départ de toute compétition territoriale. C'est ce que nous confirme Loilier (2010), quand il indique que « *les réseaux innovateurs territoriaux fondés sur la proximité géographique entre les acteurs seraient une quasi nécessité pour conserver une compétitivité suffisante, tant pour les entreprises que pour les nations* », (p. 17).

Ces facteurs étant mobilisables dans un contexte d'innovation particulier permettant de déterminer une **intention ou une faculté d'action**, « *la proximité physique agit donc comme un véritable « incitateur à la confiance* », Loilier (2010). Cette première dimension du territoire, c'est notre constat, est celle majoritairement mobilisée par les travaux académiques portant sur le décryptage et la description des phénomènes endogènes. Comme le soulignent Calme et Chabault, ces recherches « *restent cependant limitées sur les questions liées aux conditions de pérennité* », (2007). En effet, dans ce type de recherches idiographiques, la **singularité du phénomène observé et l'ancrage du niveau d'analyse survalorisent la validité interne des résultats et donc des conclusions afférentes.**

Aussi, pourquoi proposer une dimension idiosyncrasique pour la recherche de la compétitivité territoriale ?

Caractériser la dimension idiosyncrasique d'un territoire permet de « *renoncer à une approche concevant l'espace comme un lieu de localisation des activités, un espace « inerte », où les dotations de facteurs déterminent l'aptitude au développement* », Peyrache-Gadeau (1999). Cette première dimension constitue un élément fondamental qui permet d'apprécier le passage de l'inertie du système territorial à sa transformation donc à sa dynamique au travers d'une combinaison de ressources inédites permettant au territoire de s'affirmer vis-à-vis de son environnement. A ce propos, un lien théorique intéressant est proposé avec la nouvelle théorie du commerce international de Krugman par la notion d'**avantage différenciatif** permettant de se détacher des ressources « statiques » avec les **actifs spécifiques**, « *il nous semble évident que parallèlement à la logique des avantages comparatifs, il existe une logique territoriale basée sur des avantages différenciatifs* », Coissard et Pecqueur (2007).

Ces approches descriptives qui relèvent de l'idiosyncrasie territoriale se focalisent naturellement sur les dotations en facteurs de production, donc sur le capital de ressources disponibles sur le territoire en question. Sous l'intuition marshallienne, ces ressources concernaient des savoir-faire locaux, qui permettaient qu'une atmosphère industrielle « flotte dans l'air » avec déjà un certain niveau d'ancrage territorial de la production. Ces ressources, peuvent être alors définies comme des ressources spécifiques qui constituent *« une sorte particulière d'avantage absolu avec une propriété spécifique, celle d'être non reproductible »*, Coissard et Pecqueur (2007). Ces derniers de poursuivre d'ailleurs que *« cette notion est directement liée à celle du territoire puisque c'est lui, <u>**de par ses qualités intrinsèques**</u>*[96], *qui confère au produit ses spécificités »*.

Plus globalement, nous l'avons introduit plus haut, il est sans doute aussi impropre de parler de « développement endogène » que de « développement exogène ». En effet, pourquoi chercher à faire comme si le « dedans » pouvait se construire sans tenir compte des influences du « dehors » ? L'inverse est aussi vrai. La colocalisation, les effets d'agglomération, etc., permettent aux acteurs de dégager des avantages. Zimmermann (2008) décrit fort bien ce phénomène en parlant d'ancrage territorial qui *« doit être ici considéré comme justifié par l'objectif de développement des conditions de l'efficacité (productive et innovative) sur une base territoriale, c'est-à-dire dans un contexte de proximité géographique »*, (p. 115). **Les avantages de la proximité géographique peuvent être « marchands » ou « non-marchands » mais leurs intentions initiales se situent toujours dans une logique « en marché ».** La plupart des modèles de compétitivité territoriale que nous avons présenté au travers de notre typologie caractérisent l'existence d'échanges non-marchands entre les acteurs de ces systèmes, *« échanges ayant entre autres pour effet le partage, la diffusion ou la construction commune de savoir technique »*, (Grossetti, 2000, p. 206). La dynamique productive a donc besoin d'un « espace » pour se matérialiser, ce périmètre n'est pas figé comme le montrent les grappes industrielles de Porter. Et comme nous disent les géographes californiens, ce sont des flux qui traversent le territoire. **La dimension idiosyncrasique va tenter de « capter » ces flux, de les figer afin de donner l'image la plus fidèle du capital de ressources qui émergent, existent sur, ou traversent le territoire.** C'est ce besoin qu'illustrent Colletis et al., (1995) quand ils avancent que : *« la rencontre productive qui émerge ou non de la dialectique firme / territoire, ce n'est pas seulement la recherche d'une solution à un problème productif préexistant. C'est aussi la possible émergence des problèmes inédits, qui favorisent la rencontre ou au contraire l'éloignement, selon que les*

---

[96] Souligné par nous.

ressources disponibles ou mobilisables à l'échelle du territoire s'avèrent ou non à même d'offrir des solutions satisfaisantes aux problèmes en cause ».

Ainsi, l'analyse n'est-elle pas figée et les dimensions constitutives de la compétitivité territoriale ne peuvent se comprendre qu'au travers du rapport entre le système territoire et son environnement. Cela revient évidemment à dire que si les ressources endogènes constituent l'élément de base de la systémique initiale, l'influence d'autres facteurs exogènes doit être prise en compte de manière dynamique par les acteurs. Mendez et Mercier (2006), parlent d'un effet « *conjoint de mécanismes d'adaptation et de transformation endogènes, et d'intégration et d'endogénéisation de contraintes et chocs extérieurs* », (p. 259). Or **les effets dynamiques relèvent, eux, à la fois des logiques « en marché » et « en société »**, nous y reviendrons dans la deuxième section avec la dimension diachronique de la compétitivité territoriale.

En définitive, il apparaît que proposer une dimension idiosyncrasique pour qualifier la territorialisation des activités productives peut recouvrir un certain nombre d'avantages. Au premier rang se place l'hypothèse de **s'affranchir des débats improductifs visant à qualifier l'origine du développement territorial**. Sans doute vaut-il mieux ne pas se poser cette question et prendre ce paramètre comme un acquis, les questions en aval de son existence, elles méritant en revanche un maximum d'attention. Il apparaît que la compréhension de la dimension idiosyncrasique doive s'entendre comme la **réduction des distances géographiques et relationnelles entre les acteurs sous une logique « en marché »**. C'est à ce titre-là que l'accumulation des modalités de proximité va devenir un élément d'analyse de l'intention, donc d'action potentielle. Partant d'une base de proximité géographique (colocalisation, agglomération, etc.), les acteurs doivent ensuite créer des arrangements relationnels relativement stables au travers de logiques de proximité organisée afin de résoudre les problèmes productifs. Par l'accumulation de ces deux modalités de proximité, la dimension idiosyncrasique de la compétitivité confère alors au territoire le statut de « *système aux limites auto-construites et dès lors fluctuantes en fonction du processus d'appropriation des acteurs* », (Leloup et al., 2005, p. 327). Dès lors, la logique « en marché » de la dimension idiosyncrasique, activée par le **régime cumulatif des modalités de proximités ayant permis le « stockage » de l'énergie potentielle, le système territorial peut prendre sa forme dynamique**. C'est alors la question des modalités de gouvernance, de l'énergie cinétique du système, qui doit être abordée suivant cette fois la logique « en société » de la dimension diachronique.

Les fondements de notre analyse des dimensions constitutives de la compétitivité territoriale ainsi présentés, il convient d'aborder avec plus de précision les travaux sur les économies de proximité afin d'en décrire le régime cumulatif.

B. *Du régime d'accumulation des modalités de proximité :*

C'est en 1993 qu'est né le groupe de recherches *Dynamiques de Proximité,* par la publication d'un numéro spécial intitulé « Economie de proximités », (n° 3) dans la *Revue d'Economie Régionale et Urbaine.* Ce programme de recherches est alors destiné à **rapprocher les champs d'investigation de l'économie industrielle et de l'économie régionale afin d'endogénéiser le développement des territoires.** De manière plus fondamentale, ces recherches permettent le renouvellement d'approches qui se réfèrent « *principalement de l'hétérodoxie : institutionnalisme, évolutionnisme, interactionnisme, théorie de la régulation* », (Torre et Zuindeau 2007). Ce courant de recherches sur les économies de proximité en près de vingt ans a suscité un grand nombre d'ouvrages collectifs, de numéros spéciaux dans des revues spécifiques et rassemble aujourd'hui une véritable communauté académique[97]. Après quelques propos liminaires, le point de départ de l'analyse visera à la présentation de la proximité géographique, avant d'examiner la proximité organisée définie par une logique d'appartenance et une logique de similitude entre les acteurs. Enfin, nous traiterons du débat sur la proximité organisée afin d'introduire notre proposition selon laquelle deux types de proximité (proximité géographique et proximité organisée) caractérisent la dimension idiosyncrasique.

1. Propos liminaires :

Ces travaux attestent d'un changement radical de perspective dans la conception même de la construction de la connaissance sur la réalité territoriale. En effet, dans la lignée hétérodoxe des travaux de François Perroux, ceux portant sur l'économie de proximités se

---

[97] Torre et Zuindeau (2007) ont relevés ainsi les ouvrages collectifs suivant : (Rallet, Torre, 1995 ; Bellet et al., 1998 ; Gilly, Torre, 2000 ; Dupuy, Burmeister, 2003 ; Pecqueur, Zimmermann, 2004 ; Torre, Filippi, 2005 ; Rallet, Torre, 2007) et les numéros spéciaux de revues suivant : (Bellet et al., 1993 ; Gilly, Torre, 1998 ; Mollard ; Torre, 2004 ; Boschma, 2005 ; Talbot, Kirat, 2005 ; Torre, Zuindeau, 2006).

basent sur une **dichotomie spatiale opposant espace génomique à espace économique**. Etant entendu que la condition *sine qua non* pour admettre ce type de raisonnement engage à une « *critique de la raison économique et de la raison statistique*[98] » et impose *de facto* une prise de distance vis-à-vis des fondements orthodoxes d'une économie axiomatique. En effet, Perroux s'intéressait aux systèmes complexes et en particulier aux travaux d'Ilya Prigogine[99] portant sur « *la notion de structure dissipative auto-organisatrice dans les systèmes thermodynamiques irréversibles* », (Crabbé, 1998, p. 405). La proximité physique, spatiale ou géographique, constitue un cadre englobant une proximité organisée, sociale ou relationnelle et formalisant des interactions entre des acteurs aux intentions finalisées hétérogènes alors susceptibles de collaborer.

Ainsi, retiendrons-nous *a priori*, la conception de la proximité telle qu'explicitée par Gilly et Torre (2000) : « *La notion de proximité s'inscrit dans une conception de la réalité économique, comme de la réalité sociale (au sens de Bourdieu), essentiellement relationnelle. Elle renvoie à la fois à la séparation, économique ou géographique, des acteurs (individuels ou collectifs), détenteurs de ressources différentes et aux relations qui les rapprochent (et / ou les éloignent) dans la résolution d'un problème économique (production d'un bien, innovation technologique, etc.)* ». En outre, par une volonté d'étudier l'appropriation des distances[100] spatiales et cognitives entre les acteurs d'un territoire, cette approche porte sur une analyse à cheval entre interactionnisme et institutionnalisme « *de la coordination d'agents en situation d'incertitude radicale* », (Bouba-Olga et al., 2008).

A cet égard, nous considérons l'étude des proximités comme particulièrement pertinente pour l'étude de la dimension idiosyncrasique de la compétitivité territoriale. Ceci pour deux raisons essentielles :

- d'abord, **le système territoire peut être envisagé dans sa dynamique évolutionniste, synchronique et « en marché » en traitant des chemins de la prospérité**. Il s'agit alors de traiter des problématiques de colocalisation des firmes

---

[98] Perroux F., (1976), « Critique de la raison économique et de la raison statistique », *Economie appliquée*, XL (2), 303-323.
[99] Sur ce point voir l'article passionnant de Philippe Crabbé (1998), « François Perroux et Ilya Prigogine : Systèmes complexes et science économique », paru dans la revue *Etudes internationales*, vol. 29, n° 2, pp. 405-421.
[100] Nous faisons référence ici à l'approche initiale de la proximité, « *la séparation économique entre les agents, les individus, les différentes organisations et / ou institutions* » (RERU, 1993, p. 359).

donc d'implantation sur le territoire, des effets d'agglomération donc d'attractivité du territoire, etc., et en définitive de la question de l'ancrage des firmes sur le territoire (Zimmermann, 2005) ;

- ensuite et dans le même temps, **le système territorial peut être décrypté dans une perspective rétroactive « située » permettant de questionner la construction et le partage par les acteurs de représentations**, ceci dans le but de résoudre un problème productif commun. Comme le précise Jean-Rodolphe Lopez (2005), chaque acteur est porteur de finalités et à ce titre *« d'objectifs à atteindre. L'unité doit donc être active tant que les objectifs fixés ne sont pas obtenus »*, (p. 11).

Sur ce dernier point, l'influence de l'approche par les proximités est devenue prégnante, elle a dépassé la sphère économique, *« il n'est donc pas étonnant que le terme de proximité ait envahi le discours contemporain, notamment celui des développeurs et des aménageurs, puis des politiques »*, (Torre et Rallet, 2005). L'analyse des économies de proximité constitue donc un point de départ nécessaire pour une recherche portant sur le phénomène de compétitivité territoriale. En effet, la compréhension de l'accumulation des modalités de proximité au travers des interactions d'acteurs aux intentions finalisées est un premier pas indispensable pour la formalisation de la dimension idiosyncrasique de la compétitivité territoriale. La **démarche analytique** que propose l'économie de proximités (Bouba-Olga et al., 2008) permet donc de formaliser un cadre d'interactions spatiales et organisées entre les acteurs.

Afin de bien comprendre les enjeux entre proximité, interaction et coordination l'approche récemment développée par Zimmermann (2008) nous apparaît particulièrement éclairante, (voir **figure 3.1**, présentée ci-après). Comme le commente Jean-Benoît Zimmermann, en ce qui concerne la relation entre proximité et interaction (**Flèche n° 1**), la proximité doit être envisagée *« comme le cadre et la condition permissive de l'interaction »*. L'interaction quant à elle, constitue *« le vecteur d'éventuels jeux de coordination »* (**Flèche n° 2**), sans que cette relation n'ait de caractère automatique. Enfin, il peut exister une relation directe (**Flèche n° 3**) entre la proximité et la coordination, dans les cas où les acteurs partagent des représentations ou *« certaines règles de comportement (exemple du code de la route ou des standards techniques) »*, (p. 111).

Figure 3.1 Le triptyque « proximité - interaction – coordination »

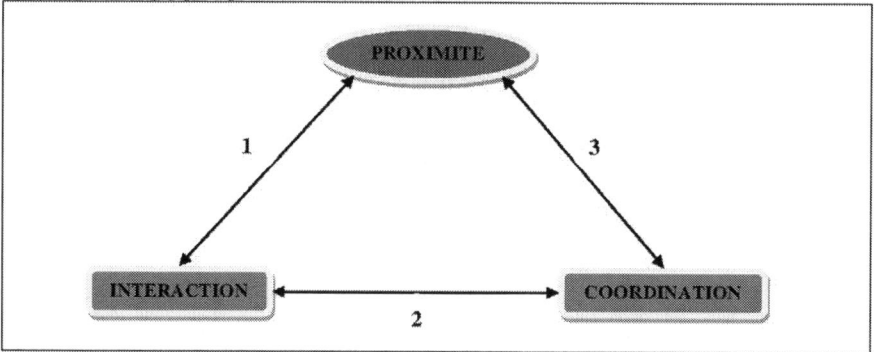

Source : Zimmermann (2008), p. 112.

Ainsi, le triptyque « *proximité – interaction – coordination* » permet-il de mesurer les enjeux liés à la démarche analytique de l'économie de proximités sur un mode synchronique. **La coordination des acteurs reste de ce point de vue dénuée d'un objectif prédéterminé, elle est envisagée ici comme un résultat : apporter des solutions à un problème productif, sous une logique « en marché ».** Notons que lorsque l'on envisage la coordination non plus comme un résultat mais comme un moyen, la compréhension du phénomène implique de se détacher de l'approche analytique au profit d'une approche systémique. C'est toute **la question du sens donné par les acteurs à leurs actions sous une logique « en société »** que nous envisagerons dans la section suivante au travers de la dimension dynamique de la compétitivité territoriale : la diachronie.

Avant cela, il nous apparaît indispensable de présenter la démarche analytique de l'économie de proximités qui permet de préciser les modalités idiosyncrasiques de la compétitivité territoriale. A cet effet, les « proximistes » depuis les années 90, ont présenté de multiples définitions des différentes catégories de proximité. Peu à peu, « *le débat s'est focalisé autour de deux approches, qui présentent des différences en fonction de la place accordée aux institutions* », (Torre et Zuindeau 2007). La première distingue trois types de proximité géographique, organisationnelle, et institutionnelle, nous ne la retiendrons pas ici. La seconde, distingue clairement (Torre et Rallet, 2005) une proximité géographique (d'essence physique ou spatiale[101]) et une proximité organisée (d'essence relationnelle). En substance, elle est admise et définie selon les termes présentés par Gilly et Torre (2000) et Pecqueur et Zimmermann (2004). Toujours est-il que ces proximités géographiques et relationnelles ont largement permis d'envisager « *les nouveaux chantiers de la théorie économique spatiale* » permettant au territoire de figurer au centre des préoccupations actuelles. C'est ce que confirme Larceneux (1996) quand il avance que « *le territoire fournit précisément cette proximité susceptible de créer des occasions de rencontre dans la durée et leur répétition. Le voisinage géographique n'est pas le seul qui puisse intervenir et il n'est pas, sans doute, suffisant à lui seul, mais on mesure bien l'importance que peut avoir la proximité. Si cette proximité accentue les possibilités d'interaction, le territoire en est donc le lieu privilégié* », (p. 150). C'est pourquoi nous allons présenter maintenant ces deux modalités de proximité.

2. Un périmètre de rencontres potentielles : la proximité géographique

La proximité géographique constitue l'élément de base pour la compréhension de tout système territorial. Nous l'avons vu en début de section, les attributs génériques destinés à définir un espace ne satisfont pas à l'exigence d'une définition claire et précise du concept de territoire. C'est ce que nous rappelle Zimmermann (2008), quand il nous indique que l'espace n'a pas d'épaisseur au sein de la théorie économique. Il ajoute que la notion de territoire émerge « *à partir de A. Marshall, quand les interactions entre activités font que les décisions de localisation deviennent interdépendantes* », (p. 105). Nous ajoutons ici qu'à partir de Marshall ont émergé deux modes de décision de localisation, ceux des chemins de la prospérité, visant à opposer la « *production en grand* » alors en constitution à la « *production souple* » identifiée par Piore et Sabel (1984) pour les districts industriels. C'est ainsi que les attributs spatiaux peuvent éclairer l'analyse des interactions entre acteurs au travers de mesures comme la distance (absence totale d'interaction) ou bien la proximité (existence d'une forme d'interaction). En d'autres termes, les attributs spatiaux (**flèche n° 1**) constituent un cadre d'analyse possible pour les attributs sociaux (**flèche n° 2**). C'est ce que nous pouvons observer au travers de la **figure 3.2** ci-après, proposée par Zimmermann (2008).

---

[101] Pour une présentation de la question des rapports entre proximité géographique et territoire, voir notamment Loilier (2010), « Innovation et territoire : le rôle de la proximité géographique ne doit pas être surestimé ».

Figure 3.2 Les formes canoniques de la proximité

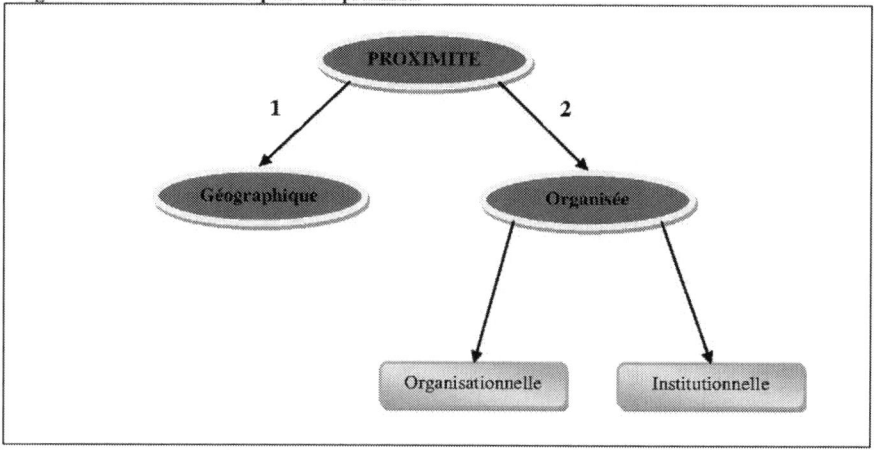

Source : Zimmermann (2008, p. 113).

Ainsi, au premier chef, la proximité se définit-elle au travers des attributs spatiaux, elle est avant tout constituée d'une proximité géographique. Elle détermine la **constitution d'un « contexte local » qui va définir une forme de territorialité**. Ce processus de territorialisation est expliqué par Lechot et Crevoisier (1996) de la manière suivante : « *La proximité se définit en termes de distance géographique bien sûr. C'est la concentration spatiale des infrastructures, des institutions, des personnes, des groupes, des cultures, etc. c'est également une proximité économique et culturelle au sein des différents sous-ensembles qui constituent l'agglomération, ainsi qu'entre ces sous-ensembles, une proximité qui renvoie à l'identité de la ville par rapport à la région ou par rapport à d'autres villes* », (p. 51). Ce contexte de proximité par un **processus discriminant permet de dégager une distinction entre le système-territoire (« le dedans ») et son environnement (« le dehors »)**. Cette « identité » constitue la dimension idiosyncrasique du système de compétitivité territoriale puisqu'elle permet de le distinguer par sa singularité. Ainsi, l'analyse des proximités se fonde-t-elle sur un processus discriminant de la distance spatiale et de sa représentation (sous un mode synchronique de mise en contrainte) vis-à-vis de ce qui ne l'est pas.

La proximité géographique, n'a que très peu d'intérêt si elle est étudiée de manière isolée. En effet, dans ce cas, « *la seule question qui se pose réellement est celle de l'accessibilité du trajet point à point* », Zimmermann (2008, p. 106). Pourtant, force est de

229

constater que « *l'oubli de l'espace dans la pensée économique* », comme a pu le relevé Thisse (1997), reste un enjeu tant pour les « spatialistes », que pour l'économie géographique et pour le management public. Dans une première acception, la proximité géographique peut s'envisager comme « *la distance itinéraire (la longueur minimale de X à Y) fonctionnellement exprimée en coûts ou / et temps* », (Rallet, 2002). Au-delà même, elle dépend des infrastructures de transport, ainsi, seront considérés comme proches deux individus ou deux organisations qui « *peuvent se rencontrer ou échanger à faible coût ou / et rapidement* », (Rallet, 2002, p. 17).

La proximité géographique constitue, nous l'avons dit, l'élément initial pour la compréhension de la systémique territoriale. Elle relève des phénomènes de colocalisation et des effets d'agglomération des acteurs entendus au sens perrousien. En ce sens elle renvoie alors « *à la localisation des entreprises [...] elle ne saurait être réduite à une simple métrique, mais doit être appréhendée comme un véritable construit social* », Colletis et al. (1999). Ainsi, la **proximité géographique est-elle un construit, c'est-à-dire une représentation que se font les acteurs de différentes formes, objective et subjective, de la distance**. Elle s'entend donc d'abord comme la distance « kilométrique », elle est alors de type binaire « loin de » ou « près de ». Mais elle se définit également de par son caractère instrumental (moyens de transport) ou même subjectif (perception de la distance). La définition complète se trouve dans l'**encadré 3.2** (ci-après), telle que proposée par Torre et Rallet (2005) :

Encadré 3.2 La proximité géographique

La proximité géographique traduit la distance kilométrique entre deux entités (individus, organisations, villes...), pondérée par le coût temporel et monétaire de son franchissement.

Elle a deux propriétés essentielles.

- *Elle est tout d'abord de type binaire : il existe naturellement d'infinies graduations (plus ou moins loin de, plus ou moins près de) mais l'examen de la proximité géographique a in fine pour objet de savoir **si on est « loin de » ou « près de »**.*

- *Elle est ensuite relative, doublement relative. Primo, la distance géographique, qui fonde le partage entre proximité et éloignement, est **relative aux moyens de transport**. On pondère la distance kilométrique par le temps et / ou le coût de transport. Secundo, la proximité n'est pas qu'une donnée objective. Elle procède en dernier ressort d'un **jugement porté par les individus ou les groupes sur la nature de la distance géographique qui les sépare**. Le jugement consiste à traiter l'ensemble*

> *des paramètres qui influent sur la distance pour les réduire à l'énoncé selon lequel on est près ou loin de. Cet ensemble de paramètres comprend des données objectives (Kms, temps, prix) mais aussi la perception que les individus en ont. Or cette perception est variable selon l'âge, le groupe social, le sexe, la profession... (par exemple, la possibilité de se rencontrer une fois par jour peut être perçue différemment selon les personnes). Toutefois, bien qu'elle soit de nature sociale (déterminée par les moyens de transport) et subjective (relevant d'un énoncé), la proximité géographique peut être, à un instant t, considérée comme une donnée de l'espace physique représentant une contrainte qui s'impose, en cet instant, aux agents pour développer leurs actions.*

Source : Torre et Rallet (2005).

La proximité géographique, comme nous pouvons le constater ne doit pas se confondre avec la proximité physique, « *dans la mesure où elle n'est pas donnée par les contraintes naturelles mais elle est construite socialement* », (RERU, 1993). Comme nous avons pu l'observer, la proximité géographique constitue donc un cadre potentiel pour la survenance d'interaction entre les acteurs. Elle relève cependant largement des facteurs idiosyncrasiques dans le sens où l'interaction telle qu'elle est définie doit prendre en compte l'activité humaine au cours de l'histoire, « *elle se cantonne au niveau d'un espace équipé (d'infrastructures, d'équipements, d'aménités)* », (Zimmermann, 2008, p. 115).

Les effets d'agglomération des acteurs sur un territoire dépendent donc initialement des choix de localisation des entreprises. **La proximité géographique constitue le construit social de la proximité physique par le vecteur éventuel des interactions, la conjonction de ces deux éléments forme alors l'ancrage territorial**. A ce titre, la proximité géographique doit donc s'envisager comme une contrainte pour certaines industries, un passage « obligé » susceptible sous certains modes de coordination de permettre la survenance d'innovation pour les activités productives. « *Cette contrainte est d'autant plus importante que les connaissances à échanger s'avèrent tacites donc difficiles à transmettre sans face-à-face* », (Loilier, 2010, p. 18). Nous retrouvons ici parfaitement l'intuition d'Alfred Marshall concernant « l'atmosphère industrielle » qui règne dans certains milieux. En effet, les entreprises se localisent[102] à tel endroit pour bénéficier des avantages de l'agglomération, pour baigner dans cette « ambiance » propice à l'innovation. Cette atmosphère, cette ambiance,

---

[102] Notons par ailleurs que cette problématique de la localisation jusqu'à l'ancrage territorial, est évidente pour les entreprises innovante sécrétées par les milieux innovateurs, nous ne parlons ici que des entreprises arpentant les chemins de la prospérité.

propice à l'échange d'une forme de culture technique nécessite donc l'existence d'une proximité géographique. C'est ce que relèvent Rallet et Torre (2005) qui parlent alors de proximité géographique « temporaire » en identifiant deux situations indissociables du face-à-face : le démarrage d'un projet d'innovation (notamment lorsqu'il y a incertitude élevée) et la gestion des conflits entre les acteurs. Loilier (2010) quant à lui va plus loin et argumente que « *l'émergence d'idées nouvelles par la confrontation des points de vue et la divulgation d'informations parfois stratégiques ne peuvent se faire que par des interactions fréquentes, des relations de face-à-face permettant des discussions fluides et véritablement interactives* », (p. 18).

Cette vision de la proximité géographique met l'emphase sur le processus même d'interaction entre acteurs. Cela suppose en effet, au-delà d'une simple proximité physique, les acteurs soient amenés à se rencontrer. Dans ce cadre d'interaction, **un processus interpersonnel de connaissance-reconnaissance est mis en oeuvre permettant aux acteurs de nouer une forme de culture technique et collaborative locale partagée dans une proximité organisée.** Ce processus d'interaction initiale doit alors étendre le champ d'analyse au-delà d'une culture technique, à un ancrage historique révélé sur le temps long. En tout état de cause, le produit de la proximité géographique et d'une forme de proximité culturelle et technique « locale » incite les acteurs à se faire confiance (Loilier, 2010), ceci parce qu'ils se connaissent et qu'ils se reconnaissent. Il ne faut cependant pas voir ce processus d'interaction comme un résultat, ou une explication, à l'émergence d'une forme de coordination. Tout au plus il peut s'agir d'une coopération d'opportunité : en bref d'une collaboration. C'est bien ce que confirme Torre (2006) quand il rappelle que la proximité géographique « *n'est pas un facteur de coordination quand elle n'est pas activée par la proximité organisée, et même que cette dernière peut se révéler, dans certaines circonstances, suffisante à l'établissement de liens d'interactions* », (p. 34). Aussi, cette proximité géographique en ce qu'elle définit un cadre d'interaction possible entre des acteurs et qu'elle incite à la confiance, constitue bel et bien un facteur nécessaire mais non exclusif à la constitution de la dimension idiosyncrasique.

En effet, certaines limites aux vertus de la proximité géographique vis-à-vis de la territorialisation des activités productives sont toutefois à relever. Certains raccourcis pourraient voir tentant d'envisager que la simple colocalisation des « matières grises » permettrait de déclencher l'innovation des activités productives. Ainsi, « *on a généralement tendance à considérer que l'agglomération d'activités économiques (puis scientifiques) dans un même lieu est suffisante pour provoquer des effets de développement localisés et créer des systèmes d'innovations performants au niveau local* ». Cette hypothèse « naturaliste » critiquée par Torre (2006) avance que la transmission des connaissances (en particulier tacites) serait facilitée dans un contexte de proximité géographique. Cette vision mécanique reviendrait à réduire l'importance de la construction sociale des vertus de la proximité, pour ainsi dire, il ne serait pas utile d'aller plus loin dans le raisonnement. Or la dimension temporelle nous l'avons dit occupe une place de choix dans l'approche analytique par les proximités, **la confiance ne va pas de soi, en particulier dans le domaine de la création**.

Dans cette perspective, Loilier (2010, p. 20) relève trois limites liées à la proximité géographique en ce qui concerne la question de l'innovation :

- d'abord en montrant que l'intérêt de la proximité géographique concernant le transfert de savoirs doit être circonscrit à **un certain type de connaissance** ;

- ensuite que **la confiance générée par la colocalisation peut s'avérer dangereuse** (problématique de la propriété industrielle et intellectuelle) ;

- enfin que plusieurs exemples de réseaux innovants performants (en particulier celui du logiciel libre) résultent d'acteurs géographiquement dispersés.

En définitive, la proximité géographique est un point de départ, une condition *sine que non* à la dynamique territoriale, mais elle ne déclenche pas automatiquement coopération et coordination. Filippi et Torre (2003) nous le rappelle en indiquant qu'elle « *n'est pas suffisante à la naissance et au bon fonctionnement des clusters ; elle doit être activée par des actions de nature organisationnelle et institutionnelle* ». Finalement la proximité géographique « *est une condition permissive des interactions entre agents. Elle en facilite l'établissement et la réalisation mais ne les transforme en interactions réelles, en coordination effective, qu'au travers du passage à une « proximité organisée », fût-elle minimale* », (Rallet, 2002, p. 18). C'est enfin ce que Zimmermann (2008) identifie comme le projet de l'approche de la proximité consistant à opérer la transition d'une **approche standard à une approche interactionniste de la coordination**. L'objectif de ce dessein étant de « *dépasser la seule dimension spatiale du questionnement (le rôle de l'espace dans la coordination) pour offrir un véritable renouvellement de la théorie de la coordination, dans lequel la dimension spatiale puisse alors trouver sa place* », (p. 111). C'est cette optique que poursuit la modalité de proximité organisée que nous allons maintenant présenter.

3. La construction d'une arène relationnelle : la proximité organisée

Quand elle n'est pas géographique, la proximité est relationnelle, elle s'attache à la **construction du lien social** entre les acteurs. Il s'agit alors d'interpeller les mécanismes de réduction de la distance sociale entre des acteurs et / ou des groupes d'acteurs au travers des processus de proximité organisée qu'ils mettent en œuvre. Depuis les années 90 les recherches sur les proximités ont fait l'objet de différentes définitions et catégorisations. Aujourd'hui, s'il existe un débat au sein de l'analyse de la proximité d'essence relationnelle en particulier sur la place à attribuer aux institutions, l'attention des auteurs se porte sur deux types d'approches :

- **l'approche interactionniste et duale**[103], qui oppose la proximité géographique que nous venons de définir et une proximité non spatiale, d'essence relationnelle. Dans cette approche, il n'existerait qu'une seule forme de proximité relationnelle, la proximité organisée. Cette proximité organisée peut alors se définir comme « *la capacité qu'offre une organisation de faire interagir ses membres* », (Rallet et Torre, 2005) ;

- **l'approche institutionnaliste** (Talbot, 2005 ; Gilly et Lung, 2008), marque une distinction entre proximité institutionnelle et proximité organisationnelle, au sein même de la proximité organisée. La proximité organisationnelle, décrit alors les relations entre « *des acteurs participant à une activité finalisée et appartenant à un même espace de rapports* », ce groupe d'acteurs « *reposant sur un cadre cognitif commun* ». La proximité institutionnelle, quant à elle repose sur « *l'adhésion des acteurs à un espace commun de représentations, de règles d'action et de modèles de pensée et d'action orientant les comportements collectifs* », Colletis et al., (1999).

---

[103] Dichotomie que nous retrouvons dans la plupart des travaux traitant de cette question. C'est par exemple le cas pour Moine (2006) « *une double nature, à la fois matérielle [...], et symbolique ou idéelle, en relation cette fois avec les systèmes de représentation* », ou encore chez Loilier (2010) quand il distingue le « *territoire-espace* » et le « *territoire-projet* ».

Si les deux approches sont séduisantes, force est de constater une tendance à privilégier l'approche interactionniste des proximités au détriment de la vision institutionnaliste. Ceci s'explique sans doute par le fait que les travaux sur les proximités, constituent un cadre analytique permettant de schématiser un ensemble d'interactions de manière synchronique. L'évincement de la « préoccupation institutionnelle » correspondrait alors, de ce point de vue, à **l'incompatibilité d'étudier par une approche analytique classique un même phénomène à la fois dans son contenu et dans ses processus**. Le recours à la proximité institutionnelle s'avère en effet « gênant », puisqu'il propose une vision diachronique des rapports de proximité entre les intentions des acteurs. Il renvoie par là même à une conception complexe et dynamique inopérante pour une analyse de type classique. Ce point est expliqué par Gilly et Lung (2008) dans leur plaidoyer en faveur d'un agenda de recherche commun entre les travaux portant sur les proximités et ceux de l'approche en termes de régulation. Convergence de travaux qu'ils conditionnent au fait de s'écarter de la problématique de périodisation qui *« tend à privilégier la figure de la rupture diachronique au détriment de la figure de la diversité synchronique »*, (p.8).

Nous choisissons de retenir la définition de la proximité organisée proposée par Torre et Rallet (2005), voir **encadré 3.3** ci-après. Les deux logiques d'appartenance et de similitude de la proximité organisée ainsi mises en exergue servent à focaliser l'attention sur la proximité sociale intraorganisationnelle et interorganisationnelle. De surcroît, ces logiques apparaissent à la fois **complémentaires et substituables** (Torre, 2006). Ces logiques sont tout d'abord complémentaires parce que les représentations partagées par les individus vont faire converger l'interprétation des règles vers un socle commun. Les *« représentations s'appuient généralement sur un minimum de règles explicites (par exemple des conventions ou contrats passés entre laboratoires scientifiques) ou tacites »*, (Torre, 2006, p. 25). Ces logiques sont également en partie substituables dans le sens où en l'absence de règles explicites et fortement instituées, *« la faiblesse des coopérations entre membres peut être compensée par l'existence d'une forte cohésion comportementale et d'une convergence des représentations, qui augmente les possibilités d'interactions. C'est le cas des communautés de chercheurs, faiblement structurées sur le plan formel mais qui possèdent une forte cohésion résultant d'une formation universitaire homogène au niveau international »*, (Torre, 2006, p. 25).

Encadré 3.3 La proximité organisée

La proximité organisée n'est pas d'essence géographique mais relationnelle. Par proximité organisée, on entend la **capacité qu'offre une organisation**[104] *de faire interagir ses* **membres**. *L'organisation facilite les interactions en son sein, en tous cas, les rend a priori plus faciles qu'avec des unités situées à l'extérieur de l'organisation. Deux raisons majeures l'expliquent.*

- *D'une part, l'* **appartenance à une organisation** *se traduit par l'existence d'interactions entre ses membres. C'est la logique d'appartenance de la proximité organisée : deux membres d'une organisation sont proches l'un de l'autre parce qu'ils interagissent et que leurs interactions sont facilitées par les règles ou routines de comportement (explicites ou tacites) qu'ils suivent.*

- *D'autre part, les membres d'une organisation peuvent partager un même système de représentations, ou ensemble de croyances, et les mêmes savoirs. Ce* **lien social est principalement de nature tacite**. *C'est ce que nous appelons* **la logique de similitude** *de la proximité organisée. Deux individus sont dits proches parce qu'ils « se ressemblent », i.e. partagent un même système de représentations, ce qui facilite leur capacité à interagir.*

Source : Torre et Rallet (2005).

La proximité organisée selon les auteurs et selon les disciplines qui la mobilisent peut revêtir diverses formes. Comme le relèvent Bouba-Olga et al., (2008), finalement, deux grands questionnements se révèlent particulièrement : celui de la localisation des agents économiques, donc de leur coordination, et celui du rapport entre la territorialisation et la proximité. Sur ces points, les questions sont encore largement ouvertes. Pour la coordination, nous avons déjà abordé la question de la proximité géographique qui constitue l'étape initiale d'un phénomène complexe de territorialisation devant être cumulé avec d'autres modalités de proximité. La proximité organisée en constitue la seconde étape. En effet, lorsqu'elle est enrichie par l'approche de la sociologie[105] économique (Granovetter 1994 ; Grossetti 2000 ; Grossetti et Bes 2001), l'essence relationnelle de la proximité peut dégager toute sa puissance. Dans cette optique sociologique, l'objectif est alors de **focaliser sur les réseaux personnels dans lesquels les relations entre organisations sont encastrées**. Ces réseaux se tissent et se

---

[104] *« Organisation » est ici un terme générique qui désigne tout ensemble structuré de relations sans préjuger de la forme de la structure. Ce peut être une entreprise, une administration, un réseau social, une communauté, un milieu »*, (Torre et Rallet, 2005). A cette note des auteurs, nous ajoutons que l'emploi du concept « organisation » dans ce cadre analytique se prête à notre argument sur la polymorphie du concept de territoire. La formalisation large et vague des phénomènes tant territoriaux qu'organisationnels permet une certaine isomorphie positionnant le territoire organisé comme un système de représentation permettant d'illustrer et d'admettre (sans l'expliquer) le passage dynamique d'un état de « contexte de développement » à celui de « facteur agissant ».

[105] Le lien conceptuel avec les travaux sur les districts industriels de la troisième Italie est ici évident.

déploient ainsi autant dans la vie professionnelle que dans d'autres contextes, ce qui conduit à inscrire au moins partiellement le problème dans un cadre plus général, (Grossetti 2000). Ce cadre plus général constitue à ce titre un enjeu majeur relevé par de nombreux chercheurs (Becattini et Zimmermann pour ne citer qu'eux). C'est dans cette optique que s'inscrit notre recherche sur la construction de la compétitivité territoriale sous l'angle du management public. La transdisciplinarité que requiert l'analyse d'un phénomène aussi complexe que celui que nous étudions impose *de facto* d'en être convaincu. Dans cette perspective, les apports proposés par la sociologie économique constituent une opportunité qu'il faut saisir. Comme le souligne Michel Grossetti (2000) il faut **plonger au cœur des relations interpersonnelles pour voir émerger la proximité et non pas postuler cette dernière** : « *La proximité ne crée pas directement des relations. Le simple fait d'habiter dans une ville ne génère pas de lien avec tous les autres habitants, ni même ceux qui fréquentent les mêmes lieux* », (Grossetti, 2000, p. 213). Il existe donc des processus de construction et d'apprentissage[106] dans l'établissement des relations et des rapports sociaux qui sont à l'œuvre dans des arènes diverses, organisations, institutions ou même structures de projet.

Comme le précise Torre (2006), c'est en mobilisant les logiques d'appartenance et de similitude que la proximité géographique peut révéler toutes ses potentialités analytiques. Nous allons donc interroger ces deux logiques en les mettant en perspective avec leur arène d'origine : l'organisation et l'institution.

i.   *D'une logique d'appartenance aux organisations :*

Comme le rappelle Zimmermann (2008), la proximité organisationnelle correspond à une « *proximité dans laquelle les agents se reconnaissent dans des positionnements (similaires ou complémentaires, égalitaires ou hiérarchiques, et relatifs à des projets (de production, d'innovation, de formation, etc.)* ». En effet, les acteurs (la plupart du temps) dans des situations de face-à-face[107] (proximité géographique) sont amenés à partager un certains

---

[106] « *Les apprentissages seraient alors rendus possibles par la situation d'encastrement des activités productives dans les systèmes de relations sociales* » (Gilly et Grossetti, 1993).
[107] Comme le note Loilier (2010), la relation de face-à-face est centrale dans la proximité géographique. Toutefois il relativise l'assertion pour le transfert des connaissances codifiées et met également en évidence des « *lieux d'échange électronique [qui] permettent à des équipes géographiquement disséminées de multiplier les interactions et les collaborations* », (pp. 20-21).

nombre de positionnements cognitifs (attitudes, comportements, opinions, etc.) à l'occasion des activités productives qui se déclinent souvent par des structures de projet.

Concrètement, lors de cette mise en relation des organisations, ce sont également des individus qui sont amenés à se rencontrer. Il existe dès lors des **relations individuelles**. Michel Grossetti (2000) décrit fort bien cette phase initiale du passage de l'organisé à l'individuel : « *lorsque des organisations coopèrent, cela se traduit par des interactions entre des acteurs individuels, donc la formation de relations « faibles », c'est-à-dire impliquant au moins un repérage réciproque par le nom et divers attributs* », (p. 212). De plus, ces activités productives qui se déclinent par des projets ont une base territoriale, c'est-à-dire qu'il n'est pas possible de les analyser *in abstracto* **elles sont localisées selon les critères spécifiés pour la proximité géographique**. Dans ce cadre « spatial » défini, comme le précise Grossetti (2000), la situation inverse dans laquelle des individus ayant tissés des liens interpersonnels peuvent favoriser la mise relation des organisations est alors également permise.

Dès lors, **la problématique de la territorialisation doit être mise en perspective avec le fait organisationnel comme deux processus distincts mais irrémédiablement appelés à « cohabiter » dans un même contenu spatial (une même dimension idiosyncrasique)**. N'étant pas d'essence géographique, « *l'organisation a la capacité de « traverser » les territoires, d'en franchir les frontières. Elle se situe dans l'espace, ne fait pas abstraction des territoires, mais n'est pas définie, limitée par eux* », (Torre et Rallet, 2005). Ce sont ces flux qui traversent les territoires qu'il doit s'agir d'appréhender pour que la dimension idiosyncrasique de la compétitivité territoriale puisse être mobilisée. Ainsi, en ce qui concerne notre objet de recherche, c'est en particulier **dans l'implémentation de la politique publique en faveur des pôles de compétitivité que cette situation se révèle**. Nous l'avons présenté dans le chapitre précédent, les acteurs des pôles, pour dégager des solutions innovantes, se retrouvent dans des structures génériques appelées projets collaboratifs. Pour rappel, l'objectif de la politique au travers de cet outil de collaboration vise à favoriser la fertilisation des horizons dans le souci d'obtenir des nouveautés, créations et innovations. C'est ainsi que les structures de projet collaboratives rassemblent des acteurs des entreprises, des chercheurs de laboratoires privés et / ou publics et dans certains cas structures de formation ou des collectivités territoriales.

Dans son analyse portant sur les clusters et les systèmes locaux d'innovation à l'aune des catégories de la proximité, Torre (2006) a sur ce point dégagé que les « *compétences et connaissances locales sont mises au service d'une ambition commune à un groupe de participants co-localisés. C'est dans ce cadre que les potentialités offertes par la proximité géographique vont trouver à s'exprimer et contribuer à la production de synergies internes au système local. On peut dire ici que la proximité géographique est activée par la mobilisation de la logique d'appartenance de la proximité organisée* », (p. 27). Comme le souligne Loilier (2010), il s'agit plus précisément de questionner le rôle du territoire dans la dynamique des réseaux, c'est-à-dire de « *réseau d'individus ou réseau social (par exemple une équipe-projet) mais aussi d'un réseau d'organisations distinctes communément appelé réseau interorganisationnel (RIO)* », (p. 16).

En définitive, deux éléments apparaissent primordiaux : d'abord, grâce aux apports de la nouvelle sociologie économique, **les actions économiques sont véritablement encastrées dans les relations interpersonnelles**, (Granovetter, 1994). Ensuite, pour que cet encastrement soit effectif il faut l'**existence préalable d'une base territoriale** susceptible de servir de « terrain de jeu » aux encastrements sociaux. Un troisième élément, entre en considération également, c'est bien sûr la dimension temporelle. C'est ce que rappellent Mendez et Mercier (2006) à propos du territoire « *les acteurs en présence n'appartiennent pas à une même organisation, ce qui signifie, non seulement qu'ils n'ont pas bénéficié de longue date de tous les processus qui traditionnellement, dans une organisation participent à l'élaboration de valeurs communes, mais qu'en outre, ils peuvent être directement concurrents et donc rivaux dans le partage des ressources locales* », (p. 258). Ainsi, faut-il « laisser le temps au temps », aux acteurs d'apprendre à s'identifier afin qu'ils puissent « encastrer » leur actions économiques dans et par leur réseau interpersonnel. Cette vision angélique ne va pas toujours de soi, Mendez et Mercier (2006) montrent bien comment les rivalités pour le partage des ressources locales peuvent être problématiques. Il convient alors de déterminer, au-delà d'une logique d'appartenance, s'il peut exister entre les acteurs « associés » sur un même territoire un système de représentation similaire, des croyances et des rites communs.

ii.   *D'une logique de similitude aux institutions :*

Comme pour la logique d'appartenance, nous commencerons par rappeler la définition de la logique de similitude telle qu'entendue par Zimmermann (2008). Il s'agit d'une « *proximité dans laquelle les agents partagent des codes, des règles, des représentations qui les rendent capables d'anticiper, pour partie, leurs comportements respectifs* », (p. 112). La question n'est donc plus ici de s'interroger sur le sentiment d'appartenance des acteurs à l'organisation, aux organisations ni même au territoire, mais de tenter d'approcher l'essence de leur système de représentation. C'est Jean-Louis Le Moigne (1977), qui dans le chapitre 3 de *La théorie du système général*[108], a introduit le concept de système de représentation pour les sciences de gestion. Ce dernier, nous éclaire sur la définition de cet objet artificiel, ainsi, « *il est possible de le doter de propriétés, il est possible de s'assurer de la cohérence de ces propriétés, il est possible enfin de l'utiliser pour représenter* », (p. 60). Dominique Genelot (2001) a fort pédagogiquement « vulgarisé », (voir **Figure 3.3** ci-après) la méthode de Le Moigne en présentant un objet qui repose sur trois éléments : la **grille d'interprétation du monde** ou le paradigme, c'est-à-dire le passé, les connaissances, la culture, l'éducation propre à chaque acteur ; **le contexte** qui situe l'action dans le présent et qui participe à la construction de la réalité de l'acteur ; **les intentions** enfin, qui constituent les éléments de prospective, par lesquels l'acteur projette l'amélioration de son contexte présent en tenant compte de ses expériences passées, donc de son paradigme.

---

[108] Sans introduire ici une discussion des fondements épistémologiques de cette recherche, notons que « *la théorie du Système Général est la théorie de la modélisation des objets (naturels ou artificiels, compliqués ou complexes) à l'aide de cet objet artificiel peu à peu façonné par la pensée humaine, que L. von Bertalanffy proposera d'appeler le Système Général : le système est un modèle de nature générale (L. von Bertalanffy, in Klir, 1972, p. 31). C. W. Churchman définira en une ligne, dès 1964, la nature de cette théorie : la théorie du Système Général est la méthodologie de recherche du Système Général (in M. Mesarovic, 1964, p. 175)* », (Le Moigne, 1977, p. 60).

Figure 3.3 Les trois composantes du système de représentation

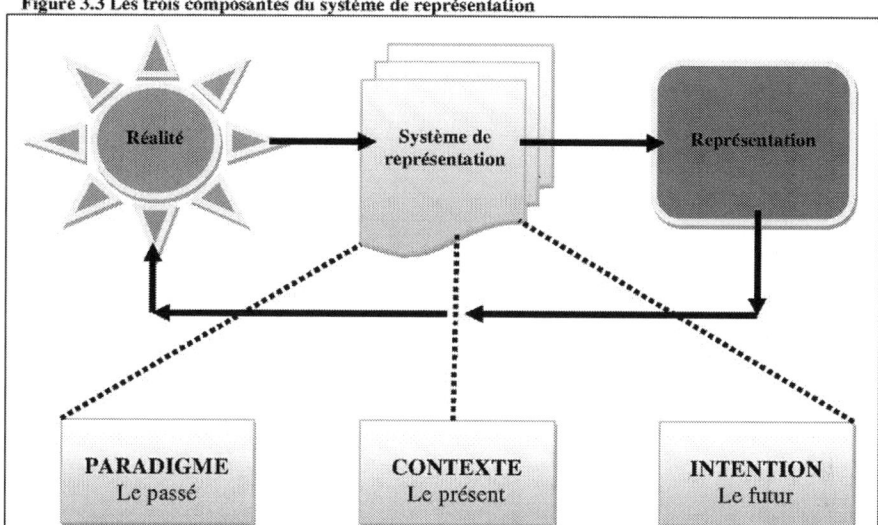

Source : Adapté de Genelot (2001), p. 98.

La logique de similitude, en s'interrogeant sur l'anticipation des comportements respectifs des acteurs localisés « à proximité », pose à nouveau la question de leur coordination. Comme pour la logique d'appartenance, il est ici postulé que la situation de face-à-face est l'étape initiale permettant aux acteurs d'entrer en interaction. Cette première phase établie, nous venons de le présenter, **la coordination des intentions finalisées des acteurs sous une logique « en marché » est facilitée par une forme d'appartenance à l'organisation au travers des collaborations répétées**. Mais elle repose également sur « *une condition majeure : il faut que les acteurs soient déjà fortement liés, qu'ils aient des représentations partagées ou des anticipations communes de leur futur. [...] On peut alors dire que la proximité géographique est activée par la mobilisation de la logique de similitude de la proximité organisée* », (Torre, 2006, p. 27). Ainsi donc, la question de la similitude des acteurs se fonde sur un **processus incrémental d'encastrement de leurs relations sur un continuum espace-temps déterminé**. Alors seulement, peut être espérée une « *adhésion d'agents à un même espace commun de représentations, de règles d'action et de modèles de pensées* », (Kirat et Lung, 1995, p. 212).

Le concept d'institution peut cependant apparaître ambigu, en effet, c'est une notion protéiforme. Pour notre objet de recherche, il faut l'entendre au sens de Veblen (1919) « *les institutions sont datées et modèlent les habitudes mentales des individus et, en substance, les institutions sont des habitudes mentales prédominantes* », (cité par Pecqueur, 1996, p. 224). Dans la perspective de coordination des acteurs, la logique de similitude se situe dans une optique d'optimisation des relations économiques (théorie des jeux). **Pour l'étude de la compétitivité territoriale il faut inscrire cette préoccupation dans un cadre plus général.** C'est pourquoi, la territorialisation des activités productives participe de ce processus qui consiste à endogénéiser le territoire, car enfin, « *il n'existe pas « a priori » comme organisation, mais il se structure (s'auto-organise) à partir des processus d'apprentissage institutionnel plutôt qu'organisationnel. Le territoire se crée par la construction d'un cadre commun de représentation et d'appréhension des choix de comportements par la proximité institutionnelle* », (Kirat et Lung, 1995). Cette étape dans la territorialisation de la dimension idiosyncrasique est donc fondamentale. Elle constitue pour ainsi dire la formalisation, la création du « dedans » par rapport au « dehors ». En revanche, il peut s'avérer dangereux de survaloriser les effets potentiels de la logique de similitude ceci car :

- en premier lieu, **la construction de la dimension idiosyncrasique de la compétitivité territoriale se fait majoritairement sous une logique « en marché ».** Ce sont en effet, plus des agents économiques que des acteurs du territoire qui participent à la création d'un espace commun pour leurs représentations. Or cet espace commun n'est pas seulement celui des institutions locales, comme l'organisation, l'institution déborde elle aussi le cadre du territoire, elle le traverse et le transcende. C'est bien ce que nous rappellent Abdelmalki et al., (1996) quand ils avancent que « *l'ancrage territorial des phénomènes industriels et technologiques est, le plus souvent, analysé en termes de coordination hors-marché des activités* », (p. 184) ;

- en second lieu, il ne peut être déduit de la logique de similitude des agents économiques, un processus d'institutionnalisation du territoire par les acteurs. Mendez et Mercier (2006) précisent à cet effet que « *la proximité institutionnelle ne signifie pas pour autant identité institutionnelle. La focalisation sur les institutions conduit souvent à privilégier l'homogénéité des conventions partagées (généralement autour d'un projet) et à négliger l'hétérogénéité des territoires et des représentations qu'ils abritent* », (p. 257).

En définitive, le régime d'accumulation des modalités de la dimension idiosyncrasique commence à se dessiner plus clairement. La localisation est l'étape initiale, la condition permissive. Abdelmalki et al., (1996) dans leur analyse du territoire comme création collective nous renseignent sur la poursuite du processus de territorialisation. Ainsi, se référant à Friedberg[109] (qui décrit l'organisation comme un mode de déploiement de l'action organisée), ces derniers argumentent-ils que le territoire serait alors le résultat de cette action organisée en tant que création institutionnelle, (p. 185). Ces derniers arrivent donc à la conclusion que « *la densité institutionnelle d'un espace en fait un territoire. Cette densité institutionnelle se vérifie d'abord, et le cas échéant se mesure, aux dispositifs juridiques et administratifs qui, sur le plan du droit administratif ou du droit public, définissent les frontières des territoires (communes, départements, régions). Cette densité est cependant inséparable de trois ordres d'institutions : les comportements collectifs des acteurs territoriaux, les règles et normes de comportements et d'interaction établies entre eux, et les institutions formelles qui prolongent et organisent ces relations (syndicats intercommunaux, comités d'expansion, etc.) »*, (p. 185). **Ce processus de territorialisation institutionnel relève alors selon nous de la construction de la dimension diachronique de la compétitivité territoriale.** En effet, il ne s'agit plus dans l'énoncé d'Abdelmalki et al., (1996) de parler de la coordination des agents économiques localisés mais bien de celle des acteurs territoriaux. Nous nous situons dès lors dans un cadre plus large qui appelle l'étude de la dynamique. Le mode synchronique de l'approche analytique par les proximités n'exclut pas la dynamique, mais il faut au contraire l'argumenter au travers des outils de l'analyse systémique, analyse que nous présenterons dans la section suivante.

4. <u>Régime d'accumulation des proximités et énergie potentielle :</u>

Avant d'aborder l'étude de la dimension diachronique de la compétitivité territoriale, nous allons, dans les lignes qui suivent, présenter nos arguments en faveur du régime d'accumulation des modalités de proximité sous un mode synchronique. Comme nous venons de l'analyser, **la question institutionnelle se pose au territoire de manière ambiguë.** En effet, si pour l'analyse de la coordination des agents économiques, la logique de similitude

---

[109] « *Mélange de dispositifs formels et de structure émergentes, d'ordre spontané ou « naturel » au sens de non intentionnel, et d'ordre construit, c'est-à-dire voulu, le phénomène organisation incorpore et superpose toujours nature et culture, propriétés construites ou émergentes, contrainte et contrat, intention et hasard* », Friedberg, (1993), p. 11.

peut alimenter l'analyse de la proximité organisée et justifier par là même l'importance de la proximité géographique, il en va différemment pour le processus de territorialisation. Pour l'approche territoriale, les apports de la théorie de la régulation et de la nouvelle économie institutionnelle sont fondamentaux. Toutefois, nous l'avons déjà abordé en partie dans le chapitre premier, Maris (1996)[110], quand il interroge la pertinence des concepts d'institutions et de régulations locales, arrive à la conclusion que ces concepts sont inadaptés et difficilement opératoires.

Dès lors, il apparaît primordial de souligner l'importance des travaux de North (1990) qui prêchent en faveur d'une **sélection progressive des institutions par le mécanisme du marché**. Ainsi donc, cette approche évolutionniste permet de mettre en lumière la logique « en marché » et la notion d'Etat-filtrant que nous avons proposé dans l'analyse des politiques volontaristes (chapitre deuxième). A ce titre, comme nous l'avons illustré, les états adaptent et adoptent des politiques publiques « sur mesure » sous les pressions de l'axiome global ; en cela ils remplissent un « *rôle majeur des institutions dans une société qui est de réduire l'incertitude en établissant une structure stable, non nécessairement efficiente pour l'interaction humaine* », North (1990). Ce sont par la suite les initiatives locales, c'est-à-dire les réponses aux appels à projets de la DATAR, qui opèrent une première forme de « régulation » en établissant des pôles de compétitivité. Par cette première étape la proximité géographique se trouve entérinée et délimitée par le zonage R&D établi par décret en conseil des ministres. Ensuite seulement, la proximité organisée peut mobiliser les logiques d'appartenance et de similitude au travers des projets collaboratifs en construisant des arènes relationnelles destinées à favoriser les collaborations des acteurs sous un mode synchronique.

Nous pouvons le constater, la construction de la dimension idiosyncrasique de la compétitivité territoriale semble suivre de ce point de vue **une logique cumulative entre des échelons spatio-temporels différenciés et interdépendants**. C'est dans cette optique qu'Abdelmalki et al., (1996) concluent que « *l'assimilation couramment pratiquée de l'institution à un dispositif fonctionnel de coordination des activités [...] reste un concept*

---

[110] Pour rappel, Maris (1996) conclu sa démonstration en ces termes : « *L'approche en termes de régulation fonctionne sur un territoire inadapté à l'économie institutionnelle, et l'économie institutionnelle utilise une notion d'institution inadaptée à la Nation. Aussi conclurons-nous que « régulation locale » est un concept difficilement opératoire, et sans doute non pertinent ; et qu' « institutions locales » recouvre plus que le sens courant d'institution (la loi, le règlement, les administrations, la coutume de négociation...), sens courant qui est lui-même celui, assez précis, des compromis institutionnalisés de l'approche en termes de régulation* », (p. 196).

invertébré », (p. 179). Ces derniers dans leur approche sur les enjeux entre « technologie, institutions et territoire » mènent une analyse critique de l'approche économique contemporaine des institutions. La vue fonctionnaliste du phénomène d'institutionnalisation se trouve alors selon eux dommageable pour le territoire puisqu'elle « *condamne à une conceptualisation de celui-ci comme dispositif de coordination spatiale des activités dont la localisation au même titre que l'allocation des ressources sur les marchés efficients, est le résultat inintentionnel des choix d'agents individuels* », (p. 181). En effet, la problématique abordée par la nouvelle économie institutionnaliste vise à intégrer la prise en compte des éléments non-marchands, ce que les modèles orthodoxes ne peuvent envisager. Dans ce cadre, l'institution pourra être envisagée comme « *l'ensemble des droits et des obligations qui affectent les individus dans leur vie économique* », (Matthews, 1986).

Finalement il apparaît que le **niveau de régulation par les institutions est fluctuant**. Il n'est ni tout à fait national, ni tout à fait local, il se situe entre les deux, entre les chemins de la prospérité et ceux de la compétitivité. La dialogique des processus d'actions publiques *bottom-up* et *top-down* abonde elle aussi en ce sens. **Il semble inévitable de confronter les dynamiques territoriales aux processus d'actions publiques en les projetant sur un contexte d'axiome global**. Entre ces différents espaces et ces différents temps, deux échelles apparaissent particulièrement actives et activables. Sur un plan spatial, la région est sous de nombreux aspects le territoire du développement économique, de l'innovation, de la connaissance, des aides européennes, etc. Sur un plan temporel, le processus de métropolisation apparaît comme un moteur complémentaire, affranchi des contraintes administratives et en connexion directe avec les grandes « places » financières. En tout état de cause, l'approche territoriale, *a fortiori* sous l'angle de la compétitivité, doit nous amener comme l'indiquent Bouba-Olga et al., (2008) à interroger le sens à donner aux politiques locales dans un objectif de construction d'actifs spécifiques localisés qui rendent les firmes moins nomades (Colletis et Pecqueur, 1995 ; Zimmermann, 2000).

En définitive, nous pouvons retenir que les modalités de proximités géographique et organisée permettent de définir un cadre « provisoire » pour l'analyse d'un problème économique (Rallet, 2002). La coordination des agents économiques en vue de la résolution d'un problème productif peut être expliquée par le rôle joué par les proximités. Pour une approche sur la compétitivité territoriale en revanche, la coordination des acteurs du territoire reste une question à part entière. C'est la question que soulèvent Dupuy et Gilly (1996) quand ils précisent qu'une « *telle dynamique ne peut être appréhendée par la seule référence à une logique marchande pure (Théorie Standard et Nouvelle Economie Institutionnaliste) : elle doit intégrer les formes « invisibles » qui soutiennent les relations sociales : conventions, normes, savoirs collectifs* », (p. 157). La question relève donc d'un **champ plus large que celui de la résolution d'un problème économique pour embrasser une problématique sociétale.** A ce titre elle doit être traitée de manière cumulative à l'approche cognitive en termes de coordination de la dimension idiosyncrasique. C'est toute la question de la « régulation » des projets que se fixe la société locale, la dimension diachronique de la compétitivité territoriale. **Dans cette recherche donc, il doit s'agir de faire coïncider une approche analytique de la coordination spatiale des agents économiques avec une analyse plus large de la coordination sur un territoire d'acteurs hétérogènes aux intentions finalisées pour la résolution d'un problème sociétal.**

Ainsi, alors que la proximité organisée permet de déceler les logiques de similitude et d'appartenance entre les acteurs dans un « contexte de développement », elle n'est pas destinée pour autant à expliquer le sens que les organisations donnent à leurs actions. Pour notre approche, il apparaît tout aussi important de relever les éléments explicatifs de création d'un sens, d'une finalité commune au collectif d'acteurs réuni dans les projets de territoire. Aussi, convient-il de mettre l'accent sur la compréhension de la construction de ce collectif d'acteurs, i.e. **la modalité qui octroie l'autonomie au système en déterminant une forme de rationalité collective et « située »,** celle qui permet d'envisager le milieu local comme un « sujet agissant ». De ce point de vue, nous partageons la conception de Colletis et al., (1999) qui admettent que « *constater cette pluralité des modalités de coordination, c'est reconnaître le rôle essentiel et variable des institutions définies au sens de North comme « règles du jeu », qui participent à orienter les comportements collectifs des acteurs* ». Dès lors, la question de l'action publique devient centrale, si au niveau des politiques volontaristes, l'Etat propose et les territoires disposent, il en va différemment pour le niveau local. En tout état de cause et comme le soulignent Abdelmalki et al., (1996) « *les décisions publiques, même d'apparence mineure, peuvent être à l'origine de bifurcations majeures sur les sentiers d'évolution envisageables. Dans ce nouveau contexte, le territoire revêt les caractères d'une ressource stratégique* », (p. 184). Ressource stratégique dont il faut pouvoir comprendre et déceler les dimensions car « *il n'y a pas d'automaticité du rôle du territoire comme dispositif cognitif*

collectif. Les conditions requises sont aléatoires et souvent provisoirement réunies »,
(Pecqueur, 1996, p. 218). C'est pourquoi il ressort que, « *la constitution et le développement
de ces ressources reposent donc sur l'existence de modes de gouvernance locale capables de
rassembler des acteurs économiques et publics locaux autour de référents partagés* »,
(Mendez et Mercier, 2006, p. 257). C'est cet impératif que nous allons désormais étudier.

Section 2. *De la proximité sociétale à la gouvernance : un processus temporel de coordination d'intentions finalisées*

Nous avons donc présenté dans la première section de ce chapitre la dimension idiosyncrasique de la compétitivité territoriale. Comme nous l'avons conclu, il est possible d'observer un régime d'accumulation des « énergies » mobilisées par les agents économiques au travers des modalités de proximité, ceci, sous une logique « en marché ». Au cœur des préoccupations académiques, il apparaît que la question de la régulation et celle de l'institution sont aussi fondamentales que sujettes à caution. C'est en toile de fond **les problématiques de politiques économiques qui transparaissent dans l'articulation d'une transition optimale et optimisée de la logique « en marché » à la logique « en société ».** Si le rôle de l'Etat-nation se trouve modifié par les influences de l'axiome global, des politiques volontaristes sont adaptées pour susciter la compétitivité des territoires. La mobilisation des managers territoriaux se réalise ainsi dans le cadre d'un processus d'action publique de type *top-down*, mais pas seulement. Une forme de téléologie de l'action publique se manifeste également d'un point de vue strictement local. Et comme le relèvent Divay et Mazouz (2009), « *la configuration collective, celle en émergence aujourd'hui, requiert du gestionnaire local un mode de management stratégique dont la finalité commune est de constituer tous les acteurs de la socio-économie locale en un « acteur collectif », une entité virtuelle capable de réflexivité, d'adaptation et de choix prospectifs* », (p. 333).

Cette nouvelle perspective impose alors de passer d'une approche analytique, sous un mode synchronique, à une approche systémique et diachronique du processus de re-territorialisation. **Il s'agit donc de passer de l'analogie mécanique de la logique « en marché » à une analogie biologique de la logique « en société ».** C'est pourquoi, à la démarche analytique des économies de proximité, il semble devoir ajouter une **approche compréhensive des finalités du système territoire autorégulé et auto-génératif.** C'est le cas des approches en termes de régulation, de coordination et *in fine* de gouvernance territoriale qui viennent réinterroger les rapports à l'espace des acteurs dans une perspective de gestion d'intentionnalités différentes appelées à collaborer au travers des projets de territoire. Aussi, à l'instar de Colletis et al., (1999), convient-il d'inscrire la réflexion en référence au rapport local / global (Axiome global), « *dans une perspective non déterministe* ». Ces derniers ont pu relever une conception embryonnaire des modalités de management de la compétitivité territoriale par l'établissement de rapports : « *d'une part,* *entre les acteurs économiques (et technico-scientifiques) et entre ces derniers et les acteurs* *institutionnels sociaux, et politiques. En cela, notre conception de la gouvernance territoriale* *relève à la fois de la dimension stratégique et de la dimension institutionnelle (règles du jeu).* *D'autre part, entre la dimension locale et la dimension globale (nationale voire mondiale) à* *travers les médiations réalisées par des acteurs (aussi bien institutionnels qu'industriels) à la* *fois ancrés dans le territoire et présents sur la scène économique et institutionnelle globale* *(par exemple, les établissements de grands groupes)* », (pp. 35-36). Avant toute forme d'argumentation, il faut rappeler que nos propos s'adressent aux managers territoriaux et poursuivent, par là même, la volonté d'élaborer un cadre conceptuel pour le management de la compétitivité territoriale. Nous nous appuyons également sur le constat de Torre et Rallet (2005), pour qui la « *recherche des synergies entre acteurs locaux est logiquement devenue* *l'alpha et l'oméga de la plupart des politiques de développement local* », (p. 54).

Force est de constater que la nécessité de traiter de la problématique de la « rationalité collective » et « située » des acteurs dans les projets de territoire apparaît aujourd'hui indispensable. C'est d'ailleurs ce que Bouba-Olga et al., (2008), rappellent et appellent de leurs vœux quand ils envisagent le « *passage aux implications en termes de politiques* *économiques* » comme une des perspectives du programme de recherche des économies de proximité.

Dans cette optique, il s'agit d'aborder la perspective des processus d'actions publiques tels qu'ils sont influencés par les contextes de l'axiome global. Dans un premier point nous verrons donc qu'à la dimension statique de la compétitivité territoriale doit être adjointe une dimension dynamique : la diachronie. Cette approche systémique introduite, nous mettrons en lumière la nécessité d'identifier une nouvelle modalité de proximité opérant une articulation, une transition pour accompagner le passage de la logique « en marché » à la logique « en société ». Nous verrons à cette occasion que sous de nombreux aspects, cette modalité liée au choix et à la prise de décision du politique revêt un caractère déterminant révélant l'énergie cinétique de la compétitivité territoriale. La question de la rationalité limitée et « située ou localisée » des acteurs locaux est au centre de la systémique territoriale. Enfin, la question de la gouvernance pourra être abordée dans la perspective du projet territorial comme un outil de management destiné à faire converger les systèmes de représentation différenciés des acteurs vers une démarche collective de prospective.

A. *Une dimension dynamique pour comprendre chaque système territorial : la diachronie*

Après avoir envisagé la dimension spatiale et statique de la compétitivité territoriale, il semble qu'au travers de l'analyse de la dynamique temporelle, i.e. l'évolution de l'espace étudié, une validité externe satisfaisante puisse être envisagée. **Etudier les fluctuations des processus d'actions publiques en analysant les dynamiques de coordination des acteurs du territoire permet d'espérer l'observation de régularités au sens de « bonnes pratiques » managériales.** Dans ce cas, la dimension du phénomène observé n'est donc plus singulière (idiosyncrasie) mais potentiellement éparse. C'est la question du management de la compétitivité territoriale. Ces événements épars concernent alors la dimension diachronique de la compétitivité territoriale (voir **encadré 3.4** ci-après).

L'analyse de ces relations entre acteurs, doit se faire de manière dynamique et non plus linéaire (synchronie) comme pour l'idiosyncrasie. Issu des locutions grecques *dia* et *chronos*, l'adjectif diachronique signifie littéralement « à travers le temps ». C'est dans son acception dynamique que nous proposons d'utiliser ce vocable pour décrire « le temps de la coopération » des acteurs d'un territoire. De système synchrone, le territoire dans sa dimension diachronique s'analyse alors comme « milieu-agissant », c'est-à-dire comme une communauté d'acteurs se fixant pour but de guider et de piloter l'action du système. A la différence de la **dimension idiosyncrasique qui décrit une faculté d'action (énergie potentielle) et met en place de manière incrémentale le champ de l'action, la diachronie territoriale, elle, s'intéresse plus à la gestion de la compétitivité territoriale dans le temps.** Cette seconde dimension du territoire est, comme la première, largement abordée dans les littératures des disciplines de la matière régionale.

Notre constat est d'ailleurs que nombre de travaux s'attachent désormais à étudier l'action, c'est-à-dire le comportement du système territorial dans le temps en postulant (ou plutôt en éludant[111] la question des origines du développement au titre de la « boîte noire ») la constitution de la dimension idiosyncrasique et sa relation avec la dimension diachronique.

Encadré 3.4 Définition de la dimension diachronique de la compétitivité territoriale

La dimension diachronique de la compétitivité territoriale est constituée d'un ensemble de processus d'actions publiques et d'outils permettant de manager la compétitivité des territoires sous une logique « en société ». Par processus d'actions publiques, il faut entendre l'articulation dialogique de l'institutionnalisation des structures de projet des politiques volontaristes et territoriales, en vue de rendre un territoire compétitif. Les outils de management de la compétitivité territoriale, quant à eux, regroupent d'une part l'animation d'un réseau local permettant l'établissement de liens et de relations durables entre les acteurs et les organisations, et d'autre part la recherche de synergie dans les différents modes de gouvernance des structures de la société locale.

Source : Auteur.

L'objectif de la dimension diachronique est de pouvoir focaliser l'attention sur les interrelations entretenues par les contextes et les processus dans la construction de la compétitivité des territoires. D'un point de vue théorique, cette perspective impose d'envisager le **processus de re-territorialisation comme générateur de ressources spécifiques**. C'est dans cet esprit que Mendez et Mercier (2006) avancent, au sujet des ressources stratégiques des territoires, qu'« *elles ne sont plus matérielles et liées à un territoire physique, mais immatérielles et liées à un territoire organisé. Cette dématérialisation requiert davantage de coopération entre acteurs locaux et l'établissement d'une gouvernance territoriale* », (p. 253). Le territoire se trouve dès lors au centre du modèle de compétitivité, une perspective compatible avec les avancées fondamentales de la nouvelle théorie du commerce international du Nobel américain Krugman. La clé d'entrée est à l'inverse locale et territoriale. C'est ce que pressent Albertini (2006) lorsqu'il écrit que le territoire « *se trouve donc redéfini comme le creuset d'un nouvel alliage entre un système productif et son environnement, source d'externalités et matrice d'une nouvelle compétitivité globale* ».

---

[111] Il est fait ici référence aux travaux récents qui interrogent les instances de gouvernance de pôles de compétitivité. Notre constat est que les recherches en la matière utilisent le modèle-action, i.e. la politique volontariste de l'Etat comme un véritable modèle de compétitivité territoriale. Si l'étude de la dimension diachronique de ces modèles-actions publics sous une logique « en société » est devenue une priorité, nous déplorons la trop petite « place » accordée dans cette perspective à la constitution et la préparation des milieux locaux au travers d'un examen attentif de la dimension idiosyncrasique et en particulier du régime d'accumulation des modalités de proximité sous la logique « en marché ».

Cette approche territoriale est également soutenue par Abdelmalki et al., (1996) dans une perspective d'institutionnalisation. Ces derniers sont ainsi amenés à considérer le territoire en substituant « *au concept de réceptacle des trajectoires du mouvement auquel il était cantonné, le concept de création collective liée à un projet d'aménagement de l'espace en vue de la maximisation d'un critère d'avantage collectif* », (p. 183). Ils poursuivent en montrant alors la nécessité d'envisager le territoire selon trois caractéristiques :

- « *d'être l'émanation d'une logique de l'action collective* [dimension diachronique[112]] ;

- *de conduire à une transformation de l'espace banal* [dimension idiosyncrasique[113]] ;

- *d'être assujetti à une exigence d'efficience schumpeterienne, c'est-à-dire de concourir à la mise en œuvre de procédures assurant la plus grande efficacité possible dans le processus de création de ressources* », (p. 183).

Par la dernière caractéristique, le recours à la conception schumpeterienne pour la création de la ressource « territoire » porte la réflexion sur **le passage de l'énergie potentielle accumulée à celle de l'énergie cinétique déployée**. Dans cette approche, « *les stratégies des acteurs conduisent à conférer au territoire les caractéristiques d'un « actif stratégique »*, Abdelmalki et al., 1996, p. 184).

Au final : destruction créatrice, dynamique territoriale évolutionniste, actif stratégique, ressource spécifique, etc., nombreuses sont les approches qui tentent de mettre les territoires en concurrence sur un marché de la compétitivité territoriale. La nouvelle théorie du commerce international de Paul Krugman propose un mode de compréhension par la nouvelle géographie économique. Nous avons fait le choix inverse, celui du management de la compétitivité territoriale comme mode de compréhension par le management public et la gouvernance territoriale : le choix de partir du phénomène en le postulant pour tenter d'en examiner les dimensions constitutives et les modalités de management susceptibles d'en émerger.

---

[112] Rajouté par nous.
[113] Rajouté par nous.

Colletis et al., dans leur analyse intitulée « Construction territoriale et dynamique productives », (1999), ont développé une approche qui a beaucoup inspiré la démarche de la présente recherche. Ces derniers ont choisi comme point de départ le constat selon lequel la plupart des approches économiques « *se fondent sur une analyse en termes d'allocation de ressources qui réduit le territoire à une dotation de facteurs et, en mettant l'accent sur les avantages comparatifs, suppose l'existence d'un « marché des territoires* », p. 25). Comme nous l'avons présenté, il s'agit d'envisager une dimension statique, sous un mode synchronique et selon une logique « en marché » : la dimension idiosyncrasique. Colletis et al., (1999) de poursuivre en argumentant que les économistes ont par leur démarche plus « *cherché à expliquer la localisation optimale des activités productives et marchandes qu'essayé de comprendre les dynamiques internes de construction des avantages comparatifs* », (p. 25). C'est précisément sur ce constat que nous fondons notre seconde dimension de la construction de la compétitivité territoriale : la diachronie. Ainsi, présenterons-nous brièvement l'approche de Colletis et al., (1999) afin de montrer sa pertinence.

En interprétant les dynamiques productives à la lumière de la construction des territoires, Colletis et al., (1999) proposent de distinguer trois modes de développement territorial (voir **tableau 3.2** ci-après) suivant une logique cumulative d'intégration des types de proximité, (nous avons déjà présenté plus haut le régime d'accumulation des modalités de proximité).

La conclusion des auteurs se porte sur la nécessité d'analyser la dynamique du territoire selon différentes étapes : « *Un même territoire peut être caractérisé aux différents moments de son histoire par une succession de ces différents processus d'agglomération, de spécialisation et de spécification, et le passage de l'un à l'autre permet de cerner ce qu'on peut appeler la « trajectoire » de ce territoire* », (p. 32). Dans le tableau que nous proposons nous avons mis en [*gris clair*] le régime d'accumulation des proximités et les modes de développement territorial correspondant à la dimension idiosyncrasique. Nous pouvons constater que pour les modes d'agglomération et de spécialisation, les acteurs mobilisés suivent des intentions finalisées guidées par une logique « en marché ». Nous avons par ailleurs mis en [*gris foncé*] la question de la proximité institutionnelle et le mode de développement par spécification qui relèvent selon nous d'une autre modalité de proximité. En effet, **l'institutionnalisation des** relations, **le partage d'un même système de représentation et** *a fortiori* **l'animation du réseau local ne peuvent se produire que sous une logique « en société ».** De ce point de vue, il s'agit d'appréhender la dimension diachronique de la compétitivité territoriale permettant d'ouvrir la voie des modes de gouvernance susceptibles de guider la prospective territoriale. Ce sont ces deux points en particulier que nous allons présenter par la suite.

Tableau 3.2 Dynamiques productives et modes de développement territorial

Modes de développement territorial / Régime d'accumulation des proximités	Agglomération	Spécialisation	Spécification
Proximité géographique	Le processus d'agglomération se fonde sur une concentration spatiale d'activités économiques hétérogènes, ne présentant pas a priori de complémentarités		
Proximité géographique Proximité organisationnelle		Le processus de spécialisation se fonde sur une structure organisationnelle forte du tissu économique dominée par une activité industrielle ou un produit.	
Proximité géographique Proximité organisationnelle Proximité institutionnelle			Capacité créatrice du tissu qui, en organisant une souplesse de combinaisons de ses ressources et actifs, dispose de moyens de mettre en oeuvre des stratégies collectives susceptibles d'infléchir le devenir économique du territoire.

Source : Adapté de Colletis et al., (1999).

En définitive, à bien des égards, une approche par la construction du phénomène de compétitivité territoriale telle que nous proposons semble pouvoir rendre compte de la double réalité du territoire. Tantôt contexte de développement, tantôt sujet agissant, parfois organisation, d'autres fois institution, etc., il nous est apparu systématiquement cette dichotomie souvent trompeuse et qui a entraînée une explosion d'explication rivales pourtant complémentaires. De plus **seule une approche par le management public peut considérer le territoire avant tout autre chose comme l'espace de l'intérêt général**. Ce dernier forme alors ce que certains appellent un « *bien commun territorialisé* », dans lequel, « *l'intérêt général ne peut recevoir de contenu que s'il émerge comme question à l'intérieur d'un périmètre délimité. Ce périmètre est à la fois un espace géographique, un regroupement d'acteurs, et une arène politique. Il constitue une condition indispensable à la formalisation d'un bien commun* », (Lascoumes et Le Bourhis, 1998). Le bien commun de ce point de vue regroupe alors : le local, l'espace productif, le patrimoine culturel, la socio-économie, le milieu innovateur, l'espace d'exercice de la démocratie, un lieu de débat et de régulation, etc. Cette approche revient à envisager le territoire non plus dans sa formalisation physique mais intentionnelle. Cette pluralité d'intentions, souvent laissée à l'état de « boîte noire », doit faire l'objet de toutes les attentions par le management public. D'autant qu'une appréhension transdisciplinaire du phénomène compétitivité territoriale nous pousse à envisager ces convergences pluridisciplinaires de manière conjonctive. En d'autres termes, la construction territoriale relève aussi de logiques (i.e. d'intentions) d'acteurs différents appelés à « vivre » un territoire ensemble.

Les concepts de territoire et de gouvernance sont devenus polymorphes et polysémiques. A ce titre, il apparaît indispensable de s'en détacher afin de clarifier les approches. Dans cette optique, un article de Loilier paru récemment dans la *Revue Française de Gestion*, interroge la relation entre territoire et innovation. L'objectif de l'analyse était double : montrer que la relation étudiée est complexe en ce qu'elle analyse la dimension idiosyncrasique du territoire ; et relativiser l'importance de la proximité géographique comme facteur décisif au profit des autres proximités. Aussi, si l'approche par les ressources est sollicité, si la proximité géographique l'est également, « *les réseaux territoriaux d'innovation présentent deux caractéristiques très prononcées – la création d'actifs spécifiques et une incertitude élevée* ». L'auteur y voit semble t-il la constitution d'un capital (idiosyncrasique) pour le territoire dont les caractéristiques « *rendent d'autant plus cruciales l'échange de connaissance et la coordination des actions et des acteurs* », Loilier (2010), c'est-à-dire celles qui relèvent de la diachronie territoriale. En effet, les enjeux académiques se focalisent désormais dans la compréhension des interrelations entre les concepts afin de plonger au cœur des processus permettant d'analyser la construction des relations entre les acteurs d'un territoire.

Aussi, avant de mettre en lumière l'intérêt d'une approche de la compétitivité territoriale par la construction d'une proximité sociétale, conclurons-nous en reprenant les termes de Bernard Pecqueur (1996) qui considère que le territoire « *est sans doute largement ce qui rassemble des acteurs par une faible distance géographique, mais il est aussi l'ensemble au sein duquel chaque acteur se reconnaît et peut avoir un sentiment d'appartenance à partager avec d'autres (famille, clan, milieu professionnel, espace d'habitudes et rites communs, etc.)* », (p. 210).

B. *Une modalité de proximité sociétale ?*

C'est en parcourant les différentes littératures s'intéressant au territoire et en particulier aux dynamiques territoriales que nous avons pu identifier qu'il existait une modalité de proximité encore non stabilisée. Plusieurs éléments nous ont permis d'aboutir à une telle conclusion :

- d'abord, **le débat sur la proximité institutionnelle** et son « évincement » au profit de la proximité organisée a fait pencher la balance des économistes en faveur de l'organisation ;

- ensuite, si comme nous l'avons introduit les choix des agents économiques sous la logique « en marché » les poussent à se localiser à proximité pour bénéficier des avantages accumulés de l'organisation en réseau, **quand est-il des acteurs du territoire ?**

En effet, notre postulat est ici celui de la cohérence d'une approche territoriale. Si l'on se place du point de vue du territoire, les agents économiques que la dimension idiosyncrasique de la compétitivité a largement guidés dans leurs intentions, sont également (*via* la dimension diachronique) des acteurs du territoire. Aussi, participent-ils au même titre que l'ensemble des acteurs de la société (civile) locale à l'apport et la création de ressources, de richesses. De ce point de vue, nous l'avons dit dans le chapitre précédent, les intentions finalisées des acteurs territoriaux peuvent se retrouver inscrites, dans un projet de territoire. Comment s'articule alors ce passage du statut d'agent à celui d'acteur ? Comment se passe la transition de la logique « en marché » à la logique « en société » ? Voici les questions que nous souhaitons poser désormais à la dimension diachronique de la compétitivité territoriale (voir **encadré 3.5**).

Comme le soulignent Gilly et Lung (2008), si l'analyse de la proximité « *néglige généralement les macro-institutions constitutives du système capitaliste : la monnaie, le rapport salarial et l'Etat. Celles-ci sont au contraire au cœur de la théorie de la régulation [...] qui est d'abord une théorie macro-économique, mais n'intègre pas initialement et explicitement le territoire* ». Ces derniers de poursuivre que cet état de fait impose un positionnement méso-économique devant s'inscrire « *dans la nécessité, pointée par Robert Boyer, d'introduire une stratégie de recherche holindividualiste, et donc des concepts intermédiaires, visant à articuler le micro et le macro* ».

Encadré 3.5 La proximité sociétale: propositions théoriques

L'approche du management de la compétitivité territoriale par la complexité permet d'aborder cette question par deux postulats :

1) elle considère la théorie évolutionniste de l'économie et de l'innovation comme paradigme du territoire « en marché » et le régime d'accumulation des proximités (forme interactionniste) en est la démarche analytique privilégiée.

2) elle intègre aussi dans l'analyse l'autonomisation du « territoire en société » vis-à-vis d'un environnement (national et global) en réinterrogeant les concepts de proximité institutionnelle, de régulation et de gouvernance territoriale, à l'aune du sens que les acteurs territoriaux donnent à leurs actions. C'est ce qu'entendent Bouba-Olga et al., (2008), quand ils avancent que « *l'entrée « par les territoires » conduit à interroger le sens à donner aux politiques locales dans un objectif de construction d'actifs spécifiques localisés qui rendent les firmes moins nomades (Colletis et Pecqueur, 1995 ; Zimmermann, 2000)* ».

Il s'agit de porter l'analyse du système territorial dans un environnement de sélection naturelle. **On peut alors admettre une forme de « concurrence » des territoires,** avec un principe de variation constitué des infinies combinaisons de proximités locales d'acteurs hétérogènes. Par ailleurs, le principe de sélection formalisé par la constitution d'une « intention collective » va permettre l'émergence d'une forme de rationalité « située » d'un groupe d'acteur pour un temps donné : une ***proximité sociétale***. Dans ce dernier cas, il s'agit d'admettre « *l'existence de certaines formes de relations non transactionnelles entre les agents* » Zimmermann (2008). Ces principes de sélection et de variation révèlent selon nous des modalités de gestion, devant être assurées par l'instance de gouvernance dans laquelle les managers territoriaux occupent une place centrale.

Source : Auteur.

Pour étudier la nécessité d'inscrire une nouvelle modalité de proximité dite « sociétale », nous choisissons de présenter trois approches différentes susceptibles de mettre en exergue son utilité. En effet, quel que soit le champ disciplinaire d'origine, force est de constater que toutes ces approches convergent vers un point focal, celui de la rationalité limitée des acteurs, **rationalité qui permet, sous une logique « en société », de situer les actions des acteurs « en dedans » vis-à-vis du « dehors »**. Ce processus permet alors de montrer le passage de la dimension idiosyncrasique avec un régime d'accumulation des proximités à la dimension diachronique permettant de libérer l'énergie cinétique du système. Fouchet et Lopez, dans leur analyse « *processus de décision et aménagement territorial », (2000) finissent par s'interroger sur la question de la rationalité limitée pour comprendre le comportement des acteurs territoriaux. Ils constatent à cet effet que si les connaissances « ont depuis plusieurs décennies approfondi la question des comportements et de la rationalité individuelle, peu de choses sont aujourd'hui avancées en ce qui concerne les comportements de groupe et la nécessaire rationalité qui s'y exerce, rationalité réticulaire ou encore rationalité des interactions par exemple »,* (p. 10). Dans cette optique ces derniers nous renseignent sur la nécessité de porter la réflexion sur la co-finalisation des intentions d'acteurs hétérogènes au sein d'une arène sociétale. Il en résulte alors inéluctablement que « *la sortie de l'impasse réside dans le passage de la rationalité individuelle à la rationalité collective. Simultanément on est conduit à passer d'une rationalité axée sur les moyens à une rationalité axée sur les fins »,* (Kervern, 1989, cité par Fouchet et Lopez, 2000, p. 12). Ce passage d'une rationalité axée sur les moyens à une rationalité axée sur les fins constitue précisément ce que nous entendons montrer par l'ajout d'une modalité de proximité sociétale.

Cette modalité pourrait, à ce titre, articuler logiques individuelles et logique collective notamment au travers de la dialogique des processus d'actions publiques que nous avons décelée dans notre chapitre deuxième. Un cadre, une structure commune à ces processus d'actions publics, se trouverait nécessairement dans les projets : les projets collaboratifs des pôles de compétitivité d'une part et les projets de territoire de l'autre. Car enfin, comme le rappelle David (2002) « *dans l'organisation en mouvement, la question n'est pas tant d'analyser l'affrontement de rationalités préexistantes que de comprendre comment les acteurs construisent dans l'action une rationalité spécifique au projet qu'ils ont »,* (p. 178). En tout état de cause cette question de la rationalité et de son rapport à l'espace et au temps est abordée sous de multiples angles. Pour illustrer ce propos nous prendrons deux autres exemples : une approche de la géographie économique (chemins de la prospérité) par le croisement des dynamiques industrielles et des dynamiques territoriales (Pecqueur 1996 ; Dupuy et Gilly, 1996) et une approche de l'économie territoriale (chemin de la compétitivité) par les milieux innovateurs (Perrin, 2006).

1. Géographie économique, dynamiques industrielles et dynamiques territoriales :

Il n'est pas question ici de prétendre présenter la richesse des travaux que nous allons mettre en perspective. Il s'agit de montrer en quoi, tous convergent dans le sens d'une formalisation proche de la proximité sociétale.

Ainsi Pecqueur (1996) quand il interroge les interrelations entre « processus cognitifs et construction des territoires économiques » se réfère notamment aux travaux de Granovetter (1985) sur l'encastrement de l'action économique dans le réseau des relations personnelles. Il note à cet effet que la production de connaissance des acteurs a tendance à converger vers l'institutionnalisation de représentations communes. Il constate dans le même temps que « *le processus cognitif qui découle de ces stratégies d'apprentissage s'inscrit clairement dans la durée mais il est rarement situé spatialement* », (p. 209). Il interroge alors la problématique de la rationalité limitée telle qu'abordée par Herbert Simon selon deux stratégies possibles pour l'acteur : soit pallier l'incomplétude de l'information, soit filtrer l'excès d'information, (p. 211). Ce qui revient à opposer les motifs individuels ou l'égoïsme aux motifs collectifs ou l'altruisme. Dans cette perspective, le système de représentation de l'acteur semble plus opportun pour expliquer la construction incrémentale des processus cognitifs. Il en résulte que « *malheureusement la nouvelle économie traditionnelle (O. E. Williamson) ignore en substance le fait que l'organisation puisse être une forme altruiste qui conditionne à la fois les mobiles des acteurs et les modèles cognitifs qu'ils forment. Pourtant, une réelle prise en compte du phénomène de l'altruisme dans l'organisation apporte de substantielles et nouvelles perspectives pour la théorie de la firme et plus généralement pour la théorie économique* », (Simon, 1993, cité par Pecqueur 1993, p. 212).

Pecqueur poursuit sa démonstration en argumentant que le passage de la représentation individuelle à la représentation collective[114] est lourd d'implication. L'analyse systémique et le paradigme de complexité sont alors irrémédiablement mobilisés afin de situer les actions des acteurs dans une représentation spatio-temporelle (voir **encadré 3.6** ci-dessous).

Encadré 3.6 Historicité, rationalité et coordination des acteurs

L'historicité, inscription dans le temps long des stratégies de court terme des acteurs, semble admise aujourd'hui par les économistes. L'autre dimension est l'inscription spatiale de ces stratégies, traduite par ce que E. Friedberg (1993) appelle une **théorie politique de l'action organisée** qui : « *part d'acteurs situés dans des espaces d'actions structurés. Disposant de leur autonomie propre, ceux-ci se trouvent néanmoins en interdépendance stratégique les uns à l'égard des autres et doivent assurer leur coopération à travers la construction d'un ordre local dont les règles et les structures stabilisent au moins partiellement et temporairement, leurs interactions et leurs négociations. Cet ordre est local, c'est-à-dire qu'il s'agit d'un construit politique spécifique à extension limitée et fluctuante qui, tout en s'appuyant sur la structuration initiale du contexte d'action, modifie celle-ci à son tour et produit ses propres effets* », (p. 289).

Source : Friedberg (1993) cité par Pecqueur (1996), pp. 215-216.

Aussi, dans une approche territoriale, Pecqueur plonge-t-il au cœur du processus cognitif de territorialisation au travers de l'institutionnalisation de valeurs communes aux acteurs territoriaux. Il décrit alors cette forme « d'identité commune » comme des « *valeurs héritées, partagées et transmises [qui[115]] constituent non seulement un code de conduite mais aussi un guide de connaissance et de reconnaissance entre individus. Elles sont valeurs de référence permettant ou non de situer les contacts sous le signe de la confiance réciproque, de différence avec les personnes extérieures au territoire, de préférence pour hiérarchiser les relations interpersonnelles* », (1996, p. 221). Ce dernier d'ajouter que la formalisation d'une représentation commune aux acteurs d'un territoire résulte « *d'un composé complexe de références qui comprend les dimensions historiques, géographiques et de pratiques professionnelles* ». C'est ainsi que la question de la rationalité holistique des acteurs passe par une nécessaire convergence des systèmes de représentation au travers d'action spatialement déployées. La question territoriale reste entière et Pecqueur de conclure que « *le territoire résulte d'une construction sociale dont on cherche la genèse* », (p. 223).

---

[114] Cette question est abordée par un certain nombre de travaux en psychologie portant sur les cartes cognitives individuelles et collectives, outil développé par Tolman en 1948 et aujourd'hui beaucoup utilisé en matière d'aide à la prise de décision. Sur ce sujet, voir notamment les travaux passionnants de Cossette et Audet (1994).

[115] Rajouté par nous.

Dupuy et Gilly (1996) interrogent quand à eux les interrelations entre « Apprentissage organisationnel et dynamiques territoriales » en étudiant les rapports entre groupes industriels et systèmes locaux d'innovation. Le fondement de cette perspective impose de s'écarter *a priori* de l'approche allocative traditionnelle pour se concentrer sur une approche en termes de création de ressources au sens de Lundvall et Johnson (1994) que nous avons présenté dans le chapitre premier. Les auteurs se basent d'une part sur l'approche par les conventions de l'organisation comme cadre de stabilisation des interactions entre les acteurs selon la dichotomie confiance / conflit et d'autre part sur la théorie de la régulation, avec notamment la « rationalité située » des acteurs telle qu'entendue par Boyer et Orléan. Une rationalité des acteurs limitée car « *leurs représentations de leur environnement sont par nature différentes, mais surtout leur statut institutionnel est variable parce que leurs intérêts sont différents, voire divergents* », (p. 162). A cette occasion, Dupuy et Gilly avancent que c'est lors de la rencontre entre dynamique collective et dynamique d'apprentissage que prend naissance l'apprentissage organisationnel, « *lorsque cette construction permet de résoudre efficacement et durablement des problèmes de coordination et de production* », (p. 162). Cette forme d'apprentissage revêt alors une importance capitale dans le cadre d'interactions entre plusieurs organisations à un projet commun.

C'est ainsi la prégnance des relations interorganisationnelles (Mendez et Mercier, 2006) dans la construction de la dynamique territoriale, voire de la ressource spécifique qui apparaît centrale. Dupuy et Gilly (1996) définissent alors l'apprentissage interorganisationnel comme un mode issu « *des interactions entre organisations distinctes qui coopèrent entre elles sur un projet commun. Cette coopération peut être formelle (convention explicite : accord de coopération) ou informelle (convention implicite). Le résultat de cette forme d'apprentissage consiste dans la création de nouvelles connaissances organisationnelles* », (p. 163). C'est précisément cette nouvelle connaissance organisationnelle, lorsqu'elle est appliquée au territoire qui renvoi encore une fois à la question d'une proximité sociétale comme élément d'articulation entre le régime d'accumulation des proximités et celui d'une gouvernance comme forme de régulation locale.

C'est cet enjeu que la proximité sociétale viendrait questionner, l'enjeu identifié par Gilly et Grossetti (1993), du **passage d'une dynamique centrée sur des relations interindividuelles à une dynamique interorganisationnelle** qui reste très difficile à analyser car l'action collective doit s'étendre à des individus qui ne sont pas tous en familiarité les uns avec les autres. Dans cette approche, les apports de la nouvelle sociologie économique apparaissent dès lors fondamentaux. Les concepts de conflit, de pouvoir, de confiance et de réputation, etc. sont au cœur de la réduction des incertitudes nécessaires à la coordination des différentes arènes relationnelles construites par les acteurs de la société locale. L'analyse systémique au sens de Crozier et Friedberg est donc, semble t-il, riche d'enseignements dans la compréhension de la dimension diachronique de la compétitivité territoriale.

En définitive, l'approche proposée par Dupuy et Gilly (1996) apparaît particulièrement appropriée pour la compréhension de la dialogique des processus d'actions publiques. En effet, en premier lieu **les projets collaboratifs des acteurs des pôles de compétitivité pourraient être assimilés à des conventions explicites** financées par l'action publique au travers de la politique incitative. La convention explicite constituant alors *« un point de passage obligé dans la coopération entre organisations, car elle permet de faire face dans le temps et dans l'espace aux limites de l'action commune »*, (p. 166). Ensuite, de manière différenciée et complémentaire (donc dialogique), **les projets de territoire des pays et intercommunalité seraient susceptibles d'inclure les éléments non-marchands, les processus cognitifs institutionnalisés de manière informelle des agents économiques et plus largement des acteurs de la société civile locale.** Cette **convention implicite** impliquerait alors nécessairement l'existence d'une proximité sociétale portant représentation commune des acteurs devant être managée par la mise en synergie des modes de gouvernance du territoire. Ceci formerait la dimension diachronique de la compétitivité territoriale. C'est bien ce processus que décrivent Dupuy et Gilly (1996) quand ils concluent que *« sur un territoire tel qu'un système d'innovation local, on trouve des individus ayant à la fois une légitimité liée à leur appartenance à un groupe industriel et une légitimité territoriale liée à leur appartenance à des réseaux sociaux locaux »*, (p. 170). Poser ainsi, la légitimité simultanée des acteurs dans la dynamique industrielle et la dynamique territoriale montre l'intérêt de la question de **la proximité sociétale comme médiat permettant d'assurer la liaison de la logique « en marché » à la logique « en société ».**

2. Economie territoriale et milieu innovateur :

La recherche proposée par Jean-Claude Perrin (2006) est de par son titre, plus évocatrice encore. Intitulée « Apprentissage collectif, territoire et milieu innovateur : un nouveau paradigme pour le développement », elle se situe d'emblée sur les chemins de la compétitivité.

Le point de départ de cette recherche propose de positionner l'apprentissage collectif ou *learning* comme opérateur de développement entre le milieu innovateur et son environnement. De ce point de vue, la clé d'entrée est celle du *« paradigme du « learning », selon lequel la rationalité économique ne doit pas cesser de progresser, qui s'oppose radicalement à celui de la « rationalité parfaite », sur lequel toute la science économique orthodoxe s'est constituée »*, (p. 102). Perrin pour démarrer sa démonstration présente deux cas « types » de rationalité destinés à médiatiser les relations interpersonnelles : celui où la rationalité préexiste (rationalité parfaite de l'analyse économique orthodoxe) et celui où la rationalité est à construire (incluant une coopération des acteurs sur une base collective et interactive dans le but de dégager des innovations technologiques ou managériales). Ce dernier identifie une situation intermédiaire à l'intérieur d'une *« organisation reconnue et d'une rationalité technico-productive donnée »* où l'objet premier de la relation est de trouver une solution à un problème commun. **Le médiat se présente sous la forme d'un problème et impose la construction d'une rationalité résolutoire**, (p. 103). Cette coopération interactive permet alors de distinguer deux modes de rationalité cumulatifs.

- D'abord une **rationalité procédurale ou de création**, destinée à la phase de découverte de toute innovation et permise notamment par l'existence de micro-réseaux *« comparables à des « grains » de communication. Leur existence est le plus souvent éphémère. Mais ensemble, ils forment une « poussière » qui flotte en permanence dans l'atmosphère du territoire. Dans cette poussière, des grains se connectent et fusionnent autour de questions d'intérêt commun et génèrent des esquisses de rationalités résolutoires »*, (Perrin, 2006, p. 109). Ce premier type de rationalité fait allusion à l'atmosphère industrielle de Marshall et concerne, on l'aura compris, la dimension idiosyncrasique de la compétitivité territoriale. Par exemple, les projets collaboratifs des acteurs des pôles de compétitivité suivent systématiquement ce principe d'organisation.

- Ensuite une rationalité d'application, i.e. de mise en œuvre des innovations qui nécessite une *« analyse contextuelle (donc globale) de l'exploitation industrielle »*, (p. 110). Cela conduit alors naturellement à se poser la question de la *« gestion organisationnelle du changement technologique [permettant[116]] d'intégrer au mieux les ressources humaines dans ce processus »*, (p. 111). Ce second type de rationalité, s'il fait appel à la dimension idiosyncrasique, doit se trouver également relié à la dimension diachronique. Pour ce faire, Perrin (2006) envisage un triptyque *Marché-Territoire-Réseau* destiné à permettre **l'adéquation des ressources humaines présentent sur le territoire aux applications industrielles *via* les réseaux.**

Par cette démonstration, la cohérence d'une approche relevant de rationalités différentes selon les temporalités et les échelles spatiales se trouve particulièrement enrichie. Ainsi, Perrin (2006) argumente t-il que « *la dualité structurale de l'économie dynamique et son mouvement perpétuel font que la globalisation de l'analyse est une tache difficile. Les théories de la globalisation dont nous sommes abreuvés déforment la réalité. En fait, l'économie orthodoxe propose deux types de globalisation organisationnelle : **la globalisation par le marché et la globalisation par les territoires**[117]. La première est une globalisation en extension, l'autre en profondeur. Mais les paradigmes micro et macro qui les fondent sont incompatibles. Chacune des deux théories veut expliquer par elle seule toute la réalité. Tout se passe comme si la science économique systématisait la dualité observée au lieu de la résoudre. De plus elle **ne reconnaît même pas les structures méso-réticulaires qui forment l'armature de l'organisation économique**[118]* », (p. 113). Finalement, nous voyons bien que la nécessité de prendre en compte les deux dimensions constitutives de la compétitivité territoriale est ici posée. Perrin poursuit son assertion en posant (selon nous) la question de la proximité sociétale en parlant de rendement croissant de learning : « *Sous quelles formes et à quelle conditions, une symbiose de l'organisation territoriale et de l'organisation de marché rend-elle possible les rendements croissants de learning ?* », (p. 114).

Sans développer plus cette approche passionnante relevons simplement que Perrin (2006) critique l'approche orthodoxe de l'analyse économique en argumentant qu'elle renvoie les approches globalisantes par le marché ou par le territoire dos-à-dos. Ce dernier d'ajouter qu'elle « *se prive ainsi de l'intelligence de ce qui fait le ressort du développement : la symbiose territoire-marché* », (p. 114). Ce ressort du développement est ce que nous avons

---

[116] Rajouté par nous.
[117] Souligné par nous.
[118] Souligné par nous.

identifié par **la dialogique des processus d'actions publiques, permettant la réunion temporaire des logique « en marché » et « en société »**. Notons que Perrin va encore plus loin et s'approche de la proximité sociétale quand il écrit que *« le couplage territoire-marché est inscrit dans la division du travail elle-même. La spécialisation ouvre le champ à la concurrence. La recomposition que requiert toute spécialisation, a, elle, une dimension collective telle que son organisation est assimilable à un bien public »*, (p. 117).

En définitive, comme nous l'avions précisé dans le chapitre premier, l'approche par les milieux innovateurs, d'après de nombreux chercheurs est sous de nombreux aspects la plus complète. En voici un exemple. Dans sa proposition Jean-Claude Perrin aborde la problématique des chemins de la compétitivité donc du développement territorial. A cette occasion, il tient compte des contextes et de leur influence sur les contenus territoriaux. Si l'on ajoute à cette analyse notre taxonomie des modèles-actions publics et en particulier la dialogique des processus qui en découle, les deux dimensions constitutives de la compétitivité territoriale se trouvent envisagées. La question de la proximité sociétale est une fois de plus posée, et celle de la gouvernance, du pilotage du milieu local, relève quant à elle, de la régulation, i.e. dialogique des processus d'actions publiques. Ainsi, *« la clé de voûte de l'organisation d'un système, c'est sa régulation. Pour concevoir la régulation, il faut rationaliser les contraintes principales qui pèsent sur le système et qui engendrent des tensions qui l'empêchent de bien fonctionner. Dans le cas du milieu, ces contraintes sont purement internes »*, (Perrin, 2006, p. 123).

En tout état de cause, la question de la proximité sociétale, au travers des approches que nous venons de présenter apparaît toujours en filigrane. Cette dernière n'est pas abordée sans doute car seul le management public a légitimité à poser une telle question. Reste que cette hypothèse, celle de **l'existence d'un chaînon manquant dans le régime d'accumulation des proximités, doit impérativement passer l'épreuve de l'empirie**. C'est ce que nous proposerons dans la deuxième partie de ce travail doctoral. En attendant, pour terminer l'étude des modalités de management de la compétitivité territoriale, il nous faut envisager la question de la « régulation » par les différents modes de gouvernance identifiés par la littérature. Nous proposerons ensuite un aperçu de la littérature existante concernant la définition des rôles et des fonctions des managers territoriaux.

Nous arrivons à l'issue de l'examen de l'émergence de modalités managériales pour la construction de la compétitivité territoriale. Le régime d'accumulation des modalités (géographique et organisée) de la dimension idiosyncrasique constitue un réservoir d'énergie potentielle. Une proximité sociétale comme point d'articulation de la dimension diachronique permet la transformation du système qui revêt une nouvelle structure dynamique (énergie cinétique). La compétitivité territoriale peut dès lors être identifiée. En effet, **l'énergie potentielle de la dimension idiosyncrasique s'est vue libérée par une proximité sociétale (énergie cinétique) portant institutionnalisation du territoire et conventions explicites et implicites des modes de coopération.** Le « *système territoire devient dès lors autonome et offre une spécificité à son environnement, spécificité originale, mélangeant innovations technologiques, organisationnelles, culturelles et identitaires.* ***En somme une forme d'offre de créativité*** », (Brétéché et Arnaud, 2010). Nous l'avons montré, cette offre peut alors être considérée comme un « *potentiel de ressources construites par les acteurs locaux, à travers des processus d'innovation et d'apprentissage* », (Kirat et Lung, 1995). En ce sens, les contraintes de l'axiome global pèsent directement sur les territoires qui sont alors « *contraints, en amont, de proposer des ressources difficilement transférables qui incitent les entreprises à maintenir leur activité* », (Mendez et Mercier, 2006, p. 255).

Si peu d'auteurs s'intéressent à cette question, il faut saluer néanmoins les apports majeurs en ce domaine proposés par Gérard Divay et Bachir Mazouz (2008) dans leur chapitre intitulé « l'émergence du stratège local ». Ces derniers proposent à cet effet, les pistes de réflexion susceptibles d'accompagner les managers territoriaux dans une optique de management de la compétitivité territoriale. Leur constat de départ est alors le suivant : « *les gestionnaires locaux verront leurs rôles et fonction évoluer d'une configuration de production organisationnelle à une fonction de production collective* », (p. 333). **Le management de la compétitivité territoriale consiste dans cette perspective à influencer le processus créatif en impulsant, en orientant et accompagnant le collectif d'acteurs au travers des structures de projets**[119] **qui « traversent » le territoire.** De ce point de vue, l'instance de gouvernance peut être considérée comme un acteur clé de résolution des problèmes

---

[119] On l'aura compris, nous faisons allusion ici aux projets collaboratifs des pôles de compétitivité et aux projets de territoire. Ces deux structures de projet nécessitant, du point de vue du management de la compétitivité territoriale, de prendre en compte la dialogique des processus d'actions publiques.

d'interaction et de coordination du collectif d'acteurs. « *Nous l'avons dit, le « credo de l'élu local contemporain, assurément, c'est le pragmatisme gestionnaire »*, nous enseignent Desage et Godard (2005), dans leur discussion sur l'idéologie des politiques publiques locales. Ils nous rappellent d'ailleurs à cet effet que les « *biens idéologiques* », historiquement, constituent des armes « *d'outsiders* » c'est-à-dire des arguments censés pallier un manque de ressources latent à mettre en valeur. Il convient toutefois de discuter ces assertions.

1. <u>Discussions préalables : interaction, collaboration, coordination</u>

Concernant la question de la coordination, nous l'avons dit « *la théorie économique a souvent simplifié le débat en postulant l'existence d'un tiers démiurge au statut peu assuré* », (Pecqueur, 1996). La complexité des échanges, les multiples rationalités qui président dans les prises de décision des acteurs, mais aussi les démarches incitatives et prospectives du secteur public et enfin la montée en puissance du secteur associatif comme acteur d'intermédiation, empêchent de céder à cette tentation simpliste. Dans cette perspective, si les acteurs publics disposent *de facto* d'une compétence légale pour garantir les exigences de l'intérêt général, force est de constater qu'ils ne sont pas seuls à pouvoir et à devoir intervenir en la matière. C'est ce que rappellent Bocquet et Mothe (2008) en précisant que « *l'action sur le développement territorial n'est plus présentée comme la seule responsabilité du pouvoir public (local, régional ou étatique) mais comme la résultante d'un processus de coopération et de coordination entre de nombreux acteurs et opérateurs* », (p. 6). Par ailleurs, comme le soulignent Desage et Godard (2005) « *le partenariat public-privé, [...] est réputé conduire à l'hybridation des normes et des valeurs présidant à l'action publique* », (p. 652).

Aussi, la coopération et la coordination des interactions entre les acteurs du territoire se placent-elles au premier rang des objectifs de la dimension diachronique de la compétitivité territoriale. Les modalités de management des proximités géographique, organisée et sociétale en sont les moyens. Dans ce cadre, la maîtrise et la recherche de synergies par les managers territoriaux pour les logiques de localisation, d'appartenance, de similitude, sociétale mais aussi logique d'apprentissage localisé (Kirat, 1993) doivent être assurées. Cette créativité, cet apprentissage de nouveaux modes de management pour les territoires « *résulte de plus en plus de leur capacité à créer et mobiliser des ressources spécifiques non transférables* », (Mendez et Mercier, 2006, p. 254). Ces dernières d'ajouter que « *la dématérialisation des ressources pertinentes entraîne un besoin de coopération accru entre acteurs (privés et publics), car leur création et leur mobilisation se déploient dans un espace collectif* », (p. 254). Ceci constitue précisément les enjeux identifiés dans la dimension diachronique de la compétitivité territoriale. C'est plus précisément l'occasion de recentrer la question de la proximité institutionnelle et celle de la régulation dans un espace de coopération défini par l'ensemble des acteurs. La définition de cet « espace-temps » de la coopération doit tenir compte d'une logique évolutionniste (Nelson et Winter 1982, North 1990 et Storper 1996), au travers des dimensions constitutives de la compétitivité territoriale. Par ailleurs, **la construction de cette même compétitivité est un phénomène émergent et non donné *a priori***. Elle doit se faire chemin faisant en provoquant l'interaction, en facilitant et incitant la collaboration et en créant les modes de coopération adaptés, comme illustré par la **figure 3.4** ci-dessous.

Figure 3.4 Appréhension incrémentale des modalités de management de la compétitivité territoriale par les managers territoriaux

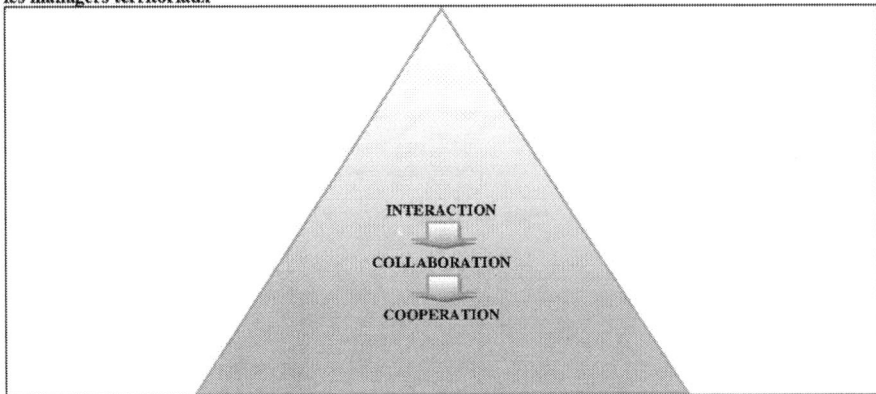

Source : Auteur.

Comme nous avons tenté de le schématiser au travers de cette figure, les managers territoriaux doivent tenir compte, dans l'adoption de leurs démarches managériales, des éléments que nous avons traités jusqu'alors. En effet, avant tout autre chose, **les acteurs pour être en situation de collaboration doivent être en interaction**. La proximité géographique implique donc une colocalisation, une agglomération des acteurs, c'est la condition permissive (Zimmermann (2008). Aussi, selon Divay et Mazouz (2008), lorsque les managers territoriaux visent une modification des comportements des acteurs locaux qui « *est significative, les agents [...] doivent aussi porter leur action sur un autre plan, celui des interactions sociales dans leur milieu* », (p. 338).

Ensuite seulement, les **acteurs du territoire sont amenés à collaborer en développant les logiques d'appartenance et de similitude** au travers des projets collaboratifs[120]. Sur ce point, Mendez et Mercier (2006) insistent particulièrement et précisent que « *construire les ressources collectives en infrastructures, en R&D et en formation dont les entreprises ont besoin représente certainement la compétence la plus fondamentale* », (p. 256). L'objectif des managers territoriaux doit donc être d'identifier les stratégies des firmes avant de tenter de mettre en synergie les ressources territoriales. Courlet et Pecqueur (1992) rappellent qu'il doit s'agir de saisir « *l'ensemble des mécanismes de coordination liant les firmes, soit entre elles soit avec des institutions publiques ou semi-publiques et collectives* », (p. 143).

C'est **au cours de ces collaborations répétées que se forge, nous l'avons introduit d'un point de vue conceptuel, la question cruciale de la proximité sociétale**. A cette occasion, la dimension idiosyncrasique se mélange à la dimension diachronique et confère au territoire sa dynamique de compétitivité territoriale. C'est dans ce cadre actif, comme le précisent Divay et Mazouz (2008), que « *les municipalités doivent opérer leurs interactions avec les citoyens selon un mode de quasi-marché* », (p. 338). Concrètement, cette proximité sociétale est permise par l'existence de réseaux interpersonnels et par l'ancrage territorial des activités productives. Selon Le Galès et Thatcher (1995), les réseaux sont « *le résultat de la coopération plus ou moins stable, non hiérarchique, entre des organisations qui se connaissent et se reconnaissent, négocient, échangent des ressources et peuvent partager des normes et des intérêts* », (p. 16). En ce qui concerne l'ancrage territorial, il faut l'entendre au sens de Zimmermann (1995). Ce dernier précise que « *ce qui peut fonder l'ancrage territorial de la firme, c'est-à-dire une communauté de destin d'une firme avec un territoire, c'est l'idée d'une construction commune, l'idée d'un apprentissage collectif fondé sur la co-production de ressources* », (p. 146).

Pour finir, **la coordination des acteurs au niveau territorial doit se faire au travers d'un mode de pilotage du système que les auteurs appellent la gouvernance territoriale**. Les managers territoriaux ont ici un rôle à jouer car c'est au travers de leurs interactions que les acteurs « *définissent une forme de gouvernance locale ou territoriale qui permet de penser*

---

[120] Projets labellisés par les pôles de compétitivité dans le cadre de la politique publique nationale et Appel à Projet Recherche Finalisée pour la politique régionale en faveur des PRIDES.

l'amont des trajectoires territoriales », (Mendez et Mercier 2006, p. 257). Du point de vue des politiques publiques territoriales, nous avons concentré notre attention sur les projets de territoire, possibilité pour une collectivité territoriale d'imaginer son futur dans la formalisation d'un projet incluant des éléments de prospective. C'est dans ce projet de territoire que doivent être inscrits les modes de coopération des acteurs locaux, un mode de gouvernance adapté au territoire. D'autres outils peuvent toutefois enrichir les coopérations, nous en citons un exemple, particulièrement intéressant, et illustrant nos propos. Desage et Godard (2005) présentent ainsi un cas de politique publique locale en matière de formation professionnelle issu de la thèse d'un des auteurs. Examinant cette initiative mise en œuvre au sein de la métropole lilloise, ces derniers relèvent qu'entre les acteurs se sont développées des interactions rappelant « *le principe de jeu à somme positive qui caractérise, dans de nombreux travaux, l'échange politique : la coopération conduit à un gain pour l'ensemble des acteurs concernés et la construction processuelle d'un consensus entre des protagonistes dotés de propriétés sociales hétérogènes permet le développement d'une confiance mutuelle, qui suscite au final un sentiment d'appartenance « communautaire »*, (p. 649).

En définitive, **les managers territoriaux doivent « laisser pousser » les collaborations sur le terreau des interactions pour espérer recueillir les fruits de la coopération**. Larceneux (1996) décrit le processus comme suit : « *Non seulement les acteurs du territoire se regroupent selon des affinités particulières, mais encore sont-ils capables, par des processus dynamiques et historiques, de se doter de comportements communs dont l'issue peut être la coopération* », (pp. 150-151). L'objectif de l'institution locale doit donc être de focaliser sur les conventions explicites et implicites des arènes relationnelles. C'est le fondement d'une identité locale dont-il est question. En toile de fond c'est le sens que les acteurs du territoire veulent donner à leurs actions qui doit être questionné « *en effet, quelle importance accordent en fin de compte les acteurs territoriaux au « sens partagé » des actions dans lesquelles ils s'engagent ?* », (Desage et Godard (2005), p. 633).

Les enjeux de la coordination sont donc immenses aujourd'hui. Les managers territoriaux se trouvent face à un défi : le défi du learning interactif, de la création et celui de l'innovation par la compétitivité territoriale. C'est ce que confirme Michel Casteigts (2003) à propos du nouveau champ territorial en indiquant qu'il est « *structuré par ces partenariats entre collectivités publiques et acteurs privés, qui impliquent un rapprochement de l'horizon stratégique des uns et des autres »*, (p. 4).

Force est de constater toutefois que « *l'innovation ne se décrète pas et se manage au second degré. L'enjeu est de piloter un processus dont les résultats ne sont pas prédéterminés. On peut créer les conditions de l'innovation, mais on ne peut pas en définir le contexte ex ante* », (Genelot, 2001, p. 309). Mais il faut bien garder à l'esprit que la mise en place d'un management efficace de la compétitivité territoriale impose aux managers territoriaux de regarder les sentiers déjà éprouvés, de tenir compte de l'environnement et du contexte pour projeter un futur commun dans les représentations des acteurs. Mendez et Mercier (2006) résument bien l'enjeu d'une telle entreprise en énonçant que « *l'histoire dépose sur les territoires des empreintes physiques dans la géographie des lieux, des empreintes sociales dans les relations interpersonnelles et interinstitutionnelles, dans les modes de transmission des savoirs, qui opèrent comme des catalyseurs, ou comme des barrières, rendant la coopération inopérante* », (p. 254). Un outil de management de la coopération est devenu incontournable : la gouvernance. Nous allons désormais opérer une présentation critique de la littérature en la matière avant d'en envisager l'application à la matière territoriale.

2. « La gouvernance ou comment s'en débarrasser » :

Dans une première acception, le concept de gouvernance est « *un dispositif de régulation nécessaire pour créer une dynamique collective entre des acteurs hétérogènes et déficitaires en ressources et en capacités d'interaction* », Bocquet et Mothe (2008). A bien des égards cependant, le terme de gouvernance est polysémique, c'est pourquoi il suscite de nombreux débats (Baron, 2003) tant sur les « *liens entre Etat et Marché* » que sur « *les imbrications entre le local et le global* ». Le terme est vague et peut être employé par tous, partout et pour tout, « *tout se passe comme si le concept de gouvernance avait été victime de son succès, en devenant un de ces mots passe-partout, un de ces concepts omnibus* », (Chevalier, 2003). Ce constat d'opacité pour autant ne doit pas empêcher de constater la popularité[121] du concept.

---

[121] Comme l'écrit Tournier (2007), « *Il nous faut observer cette littérature qui a paradoxalement participé à la diffusion d'une notion envers laquelle elle est très sceptique. Par exemple, en tapant dans Google le mot governance, ce moteur de recherche référence plus de 419 millions de pages internet* », (p. 65).

L'extraordinaire floraison académique liée au concept de gouvernance n'est pourtant par récente. Sans revenir à Platon qui serait le premier à avoir étudié le concept, retenons que celui-ci a été développé au XXème siècle par les économistes avec la notion de *corporate governance* pour étudier la nature des coordinations entre agents individuels et collectifs (Commons 1951, Coase 1937 et Williamson 1975). En effet, comme le précise Tournier (2007) le bouleversement économique de la fin du XXème siècle a « *profondément modifié le débat dans les pays occidentaux, en faisant de la réforme de l'Etat et du nouveau management public une question centrale* », (p. 72). Il faut attendre 1992 pour que Storper et Harrison transfèrent à l'économie spatiale la notion de gouvernance. Dans cette optique, il s'agit de rechercher un mode de coordination interorganisationnel permettant de se détacher des pures relations marchandes.

Pour Benko et Lipietz (1995) concernant le territoire, il existe deux niveaux distincts. D'abord le « réseau » destiné à réguler les relations entre les activités productives (dimension idiosyncrasique) ; ensuite la « gouvernance » comme mode de régulation plus général, d'arbitrage entre les relations principalement non hiérarchiques entre les acteurs du territoire (dimension diachronique). La gouvernance devrait alors, selon ces derniers, recouvrir l'ensemble des modes de régulation entre le pur marché et la pure politique (de l'Etat-nation). Ainsi dans sa conception économique le concept de gouvernance désigne t-il un « *processus de coordination des acteurs entre eux dans la perspective de l'organisation de l'activité économique* », (Leloup et al., 2005, p.1). En définitive, comme le soulignent Bertrand et Moquay (2004) la coordination dans l'analyse économique se décline sous deux approches : celle des contrats et des coûts de transaction dans la lignée des travaux de Williamson et celle de la régulation et d'une structure politique sur un champ analytique essentiellement national. Ces derniers poursuivent que dans le cadre du développement territorial, les enjeux se situent dans la « *recherche de nouveaux modes d'organisation territoriale et une conception moderne du management local, transcendant les politiques sectorielles* », (p. 78). Ce cadre d'analyse est précisément celui de la compétitivité territoriale. Rien n'empêche cependant de s'enrichir d'approches complémentaires permettant d'apporter à un concept nouveau la réflexivité qu'il se doit d'adopter.

Ainsi, pour la science politique et la sociologie politique, le concept de gouvernance fait-il également couler beaucoup d'encre, c'est ce que Jouve et Lefèvre (1999) expliquent par

272

le fait que « *le monopole de l'Etat-nation sur la politique, sur l'organisation de la société serait remis en question par l'émergence de construits socio-politiques concurrents* », (p. 835). De ce point de vue, notons simplement que la compétitivité territoriale qui fait l'objet de notre recherche procède de ce mouvement, elle est un **construit d'action publique**. En cela, ce concept vise à participer de la recherche d'un sens par les acteurs pour les politiques publiques mises à leur disposition. A cet effet, l'approche cognitive en science politique avec notamment Muller et Surel (1988) définissent la gouvernance comme « *un mode de gouvernement dans lequel la mise en cohérence de l'action publique (construction des problèmes publics, des solutions envisageables et des formes de leur mise en œuvre) [...] [passe] par la mise en place de formes de coordination multi-niveaux et multi-acteurs dont le résultat, toujours incertain, dépend de la capacité des acteurs publics et privés à définir un espace de sens commun, à mobiliser des expertises d'origines diverses et à mettre en place des formes de responsabilisation et de légitimation des décisions, à la fois dans l'univers de la politique électorale et dans l'univers de la politique des problèmes* », (pp. 96-97).

Au final, politique des problèmes de la société ou résolution des problèmes de marché, une apparente convergence permet de voir la **porosité des travaux tant économiques que politiques sur le champ de la gouvernance**. Ceci peut être car la gouvernance, notion polysémique s'il en est, quand elle est déposée sur le concept de territoire, intrinsèquement polymorphe, octroie aux propos un caractère irrémédiablement protéiforme. Le management public adopte une autre posture, il écarte la décision *a priori*, la relègue *ab initio* au système de production de l'action, pour se cantonner au déploiement de celle-ci dans les arènes sociétales. Leloup et al., 2004, confirment cette assertion en déclarant que « *dans le domaine du management public et des relations internationales, le terme de gouvernance est également associé aux pratiques, à la pertinence de techniques d'action* », (p. 6). De ce point de vue, la perspective de la gouvernance est partenariale, partagée, collective et comme le disaient Benko et Lipietz (1995), **elle transcende la pure politique** (économique) **et la pure économie** (politique) **pour se concentrer sur les modalités de l'action**. Cette action publique se dessine chemin faisant, par une systémique complexe qui vient embrasser toutes ces conceptions de la gouvernance. Les mots du Centre de Documentation de l'Urbanisme font sens à cet effet : « *la gouvernance attire l'attention sur le déplacement des responsabilités qui s'opère entre l'Etat, la société civile et les forces du marché lorsque de*

273

nouveaux acteurs sont associés au processus de décision et sur le déplacement des frontières
entre le secteur privé et le secteur public », (CDU[122], 2000).

Comme le rappelle Tournier (2007) « *les milieux scientifiques ont été rapidement*
concurrencés, dans la construction de la notion de gouvernance, par d'autres acteurs comme
les grandes organisations internationales », (p. 65). Et si Stoker (1998) propose de
l'envisager comme « *une théorie ?* », d'autres relativisent son importance eu égard aux
rapports complexes qu'il sous-tend pour la société. Le sociologue Padioleau (2000), par
exemple, propose dans un essai « La gouvernance ou comment s'en débarrasser », d'où
l'intitulé de ce paragraphe. Ce dernier, éclaire par son regard, la démarche et questionne de
manière laconique le recours à la notion par sa fin et par ses moyens : il décrie alors « *la*
grande aventure à laquelle convie la gouvernance est celle de la nouvelle frontière de
« *l'action collective* » *récemment découverte par la politologie officielle. Cette apparition de*
l'action collective sied à l'approche journalistique qui, sensible aux faits, diagnostique dans
la gouvernance un « *art pratique* ». Cet art pratique auquel il nous invite est celui de l'action
publique qu'il qualifie par ailleurs « *d'ultra moderne* » (2003), moyens et finalités auxquels
nous prêtons bien volontiers le management de la compétitivité territoriale.

En tout état de cause, si le concept de gouvernance apparaît sous de nombreux aspects
largement galvaudé, sa définition s'en trouve d'autant plus ardue. Hufty (2007) partant de ce
constat, propose de distinguer plutôt trois approches, « *la gouvernance comme : 1) synonyme*
de gouvernement ; 2) cadre normatif ; 3) cadre analytique pour les systèmes de coordination
non-hiérarchiques », (p. 2). C'est cette dernière perspective qui intéresse ce travail de
recherche. Hufty (2007) précise qu'il s'agit, dans la lignée des néo-institutionnalistes et
d'Oliver Williamson en particulier « *d'observer et de théoriser les mécanismes concrets et les*
institutions qui facilitent la coordination entre les unités d'une organisation, l'arbitrage des
divergences, le maintien de la cohésion de l'ensemble et la gestion des coûts de transaction
entraînés par un pilotage plus « *horizontal* » *que* « *vertical* » », (p. 4). Toutefois, les impératifs
d'innovation et de compétitivité qui caractérisent la matière territoriale, imposent « *d'aborder*
la problématique de la gouvernance dans une perspective plus large que celle de la firme »,
(Aboiron et Nicoulaud, 2008). Comme nous l'avons proposé tout au long de ce chapitre, les
modalités de management de la compétitivité des territoires se construisent par accumulation.

---

[122] Centre de Documentation de l'Urbanisme.

La gouvernance arrive après, après la construction des arènes géographiques et relationnelles de la dimension idiosyncrasique, après la transition sociétale qui cherche le sens commun pour l'action collective. Et comme le propose Maris (1996), « *la gouvernance peut recouvrir tout système de relations humaines territorialisées, comme une « rue des antiquaires », qui n'est autre chose qu'un marché* », (p. 206). Car enfin, « *si la mise en scène du partenariat implique une présentation par catégories clivées de l'identité des participants (« élus », « entrepreneurs », « associatifs »...), le politiste n'est pas obligé de s'en satisfaire* », (Desage et Godard, 2005). **Le manager territorial non plus !**

Une définition, résolument large, apparaît proposer avec prudence le dessein sans objectiver un dessin particulier, celle de Bocquet et Mothe (2009). Ces dernières envisagent la question de la gouvernance au travers de l'impératif de performance des pôles de compétitivité et proposent de la définir « *dans cette perspective, comme un mode de régulation entre une pluralité d'acteurs (publics ou privés, insérés ou non dans des réseaux) en situation d'interaction selon différents modes (plus ou moins hiérarchiques, marchands, non marchands ou contractuels), à différentes échelles (du local à l'international)* », (p. 108). La gouvernance recoupe selon notre point de vue la **nécessité d'articuler les modes de management de structures différenciées par leurs moyens et dans leurs objectifs**. A ce titre elle relève de la dimension diachronique, i.e. elle implique la prise en compte dynamique des systèmes et suppose l'intelligence organisationnelle permanente. Comme le souligne (Genelot, 2001) « *on ne décrète pas l'innovation, pas plus qu'on ne peut la créer par un processus direct. Mais on peut mettre en place une « culture de l'innovation », un ensemble de pratiques, de réactions et de façons de penser qui favorisent, encouragent et soutiennent l'innovation* », (p. 310). C'est cette posture qu'il doit falloir adopter pour appréhender la question des coordinations par la gouvernance territoriale.

3. Gouvernance territoriale : définitions et typologies

Concernant les systèmes de compétitivité territoriale que certains auteurs appellent aussi les réseaux territorialisés d'organisations, Ehlinger et al., (2007) avancent que « *la variété des formes et des contenus qui les caractérise, les différentes focalisations historiques de la littérature permettent de saisir la disparité et l'incomplétude des réponses apportées à la question de la gouvernance de ces réseaux* », (p. 156). Ce constat est partagé par

275

l'écrasante majorité des chercheurs sur la matière territoriale, ceci, quels que soient leurs champs disciplinaires d'affiliation académique.

i. *Un cadre conceptuel évolutif :*

C'est par la convergence de la théorie de la régulation, de l'économie des conventions et celle de la pratique internationale qu'il faut voir une territorialisation du débat sur la gouvernance. C'est la tendance observée par Tournier (2007) quand il décrit que « *la gouvernance s'est également développée en opposition à la centralité des Etats, elle se décrit elle-même comme une remise en cause du modèle de l'Etat-nation, comme la traduction d'une nouvelle réalité où la politique devient transfrontalière tout en offrant de nouvelles opportunités aux territoires infranationaux* », (p. 74). Plus largement, la focale gouvernance sur la question du développement territorial trouve ses origines dans les évolutions majeures du contexte de mondialisation que nous avons réunies sous le vocable d'axiome global.

A ce propos, nous avons montré dans le chapitre premier que les interrelations contexte / contenu pouvaient être analysées selon une « vue par le haut », les chemins de la prospérité, ou selon une « vue pas le bas », les chemins de la compétitivité. Si les chemins de la prospérité ont trouvé par la nouvelle théorie du commerce international une explication renouvelée, il en va différemment pour les chemins de la compétitivité. Cette perspective, est d'abord plus jeune mais surtout doublement hétérogène : d'abord parce que les territoires sont dans leur structure (échelle) et dans leur dynamique (développement) différenciés ; mais aussi parce que les disciplines scientifiques qui les étudient sont également (trop) diversifiées. La constellation des approches défit la démarche analytique classique et malgré de nombreux appels à l'adoption d'une démarche unifiée, des écoles nouvelles se créent chaque année. C'est à croire qu'en définitive il y aura autant d'écoles que de cas d'école.

Pour tenter de sortir de l'impasse, nous avons proposé dans un chapitre deuxième d'envisager les modèles-actions publics pour apprécier l'intensité des processus d'adaptation et de novation de l'Etat et de ses territoires. Il est apparu que pouvait se dégager une approche dialogique des processus *top-down* et *bottom-up* comme prise en compte des interrelations contexte / processus. Ces constats nous amènent à penser que **la question de la régulation est à réviser au travers d'un nouveau cadre générique d'institutionnalisation : le projet.** Projet collaboratif et projet de territoire apparaissent dépendre de logiques et de dimensions différenciées nécessitant un pilotage et une mise en cohérence locale. C'est la question relevée par Mendez et Mercier (2006) qui porte sur « *les relations interorganisationnelles qui s'établissent à l'échelle du territoire entre entreprises, et entre entreprises et acteurs publics* », (p. 254). Pour aborder cette question, il faut reconnaître que le concept de gouvernance territoriale est issu (à tout le moins dans le propos privilégié) des travaux de l'école de proximité. A ce titre, Gilly et Perrat (1993) proposent d'envisager la gouvernance locale comme « *un processus de mise en compatibilité de plusieurs proximités institutionnelles unissant des acteurs (économiques, institutionnels, sociaux...) géographiquement proches, en vue de la résolution d'un problème productif ou de la réalisation d'un projet local de développement. Une telle définition insiste fondamentalement sur l'idée de processus* », (p. 5). Cette définition, si l'on s'y attarde recoupe de manière alternative (« ou ») les deux dimensions de la compétitivité territoriale :

- la mise en compatibilité des proximités institutionnelles « *en vue de la résolution d'un problème productif* », concerne, on le comprend, **le régime d'accumulation de la dimension idiosyncrasique**. Elle consistera à révéler les avantages de la proximité géographique des acteurs en déterminant les logiques de similitude et d'appartenance dans la conduite de projets collaboratifs ;

- la mise en compatibilité des proximités institutionnelles en vue « *de la réalisation d'un projet local de développement* », traite du système territoire dans sa **dynamique de territorialisation** et plus particulièrement de **la construction de la dimension diachronique de la compétitivité du territoire**. Elle cherchera alors à favoriser les synergies entre les proximités accumulées et une forme de proximité sociétale dans un processus de territorialisation (mêlant auto-identification et prospective) par l'élaboration d'un projet de territoire impliquant les acteurs locaux.

En définitive, apparaît clairement la nécessité de mettre en cohérence, voire en synergie les intentions finalisées des acteurs dès l'amont de la construction des dimensions de la compétitivité territoriale. De ce point de vue, la dialogique des processus d'actions publiques serait un outil incontournable pour les managers territoriaux.

En 1999, Colletis et al., prennent de la distance avec l'optique régulationniste et intègre la question organisationnelle pour mettre en articulation question économique et

277

question sociétale. Ils entendent alors la gouvernance territoriale comme un « *processus institutionnel-organisationnel de construction d'une mise en compatibilité de différents modes de coordination entre acteurs géographiquement proches* », (p. 23). L'emploi du terme construction n'est pas anodin selon nous, il traduit l'idée de la complexité liée à la territorialisation des activités productives comme à celle des arènes relationnelles et sociétales qui en découlent naturellement. La question de la régulation reste cependant au cœur des préoccupations. Elle permet de nourrir le débat entre contractualisation et convention. Leloup et al., (2004), définissent le concept de gouvernance locale « *comme une forme de régulation territoriale et d'interdépendance dynamique entre agents notamment productifs et institutions locales* », (p.5). Ces derniers d'ajouter qu'il s'agit d'un « *processus non seulement de coordination des acteurs mais aussi d'appropriation des ressources et de construction de la territorialité* », (Leloup et al., 2004, p.13). L'accent est mis ici sur l'importance et l'évolution (au sens de North 1990) des institutions non économiques comme « facilitateur » des coordinations. En ce sens relevons l'importance de ces structures associatives de type Loi 1901 choisies comme mode privilégié pour l'institutionnalisation des conventions[123] partenariales.

Nous pouvons le constater, les auteurs se réfèrent massivement aux conceptions économiques hétérodoxes pour appréhender la question. Gilly et Wallet (2001), dans la lignée de Colletis et al., (1999) introduisent clairement la complexité pour comprendre la dynamique territoriale étudiée. En effet, leur proposition de définition de la gouvernance s'écarte (pour le temps de la définition au moins) de l'approche « politique et / ou économique » pour glisser vers le champ sociétal et celui de l'action publique. La gouvernance locale cherche à mettre en lumière selon eux un « *processus de confrontation et d'ajustement tout à la fois de systèmes de représentations et d'actions de groupes d'acteurs proches géographiquement mais pouvant être issus de champs organisationnels et institutionnels différents en vue de la réalisation d'un projet local de développement* ». Cette proposition de définition de la gouvernance est celle qui se trouve le plus en accord avec notre approche par la construction de la compétitivité territoriale. Pour la compléter, nous ajouterions la perception contextualiste du phénomène telle que formulée par Mendez et Mercier (2006). Ces dernières précisent en effet que « *les formes de gouvernance cristallisent et orientent ainsi tout à la fois*

---

[123] Il semble donc qu'apparaisse une tendance, celle d'une prise de distance vis-à-vis de la *corporate governance* de la firme williamsonienne au profit de la théorie de la régulation et de l'économie des conventions.

l'héritage économique, politique et social du territoire », (p. 259). En somme donc, la proximité sociétale que nous proposons d'aller explorer sur un plan empirique.

Avant d'exposer les tentatives de typologies des modes de gouvernance proposées par les auteurs, nous compléterons la définition de la gouvernance en l'adaptant à notre objet de recherche. Il s'agit de reprendre ici les éléments constitutifs de la gouvernance territoriale tels que présentés par Leloup et al., (2004). Selon ces derniers, la gouvernance territoriale repose simultanément sur un réseau et sur des flux, « *un réseau c'est-à-dire une configuration de connexions entre les différents acteurs avec des flux circulant dans le réseau. Ces flux sont des informations induites par une stratégie commune dues à l'existence d'une proximité institutionnelle et enfin d'une délimitation spatiale claire, constituée par l'exercice d'une proximité géographique »*, (p. 9). Il s'agit ici de la construction de la dimension idiosyncrasique développée par les acteurs au travers des interactions suscitées par la mise en place de projets collaboratifs. Leloup et al., (2004, pp. 9-10) poursuivent leur démonstration en présentant deux types de processus permettant au réseau d'acquérir une forme dynamique :

- « *d'une part et préalablement, l'identification d'un problème partagé et la visée d'une recherche de solutions par une coordination coopérative* ». Il nous semble que cette **dynamique interinstitutionnelle relève de la logique « en marché » et constitue la coordination par répétition des interactions entre les acteurs caractéristique de la proximité organisée.** De ce point de vue, ce processus serait lui aussi constitutif de la dimension idiosyncrasique de la compétitivité, en constituant le point d'orgue du régime d'accumulation du capital de ressource du système territorial ;

- « *d'autre part un processus de transformation (« métamorphose ») de ressources cachées voir virtuelles, en actifs spécifiques* ». C'est ici, que se déploierait la véritable dynamique territoriale avec la **constitution de la dimension diachronique par une forme de proximité sociétale. La convergence des intentions finalisées des acteurs permettrait alors l'auto-identification du système territorial ainsi que l'éventuelle démarche prospective offerte par les projets de territoires** notamment au travers de la mise place d'une gouvernance territoriale adaptée.

En définitive, l'emploi des termes transformation, métamorphose n'est pas anodin. Il apparaît clairement que de ce point de vue, le management public, et plus précisément le

279

management de la compétitivité territoriale, veut venir compléter cette approche des économies de proximité. La multiplication des approches théoriques concernant la gouvernance territoriale de fait démontre « *un véritable succès, débordant largement des frontières du champ scientifique pour trouver un écho parmi les praticiens de l'action publiques eux-mêmes. [...] On peut se demander si l'une des raisons essentielles, de leur succès, scientifique puis profane, ne provient pas de leur séduisante capacité apparente à rendre compte assez simplement des dynamiques du changement* », (Desage et Godard, 2005, p. 640). A ce propos, n'est-ce pas là la vocation première de l'analyse systémique et du paradigme de complexité que de rendre les événements intelligibles afin d'en maîtriser l'évolution ?

    ii.   *Typologie des modes de coordination ou taxonomie du leadership territorial ?*

Proposer une typologie des modes de coordination territoriale constituerait l'objectif ultime en vue de proposer des outils de management de la compétitivité territoriale. Etant donné l'atomisation des débats concernant aussi bien les systèmes territoriaux du point de vue de leur structure (interrelation contexte / contenu, chapitre premier), que ceux portant sur les modèles-actions publics (interrelation contexte / processus, chapitre deuxième) il apparaît difficile d'être en mesure de proposer un classement conceptuel figé. Ce constat liminaire ne doit cependant pas emporter une forme de résignation. Il semble qu'au contraire, les efforts consentis par les chercheurs de tout horizon tentent de formaliser des « classements » destinés à recueillir les bonnes pratiques en matière de coordination des acteurs sur un territoire. C'est en ce sens qu'il nous apparaît plus raisonnable de parler de taxonomie, dans la mesure où, les chemins conceptuels en la matière sont loin d'être bien tracés.

Pour justifier cette assertion, nous commencerons le propos en reprenant l'argumentation développée par Colletis et al., (1999). Pour rappel, nous avons déjà introduit cette réflexion en particulier au travers du **tableau 3.2** (p. 254) concernant les dynamiques productives et les modes de développement territorial. Il s'agit désormais de focaliser l'étude sur les rapports entretenus par la gouvernance territoriale et la dynamique institutionnelle des territoires requérant « des modalités de coordination entre les acteurs d'une complexité croissante ». A cette occasion, les auteurs proposent d'envisager la gouvernance territoriale comme un ensemble de compromis destinés « *à articuler les formes institutionnelles et productives du territoire et les formes institutionnelles et productives globales* » en référence au registre de l'action à la fois local et global. Le processus d'articulation qu'ils décrivent revêt alors deux caractéristiques identifiées (p. 25) :

- d'abord « *un caractère évident de variabilité dans l'espace et dans le temps : chaque territoire est singulier comme l'est son mode de gouvernance. Le processus d'articulation est ainsi marqué par des moments de « rapprochement » ou « d'éloignement » entre modalités locales et modalités globales de résolution d'un problème productif* ». Il s'agit ici selon notre objet de recherche de mettre en évidence le régime d'accumulation des proximités dans la construction de la dimension idiosyncrasique de la compétitivité d'un territoire. A ce titre les modalités dont il est fait mention relèvent dans leur construction par les acteurs d'une logique « en marché ». **Les intentions finalisées sont concentrées sur la coordination en vue de résoudre un problème productif.** En adoptant un point vue évolutionniste, il s'agit résolument d'un **principe de variation des modalités des proximités** ;

- ensuite, « *il est structuré par des acteurs clés et / ou acteurs dominants : groupe industriel, syndicat, Etat,... Ceux-ci peuvent être repérés comme les acteurs qui, par leurs actions, vont caractériser la gouvernance territoriale* ». Dès lors il est question ici d'identifier un ou des acteurs clés ou dominant destiné (s) à assurer le pilotage de la gouvernance. Nous avons proposé d'ajouter une forme de proximité supplémentaire permettant d'assurer la transition vers une dynamique commune et collective : la proximité sociétale. La construction de la dimension diachronique de la compétitivité selon Colletis et al., (1999) s'opèrerait selon un **principe de sélection des rationalités « socialement » situées**[124], par l'intentionnalité dominante d'un acteur ou d'un groupe d'acteurs sur les autres. La gouvernance territoriale serait donc constituée d'un leader, il s'agirait alors de reprendre une conception plus normative du concept et de se rapprocher d'une forme de « gouvernement local ». C'est ici de nombreuses questions qui restent en suspend.

---

[124] La proposition formulée ici trouve ses origines semble t-il dans le croisement de l'encastrement des activités économique dans le réseau des relations personnelles tel qu'entendu par la nouvelle sociologie économique (Granovetter, 1994) et de la question de la rationalité « située » telle qu'elle est proposée par les tenants de la théorie de la régulation (Boyer et Saillard, 1995).

En définitive, il faut constater que le processus décrit par Colletis et al., suit une dynamique évolutionniste, ceci au niveau des deux caractéristiques proposées. Il va sans dire que pour positionner les propos selon l'approche évolutionniste, **il faut que le territoire soit une entité autonome, auto-identifiée et dotée de capacité d'adaptation, en somme un système**. Pour la première caractéristique relevée, il s'agit vraisemblablement d'un principe de variation du régime d'accumulation des modalités de proximité formant le capital idiosyncrasique du système territorial. En revanche, pour la seconde caractéristique, la construction de la dimension diachronique n'est pas expliquée, il semble plutôt que l'on tente d'en justifier l'existence au travers de l'acteur clé de la gouvernance territoriale. Colletis et al., (1999) précisent à ce sujet que « *l'acteur clef est repéré comme un facteur déclenchant de la dynamique institutionnelle d'un territoire. Il est l'acteur majeur dans l'émergence de compromis territoriaux. L'acteur dominant est un acteur clé qui impose son propre mode de coordination (en fonction de ses objectifs propres)* », (p.25). De ce point de vue, il ne peut y avoir de partage des systèmes de représentation des acteurs suffisamment puissant pour qu'une vision commune se déclenche (proximité sociétale). De surcroît, il apparaît saillant qu'il s'agit ici de faire émerger de l'empirie un classement des acteurs susceptibles d'imposer leurs intentionnalités aux autres acteurs, donc une taxonomie ; une taxonomie des modes de leadership territorial et non pas une typologie des modes de gouvernance territoriale.

Comme ont pu le relever la plupart des auteurs, l'ouverture de la « boîte noire » du développement local est une entreprise ardue. La question de la gouvernance territoriale reste probablement la plus ouverte.

Concernant notre objet de recherche, nous avons reproduit dans la **figure 3.5** ci-après, la proposition formulée par Colletis et al., (1999). Nous avons par ailleurs ajouté les éléments analytiques que nous avons présentés jusqu'alors. Ainsi, les dimensions (idiosyncrasiques et diachroniques) constitutives de la compétitivité territoriale sont-elles formalisées en pointillés. Dans les encadrés pleins, nous avons formalisé l'axiome global et le système de compétitivité territoriale.

Figure 3.5 Cadre analytique pour la gouvernance territoriale et le management de la compétitivité territoriale

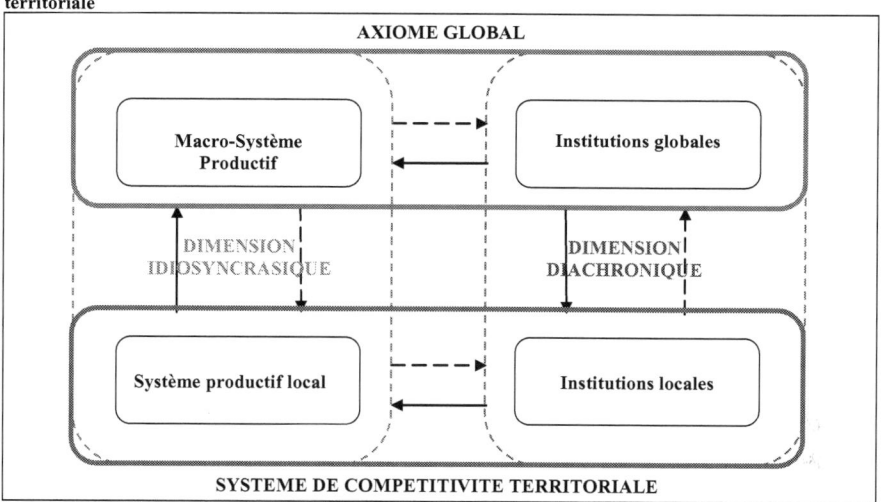

<u>Source :</u> Adapté de Colletis et al., (1999) et auteur.

Au final parler de typologie des modes de gouvernance territoriale apparaît difficile sans modèle de développement bien spécifié. Colletis et al., (1999) ont proposé trois modes de développement territorial suivant une logique incrémentale : l'agglomération, la spécialisation et la spécification (voir **tableau 3.2**, p. 254). Les auteurs ont cherché par la suite à déterminer le contenu opérationnel de la notion de gouvernance, à cet effet ils ont relevé cinq composantes (Gillet et Wallet, 1998), telles que présentées également par la théorie de la régulation (Boyer et Saillard, 1995) comme des formes institutionnelles : « *la relation salariale locale ; le mode de coordination entre entreprises, et entre entreprises et centres de recherche ; le mode d'insertion et d'intervention des acteurs publics ; le positionnement de l'espace local au sein de la division spatiale du travail ; le mode d'exercice de la contrainte monétaire et financière* », (pp. 26-27).

Tous ces éléments ont permis aux chercheurs de proposer une typologie des gouvernances territoriales qui reste aujourd'hui encore largement sollicitée par la littérature, nous la présentons dans le **tableau 3.3** ci-après. La littérature qui s'intéresse à la question distingue donc quatre modes de gouvernance principaux, (Mendez et Bardet, 2009).

Tableau 3.3 Vers une typologie des modes de gouvernance territoriale

Type de gouvernance	Acteur (s) clé (s)
Gouvernance privée	Acteurs privés dominants qui impulsent et pilotent des dispositifs de coordination et de création de ressources selon un but d'appropriation privée. Il en est ainsi de la firme motrice, par exemple l'établissement d'un grand groupe, qui structure l'espace productif local.
Gouvernance privée collective	L'acteur clé est une institution formelle qui regroupe des opérateurs privés et impulse une coordination de leurs stratégies. On trouve dans ce cas les Chambres de Commerce, les syndicats professionnels et toute forme de club regroupant des opérateurs privés.
Gouvernance publique	Ce sont au premier chef, l'Etat, les collectivités territoriales et toutes les formes d'inter-collectivités (SIVOM, districts, syndicats d'aménagement...), mais aussi les centres de recherche publique, les CRITT. Production de biens ou services collectifs, donc par définition utilisables par tous les acteurs, sans rivalité ni exclusion d'usage.
Gouvernance mixte	Rares sont les situations pures ; on trouve le plus souvent une association de ces différentes formes mais avec une dominante, ce qui permet de caractériser chaque territoire comme un cas particulier entrant dans une catégorie générale (plutôt publique ou plutôt privée) avec un dosage spécifique et variable.

Source : Colletis et al., (1999), pp. 29-30.

Pour la gouvernance privée, les acteurs privés assurent le développement et la coordination de la structure territoriale dans l'optique de résolution d'un problème productif. Mode de coordination privilégié de la logique « en marché », ce mode de gouvernance territoriale serait particulièrement adapté aux systèmes de production industriels sur les chemins de la prospérité. C'est le cas des districts industriels et dans une moindre mesure des clusters et de leurs grappes industrielles qui sont toutefois, nous l'avons vu, largement ouverts sur l'environnement et en particulier sur la question de la performance et de l'innovation. En cela les clusters sont également sur les chemins de la compétitivité.

Pour le mode de gouvernance privée collective, le leadership territorial est assuré par un acteur de type associatif regroupant des entreprises ou groupes d'entreprises. Ce mode correspond à un « mix » d'acteurs privés et publics, il s'agit d'une « *combinaison d'institutions privées et spécialisées en charge de l'élaboration, de l'adaptation et de l'exécution des règles collectives* », (Ehlinger et al., 2007, p. 164).

Pour la gouvernance publique enfin, le pilotage serait assuré par l'Etat et les collectivités territoriales sous une logique « en société ». L'objectif de cette gouvernance viserait alors la production de biens ou services collectifs. Pour le moins réducteur, ce mode de gouvernance cantonnerait l'acteur public à la conduite d'actions d'intérêt général, renvoyant à des modes de gestion publique archaïques qui ne correspondent plus aujourd'hui à la réalité nous l'avons largement envisagé dans le chapitre deuxième.

Enfin, force est de constater que, comme nous le rappellent Mendez et Mercier (2006), « *le plus souvent, les territoires se caractérisent par des structures mixtes* », (p. 257). Ce mode de gouvernance mixte (Colletis et al., 1999) fait état du constat empirique que les situations pures sont rarement observées. De ce fait, l'idiosyncrasie prend toujours le pas sur la diachronie, car si elle permet au territoire de devenir « actif » et de s'auto-identifier, il semblerait que le revers de la médaille soit l'impossible généralisation des situations rencontrées sur le terrain. En d'autres termes, **le contenu prendrait toujours l'ascendant sur les processus au sens où, les processus adapteraient sans cesse la bonne combinaison du contenu en référence au contexte.** C'est en cela que notre approche par **la construction de la compétitivité territoriale permet de sortir de cette tautologie.** Les projets de territoire sont en effet destinés à conférer un sens, une finalité pour un futur choisi par les acteurs locaux. La prise en compte du régime d'accumulation des modalités de proximité doit permettre aux managers territoriaux de mettre en synergie projets collaboratifs et projet de territoire. Sauf que cette mise en cohérence, cette recherche de coordination ne peut se faire que sous une logique « en société », ainsi donc la question de la proximité revient-elle au devant de la scène comme le chaînon manquant du management de la compétitivité territoriale.

Dans cette perspective, Ehlinger et al., (2007) mettent l'accent sur la **dimension relationnelle** de la gouvernance d'un réseau territorialisé d'organisation. Il s'agit alors d'envisager une « *forme hybride de relations marchandes et non marchandes visant à adapter, coordonner, et contrôler les échanges entre des entités autonomes et hétérogènes par des mécanismes de régulation complexe de nature transactionnelles et relationnelles, économique et sociale* », (p. 158). La question est ici bien centrée sur le passage d'une logique « en marché » à une logique « en société », le terme d'hybridation est ici lourd de sens et d'implications conceptuelles. C'est une impérieuse nécessité que de formaliser conceptuellement cette « hybridation » et d'en vérifier par la suite la construction par les managers territoriaux. C'est ainsi, qu'en tout état de cause, la problématique épineuse de la gouvernance territoriale va renvoyer à la présence indispensable d'acteurs possédant un champ de compétences large et surtout inédit. Ce sont les managers territoriaux, qui remplissent une fonction « *d'agents de coordination, d'arbitrage ou de communication* », (Ehlinger et al., 2007, p. 165). C'est précisément les rôles et fonctions de ces managers que cette recherche va tenter de mettre en lumière. La littérature en la matière, sous l'angle du management public est quasiment inexistante. Toutefois, depuis 2008, quelques auteurs se sont saisi de la question de la gouvernance des pôles de compétitivité.

Bocquet et Mothe (2008) par exemple se sont interrogées sur la place des institutions publiques dans les instances de gouvernance des pôles de compétitivité. A cette occasion, elles ont proposé, dans la lignée des travaux de Gilly et Perrat (2003), d'étudier les formes de gouvernance mixte. Ces derniers, dans le sillage de Colletis et al., (1999) envisagent la majorité des situations de terrain où l'instance de gouvernance implique des acteurs aux intentions finalisées différentes. Il s'agit alors d'une association des modes de gouvernance déjà présentés « *mais avec une dominante, ce qui permet de caractériser chaque territoire comme un cas particulier entrant dans une catégorie générale (plutôt publique ou plutôt privée), selon un dosage spécifique et variable* », (Gilly et Perrat, 2003, p. 6). L'objectif est de contourner le caractère statique de la typologie pour tenter d'analyser selon ces derniers les « *territoire dans sa dimension fondamentalement dynamique* ».

Dans cette optique, Bocquet et Mothe (2008) décident d'explorer ce mode de gouvernance mixte à tendance plutôt privée ou plutôt publique « *en qualifiant à la fois les types d'acteurs impliqués au niveau de leur champ d'action (local, régional, national) et la nature de leur implication dans la gouvernance (partie prenante interne ou externe)* », (p. 1). La mise en perspective observe ici un impératif d'appréhension empirique pour « *saisir le rôle des institutions publiques, en particulier locales, dans la gouvernance* », (p. 7). Les arguments développés par ces dernières revêtent alors la double dimensionnalité inhérente à la compétitivité territoriale :

- tout d'abord concernant la construction de la dimension idiosyncrasique, les auteures avancent que « *la place occupée par les institutions publiques locales dépend de la configuration spécifique du pôle et de la place que les acteurs sont prêts à leur donner (légitimité)* ». Il s'agit donc bien ici d'un enjeu lié à la maîtrise par les managers territoriaux du régime d'accumulation, permettant de qualifier le capital de ressources idiosyncrasique du système territorial sous une logique « en marché ». Dans cette optique **l'encastrement des relations dans le réseau de relations personnelles est de première importance** ;

- ensuite, au sujet de la construction de la dimension diachronique, Bocquet et Mothe mettent en garde les collectivités territoriales sur la nécessaire maîtrise de la relation entre le système territoriale et son environnement. Elles écrivent à ce propos qu'une « *implication trop forte des institutions publiques locales dans la gouvernance peut renforcer cette dérive « localiste » - sauf à être capables de créer un territoire ouvert, imbriqués dans d'autres espaces* », (p. 7). Les enjeux sont donc ici ceux de la **coordination des activités productives par des institutions publiques dont les intentions finalisées relèvent de la logique « en société »**. Les risques sont alors grands pour les managers territoriaux de trop ou à l'inverse de ne pas assez s'impliquer dans la dynamique du système territorial.

Notons que si la question de la proximité sociétale transparaît une fois de plus, la dimension du projet de territoire n'est ici pas envisagée. Pire encore, la capacité d'autonomie des collectivités territoriales reste cantonnée à la participation de ces dernières dans le processus descendant de la politique volontariste. Les collectivités territoriales ont un point de vue. Elles sont bien souvent le moteur sociétal du territoire. Même si les outils ne sont pas lisibles, les pratiques pas toujours bien recensées, cette réalité territoriale existe et il serait dangereux de l'occulter. Dans une telle conception de l'action publique locale, la dialogique des processus d'actions publiques est purement et simplement exclue.

Dans un autre registre, Mendez et Bardet (2008) s'interrogent sur la structure de gouvernance que doivent adopter les pôles de compétitivité constitués de PME. Elles procèdent alors à une analyse selon la dialectique intégration / différenciation telle que proposée dans les travaux de Lawrence et Lorsh (1967). Elles précisent à cette occasion que pour la gouvernance des pôles de compétitivité, « *les moyens d'intégration mis en œuvre seront d'autant plus performants qu'ils s'inscriront dans un mode de fonctionnement qui privilégiera une structure collective de décision permettant l'échange et si nécessaire, la contradiction* », (p. 129). L'adoption de la structure associative des pôles abonde en ce sens. Notons qu'*a priori*, nous l'avons vu, l'Etat et les collectivités territoriales, s'ils sont des financeurs importants, sont simplement consultés par la gouvernance des pôles, la logique est donc clairement « en marché ».

Enfin, en 2009, Bocquet et Mothe visent à interroger la performance de l'instance de gouvernance des pôles de compétitivité constitués de PME. Dans ce cadre analytique, il faut alors pouvoir établir des liens avec les parties prenantes externes et internes. Pour cela l'instance de gouvernance « *doit :*

- *être représentative et légitimée, (délégation du pouvoir de décision) ;*

- *être dotée de ressources propres et suffisantes ;*

- *être suffisamment souple et perméable pour s'adapter aux contingences des environnements interne et externe* », (p. 109).

Les chercheuses à cette occasion proposent des éléments de réflexion sur la performance des systèmes de compétitivité territoriale. Elles réalisent un examen passionnant en observant les caractéristiques de la performance des districts industriels et des clusters. Pour conclure, nous l'avons dit, que les pôles constituent une forme hybride entre ces deux idéaux-type de la performance locale. Elles relèvent ainsi que « *la gouvernance associative (liée à l'implication des partenaires institutionnels), typique d'une régulation de district industriel, a joué son rôle en phase de création du pôle* », (p. 119). Au-delà même, les conclusions de Bocquet et Mothe (2009) mettent en exergue l'importance des acteurs institutionnels locaux pour la dynamique territoriale. Il s'agit donc de prêcher de nouveau en faveur de la bifurcation vers les chemins de la compétitivité à l'œuvre sur le territoire français : « *Les résultats fournis par l'étude du pôle Arve-Industries nous permettent d'avancer que la gouvernance territoriale, i.e. avec une forte implication des acteurs institutionnels locaux, se présente comme un mode adapté aux pôles qui s'inscrivent dans la continuité d'un district industriel avec un fort ancrage historique et territorial tout en cherchant à introduire une dynamique d'innovation propre aux clusters à l'anglo-saxonne »,* (p. 119).

Pour conclure nous pouvons donc observer que la question de la gouvernance est sans doute galvaudée sous de nombreux aspects. Elle n'en reste pas moins un **cadre évolutif primordial pour résoudre les problèmes de la coordination d'acteurs aux intentions finalisées différentes voire divergentes.** La gouvernance territoriale n'est pas aujourd'hui un concept stabilisé ceci car les atermoiements tant conceptuels que pratiques font avancer autant que reculer les questions fondamentales en particulier, nous le pensons, celle du sens à donner aux politiques publiques territoriales. Il apparaît à ce titre **primordial d'explorer empiriquement la présence d'une forme de proximité sociétale comme « déclencheur » de la dynamique afin de ne plus mélanger les logiques des acteurs locaux quand elles sont « en marché » ou « en société ».** Les managers territoriaux ont précisément un rôle fondamental à jouer ici. Mais qui sont ces managers et de quelles compétences disposent-ils pour remplir de telles fonctions ? La littérature est relativement muette sur le sujet, nous choisissons de présenter les travaux de Gérard Divay et Bachir Mazouz (2008) dans leur essai sur « l'émergence du stratège local ».

4. <u>Rôles et fonctions des managers territoriaux</u>[125] :

Après avoir étudié les interrelations entretenues par le contexte d'axiome global, les contenus et les processus concourant à la construction des systèmes de compétitivité territoriale, après avoir également présenté une analyse des modalités de management susceptibles d'être mobilisées par les managers territoriaux ; il convient d'envisager les rôles et les fonctions que remplissent (et rempliront) les managers territoriaux d'aujourd'hui et de demain.

Le management de la compétitivité territoriale impose aux managers publics locaux d'acquérir des compétences spécifiques. L'objectif contemporain se détache sensiblement de l'image du fonctionnaire et nécessite, rappelons-le, « *un mode de management stratégique*

---

[125] L'essentiel des éléments présentés ici le sont en référence aux travaux de Gérard Divay et Bachir Mazouz (2008).

dont la finalité commune est de constituer tous les acteurs de la socio-économie locale en un « acteur collectif », une entité virtuelle capable de réflexivité, d'adaptation et de choix prospectifs », (Divay et Mazouz, 2008, p. 333). Ces derniers parlent de management stratégique local, il va sans dire que le management de la compétitivité territoriale peut tout à fait entrer dans ce cadre managérial. **Ce mode de management se trouve à la croisée des chemins de la prospérité et de la compétitivité, au cœur de la dialogique des processus d'actions publiques.** Ainsi, il « *assume une fonction centrale d'interface entre de multiples intervenants ainsi que des fonctions stratégiques au sein de son organisation et de l'environnement de celle-ci* », (p. 349).

    i.   <u>Les fonctions du management de la compétitivité territoriale :</u>

Divay et Mazouz (2008) ont pu relever trois fonctions d'interface devant être assurées par management stratégique local :

- <u>Interface entre les acteurs de la « société civile » locale :</u>

L'objectif premier des managers territoriaux est directement lié à notion de proximité. Ainsi, ces derniers doivent-ils « *édifier une personnalité locale* » afin de favoriser, nous l'avons dit, un processus d'auto-identification locale par l'institutionnalisation et par les conventions des cadres génériques de projets. C'est ce qu'entendent Divay et Mazouz (2008) quand ils positionnent le management stratégique local « *dans un contexte de recherche de compétitivité* », (p. 350). C'est notamment Bernard Pecqueur (2005), précurseur en la matière qui souligne que l'objectif vise à « *l'amélioration ou le maintien de la position compétitive de la collectivité, en misant notamment sur des atouts spécifiques et peu reproductibles* ». Cette première fonction du management stratégique local, on le comprend aisément a peu de justifications conceptuelles. Si ce n'est la résolution d'un problème productif et la création d'une ressource territoriale spécifique, suivant une logique « en marché » donc dépendant de la dimension idiosyncrasique. La question de la proximité sociétale, de **la convergence des « rationalités », à tout le mois des intentions finalisées des acteurs sous une logique « en société »** constitutive de la dimension diachronique, reste encore inexplorée.

Le management de la compétitivité territoriale doit dans cette perspective s'employer à « ***stimuler l'intelligence et les compétences collectives locales*** ». La convergence des intentionnalités entre les organisations doit passer par la mise en place de réseaux personnels de relations et passe indubitablement par des rapports de face-à-face. L'objectif est de développer une forme d'intelligence collective permettant d'appuyer le processus d'auto-identification du territoire. De ce point de vue, manager la compétitivité implique une « *compréhension plus riche et plus complexe de la situation locale, et l'engagement du plus grand nombre pour faire éclore des initiatives innovantes* », (Divay et Mazouz, 2008, p. 350). Ces éléments renvoient à nos propos liminaires sur l'interaction, la collaboration et la coordination. En effet, seule une approche globale de la situation locale peut permettre d'adapter des outils et actions pertinents en vue de susciter l'adhésion collective et le partage des systèmes de représentation. Les temporalités apparaissent à ce titre primordiales, la sédimentation et le poids de l'histoire sont des éléments devant être envisagés comme faisant partie intégrante du futur commun.

Enfin, Divay et Mazouz insistent sur la nécessité de « ***catalyser des processus d'auto-organisation*** ». Plus qu'une institutionnalisation ou même qu'un leadership territorial, **le management de la compétitivité territoriale engage tous les acteurs locaux** (créatifs, innovateurs et compétiteurs) dans une dynamique collective. « *Il privilégie moins l'édiction d'une ligne de conduite que l'empowerment des acteurs locaux, le développement de leur capacité à se prendre en main individuellement et collectivement et à être proactifs* » (p. 350-351). Il s'agit ainsi d'**instiller sur le territoire une véritable culture de l'innovation, un état d'esprit créatif.**

- Interface entre la société civile locale et l'extérieur :

Dans l'optique de cette fonction, le management stratégique local se trouve être le point d'articulation entre le « dedans » et le « dehors » du système de compétitivité territoriale. A cette occasion il s'agir « ***d'harnacher les flux globaux qui traversent la collectivité locale*** ». En effet, la collectivité locale ne saurait plus être envisagée comme une organisation isolée dans et par son domaine d'action. Si elle doit être assez « opaque » en ce qui concerne les éléments stratégiques qui fondent la personnalité du milieu, ceci afin de rester compétitif dans ses rapports avec l'extérieur. Elle doit, en revanche, rester suffisamment transparente pour « *se laisser traverser* » par « *les flux de personnes (migrations), de biens (importations, exportations), de capitaux (épargne locale et investissements externes), d'idées et d'informations (accélérées avec le TIC)* », (Divay et Mazouz, p. 351) qui sont par ailleurs reliés à de multiples autres flux. **Le paradoxe de cette situation se situe dans la nécessité première d'un « captage » puis d'une « rétention » des externalités positives combinées à une seconde nécessité de « protection » face aux externalités négatives dans un sens complet.**

De cette injonction de rester « ouvert » à son environnement le système territorial on doit alors déduire une capacité et une compétence à « *fournir des solutions locales à des problèmes « globaux »*. La prise en compte des influences du contexte d'axiome global doit être une priorité pour le management de la compétitivité locale. En ce sens sa compréhension, donc la formation des managers, apparaît à ce titre d'autant plus primordiale. Aussi il s'agit plus de savoir bricoler des solutions novatrices pour adapter sans cesse les processus que de suivre une ligne de conduite préétablie. Le chemin du management de la compétitivité territoriale se construit en marchant, et parfois même escaladant, car « *la mise au point de solutions efficaces dépend beaucoup de l'habileté combinatoire des responsables locaux qui se manifeste dans le mixage des sources de financement et des initiatives de plusieurs types d'intervenants* », (Divay et Mazouz, 2008, p. 351).

- Interface entre les acteurs du milieu local, les rapports avec l'extérieur et l'organisation publique :

La troisième fonction d'interface identifiée par ces derniers est sans doute la plus complexe. Le management stratégique local revêt ici sa mission la plus importante qui vise à assurer la transition de la dimension idiosyncrasique à la dimension diachronique par la proximité sociétale. **La collectivité qui recoure au management de la compétitivité territoriale doit chercher à impulser la dynamique sans pour autant avoir à créer la dynamique.**

Pour cela, il doit d'abord s'agir « *d'accorder le rythme organisationnel aux dynamiques de changement du milieu* ». L'objectif est ici évident pour le manager de la compétitivité territoriale, c'est celui de construire une dimension diachronique adaptée aux évolutions de la dimension idiosyncrasique et à celle de la société civile. En d'autres termes, la nécessité de soutenir des actions collectives empreintes d'une logique « en société » doit supposer en amont que le régime d'accumulation des proximités soit suffisamment rempli. Le capital des ressources « en marché » du système doit permettre de déclencher une dynamique partagée dans les systèmes de représentation des acteurs locaux, peut-être sous la forme d'une proximité sociétale.

Cette proximité sociétale que nous explorons particulièrement relève de ce point de vue d'une forme « **d'intérêt général localisé** ». En ce sens, le management de la compétitivité territoriale doit « *élargir le périmètre d'imputabilité* » des fonctions initiales, en quelque sorte il faut se sentir « concerné par » et œuvrer « au service de » la compétitivité territoriale. Comme le notent Divay et Mazouz (2008), « *le stratège local quant à lui, élargit ce périmètre d'imputabilité. Il se sent imputable de l'évolution du milieu dans un contexte de coresponsabilité avec tous ceux qui s'emploient à le faire changer* », (p. 352).

    ii.   <u>*Les rôles des managers territoriaux :*</u>

Les différents rôles dévolus aux managers territoriaux « condensent les attentes que les partenaires du milieu ont à cet égard, quant à son attitude et à sa façon de remplir ses tâches », (Divay et Mazouz, 2008, p. 353). Ces derniers proposent une esquisse de typologie des rôles que doivent remplir les managers territoriaux. Il existerait ainsi trois rôles principaux, ou « *typiques* », (p. 353) :

- <u>**Médiateur**</u> : « *Le stratège public local n'impose, n'arbitre pas. Dans un souci d'empowerment et de développement de compétences collectives, il amène les autres partenaires à se rapprocher et à trouver eux-mêmes des solutions aux tensions ou aux conflits* ».

- <u>**Magnétiseur**</u> : « *Le stratège public local n'est pas seulement en mode écoute ; il fait part de ses vues et de ses propositions comme les autres. Il est proactif au sein des partenariats. Il rallie tout le monde aux orientations qui se dégagent collectivement* ».

- <u>**Explorateur**</u> : « *Le stratège public local est à la recherche de nouvelles idées, de nouvelles propositions afin de faire évoluer son milieu, pour lequel il souhaite un meilleur positionnement compétitif* ».

En définitive il apparaît que les managers territoriaux doivent développer des **compétences relationnelles puissantes**. A ce titre il leur faut « baigner » dans le milieu local et devenir incontournables dans les réseaux de relations personnelles des acteurs impliqués par ou impliquant de la compétitivité territoriale.

Le **management de la compétitivité territoriale** doit donc s'adapter à son environnement et se trouve *de facto* en **perpétuel mouvement**. Dans la perspective de la croisée des chemins de la prospérité avec ceux de la compétitivité, les managers doivent être sensibles à ces macroévolutions afin de savoir identifier le « bon dosage » de la dimension idiosyncrasique de leur système territorial. Par là-même, ils doivent être attentifs au régime d'accumulation des proximités pour **assurer le remplissage optimal de l'énergie potentielle du capital des ressources territoriales**. Dans le même temps, la prise en compte de la dialogique des processus d'actions publiques leur imposent de favoriser tant que faire se peut **la synergie entre les projets** collaboratifs réunissant les acteurs publics et privés sur le territoire tout en saisissant les opportunités en vue de promouvoir une proximité sociétale. La formalisation d'un projet de territoire réunissant tous les acteurs de la société civile locale est un exercice de prospective qui doit nécessiter un management d'expert. En résumé, ces compétences existent sans doute dans la pratique mais les questions conceptuelles en amont les ont largement reléguées au rang secondaire. **Les nouveaux impératifs de gestion par les résultats, de recherche de compétitivité et d'innovation passent alors par un renouvellement en profondeur des pratiques**. Le contexte chaotique qui forme un halo autour du management de la compétitivité territoriale impose un fort degré de complexité dans la gestion des systèmes territoriaux et « *il ne serait pas tautologique d'anticiper des besoins nouveaux en matière de formation et d'encadrement des rôles et des fonctions confiés à ses gestionnaires* », (Divay et Mazouz, 2008, p. 355). Ces enjeux constituent dans une large mesure les préoccupations de ce travail doctoral : celles de fournir un cadre pour la compréhension, pour l'analyse et pour la mise en place de nouvelles pratiques de management de la compétitivité territoriale.

CONCLUSION DU CHAPITRE

Les dimensions idiosyncrasiques et diachroniques constitutives du phénomène de compétitivité territoriale peuvent-elles faire émerger des modalités de proximité et de gouvernance en suivant un caractère cumulatif ?

Pour conclure ce dernier chapitre analytique de la littérature, résumons rapidement les éléments principaux que nous avons pu découvrir, voir **figure 3.6** ci-dessous :

Figure 3.6 Régime d'accumulation des modalités de proximité et de gouvernance de la compétitivité territoriale

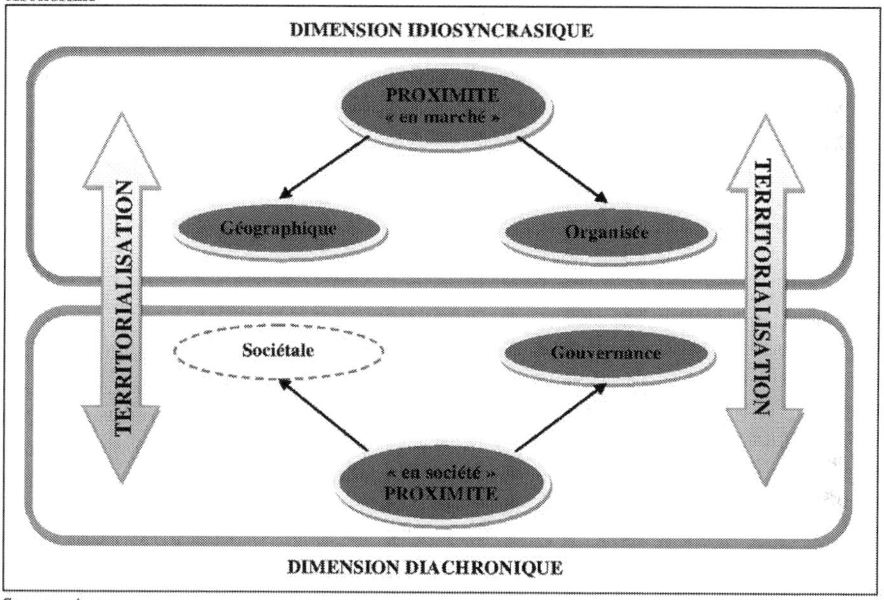

Source : Auteur.

D'abord, la double dimensionnalité de l'objet de recherche « compétitivité territoriale » doit conduire à envisager les recherches comme complémentaires plutôt qu'alternatives. Il doit s'agir d'étudier, par une approche globale, les interrelations entretenues par les contextes (axiome global) et les contenus (système de compétitivité territoriale) ; celles qui alimentent la dimension idiosyncrasique et les interrelations entretenues par les contextes (axiome global) et les processus (politiques publiques volontaristes et territoriales) et celles qui alimentent la dimension diachronique. Ainsi, quand un premier groupe de travaux s'attache à décrire les phénomènes endogènes particuliers qui sont observés sur certains

295

espaces, le second se focalise sur les processus de capacité organisationnelle innovante alors susceptibles d'accompagner les acteurs dans la recherche d'une compétitivité comme facteur d'interaction dans la dialectique local-global. Selon nous les recherches sur la compétitivité territoriale peinent à intégrer pleinement les chocs exogènes issus du phénomène de globalisation des chaînes de valeur et les politiques publiques volontaristes développées par les Etats. En effet, c'est sous un mode réactif, mais sur un temps plus long, que ces recherches étudient tantôt l'une ou l'autre des dimensions de la compétitivité territoriale. Selon les approches, selon les modèles proposés (toujours plus nombreux), l'accent est mis soit sur la description du contenu idiosyncrasique soit sur la compréhension d'un des processus diachroniques de la construction de la compétitivité des territoires.

Proposer des modalités pour le management de la compétitivité territoriale peut être une esquisse de solution. Les économistes ont largement alimenté le débat, les sociologues et politistes sont venus en renfort, reste que les managers publics ont besoin d'outils pour l'action. Nous avons pu, dans la section première, observer un régime d'accumulation des modalités de proximité formant une première dimension qualifiée d'idiosyncrasique. Cette dernière est fondamentale car elle constitue la fondation d'un capital de ressources que les acteurs construisent en tentant de résoudre des problèmes productifs. Finalement les interactions plus fréquentes donnent lieu à des collaborations. La question de création de nouvelles ressources peu reproductibles fait son chemin. Dans cette **phase créative, les politiques volontaristes jouent un rôle de premier ordre** pour la France et les pôles de compétitivité en sont le fer de lance.

Par la suite, la création d'une ressource ou actif spécifique permet, par des mécanismes encore mal maîtrisés, le déclenchement d'un processus d'auto-identification du système territorial. **Les enjeux deviennent sociétaux dans le sens de l'arène de l'espace vécu par la socio-économie locale.** C'est à ce stade précis qu'il se passe « quelque chose », que la dynamique de la compétitivité territoriale prend de sa puissance et que le système s'auto-finalise. Nous l'avons dit, il doit s'agir d'ajouter ici une forme de proximité sociétale qui vient opérer la synergie des intentions d'acteurs pourtant hétérogènes. Ceci amène naturellement à la question de la gouvernance de ce système qui reste une problématique encore mal maîtrisée. Dans des territoires en mutation permanente sous les pressions nationales et globales, les modes de gouvernance territoriale se sont sensiblement modifiés. Chaque territoire veut et peut suivre désormais sa propre trajectoire d'évolution, puisque « *chaque niveau intervient dans la définition, le pilotage et le financement de dispositifs publics mais en poursuivant ses objectifs propres* », Dubois (2009). Ces actions collectives se déclinent sous la forme générique de projets dont la coordination relève d'une instance de gouvernance alors envisagée comme l'instance de régulation du développement local. **Régulation car la dimension diachronique du territoire se définie avant tout par son caractère labile, c'est-à-dire son instabilité et sa capacité à évoluer dans le temps.**

Toutes ces propositions méritent désormais de passer l'épreuve empirique. Après avoir présenté un cadre méthodologique adapté à notre objet de recherche, nous présenterons les résultats de notre étude de cas longitudinale portant sur deux unités d'analyse enchâssées.

– CHAPITRE IV –
METHODOLOGIE POUR UNE RECHERCHE SUR LA COMPETITIVITE TERRITORIALE

> *« La science classique avait rejeté l'accident, l'événement, l'aléa, l'individuel. Toute tentative de les réintégrer ne pouvait sembler qu'anti scientifique dans le cadre de l'ancien paradigme »,*
>
> Edgar Morin (1990).

L'objet de la recherche, rappelons-le vise à explorer la construction du phénomène de compétitivité territoriale. Comme le précise Gérard Koenig (2006), « *une situation de gestion est toujours le produit de multiples dynamiques. Chacun des mécanismes à l'œuvre peut être théorisé. Toutefois, parce que le propre de la science est d'être drastique, aucune théorie n'est en mesure d'appréhender la complexité des situations pratiques et le foisonnement théorique est donc inévitable* ». C'est un constat que nous partageons pleinement pour cette recherche. Le constat du caractère polymorphe inhérent au concept de territoire ainsi que la complexité des processus d'action qui le traversent et partant, la polysémie de la notion de gouvernance.

S'intéresser aux sciences de gestion ne pourrait conduire à des préconisations opérationnelles dans un univers théorique. C'est dans les pratiques des acteurs et des organisations que se fonde le sens de toute connaissance en management. Le défi à relever vise à identifier « *les processus cognitifs de conception par lesquels sont élaborées des stratégies d'actions organisationnelles possibles et par lesquels ces systèmes se finalisent, s'auto-représentent et mémorisent leurs actions et leurs projets dans des substrats qu'ils perçoivent complexes* », (Le Moigne, 1990a, p. 130). Plus encore, l'étude des interrelations entre acteurs et entre organisations revient donc à « *analyser et à concevoir les dispositifs de pilotage de l'action organisée* », (David, 1999). C'est dans cette perspective que notre recherche s'intéresse aux **modalités managériales susceptibles d'émergées lors de la construction, par les managers, de la compétitivité territoriale.**

L'objet de ce chapitre est primordial. La méthodologie peut être définie « *comme la manière dont les chercheurs font le va et vient entre leurs interprétations et leurs observations empiriques. Elle est composée de modes de raisonnement, elle couvre le travail d'analyse* », (Thoenig, 2005). Il ne faut toutefois pas confondre épistémologie et méthodologie pour Piaget (1967), la première concerne « *l'étude de la constitution des connaissances valables* » et la seconde « *l'étude de la constitution des connaissances* ». Aussi, convient-il dans les paragraphes suivants de présenter notre démarche à dessein de produire des connaissances nouvelles pour les sciences de gestion. Notre projet de connaissance est destiné à établir des résultats visant à **proposer des modalités managériales utiles au champ de recherche du management territorial dans une optique de compétitivité**, encore peu exploré par le management public.

La démarche de recherche n'est jamais définie *a priori* sans que des événements ne surviennent du fait de l'aléa et ne la remodèlent sans cesse. C'est toutefois par l'épreuve de restitution de cette « aventure » que doit être mis en adéquation le projet scientifique avec l'espace empirique de la recherche, (David, 2002). Notre démarche méthodologique répond de cette exigence. La méthodologie d'étude de cas par son caractère exploratoire est destinée à explorer, comprendre et expliquer la construction du phénomène de compétitivité territoriale. La comparaison des unités d'analyse est destinée à observer l'émergence de régularités managériales ou confronter des explications rivales dans le but de dégager des leviers de gestion pertinents pour les managers territoriaux. En premier lieu, il convient présenter et de justifier dans ce chapitre les choix opérés pour mener à bien la recherche. Ces choix qui doivent être fait par le chercheur en sciences de gestion sont multiples tant les situations complexes et singulières sont observables. En effet, « *comme dans toute science nouvelle, des paradigmes multiples coexistent, des pratiques diverses en matière de méthodes sont mises en œuvre, des théories nombreuses sont développées et utilisées* », (Thietart, 2007).

Si notre méthode d'investigation pour questionner la compétitivité territoriale est l'exploration, ni la déduction ni l'induction ne sont précisément indiquée à cette entreprise. La déduction permet la démonstration (Grawitz, 1996) en suivant une logique hypothético-déductive. L'induction est conjecturale quant à elle vise à « *trouver la règle générale qui pourrait rendre compte de la conséquence si l'observation empirique était vraie* », (David et al., 2001, p. 85). On passe par ce raisonnement « *du particulier au général, des faits aux lois,*

300

des effets à la cause et des conséquences aux principes », (Charreire et Durieux, 2007). De cette façon, la déduction comme l'induction suivent les principes analytiques cartésiens et les axiomes aristotéliciens, donc une logique disjonctive. Ces principes ne peuvent constituer une voie de recherche exclusive pour l'étude d'un phénomène complexe tel que la compétitivité territoriale. Précisons, toutefois, que les préceptes de l'analyse classique ne peuvent et ne doivent jamais être exclus totalement. L'analyse systémique ne doit pas supplanter l'approche analytique, elle doit la compléter nous enseigne Joël de Rosnay (1975). Admettre ceci revient à dire que notre recherche, une fois menée à bien, devra dans différentes composantes permettre des vérifications répondant à une logique plus inductive ou plus déductive.

En sciences de gestion la voie de l'abduction permet généralement une approche plus appropriée de situations où l'objet de la recherche est dynamique et se modifie notamment par un émiettement des processus qui le composent. L'abduction consiste donc en une démarche « *qui n'appartient pas à la logique permettant d'échapper à la conception chaotique que l'on a du monde réel par un essai de conjecture sur les relations qu'entretiennent effectivement les choses. Alors que l'induction vise à dégager de l'observation des régularités indiscutables, l'abduction consiste à tirer des conjectures qu'il convient ensuite de tester et de discuter* », (Koenig, 1993). A la différence de l'induction, la conjecture sous le mode abductif est constituée par la conclusion tirée et conduit à formuler une hypothèse. Nous nous inscrivons dans l'optique de David (1999) et tentons par cette recherche d'apporter une pierre à la « *boucle récursive abduction / déduction / induction. Cette boucle n'a pas besoin d'être parcourue intégralement par chaque chercheur ou au sein de chaque dispositif de recherche : il suffit qu'elle le soit collectivement dans la communauté scientifique* », (p. 1). Par ailleurs, le recours à des outils de comparaison tels que la métaphore ou l'analogie sera justifié par le caractère exploratoire de notre démarche de recherche. Les analogies sont largement utilisées dans les sciences humaines et sociales, ces analogies peuvent être mécaniques ou biologiques. Alfred Marshall discute dès 1898 du caractère opportun de raisonner au moyen de ces analogies et par là même, nous le pensons, aborde largement la question de l'approche analytique et celle de l'analyse systémique (voir **encadré 4.1**).

Ces outils de comparaison permettront en outre d'articuler notre réflexion sur les concepts clés de la recherche avec l'observation des faits sur le terrain. Notre travail de thèse répondant d'une **logique abductive** est donc destiné à fournir des propositions théoriques et managériales pour le champ de recherche de la compétitivité territoriale encore peu exploré de ce point de vue. Des processus d'aller-retour incessants entre les champs théoriques mobilisés et les observations empiriques effectuées ont formalisé une **exploration hybride** (Allard-Poesi et al., 2007 ; Charreire et Durieux, 2007). Cette exploration vise, dès lors, à produire un construit théorique fortement « enraciné » (Glaser et Strauss, 1967) dans les faits et sert par ailleurs « *deux objectifs principaux : la compréhension d'une part, et l'explication, d'autre part d'un phénomène complexe où les concepts en jeu sont polymorphes* », (Habib, 2008, p. 96).

Encadré 4.1 Des analogies mécaniques et biologiques, de la statique à la dynamique

« *Les termes statique et dynamique utilisés en économie proviennent de la physique et les économistes semblent parfois considérer que la statique et la dynamique sont deux branches distinctes de la physique. En fait, il n'en est rien. Le mathématicien moderne sait que la dynamique inclut la statique. Lorsqu'il résout un problème en dynamique, il ne se préoccupe que rarement de la solution statique. Pour passer de la dynamique à la statique, il suffit, en effet, d'annuler les vitesses relatives des objets à l'étude, et de les astreindre ainsi au repos relatif. Mais la solution statique n'est pas pour autant dépourvue d'intérêt. Elle est plus simple que la solution dynamique. Elle peut être utile dans la préparation et l'entraînement qu'exige une résolution en dynamique. Elle apporte, de plus, une réponse provisoire et partielle lorsque la complexité des problèmes est telle qu'une solution dynamique complète reste inaccessible* », (p. 104).

<u>Source :</u> Alfred Marshall (1898).

Ce travail doctoral est donc destiné à questionner la construction d'un phénomène : la compétitivité territoriale. Nous avons, dans les chapitres précédents proposé une typologie des systèmes de compétitivité territoriale ainsi qu'une taxonomie des modèles-actions publics avant d'interroger l'éventuelle émergence de modalités de management de cette compétitivité au travers des dimensions constitutives du phénomène. Alimentée par des allers-retours entre l'étude des concepts et l'investigation empirique, cette première phase a permis de spécifier l'objet de la recherche. Nous allons retranscrire dans les lignes qui suivent ce passage d'un raisonnement conceptuel à celui d'une vue plus pragmatique puisque véritablement « ancrée » dans les pratiques des managers territoriaux. Aussi, s'agit-il d'abord de poser les questions épistémologiques en référence avec notre entreprise de recherche afin de déterminer quel type de connaissances nous voulons apporter à la « réalité territoriale ». Ensuite, la méthodologie mobilisée doit être présentée, ceci dans l'optique de préciser la stratégie de la recherche ainsi que les méthodes adaptées pour atteindre nos objectifs. Dans un dernier point, nous envisagerons les éléments de validité et de fiabilité dans l'optique de satisfaire aux critères scientifiques fondamentaux.

Section 1. *Les fondements épistémologiques de la recherche :*

Quand il s'interroge sur son positionnement épistémologique, le chercheur réalise un difficile travail d'introspection, toutefois, cet exercice est consubstantiel à toute recherche (Martinet, 1990). Le chercheur doit présenter le plus justement possible le processus d'aller-retour qui articule sa vision du monde avec sa manière de la rendre communicable. Dès lors cette réflexion procède tout autant de la rigueur scientifique que de l'honnêteté intellectuelle voire de la probité morale de celui qui observe le monde qui l'entoure. C'est à cette démarche que nous invitent Perret et Seville (2007) en indiquant que « *la réflexion épistémologique s'impose à tout chercheur soucieux d'effectuer une recherche sérieuse car elle permet d'assoir la validité et la légitimité d'une recherche* », (p. 13). En ce sens, le choix de présenter les bases qui conditionnent notre vision du monde est intimement lié à des convictions profondes[126] sur la nature même de la réalité que nous voulons partager.

Trois paradigmes[127] sont traditionnellement identifiés comme des modèles ou des cadres de référence reconnus par et pour les chercheurs en sciences de l'organisation (Kuhn, 1983). Il s'agit du paradigme positiviste, du paradigme interprétativiste et du paradigme constructiviste. De prime abord, le paradigme positiviste est basé sur l'hypothèse d'une réalité objective indépendante de celui qui l'observe et donc explicable par des règles générales régissant une loi universelle du monde, de la nature et des choses. A l'inverse, et de manière *a priori* opposée, les paradigmes interprétativiste et constructiviste se fondent sur une approche non déterministe de la nature des choses, ils relativisent le caractère objectif de la réalité au travers du regard de celui qui l'observe et tente de l'expliquer ou de la décrire. Aussi, de manière intuitive, ces deux positionnements face à la réalité observée sont-ils antinomiques et répondent d'une problématique d'incommensurabilité, i.e. ils s'excluent l'un l'autre.

Ce débat séculaire entre une réalité objectivement perceptible et une des formes de cette réalité partiellement construite ou re-construite apparaît pour beaucoup insondable voire

---

[126] Karl Popper (1991), dans La connaissance objective, nous met en garde à ce sujet : « *Chacun a ses philosophies, qu'il soit ou non conscient du fait, et nos philosophies ne valent pas grand chose. Cependant l'impact de nos philosophies sur nos actions et nos vies est souvent dévastateur. Ainsi, tenter d'améliorer par la critique nos philosophies devient une nécessité* », (p. 84).

[127] Bien sûr, il existe un grand nombre de positionnements épistémologiques. De manière schématique, il s'agit des variations de la sensibilité des chercheurs dans leur rapport à la réalité et à la connaissance qu'ils souhaitent apporter à leur communauté scientifique respective.

inopérant. Pour les sciences de gestion, la controverse ne fait pas exception et oppose « *des tribus qui se disent en guerre les unes contre les autres, qui donc ne se parlent pas et qui plus est disent ne pas pouvoir communiquer tant leurs cultures seraient différentes* », (Koenig, 2006). Nous n'entrerons pas à proprement parler dans cette mouvance belliqueuse, considérant que le débat est stérile et qu'il conduit fatalement à exclure le regard de l'autre sans pouvoir jamais prouver l'intelligence de cette exclusion de manière certaine. Ceci étant, notre entreprise de recherche s'assoit sur des convictions fortes appelant des prises de position claires quant à la nature de la réalité observée. Nous pensons à cet effet que le caractère singulier de tout travail académique doit justifier ce rapport à la réalité et par la même, ne peut s'enorgueillir de toute prétention universaliste. Ainsi, comme spécifié dans les chapitres précédents, s'interroger sur les contextes, les contenus et les processus de gestion de la compétitivité d'un territoire est un exercice difficile puisque débordant d'un cadre défini et définitif. En ce sens, notre conception de la réalité qui sous tend ce management de la compétitivité territoriale appelle à s'interroger sur le caractère objectif ou subjectif du phénomène observé. La démarche académique nous impose dès lors d'adopter un positionnement particulier que nous présenterons dans les lignes qui suivent.

D'abord, il sera question de présenter les principaux arguments opposant les tenants d'une réalité objectivée par l'hypothèse déterministe à ceux qui fondent un sens intersubjectif partagé et basé sur une hypothèse téléologique. Ensuite, nous justifierons notre position en faveur d'une construction sociale de la « réalité territoriale » à l'aune d'une approche par la complexité des phénomènes étudiés par les sciences humaines et sociales.

A. *Du principe d'objectivité à la (re)construction sociale de la réalité :*

Ce premier point est destiné à présenter la réflexion épistémologique qui a guidé notre démarche de recherche. Il ne s'agit donc pas de proposer une liste exhaustive des courants, des controverses et des positionnements dans la littérature mais plutôt de figurer le raisonnement[128] qui a jalonné nos choix conceptuels, méthodologiques et empiriques. Aussi, à l'instar de Perret et Seville (2007) présenterons-nous une trame générale et communément admise en matière de choix épistémologique pour les recherches en sciences de gestion. Par

---

[128] Notre raisonnement se basera ici pour grande partie, sur la présentation des principes qui opposent les deux paradigmes, telle qu'elle a été proposée par J-L Le Moigne dans son ouvrage La modélisation des systèmes complexes, (1990a).

ailleurs et pour l'exercice de style, nous pensons que le choix d'un paradigme par le jeune chercheur est utile à deux niveaux au moins :

- d'abord ce dernier doit s'inscrire peu ou prou dans une école de pensée correspondant à l'expérience accumulée par ses aînés et par ses pairs ;

- ensuite, le choix du paradigme permet à tout chercheur désireux de proposer sa compréhension et sa vision de la réalité d'entamer une discussion destinée à l'amélioration constante et l'enrichissement mutuel.

Pour éviter autant que faire se peut un « effet catalogue », nous choisissons de présenter particulièrement les éléments utiles à cette recherche.

1. Quelles réalités, pour quelles connaissances en sciences de gestion ?

Le paradigme positiviste est historiquement dominant dans la communauté scientifique jusqu'à une époque relativement récente. Ses fondements épistémologiques postulent qu'une réalité existe de manière objective et totalement indépendante de celui qui l'observe. La réalité existe en soi, elle possède une essence propre selon le principe dit d'objectivité. Les « lois de la nature » sont en quelque sorte les lois de la réalité et inversement. La science est destinée à produire une meilleure connaissance de la réalité.

Comme l'explique Popper (1991) : « *La connaissance en ce sens objectif est totalement indépendante de la prétention de quiconque à la connaissance ; elle est aussi indépendante de la croyance ou de la disposition à l'assentiment (ou à l'affirmation à l'action) de qui que ce soit. La connaissance au sens objectif est une connaissance sans connaisseur ; c'est une connaissance sans sujet connaissant* », (p. 185). De ce point de vue donc, la réalité qui existe par elle-même est déterministe. Ce déterminisme permettant d'admettre un principe général de causalité pour l'explication de LA réalité. Des critères de validité du respect de la chaîne de causalité sont alors garants du « sérieux scientifique d'une théorie ». Karl Popper a permis de mieux comprendre le concept de « théorie scientifique » avec le principe de réfutabilité. Pour ce dernier, une théorie peut être qualifiée de scientifique à partir du moment où elle est faillible, c'est-à-dire qu'elle accepte d'être réfutée. Les critères de validité de la connaissance scientifique se fondent notamment au travers des principes de vérifiabilité et de confirmabilité.

Le principe de vérifiabilité veut qu'une « *proposition est soit analytique, soit synthétique, soit vraie en vertu de la définition de ses propres termes, soit vraie, si c'est bien le cas, en vertu d'une expérience pratique ; ce principe conclut alors qu'une proposition synthétique n'a de sens que si et seulement si elle est susceptible d'être vérifiée empiriquement* », (Blaug, 1982, p. 11, cité par Perret et Seville, 2007). Le principe de confirmabilité « *remet en cause le caractère certain de la vérité, [...] il repose sur l'idée que l'on ne peut pas dire qu'une proposition est vraie universellement mais seulement qu'elle est probable* », (Perret et Seville, 2007, p. 27). C'est au travers du principe de réfutabilité tel qu'énoncé par Popper que peut s'entendre une relative remise en cause de la possibilité d'existence d'une « réalité en soi ». Puisque qu'on ne peut jamais affirmer qu'une théorie est vraie, i.e. on ne peut en faire la preuve devant l'universel, en revanche, il est toujours possible de prouver qu'une théorie est fausse par l'épreuve empirique. C'est ici l'exemple couramment reprit par l'énoncé de l'hypothèse suivante : « Tous les cygnes sont blancs », il n'est pas réaliste ou réalisable de tenter de prouver cette théorie en accumulant le décompte de tous les cygnes blancs sur la planète, en revanche l'observation d'un seul cygne noir permettrait de réfuter cette hypothèse de manière certaine.

On touche ici à la différence entre la confirmation et la corroboration, la distinction entre la démarche fondée sur une logique de preuve face à celle appuyée par une logique de la réfutation. Ce point de départ introduit la nécessité de se conformer à une logique formelle déductive alimenté par la discussion perpétuelle preuve-réfutation et appelle à l'emploi d'un raisonnement disjonctif. La généalogie positiviste s'inscrit dans cette voie disjonctive et se réfère la plupart du temps aux travaux d'Auguste Comte. Disciple de Saint Simon, ce dernier propose dans ses cours de philosophie positive une épistémologie unique et globale pour les sciences dites positives. Il proposera en 1828 un « Tableau synoptique des disciplines scientifiques » dans lequel sous une logique disjonctive les disciplines sont classées selon les préceptes de la « logique positive ».

Par ailleurs, les recherches en sciences de gestion et de l'organisation quelque soit leur objet incluent toutes, directement ou pas, le facteur humain dans l'analyse. De ce point de vue, la sociologie est la « reine » des sciences sociales mais son trône est partagé, découpé selon les processus étudiés dans, par et pour les rapports cognitifs. Cette structuration positiviste de la sociologie conduira Durkheim à considérer les faits sociaux comme des choses. Et puisque la réalité existe en soit, une contrainte sociale s'impose à l'homme (comme à ses faits) et ce, de manière objective. « *Car tout ce qu'elle implique [la contrainte sociale], c'est que les manières collectives d'agir ou de penser ont une réalité en dehors des individus qui, à chaque moment du temps, s'y conforment. Ce sont des choses qui ont leur existence propre* », (Durkheim, 1988). Cette conception des faits sociaux comme des choses répond de l'exigence positive, la contrainte sociale justifiant alors l'idée d'une réalité qui a une essence propre.

Ceci étant, la multiplicité des contextes et des processus abordés aujourd'hui par les sciences de gestion fait montre d'un besoin de souplesse pour la compréhension de phénomènes toujours plus complexes. La possibilité de « naviguer » entre plusieurs disciplines des sciences sociales s'intéressant à un même objet de recherche est empêchée par cette structuration positive d'une réalité objective. C'est le sentiment que nous livrent Perret et Seville (2007) quand elles avancent que « *la connaissance produite par les positivistes est objective et acontextuelle dans la mesure où elle correspond à la mise à jour de lois, d'une réalité immuable, extérieure à l'individu et indépendante du contexte d'interaction des acteurs* », (p. 18).

L'idée d'une réalité objective et sans contexte peut apparaître tentante. Elle nous renvoie finalement à l'analogie mécanique et statique proposée par Marshall (**encadré 4.1**) et ne traite que d'une partie de la question où le temps est arrêté durant l'expérience. Cela nous conduit en effet, à imaginer l'hypothèse d'un « découpage » d'une situation hors de son contexte pour la mettre en laboratoire et étudier les influences d'une variable sur l'autre. Cette position peut rassurer le chercheur. Il peut selon cette méthode se cantonner à tester une par une la prévalence d'une variable sur l'autre en interdisant toute survenance de l'aléa dans son expérience. Cependant, comme le souligne sagement Le Moigne (1994a), « *les interdits du positivisme ne contraignent que ceux qui, faute d'arguments, les érigent en dogme. Les réactions contre ces dogmatismes réducteurs sont périodiques et fécondes* », (p. 77).

La logique disjonctive vise à « *ordonner les énoncés décrivant la réalité dégagée à l'aide du principe de modélisation analytique* », (Le Moigne, 1995, p. 30). Cette logique formelle répond d'une double paternité. Elle se base d'abord sur les trois axiomes d'Aristote présentés dans l'**encadré 4.2** ci-dessous :

Encadré 4.2 Les axiomes aristotéliciens de la logique formelle

Axiome d'identité	A est A
Axiome de non-contradiction	A n'est pas « B ET non B »
Axiome du tiers exclu	A est ou « B OU non B »

La logique disjonctive ensuite, est véritablement assise sur les quatre grands préceptes cartésiens. Préceptes, que J-L Le Moigne, dans *La théorie du système général* (1994a) et plus globalement par l'ensemble de son œuvre nous invite à relativiser. Se posant en critique de Descartes, il dénonce la position qui viserait à « *faire comme si les cent pages du Discours de 1637 constituaient l'éternelle constitution de l'intelligence humaine cherchant à bien conduire sa raison* », p. (53). La question est ici de première importance, elle touche en effet à la remise en cause de la conception séculaire d'une culture occidentale prétendue (à tort) comme l'unique et universelle voie de constitution de la science.

Le discours de la méthode de Descartes (1637), en effet, a été institué comme un monopole de la science (positive) et comme seul outil valable de décryptage de la réalité (voir **encadré 4.3**, ci-dessous). Dans cet artefact, l'homme est ni objet, ni sujet de la science mais celle-ci est à son service puisqu'il est « *maître et possesseur de la nature* ». Ainsi, le travail scientifique, tel le métier d'orfèvre consisterait dans un découpage savant des situations, la formulation d'hypothèse, le passage des tests en laboratoire puis le classement des résultats dans un damier infini constitué et constituant d'un « univers câblé ». **Nous ne pensons pas que l'homme est maître et possesseur de la nature.**

« *Ainsi, au lieu de ce grand nombre de préceptes dont la logique est composée, je crus que j'aurais assez des quatre suivants, pourvu que je prisse une ferme et constante résolution de ne manquer pas une seule fois à les observer.*

Le premier était de ne recevoir jamais aucune chose pour vraie que je ne la connusse évidemment être telle, c'est-à-dire d'éviter soigneusement la précipitation et la prévention, et de ne comprendre rien de plus en mes jugements que ce qui se présenterait si clairement et si distinctement à mon esprit que je n'eusse aucune occasion de la mettre en doute.

Le second, de diviser chacune des difficultés que j'examinerais en autant de parcelles qu'il se pourrait et qu'il serait requis pour les mieux résoudre.

Le troisième, de conduire par ordre mes pensées en commençant par les objets les plus simples et les plus aisés à connaître, pour monter peu à peu comme par degrés jusque à la connaissance des plus composés, et supposant même de l'ordre entre ceux qui ne se précèdent point naturellement les uns les autres.

Et le dernier, de faire partout des dénombrements si entiers et des revues si générales que je fusse assuré de ne rien omettre.

Ces longues chaînes de raisons toutes simples et faciles, dont les géomètres ont coutume de se servir pour parvenir à leurs plus difficiles démonstrations, m'avaient donné occasion de m'imaginer que toutes les choses qui peuvent tomber sous la connaissance des hommes s'entre-suivent en même façon, et que, pourvu seulement qu'on s'abstienne d'en recevoir aucune pour vraie qui ne le soit, et qu'on garde toujours l'ordre qu'il faut pour les déduire les unes des autres, il n'y en peut avoir de si éloignées auxquelles enfin on ne parvienne, ni de si cachées qu'on ne découvre ».

L'Homme est ainsi soumis à son environnement « sociétal » par la contrainte sociale au sens de Durkheim, au même titre que les lois de la physique, de la biologie, etc. soumettent LA nature. Par ailleurs, notons que dans son analyse de la *Formation de l'esprit scientifique*, Bachelard nous met en garde, en rappelant qu'un « *discours sur la méthode scientifique sera toujours un discours de circonstance, il ne décrira pas une constitution définitive de l'esprit scientifique* », (Bachelard, 1938, p. 139).

En 1990, en réponse à cette logique disjonctive, aristotélicienne et cartésienne, Le Moigne veut instituer pour le paradigme constructiviste un « *principe de l'argumentation générale* ». C'est dans l'ouvrage collectif *Epistémologie et sciences de gestion*, dirigé par Alain-Charles Martinet, qu'une véritable Constitution constructiviste pour les chercheurs en sciences de gestion sera établie. Citons pour mémoire l'approche magnanime formulée par ce dernier, « *la recherche ne peut exclure a priori l'explication positive qui emprunte obligatoirement les chemins de la disjonction, du découpage, de la réification des variables sous analyse [...]. Mais elle ne peut refuser la compréhension et, a fortiori, la conception qui passent par la conjonction, la fluidité, la synthèse* », (Martinet, 1990, p. 235). Les questionnements épistémologiques qui s'en suivront n'auront de cesse de fonder une approche plus subjective pour aborder les construits sociaux. Pour exemple, retenons les réflexions formulées par Charreire et Huault (2001), qui s'interrogent sur les oppositions des positionnements épistémologiques pour le management stratégique : « *La démarche qui vise à tester des relations élémentaires, en prenant appui sur des groupes artificiels isolés de leur contexte d'action ébranle quelque peu l'idée de complexité et d'incertitude constitutive du référentiel constructiviste* », ces dernières de poursuivre, avec modération que « *ce n'est pas parce que le management s'intéresse à l'étude des construits sociaux que sa démarche est forcément constructiviste* ».

Finalement, le débat n'est pas tranché et ne le sera sans doute jamais. Nous pensons qu'il ne faut pas voir dans ces discussions une véritable opposition, mais plutôt un moyen de communication scientifique permettant (trop souvent par la critique systématique) la découverte d'autres conceptions, d'autres méthodes permettant de faire avancer les recherches sur un même sujet. Charreire et Huault (2001) avancent à cet effet que « *ce que l'on croyait relever d'un saut paradigmatique à la Kuhn tend de plus en plus à être présenté comme un ensemble de propositions réconciliables, ou tout du moins, « aménageables ». La raison de cet effort de réconciliation ou de « récupération » tient justement au fait que l'opérationnalisation des recherches constructivistes nécessite parfois ce type d'ajustement* ».

Le **tableau 4.1** ci-dessous présente les questions que doit se poser le chercheur en sciences de gestion pour mettre en adéquation le rapport entre connaissance et réalité.

Tableau 4.1 Questionnements et positionnements pour les paradigmes positiviste, interprétativiste et constructiviste

POSITIONS EPISTEMOLOGIQUES LES QUESTIONS EPISTEMOLOGIQUES	POSITIVISME	INTERPRETATIVISME	CONSTRUCTIVISME
Quel est le statut de la connaissance ?	Hypothèse réaliste Il existe une essence propre à l'objet de connaissance	Hypothèse relativiste L'essence de l'objet ne peut être atteinte (constructivisme modéré ou interprétativisme) ou n'existe pas (constructivisme radical)	
La nature de la « réalité »	Indépendance du sujet et de l'objet Hypothèse déterministe Le monde est fait de nécessités	Dépendance du sujet et de l'objet Hypothèse intentionnaliste Le monde est fait de possibilités	
Comment la connaissance est-elle engendrée ? Le chemin de la connaissance scientifique	La découverte Recherche formulée en termes de « pour quelles causes… » Statut privilégié de l'explication	L'interprétation Recherche formulée en termes de « pour quelles motivations des acteurs… » Statut privilégié de la compréhension	La construction Recherche formulée en termes de « pour quelles finalités… » Statut privilégié de la construction
Quelle est la valeur de la connaissance ? Les critères de validité	Vérifiabilité Confirmabilité Réfutabilité	Idiographie Empathie (révélatrice de l'expérience vécue par les acteurs)	Adéquation Enseignabilité

Source : Perret et Seville (2007), pp. 14-15.

Ce tableau synthétique permet de prendre en considération les éléments fondamentaux qui fondent les distinctions entre les trois paradigmes pour les sciences de gestion et de l'organisation. Au-delà, c'est véritablement l'essence de la réalité, le statut des connaissances produites et les voies de recherche choisies qui sont questionnés. Ces éléments présentés, il nous faut dès lors, proposer et argumenter le choix du positionnement épistémologique constructivisme mobilisé par notre objet de recherche.

2. Construction et complexité de la réalité pour les sciences de gestion :

L'épistémologie permet d'approcher les questions ultimes pour que le chercheur prenne de la distance et s'interroge sur sa démarche selon un processus réflexif. Les découvertes scientifiques contemporaines que ce soit dans les sciences de la Terre ou dans les sciences sociales questionnent de plus en plus la propension universaliste du courant positiviste. Finalement, comme le note David (1999), il semble nécessaire de « *dépasser l'opposition entre positivisme et constructivisme* », pour s'intéresser aux questions auxquelles les chercheurs peuvent apporter des réponses pratiques et opérationnelles. La *praxis* est intimement liée au concept d'organisation. Par ailleurs **la gestion est une discipline d'action qui comporte une forte dimension praxéologique**, (Le Moigne, 1990b). Les principes qui différencient positivisme et constructivisme ont été clairement formulés par Le Moigne (1990b) et synthétisés dans le **tableau 4.2** (ci-après) par David (1999).

Les sciences de gestion sont-elles positives ? Ceci est peut-être la vraie question. Le terme même peut nous aider à formuler ici le raisonnement. Si Le Moigne nous enseigne qu'elles se définissent par leur projet[129] plus que par leur objet les conclusions à tirées sont lourdes de sens. **L'hypothèse téléologique[130] semble pour l'étude des faits humains et organisationnels plus appropriée** que sont homologue « positivo-déterministe ». Mais est-ce eu égard à la science dans son ensemble où plutôt intiment lié à un processus dans lequel le sujet et l'objet de la connaissance devraient être confondus dans une même réalité ? De ce point de vue, le terme même de « gestion » peut-il s'entendre comme un objet en lui-même ? Ou bien est-il toujours subordonné, comme l'adjectif vient qualifier le nom commun à un concept dont la polymorphie retrace la complexité humaine ? Beaucoup de ces questions pourraient faire l'objet d'une recherche à part entière, notons simplement que la plupart des chercheurs en sciences de gestion se réclament aujourd'hui d'une approche constructiviste, (David, 1999).

---

[129] David (1999) propose de dépasser l'assertion de Le Moigne en dissociant selon que « *l'on s'intéresse, à un premier niveau, aux systèmes dont on peut dire qu'ils ont un projet, donc aux individus, groupes, organisations capables d'action intentionnelle et, à un second niveau, aux projets d'observation scientifique des chercheurs, que le système observé soit lui-même capable ou non d'action intentionnelle. L'intentionnalité réside alors dans le « rapport au monde » qu'entretient et représente la science* », (p. 11).

[130] Et non téléonomique qui concernerait plus les êtres vivants, Le Moigne (1994) précise à cet effet : « *Nous parlerons plus volontiers de téléologie, la formule téléonomie semblant devoir être réservée au cas des objets auxquels on n'attribue qu'un seul projet* », (p. 136).

Tableau 4.2 Les principes des épistémologies positivistes et constructivistes

Epistémologie positiviste	Epistémologie constructiviste
Principe ontologique : (réalité du réel, naturalité de la nature, existence d'un critère de vérité) : peut être considérée comme vraie toute proposition qui décrit effectivement la réalité. Le but de la science est de découvrir cette réalité. Ceci est applicable à tous les sujets sur lesquels l'esprit humain peut s'exercer.	***Principe de représentabilité de l'expérience du réel :*** la connaissance est la recherche de la manière de penser et de se comporter qui conviennent (Von Glasersfeld). Nos expériences du réel sont communicables (modélisables) et la vérité procède de cette adéquation des modèles de notre expérience du monde à cette expérience.
Principe de l'univers câblé : il existe des lois de la nature, le réel est déterminé. Le but de la science est de découvrir la vérité derrière ce qui est observé. La description exhaustive est possible, par décomposition en autant de sous-parties que nécessaire. Les chaînes de causalité qui relient les effets aux causes sont simples et peu nombreuses.	***Principe de l'univers construit :*** les représentations du monde sont téléologiques, l'intelligence organise le monde en s'organisant elle-même, « *la connaissance n'est pas la découverte des nécessités mais l'actualisation des possibles* « (Piaget).
Principe d'objectivité : l'observation de l'objet réel par l'observant ne modifie ni l'objet réel ni l'observant. Si l'observant est modifié, cela ne concerne pas la science (l'esprit humain ne fait pas partie des objets réels sur lesquels il puisse lui-même s'exercer).	***Principe de l'interaction sujet-objet :*** l'interaction entre le sujet et l'objet (plus précisément : l'image de l'objet) est constitutive de la construction de la connaissance.
Principe de naturalité de la logique : la logique est naturelle, donc tout ce qui est découvert par logique naturelle est vrai et loi de la nature. Donc tout ce qui ne pourra être découvert de cette manière devra être considéré comme non scientifique.	***Principe de l'argumentation générale :*** la logique disjonctive n'est qu'une manière de raisonner parmi d'autres et n'a pas besoin d'être posée comme naturelle. La ruse, l'induction, l'abduction, la délibération heuristique permettent de produire des énoncés raisonnés.
Principe de moindre action : entre deux théories, il faut prendre la plus simple (principe de parcimonie d'Occam).	***Principe d'action intelligente :*** le scientifique contemporain est un concepteur-observateur modélisateur. Le concept d'action intelligente décrit l'élaboration, par toute forme de raisonnement descriptible *a posteriori*, d'une stratégie d'action proposant une correspondance adéquate (convenable) entre une situation perçue et un projet conçu par le système au comportement duquel on s'intéresse.

Source : David (1999), p. 11.

Il aurait été possible par ailleurs, d'entrer dans une « gymnastique » de consensus telle que proposée par Miles et Huberman (1991). Ces derniers parlent à cet effet d'une « position épistémologique aménagée » permettant de mettre une forme de « raccord », un passage transitoire excluant la préoccupation métaphysique : « *[...] Nous pensons que les phénomènes sociaux existent non seulement dans les esprits mais aussi dans le monde réel et qu'on peut découvrir entre eux quelques relations légitimes raisonnablement stables. Il est indubitable que ces phénomènes existent objectivement dans le monde en partie parce que les individus s'en font une représentation commune et reconnue de tous ; ces perceptions sont donc cruciales lorsqu'il s'agit de comprendre pourquoi les comportements sociaux prennent telle ou telle forme »*, (Miles et Huberman, 1991). Ce type de positionnement épistémologique s'il est intéressant ne nous est pas apparu approprié pour une recherche explorant un phénomène complexe comme la compétitivité territoriale.

L'enjeu est ici de montrer que notre raisonnement, s'il reconnait une certaine latitude sur l'essence de la réalité perçue par le chercheur, ne relève pas pour autant de manière systématique du domaine de la recherche-action. Admettre ceci, reviendrait à proposer que le positionnement épistémologique ne serait en fin de compte, que le pendant scientifique d'une certaine idéologie que le chercheur se fait par sa perception et sa compréhension de la réalité du monde qui l'entoure. C'est ce que dénonce Stengers (1993), « *toutes les sciences qui ne procèdent pas d'un paradigme ne sont que prétentions idéologiques* », (p. 64). Aussi, pour s'écarter du danger idéologique nous pensons à l'instar de Burell et Morgan (1979), que **l'adoption d'un paradigme est un acte de foi** permettant au chercheur de trouver sa place au sein de la communauté scientifique. Dans le même temps, les sciences sociales en général et les sciences de gestion en particulier en étudiant les interactions des individus et des groupes humains ne peuvent, selon nous, raisonnablement prétendre à une réalité objective. Ainsi, comme Prigogine (cité par Genelot, 2001), nous pensons que « *la richesse du réel déborde chaque langage, chaque structure logique, chaque éclairage conceptuel ; chacun peut seulement en exprimer une partie. Ainsi la musique n'est épuisée par aucune de ses stylisations* », (p. 51). Et comme la musique, le management d'un phénomène complexe ne peut être restitué dans sa globalité et sa complétude. Au mieux on peut tenter d'en exprimer les contours des contenus et les grandes dynamiques des processus en référence à des contextes eux aussi mouvants.

Les paradigmes interprétativistes et constructivistes envisagent le rapport entre nature de la connaissance et nature de la « réalité » de manière plus nuancée. A l'instar de Perret et Seville (2007), nous présenterons les paradigmes interprétativiste et constructiviste comme relevant d'un même « champ » épistémologique, i.e. ces deux acceptions du rapport connaissance / réalité ne sont pas incommensurables. Pour les tenants du paradigme constructiviste, la réalité n'est pas connaissable ni perceptible dans son essence propre puisque l'on ne peut l'atteindre directement. La réalité recherchée au travers de l'objet est dépendante de l'observateur, le sujet (le chercheur) qui tente de l'approcher, que ce soit par la description, l'explication ou encore la prédiction.

De ce postulat relativiste, découle **une appréhension de la connaissance particulière, singulière et contextuelle, voire hypothétique ou probable mais jamais certaine.** Piaget (1937) tiendra ce discours imagé : la connaissance n'est pas la découverte des lois de la nature mais la découverte et / ou l'actualisation des possibles. Ainsi, par souci d'éviter une radicalisation d'un débat, qui relève selon-nous, disons-le clairement, de l'idéologie ou de la métaphysique. Nous ne pouvons par exemple adhérer *stricto sensu* à une lecture telle que le constructivisme dit « radical » de Von Glaserfeld (1988) qui suppose une réalité inventée et s'opposerait ainsi directement à un positivisme radicalisé qui postulerait une réalité donnée. L'essence de la réalité se situe certainement entre ces deux positions extrêmes. Car enfin, si elles ont pour mérite de donner un point de départ nécessaire à toute forme de science et de connaissance, ce point de départ doit-il être retenu à tout prix ? La question ne revient-elle pas alors à tenter de donner une valeur à la connaissance dégagée et donc *in fine*, à accorder finalement une valeur à la réalité. Ce n'est pas notre propos. **La réalité est complexe**, elle est parfois le fruit de nos constructions intellectuelles et d'autres fois elle s'impose à nous à force de pragmatisme et de tests empiriques. Le paradigme de la complexité relève et révèle notre position, par là même la réalité que nous tentons d'observer est ni objective, ni subjective, nous cherchons « humblement » à en comprendre la complexité. Henry Atlan dans son ouvrage *Entre le cristal et la fumée* (1979), nous livre cette définition : « *la complexité est un désordre apparent où l'on a des raisons de supposer un ordre caché ; ou encore, la complexité est un ordre dont on ne connaît pas le code* », (p. 78). En d'autres termes, comme nous nous sommes efforcés de l'observer jusqu'à ce stade de la recherche, nous ne prétendons pas trouver l'origine ou l'issue des chemins que nous empruntons. Tout au plus nous enrichissons nos connaissances en appréciant les paysages des milieux que nous traversons, en cheminant pas après pas.

Le paradigme de la complexité ou de l'analyse systémique a été fondé par des chercheurs de renom dont on peut citer quelques uns des plus fameux : Norbert Wiener, Gregory Bateson, Herbert Simon, Edgar Morin, Jean-Louis Le Moigne, Francisco Varela. L'analyse systémique n'est pas compatible (mais elle n'est pas incommensurable, nous l'avons introduit) avec l'approche positiviste puisqu'elle traite du sens, plutôt que de la cause : « *l'approche constructiviste recherche les finalités des actions menées par les acteurs dans l'organisation. Elle introduit donc la complexité systémique dans l'ensemble des interdépendances imbriquées* », (Maurand-Valet, 2010). Selon Morin, le paradigme de complexité inclut le paradigme constructiviste, à ce titre, il ne peut accepter une séparation entre l'objet et le sujet, par là même, il admet la nature contextuelle de la connaissance scientifique, (Prigogine et Stengers, 1984). C'est l'hypothèse téléologique qui s'oppose ici à l'hypothèse déterministe. Retenons à cet effet le discours de J-L Le Moigne : « *L'hypothèse téléologique est aussi pertinente dans et pour la science que l'hypothèse déterministe, depuis Aristote au moins (causes finales « et », et non pas « ou » causes efficientes). Interpréter un comportement en le regroupant à quelques finalités est au moins aussi bien raisonné qu'en le réduisant à un effet qu'explique une cause certaine. En termes méthodologiques, H. Von Forester a fort pédagogiquement rappelé que la recherche des « afin de » était habituellement au moins aussi judicieuse que la recherche du « parce que » pour résoudre un problème* », (Le Moigne, 1990a, p. 109).

Aussi, le paradigme constructiviste en sciences de gestion s'intéresse t-il au sens que les acteurs donnent à leurs actions. Et à ce titre, la connaissance produite en sciences de l'organisation, si elle se base sur une hypothèse intentionnaliste, se trouve subjective et contextuelle (Kœnig, 1993). Cela implique alors de **s'interroger sur les projets et les intentions de ces derniers en référence à un contexte particulier**. Il devient ainsi primordial « *de sortir du mythe positiviste selon lequel « l'explication » d'un phénomène impose d'en traiter en « éliminant le contexte* », (Mégie, 2003). Aborder un phénomène dans une démarche de recherche, vise donc à refonder *a posteriori* une construction sociale au travers des interactions entre les acteurs dans des contextes particuliers (Berger et Luckmann, 1996). Ces derniers, dans leur ouvrage *The Social Construction of Reality* (1966) proposent que dans les jeux d'interaction interpersonnels se forge un sens intersubjectif de la réalité. Nous sommes donc ici bien loin de l'hypothèse déterministe portée par le courant positiviste puisqu'il s'agit d'apporter des éléments de compréhension sur les intentions déclinées par les acteurs.

L'appréhension des phénomènes sociaux complexes doit donc se faire au travers de modélisations permettant la description et la compréhension desdits phénomènes. Ce qui fera dire à Herbert Simon que « *modéliser est ni plus ni moins logique que raisonner* », (1974, p.

19) et même au-delà, que « *la modélisation est le principal outil dont nous disposons pour étudier le comportement des grands systèmes complexes* ». La réalité pour les sciences sociales en général et pour les sciences de gestion en particulier gagne donc à être « re contruite » par le chercheur en analysant le sens que les acteurs donnent à leurs actions.

Le management de la compétitivité territoriale est un phénomène complexe qui engage une multiplicité d'acteurs aux intentions finalisées différentes sur des échelles territoriales multiples. A ce titre, notre position épistémique ne peut être que constructiviste puisque relevant de plusieurs systèmes imbriqués les uns dans les autres et portant chacun des téléologies différentes. Comme le note Maurand-Valet, 2010, « *l'approche constructiviste recherche les finalités des actions menées par les acteurs dans l'organisation. Elle introduit donc la complexité systémique dans l'ensemble des interdépendances imbriquées. Il y a de ce fait incompatibilité avec les techniques économétriques qui ne s'appliquent que sur des phénomènes dont l'analyse permet d'isoler rigoureusement et de manière transparente les interdépendances* », (p.6). Notre démarche de recherche se trouve directement confrontée à cette incompatibilité puisque les contextes territoriaux ne peuvent être étudiés de manières isolée sans prise en compte de leur environnement à quelque échelle que ce soit. Le regard scientifique pour une telle démarche impose donc de vérifier des interdépendances entre plusieurs phénomènes complexes. En effet, aborder le management de la compétitivité territoriale ne peut revenir à décrire « *une réalité objective existant en elle-même indépendamment de l'observateur, [mais impose de raisonner*[131]*] toujours « pour », « afin de », « par rapport à ». Ce point précis constitue le fondement du constructivisme* », (Le Moigne, 1995, p. 64).

Cette démarche de recherche vise donc à **proposer une des « images » possibles de la « réalité territoriale » dans un objectif gestionnaire de recherche de compétitivité.** Cette réalité est construite de deux manières (David, 1999) : dans nos esprits au travers de nos représentations et par la démarche scientifique puisque les chercheurs en sciences de gestion contribuent à la construire. Ce dernier de poursuivre que le chercheur est donc « *légitime à prétendre modéliser telle ou telle classe de phénomènes, c'est-à-dire à chercher à découvrir des régularités et des liens de cause à effet* », (p. 15). La construction de la réalité par le chercheur est également largement conditionnée par l'interdépendance entre le sujet et l'objet.

---

[131] Rajouté par nous.

C'est le cas bien connu du principe d'Heisenberg qui montre que la quantité d'énergie déployée par l'observateur influence le comportement de la particule, si bien qu'il n'est plus possible d'observer un phénomène sans inclure l'observateur dans le phénomène qu'il observe.

En définitive, **le phénomène de compétitivité territoriale ne peut être étudié qu'en référence à un contexte** : un environnement constitué par une infinie variation d'échelons allant du local au global ; par des **processus à l'œuvre** : les modèles-actions des politiques publiques ; sur des **contenus identifiés** comme des systèmes de compétitivité territoriale. Notre recherche a suivi ce raisonnement, en gardant toujours à l'esprit de la nécessité pour la science de se donner une conscience face à la complexité, (Morin, 1982). La prise en compte de la complexité de l'action territoriale influence notre compréhension de l'organisation (Hernandez, 2006) et à ce titre **notre positionnement épistémologique est clairement constructiviste par la complexité.** Cela n'excluant pas la possibilité d'envisager cette même recherche sous un autre angle, dans des travaux futurs. Ainsi, à ce stade d'une recherche sur la compétitivité territoriale, une théorisation ne peut être objective, ne peut être le reflet de la réalité mais une construction de l'esprit. Et comme nous l'enseigne Edgar Morin, « *la connaissance scientifique n'est pas le reflet du réel. C'est une activité construite avec tous les ingrédients de l'activité humaine* », (1982, p. 39). En effet, l'objectivité scientifique de notre recherche sur la compétitivité territoriale ne peut être envisagée que comme le résultat d'un processus critique développé par la communauté scientifique.

Au travers de ces réflexions liminaires, nous avons justifié que notre objet de recherche est un phénomène complexe. C'est pourquoi, il doit s'agir d'incorporer à l'étude autant les contextes, les contenus que les processus qui sont constitutifs de la compétitivité territoriale. A ce titre, beaucoup de contradictions peuvent apparaître *a priori* comme des paradoxes. Pour le courant de la pensée complexe, il convient de désigner ces situations par le terme de dialogique. **Le concept de dialogique**, introduit par Edgar Morin « *signifie que deux ou plusieurs logiques différentes sont liées en une unité, de façon complexe (complémentaire, concurrente, et antagoniste) sans que la dualité ne se perde dans l'unité* ». Ce principe dialogique est inhérent au phénomène complexe de la compétitivité territoriale. En effet, les logiques axiomatiques à l'origine d'un tel phénomène peuvent apparaître à de nombreux égards comme antagonistes. C'est le cas de la logique « en marché » devant cohabiter avec la logique « en société ». Le défi que doivent relever managers territoriaux s'inscrit pleinement dans ce principe dialogique afin de donner corps et esprit au développement territorial dans une optique de compétitivité.

B. *Une approche holistique et complexe pour un projet de connaissance sur la compétitivité territoriale*

Nous avons, dans la partie précédente, justifié la pertinence d'un positionnement épistémologique constructiviste pour une recherche exploratoire sur la compétitivité territoriale. Il convient désormais de positionner cette approche vis-à-vis de la nature de la réalité et du statut de la connaissance que nous souhaitons apporter. A cet effet l'approche holiste et le paradigme de complexité ont participé à l'élaboration de notre projet de recherche. Notre point de départ s'est alors articulé autour du constat que « *les sciences sociales prennent comme point de départ des problèmes collectifs et comme aboutissement des configurations sociales* », (Thoenig 2005). Nous allons donc d'abord présenter l'intérêt d'une recherche constructiviste et holistique pour décrypter ce phénomène de compétitivité territoriale ; avant de justifier la nécessité d'étudier le phénomène en référence au contexte d'axiome global et de manière concomitante tant dans ses contenus que dans ses processus.

1. Une recherche constructiviste et holistique :

Hérité du mot grec « *holos* », le terme « holisme » signifie ce qui forme un tout, une totalité, une globalité. À ce titre une approche constructiviste peut être holistique. Comme le note Coutelle (2005), « *l'approche qualitative doit être holistique et globale. Des phénomènes étudiés sont complexes. Les faits humains sont des totalités qui ne peuvent pas être étudiés en séparant chaque composante d'où le caractère holistique de l'approche* », (p. 7). Notre recherche en particulier procède de ce constat, **les interrelations entre les contextes, les contenus et les processus sont constitutives du phénomène de compétitivité territoriale.**

Nous proposons d'envisager **la compétitivité territoriale comme un construit humain**. A ce titre, le tout, i.e. l'objet de la recherche est plus que la somme des interrelations qui le constituent. Pour analyser la construction de la compétitivité territoriale, il nous faut donc comprendre en profondeur l'ensemble des interdépendances qui sont susceptibles de l'alimenter. En définitive, c'est la complexité inhérente à cet objet de recherche qui impose d'approfondir le plus possible tout élément de compréhension permettant d'enrichir les perspectives, les angles de vues et *in fine* les connaissances. Par cette conception, l'état d'esprit du chercheur doit toujours favoriser la curiosité, la réflexivité et la recherche de sens. « *Je tiens impossible de connaître les parties sans connaître le tout ; non plus que de connaître le tout sans connaître particulièrement les parties* », (Pascal, *Pensées*, 1971[132], p. 34). Aussi, la compétitivité territoriale doit-elle se construire d'abord en référence aux interrelations entretenues par les contextes (l'axiome global) et les contenus (les systèmes de compétitivité territoriale) caractéristiques de la logique « en marché », (chapitre premier). Mais elle doit également tenir compte des interrelations entretenues par les contextes (l'axiome global) et les processus (modèles-actions publics) répondant de la logique « en société », (chapitre deuxième).

Nous l'avons présenté dans le chapitre précédent, pour dégager des modalités de management de la compétitivité territoriale, il nous a fallu opérer une double analyse, synchronique et systémique afin de faire émerger les deux dimensions constitutives. **L'idiosyncrasie permettant une analogie mécanique avec un régime d'accumulation synchronique des modalités de proximité comme cadre permissif et potentiel. La diachronie, sous une analogie biologique, permet l'analyse de la dynamique du système, incluant une nouvelle forme de proximité (« sociétale ») pour le processus d'auto-identification et une instance de gouvernance comme organe de coordination – finalisation – auto-correction du système complexe.** Une telle approche ne peut être qu'holistique.

De plus, comme nous avons pu le constater dans les chapitres précédents, les concepts phares de notre recherche ne peuvent faire l'objet d'une définition simple :

- **le concept de territoire et polymorphe.** Il peut à cet égard s'appliquer à de nombreuses disciplines si bien que toute tentative de définition universelle nous apparaît vaine et inutile. Finalement, peut-être vaut-il mieux se contenter de les définir dans un critère discriminatoire, c'est-à-dire comme un « dedans » par rapport à un « dehors » ;

---

[132] Livre de poche, collection essai, Points, 2000. Réédition de l'ouvrage de 1671.

- le concept d'innovation est abondamment traité par les chercheurs en sciences de gestion, et comme nous avons pu le constater se réduit de moins en moins à l'innovation technologique, ceci au profit des processus organisationnels. Il se rapproche par ailleurs d'autres concepts comme ceux de créativité, invention, intelligence, etc. ;

- quand à l'action publique, il s'agit d'un concept à part entière selon Thoenig (2005), concept qui « *permet de rassembler une grande variété de contributions en sciences sociales tout en suggérant une apparente convergence entre elles* », (p. 2).

- **la gouvernance** enfin, est un concept abondamment utilisé et **polysémique**. Comme pour le territoire, diverses sciences sociales se sont appropriées la notion et les praticiens ont largement contribués son expansion.

Au final, la construction de notre objet de recherche, le phénomène de compétitivité territoriale répond d'une approche holistique alimentée par ces concepts-clés mais également par les dimensions que nous avons dégagées des interrelations entre contextes, contenus et processus. Pour ainsi dire, face à l'impossibilité de traiter des concepts-clés de notre recherche par une approche analytique classique, **nous avons délimité des contours**, des cadres afin de **questionner les relations qu'entretiennent effectivement ces concepts entre eux**.

2. Une « réalité territoriale » complexe : analyser les processus sans éluder les contenus

Appréhender la construction du phénomène de compétitivité territoriale selon un positionnement épistémologique constructiviste impose une **approche pluri-paradigmatique et transdisciplinaire**. En effet, cette posture nous permet « *de disposer d'une variété d'approches qui, chacune à leur manière, sont en mesure de rendre compte de certains aspects des réalités complexes auxquelles s'intéressent les sciences de l'organisation* », (Koenig, 1993). Aussi, à l'instar d'Habib (2008), notre recherche s'inscrit-elle dans deux paradigmes intégrateurs qui souvent peuvent se confondre et parfois se compléter. « *Si toutes les recherches de la complexité ne s'inscrivent pas dans une approche constructiviste et que les recherches de nature constructiviste ne prennent pas forcément ancrage dans le paradigme de la complexité, force est de constater que plus en plus de travaux prônent, dans* *un souci de cohérence interne, une double affiliation constructive et complexe* », (p. 116). Seule cette double affiliation paradigmatique peut nous permettre d'examiner les processus d'actions publiques tout en tenant compte des contenus des systèmes de compétitivité territoriale ; tout deux prenant en compte des relations complexes avec des contextes indissolublement liés : l'axiome global.

A ce titre, les allers-retours entre contenu et processus nous ont permis à la fois :

- d'**appréhender la nature de notre objet de recherche** (au travers de la question du **quoi ?**), en décrivant le contenu territorial au travers des systèmes productifs étudiés et en le délimitant vis-à-vis du contexte d'axiome global ;

- mais aussi de mettre en évidence **le comportement dans le temps de l'objet de notre recherche** (au travers de la question du **comment ?**), en expliquant l'influence du contexte d'axiome global sur les processus d'actions publiques et partant, les impacts des modèles-actions publics sur le contenu territorial.

En définitive, l'étude d'un objet de recherche en sciences de gestion peut donc se faire en étudiant soit le contenu, soit le processus. Toutefois, ces deux clés d'entrée sont complémentaires et imbriquées et certains travaux ont pu tenter d'intégrer ces deux approches au sein d'une seule et même recherche (Jauch 1983, Jemison 1981). L'étude d'un phénomène aussi complexe que celui de la compétitivité territoriale impose une telle démarche. Comme l'indiquent Grenier et Josserand (2007), « *une analyse de processus ne doit pas être considérée comme incompatible avec une analyse de contenu, puisque toute décision prise dans l'organisation, tout système organisationnel ne sont que l'aboutissement d'une succession d'états, d'étapes et de dynamiques* », (p. 138). C'est ainsi que la prise en compte de la complexité de l'action territoriale influence notre compréhension de l'organisation, (Hernandez, 2006, p. 152). **Plus qu'un objet de recherche, le management de la compétitivité territoriale constitue un projet de recherche**. A ce titre, la réflexivité intervient autant dans la construction de l'objet de la présente recherche que dans les questions et multiples voies de prospection qu'il permet d'identifier. En tout état de cause, les éléments épistémologiques abordés, il nous faut maintenant présenter avec soin la méthodologie que nous avons mobilisée pour la conduite empirique de ce projet de recherche.

Section 2. *Une méthodologie de recherche qualitative via l'étude de cas :*

Les choix méthodologiques que nous avons pu faire pour cette recherche sont fondés sur les préconisations issues de la littérature, en particulier les travaux de Yin (1989, 1994, 2003) et de Miles et Huberman (1991). Nous allons dans les lignes qui suivent décrire le processus de recherche en ne niant pas avoir fait preuve d'un certain « *opportunisme méthodique* », (Girin, 1989). Le choix a été porté sur **une méthodologie qualitative** basée sur un recueil des informations par le biais d'observations, d'entretiens et de sources documentaires primaires et secondaires indispensables pour l'analyse de phénomènes complexes qui incluent des variables qualitatives et aux frontières floues, (Miles et Huberman 1991, Yin 1994).

Tout l'enjeu méthodologique de cette recherche repose sur l'idée que **la « réalité territoriale » n'existe pas en soi**, la réalité est un construit social et au-delà même, c'est dans les jeux d'interaction interpersonnels que se forge un sens intersubjectif de la réalité, (Berger et Luckman, 1996). De ce point de vue, la compétitivité territoriale est un construit que nous allons tenter de re-construire en passant l'empirie au travers d'un tamis méthodologique spécifique et spécifié. Pour analyser et comprendre cette réalité territoriale, nous avons donc fait le choix initial non pas d'une réalité objective et explicable selon les canons de l'analyse cartésienne et positiviste, à l'inverse nous avons décidé d'opérer une reconstruction d'une des « *réalités complexes auxquelles s'intéressent les sciences de l'organisation* », Koenig (1993). Le piège méthodologique que nous souhaitions éviter avant tout était celui tendu par une vision dite traditionnellement « localiste ». En effet, sans une approche épistémologique et méthodologique originale, nous aurions pris le risque d'étudier plus le contenu et la dimension idiosyncrasique en la décrivant[133], que les processus et la dimension diachronique en cherchant à l'évaluer, le comprendre ou l'expliquer.

Nous allons présenter maintenant les étapes retraçant la construction de notre objet de recherche avec notre design qui est destiné à la mise en relation de notre questionnement

---

[133] Desage et Godard, 2005, nous éclaire a ce propos sur le risque encouru par la tentation de décrire ce qu'il se passe sur le territoire en excluant celui-ci d'un contexte plus grand que lui : « *A la manière des mythes grecs, tirant leur force du mystère entourant leur genèse, les mythes de l'action publique locale ont souvent l'apparence de récits apocryphes* », (p. 659).

initial avec les données qualitatives que nous avons collectées et les conclusions que nous avons pu tirer (Yin, 1989, p. 27). Nous présenterons ensuite la méthode de recherche par étude de cas, nos différents modes de recueil des données qualitatives ainsi que la méthode de traitement des données adoptée.

A. *Le design de la recherche :*

Développer une recherche sur la compétitivité territoriale en sciences de gestion impose d'élaborer une véritable stratégie de travail. A ce titre il nous a fallu déterminer un design de recherche retraçant l'architecture des principales étapes nécessaires à son élaboration. Le design de la recherche constitue pour le jeune chercheur un fil d'Ariane permettant de se retrouver dans les étapes multiples constitutives de la démarche. Pour Royer et Zarlowski (2007), il doit s'agir de constituer « *la trame qui permet d'articuler les différents éléments d'une recherche : problématique, littérature, données, analyse et résultats* », (p. 139). La présentation du design de recherche permet de garantir la robustesse et la scientificité du travail mené par le chercheur. Nous allons donc présenter d'abord les séquences de la recherche, avant de rappeler notre problématique et les différentes questions de recherche. Nous justifierons ensuite la nécessité d'une **approche exploratoire hybride** avant de décrire la démarche d'analyse de contenu des matériaux qualitatifs recueillis.

1. Les séquences de la recherche

Les différentes séquences de la recherche sont présentées dans le **tableau 4.3** ci-après avec les étapes formalisant les objectifs, les moyens mis en oeuvre et les résultats obtenus.

La première séquence du travail doctoral avait pour objectif une analyse et une **exploration théorique de la littérature**. Ce travail primordial nous a permis de délimiter un cadre conceptuel pour l'étude du phénomène de la compétitivité territoriale. Dans cette optique il s'est agi de déterminer une typologie des systèmes de compétitivité territoriale afin de pouvoir qualifier le type de contenu territorial que nous allions étudier. Peu à peu s'est forgée notre conviction sur l'existence de la dimension idiosyncrasique du phénomène compétitivité territoriale. Nous en avons proposé une définition dans le chapitre précédent, avec un régime d'accumulation des modalités de proximité sous une logique « en marché ».

Tableau 4.3 Les étapes de la recherche

Etapes de la recherche	Moyens mis en œuvre	Résultats obtenus
1. Analyse et exploration théorique de la littérature.	Recherches documentaires, exploration théorique des concepts phares : - le territoire ; - les systèmes productifs ; - les processus d'actions publiques ; - les économies de proximité ; - la gouvernance.	Rédaction des trois premiers chapitres de la recherche : - analyse descriptive des contenus territoriaux par une typologie des systèmes de compétitivité territoriale ; - analyse descriptive des processus par une taxonomie des politiques publiques et des modèles-actions ; - analyse contextuelle, synchronique et systémique des modalités de management de la compétitivité territoriale.
2. Détermination de la démarche méthodologique. Questionnements sur les terrains de recherche.	Examen des ouvrages et des articles portants sur l'épistémologique et la méthodologie pour les sciences de gestion.	Choix du positionnement épistémologique : paradigme de complexité et constructivisme. Élaboration du dispositif de recherche : analyse qualitative et étude de cas longitudinale enchâssée.
3. Choix définitif des terrains de recherche. Étude de cas sur le terrain. Retour sur la littérature.	Collecte des données primaires et secondaires.	Analyse des données secondaires pour la présentation des cas. Préparation des données primaires : entretiens qualitatifs, retranscription des données, codage dans le logiciel QSR NVivo 7.
4. Analyse et explication de la démarche empirique par étude de cas.	Mise en perspective des matériaux qualitatifs obtenus avec les éléments théoriques issus de la littérature. Interprétation des résultats obtenus.	Confrontation des observations empiriques à la littérature mobilisée. Propositions théoriques sur les modalités de management de la compétitivité territoriale.

Source : inspiré de Hernandez, (2006), p. 160.

Nous avons par la suite délimité le champ des politiques publiques susceptibles de concourir à la recherche de la compétitivité territoriale en formalisant une taxonomie des modèles-actions. Ainsi, en examinant les politiques publiques volontaristes et territoriales (*bottom-up* et *top-down*) avons-nous décelé une dialogique des processus d'actions publiques. Ces éléments nous on permit de qualifier la dimension diachronique du phénomène compétitivité territoriale. Nous en avons proposé une définition dans le chapitre précédent, avec l'identification d'une étape inexplorée clairement par la littérature visant l'articulation des intentions finalisées et « situées » d'acteurs hétérogènes sous une logique « en société ». Nous avons également examiné les principaux éléments conceptuels concernant la gouvernance et intéressant l'objet de la recherche.

L'objectif du chapitre troisième était donc de questionner les modalités de management susceptibles d'exister dans des littératures différentes et d'en présenter les convergences par une **analyse contextuelle, synchronique et systémique de l'objet de la recherche**. Modalités par lesquelles les managers publics pourraient décliner des leviers pertinents de gestion pour penser et construire des territoires compétitifs. C'est ainsi que les modalités de proximité et de gouvernance sont apparues comme suivant une trajectoire cumulative permettant une construction incrémentale de la compétitivité territoriale.

En définitive, c'est lors de cette première étape de la recherche que nous avons rédigée les trois premiers chapitres formant **une revue de la littérature à la fois exploratoire et compréhensive**.

La deuxième séquence de la recherche avait pour objectif de déterminer la démarche méthodologique nécessaire pour questionner l'émergence des modalités du management de la compétitivité territoriale. Notre objectif visait alors à mettre en adéquation notre accès au terrain avec les questionnements théoriques que nous avions pu identifier lors de la première étape. C'est ainsi que s'est imposé notre positionnement épistémologique, qui, partant du paradigme de la complexité est fondamentalement **constructiviste**. L'analyse qualitative que nous avons menée s'est donc basée sur une **étude de cas longitudinale enchâssée** (Yin, 1994) dans l'optique de mener une recherche à la fois sur le contenu et sur les processus. Nous avons fait le choix de distinguer deux unités d'analyse (systèmes productifs), à étudier en profondeur et situés sur un même territoire institutionnel afin de plonger au cœur du phénomène de compétitivité territoriale.

La troisième séquence de la recherche a été l'occasion de conforter le choix de notre méthodologie. La recherche porte sur un **cas unique** : *le pays d'Aix* étudié longitudinalement (2005-2011) avec deux unités d'analyse distinctes et aisément identifiables. Ainsi, avons-nous choisi d'investiguer le système productif de *la micro-électronique située dans la Haute vallée de l'Arc* et plus précisément au sein des *zones d'activité de Rousset*. Le deuxième système productif choisi est celui de *l'environnement et du développement durable* situé sur le *plateau du petit Arbois*. Nous sommes donc allés interroger les acteurs de ces deux systèmes productifs afin de confronter nos observations et nos analyses en référence au phénomène de compétitivité territoriale. C'est à ce stade, que le territoire « holistique » du pays d'Aix que nous avions envisagé comme une simple variable de contrôle (afin de vérifier qu'il n'avait pas d'influence directe sur la compétitivité des deux systèmes productifs) s'est révélé important pour la suite de notre analyse. Lors de cette troisième étape nous avons donc recueilli de nombreuses données primaires et secondaires que nous avons synthétisées dans la présentation et l'analyse des résultats.

La quatrième et dernière séquence de la recherche a démarré quand le recueil de notre corpus de données fut terminé. Nous avons à ce stade suivi une **double stratégie** pour analyser les deux cas de la recherche. Nous avons d'abord souhaité **mettre en perspective nos observations empiriques avec les éléments issus de la littérature** afin de rationaliser notre processus de recherche et par là même s'assurer de la validité interne et externe pour chacun des cas étudiés (Yin, 1989). Pour cette première étape nous avons donc confronté nos observations à un triple niveau d'études, les contenus, les processus et des modalités de management :

- dans un premier temps nous avons examiné les matériaux recueillis sur le terrain afin de qualifier les contenus territoriaux des systèmes productifs observés. Cette première démarche a consisté à confronter les données recueillies avec les éléments issus de notre typologie des systèmes de compétitivité territoriale afin de qualifier la dimension idiosyncrasique des unités d'analyse ;

- la deuxième démarche avait pour objectif d'analyser les processus, c'est-à-dire les politiques publiques (volontaristes et territoriales) mises en oeuvre sur les systèmes productifs observés. Nous avons donc confronté les données recueillies à notre taxonomie des modèles-actions afin d'interroger la dimension diachronique des unités d'analyse ;

- Enfin, nous avons questionnés l'émergence éventuelle de modalités de management de la compétitivité territoriale dans les pratiques des managers territoriaux interviewés.

Ainsi, avons-nous autant que possible respecté les préconisations de Royer et Zarlowski (2007) gardant à l'esprit que « *l'évaluation de la qualité d'un design repose, d'une part sur la logique de l'ensemble de la démarche de recherche et, d'autre part, sur la cohérence de tous les éléments qui la constituent* », (p. 140). Proche d'un système holistique, le design représente la cohérence du projet de recherche. Les questions primordiales du design de la recherche ont donc été d'abord le *Quoi ?* visant à identifier le plus clairement possible l'objet de la recherche : la compétitivité territoriale. A la question du *Pourquoi ?* nous avions comme objectif de donner un cadre managérial à notre objet de recherche : le management de la compétitivité territoriale. Enfin, concernant la question essentielle du *Comment ?* nous avons finalement répondu par l'emploi d'une étude de cas longitudinale enchâssée.

Il faut préciser, bien sûr, que toutes ces étapes n'ont pas « coulées de source », les atermoiements ont été nombreux. Les fausses pistes, les avancées « fameuses » et autres découvertes par accident ont véritablement jalonnées cet exercice doctoral. Finalement, ce dernier n'a pu prendre une véritable cohérence d'ensemble qu'une fois pratiquement achevé. En ce sens la démarche de recherche peut apparaître comme un soulagement ou une forte déconvenue, ce ne fut heureusement pas notre cas.

2. Questionner la compétitivité territoriale ?

L'objet de la recherche est un élément primordial puisqu'il « *traduit et cristallise le projet de connaissance du chercheur, son objectif* », (Quivy et Van Campenhoudt, 1988). Dans la pratique, l'objet de recherche doit être élaboré au travers d'une question montrant la démarche par laquelle le chercheur souhaite construire la réalité. Comme le soulignent Bourdieu et Passeron (1964), « *un objet de recherche si partiel et si parcellaire soit-il ne peut être défini qu'en fonction d'une problématique théorique permettant de soumettre à une interrogation les aspects de la réalité mise en relation par la question qui leur est posée* ». Cette recherche, nous l'avons dit, interroge les interrelations entre les contextes, les contenus et les processus. L'opérationnalisation d'une **approche globale portant sur les contours** d'un phénomène relève disons-le d'une intuition de départ. Cette intuition a poussée à spécifier l'existence d'un aspect de la réalité potentiellement matérialisée et matérialisable par le phénomène de compétitivité territoriale.

Ainsi, la problématique générale de notre recherche a-t-elle pu être formulée comme suit : **en quoi consiste la compétitivité territoriale pour le développement local, quelles en sont les dimensions constitutives, et quelles modalités managériales ce phénomène est-il susceptible de faire émerger ?**

Le phénomène de compétitivité territoriale, **l'objet de la recherche est donc un construit**. Il est doublement construit : d'abord afin d'élaborer un projet de connaissance

329

représentant une réalité complexe et pouvant aboutir à l'élaboration de modalités utiles à destination des managers territoriaux. Ensuite car les observations, les interviews de notre démarche empirique nous ont permis d'apprécier la *praxis* des managers publics pour la construction de la compétitivité territoriale. Pour une recherche constructiviste, « *l'objet revêt sa forme définitive de façon quasi concomitante avec l'aboutissement de la recherche* », (Allard-Poesi et Marechal, 2007, p. 43). Cette démarche itérative, incrémentale et réflexive a été suivie pour l'élaboration de notre objet de recherche. A ce titre il nous a fallu circonscrire avec précision l'objet de la recherche, le phénomène de compétitivité territoriale s'inscrivant dans un cadre plus large : le management territorial. Casteigts (2003) par exemple, donne une définition instrumentale du management territorial qui « *permet de prendre acte du statut du territoire, comme acteur collectif et comme organisation globale* ». Cette vision instrumentaliste du management territorial ne pouvait convenir pour une approche par la complexité. En effet, les objets théoriques à l'origine de notre projet de connaissance renferment une telle richesse conceptuelle qu'il ne peut être abordé que « *selon sa construction, c'est-à-dire fondé sur l'observation et l'analyse des pratiques des managers territoriaux* », (Hernandez, 2006, p. 160).

L'unité d'analyse de cette recherche est le management de la compétitivité territoriale. Pour conduire notre recherche, nous avons donc eu recours, nous l'avons précisé à une démarche constructiviste. L'objectif étant d'apprécier l'émergence de pratiques de management de cette compétitivité territoriale, il nous a fallu délimiter un terrain de recherche riche mais aussi réaliste et réalisable dans sa dimension opératoire. De ce fait, nous avons opté pour une analyse en profondeur d'un seul cas comportant deux unités d'analyse. Les deux systèmes productifs que nous avons identifiés au sein du pays d'Aix comportaient pour chacun des éléments concrets de mise en oeuvre des politiques publiques que nous souhaitions étudier. Enfin, concernant la période d'analyse de la recherche, elle a pour but de borner l'intervalle temporel visant à la collecte des données sur l'objet étudié (Forgues et Vandangeon-Derumez, 2003). Précisons ici que comme pour toute étude longitudinale les temporalités se sont avérées primordiales et l'étude dans son intervalle la plus longue s'est étalée de 2005 jusqu'à 2011, nous y reviendrons.

Les questions de recherche découlant de notre problématique générale méritent d'être rappelées à ce stade, elles sont de plusieurs ordres. Les deux premières questions de la recherche concernent l'exploration théorique opérée dans les chapitres premier et deuxième, en l'occurrence :

- **Faut-il rechercher un modèle de développement territorial à tout prix ?** Voici la question que nous nous sommes posé dans le chapitre premier.

- **Les politiques publiques en faveur de la compétitivité territoriale : paradoxe ou dialogique ?** Celle-ci constitua le fil directeur de la rédaction de notre chapitre deuxième.

- **Les dimensions idiosyncrasiques et diachroniques constitutives du phénomène de compétitivité territoriale peuvent-elles faire émerger des modalités de proximité et de gouvernance en suivant un caractère cumulatif ?** Enfin, cette question est celle qui a guidé notre analyse contextuelle, synchronique et systémique de la compétitivité territoriale.

En définitive, nos questions de recherche ont véritablement accompagné la rédaction de la littérature en suivant une démarche itérative, incrémentale et réflexive de problématisation. Aussi les questions initiales étaient-elles :

- **En quoi consiste le phénomène de compétitivité territoriale au regard du développement local ?**

- **Quelles sont les dimensions constitutives de la compétitivité territoriale ?**

- **Quelles modalités managériales ce phénomène est-il susceptible de faire émerger ?**

Ce processus de problématisation de notre recherche se trouve justifié et justifiable par un recours à une véritable **exploration hybride de l'objet de la recherche**, alimentée par l'empirie comme par la théorisation. Il faut préciser par ailleurs que l'analyse de la construction du phénomène de compétitivité territoriale a relevé d'une étape primordiale. En effet, **l'articulation de la forme synchronique à la forme dynamique, de l'énergie potentielle à l'énergie cinétique du système a nécessité un changement de perspective.** D'une analogie mécanique, dans laquelle les acteurs sous une logique « en marché » construisent le capital idiosyncrasique du système territorial, il a fallu passer à une analogie biologique pour déceler la constitution d'une finalité auto-générative pour le système alors devenu complexe. Dans ce dernier cas, les acteurs guidés par une logique « en société » fondent un sens intersubjectif et partagé d'une « réalité territoriale » de projet, empreinte de prospective.

3. Une approche exploratoire hybride :

La voie de l'exploration pour les sciences de gestion vise « *à découvrir ou approfondir une structure ou un fonctionnement pour servir de grands objectifs : la recherche de l'explication (et de la prédiction) et la recherche d'une compréhension* », (Charreire Petit et Durieux, 2007, pp. 59-60). Notre démarche de recherche s'appuie sur une approche exploratoire hybride en ce sens qu'elles visent autant à montrer des **liens inédits entre des champs théoriques** qu'à explorer un phénomène en suivant le **principe de la « tabula rasa »**.

C'est ainsi que nous avons décidé de procéder par allers-retours entre des connaissances théoriques et des observations empiriques pour l'étude du phénomène de compétitivité territoriale. **C'est dans cette optique que la démarche suivie est abductive.** En effet, le phénomène de compétitivité territoriale a peu été étudié par les sciences de gestion et sous l'angle du management public. Il nous est donc apparu fondamental de travailler sur les deux plans afin d'une part de garder toujours un rapport aux conceptualisations existantes mais aussi de rester pragmatique vis-à-vis d'un champ praxéologique en pleine expansion.

B. *Les méthodes d'une recherche par l'étude de cas :*

Après avoir présenté le design de notre recherche, nous allons maintenant proposer notre démarche d'accès au terrain. L'étude de cas est la méthode la plus mobilisée en sciences de gestion dans le cadre de recherches qualitatives, (Hlady-Rispal, 2008). Un certain nombre d'auteurs ont participé à la diffusion de cette stratégie de recherche : Eisenhardt (1989), Miles et Huberman (1991), Feagin, Orum et Sjoberg (1991), Hamel, Dufour et Fortin (1993), Yin (1989, 1994, 2003), Stake (1995), David (2004), ou encore Koenig (2005). Nous présenterons d'abord la méthode de l'étude de cas avant de proposer une justification du recours à l'étude longitudinale d'un cas unique avec deux unités d'analyse enchâssées pour notre recherche.

Nous proposerons ensuite les outils de recueil utilisés pour la cueillette des données qualitatives. Enfin, nous préciserons la stratégie élaborée pour le traitement des données.

1. La méthode de l'étude de cas :

Si pendant longtemps l'utilisation des études de cas a été fustigée, les travaux de Miles et Huberman (1991), Yin (2003) et Eisenhardt (1989) ont permis la consécration de cette méthode utilisée lorsque « *les frontières entre le phénomène et le contexte n'apparaissent pas clairement* », (Yin, 2003, p.13). Particulièrement recommandée lorsque la recherche a trait à un champ nouveau, complexe, où la littérature est peu étoffée et où la prise en compte du contexte est « *déterminante pour l'élaboration du processus de compréhension* », elle permet d'étudier « *en profondeur et de manière intensive une ou plusieurs situations dans une ou plusieurs organisations* » (Evrard, Pras et Roux, 2003, p.89). Il s'agit donc bien d'une « *stratégie de recherche qui se concentre sur la compréhension de la dynamique actuelle dans des arrangements simples* » (Eisenhardt, 1989, p.534). Ainsi, présenterons-nous dans les lignes qui suivent la méthode de l'étude de cas avec une définition et la présentation des différentes options qui s'offrent au chercheur avant de justifier le choix d'une étude longitudinale de cas unique avec deux unités d'analyse enchâssées.

i. *Définition et typologies des études de cas :*

Parmi les méthodologies de recherche qualitative, nous l'avons dit, la méthode des cas est la plus utilisée. Nous reprenons ici la définition formulée par Yin (1994), la plus fréquemment citée, qui présente l'étude de cas comme « *une recherche empirique qui étudie un phénomène contemporain dans un contexte réel lorsque les frontières entre le phénomène et le contexte n'apparaissent pas clairement, et dans lesquelles des sources d'information multiples sont utilisées. En d'autres termes, on pourrait utiliser la méthode de l'étude de cas car l'on veut délibérément appréhender des conditions contextuelles en croyant qu'elles pourraient être extrêmement pertinentes pour l'étude de notre phénomène* », (p. 13). L'étude de cas est donc une méthode particulièrement appropriée dans le cadre d'une recherche portant sur un construit complexe tel que le notre visant à étudier les interrelations entre les contextes, contenus et processus en vue d'observer l'émergence de modalités managériales. Wacheux (1996), précise d'ailleurs qu'elle est « *une analyse spatiale et temporelle d'un phénomène complexe par les conditions, les événements, les acteurs et les implications* », (p.

89). L'appréhension d'un phénomène comme la construction de la compétitivité territoriale, objet de notre recherche, se prête parfaitement à cette définition. De plus, la méthode de l'étude de cas se trouve particulièrement indiquée dans les hypothèses où le phénomène étudié est peu connu de la recherche (Eisenhardt, 1989). **Le phénomène de compétitivité territoriale est à ce titre et à notre connaissance peu développé dans la littérature en sciences de gestion et plus particulièrement par le management public.**

Aujourd'hui, l'étude de cas est largement reconnue comme méthodes de recherche pour les sciences de gestion. Si sa reconnaissance comme stratégie de recherche « *repose principalement sur la forte validité interne de ses résultats* », (Ayerbe et Missonnier, 2007, p. 1), en revanche comme nous l'avons précisé des critiques subsistent sur ses critères de scientificité.

Yin (1989), à participé à la réhabilitation de la méthode de l'étude de cas en relativisant trois critiques fréquemment adressées à l'endroit de cette méthode de recherche :

- en premier lieu, en ce qui concerne le manque de rigueur de la méthode de l'étude de cas qui résulterait de biais et d'éléments subjectifs, Yin (1989, p.21) argumente que ces derniers affectent également des enquêtes ou des travaux d'expérimentation (principe d'Heisenberg). C'est pourquoi le chercheur doit apporter un soin particulier à la présentation de ses outils dans le but de renforcer la validité interne et la fiabilité de son étude de cas ;

- ensuite, de fortes critiques sont formulées à l'encontre de l'étude de cas en ce qui concerne la validité externe, (David, 2004). C'est la question de la généralisation analytique dans laquelle « *le but du chercheur et d'étendre et généraliser des théories (généralisation analytique) et non pas d'énumérer des fréquences (généralisation statistique)* », Yin (1989, p.21). En effet, à l'inverse d'un échantillonnage aléatoire la sélection des cas d'étude doit se faire selon l'intuition du chercheur quant à la possibilité de leur correspondance avec le phénomène examiné. Ainsi, l'étude de cas si elle ne peut faire l'objet d'une généralisation de type statistique permet une **généralisation théorique de type analytique** ;

- enfin, la dernière critique relevé par Yin (1989, p. 21), concerne l'abondance des données collectées. À cet effet le chercheur argumente qu'il existe des outils (logiciels notamment) permettant la condensation des données recueillies.

En définitive, nous pouvons observer les critiques adressées à la méthode de l'étude de cas sont nombreuses mais dépendent essentiellement du sérieux et de la présentation scientifique des méthodes employées par le chercheur. L'étude de cas est donc une stratégie de recherche adaptée à partir du moment où elle est en adéquation avec l'objet de la recherche (Hlady-Rispal, 2002). Le recours à la méthode des cas est particulièrement adapté lorsqu'une « *question de type « comment » ou « pourquoi » se pose sur un ensemble d'événements contemporains sur lesquels le chercheur a peu ou aucun contrôle* » (Yin, 2003b, p. 9). Notre objet de recherche de par sa complexité se prête parfaitement à ce type de questionnement.

La méthode de l'étude de cas ne constitue pas un corpus homogène au sein des sciences de gestion. Il existe une multiplicité de méthodes pour traiter des cas. En réalité on pourrait supposer qu'il existe autant d'études de cas que de cas qui puissent se présenter au chercheur. Nous allons rapidement présenter les différentes possibilités qui s'offrent à nous avant de justifier notre choix en faveur d'un cas unique étudié de manière longitudinale avec deux unités d'analyse enchâssées.

En premier lieu, il est possible de distinguer selon le caractère descriptif ou explicatif ce que le chercheur souhaite faire émerger de son étude de cas. Selon Yin (2003a), le cas descriptif visera à décrire un phénomène en profondeur vis-à-vis de son contexte ; le cas explicatif par l'étude des causalités cherchera à expliquer la survenance des événements.

Secondement, c'est souvent le statut de cas qui va imposer par lui-même un mode opératoire. Ainsi selon Stake (1998) et David (2004), il est possible de distinguer trois types d'études de cas :

- le cas instrumental, destiné à expérimenter une théorie retenue *a priori*, le cas joue alors « *un rôle de support et facilite notre compréhension d'autres choses* », (Stake, 1998, p.137) ;

- le cas collectif, qui constitue une extension de la méthode instrumentale à plusieurs cas afin de dégager des caractéristiques communes pour améliorer la théorie retenue, (Stake, 1998, p.138) ;

- le cas intrinsèque, qui est analysé en profondeur et sélectionné « pour lui-même ». Le choix du cas est justifié car « *dans toutes ses particularités et son ordinarité, ce cas lui-même est d'intérêt* », (Stake, 1998, p. 136). L'objectif du cas intrinsèque n'est pas la théorisation mais la compréhension en profondeur du cas.

Yin (2003a) distingue également :

- le cas extrême ou unique qui permet d'enrichir une voie de recherche encore jamais envisagée. Le choix d'une étude de cas unique permet au chercheur d'analyser et de comprendre une situation spécifique dans le but d'enrichir la connaissance scientifique ;

- le cas critique qui permet un apport significatif pour de nouvelles connaissances ou permet de tester « en profondeur » des théories déjà établies ;

- le cas longitudinal qui est destiné à apprécier le comportement d'un phénomène complexe dans sa dynamique temporelle ;

- enfin, le cas représentatif ou typique qui représente une situation susceptible d'exister par ailleurs et qui permet d'apporter des éléments de compréhension supplémentaires.

David (2004) quant à lui, parle également de cas typique lorsque celui-ci est « *particulièrement représentatif du cas général* », (p.11). Ou encore du cas inédit ou exemplaire s'attachant à l'étude d'un phénomène rare et qui par lui-même « *constitue potentiellement une référence (ou une anti-référence)* », (David, 2004, p. 11). Ce dernier envisage enfin les cas test par lequel le chercheur va confronter l'empirie à une théorie déjà existante pour la réfuter ou inversement l'enrichir.

Comme nous pouvons le constater, il existe un nombre croissant de type de cas ce qui fait écho, nous le pensons, à l'extrême variété et variabilité des situations de gestion du terrain. En définitive, cette complexité des situations managériales constitue à la fois une richesse puisqu'elle ouvre des voies pour mieux comprendre la réalité des praticiens ; mais elle peu révéler également une faiblesse puisque elle attire les chercheurs en sciences de gestion vers le « particulier » et de fait les éloigne de la généralisation.

ii. *Le choix d'une étude de cas longitudinale enchâssée :*

Nous avons donc présenté une définition de la méthode de l'étude de cas ainsi qu'une typologie des approches proposées par la littérature. Toutefois, chaque objet de recherche comme chaque cas emporte ses spécificités. La rédaction des lignes qui suivent doit beaucoup aux travaux de Musca (2006), qui a présenté la méthode de l'étude de cas longitudinale enchâssée de manière très pédagogique.

Le choix d'une démarche méthodologique ne doit pas cacher l'accès à la réalité que le chercheur tente de décrire ou d'expliquer. S'impose alors un certain niveau de pragmatisme pour l'adéquation entre l'objet de la recherche et le cas étudié. Comme le précise Stake (1998), « *l'étude de cas n'est pas un choix méthodologique, mais un choix en fonction de l'objet qui est étudié* », (p. 86). Ce dernier d'ajouter, que « *l'objectif de l'étude de cas n'est pas de représenter le monde, mais de représenter le cas* », (Stake, 1998, p. 104).

Par ailleurs, Yin (1994), préconise le recours à l'étude de cas lorsque la stratégie de recherche nécessite que « *les questions comment et pourquoi se posent, quand le chercheur n'a que peu de contrôle sur les événements et lorsque le centre d'intérêt porte sur un phénomène contemporain au sein d'un contexte social réel* », (p.1). De ce point de vue, l'étude de cas se trouve particulièrement adaptée pour une exploration de notre objet de recherche. En effet, la construction des dimensions du phénomène de compétitivité territoriale interroge le « pourquoi » alors que la construction des modalités managériales que nous souhaitons voir émerger interroge le « comment ». La complexité inhérente à un tel phénomène qui prend ses sources dans des logiques aussi variées que le développement économique, l'aménagement du territoire et le management territorial ne nous confère par ailleurs aucun contrôle sur les événements. Enfin, la « réalité territoriale » que nous souhaitons interroger s'inscrit : d'une part dans une époque contemporaine articulant des contextes (axiome global) de mondialisation, de globalisation, d'économie du savoir, de la connaissance, de l'apprentissage et d'une recherche accrue de l'innovation des entreprises pour déclencher une potentielle compétitivité territoriale. Et d'autre part, au-delà des éléments contextuels l'évolution des systèmes productifs que nous observons tout comme les politiques publiques qui y sont implémentées s'inscrivent dans le contexte social voire sociétal contemporain.

Nous avons donc justifié dans les lignes ci-dessus l'intérêt du recours à la méthode de cas pour l'appréhension de notre objet de recherche. Nous avons également présenté une typologie permettant d'aborder les cas en fonction de leur statut et de la nature des connaissances que l'on souhaite voir émerger. Comme le souligne Hernandez (2006), « *le thème du management territorial a été jusqu'à présent peu abordé en sciences de gestion de façon globale* », (p. 170). De surcroît, notre recherche a pour ambition d'explorer le phénomène de compétitivité territoriale au travers de ses contextes, de ses contenus et de ses processus. Nous nous inscrivons donc dans la lignée des travaux contemporains sur le changement destinés à *servir autant la théorie que la pratique en explorant à la fois les contextes, les contenus et les processus, ainsi que leurs interactions au cours du temps* (Pettigrew et al., 2001). Cette appréhension globale et complexe de notre objet ne nous permet pas de bénéficier d'une approche empirique prédéterminée. Notre méthodologie par étude de cas a donc été construite « chemin faisant » afin d'aborder une problématique de recherche encore non étudiée par la littérature, à tout le moins sous l'angle du management public.

Une étude de cas peut porter sur un cas unique ou sur plusieurs cas et le design peut être holistique ou enchâssé ou encastré, (Yin, 2003a). Le **tableau 4.4** ci-dessous représente ces différentes options qui s'offrent au chercheur lors de sa démarche empirique.

Tableau 4.4 Les designs d'étude de cas

	Cas unique	Cas multiple
Design holistique (une seule unité d'analyse)	**Type 1**	Type 3
Design enchâssé (plusieurs unités d'analyse)	**Type 2**	Type 4

Source : adapté de Yin (2003a), p. 40.

Nous avons opté pour une étude longitudinale de cas unique enchâssée (**type 2**) qui comporte selon Yin (2003a), plusieurs sous-unités d'analyse au sein du cas et des investigations sont menées à la fois au niveau du cas d'ensemble et des sous-unités. A ceci nous souhaitons ajouter un élément fondamental. En effet, si pour l'étude de cas avec un design enchâssé il est possible de mener des investigations au niveau du cas d'ensemble, il s'agit d'un design emportant une systémique holistique. **Ceci car la volonté d'étudier les éléments et le tout en postulant que l'accumulation des éléments excède le tout suit un raisonnement purement holistique.** C'est bien ce qu'entend Yin (2003a) quand il met en garde contre le danger de surévaluer l'importance des unités d'analyse au détriment du cas d'ensemble, qui deviendrait de ce fait, un contexte d'étude. Ainsi, notre design d'étude de cas à un niveau primaire est-il donc bien ce lui de **type 2** en ce que l'analyse porte sur des unités identifiées. Mais à un niveau secondaire le design de l'étude de cas est aussi holistique, donc de **type 1**. De ce point de vue nous argumentons qu'**il est impropre d'opposer les études de cas de type 1 et de type 2 à l'occasion d'une approche constructiviste et complexe** comme la notre. A l'inverse, le design de l'étude de cas de type 2, enchâssée donc, recouvre nécessairement une systémique holiste, celle du design de **type 1**. En revanche, l'inverse n'est pas vrai.

Ceci dit, le design de recherche encastrée permet au chercheur de focaliser et de spécifier le phénomène étudié. Par ailleurs, le recours à une telle stratégie empirique permet une certaine flexibilité méthodologique, ceci pour aborder un même phénomène sous des angles différents. Une analyse processuelle conduite par une étude de cas longitudinale et enchâssée permet de s'intéresser à des phénomènes qui s'étendent dans le temps et dans l'espace, qui engagent des faisceaux de causalité multiples, (Pettigrew, 1990). En ce sens, ce **design de recherche encastrée convient bien à une recherche abductive**, (Musca, 2006). L'objectif de ce type d'analyse permet au chercheur de se confronter à des données riches et variées et à différents niveaux, (Dougherty, 2002).

Comme l'indique Musca (2006), « *un design enchâssé est approprié dans le cas d'une recherche mixte portant à la fois sur le contenu et sur le processus* », (159). Ce type d'analyse permet en effet au sein d'une même recherche :

- la **comparaison des unités sous un mode synchronique** (analogie mécanique), cela nous permettant de qualifier les contenus des systèmes productifs identifiés (design encastré) et celui du cas dans son ensemble (design holistique) ;

- de **comparer la dynamique temporelle d'évolution des unités** (analogie biologique), avec l'implémentation des processus d'actions publiques au sein de chaque unité (design encastré) et au niveau du cas dans son ensemble (design holistique).

Nous justifions l'emploi du design holistique car, au-delà de l'étude cas d'ensemble, il nous semble qu'il s'agit non pas de faire du cas un contexte pour l'étude mais au contraire **un cadre de contrôle supplémentaire de l'influence du contexte sur les unités d'analyse**. En d'autres termes et pour exemple : la vérification des influences de l'axiome global sur le comportement des unités d'analyse (systèmes productifs) pourra être comparée au comportement du cas (pays d'Aix) face à ces mêmes influences. Le choix d'un cas unique révèle pour notre recherche un double caractère d'opportunité et de contrainte. Une opportunité tout d'abord, liée à un accès au terrain privilégié du fait de la proximité et de notre bonne connaissance du contexte local, le pays d'Aix. A ce propos, comme l'indiquent Drucker-Godard, Ehlinger et Grenier (2007), il est intéressant pour la restitution du travail de recherche de relier le système de représentation du chercheur, son expérience académique et professionnelle à l'objet étudié pour justifier certaines prises de positions. De ce point de vue, notre paradigme personnel (Passeron, 1991), constitue un atout que nous avons souhaité mettre en valeur dans l'accomplissement de ce travail doctoral voir **encadré 4.4** ci-dessous.

Une contrainte ensuite puisque comme le souligne Yin (2003a), la conduite des études de cas multiples (même si elle est préférable dans une logique de réplication) requiert du temps et des ressources qui vont souvent au-delà des moyens d'un chercheur indépendant. Le recours à une étude de cas multiples avec un design enchâssé aurait été trop coûteux en temps et en ressources au risque de mettre en péril l'aboutissement de notre travail doctoral. Comme le précise Musca (2006), les études longitudinales multi-cas sont préférablement conduites par des chercheurs travaillant en équipe, (p. 156).

Un autre problème pouvant potentiellement émerger d'une étude longitudinale de cas avec un design enchâssé consiste à focaliser essentiellement sur les unités d'analyse au détriment du cas lui-même, reléguant ce dernier à un élément de contexte plutôt qu'un cas à analyser, (Yin, 2003a). A ce titre, l'objectif d'un design encastré impose au chercheur d'avoir à la fois une vision au niveau des unités d'analyse qu'une vision au niveau du cas dans son ensemble. On le comprend aisément cette caractéristique est essentielle pour distinguer l'étude de cas enchâssée d'une étude de cas multiples.

De formation juridique, mon intérêt pour la « chose publique » s'est éprouvé dès 1999 au sein du pays d'Aix. Après quatre années passées à la Faculté de droit, c'est en intégrant l'institut de management de management public et de gouvernance territoriale que j'ai élargi mes compétences aux sciences économiques et de gestion. A cette occasion, j'ai effectué un stage de 4 mois au sein de la communauté d'agglomération du pays d'Aix. Intégré au sein du service dédié au projet de territoire courant 2005, j'ai pu observer et participer à de nombreuses réunions concernant l'élaboration du projet. A l'issue de ce stage de Master, j'ai rédigé un mémoire de fin de cursus intitulé alors « naïvement » : *Démarches vers une concrétisation des politiques publiques territoriales*. Ce mémoire, malgré tous ses défauts (candeur, manque de cadres théoriques, etc.) visait à proposer une analyse de capacité institutionnelle (réalisée à mi-parcours) du projet d'agglomération du pays d'Aix. Mon intérêt pour la compétitivité territoriale était donc déjà bien établi ; il suivait alors une logique « en société ». Une année de formation aux recherches en sciences de gestion à l'institut d'administration des entreprises m'a permis d'acquérir les outils nécessaires à la conduite de la présente recherche. J'ai alors rédigé un mémoire de fin de cursus intitulé : *Vers une approche par les ressources des actions publiques: les mutations territoriales comme vecteur d'efficience*. A l'inverse de mon premier essai, ce dernier a tenté une approche « en marché » visant par une approche conceptuelle à transposer les théories de l'entreprise (ou de l'industrie) à la matière territoriale.

Au final, une bonne connaissance du milieu public et privé m'a permis une certaine facilité d'accès au terrain. Cette recherche a donc une temporalité large puisqu'elle s'appuie sur les réflexions, des observations et des formations s'étant étalonnées sur une période allant de 2005 jusqu'à 2011. Par ailleurs membre de l'observatoire Homme-milieu du bassin minier de Provence, ma sensibilité sociologique et transdisciplinaire s'est enrichie à des occasions diverses (colloques, réunions, séminaires, etc.). C'est ainsi qu'un cheminement visant à explorer différentes approches a pu forger une intuition liminaire : celle de la nécessité d'arbitrer entre la réalité des politiques publiques territoriales (logique « en société ») et les besoins de théoriser la performance de l'action publique (logique « en marché »). Ce travail doctoral est évidemment influencé par ces expériences, il apparaissait important de l'expliquer.

Source : Auteur.

L'étude de cas longitudinale requiert la réunion de trois conditions (Forgues et Vandangeon-Derumez, 1999) :

- les données doivent être recueillies à l'occasion de deux périodes distinctes au moins ;

- les sujets sont comparables d'une période à l'autre ;

- l'analyse vise à comparer les données recueillies entre différentes périodes ou à retracer l'évolution observée.

En ce qui concerne notre cas d'étude, les trois réunions sont réunies. Les données ont été recueillies à l'occasion de trois périodes distinctes. La première période de recueil s'est opérée en temps réel en 2005 lors de l'élaboration du projet de territoire, puis en rétrospective entre 2010 et 2011. En effet, comme le rappelle Musca (2006), l'étude peut être menée « *de façon rétrospective ou bien en temps réel* », (p. 157). Pour ainsi dire, nous avons réalisé les deux types d'approche en ce qui concerne le cas d'ensemble, donc l'étude de la politique publique territoriale sur le pays d'Aix. En revanche, pour les politiques publiques volontaristes, celle des pôles de compétitivité au niveau national et celle des PRIDES au niveau régional les temporalités de recueil ont été différentes. Rappelons que les pôles et les PRIDES ont été lancés à partir de 2005, les structures ont ainsi été mises en place progressivement au sein des deux unités d'analyse. Nous les avons donc investigués entre 2009 et 2011. En définitive nous pouvons dire que seul le cas d'ensemble a pu réellement faire l'objet d'une comparaison « en temps réel ». Pour les politiques volontaristes (pôles et PRIDES) en revanche, nous avons retracé la genèse et l'évolution des structures de manière rétrospective.

2. Présentation du cas et des unités d'analyse :

Les avantages d'un design encastré sont nombreux. A ce titre, Yin (2003a), rappelle que la possibilité de disposer de plusieurs unités d'analyse au sein d'un cas d'ensemble aide le chercheur à focaliser la recherche. Pour présenter avec précision notre démarche d'accès au terrain, nous avons retracé les différentes phases de recueil des données de la recherche selon trois périodes distinctes, (voir **tableau 4.5**, ci-après).

Tableau 4.5 Cas, unités d'analyse et temporalités de l'étude de cas

Cas unique Pays d'Aix		
Unité d'analyse 1 Système productif Environnement, Domaine du petit Arbois	**Unité d'analyse 2** Système productif Microélectronique Rousset, Haute vallée de l'Arc	
Période 1 (2005-2006)	**(Période 2)** (2007-2009)	**Période 3** (2009-2011)
Elaboration et contractualisation d'un projet de territoire pour le pays d'Aix **Observation participante (4 mois)** **Recueil en temps réel**	Exécution du projet d'agglomération **Entretiens exploratoires** **Recueil rétrospectif**	Elaboration d'un diagnostic territorial (SCOT) **Entretiens semi-directifs** **Recueil en temps réel**
Phase de démarrage des politiques pôles et PRIDES	Première évaluation des pôles et PRIDES **Entretiens exploratoires** **Recueil rétrospectif**	Deuxième évaluation des pôles et PRIDES **Entretiens semi-directifs** **Recueil en temps réel**

Source : Auteur.

L'objectif de notre recherche consiste donc à retracer la construction du phénomène de compétitivité territoriale par les managers territoriaux sur un cas unique : le pays d'Aix. De plus, dans l'optique de dégager des résultats théoriques novateurs **nous avons identifié deux systèmes productifs au sein du pays d'Aix** qui constituent nos deux unités d'analyse. Langley (1999) précise à ce sujet qu'en analysant plusieurs unités au sein du cas, il est plus aisé de scruter différentes facettes d'un ou de plusieurs processus, à différents moments de leur déroulement. Nous souhaitions en effet, **analyser trois processus d'actions publiques** : deux politiques volontaristes avec les pôles de compétitivité (échelle nationale) et les PRIDES (échelle régionale) ainsi qu'une politique publique territoriale avec le projet de territoire (échelle intercommunale). Ainsi donc avons-nous sur un cas unique **étudié l'évolution de deux espaces en observant trois processus aux temporalités différenciées**. Seule une étude longitudinale, constructiviste et systémique pouvait nous permettre une telle entreprise. Détaillons maintenant la phase de recueil des données qualitatives.

3. Le recueil des données qualitatives :

Comme nous l'avons précisé, notre étude longitudinale de cas enchâssé suit une approche qualitative. Cependant, « *le label de méthodes qualitatives n'a pas de signification précise dans quelques sciences sociales que ce soit. C'est au mieux une « expression parapluie » couvrant un ensemble de techniques interprétatives qui cherchent à décrire, décoder, traduire et généralement percer le sens et non la fréquence de certains phénomènes survenant plus ou moins naturellement dans le monde social* », (Van Maanen, 1979, p. 520). Le recueil des données qualitatives est destiné à nous permettre de mieux comprendre le phénomène de compétitivité territoriale au travers des **modalités et pratiques de management effectivement mobilisées** par les managers territoriaux sur le terrain. La collecte des données constitue une étape fondamentale du processus de recherche, elle permet au chercheur « *de rassembler le matériel empirique sur lequel il va fonder sa recherche* », (Baumard et al., 2007 p. 102). Les données qualitatives se présentent sous forme de mots plutôt que de chiffres, « *elles permettent de description et des explications riches et solidement fondées de processus ancrés dans un contexte local* », (Miles et Huberman, 1991, p. 22). Par ailleurs, comme le précisent Paillé et Mucchielli (2003), une donnée qualitative est une donnée de signification immédiate revêtant une forme discursive. Baumard et al., (2007), opèrent une distinction entre les données primaires et les données secondaires et précisent l'importance de croiser ces deux types de données. Les données primaires sont celles recueillies au moyen des entretiens et des observations qu'effectue le chercheur lors de son accès au terrain. Les données secondaires quant à elles, correspondent aux documents et archives internes ou externes que le chercheur peut se procurer afin de compléter son analyse. Les données secondaires facilitent la triangulation des données (Weick, 1993).

Selon Yin (1994), le recueil des données nécessaires à l'élaboration d'une étude de cas peut se faire au travers de six sources : les documents, les archives, les entrevues, l'observation directe, l'observation participante et des objets physiques. En effet, l'étude de cas est une « *étude dont les sources de données sont multiples et convergent* », (Yin, 1994). Notre recherche sur la compétitivité territoriale appliquée au cas du pays d'Aix a nécessité la mobilisation de quatre sources sur les six proposées. Aussi, allons-nous dans les paragraphes qui suivent présenter les différentes phases de recueil des données qui se sont échelonnées dans le temps afin de servir notre étude longitudinale de cas enchâssé.

344

i. *Observations participante et non participante :*

L'observation est un mode de collecte des données à part entière. L'objectif pour le chercheur revient alors à observer « *des processus où les comportements se déroulant dans une organisation, pendant une période de temps délimitée* », (Baumard et al., 2007, p. 244). Deux types d'observation peuvent être dégagés en fonction de la position du chercheur vis-à-vis des sujets observés, (Jorgensen, 1989). Nous avons, au travers de notre recherche expérimenté ces deux formes d'observation : l'observation participante et l'observation non participante.

L'observation participante d'abord, s'est déroulée dans le courant de l'année 2005 lors d'un stage de quatre mois effectué au sein du service « Projet d'agglomération ». Ce service dépendait à l'époque de la Direction Générale Adjointe « Aménagement et prospective » de la Communauté d'agglomération du pays d'Aix. Cette **immersion totale** (temps plein) nous a alors permis de prendre connaissance, des enjeux, des équipes et des différents interlocuteurs partie-prenante au projet territorial du pays d'Aix. A cette occasion nous avons pu réaliser un certain nombre d'entretiens non directifs (voir paragraphe suivant) et surtout, observer « activement » les démarches mises en œuvre pour l'élaboration dudit projet. Nous avons assisté à de nombreuses réunions de travail impliquant différentes collectivités territoriales et l'Etat, notamment concernant la contractualisation et les accords de partenariats. En définitive, ce premier accès au terrain s'est avéré déterminant pour le commencement de notre recherche. Cette clé d'entrée privilégiée au terrain de notre recherche a peu à peu forgé l'intérêt de formaliser l'étude du phénomène de compétitivité territoriale du point de vue de l'action publique[134].

Il s'en est suivi le mode de l'observation non participante. Cette technique de recueil des données s'est avérée d'une complémentarité judicieuse pour notre recherche. Cette forme d'observation n'a pas suivi de caractère systématique et s'est traduite concrètement par des immersions « spontanées » au sein même des structures visitées. L'observation non participante s'est naturellement déroulée lors de la phase des entretiens semi-directifs menée auprès des pôles de compétitivité et des PRIDES. Dans ce cadre, comme l'a remarqué Yin (1989), nous avons pu observer des indicateurs tels que le climat social, les conditions de

---

[134] Nous reviendrons plus largement sur cette expérience dans la seconde partie du travail doctoral avec la présentation des résultats de notre recherche.

travail, les modes d'organisation de chaque structure, etc. Au-delà même, ces immersions « sporadiques » au sein des structures, notamment du fait de leur caractère répété nous ont également permis d'apprécier un certain nombre d'attitudes et d'indicateurs non verbaux permettant de compléter notre analyse de chacune des structures et des individus rencontrés[135].

En définitive, un recours systématique à l'observation, à la curiosité voire aux intrusions inopinées dans des salles de réunions à l'occasion de flâneries a forgé en nous une intime conviction : **observer c'est tenter d'apercevoir autre chose que l'on regarde.**

> *ii.* <u>*Les entretiens libres ou non directifs :*</u>

Selon Baumard et al., (2007), « *l'entretien est une technique destinée à collecter, dans la perspective de leur analyse, des données discursives reflétant notamment l'univers mental conscient ou inconscient des individus* », (p. 241). A l'occasion de notre étude, nous avons eu l'occasion de mener des entretiens individuels et des entretiens de groupe. Pour la recherche qualitative, le principe de non-directivité permet à l'interaction entre le chercheur est le sujet interrogé de laisser place à l'empathie et à la « *génération d'émotions* », (Douglas, 1985). Conformément aux préconisations de Baumard et al., (2007), la totalité des entretiens a été enregistrée à l'aide d'un magnétophone ceci nous permettant une analyse en profondeur des discours afin de dégager des éléments significatifs des contenus recueillis. Notre recherche visant une exploration hybride du phénomène de compétitivité territoriale, nous avons dans un premier temps eu recours à des entretiens non directifs. Dans l'entretien non directif, l'investigateur définit un thème général sans intervenir sur l'orientation du propos du sujet, (Baumard et al., 2007). Deux catégories d'entretiens non directifs peuvent être ici restituées.

En premier lieu, des entretiens libres ont été menés auprès de personnalités qualifiées du monde académique mais impliquées également dans les processus d'actions publiques à l'œuvre au sein de notre terrain de recherche. Ces entretiens non directifs ont également été réalisés auprès des managers territoriaux[136] en charge de responsabilités sur le périmètre d'ensemble du cas c'est-à-dire le pays d'Aix. En effet, les personnes interrogées à cette

---

[135] Ici encore, comme pour l'observation participante, les éléments recueillis seront intégrés dans la partie suivante et serviront d'éléments d'appuis à l'analyse de contenu.
[136] Voir en **annexe 4** pour un récapitulatif des managers territoriaux interrogés, des différents postes occupés et de leurs structures d'appartenance.

occasion appartenaient à la structure intercommunale, (Communauté d'agglomération du pays d'Aix) et aux agences publiques de développement et d'aménagement de cet EPCI, (Pays d'Aix Développement et Agence d'Urbanisme du Pays d'Aix).

Au total, c'est environ une quinzaine d'entretiens non directifs qui ont été conduits afin de mieux spécifier notre problématique de recherche et d'identifier les sous unités d'analyse de notre étude de cas. Les matériaux recueillis lors de ses entretiens non directifs ont été utilisés « *de façon heuristique est émergente à des fins d'accumulation de la connaissance sur un domaine* », (Baumard et al., 2007, p. 242). L'objectif affiché de cette première démarche sur le terrain était alors d'**affiner notre problématique de recherche**, de s'imprégner de notre cas d'étude et de construire une stratégie empirique réaliste et réalisable. A cette occasion, nous avons notamment, grâce à l'aide et à l'expertise des managers territoriaux interrogés, pu identifier nos unités d'analyse, i.e. les deux systèmes productifs structurants du pays d'Aix.

iii.   *Les entretiens semi-directifs :*

A la différence de l'entretien non directif, l'entretien semi directif nécessite l'utilisation d'un guide structuré qui permet aux chercheurs d'aborder une série de thèmes préalablement définis. Les entretiens semi-directifs ont été menés de façon systématique auprès des managers territoriaux ayant la charge de la politique publique nationale (pôles de compétitivité) et régionale (pôles régionaux d'innovation et de développement économique solidaire). L'intérêt d'une démarche systématique visait ici la conduite d'un plus grand nombre d'entretiens permettant la **comparaison des pratiques mis en œuvre par les managers territoriaux** au sein des deux unités d'analyse que nous avions pu identifier.

Il convient de noter cependant que ces entretiens ont dans la pratique pris une forme « mixte ». En effet, lors d'un entretien semi directif « *l'enquêteur reste libre, quant à la façon de poser les questions, leur libellé, leur ordre, il peut en rajouter, mais il est tenu de recueillir les informations exigées par la recherche* », (Grawitz, 1996, p. 589). Il s'agissait à la fois d'adopter une série de thèmes de manière récurrente et systématique à des fins de comparaison mais aussi de garder une certaine part de **non-directivité afin de laisser émerger le maximum d'indices** intéressants notre recherche. Dans cette optique nous avons suivi la préconisation de Rubin (1994), qui vise à ajuster le questionnement aux connaissances réelles des individus rencontrés. En définitive, une certaine flexibilité a marqué l'ensemble de notre démarche empirique ceci nous permettant de servir au mieux l'objectif d'appréhender un phénomène complexe comme la compétitivité territoriale.

Le nombre d'entretiens qui ont été conduits pour notre cas d'étude ou au sein de chacune des unités d'analyse enchâssée, n'a pas été défini *a priori*. Nous avons à cet effet suivi le principe de saturation théorique telle qu'il est préconisé par (Glaser et Strauss, 1967). Ce principe de saturation théorique s'est révélé dès lors que les discours des différents interviewés devenaient récurrents et n'apportaient plus que des informations supplémentaires résiduelles. Nous renvoyons le lecteur à l'**annexe 5** afin de prendre connaissance de la grille d'entretien utilisée pour cette recherche.

iv. *Les entretiens de groupe :*

Les focus group « *permettent la diversité et la divergence d'opinions. Les participants négocient des significations, créent de nouvelles significations. Ils permettent aussi d'étudier les processus collectifs de résolution de problèmes* », (Coutelle, 2005, p. 14). Les entretiens de groupe ou « focus group », consistent à réunir plusieurs interviewés dans une même unité de temps et d'espace afin de les confronter à l'objet de la recherche. Comme le notent (Fontana et Frey, 1994), ce type d'entretien recouvre un double emploi : **explorer une problématique et identifié des informateurs clés**. Il est important de noter que ces entretiens de groupe sont pour la plupart survenus de manière inattendue, impromptue. En effet, c'est à l'occasion d'un rendez-vous dans un service de la collectivité territoriale ou au sein d'une agence publique que les managers se sont volontairement impliqués dans la démarche. Nous avons alors fait preuve d'opportunisme méthodique au sens entendu par Girin (1989), quand il déclare que « *l'intérêt du programme systématique réside justement dans les entorses qu'on lui fait. Dans le domaine de la recherche en gestion et les organisations, il est clair que les événements inattendus et dignes d'intérêt sont propres à bouleverser n'importe quel programme, et que la vraie question n'est pas celle du respect du programme, mais celle de la manière de saisir intelligemment les possibilités d'observation qu'offrent les circonstances* ». Ces événements inattendus se sont révélés être de véritables sources d'information pour formaliser notre méthode de recherche notamment au travers d'une co-construction avec les managers territoriaux. De ce point de vue, malgré les réticences de la communauté académique vis-à-vis de ce mode de recueil des données, il faut bien avouer que ces « focus group » se sont avérés être d'une grande richesse pour la conduite de notre recherche.

    v.   <u>*Les données secondaires :*</u>

Les données secondaires ou données « *de seconde main* » présentent l'avantage d'être une source d'accès facile au terrain. Cependant, elles ne constituent « *qu'une information imparfaite sur l'existence et la qualité de ces données qui, de plus, sont souvent difficilement accessibles* », (Baumard et al., 2007, p. 228). Il convient de noter néanmoins que nous avons pu avoir accès à un très grand nombre de données secondaires que ce soient des archives, des documents internes ou externes. Les données secondaires ne sont pas à négliger, elles constituent un élément crucial susceptible de maintenir la chaîne de preuve, (Miles et Huberman, 1991), mais aussi et surtout elles permettent la triangulation des données, (Denzin, 1978 ; Yin, 1994).

4. <u>Le traitement des données qualitatives :</u>

Pour les analyses qualitatives en particulier, le traitement est une phase particulièrement importante. Comme l'écrit Jodelet (2003), « *opérer sur un mode qualitatif c'est traiter des symboles linguistiques et donc tenter de réduire la distance entre le signifié et le signifiant, entre la théorie et la donnée, entre le contexte et l'action. Les phénomènes sont plus ambigus* ». C'est véritablement lors de cette étape que le chercheur plonge au cœur de son objet de recherche, c'est une phase tout aussi exaltante qu'inquiétante. La découverte de résultats ne saute pas aux yeux du chercheur, il lui faut étudier ses données en profondeur. L'important est de garder à l'esprit que « *le chercheur est le plus important des instruments de recherche* », (Poisson, 1991, p.19).

Dans le cas de l'analyse qualitative le chercheur doit être au centre du processus de recherche. « *L'analyse qualitative peut être définie comme une démarche discursive de reformulation, d'explicitation ou de théorisation d'un témoignage, d'une expérience ou d'un phénomène. C'est un travail complexe qui consiste, à l'aide des seules ressources de la langue, à porter un matériau qualitatif dense et plus ou moins explicite à un niveau de compréhension ou de théorisation satisfaisant* », (Paillé, 1996). L'analyse qualitative constitue un processus de recherche itératif et continu dans lequel le chercheur doit : 1) collecter les données (les réduire et les coder), 2) présenter les données, 3) avant de les interpréter afin de formuler et de vérifier les conclusions, (Miles et Huberman, 1991, pp. 29-31). Le point essentiel d'une analyse qualitative repose sur le va-et-vient entre ces trois phases de l'analyse. Nous avons présenté dans la partie précédente notre protocole de recueil des données, le traitement des données par analyse qualitative s'inscrit dans la suite logique du processus de recherche.

L'objectif de l'analyse qualitative est de **donner du sens à des phénomènes complexes incluant au premier chef le facteur humain**. La compréhension voire, dans une moindre mesure l'explication, de ces phénomènes constitue l'objectif des analyses qualitatives pour les sciences de gestion. Le management public, *a fortiori* doit observer cet objectif au moins pour deux raisons : d'abord dans une optique purement gestionnaire de **recherche d'efficacité** mais également au travers d'une **dimension plus large d'intérêt général ou sociétal**. C'est à ce double enjeu que s'attèle notre recherche. Nous avons, dans les trois premiers chapitres développé une exploration théorique du phénomène de compétitivité territoriale. Cette analyse constitue notre corpus conceptuel qu'il convient de confronter à la « réalité » éprouvée par les managers territoriaux. En ce sens, nous respectons la préconisation de (Yin, 1989), selon laquelle « *les résultats empiriques de l'étude de cas sont analysés à l'aune d'une théorie développée au préalable* », (p. 38). Néanmoins, le caractère exploratoire hybride que nous avons présenté relativise cette proposition car nous pensons que pour notre recherche en particulier, les rapports entre la théorie et la pratique participent pleinement de la complexité du phénomène étudié.

C'est pour cela que nous allons maintenant présenter avec soin notre démarche empirique afin de proposer des éléments en faveur de la validité interne du cas d'étude mais aussi de permettre à l'avenir une réplication des processus de la recherche, (Yin, 1989, p. 43). Il s'agira de présenter d'abord les processus de condensation et de catégorisation des données puis de présenter les techniques utilisées pour la conduite de l'analyse qualitative.

i. *Condensation et catégorisation des données :*

Les critères de scientificité de l'étude de cas peuvent être jugés par le maintien d'une « *chaîne de preuve* » telle qu'explicitée par Miles et Huberman (1991) et Yin (1989). Le processus de condensation et de catégorisation des données participe à ce maintien de la chaîne de preuve permettant au lecteur de la recherche de s'assurer de la fiabilité du construit théorique proposé. Yin (1989), argumente que ce principe de la chaîne de preuve permet « *de suivre le cheminement de n'importe quelle preuve présentée, des questions de recherche initiales aux conclusions ultimes du cas* », (p. 103). En ce sens l'explication précise de la technique utilisée pour la catégorisation des données ainsi que la méthode de codage apparaissent primordiales. Notons que le codage fait partie intégrante de l'analyse. Comme l'indiquent Miles et Huberman (1991), la condensation des données correspond aux « *processus de sélection, de centration, de simplification, d'abstraction et de transformation des données « brutes » figurant dans les transcriptions des notes de terrain* », (p. 35).

Dans le cadre de notre recherche, une **première phase de condensation des données** a été opérée avant la collecte des données **en s'appuyant sur notre exploration théorique** de l'objet de la recherche. Cette réflexion en amont nous a permis d'éprouver un double processus itératif et réflexif, par allers-retours entre la théorie et le terrain caractéristique d'une démarche exploratoire hybride.

Une **seconde phase de condensation des données** a consisté plus classiquement dans l'**élaboration d'un système de codage avec plusieurs niveaux de catégories**, voir le **tableau 4.6** ci-après. Ainsi, comme le constate Deslauriers (1991), la catégorisation qu'elle soit prédéterminée ou émergente constitue un dispositif complémentaire impliquant une phase de déconstruction et une phase de reconstruction des données. « *La déconstruction des données réfère au découpage et réduction des informations en petites unités comparables, en noyaux de sens pouvant être rassemblés. Lors de l'étape de reconstruction, il s'agit pour le chercheur de reconsidérer les catégories et les éléments qui y sont contenus, de les éprouver et de les raffiner afin de dégager un sens et de pouvoir décrire adéquatement la réalité* », (Deslauriers, 1991, p. 82). L'objectif du codage se traduit par le découpage et le traitement d'éléments de discours communément appelés des **unités de sens** (Deslauriers, 1991 ; Miles et Huberman, 1991).

La totalité des codages de notre étude de cas a été **facilitée par l'utilisation du logiciel NVivo 7** qui nous a permis de bénéficier d'un ensemble d'outils d'aide au traitement des données et se révèle comme un « facilitateur » notamment en terme de gain de temps.

Tableau 4.6 Le codage des données recueillies

Niveaux de codage	Codes	Définitions
1	\multicolumn{2}{c}{Code 1- Contextes}	
2	Code 1-1- Mondialisation	Impacts généraux (axiome global), mise en concurrence des territoires, (compétitivité territoriale)
2	Code 1-2- Nature des systèmes productifs	Identification des unités d'analyses et qualification du type de système de compétitivité territoriale (contexte / contenu)
2	Code 1-3- Politiques publiques volontaristes	Objectifs des politiques publiques volontaristes en faveur de la compétitivité (contexte / processus)
2	Code 1-4- Réformes secteur public	Eléments de contexte national : décentralisation, réforme des collectivités territoriale, etc.
2	Code 1-5- Perception des échelles territoriales	Définition du concept territoire, espaces vécus, territoires de stratégie et d'action
1	\multicolumn{2}{c}{Code 2- Contenus - Idiosyncrasies territoriales}	
2	Code 2-1- Echelon national (France)	Perte de contrôle Etat-écran / Etat-filtrant Données secondaires : Rapports et missions parlementaires
2	Code 2-2- Echelon régional (PACA)	Données secondaires : SRI et SRDE
2	Code 2-3- Echelon local (CAPA)	Ressources du pays d'Aix, attractivité, foncier, identification des unités d'analyse
2	Code 2-4- Unité d'analyse 1 (Rousset)	Eléments de diagnostic pour identifier un système productif localisé
2	Code 2-5- Unité d'analyse 2 (Arbois)	Eléments de diagnostic pour identifier un système productif localisé
1	\multicolumn{2}{c}{Code 3- Processus - Diachronies territoriales}	
2	Code 3-1- Pôles de compétitivité	Politique publique nationale en faveur de l'innovation et de la compétitivité des entreprises et des territoires
2	Code 3-2- PRIDES	Politique publique régionale de maillage territorial par les réseaux d'entreprises sur les filières de compétences clés en PACA
2	Code 3-3- Projet de territoire	Politique publique locale destinée à formaliser un projet pour le pays d'Aix à moyen-long terme
2	Code 3-4- Aménagement (urbanisme)	Schéma de cohérence territorial AUPA
2	Code 3-5- Développement économique	Actions en faveur de l'implantation des entreprises en pays d'Aix PAD
2	Code 3-6- Articulation des politiques publiques	Mise en synergie des politiques volontaristes et territoriales (dialogique)
1	\multicolumn{2}{c}{Code 4- Modalités de management de la compétitivité territoriale}	
2	Code 4-1- Proximité géographique	Plus ou moins « loin de », plus ou moins « près de »
2	Code 4-2- Proximité organisée	Logique d'appartenance et logique de similitude
2	Code 4-3- Proximité sociétale	Degré d'implication des acteurs pour l'intérêt local
2	Code 4-4- Modes de gouvernance	Modes d'organisation des partenariats entre les acteurs (quelque soit le contenu ou le processus)

Source : Auteur.

352

Ces deux premiers niveaux de codage sont donc en grande partie issus de la littérature. C'est à partir de ces premiers niveaux de catégorie que nous avons ensuite complété le corpus avec les codages issus directement de notre étude de cas. Concrètement, la phase de codage a consistée à un découpage des transcriptions d'entretien afin de la classer dans des catégories. Les codes ou catégories sont des « *étiquettes qui désignent des unités de signification pour l'information descriptive ou inférentielle compilée au cours d'une étude* », (Miles et Huberman 2003, p. 13). Les unités codées et destinées à l'analyse ont été découpées sur un principe de recherche de sens, il a pu s'agir de **phrases ou de paragraphes entiers**. La catégorisation est un outil privilégié de l'analyse qualitative, Paillé et Mucchielli (2003) la définissent comme « *une production textuelle sous la forme d'une brève expression et permettant de dénommer un phénomène perceptible à travers une lecture conceptuelle d'un matériau de recherche* ». La phase de catégorisation si elle est chronophage permet pour grande partie de donner une première forme à la recherche de sens dans la phase de traitement des données. Lors de cette phase de « *décontextuelisation* » de données (Tesch, 1990), l'objectif vise à extraire de son contexte un extrait de texte afin de le rendre sémantiquement indépendant, (Deschenaux, 2007). Une fois l'ensemble des matériaux de l'analyse qualitative ainsi traités, nous avons procédé à une « *recontextualisation* » des données, (voir **figure 4.1**, page suivante). En effet, comme le notent Mukamurera et al., (2006), en analyse qualitative, « *le chercheur est en mode de quête de sens* », (p.125).

Figure 4.1 Représentation graphique du principe de déstructuration-restructuration d'un corpus

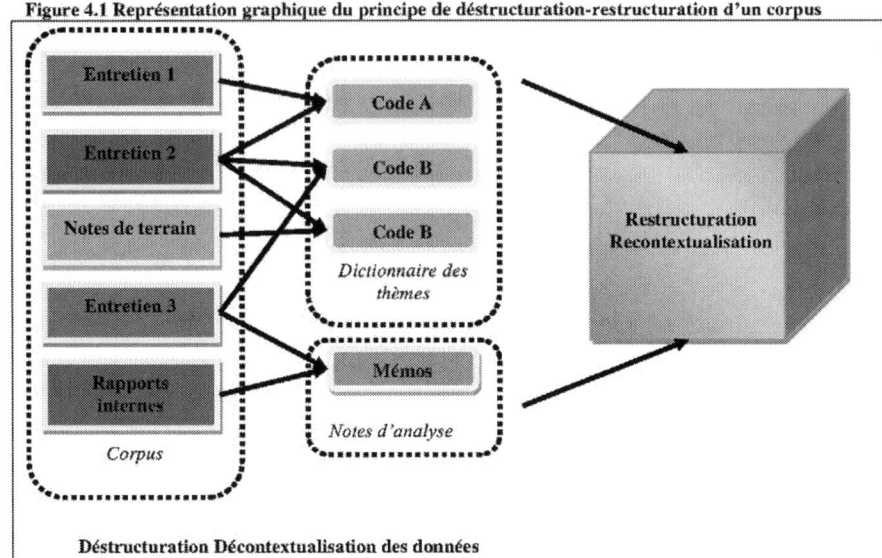

Source : Deschenaux (2007).

En définitive, pour le codage des données, nous l'avons dit, nous avons adopté **deux techniques de codage**. La première est **déductive**, elle suit la méthode dite standard (Miles et Huberman, 2003) et directement liée aux catégories de la littérature et de l'exploration théorique. La méthode de Miles et Huberman est en ce sens très formalisée puisqu'elle s'apparente à une **analyse de contenu au plus proche des données recueillies**. Dans le logiciel utilisé (Nvivo 7) les données codées ainsi sont affiliées à des *Tree nodes* (nœuds arbre).

La seconde technique de codage est **inductive**, elle suit une méthode dite hétérodoxe (Strauss et Corbin, 1990) et concerne les **catégories émergentes** directement de l'empirie, elle est donc **fortement « enracinée » dans les discours et les pratiques des sondés**. La méthode inductive permet au chercheur de garder une certaine latitude dans l'analyse et partant de multiplier les chances de découverte. Dans le logiciel (Nvivo 7), les données codées sont affiliées à des *Free nodes* (nœuds libres). Il faut noter que d'un point de vue pratique, les codes « libres » deviennent rapidement nombreux, aussi dès qu'ils apparaissent suffisamment représentatifs il est utiles de les convertir en codes « parents ». Ce processus participe pleinement de la volonté d'affiner le sens de la catégorisation initiale.

354

L'un des avantages fondamentaux du logiciel est qu'il permet d'adopter une démarche de codage à la fois déductive et inductive pour le traitement des données. Il permet à ce titre de gérer un corpus de données important, tout en laissant une flexibilité dans l'implémentation d'un processus itératif de traitement des codes et catégories. L'utilisation du logiciel Nvivo 7 s'est donc avérée indispensable, il faut toutefois bien préciser, puisque la critique est courante, (et même si cela va sans dire) que **le logiciel ne fait pas l'analyse à la place du chercheur**.

Enfin, concernant la fiabilité du codage, nous avons utilisé une double méthode. D'abord nous avons opéré une première phase de codage, avant de revenir sur notre corpus de données quelques pois plus tard. L'effet du temps, nous a permis de dégager une forme de « maturation » de l'analyse et par là même d'opérer certaines corrections, sur des biais de codage souvent liés à la subjectivité du chercheur quant à sont objet de recherche (Baumard et Ibert, 2007). D'autre part, comme le soulignent Mukamurera et al., (2006) « *le moment de l'analyse gagne à être partagé, ne fut-ce que pour la fiabilité du codage et la validation inter-juges progressive de la signification des données* », (p. 113). C'est pourquoi nous avons rencontrés à nouveaux certains managers territoriaux afin de leur soumettre les éléments principaux du codage. Ces entrevues de validation-ajustement ont été d'une grande utilité puisque permettant de reprendre l'avis des experts, de limité les biais subjectifs du codage individuel et surtout dans certains cas d'enrichir le traitement des données suivant un principe de co-construction.

ii. *L'analyse des données qualitatives :*

La phase de codage et de catégorisation des données terminée, nous sommes passés à l'analyse du corpus obtenu. Il s'agit alors de présenter le plus justement possible cette phase d'analyse des données. Mukamurera et al., (2006) précisent que « *le travail d'analyse est encore souvent laissé dans l'ombre et ressemble davantage à une opération bricolée. Or, le trait d'union entre la création de sens, l'intercompréhension, l'intersubjectivité et le processus itératif de la logique inductive, c'est la transparence* », (p.116). Ainsi, la difficulté de restitution du travail d'analyse doit être dépassée afin de montrer comment celle-ci a permis de conduire à l'obtention de résultats fiables.

Comme nous l'avons précisé plus haut, nous avons eu recours à une double technique d'analyse, l'une dite standard afin de « coller » le plus possible à la fois aux discours recueillis et aux catégories préétablies grâce à la littérature. Suivant une méthode systématique, cette première technique déductive (Miles et Huberman, 2003) avait pour objectif de **confronter les interrelations entre les contextes, contenus et processus de notre objet de recherche à la « réalité » de notre cas d'étude.** Les éléments de perception et d'analyse des managers territoriaux ont donc pu alimenter les catégories existantes, parfois en les modifiant ou même en les invalidant. Par exemple, un code « *Economie de la connaissance* » avait été initialement placé dans les contextes, nous voulions à cette occasion mesurer la prise en compte de ce changement de paradigme économique. La confrontation au terrain nous a peu à peu amené à constater le défaut quasi généralisé de prise en compte de ce phénomène.

A l'inverse, certains codes ont « émergés » des entretiens. Suivant cette fois la technique inductive de Strauss et Corbin (1990), l'objectif était de **permettre un ajustement des catégories par la perception des pratiques des managers interviewés.** Inscrite dans la théorie enracinée, cette technique a contribuée à l'ajustement de la catégorisation finale. Par exemple, un code « libre » concernant les « *Réformes du secteur public* » a été transformé en code « parent » puisque fortement présent des les systèmes de représentation des managers. C'est surtout pour **apprécier l'émergence des modalités de management** de la compétitivité territoriale que cette technique s'est avérée précieuse. En effet, malgré les efforts de théorisation par l'analyse dans le chapitre troisième un grand nombre de codes « libres » ont émergés des entrevues. A ce stade, de manière très concrète nous avons réalisé de nombreux niveaux de codage en remontant de manière incrémentale sur des unités de sens limitées. Pour exemple, un code émergent s'est d'abord intitulé « *Proximité numérique* », après analyse, nous avons recentrés les éléments codés dans un niveau supérieur relevant soit de la « *Proximité organisée* », soit de la « *Proximité sociétale* » selon la perspective « en marché » ou « en société » des propos analysés.

L'utilisation des mémos, s'est avérée précieuse tout au long de l'analyse qualitative. Il s'agit ici manifestement d'un outil puissant proposé par le logiciel Nvivo 7. Ces mémos permettent en effet d'une part de consigner des éléments d'analyse plutôt conceptuels destinés à l'alimentation de la technique déductive et d'autre part ils peuvent aussi servir les données brutes de terrain afin d'assurer l'émergence d'éléments saillant par le recours à la technique inductive. A ce sujet un défaut du logiciel (dans sa version 7) réside dans l'impossibilité de restituer un historique des modifications apportées au dictionnaire des thèmes. Cette fonction permettrait au chercheur de présenter les différentes étapes qui l'ont conduit à spécifier l'analyse, par là même la démarche abductive serait plus fiable et plus robuste. En tout état de cause, nous présentons dans le **tableau 4.7** ci-dessous quelques exemples d'extrait et les codages définitifs ayant alimenté l'analyse qualitative.

Tableau 4.7 Exemples d'extraits et des codages affiliés

Extraits codés	Codes
« Dans le monde global et « glocal » dans lequel on vit, entre la mondialisation, la globalisation et la réalité d'une installation physique à un endroit donné, il y a la capacité d'un territoire à générer de la ressource et l'ancrage il est là. Est-ce qu'il y a de la formation ? Est-ce qu'il y a de la recherche de qualité ? Est-ce que je peux avoir accès à des équipements scientifiques ? Est-ce qu'il y a des réseaux d'entreprises ? Qu'est-ce qui va me faciliter ma vie d'entreprise sur un territoire donné ? ».	**Code 1- Contextes** Code 1-1- Mondialisation *Impacts généraux (axiome global), mise en concurrence des territoires, (compétitivité territoriale)*
« Aix-en-Provence a suffisamment de rayonnement et à une valeur de marque aujourd'hui, enfin moi je le ressens comme ça, en ayant travaillé surtout ailleurs que dans la région. Ce territoire a une dimension de marque plus largement qu'au niveau européen, au niveau international donc raccrocher le territoire à cette marque je trouve ça plutôt cohérent ».	**Code 2- Contenus - Idiosyncrasies territoriales** Code 2-3- Echelon local (CAPA) Code 2-3-1 Pays d'Aix Atouts – Attractivité – Image Marketing territorial
« Sachant que notre réflexion, quand l'on dit une dizaine de zones sur la région c'est surtout de faire en sorte d'avoir des zones qui ne soient pas concurrentes, mais qui soient complémentaires. Il nous faut une cohérence au niveau régional pour que cela génère une vraie dynamique en région et surtout que cela puisse améliorer la visibilité de la filière aéronautique ».	**Code 3- Processus - Diachronies territoriales** Code 3-2- PRIDES *Politique publique régionale de maillage territorial par les réseaux d'entreprises sur les filières de compétences* Code 3-2-1 Logique territoriale VS Logique de filière « en société » versus « en marché »
« au moment même où l'industriel, ou un établissement d'enseignement supérieur, ou une collectivité territoriale à l'idée d'un nouveau service l'objectif est de mettre les usagers dès le départ au centre du projet afin qu'ils puissent donner leur avis sur le développement du futur produit. Il y a donc co-conception, co-construction ».	**Code 4- Modalités de management de la compétitivité territoriale** Code 4-3- Proximité sociétale *Degré d'implication des acteurs pour l'intérêt local* Code 4-3-2 Ecosystème local de l'innovation

Source : Auteur.

En définitive, comme on peut le constater à la lecture de ce tableau, force est de constater que la catégorisation et l'analyse sont des phases indissolublement liées. Les allers-retours entre les techniques inductives et déductives nous ont permis tant que faire se peut d'**équilibrer entre approche conceptuelle et praxéologique** de notre objet de recherche. La complexité inhérente à la construction de la compétitivité territoriale pour être appréhendée a donc imposé d'une part une analyse systémique pour l'enrichissement du construit et d'autre part une analyse abductive des données qualitatives dans un but de corroboration. Cette réflexion nous amène directement à aborder la problématique de l'évaluation et de la fiabilité de la présente recherche.

Section 3.   *Evaluation des validités et de la fiabilité de la recherche :*

L'objectif de notre analyse qualitative est d'analyser la construction par les managers territoriaux de la compétitivité territoriale. A cette occasion, nous souhaitions de plus, apprécier l'émergence de modalités de gestion pertinentes tant pour le territoire envisagé comme le contexte de développement (en tant que système synchronique répondant de la logique « en marché ») que lorsqu'il est étudié comme un sujet agissant (en tant que système dynamique intelligible sous la logique « en société »). Nous avons, dans la section précédente, tenté d'expliciter autant que possible notre démarche de recherche afin d'en montrer la fiabilité. En effet, selon Grawitz (1996) cité par Hladly-Rispal (2002) la fidélité d'une recherche doit pouvoir s'établir dans la concordance d'observations réalisées avec les mêmes instruments par des opérateurs différents sur les mêmes sujets.

Pour Miles et Huberman (2003), la validité est « *un processus de vérification, de questionnement et de théorisation, et non une stratégie qui établit une relation normalisée entre les résultats des analyses et le « monde réel »*, (p. 504). L'objectif visant à s'assurer la pertinence des résultats est donc consubstantiel à l'utilisation de la méthode des cas. A ce titre, Yin (1994) invite les chercheurs à évaluer la validité du construit, la validité interne et externe des résultats. Au-delà de l'exercice de style, il s'agit surtout de développer un regard critique sur notre méthodologie de recherche, sa construction, son implémentation, etc.

A. *La validité du construit :*

La validité du construit consiste pour le chercheur à s'assurer de la bonne instrumentation et plus globalement de mettre les choix méthodologiques en cohérence avec l'objet de la recherche. Ainsi, la validité du construit vise-t-elle à mettre en relation les méthodes de cueillette des données qualitatives, l'unité d'analyse et le type de mesure choisi. En d'autres termes, il s'agit d'apprécier la bonne intelligence en l'objet de la recherche et les méthodes employées en vue de répondre aux questions posées. Wacheux (1996) définit la validité d'une recherche comme « *la capacité des instruments à apprécier effectivement et réellement l'objet de la recherche pour lequel ils ont été créés* », (p. 266).

Dans cette optique, malgré un processus réflexif important, les principales interrogations ont été posées en amont de la phase empirique. Le recours à la technique déductive pour corroborer les éléments de l'exploration théorique de la littérature en témoignent. Nous l'avons précisé toutefois, des ajustements ont été distillés chemin faisant pour respecter les enjeux dictés par l'empirie. A ce titre, la technique inductive est venue renforcer le construit dans un souci d'équilibrer l'instrumentation d'accès au terrain de la recherche.

Par ailleurs, la sélection de la méthode qualitative appropriée a été longuement discutée avec des chercheurs d'expérience mais aussi avec des personnalités qualifiées bénéficiant d'une grande qualification. Suivant les préconisations de Yin (1994) et Miles et Huberman (1991) nous avons favorisé l'exhaustivité des informations recueillies par le recours systématique à plusieurs sources d'évidence. C'est pourquoi nous avons apporté un soin particulier au maintien de la chaîne de preuves tout au long de la recherche.

B. *La validité interne :*

Comme le précisent Ayerbe et Missonier (2006), « *la reconnaissance de l'étude de cas repose principalement sur la forte validité interne de ses résultats* », (p. 2). Dans le cas de notre étude longitudinale avec un design enchâssé, l'identification de plusieurs unités d'analyse a permis de **confronter les angles d'approche à des explications rivales** ainsi que d'en tester la pertinence afin de renforcer tout à la fois validité interne et validité du construit de la recherche, (Yin, 2003a). Ajoutons que le caractère très différencié des deux unités d'analyse de notre étude de cas longitudinale a renforcé ce principe. En effet, les systèmes productifs identifiés, de par leurs différenciations idiosyncrasiques nous ont encouragés à la recherche d'explication rivales notamment sur leurs dimensions diachroniques.

En outre, comme nous l'avons spécifié plus avant, le principe de saturation théorique dans la collecte de données suffisamment large tel qu'explicité par (Glaser et Strauss, 1967) a été atteint. Ainsi, les entrevues finales ont-elles été conduites en gardant à l'esprit de vérifier que les informations marginales émergentes ne puissent pas remettre en cause les cadres construit (Perret, 1994). En définitive, la question de la validité interne de notre recherche apparaît relativement satisfaisante. Les études de cas permettent généralement d'aboutir à un tel résultat. A l'inverse, les principales critiques à l'endroit de cette méthode de recherche qualitative, comme le rappel David (2004) touchent plutôt la validité externe. Ce dernier insiste en effet sur la question primordiale de la transférabilité des résultats qui sous de nombreux aspects reste la plus controversée.

C. La validité externe :

Coutelle (2005) rappelle que « *le contexte d'étude des recherches qualitatives est souvent particulier, les résultats ne sont pas généralisables. L'approche retenue est idiographique et ne valide donc pas un des critères de validité des recherches positivistes : la généralisation des résultats* », (p. 2). De ce point de vue, le chercheur doit viser d'autres techniques dans l'optique de généralisation externe. Au sujet de l'étude de cas unique, Musca (2006) rappelle quant à elle, les éléments fondamentaux proposé par la littérature. Ainsi, « *lorsqu'il s'agit d'un cas unique, et même si l'étude de plusieurs unités facilite la comparaison, il est nécessaire d'enraciner les construits explicatifs dans les données et de bien les relier à la littérature afin de renforcer leur crédibilité et leur validité externe (Eisenhardt, 1989) et de faciliter leur utilisation éventuelle pour d'autres contextes parents (Passeron, 1991), dans une logique de réplication (généralisation analytique)* ». Compte tenu du caractère idiographique de notre recherche, l'atteinte d'une généralisation externe des résultats est difficile (Deslauriers, 1991). Ce dernier, écrit à ce propos qu'une généralisation des résultats « *présuppose un contexte stable et une sorte de déterminisme qui ne se retrouve jamais dans la vie sociale* », (p. 102). En effet, les recherches qualitatives n'utilisant pas les procédés d'échantillonnage probabilistes, la généralisation des résultats d'une étude de cas est quasi impossible. Pourtant, à l'instar de Gobo (2004), nous pensons que la problématique de la représentativité, i.e. celle de la généralisation des sciences sociales ne doit pas être écartée.

Aussi, si l'on sort du débat récurent approche quantitative versus approche qualitative, la question de la généralisation doit être abordée. En ce qui concerne la compétitivité territoriale, ses dimensions constitutives et les modalités de son management, nous nous sommes efforcés de garder cette préoccupation à l'esprit. D'abord, c'est en examinant par méthode systématique les interrelations entre contexte et contenu et contexte et processus que nous avons pu déterminer la dimension idiosyncrasique de chacune des unités d'analyse. Ce faisant nous avons ici, mis volontairement **l'emphase sur la validité interne** de notre étude de cas. La confrontation de ces résultats au niveau plus agrégé, c'est-à-dire du cas d'ensemble nous a par ailleurs conduit à relativiser certaines assertions liées à la dimension idiosyncrasique du cas. De ce point de vue donc, notre méthodologie liée à l'analyse systémique développée plus avant constitue autant un moyen qu'une fin.

En outre, l'examen systématique des politiques publiques (volontaristes et territoriales) que ce soit au niveau des unités d'analyse ou du cas dans son ensemble a suivi le même principe. Les politiques volontaristes, nationales ou régionales, par nature revêtent une capacité de généralisation plus forte. Il s'agit en effet de **processus au déploiement spatial protéiforme**.

Enfin, l'émergence des modalités de management de la compétitivité territoriale a été analysée en suivant un processus réflexif. C'est en effet par enrichissement des dimensions idiosyncrasiques et diachroniques constitutives du phénomène que nous avons analysé leur émergence. Ce premier filtre établi, nous avons pris soin de proposer une démarche la plus transparente possible afin de faciliter les éventuelles réplications de notre méthode. En définitive comme l'indiquent Strauss et Corbin dans leur ouvrage *Grounded Theory* (1990), pour les approches qualitatives, la généralisation doit chercher à spécifier l'existence d'un phénomène et de ses dimensions constitutives et des actions (modalité de management) qui y sont associées. C'est ce que nous nous sommes efforcé de faire, nous allons dans la deuxième partie présenter nos résultats obtenus.

– PARTIE 2 –

APPROCHE PAR LA COMPLEXITE DU MANAGEMENT DE LA COMPETITIVITE TERRITORIALE EN PAYS D'AIX

Comme nous l'avons introduit en préambule de ce travail doctoral, le management de la compétitivité territoriale constitue **une grille générale d'analyse d'un construit complexe suivant un processus itératif et réflexif perpétuel visant à l'actualisation des perspectives possibles de développement d'un système territorial en référence à un axiome global en mouvement permanent**. Nous l'avons précisé également, la compétitivité territoriale est un construit et non une donnée. C'est ainsi que l'objectif ultime de la recherche consiste dans l'exploration hybride de la construction du phénomène de compétitivité territoriale. Dans la partie précédente, une exploration théorique a donc été menée. Comme toute proposition théorique, elle comporte des limites. La première d'entre elles est sans nul doute liée au système de représentation du chercheur lui même. En effet, une certaine expérience, une certaine vision de la réalité occulte la délimitation des logiques et des dimensions constitutives d'un objet de recherche quel qu'il soit. L'empirie est de ce point de vue le garant de l'opérationnalisation. Les modalités praxéologiques inhérentes aux sciences de gestion procèdent donc d'une mise à l'épreuve des propositions formulées et permettent de s'assurer sinon d'une « généralisation », à tout le moins d'un partage d'expérience. C'est pour cela que nous avons mené de front une exploration empirique en opérant des allers-retours incessants entre notre cadre conceptuel et notre laboratoire d'investigations. En définitive, l'objet de la recherche aura été appréhendé selon la construction des chemins tels qu'effectivement empruntés par les managers territoriaux.

Que pensent ces managers territoriaux de leurs pratiques ? Quelles sont leurs préoccupations en matière d'outils et de modalités managériales ? Comment se manage la compétitivité territoriale ? Ce sont ces questions que nous avons gardé à l'esprit dans la conduite de notre étude de cas. Un manager territorial du pays d'Aix nous a confié un jour : **« Mais depuis 20 ans, j'ai l'impression qu'il n'y a pas eu de nouveaux modèles, de nouveaux outils qui nous permettent de travailler sur tout cela »**, (E. 16). Le constat est sans appel, il vient du terrain. Ces propos coïncident d'ailleurs étrangement avec les atermoiements académiques sur la recherche d'un modèle de développement territorial à tout prix, ou encore la non prise en compte de la complexité des processus d'actions publiques en matière de compétitivité territoriale, etc. Les managers territoriaux ont besoin d'un cadre de compréhension et d'une palette d'outils et de modalités d'action. Notre approche a pour ambition d'apporter des réponses à ces deux éléments fondamentaux.

Nous avons logiquement structuré les résultats de notre étude empirique en deux chapitres pour répondre de ces deux impératifs. Le chapitre cinquième est donc destiné à proposer une analyse par la complexité de la construction de la compétitivité territoriale en pays d'Aix. Nous verrons à cette occasion et de manière successives :

- les interrelations entretenues par les contextes (axiome global) et les contenus territoriaux (systèmes de compétitivité territoriale) pour déterminer les idiosyncrasies territoriales. L'approche analytique classique sera donc d'abord sollicitée avec un recours à l'analogie mécanique pour saisir les enjeux de la logique « en marché » ;

- les interrelations entretenues par les contextes (axiome global) et les processus d'actions publiques (politiques publiques volontaristes et territoriales) pour cadrer les diachronies territoriales. A l'inverse, il s'agira alors d'approcher les finalités de l'action publique, donc de la logique « en société » *via* un recours à l'analogie biologique.

En d'autres termes nous délimitons ici les contours de l'action en relevant les éléments constitutifs des dimensions de la compétitivité territoriale. Par ailleurs les deux unités d'analyse enchâssées dans notre étude de cas permettent la comparaison et à ce titre se révèlent d'une richesse avérée.

Cette première analyse effectuée, nous proposerons dans le sixième et dernier chapitre d'examiner l'émergence des modalités de management de la compétitivité territoriale telles que construites par les managers eux-mêmes. Nous rendrons compte ici de l'opérationnalisation de notre objet de recherche. Comme nous l'avions introduit, **la compétitivité territoriale se manage au troisième degré**. C'est conforté par l'analyse précédente incluant la conceptualisation des logiques et des dimensions constitutives que nous

364

avons pu tenter de proposer une démarche managériale à destination des managers territoriaux. Quatre modalités de management ont été identifiées et confrontées aux discours des managers. Modalités de proximités géographique et organisée correspondent à la capitalisation idiosyncrasique du système territorial. Alors que modalités de proximité sociétale et modes de gouvernance souples, différenciés et partagés fondent la diachronie territoriale dudit système.

Nous précisons enfin, que nous n'avons pas différencié les phases de présentation et de discussion des résultats. Ceci relève d'un choix, celui de mettre en avant sous une forme narrative et dynamique l'étude d'un phénomène complexe que nous refusons de disjoindre sous les contraintes de l'approche analytique.

– CHAPITRE V –

LA CONSTRUCTION DE LA COMPETITIVITE TERRITORIALE DANS DEUX UNITES D'ANALYSE EN PAYS D'AIX

Dans la première partie de cette recherche, nous avons proposé une analyse contextuelle, i.e. synchronique et systémique pour re-construire le phénomène de compétitivité territoriale selon deux dimensions établies en référence aux contextes de l'axiome global. A cette occasion, nous avons élaboré dans le chapitre premier une typologie des systèmes de compétitivité territoriale afin de dégager des indices en faveur de la dimension idiosyncrasique des territoires à étudier. Dans un deuxième chapitre, nous avons analysé les politiques publiques comme des processus d'actions publiques, permettant de dégager la dimension diachronique, donc dynamique de ces mêmes territoires. Sur ces bases, ce chapitre cinquième est destiné à définir les contours, les dimensions de la construction de la compétitivité territoriale des deux unités d'analyse identifiées pour notre étude de cas.

Avant cela plusieurs éléments doivent être précisés. D'abord, afin de restituer au mieux la méthodologie utilisée nous avons décidé de justifier le plus possible le recours aux différentes techniques d'analyses qualitatives. En effet, si la démarche de cette recherche comme nous l'avons précisé dans le chapitre précédent est abductive, les techniques utilisées pour l'analyse de nos données ont varié selon divers éléments. Dans certains cas il s'agissait de vérifier des « hypothèses » émises par notre exploration théorique, alors la technique déductive d'analyse est demeurée au plus proche du contenu des discours de managers (Miles et Huberman, 2003). Dans d'autres cas, nous avons souhaité voir émerger du corpus des éléments récurrents, alors la technique inductive de la théorie enracinée a été sollicitée (Strauss et Corbin, 1990). Les objectifs d'une telle démarche sont essentiellement didactiques et sous-tendent notre volonté de compléter la validité du construit de notre objet de recherche.

Par ailleurs, nous précisons également que l'objectif du présent chapitre, pas plus que celui de la recherche en général, ne vise à répondre à une question du type : Peut-on parler de compétitivité territoriale en pays d'Aix ? Le lecteur l'aura compris, nous analysons un construit et non une donnée. Ainsi de par notre position vis-à-vis de la réalité territoriale précisons-nous ici encore, cet élément fondamental.

Enfin, de manière pratique, nous avons octroyé un numéro aux unités d'analyse identifiées dans notre étude de cas. Nous précisons que l'affectation des numéros de ces unités ne procède ni d'un classement ni de toute autre forme de priorisation. Nous avons simplement suivi l'ordre de l'alphabet, aussi l'unité d'analyse 1 représente le système productif de l'Arbois et l'unité d'analyse 2 le système productif de Rousset.

INTRODUCTION DU CHAPITRE

Quelles perceptions les managers du pays d'Aix ont-ils des échelles territoriales ?

Le pays d'Aix est une appellation « identitaire »[137], sa réalité administrative est formalisée par une collectivité territoriale : la Communauté d'Agglomération du Pays d'Aix (CAPA). Cette intercommunalité créée à partir de 1993 et consacrée en 2001 (voir **encadré 5.1**), se compose de la ville d'Aix-en-Provence et de trente-trois communes environnantes. Historiquement, la ville d'Aix-en-Provence est une ville d'art, de culture de tradition juridique et commerçante. Comme le note Garnier (1991), « *le pays a cessé d'être d'écrin rural d'une ville historique [...]. Le pays d'Aix est devenu un milieu productif, un milieu productif technique* », (p. 3). En effet, en 1991 Garnier écrivait qu'après guerre, le pays d'Aix « *consistait dans l'accouplement entre, d'une part, une ville de bourgeoisie commerçante et intellectuelle hors d'atteinte de la fébrilité marseillaise et, d'autre part, un espace rural essentiellement agricole, accueillant aux bastides cossues et organisé autour d'une vingtaine de villages bien campés sur leurs côteaux* », (p. 7). Ce discours sociologique dépeint une « réalité » historique fortement ancrée dans les esprits encore aujourd'hui.

Toutefois, le pays d'Aix comme tout autre territoire a sensiblement évolué pendant les décennies suivantes. C'est ainsi, que Garnier en 2007 décrit le pays d'Aix comme un territoire composé d'entreprises « *de microélectronique liées à la fabrication des semi-conducteurs, celles qui opèrent dans l'intégration des technologies de l'informatique et des technologies industrielles (productique, instrumentation, captage, mesure, communication, etc.) et celles qui se spécialisent dans les domaines touchant à l'environnement [qui[138]] constituent alors, ensemble, ce qu'il convient d'appeler un « milieu technique* », (p. 3). Ce milieu productif et technique constitue précisément l'unité d'analyse principale de notre cas d'étude. Notre objet de recherche, la construction de la compétitivité territoriale en pays d'Aix s'appuie sur ce premier constat. Nous n'allons pas réaliser une monographie sur la constitution de ce système productif et renvoyons les lecteurs aux travaux passionnants de Jacques Garnier (1991, 2007) effectué dans le cadre de ses recherches au LEST.

---

[137] Pour les développements concernant le pays d'Aix, nous devons beaucoup aux travaux de Jacques Garnier (Laboratoire d'Economie et de Sociologie du Travail). Economiste, Maître de Conférences en Sciences de l'Education à l'Université de la Méditerranée (Institut Régional du Travail d'Aix-en-Provence) de 1975 à 2008 et Chercheur au LEST de 1998 à 2008.

[138] Rajouté par nous.

Les managers territoriaux que nous avons interrogés pour la conduite de cette recherche ne constituent pas une catégorie homogène. En effet, nous avons qualifié cinq catégories[140] de managers territoriaux relevant de quatre champs de compétences particuliers. Trois fonctions managériales concernent la conduite des politiques publiques territoriales (projet de territoire) :

- les **managers publics locaux**, qui sont chargés de la mise en œuvre des politiques publiques territoriales au sein de l'EPCI, en l'occurrence, pour notre étude de cas : la Communauté d'Agglomération du Pays d'Aix (CAPA), le Technopôle de l'Environnement Arbois-Méditerranée et la mairie de la commune de Rousset ;

- les **managers-développeurs**, qui travaillent pour les agences de développement économique, pour notre étude de cas : Pays d'Aix Développement (PAD) pour l'EPCI ou ceux qui travaillent au développement économique pour le technopôle ou la commune de Rousset ;

---

[139] Source : http://www.provence-pad.com/24-chiffres+clefs.html.
[140] Voir notre proposition de taxonomie des rôles et fonctions des managers territoriaux dans le chapitre sixième.

- les **managers-aménageurs**, qui œuvrent au sein des agences d'urbanisme, pour notre étude de cas : l'Agence d'Urbanisme du Pays d'Aix (AUPA) ;

Deux autres fonctions managériales concernent la conduite des politiques publiques volontaristes (les pôles de compétitivité à l'échelle nationale et les PRIDES à l'échelon régional) :

- les **managers de l'innovation**, qui travaillent au sein des structures opérationnelles des pôles de compétitivité et des PRIDES en étroite collaboration avec ;

- les **managers publics régionaux**, d'une part des Secrétariats Généraux pour les Affaires Régionales PACA (SGAR) pour les pôles de compétitivité et d'autre part, ceux de la collectivité territoriale régionale pour les PRIDES, pour notre cas d'étude : certains services de la région PACA.

En définitive, l'implémentation d'un design de recherche enchâssé[141] nous a autorisés à interviewer des managers territoriaux issus de champs organisationnels et institutionnels différents. Ceci nous permettant d'**élargir les angles d'approche du phénomène étudié**. Nous avons donc respecté les préconisations énoncées par Yin (2003a) afin de faire émerger de nouvelles compréhensions pour les confronter à des explications rivales. Ainsi, de manière liminaire avons-nous inséré dans notre enquête qualitative une question concernant la perception des différents échelons de territoire par les managers territoriaux. Ce premier item était destiné à proposer des pistes de réflexion sur la perception des échelles territoriales au travers des pratiques des managers. Faisant écho au constat de l'impossibilité de définir le territoire eu égard à sa polymorphie, nous voulions apprécier cette difficulté conceptuelle en la confrontant aux territoires de pratiques perçus par les managers territoriaux.

A cet effet, nous avons posé aux managers une question simple : en quelques mots comment définiriez-vous le territoire ? Les réactions vis-à-vis de cette question ont toutes convergé vers une proposition de définition des territoires liée à la pratique de chacun. Aussi, trois échelles de territoire ont été proposées par les managers interrogés. Il est intéressant de noter les éléments suivants :

---

[141] Nous présenterons les unités d'analyse de notre étude de cas longitudinale enchâssée ainsi que les processus de leur identification dans la section première du présent chapitre.

- d'abord, en ce qui concerne **l'échelle communale**, il reste peu de managers attachés à la vision « élémentaire » de la commune, qui si elle reste la cellule de base (de proximité) est selon eux **un espace trop petit pour l'implémentation des politiques publiques d'aménagement, de développement, de management territorial** ;

- ensuite, en ce qui concerne **l'échelon intercommunal**, l'appréciation générale des managers territoriaux vis-à-vis de la structure intercommunale est plutôt positive. Les deux tiers d'entre eux considèrent l'**appellation « pays d'Aix » comme *cohérente*.** Le tiers restant trouve cette appellation *non-cohérente* argumentant d'un problème surtout sémantique lié au mot « pays ». Cela relève semble t-il d'un problème géographique quant à la délimitation clairement identifiée et identifiable des frontières de l'EPCI. Par ailleurs, beaucoup regrettent l'**absence du terme « Provence »** argumentant d'un défaut de lisibilité, de visibilité pour ledit territoire ;

- enfin, en ce qui concerne **l'échelle régionale**, les managers territoriaux des échelles communales et intercommunales n'y font que très peu référence. Les managers de l'innovation[142] à l'inverse se réfèrent clairement à cet échelon territorial en fonction de la politique publique qu'ils mettent en œuvre : 1) Quant aux **managers des pôles de compétitivité** il s'agit moins de parler de l'échelon régional comme une collectivité territoriale que de **se positionner sur le zonage R&D** tel qu'il est défini par le ministère. 2) En ce qui concerne les **managers des PRIDES** si l'échelle d'intervention est clairement régionale la majorité déplore un **territoire trop vaste**, trop large pour l'exercice plein et entier de leurs missions.

En définitive **se dégagent deux échelles opérationnelles de territoire** pour l'implémentation des pratiques de compétitivité territoriale : **les EPCI** (comme entités élémentaires devant être connectées à une entité plus large) et **la Région** (comme une collectivité territoriale compétente mais sur un territoire trop large). Entre ces deux échelons **le processus de métropolisation** est ressorti massivement du discours des managers. La

---

[142] Ainsi bien sûr que les managers publics régionaux. Nous les appellerons dans la suite de ce document les managers de l'innovation car ces derniers qu'ils soient issus des associations des pôles et des PRIDES, du SGAR ou de la région PACA, ont un champ de pratique similaire. A ce titre, ils concourent à la mise en action publique des mêmes politiques publiques volontaristes. Nous renvoyons ici encore, le lecteur au chapitre sixième pour la proposition d'une taxonomie des rôles et fonctions des managers de la compétitivité territoriale.

métropole, de fait semble constituer un élément de liaison, opportun en ce qui concerne **l'intermédiation stratégique des politiques publiques en faveur de la compétitivité territoriale**.

Cette première interrogation que nous avons soumise aux managers territoriaux, nous amène à tirer deux types de conclusions. D'un point de vue strictement conceptuel d'abord, **le territoire a clairement révélé sa polymorphie**. Il n'est donc pas en tant que tel un concept efficient pour le management de la compétitivité territoriale. A l'instar de Levy (1997) et dans la lignée de Bernard Pecqueur (2003), nous préférons l'idée que le processus de territorialisation consiste en une forme de discrimination d'un « dedans » par rapport à un « dehors ». Ce processus, sous certaines conditions est alors susceptible de permettre les phénomènes d'auto-identification par l'institutionnalisation et les conventions, nous y reviendrons.

Secondement et dans la même optique, si les échelles intercommunales et régionales sont indéniablement perçues, le phénomène de métropolisation a, quant à lui, largement émergé du discours des managers interrogés. En effet, **la métropole apparaît comme un échelon de pratiques de management territorial** (Hernandez 2006) et comme **une échelle d'intermédiation stratégique** (i.e. objectif de compétitivité) entre les EPCI et la Région.

Nous avons subdivisé ce chapitre en trois sections afin d'examiner les dimensions constitutives de la compétitivité territoriale. Ce chapitre est destiné à vérifier la consistance de l'exploration théorique de notre objet de recherche en le confrontant à l'épreuve empirique selon une technique, donc, plutôt déductive (Miles et Huberman, 2003). La deuxième section est destinée à l'analyse des dimensions idiosyncrasiques des unités d'analyses et du cas dans son ensemble. A cette occasion, il s'agira de d'apprécier les interrelations entretenues par les contextes et les contenus afin de qualifier les chemins empruntés par les systèmes productifs étudiés à l'aune des conclusions de notre chapitre premier. Dans le même esprit, la troisième section, a pour objectif d'examiner la construction des dimensions diachroniques par les politiques publiques volontaristes et territoriales à l'œuvre au sein des unités d'analyse et du cas dans son ensemble. Le but de cette section visera à confronter nos conclusions du chapitre deuxième, i.e. les interrelations entretenues par les contextes et les processus. Ainsi, passerons-nous les modèles-actions publics activés en pays d'Aix au crible d'une éventuelle dialogique des processus d'actions publiques. Avant cela nous présenterons dans une première section les résultats de notre analyse qualitative concernant la perception par les managers territoriaux des éléments contextuels (mondialisation, globalisation, réformes du secteur public, i.e. l'axiome global) de l'objet de la recherche.

Section 1. Analyse des facteurs contextuels influençant la compétitivité territoriale :

Cette première section est destinée à proposer une analyse des facteurs contextuels liés aux phénomènes induits par la globalisation (axiome global) et susceptibles d'influencer l'objet de la recherche : la compétitivité territoriale. Il s'est agi au travers de la perception des managers territoriaux rencontrés de qualifier les impacts généraux du phénomène sur les origines du phénomène compétitivité territoriale :

- la perception par les managers territoriaux des effets des réformes du secteur public du niveau national (central) vers les collectivités (territoires) (décentralisation) ; mais aussi leur perception des enjeux de la réforme territoriale en cours notamment du point de vue de la métropolisation et de la suppression de la taxe professionnelle comme outil des finances publiques locales;

- la perception par les managers territoriaux de l'évolution des politiques publiques en faveur de l'innovation ;

- enfin, l'objectif final de cette première analyse consistait à qualifier la nature des systèmes productifs en référence à notre littérature (chapitre 1). Il s'agira plus spécifiquement d'introduire le positionnement des unités d'analyse vis-à-vis de la typologie des systèmes de compétitivité territoriale que nous avons proposés.

Dès lors, au travers de cet item des facteurs contextuels, nous avons acquis la conviction que l'axiome global n'était pas perçu de la même manière, selon les managers ou selon les unités d'analyse investiguées. Nous avons reproduit dans l'**encadré 5.2** un exemple intéressant rapporté par un manager-développeur de l'unité d'analyse 2 (Rousset). Le discours portait alors sur la question des circonstances de la vente par Atmel (géant américain de la microélectronique) de son unité de production. Malgré la caricature, les éléments sont saisissants.

Encadré 5.2 La mondialisation par un exemple concret : le cas Atmel / LFoundry

« A la décharge du personnel, il y a eu un challenge parce que la direction américaine qui ne sont plus des ingénieurs, comme Georges xxxxxxx, maintenant c'est des financiers. Alors eux ils mettent d'abord le bénéfice en bas et après ils remontent, après ils compressent.

Résultat des courses : ils ont décrétés qu'il fallait sortir les plaquettes de wafers à 750 dollars. Donc à l'usine Atmel ils ont, (en l'occurrence Philippe xxxxxxxx) tout remodelé, la façon de fabriquer, la façon de voir, les temps de présence et tout le bazar. Je pense que cet objectif avait été fixé par la direction américaine pour les pousser à la faute. Ils leur avaient donné 12 mois pour réussir et ils ont réussi en 7 mois. La direction américaine était persuadée qu'il n'y arriverait pas et s'ils n'y arrivaient pas, vous voyez ce n'est pas rentable donc on ferme. Là c'est devenu rentable et ils se sont dits comme on est rentable on va vendre. Donc ils ont mis en vente et le personnel n'a pas compris : on leur avait demandé des efforts et ils l'ont fait... C'est pire qu'une sanction c'est un irrespect du personnel ; c'est pire ils n'en ont rien à foutre. Ca c'est l'Amérique ! Le mec il rentre, il arrive à 8h au bureau, 8h10 il est convoqué, 8h30 il n'est plus dans son bureau il n'a plus ses affaires, tout appartient à l'entreprise », (E. 7).

De fait, les questions posées aux managers territoriaux ont cherché à vérifier si leur perception des facteurs contextuels correspondait à une réalité managériale et si oui, dans quelles mesures.

A. *Les réformes du secteur public vues par les managers territoriaux :*

Comme nous l'avons largement abordé dans le chapitre deuxième, les réformes du secteur public sont en cours depuis le début des années 80. Décentralisations multiples, création des EPCI, autonomie des collectivités territoriales, droit à l'expérimentation, réforme territoriale, etc., les exemples en la matière ne manquent pas.

1. Décentralisation : le « Rubik's Cube » administratif

La perception des managers territoriaux concernant la décentralisation révèle un problème d'articulation des politiques publiques sur de multiples niveaux : de territoires, de compétences. Se dégage un manque de lisibilité concernant les différentes politiques publiques avec des expressions telles que « le bordel », « les lasagnes », « le mille-feuille administratif ». Les questionnements des managers sont essentiellement focalisés sur le devenir des intercommunalités (notamment du point de vue de l'imposition locale) mais également sur la fusion des départements et des régions avec l'apparition des conseillers territoriaux. Enfin, les effets de la décentralisation se font sentir dans l'implémentation même des politiques publiques récentes en matière de développement économique et d'innovation : celle des pôles de compétitivité est celle des PRIDES.

En définitive, du point de vue des praticiens des politiques publiques, une tendance forte se dégage, **la décentralisation pose plus de question qu'elle n'apporte de réponse.** La mésintelligence institutionnelle motive la réforme territoriale en cours qui apparaît d'autant plus indispensable. Par ailleurs, beaucoup de managers territoriaux, et c'est bien là le paradoxe, se sentent esseulés dans un tel contexte car comme l'indique Dubois (2009), le territoire national « *est devenu une agrégation de territoires de taille et de problématiques différentes* », (p. 11). Notons enfin que nous proposerons une analyse poussée de l'articulation des politiques publiques en faveur de la compétitivité territoriale dans la troisième section.

2. La suppression de la taxe professionnelle : la fin du développement des zones d'activité à tout crin

Le questionnement concernant la suppression de la taxe professionnelle a émergé suite au codage des entretiens. En effet, suivant une logique plus inductive, nous avons décidé d'inclure *in fine* cet item comme un facteur contextuel de notre analyse compte tenu de sa représentativité dans les discours recueillis. Toutefois, cette problématique concerne essentiellement les managers publics locaux de la communauté d'agglomération du pays d'Aix ou de la commune de Rousset (unité d'analyse 2). Cette réalité, nous y reviendrons, fait écho en particulier au manque à gagner, crains par les managers (et leurs élus) qui résultera de la suppression de la taxe professionnelle concernant la filière micro-électronique. D'un autre côté, de manière différenciée, la suppression de la taxe professionnelle ne pose pas de problème aux managers publics locaux du technopôle de l'Arbois. En effet, la plupart des filières implantées dans ce système productif n'étant pas concernée par la production mais par la conception, nous y reviendrons également.

Les questionnements des managers au sujet de la suppression de la taxe professionnelle portent d'abord sur les modalités de compensation proposées par l'Etat. En dehors de la crainte d'une forme de « recentralisation », c'est surtout la remise en question de l'autonomie fiscale avec un nouveau système de péréquation territoriale : la contribution économique des territoires qui inquiète les managers. Une grande zone d'incertitude pèse également sur les effets à plus long terme de ce changement d'imposition, les questions des managers publics locaux se posent alors en ces termes : faut-il désormais développer des zones commerciales, de services ou résidentielles au détriment des zones d'activité classiques ?

3. La métropolisation : une métropole dans la pratique mais pas dans le politique

La problématique métropolitaine à également émergée suite au codage des entretiens. En effet ce questionnement est revenu dans plus de 50 % des entrevues passées auprès des managers territoriaux. Les éléments suivant se sont dégagé particulièrement :

- d'abord et de manière importante, la lutte ancestrale entre la ville d'Aix-en-Provence et la ville de Marseille. A cet effet sont opposées systématiquement des cultures, des modes de vie, des modes de développement économique, des modes de développements territoriaux, etc., différents ;

- ensuite, la nécessité d'articuler les politiques publiques locales (communauté d'agglomération du pays d'Aix et Marseille Provence métropole) en particulier du point de vue des transports, de l'aménagement du territoire et plus globalement du développement territorial (notamment en référence à la mondialisation) ;

- cependant et malgré tout ces handicaps, il semble que le fait métropolitain soit une réalité dans la pratique des managers territoriaux, et ce au-delà des dissensions et atermoiements politiques.

En effet, la plupart des managers territoriaux pensent « métropolisation » avant même leur affiliation institutionnelle officielle. Ils participent de ce point de vue largement à la **diffusion des pratiques métropolitaines** et partant font pression sur leurs élus respectifs.

B. *L'évolution des politiques publiques en faveur de l'innovation :*

Que pensent les managers territoriaux des politiques publiques volontaristes ? Voici en somme le questionnement que nous leur avons soumis. A ce sujet, les managers territoriaux interviewés pour la plupart ont une opinion plutôt positive de la campagne nationale en faveur des pôles de compétitivité. Il en va de même pour la politique régionale en faveur des PRIDES.

Au-delà, la perception des managers reste approximative au niveau des enjeux. Si la plupart d'entre eux a conscience qu'il faut innover, beaucoup s'interrogent sur le type d'innovation qui doit être encouragé. L'innovation technologique en tant que telle reste du domaine des laboratoires de recherche (publics ou privés) et beaucoup de managers nous confient laisser ces préoccupations là, à « ceux qui savent ». Les comités scientifiques dans la gouvernance des pôles ont ici un rôle de première importance pour la conduite des actions stratégique. Toutefois, les managers territoriaux font état d'un besoin d'innover dans tous les domaines notamment dans leur cadre de compétences. Selon beaucoup d'entre eux, les innovations doivent concerner également les processus inhérents au management des politiques publiques concernées. Les moyens financiers et humains pour accompagner les dispositifs sont à ce propos jugés insuffisants, notamment en comparaison des financements dégagés pour les projets innovants. En d'autres termes, il faut donner des moyens « aux moyens » pour parvenir à l'objectif d'innovation. La prise en compte de l'élargissement des impératifs d'innovation, de création est en voie d'émergence.

Si les managers territoriaux ont bien saisis les enjeux de la mondialisation et la nécessité des politiques publiques volontaristes, peu sont encore véritablement détenteur d'une « culture de l'innovation ». Moins de 20% des sondés par exemple utilisent un vocabulaire propres à l'économie de la connaissance, du savoir ou encore l'émergence d'une classe créative (Florida, 2002). En la matière, les enjeux sont donc globalement compris, mais ils ne sont pas encore réellement maîtrisés. Aussi, face aux enjeux imposés par l'axiome global, beaucoup de managers raisonnent encore selon l'ancien modèle des politiques industrielles et ne sont pas réellement engagés sur les chemins de la compétitivité.

C. _Ancien et nouveau modèles productifs face à la mondialisation :_

Chemins de la prospérité ou chemins de la compétitivité, les réponses sont variés, les managers partagés. En effet, l'identification du facteur contextuel nature des systèmes productifs (1 et 2) était destinée à l'appréciation des « stratégies territoriales ». Nous avons tenté de déceler dans le discours des acteurs composant les unités d'analyse (1 et 2) de notre étude de cas, des indices sur le positionnement des systèmes productifs face au phénomène de mondialisation. Nous présenterons une analyse plus complète dans la section suivante concernant les dimensions idiosyncrasiques des unités d'analyse et du cas dans son ensemble. Toutefois, cette première analyse nous a conduis à faire le lien entre le phénomène de mondialisation et la recherche de compétitivité territoriale notamment au travers des politiques publiques en faveur de l'innovation. Les réponses apportées par les managers territoriaux, nous ont à cette occasion, permis de conforter le choix des unités d'analyse composant notre étude de cas.

Deux stratégies, deux positionnements différenciés (mais convergents voir **figure 5.1** ci-dessous) se sont clairement dégagés[143] selon le système productif envisagé.

Figure 5.1 Identification de la nature des systèmes de compétitivité territoriale en pays d'Aix

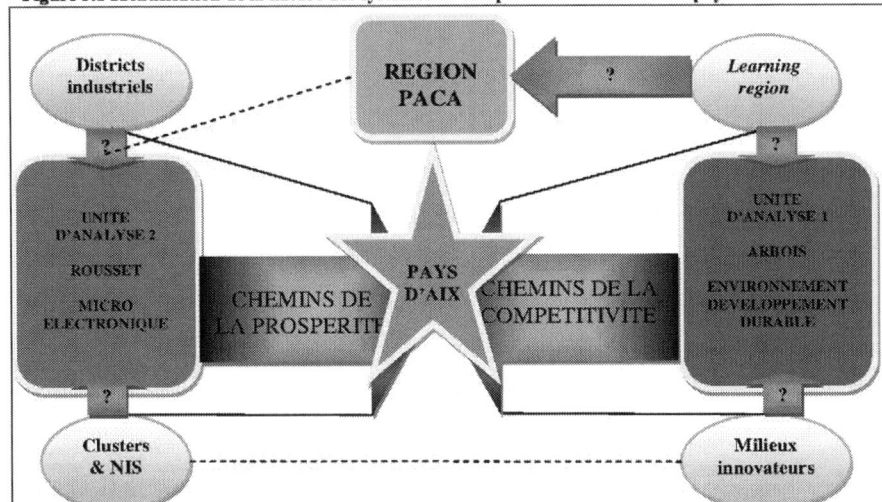

Source : Auteur.

1. Le technopôle de l'Arbois sur les chemins de la compétitivité :

En premier lieu sur l'unité d'analyse 1 (Arbois) le phénomène de mondialisation apparaît pour les managers territoriaux comme une possibilité d'un changement dans la pratique de leur métier (économie de la connaissance). Pour les managers territoriaux, et plus particulièrement les managers de l'innovation (ceux des pôles de compétitivité des PRIDES implantés sur le technopôle de l'Arbois) la mondialisation apparaît plutôt comme une opportunité. En effet, elle est synonyme d'ouverture à l'international dans le but d'exporter de nouveaux procédés, de nouveaux processus et plus globalement des innovations en relation

---

[143] Au niveau de l'étude de cas, c'est-à-dire du pays d'Aix, la prise en compte par la communauté d'agglomération de la nature de ces deux systèmes productifs pour les rendre complémentaires (principe de dialogique Morin) avec éventuellement le pôle de compétitivité Cap énergie et le CEA de Cadarache, « triangle vert » apparaît primordiale, nous y reviendrons.

avec la thématique environnementale, développement durable, etc. Aussi, du point de vue des facteurs contextuels, en particulier l'influence de l'axiome global, il apparaît que l'unité d'analyse 1, i.e. le technopôle de l'Environnement Arbois-Méditerranée, suit les chemins de la compétitivité identifiés dans notre typologie du chapitre premier. A ce titre, nous verrons dans la section suivante pourquoi ce système de compétitivité territoriale peut être rapproché des éléments théoriques développés sur les milieux innovateurs et en relation étroite avec les *learning region*.

2. La microélectronique de Rousset sur les chemins de la prospérité :

De manière différenciée, en ce qui concerne l'unité d'analyse 2 (Rousset) le phénomène de mondialisation apparaît comme une contrainte notamment du point de vue de la délocalisation des sites de production de la microélectronique vers les pays à bas coûts. En effet, selon les managers territoriaux interrogés, la filière de la microélectronique qui a connu de nombreuses crises depuis une vingtaine d'années est inexorablement condamnée à disparaître dans sa dimension de production. Le coût des infrastructures ne peut plus être assumé par les industriels ni même subventionnés par les acteurs publics alors même que ces sites de production sont entièrement subventionnés par les pays émergents. Il convient de noter toutefois que les perspectives en matière de conception et de recherche et développement restent intéressantes même si une grande partie de cette activité se trouve basée à Nice et à Sophia-Antipolis plus précisément.

La perspective d'évolution du système productif, très « ancré » dans le territoire avec un bassin d'emploi riche et qualifié permet cependant d'envisager le phénomène de mondialisation comme une opportunité ceci à un double niveau :

- d'abord au sujet de la reconversion du système productif de la micro-électronique vers la filière photovoltaïque (de nombreux projets sont à l'œuvre, une plate-forme d'innovation est même déjà en place) ;

- ensuite la complémentarité et les liens qui sont en train de se mettre en place entre la filière micro-électronique, les filières de l'environnement du technopôle de l'Arbois ainsi que la filière « énergie » au nord du pays d'Aix (pôles de compétitivité Capénergie) peuvent laisser penser à un changement d'orientation de la filière.

Ainsi, concernant les facteurs contextuels et en particulier les influences de l'axiome global, il apparaît que l'unité d'analyse 2, i.e. la filière microélectronique de Rousset, suit les chemins de la prospérité identifiés dans la typologie du chapitre premier. C'est pourquoi nous verrons dans la section suivante pourquoi ce système de compétitivité territoriale doit plutôt être rapproché des éléments théoriques développés sur les districts industriels et les clusters. En définitive, le pôle de compétitivité « Solutions Communicantes Sécurisées » apparaît comme un modèle hybride district-cluster tel que définit par Bocquet et Mothe (2008).

Section 2. *Analyse des dimensions idiosyncrasiques : confronter la « réalité territoriale » aux modèles théoriques*

Dans cette section nous avons pour objectif d'analyser le plus précisément possible les interrelations entretenues par les contextes et les contenus de notre étude de cas. Comme nous l'avons décrit tout au long de cette recherche, les influences de l'axiome global sont au premier chef un facteur contextuel qui entérine le phénomène de reterritorialisation, ceci d'un point de vue théorique comme empirique. Pour ce faire, il nous faudra déterminer avec précision l'ensemble des facteurs particuliers au territoire susceptibles de participer à la construction du phénomène de compétitivité territoriale. La méthode de recueil des données pour la qualification des idiosyncrasies territoriales a procédé d'une triangulation entre les données secondaires recueillies lors de l'étude de terrain, les observations et l'analyse des éléments de discours recueillis auprès des managers territoriaux sur des éléments précis.

Aussi s'agira t-il d'abord de présenter les résultats qui permettent de présenter la dimension idiosyncrasique de notre étude de cas, d'un point de vue holistique : le pays d'Aix. Puis, nous présenterons les dimensions idiosyncrasiques de chacune des unités d'analyse encastrées afin, de comparer les solutions communes, les explications rivales, etc., ceci pour affiner nos conclusions.

A. *Le pays d'Aix : Cézanne, la Provence… mais la compétitivité ?*

Nous avons ici voulu réunir l'analyse des éléments de discours concernant la perception des managers territoriaux sur les « atouts » et les « faiblesses » du pays d'Aix qu'ils ont pu identifier au travers de leurs pratiques professionnelles. Par ailleurs, ces questions simples nous ont permis d'affiner l'identification des unités d'analyse de notre étude de cas.

1. Aix-en-Provence : une marque attractive… trop attractive ?

L'item attractivité et image est ressorti dans 70 % des entretiens analysés. Comme prévu, les conclusions que l'on peut tirer concernent avant tout la visibilité du pays d'Aix vis-à-vis de l'extérieur, « Aix-en-Provence a suffisamment de rayonnement et à une valeur de marque », (E. 21). Héliotropisme, attraits du soleil, culture et qualité de vie sont des éléments qui ressortent quasi systématiquement du discours des managers interrogés. Au-delà d'un argument marketing il s'agit là d'une réalité vécue, partagée par les managers territoriaux et la population. Concernant l'image et la visibilité du pays d'Aix, beaucoup d'acteurs regrettent cependant l'absence du mot « Provence » dans l'intitulé pays d'Aix. En effet, pour beaucoup ce terme est considéré comme une marque à part entière, donc comme un élément fort de la stratégie de marketing territorial.

L'attractivité du pays d'Aix est une constante depuis plusieurs décennies, de ce point de vue, elle constitue l'un des facteurs essentiels de la dimension idiosyncrasique : la Sainte-Victoire, Cézanne, la culture, l'architecture, la qualité de vie, le soleil, etc. Toutefois, la question de l'hyper-attractivité se pose de manière accrue notamment pour les managers publics locaux de la communauté d'agglomération du pays d'Aix. Ainsi, cette donnée doit-elle être intégrée pleinement dans la stratégie du territoire. Si la question a été abordée en 2004-2005 lors de l'élaboration du projet de territoire (nous le verrons dans la section suivante), elle n'a pas donnée lieu à des réponses pratiques pour les managers. Par exemple, voici ce que nous confie un manager-aménageur : « Le problème c'est que l'on ne savait plus trop pourquoi on voulait attirer des entreprises », (E. 22). Comme nous l'avons déjà précisé plus haut, la suppression de la taxe professionnelle et la réduction drastique des espaces fonciers disponibles ont sensiblement freinés la dynamique de développement économique lié à un « effet de mode » des zones d'activité.

En définitive, si l'attractivité (voire l'hyper attractivité) du pays d'Aix est une réalité, une question émerge des discours recueillis, celle du sens à donner au développement territorial. La préoccupation centrale est celle visant à trouver un équilibre entre « approche territoriale » et « approche filière ». Elle est clairement posée par les managers en termes de communication et de marketing, « il y a peut-être effectivement des spécialisations territoriales qui peuvent émerger en fonction des filières qui s'implantent sur les territoires », (E. 10). A ce titre, un point important se dégage, celui de l'attractivité pour le pays d'Aix concernant l'implantation des pôles de compétitivité suivant semble t-il une stratégie gagnant-gagnant. Le pays d'Aix est donc attractif pour les entreprises et pour les pôles de compétitivité, mais les vingt dernières années si elles ont montré un fort développement économique, ont par là même soulevé certaines problématique d'externalités négatives.

2. Le revers de la médaille : congestions, rareté du foncier, hausse du prix du logement :

La question du logement et foncier est à relier directement avec la problématique de l'hyper-attractivité soulevée dans le paragraphe précédent. Il s'agit de traiter du corolaire négatif des effets d'agglomération des activités productives sur un territoire délimité. De ce point de vue deux problématiques se distinguent clairement au niveau du pays d'Aix : celle du logement pour les particuliers et celle du foncier disponible pour les entreprises. Ces éléments de l'analysent vont dans le sens des conclusions formulés par de nombreux auteurs, par exemple Martin et Sunley (2003) qui montrent que les clusters sont également créateurs d'externalités négatives « *liées à l'augmentation des coûts salariaux, de l'inflation du prix du foncier, et à une éventuelle congestion* ».

Concernant la question du Logement, il s'agit de l'augmentation des prix et de l'accession à la propriété pour les particuliers. C'est le constat opéré notamment par les managers-aménageurs qui notent que si le développement économique des années 1990-2000 a permis la création de près de 30 000 emplois, la moitié de ces emplois est occupée par des actifs extérieurs au pays d'Aix. Le taux de solde migratoire est devenu négatif, et le taux de croissance démographique est passé de 4 % dans les années 1970-1980 à 1 % aujourd'hui. Ainsi, la problématique de la densification de l'espace urbain est clairement posée aux managers publics locaux de la communauté d'agglomération du pays d'Aix. Et cette question de la densification urbaine soulève à sont tour celle des externalités négatives notamment en matière d'accessibilité et de voies de transports, « les gens ne savent pas comment entrer ou sortir de ce machin là à certaines heures de la journée », (E. 3). En tout état de cause, les arbitrages en la matière ne sont pas simples. Car il faut mettre en parallèle ici les externalités positives liées à la prise de valeur des terrains et plus globalement de l'offre en matière d'immobilier avec les externalités négatives liées à la mixité sociale, l'accessibilité, la pollution, les nuisances sonores et visuelles, etc. Le développement territorial a donc un prix. La construction de la dimension idiosyncrasique du pays d'Aix soumet alors des interrogations « au citoyen lambda » qui lui se dit : « moi ma problématique c'est de me transporter de me trouver un logement. Mais il se dit que le prix du logement il a explosé est-ce que ce n'est pas à cause de tous ces ingénieurs qui sont venus sur le territoire », (E. 16), nous confie un manager-développeur.

Une autre problématique soulevée par la forte attractivité du pays d'Aix concerne la question du Foncier, en particulier celle de l'offre en matière de foncier d'entreprises. A ce niveau, les managers territoriaux sont unanimes : il n'y a plus de place, sauf aux confins du territoire de la CAPA. Il est important de noter enfin que des problèmes restent en suspend. Concernant l'enseignement supérieur et la formation, l'adéquation entre l'offre et la demande n'est pas suffisamment traité, en particulier au niveau des filières implantées sur le territoire. Nous aborderons ces questions plus en détail dans l'analyse des unités d'analyse. Avant cela, assurons-nous de la pertinence quant à l'identification desdites unités d'analyse.

3. La validation du choix des unités d'analyse avec les managers territoriaux :

Lors de notre analyse qualitative, l'item identification des unités d'analyse (1 et 2) nous a permis de vérifier la pertinence du choix des deux unités d'analyse enchâssées dans l'étude de cas. En effet, le choix des deux unités d'analyse[144] a pu être validé avec les différents managers territoriaux rencontrés suivant une logique de co-construction de l'objet de la recherche. Comme nous l'avons déjà introduit, les logiques de développement territorial des deux systèmes productifs constituant les deux unités d'analyse ont suivi des trajectoires différenciées.

Pour l'unité d'analyse 1, le système productif de l'Arbois (environnement) la logique de développement territorial initiale emporte certaines spécificités.

- D'abord, le système productif est implanté dans le bassin de vie « couronne sud », identifié au sein du pays d'Aix comme un territoire d'articulation et d'ouverture vers la métropole marseillaise et vers la Méditerranée. Par ailleurs, dans un contexte territorial complexe, le système productif offre une réserve foncière très importante.

- La dynamique territoriale initiale est due à l'initiative du syndicat mixte de l'Arbois (regroupant les collectivités territoriales région PACA, conseil général des Bouches-du-Rhône, Marseille Provence métropole, communauté d'agglomération du pays d'Aix). Cette collectivité *ad hoc* est à l'initiative de l'émergence *ex nihilo* de ce système productif : « on est parti d'une ébauche de gouvernance avec la réunion des

---

[144] Notons qu'un troisième système productif pourra faire l'objet d'une étude complémentaire celui du CEA de Cadarache avec le pôle de compétitivité Capénergie sur le bassin de vie val de Durance.

acteurs institutionnels et des acteurs publics autour d'un projet commun », (E.1), témoigne un des fondateurs du technopôle.

- La « stratégie » du territoire est identifiée et identifiable. En effet, une thématique « environnement et développement durable » est portée par les acteurs depuis près de 20 ans (1993). A ce titre, plusieurs filières ont été implantées sur le plateau du Petit Arbois afin de les mettre en relation et dégager des solutions novatrices en référence à la thématique du territoire.

Nous avons pu le constater avec les managers territoriaux, l'unité d'analyse 1 est donc issue d'une politique publique volontariste locale. La logique de développement est donc endogène, elle suit les chemins de la compétitivité, offre de la place et des services aux entreprises en suivant une stratégie identifiée autour de la question environnementale.

En ce qui concerne l'unité d'analyse 2, le système productif de Rousset (microélectronique) la logique de développement territorial s'inscrit dans l'histoire, la culture technique, les reconversions stéréotypales de l'ancien modèle industriel, celui des chemins de la prospérité.

- D'abord, le système productif est installé dans le bassin de vie « Haute vallée de l'Arc » identifié au sein du pays d'Aix comme un territoire de reconversion à la croisée du bassin minier de Provence et du chantier naval de la Ciotat. En effet, ce territoire de reconversion industrielle a de longue date été marqué par une forte implication de l'Etat notamment par le biais du fonds d'industrialisation du bassin minier, nous y reviendrons.

- La dynamique territoriale initiale est liée à plusieurs facteurs à la fois endogènes et exogènes. Ainsi, c'est notamment la forte présence d'eau, avec les résurgences des eaux de l'ancienne exploitation minière qui ont encouragé l'implantation des unités de production de microélectronique fortes consommatrices en ressource eau. Par ailleurs, les implantations exogènes subventionnées par l'Etat (notamment dans le cadre des plans composants de microélectronique) ont permis de constituer le système productif.

- S'il n'y a pas de stratégie territoriale clairement identifié avec une collectivité territoriale spécifique, la mairie de la commune de Rousset a su développer les zones d'activité. Le territoire est à ce titre mono-activité (un territoire, une filière industrielle). Il faut noter toutefois, l'existence d'une culture technique autour des hautes technologies permettant de regrouper au sein du bassin d'emploi une main-d'œuvre qualifiée et relativement mobile. De plus, la filière microélectronique est structurée en amont et en aval sur toute la région PACA notamment avec un partage entre la zone de Rousset et la zone de Sophia-Antipolis.

Comme nous l'avons conclu avec les managers territoriaux de l'unité d'analyse 2, la logique de développement du système productif de Rousset est inscrite dans l'histoire du pays d'Aix et alimentée par des processus essentiellement exogènes. En effet, la filière comme le système productif sont caractérisés par des états de crises successifs pour majeure partie liés à l'internationalisation et la globalisation de l'industrie microélectronique. Logiquement, la gouvernance de la microélectronique se fait au niveau régional avec des systèmes productifs en confrontation directe avec la chaîne de valeur globale de la filière.

Comme nous avons pu le constater, le pays d'Aix est attractif, trop sans doute puisque révélant des externalités négatives. Nous avons par ailleurs identifié avec les managers territoriaux interrogés, deux unités d'analyses, montrant deux systèmes productifs aux logiques de développement territorial différenciées. Ces premiers éléments, ont forgés notre conviction et nous ont permis d'aller plus en profondeur de notre étude de cas unique, en analysant les dimensions idiosyncrasiques de chacun des systèmes productifs. Avant, retenons la conclusion formulée par Garnier 2007 à l'occasion de sa description éclairante sur le processus de territorialisation du milieu technique du pays d'Aix. Ce dernier avance que l'analyse de ce processus met en évidence que « quel que soit le caractère très territorialisé des mobilités et des démarches entrepreneuriales des ingénieurs et quel que soit le caractère très territorialisé des institutions – notamment le technopôle – mises en places pour le fixer et le dynamiser, ce milieu technique a commencé à s'insérer, s'inscrire, voire se dissoudre dans des espaces économiques, dans des réseaux et dans des dispositifs institutionnels qui le dépassent, qui sont d'un autre niveau ou d'un autre ordre : l'espace économique de l'aire métropolitaine d'Aix-Marseille et les pôles de compétitivité régionaux et inter-régionaux suscité par l'Etat », (p. 11). En d'autres termes, sur le temps long, les acteurs du pays d'Aix ont construit une dimension idiosyncrasique permettant au système (ou milieu technique) d'envisager les velléités de la compétitivité territoriale.

Pour mieux comprendre les processus de reterritorialisation qui ont fondé cette « énergie potentielle » sur le pays d'Aix nous allons désormais examiner plus en détail la dimension idiosyncrasique des unités d'analyse identifiées. Cette étude des dimensions idiosyncrasiques des unités d'analyse encastrées a pour objectif de vérifier les effets de la transition des chemins de la prospérité à ceux de la compétitivité sur la reterritorialisation de notre étude de cas dans son ensemble : le pays d'Aix. A ce titre, le cas de la microélectronique de Rousset et le cas du développement durable de l'Arbois relèvent d'enjeux différenciées mais complémentaires pour le développement territorial du pays d'Aix au sein d'une région PACA apprenante.

B. *L'Arbois : le milieu innovateur des technologies « vertes » ?*

Ce paragraphe est destiné à l'analyse de la dimension idiosyncrasique de l'unité d'analyse 1 (Arbois) de notre étude de cas. Il s'agit ici de déterminer avec précision l'ensemble des facteurs particuliers au système productif qui participent à la construction du phénomène de compétitivité territoriale du pays d'Aix. Nous procéderons ici en deux étapes. D'abord nous étudierons les éléments généraux du système productif en les enrichissant avec les données secondaires recueillies. Puis il conviendra de détailler pour chaque structure étudiée (pôle de compétitivité et PRIDES) les éléments de présentation recueillis par entretien afin de les croiser avec les données secondaires. Nous étudierons également pour chaque structure l'ancrage territorial, ainsi que la visibilité et la lisibilité.

1. Le technopôle de l'Environnement Arbois-Méditerranée :

Afin de qualifier la dimension idiosyncrasique du système productif de l'Arbois, nous nous somme d'abord intéressé à la composition du système productif. Notre objectif était de montrer les éléments analytiques en faveur de l'hypothèse d'un milieu innovateur au sein d'une région apprenante. Cette intuition s'inscrit dans les conclusions formulées par Garnier (2007) qui avance que le projet technopolitain de l'Arbois « s'inscrit plus dans une perspective de concurrence des territoires en vue d'attirer des investisseurs allogènes que dans l'ambition de favoriser des coopérations productives innovantes au moyen d'une densification institutionnelle fondée sur un projet productif. De fait, la dynamique de spécification des ressources et de création technologique va venir d'ailleurs ». De plus, nous appuyons cette conclusion sur les résultats des chercheurs du GREMI. En effet, Aydalot (1986) d'une part avait déjà identifié Aix-en-Provence comme un milieu innovateur (voir **tableau 1.2** p.90). D'autre part, le milieu productif du petit Arbois s'inscrit parfaitement dans les trois paradigmes du milieu innovateur tels qu'identifiés par Crevoisier en 2001.

     i.   <u>*Les données chiffrées :*</u>

Le domaine du Petit Arbois s'étend sur près de 4500 hectares au sud-ouest d'Aix-en-Provence. Avant tout, nous allons présenter le système productif avec quelques éléments chiffrés[145] :

- Au total, les entreprises et les laboratoires de recherche implantés sur le site de l'Arbois représentent près de 1100 emplois (800 salariés, 300 chercheurs) et 300 étudiants. On dénombre 110 entreprises, par exemple AREVA renouvelables, HELION, NHÉOLIS, JUWI, SOLARQUEST, SP3H, etc. dont 30 start-up. En ce qui concerne la recherche et l'enseignement supérieur, le campus accueille pas moins de 11 laboratoires de recherche ou organismes techniques dont le CEREGE, l'INRA, l'INERIS, le Collège de France, l'ONEMA, l'IMEP, le LM2P2, ECCOREV, le LN2C, l'Université Paul Cézanne. Le technopôle accueille également une structure de formation spécifique : l'Institut Régional de Formation à l'Environnement et au Développement Durable (IRFEDD) ainsi qu'une école d'ingénieurs privée (Cési Méditerranée).

- En matière d'aide à l'innovation, le technopôle de l'Arbois regroupe différentes structures : 4 pôles de compétitivité et PRIDES : Gestion des risques, Trimatec, Pégase et Eau (au sein d'Éa-Écoentreprise) ; 2 PRIDES : Bâtiments Durables Méditerranéens, Eco-entreprises et Développement Durable ; 1 pépinière d'entreprises : CEEI Provence ; 3 Plateformes Technologiques : ARDEVIE, ASTER et la Halle d'essais « Génie des procédés » du LM2P2 et 4 Centres de ressources : le Crige, le Cypres, Envirobat Méditerranée et Graine PACA.

A ces éléments, il faut ajouter le fait que le technopôle de l'Environnement Arbois-Méditerranée est le premier technopôle en France à avoir été certifié en 2001, ISO 14001. L'implantation du Centre Européen de Recherche des Géosciences de l'Environnement

---

[145] Source : http://www.arbois-med.com/.

(CEREGE) en 1995 avait par ailleurs scellé la destinée « environnementale » du plateau du Petit Arbois. En outre, la création en octobre 2007 de l'Observatoire Hommes-Milieux du bassin minier de Provence[146] (OHM) par le CRNS est un élément supplémentaire illustrant les attentions portées à la question environnementale sur ce site. De plus, nous y reviendrons, la dynamique des pôles de compétitivité est si importante sur le site qu'un hôtel de la compétitivité est en cours de construction.

ii. *La genèse de l'Arbois :*

Il s'agit ici de comprendre comment est né le système productif. Dans les années 30, la zone du petit Arbois abritait un sanatorium laissé à l'abandon au lendemain de la Seconde Guerre mondiale. Les traces historiques ont été préservées et mises en valeur et aucun des bâtiments construits par le grand architecte Gaston Castel (prix de Rome 1913) n'a été détruit[147]. Propriété de l'Assistance Publique de Marseille dans lequel il y avait des malades en cure de désintoxication, le plateau du Petit Arbois est devenu la propriété du conseil général des Bouches-du-Rhône dans les années 70. L'initiative et la naissance du syndicat mixte de l'Arbois est la résultante de cette opportunité liée à une réserve foncière importante et du choix personnel du président du conseil général des Bouches-du-Rhône de l'époque Lucien Weygand sensibilisé, comme son prédécesseur Louis Philibert, à la problématique de l'innovation.

La zone du petit Arbois est située à cheval entre la commune d'Aix-en-Provence et la commune de Vitrolles au cœur même du bassin de vie « couronne sud » au sein du pays d'Aix. Toutefois la prise en compte de l'intérêt, de la valorisation, de l'exploitation de ce système productif par la communauté d'agglomération du pays d'Aix a pris du temps, « par rapport à Aix-en-Provence, c'est la campagne dit autrement la ville savait bien que c'était sur son territoire mais elle ne se sentait pas directement concernée », (E.2), et même aujourd'hui reste largement questionnée par les managers territoriaux interrogés.

---

[146] « *Les Observatoires Hommes-Milieux sont un outil de l'Institut d'Ecologie et d'Environnement (INEE) du CNRS, destiné à favoriser une nouvelle forme d'interdisciplinarité scientifique sur la question des interactions hommes-milieux (société-environnement). Le principe est d'encourager les recherches croisées sur un territoire marqué par un fait anthropique majeur, spatialement circonscrit, à très fort impact environnemental, économique et social et perturbé par un changement / une rupture de nature systémique (récent ou à venir)* ». Source : http://www.ohm-provence.org/concept.html.

[147] Source : http://www.lepoint.fr/archives/article.php/254476.

Mais en définitive comment s'est crée ce système productif ?

Le point de départ du système productif de l'Arbois doit se comprendre par la création du syndicat mixte de l'Arbois qui est un véritable « processus endogène, une opération planifiée et volontariste, éminemment locale », (E.1), nous livre un des fondateurs. Ce dernier nous raconte que le projet est né de la volonté de plusieurs acteurs de la socio économie locale :

- des ingénieurs du CEA de Cadarache ;
- des universitaires de tous bords (sciences physiques et sciences humaines et sociales) ;
- du conseil général des Bouches-du-Rhône avec la volonté de réhabiliter l'ancien hôpital ;
- de l'opportunisme de la ville d'Aix-en-Provence souhaitant étendre ses zones industrielles et commerciales dans la perspective d'accroître son assiette de taxe professionnelle ;
- d'un contexte local de reconversion industrielle (chantier naval de la Ciotat, reconversion du bassin minier de Gardanne) ;
- de l'effet de mode des technopôles à l'œuvre en France dans les années 90.

De tous ces éléments mêlant volontarisme et opportunisme, et malgré les dissensions politiques opposant les collectivités territoriales le technopôle de l'Environnement Arbois Méditerranée a pu voir le jour.

iii. *Un développement endogène, une réserve foncière :*

La logique de développement territorial du système productif de l'Arbois a donc suivi un mouvement endogène. Cette dynamique de développement économique continue aujourd'hui de se poursuivre avec notamment une étroite collaboration entre le syndicat mixte et les agences de promotion et de développement économique : Pays d'Aix Développement est Provence Promotion (niveau du pays d'Aix et niveau départemental). Ainsi, comme nous le présente un manager public local en poste, « la valeur ajoutée du technopôle c'est justement de favoriser et d'amener les entreprises à l'innovation par le rapprochement, en particulier avec le monde de la recherche et de l'enseignement supérieur par ce que l'on considère que cette proximité là est créative de nouvelles entreprises et de nouveaux produits, de projets etc. et son objet, la raison de l'existence de ce technopôle c'est le développement économique, la création d'emploi, la création d'entreprise par l'innovation en l'occurrence, c'est notre valeur ajoutée sur le territoire et c'est une politique territoriale volontariste », (E. 4).

Toutefois, à cette logique de développement endogène doit être désormais conjointe la logique de développement exogène des politiques publiques volontaristes de l'Etat et de la région en matière de développement économique et d'innovation. En effet, des pôles de compétitivité et des PRIDES sont implantés au sein du technopôle de l'environnement. Ces structures associatives amènent au sein du système productif des entreprises mais surtout leur réseau, ce qui donne une dimension et une dynamique puissante.

Par ailleurs l'un des éléments explicatifs de la dynamique du système productif de l'Arbois qui est ressorti des interviews concerne particulièrement l'opportunité foncière. En effet, l'existence d'une réserve foncière très importante sur la zone du plateau du Petit Arbois s'avère primordiale pour la dynamique du système productif. C'est ce que confirme un manager public local en déclarant : « le technopôle de l'Arbois constitue la réserve foncière des Bouches-du-Rhône, parce que l'on a encore (sur nos 205 ha à développer, c'est-à-dire à peu près 300 000 m²), une réserve qui est de l'ordre de 250 000 m² à construire », (E. 12). Ainsi, le constat de l'existence d'une telle réserve foncière par les managers territoriaux laisse t-il poindre des perspectives en matière de développement économique et d'extension des zones d'activité pour le secteur. Cet élément s'avère décisif en matière de décision stratégique pour le système productif, et plus largement pour le pays d'Aix voire l'articulation métropolitaine.

Une problématique d'aménagement du territoire a toutefois émergée des discours, celle de l'accessibilité. Comme nous le confie un manager de l'innovation, « le seul moyen d'accès c'est un bus qui vient une fois toutes les heures. Pour un technopôle environnementale ne pas promouvoir des moyens de transport durable c'est aberrant », (E. 18). Le problème est par ailleurs handicapant pour la promotion et l'accueil des entreprises sur le territoire, un manager de l'innovation en témoigne : « Ici à l'Arbois les gens qui travaillent au quotidien peuvent vous le dire, il y a une problématique d'accès qui est terrible et qui fait qu'il y a plusieurs cas d'entreprises ou de laboratoire qui voulaient s'installer là et qui ne sont pas venus. Ils se sont retrouvés le matin coincé à 8:00 et ont décidé de ne pas s'y implanter. C'est un vrai problème. On n'arrive pas à comprendre pourquoi il n'y a pas une navette de la gare

TGV directement vers le technopôle. Bon des infrastructures comme les routes c'est cher on comprend qu'il n'y ait pas de décisions qui se prennent aussi facilement mais un bus qui ferait la navette, un bus électrique par exemple pour la défense de l'environnement ce serait bien », (E. 15). Il apparait donc que des progrès peuvent être encore réalisés, notamment sur la stratégie territoriale.

La thématique de l'environnement est portée par le technopôle Arbois-Méditerranée depuis 1991[148] avec notamment l'implantation du CEREGE et la certification ISO 14 001. Si au départ peu d'acteurs ont cru dans la viabilité économique d'une stratégie visant à se positionner sur les enjeux de l'environnement et du développement durable, cette thématique est aujourd'hui une réalité et a d'ailleurs été confortée dans la nouvelle stratégie portée par le syndicat mixte. Le technopôle développe en outre une stratégie d'ouverture à l'international, en particulier vers l'Euro-Méditerranée. Nous y reviendrons, il est un territoire d'articulation vers la métropole en particulier pour le projet Euro-Méditerranée.

> iv. _Un point « vert » sur la carte :_

La stratégie environnementale du technopôle Arbois-Méditerranée permet en termes de visibilité et d'attractivité de mettre en relief le développement d'une image « verte » au niveau régional, national et européen. La préoccupation de marketing territorial du système productif est au centre des esprits, de ce point de vue elle s'articule parfaitement avec les enjeux sociétaux actuels et trouve bonne publicité. Au-delà de la dimension de marketing territorial, la « vitrine verte » de l'Arbois constitue le point d'ancrage privilégié des pôles de compétitivité et des PRIDES en lien avec la thématique environnementale.

A ce titre là, un double phénomène d'attractivité est souligné par les managers territoriaux interrogé :

- d'une part le technopôle de l'environnement qui a connu jusqu'alors un développement territorial « local » se trouve mis en lumière par l'implantation des

---

[148] « _Pionnier, car le technopôle Arbois-Méditerranée a été créé en 1991 à l'initiative du Conseil Général des Bouches du Rhône à une époque où les défenseurs de l'environnement étaient considérés comme de doux rêveurs dans le meilleur des cas. 20 ans après, l'environnement et l'ensemble des disciplines que l'on peut regrouper sous cette appellation générique, sont devenus une préoccupation majeure de nos sociétés modernes_ ». Source : http://www.arbois-med.com/.

équipes d'animations de 4 pôles de compétitivité et de 6 PRIDES. La lisibilité et l'attractivité de la zone du petit arbois prend donc une dimension régionale, national et euro méditerranéenne ;

- d'autre part les pôles de compétitivité et les PRIDES qui s'implantent sur le site bénéficient également de l'image particulièrement attrayante de la Provence, du pays d'Aix, et du technopôle à la pointe des innovations en matière environnementale. De ce point de vue il convient de noter un élément de marketing territorial « gagnant-gagnant » entre une politique publique de développement territorial purement endogène et les politiques publiques volontaristes de l'Etat et de la région qu'il convient de mettre en synergie notamment par les managers publics locaux du pays d'Aix (ce qui n'est pas le cas actuellement).

Aussi, force est de constater qu'en l'absence d'échelon métropolitain, le lien entre le milieu innovateur de l'environnement et la région PACA (*learning region*) devrait être assurée par la CAPA dans un but d'opérationnalisation de la compétitivité territoriale, nous y reviendrons.

2. Des pôles de compétitivité et des PRIDES :

Il s'agit ici de proposer une présentation rapide des pôles de compétitivité et les PRIDES implantés sur la zone du petit Arbois. La présentation de chacune des structures est construite par une triangulation entre les données secondaires recueillies sur le terrain, et les discours recueillis auprès des managers de l'innovation interrogés sur des éléments précis. Nous précisions qu'en ce qui concerne les pôles de compétitivité qui ont reçu en sus la labellisation régionale PRIDES, il n'y a pas de distinction entre la structure opérationnelle du pôle est celle du PRIDES. L'équipe de managers développe donc des compétences ambivalentes selon les interlocuteurs auxquels elle est confrontée.

i. *Le pôle de compétitivité et PRIDES Pégase : « Inventer le ciel de demain »*[149]

Pégase est une association de type loi 1901 crée en 2006. Ses objectifs visent à développer une nouvelle génération d'aéronefs pour l'aéronautique et le spatial. Cette

---

[149] Source : http://www.pole-pegase.com/

stratégie se traduit par la création de nouvelles applications regroupées au sein de sept filières auxquelles ont été associées sept technologies clés (les facteurs humains, matériaux et procédés, imagerie vision, technologies vertes, contrôle commande, exploitation, techniques industrielles aéronautiques). Le pôle de compétitivité et PRIDES Pégase a par ailleurs affiché comme objectif la création de 10 000 emplois en région PACA d'ici 2017. A ce titre, « on a donc construit de nouveaux outils pour permettre de développer la création d'emplois sur le territoire de la région », (E. 19), nous informe un manager de l'innovation.

- Pégase en chiffres :

Le pôle de compétitivité et PRIDES Pégase est un réseau de 265 membres destiné à réunir les acteurs de la filière Aéronautique et Spatial. Il s'agit par ailleurs de la première filière industrielle en région PACA qui regroupe 18 000 emplois. Au niveau de la typologie des membres, Pégase regroupe 180 TPE-PME (3677 salariés), 50% dans les Bouches-du-Rhône, 8 donneurs d'ordre de rang mondial (dont 4 membres fondateurs: Eurocopter, Areva TA, Dassault Aviation, Thales Alenia Space) et 22 financeurs publics. Le pôle rassemble par ailleurs 1700 chercheurs, 13 laboratoires R&D spécialisés et pas moins de 13 écoles d'ingénieurs et 16 Instituts universitaires de technologie. Le pôle Pégase a créé une alliance avec deux autres pôles aéronautiques français : Aerospace Valley de Toulouse et ASTech Paris Région. Enfin, depuis sa création, le pôle a labélisé 71 projets de R&D pour un budget total de 193 millions d'euros.

- L'équipe opérationnelle :

La structure opérationnelle qui conduit les actions de l'association est composée de 12 personnes et il n'y a pas de distinction entre la structure opérationnelle du pôle de compétitivité est celle du PRIDES. Un point intéressant à noter est que le PRIDES a préexisté au pôle de compétitivité Pégase. L'initiative régionale de regroupement des acteurs autour de la filière aéronautique et spatiale (mars 2007) s'est donc vue récompensée par une labellisation nationale (juillet 2007). La création du PRIDES est due à la mobilisation de l'entreprise Eurocopter très impliquée dans le processus.

- L'ancrage territorial de Pégase :

Du point de vue de l'ancrage territorial du pôle pégase, deux éléments principaux ont émergés des entretiens. En premier lieu la structuration et l'organisation de la filière aéronautique en région PACA et relativement récente (création de l'association Pégase en 2006). Il est intéressant de noter que cette organisation tardive est surprenante pour la première filière industrielle de la région. Ensuite, l'ancrage territorial au niveau du technopôle de l'Environnement Arbois-Méditerranée s'il est minimisé par les managers de la structure opérationnelle, correspond à une réalité de proximité géographique, en effet, 50 % des entreprises adhérentes du pôle Pégase sont implantés dans les Bouches-du-Rhône, (nous discuterons de cette réalité dans le chapitre suivant).

- La visibilité et la lisibilité du pôle :

A propos de la perception des managers de l'innovation interrogés concernant le rayonnement du pôle de compétitivité et du PRIDES Pégase, il faut tenir compte de la problématique d'ancrage territorial, donc de la « jeunesse » du processus de structuration de la filière aéronautique. Les managers territoriaux interrogés font état d'un manque de visibilité et de lisibilité de la filière que ce soit au niveau régional ainsi que d'un manque de reconnaissance de la part de la communauté d'agglomération du pays d'Aix.

ii. *Le pôle de compétitivité et PRIDES Risques : « Un territoire durable, une industrie responsable »*[150]

Le pôle de compétitivité et PRIDES Risques est un pôle fédérateur et intégrateur de solutions pour les technologies innovantes. A ce titre, il ne concerne pas une filière en particulier et comme nous l'indique son directeur, « on se doit d'être à la croisée des chemins des autres pôles de compétitivité que l'on utilise à la fois comme fournisseur de solutions mais aussi comme utilisateurs finaux », (E. 18). Le pôle « gestion des risques et vulnérabilités des territoires » a été labellisé pôle de compétitivité et PRIDES en 2007. Si initialement il avait structuré ses objectifs selon des thématiques pouvant correspondre à des filières, c'est à partir de 2007 qu'il a formulé la volonté d'avoir une approche globale et transverse sur toute la chaîne de valeur des risques. Le pôle intervient dans deux régions Languedoc-Roussillon et

---

[150] Source : http://www.pole-risques.com/.

Provence-Alpes-Côte-d'Azur. Les objectifs du pôle Risques sont de « permettre à ses adhérents, entreprises, laboratoires de recherche, de coopérer d'accompagner le montage de projets collaboratifs sur la thématique du « risque » en vue de mettre au point des produits, process ou services commercialisables à court terme, générateur d'activités économiques, de valeur et surtout créateur d'emplois »[151].

- Risques en chiffres :

Le pôle de compétitivité et PRIDES Risques est un réseau de 187 membres destiné à réunir les acteurs de la chaîne de valeur des risques. Au niveau de la typologie des membres, Risques réunis 100 entreprises dont 50 TPE-PME, 18 grands groupes et 17 financeurs publics. Le pôle rassemble par ailleurs 2800 ingénieurs, 2600 chercheurs, 70 unités de recherche en régions, 100 formations proposées dans le domaine des risques et 20 000 emplois sur les deux régions. Depuis sa création, le pôle a labélisé 151 projets pour un budget de 37 millions d'euros d'aides obtenues.

- L'équipe opérationnelle :

L'équipe opérationnelle du pôle est composé de 10 personnes qui ont la charge à la fois de la conduite des actions du pôle de compétitivité est de celles du PRIDES. Au sein de son équipe opérationnelle, le pôle développe des compétences « métiers » et des compétences « transverses » structurées autour de cinq axes stratégiques. Le premier axe concerne les systèmes de surveillance environnementale et de gestion des risques. L'objectif est de fournir une solution unique et intégrée à destination des responsables territoriaux. Le deuxième axe concerne la formation à la gestion de crise et des risques majeurs de ces responsables territoriaux. Le troisième axe est lié à la maîtrise des risques technologiques liés au stockage géologique de CO_2. Il vise à l'animation d'une communauté d'utilisateurs et de fournisseurs de solutions pour préparer les industriels à racheter leurs quotas de CO_2 et / ou trouver des solutions de stockage ou de valorisation. Le quatrième axe concerne la maîtrise de l'aspect technologie du traitement et de la valorisation des déchets industriels. Le cinquième axe, se rapport à l'innovation et la sécurité civile il a vocation à développer des solutions pour les forces d'intervention qui interviene sur le terrain.

---

[151] Source : http://www.pole-risques.com/.

Par ailleurs, le pôle de compétitivité et PRIDES Risques est en relation étroite avec le ministère de l'écologie et le ministère de l'économie et des finances, les conseils régionaux Languedoc-Roussillon et PACA. Il faut noter aussi une participation importante des communautés d'agglomérations ceci parce qu'on « est à la croisée des chemins de technologies, d'utilisateurs finaux et en apporte une compétence particulière », (E. 18). De plus, le positionnement (géostratégique) du pôle, sur l'arc méditerranéen le destine à être confronté à l'ensemble des risques majeurs (risques naturels, séismes, inondations, feu de forêt, etc. mais aussi les risques technologiques, les risques industriels, les transports de matières dangereuses). C'est donc dans ce cadre méditerranéen qu'évolue le pôle Risques, situé au carrefour des différents risques identifié sur les territoires environnants.

- L'ancrage territorial du pôle Risques :

L'ancrage territorial correspond ainsi à une réalité de proximité géographique, 60 % du réseau du pôle Risques est implanté dans les Bouches-du-Rhône, avec une forte présence du réseau sur le territoire du pays d'Aix. A ce propos, les managers territoriaux interrogés précisent que la situation « géostratégique » du pôle est un facteur d'attractivité pour l'implantation des entreprises en cours d'adhésion.

- La visibilité et la lisibilité du pôle :

De manière assez contre-intuitive, en termes de lisibilité il ressort des entrevues avec les managers du pôle Risques que l'approche thématique globale par les risques (au détriment d'une approche filière) constitue semble t-il un frein. En ce qui concerne la visibilité du pôle elle commence à émerger au niveau régional et national du fait de l'action de marketing territorial interactive entre le pôle et le PRIDES Risques et le technopôle de l'environnement Arbois-Méditerranée.

iii.   *Le pôle de compétitivité et PRIDES TRIMATEC : « Une technologie maîtrisée, un avenir préservé »*[152]

Le pôle de compétitivité TRIMATEC a été créé en 2005, à l'origine par le CEA et l'entreprise Areva, il n'a cependant aucune implication dans la partie nucléaire. C'est un pôle

---

[152] Source : http://www.pole-trimatec.fr/.

« filière », donc spécialisé en Ecotechnologies et spécialement sur les procédés industriels notamment quatre : la maîtrise des milieux confinés c'est-à-dire des environnements où l'on protège l'homme du produit ou inversement le produit de l'homme ou les deux ; les applications des fluides supercritiques, des procédés industriels en matière de chimie des processus de solvants ; les techniques séparatives des membranes, cela concerne la séparation molécules soit pour extraire des molécules intéressantes soit pour des molécules que l'on souhaite écarter, (les membranes sont des supers filtres à molécules) ; enfin, la production et la valorisation de la biomasse algale.

Le pôle de compétitivité et PRIDES TRIMATEC intervient dans trois régions Languedoc-Roussillon, Rhône-Alpes et Provence-Alpes-Côte-d'Azur.

- TRIMATEC en chiffres :

Le pôle de compétitivité et PRIDES TRIMATEC est un réseau de 250 membres destiné à réunir les acteurs de la filière Ecotechnologies et procédés industriels propres et innovants. Au niveau de la typologie des membres, TRIMATEC regroupe 207 entreprises, 19 centres de recherche et de formation et 24 financeurs publics. Le pôle a labélisé 111 projets de R&D pour un montant total de 191 millions d'euros d'aides obtenues.

- L'équipe opérationnelle :

L'équipe opérationnelle du pôle est composée de sept personnes dont deux sont détachées en permanence dans les régions Rhône-Alpes et Provence-Alpes-Côte-d'Azur.

- L'ancrage territorial et la visibilité du pôle TRIMATEC :

Concernant l'ancrage territorial, nous avons pu constater que si le pôle TRIMATEC est tri-régional et que sa zone de prédilection reste la région Languedoc-Roussillon, il est véritablement ancré en au sein du pays d'Aix, « un pôle de compétitivité concernée par les Ecotechnologies a sa place à Aix et ici à l'Arbois », (E. 15). De ce point de vue on retrouve l'intérêt partagé par le technopôle de l'Environnement en matière de marketing territorial. Ce qui implique sa visibilité et la lisibilité au travers même de son implantation au sein du milieu innovateur de l'Arbois.

Bâtiments Durables Méditerranéens est une association type loi 1901 créée en mai 2008 et labellisée PRIDES en juillet 2008. BDM est un regroupement interprofessionnel d'acteurs (des entreprises, des bureaux d'études, des architectes, des maîtres d'ouvrage, etc.), du bâtiment engagés sur la voie du développement durable. Le PRIDES a pris la suite d'une association Envirobat composée essentiellement d'architectes et de bureaux d'études à la pointe de la problématique du développement durable dans le but d'étendre la démarche à l'ensemble de la filière du bâtiment. La vocation du PRIDES BDM est de structurer et développer la filière de l'aménagement, de la construction et de la réhabilitation durable en Méditerranée dans une dynamique transversale et interprofessionnelle. Les objectifs opérationnels du PRIDES sont les suivants : dynamiser le développement du marché de l'aménagement, de la construction et de la réhabilitation durable ; favoriser les rencontres et les projets interprofessionnels des adhérents ; accompagner l'adaptation culturelle, technique et commerciale des adhérents ; accompagner et évaluer les projets de construction et de réhabilitation au travers de la démarche BDM ; participer à la valorisation des acteurs suivants les démarches de développement durable dans la filière du bâtiment.

- BDM en chiffres :

Le PRIDES Bâtiments Durables Méditerranéens est un réseau de 190 membres répartis par corps de métiers et destiné à réunir les acteurs de la filière Bâtiment et Développement Durable. Au niveau de la typologie des membres, 50 % sont des architectes, des bureaux d'études, des assistants à la maîtrise d'ouvrage, 15 % de maîtres d'ouvrage privé, 15 % de maîtres d'ouvrage public, 10 % d'entreprises et le reste sont des financeurs publics et des partenaires institutionnels.

- Une équipe opérationnelle, une démarche :

L'équipe opérationnelle du PRIDES est composée de 7 personnes. La démarche BDM est un outil d'aide à la décision destiné à mettre en relation dès l'amont du projet tous les corps de métiers de la filière de la construction. L'objectif est d'apporter une solution globale en matière de développement durable. Les acteurs peuvent ainsi se coordonner en amont de

---

[153] Source : http://www.polebdm.eu/.

tous les projets afin de trouver des solutions efficaces et opérationnelles. La démarche BDM se déroule en trois phases dont la dernière constitue une forme de certification interne à la profession par les pairs.

- L'ancrage territorial et la visibilité du PRIDES BDM :

La question de l'ancrage territorial met en évidence que BDM est particulièrement ancré en pays d'Aix et en particulier au sein du technopôle de l'environnement Arbois-Méditerranée. Par ailleurs, le PRIDES au travers de sa démarche BDM est un outil destiné à rendre visible et lisible la problématique du développement durable sur toute la filière de la construction. Les managers territoriaux interrogés nous confient à cet effet que la filière est émergente, donc l'action du PRIDES et encore peu visible et peu lisible.

v. *Le PRIDES Eco-entreprises[154] et Développement Durable et le pôle de compétitivité Eau[155] :*

L'association nationale Ea Eco-entreprises a été créé en 1996 par les acteurs de l'eau de la région PACA, elle est basée à Aix-en-Provence et rassemble plus de 120 membres : entreprises, laboratoires de recherche, organismes de formation et collectivités territoriales travaillant dans le domaine de l'environnement et du développement durable. L'objectif initial de l'association était principalement axé sur la problématique du développement et de l'ouverture à l'international de ses membres. L'association Ea Eco-entreprises a été labellisée PRIDES Eco-entreprises et Développement Durable le 29 juin 2007 par la région PACA. Les objectifs du PRIDES Eco-entreprises et Développement Durable sont les suivants : organiser et animer le réseau des professionnels de l'environnement et du développement durable et promouvoir leurs compétences en France et à l'international ; accompagner le développement international des les Eco-entreprises ; encourager l'innovation pour améliorer la qualité des solutions dans le domaine de l'environnement, en favorisant des partenariats entre laboratoires et entreprises et en valorisant des procédés innovants ; développer des formations

---

[154] Définition d'une Eco-entreprises : « *Entreprise dont les activités produisent des biens et services capables de mesurer, de prévenir, de limiter ou de corriger les impacts environnementaux tels que la pollution de l'eau, de l'air, du sol, ainsi que les problèmes liés aux déchets, au bruit et aux écosystèmes* ». Source : OCDE / EUROSTAT.
[155] Source : http://www.ea-ecoentreprises.com/.

et des actions de sensibilisation contribuant une meilleure prise en compte de l'environnement ou du développement durable dans les entreprises.

En juin 2010 le pôle de compétitivité Eau a été labellisé en grande partie grâce au travail de l'association EA-Eco-entreprises. Ce pôle de compétitivité Eau est tri régional, il concerne donc également les régions Languedoc-Roussillon (où il est basé) et Midi-Pyrénées. A cet effet, le PRIDES Eco-entreprises et Développement Durable se positionne comme le relais du pôle de compétitivité Eau pour la région PACA.

Le PRIDES Eco-entreprises est un réseau de 120 membres destiné à structurer la filière Environnement et Développement Durable, il compte 90 entreprises et 11 financeurs publics. L'équipe opérationnelle chargée de conduire la stratégie du PRIDES compte 8 personnes, dont une détachée pour le pôle de compétitivité Eau.

- L'ancrage territorial et la visibilité du PRIDES BDM :

L'examen de l'ancrage territorial pour le PRIDES Eco-entreprises et Développement Durable met d'abord en évidence le fait que l'association Ea Eco-entreprises qui était initialement une association nationale a recentré ses objectifs au niveau de la région PACA. L'implantation de la structure opérationnelle et d'animation du PRIDES au sein du technopôle de l'environnement Arbois-Méditerranée apparaît comme particulièrement logique. Concernant la visibilité vis-à-vis des entreprises, les managers interviewés nous indiquent que le PRIDES est « concurrencé » par l'action des chambres consulaires ou d'autres organismes d'aide au développement (OSEO par exemple) qui s'organisent également par filière et viennent donc « brouiller le message », (E.13). Ensuite, l'association porteuse du PRIDES si elle a une visibilité au niveau national et international dans le secteur de l'eau, manque clairement d'une visibilité au niveau local et tente de se faire connaître et de porter son message au niveau régional notamment auprès des collectivités territoriales de proximité.

C. *Rousset-Sophia Antipolis : une « Silicon Valley » dans le sud de la France ?*

Ce paragraphe est destiné à l'analyse de la dimension idiosyncrasique de l'unité d'analyse 2 (Rousset) de notre étude de cas. Il s'agit ici de déterminer avec précision l'ensemble des facteurs particuliers au système productif qui participent à la construction du phénomène de compétitivité territoriale du pays d'Aix. Nous procéderons ici en deux étapes. D'abord nous étudierons les éléments généraux du système productif en les enrichissant avec les données secondaires recueillies. Puis il conviendra de détailler pour chaque structure étudiée (pôle de compétitivité et PRIDES) les éléments de présentation recueillis par entretien afin de les croiser avec les données secondaires. Nous étudierons également pour chaque structure l'ancrage territorial, ainsi que la visibilité et la lisibilité.

1. Le système productif de la commune de Rousset :

Afin de qualifier la dimension idiosyncrasique du système productif de Rousset, nous nous sommes d'abord intéressés à la composition du système productif. Notre objectif était de montrer qu'il s'agit d'une forme hybride (Bocquet et Mothe, 2008) de district industriel et de cluster au sein d'une région apprenante.

La commune de Rousset est essentiellement rurale au cadre et à la qualité de vie agréable. Elle bénéficie d'une situation géographique intéressante, au pied de la Sainte-Victoire, entourée de côteaux viticoles. Rousset est desservie par de grandes voies de transport, avec l'autoroute A8, la nationale 7 et le TGV ou l'aéroport de Marseille Provence à proximité. Le village et la zone industrielle sont séparés par l'autoroute A8, zone industrielle de Rousset-Peynier-Fuveau qui s'étend sur près de 370 hectares[156] au sud-est d'Aix-en-Provence.

Le système productif étudié, concerne essentiellement des entreprises de la microélectronique (de 25 à 40% de la production française selon les sources), qui regroupe près de « 90 entreprises qui emploient plus de 7000 personnes », (Hivernat, 2004). Ce système productif est principalement géré par la mairie de la commune de Rousset en relation avec la communauté d'agglomération du pays d'Aix. En termes de formation, le système productif a vu s'implanter en 2003 à Gardanne le Centre de Microélectronique de Provence[157]

---

[156] « *La zone de Rousset est divisée en 4 zones avec des statuts différents du point de vue du POS (Plan d'Occupation des sols). - Première zone d'activité, industries traditionnelles : classée UE - Rousset Parc Club en cours d'aménagement : classé NAE1 - Pôle de la micro-électronique : classé NAE1 - Zone d'extension future : classée NAE1 Poussée par les deux géants de la micro électronique Atmel et ST Microlectronics la Zone Industrielle de Rousset fait mieux que les meilleures prévisions d'évolution* », (Hivernat, 2004).
[157] Centre de microélectronique « décentralisé » de l'Ecole nationale supérieure des mines de Saint-Etienne.

Georges Charpak[158] qui a ouvert les portes de ses nouveaux locaux en janvier 2008. En matière de structures d'aide à l'innovation, il y a une pépinière et un hôtel d'entreprise à Meyreuil, une infrastructure de test CIM PACA[159], mais également le Centre National RFID[160] qui a choisit la petite commune de Rousset comme seul lieu d'implantation en France. Il y a aussi bien sûr le pôle de compétitivité Solutions Communicantes Sécurisées, (que nous présenterons plus en détail dans le paragraphe suivant). Comme nous le confie le premier manager public local de la commune, « il y a des tas de projets comme la maison de l'innovation sur Rousset, l'université de ST Microelectronics, etc. ce sont des projets un peu à l'américaine, comme pour la « Silicon Valley », (E. 6). Ainsi, ce système productif, à la différence de celui de l'Arbois est-il identifié de longue date. En effet, un certain nombre de travaux académiques ont été produits par Garnier (1991, 2004, 2005, 2007), Rychen et Zimmermann (2000, 2002), Garnier et Zimmermann, (2006) ou encore Daviet (2001, 2003).

    i.   _Genèse et histoire du système productif :_

Le système productif de la microélectronique de Rousset n'a pas toujours été un territoire de spécialisation dans les hautes technologies. Historiquement, le territoire qui accueille aujourd'hui les zones industrielles avec des leaders mondiaux de la filière constituait le territoire du bassin minier de Provence qui regroupait alors 17 communes. C'est dans ce cadre que la commune de Rousset est devenue minière par le biais du développement de la mine de Gardanne. Hormis cet héritage d'exploitation minière, le territoire est principalement centré sur l'activité microélectronique avec quelques exploitations viticoles qui contribue également à mettre en valeur le cadre cézannien.

C'est le 31 mars 1961 que la zone industrielle de Rousset-Peynier et créée par arrêté préfectoral, (Hivernat, 2004). Il faudra attendre 1979[161] et l'implantation d'Eurotechnique qui

---

[158] Prix Nobel de physique en 1992, notamment pour ses travaux sur les détecteurs de particules.

[159] Centre Intégré de Microélectronique Provence-Alpes-Côte-d'Azur, qui regroupe trois plates-formes de recherches coopératives pour le développement de la microélectronique et de ses applications. Source : http://www.arcsis.org/754.0.html.

[160] « La RFID - *Identification Radio Fréquence* - est une technologie d'identification automatique qui utilise le rayonnement radiofréquence pour identifier les objets porteurs d'étiquettes lorsqu'ils passent à proximité d'un interrogateur ». Source : http://www.centrenational-rfid.com/.

[161] Daviet (2005) présente la genèse du site de Rousset en ces termes : « *Créé en 1979 sous le nom d'Eurotechnique, il naît d'une joint venture entre St Gobain et National Semiconductor (NSC) dans le contexte du plan composants et de la volonté française de rattraper le retard du pays vis-à-vis des Etats-Unis. Il est à la rencontre d'une politique industrielle étatique nationale et des intérêts respectifs de St-Gobain (diversification), et NSC (recherche d'une implantation en Europe)* », (p. 1).

« *relève sans conteste d'une logique fortement exogène, résultant d'une décision d'Etat, dans le cadre d'une politique nationale, dans le cadre d'un plan national de développement industriel et technologique (Plan Composants) et ne mettant pas en œuvre, de manière spécifique, une concertation avec les collectivités territoriales, ni la recherche d'un appui sur un potentiel scientifique et technique local* », (Rychen et Zimmermann, 2000, p. 1). Le développement du système productif est également dû aux aides à la reconversion et avantages financiers en tout genre, en effet, « *Rousset se trouvait être en zone « PAT » (Prime d'Aménagement du Territoire) offrant des primes aux entreprises qui se créeraient ou se délocaliseraient dans cette région. D'autre part, comme la commune de Rousset appartient au bassin minier, elle est également éligible au FIBM (Fonds d'Industrialisation du Bassin Minier)* », (Hivernat, 2004, p.7). Ces différents éléments exogènes, ont permis le développement du système productif. Suite à l'implantation d'Eurotechnique, c'est une véritable généalogie territoriale[162] (Daviet, 2003), qui a procédé par essaimage et création de nouvelles entreprises. C'est ce que nous confirme un manager public local en poste à la commune de Rousset en avançant que « les grosses entreprises ST, Atmel et GEMPLUS on vraiment beaucoup aidé à la création des TPE, car malgré tout, l'apport des petites entreprises les intéresse […] et puis, c'est souvent en plus des ingénieurs de chez eux qui prennent la direction de ces structures là, il y a comme une génétique d'entreprenariat si vous voulez », (E. 6). Cette généalogie territoriale a clairement participé du processus de développement du système productif ; système territorial tout aussi clairement engagé sur les chemins de la prospérité, (Piore et Sabel, 1984) que nous avons présenté dans le chapitre premier. Ce mode de territorialisation selon le modèle d'industrialisation des districts industriels est également relevé par Rychen et Zimmermann (2000). A ce propos, ces dernier écrivent par exemple que « *plusieurs ingénieurs et cadres, issus du site Eurotechnique-Thomson de Rousset, vont décider, au cours de la période 1983-1987, de créer leur propre entreprise sur des créneaux technologiques spécifiques de la filière silicium, à proximité de ce noyau initial, dans un rayon de moins de 10 kilomètres[163]* », (p. 4). Malgré le caractère passionnant de son histoire,

---

[162] Pour une figure éclairante sur la généalogie de la microélectronique dans les Bouches-du-Rhône, voir **annexe 6**, Daviet, 2003, (p. 6).
[163] Notons simplement que « *l'un de ces essaimages Gemplus a été créé en Mai 1988 pour reprendre l'activité de production de cartes à puces que le nouveau groupe ST-Microelectronics n'entendait pas poursuivre. Cette entreprise, qui s'installe à Gémenos et à La Ciotat connaîtra une croissance fulgurante et deviendra très vite leader mondial avec 43% du marché et un important déploiement international* », (Garnier et Zimmermann, 2006, pp. 227-228).

nous ne réaliserons pas une monographie détaillée de l'évolution du système productif de la microélectronique, nous renvoyons à cet effet, le lecteur aux travaux précédemment cités.

Il convient de noter toutefois, qu'à Rousset, existe une communauté technique d'ingénieur et de techniciens (Garnier 2007), formant un bassin d'emploi qualifié, non sans rappeler les caractéristiques des districts industriels. C'est ce que nous confirme un manager territorial : « On le voit bien lors de la fermeture d'Atmel, lorsqu'il y a un plan social destiné à licencier 500 personnes, il y a 1200 candidats pour le départ, ils sont beaucoup plus mobiles et préfèrent toucher un chèque représentant deux ans de salaire tout en sachant qu'ils retrouveront un travail dans les six mois. Pour qu'une entreprise vienne s'implanter paradoxalement il faut des chômeurs qu'il soit bon ! », (E. 10). Milieu technique, communauté technique, implantation exogène et divers mécanismes d'aides et de subventions ont donc permis le développement du site de Rousset. Toutefois, comme le précise Hivernat (2004), la production des semi-conducteurs et plus largement le secteur de la microélectronique impliquent un caractère cyclique du marché avec une « courte durée de vie des produits et des technologies », (p. 9). Ce faisant, l'unité d'analyse 2 de notre étude de cas, c'est une réalité établie se trouve véritablement confronté aux menaces révélées par l'axiome global, en particulier en matière de délocalisation des unités de production. La prise en compte de cette « prise directe » de la chaîne de valeur globalisée du secteur microélectronique sur du système productif roussetain a été décelée, au niveau régional notamment dès 2002-2003. Ainsi, le rapport sur les technologies clés (DATEM, 2002) mettait-il en évidence que :

- « *la région doit organiser et favoriser le rapprochement des différents acteurs travaillant sur les technologies qui peuvent être complémentaires. Ces rapprochements devront s'organiser autour de programmes de R&D concrets* ».

- « *L'orientation est sans aucun doute de créer en PACA une synergie entre acteurs existants autour des thèmes « supports communicants et intelligents » et développer ainsi un véritable pôle de compétence recherche-développement et industrie* », (cité par Daviet, 2003, p. 17).

Par ailleurs, la « grappe » industrielle microélectronique s'était déjà organisée de longue date, (voir la **figure 5.2**, ci-après).

Source : Daviet (2003), p. 4.

Ce que nous rappelle un manager territorial en présentant la plus ancienne de ces associations, « avant il y avait l'association de propriétaires elle existe depuis 1963, mais les collectivités ont voulu avoir affaire avec les chefs d'entreprises directement pour la taxe professionnelle et les maires pour l'emploi. Le GIHVA[164] est né de ce souci de proximité voulu par les maires vis-à-vis des chefs d'entreprises », (E. 5). Ainsi, les industriels régionaux de la microélectronique se sont-ils très tôt regroupés à la manière du cluster porterien cette fois-ci. Une véritable généalogie des associations d'industriels s'est également développée. C'est en 1993 que le CREMSI[165] (association loi 1901) a été créé par les industriels de la microélectronique régionale dans l'objectif de développer, des projets coopératifs de

---

[164] Groupement des Industries de la Haute Vallée de l'Arc.
[165] Centre régional d'Etude de Microélectronique et Systèmes Interactifs.

408

recherche innovants et de réaliser des synergies de transfert de compétence. Le CREMSI en 2005 élargit ses missions et intègre la plate-forme de compétitivité (infrastructure de test) dans le domaine des objets communicants sécurisés, CIM PACA[166] pour devenir ARCSIS[167].

Sous la logique « en marché » des districts et des clusters, le système productif de la commune de Rousset a donc suivi les chemins de la prospérité comme mode de développement territorial privilégié. Si les implantations exogènes (publiques et privées) ainsi que les subventions et aides à la reconversion du bassin minier y sont pour beaucoup, cela n'exclut pas la prise en compte voire l'implication de certains acteurs publics locaux. C'est ce que note Sylvie Daviet (2003) en écrivant que bien que d'origine exogène, le développement de la microélectronique a pu par la suite s'appuyer sur : « *un processus de développement local, le formidable développement d'un pôle carte à puce autour de Gemplus et les investissements d'Atmel et ST soutenus par les pouvoirs publics* », (p. 8).

A ce titre, la mairie de la commune de Rousset a su s'adapter à ce mode de développement territorial par industrialisation. Comme nous le confirme un manager public local, la mairie emplois 300 personnes pour une commune de 4000 habitants, « on a le budget d'une ville de 15 000 habitants donc tout est atypique ici ! », (E. 6). Cela implique également une mobilisation des infrastructures publiques et des investissements en conséquence, ce dernier poursuit : « on a toujours su qu'attirer les entreprises c'était essentiel pour notre survie. Donc il nous fallait avoir un outil performant en termes d'alimentation électrique, d'approvisionnement en eau brute, en eau potable et d'assainissement, mais aussi la gestion des déchets, leur transport, etc. », (E. 6). Ainsi, si le processus de territorialisation a construit un milieu technique, une culture technologique et entrepreneuriale, les managers territoriaux ont-ils également adaptés leurs compétences. A ce propos, un manager-développeur de la zone industrielle témoigne : « Quand je suis arrivé à Rousset, il y a vingt-deux ou vingt-trois

---

[166] Centre Intégré de Microélectronique Provence-Alpes-Côte-d'Azur qui regroupe trois plates-formes de recherches coopératives pour le développement de la microélectronique et de ses applications : La plate-forme « Conception » sert les créateurs des puces électroniques qui constituent le cœur des objets communicants sécurisés ; la plate-forme « Caractérisation » sert le développement des procédés de fabrication de ces puces ; la plate-forme « Micropackaging et sécurité » sert l'intégration de ces puces dans les dits objets. Source : http://www.arcsis.org/cimpaca.html.
[167] Association pour la Recherche sur les Composants et les Systèmes Intégrés Sécurisés. Elle réunit Atmel, Gemplus, Philips, ST-Microelectronics , Texas Instruments, plusieurs dizaines de PME ainsi qu'une quinzaine d'écoles, laboratoires de recherche et universités de la région.

ans, le maire m'avait embauché pour cela, pour développer sa zone. Il y avait 2 000 emplois. Vingt-deux ans après on en a 6 500 », (E. 7).

Les chemins de la prospérité, l'histoire l'a déjà montré sont parsemés d'embûches. Le secteur de la microélectronique n'y fait pas exception, bien au contraire, il se trouve en confrontation directe avec les turbulences de l'axiome global. En effet, la logique « en marché » guide les choix de localisation de la production et comme le précise Hivernat (2004), « *les décisions d'investissements ne se font pas au niveau de l'unité mais au niveau du groupe lui-même, ce qui rend l'évolution de l'unité et du territoire fortement dépendante d'une telle décision* », (p. 9). Aussi, dans ce type de processus de territorialisation, dans le mode de développent territorial par industrialisation qui suit une logique « en marché », la question de la reconversion apparaît-elle comme inéluctable.

ii.   *De la houille au silicium : un système productif condamné à la reconversion*

Si Rychen et Zimmermann (2000) se sont interrogés sur l'éventualité d'une reconversion ou bien d'une mutation du bassin houiller de Gardanne au pôle micro-électronique provençal, il nous semble que pour la microélectronique, la question se posera dans les mêmes termes. Le bassin minier de Provence, emporte un héritage d'industrialisation depuis deux siècles. Mutation ou reconversion, le fait est que les activités changent mais que le dynamisme de ce territoire ne dément pas. En effet, le mode de développement territorial qui caractérise l'unité d'analyse 2 de notre étude de cas impose une adaptation permanente des politiques publiques volontaristes et territoriales afin de renforcer l'ancrage des activités productives. C'est par exemple le constat qu'ont tiré les industriels régionaux en créant le CREMSI en 1993, car « *à la fin des années 80, la crise conjoncturelle globale que connaît le marché de la microélectronique et la nécessité d'un passage aux technologies 6 pouces, remettent en cause la présence de SGS-Thomson sur le site de Rousset. Cette menace de départ de la firme a été l'occasion d'une prise de conscience collective du manque d'ancrage territorial de la micro-électronique dans les Bouches-du-Rhône* », (Rychen et Zimmermann, 2000).

Lors de notre enquête, nous avons pu constater que ces influences de l'axiome global étaient véritablement au cœur des préoccupations de l'ensemble des acteurs interrogés. Ainsi, des exploitations de lignite aux unités de découpage des cartes à puce en silicium, l'évolution

410

a-t-elle profondément marqué le système productif. Cette évolution si elle est tractée par la logique « en marché », vient peu à peu modeler les formalisations de la culture locale. Il faut donc noter un changement d'état d'esprit concernant l'appellation « bassin minier de Provence », qui rappelle une communauté de mineurs ancrée dans le territoire gardannais et largement influencée par les enjeux communistes et syndicalistes. Comme en témoigne un manager public local, « on s'est rendu compte que c'était un peu comme les réserves de sioux et d'indiens et que cela ne correspondait plus vraiment à grand-chose », (E. 5). Un processus de changement sociologique est donc en cours et le renvoi à la culture industrielle d'antan. Pour beaucoup d'acteurs locaux il s'agit d'une vision passéiste, qu'ils ne partagent plus. Il faut ajouter, nous y reviendrons que la commune de Gardanne longtemps non affiliée à la communauté d'agglomération du pays d'Aix, pour des raisons politiques et financières, sera intégrée au pays d'Aix lors de la réforme territoriale.

En tout état de cause, les enjeux d'un mode de développement territorial tel que celui de Rousset sont importants. En effet, certains handicaps viennent augmenter les inquiétudes des managers interviewés :

- d'abord, le système productif est mono-activité et ce manque de diversification peut être dangereux en cas de bifurcation majeur de technologie ;

- ensuite, à Rousset précisément ce sont principalement des unités de production qui sont implantées sur la zone d'activité, une grande partie de la conception étant située à Sophia Antipolis ;

- comme nous l'avons précisé, les grands groupes ou fondeurs sont des multinationales qui répondent à des stratégies territoriales sur une chaîne de valeur globale menaçant de délocalisation des unités de production (précarité du système productif), sans parler des enjeux liés aux variations des taux de change Euros vs Dollars qui peuvent véritablement influencer les choix des géants mondiaux.

Ceci étant, l'évolution du système productif apparaît pour beaucoup de managers territoriaux (si ce n'est tous) comme une évidence. C'est ce que nous confirme par exemple un manager public local du pays d'Aix qui avance qu'il y a eu « une première reconversion du bassin minier et là il va y avoir une seconde reconversion avec la photovoltaïque et les nouvelles technologies liées aux énergies renouvelables qui seront *in fine* en lien avec l'Arbois et avec ITER », (E. 3). Le départ d'Atmel l'un des deux fondeurs de la zone industrielle de Rousset a semble t-il tiré la sonnette d'alarme et les difficultés rencontrées pour maintenir l'activité sur la zone se font pressantes. Par exemple, le rachat d'Atmel s'est fait non sans difficultés nous confie un manager-développeur de la zone : « En Europe, il y avait dix usines comme celle de Rousset qui étaient à vendre, la seule qui a été rachetée c'est la notre », (E. 7).

Par ailleurs, les investissements sont trop lourds pour la construction des unités de production, nous indique un manager public local de la commune de Rousset donc « en fait l'avenir de la microélectronique à part pour la R&D tout le monde est septique », (E. 6). C'est ce que nous confirme également un manager-développeur du pays d'Aix en expliquant « que les pays émergents prennent en charge le coût des infrastructures, là on ne peut pas lutter », (E. 16). Les délocalisations des unités de production de la microélectronique, sont donc apparemment inéluctablement programmées, voir **encadré 5.3** ci-dessous.

Encadré 5.3 La production microélectronique à Rousset : chronique d'une mort annoncée

« ATMEL (le deuxième « gros » du secteur) qui vendait et qui quittait le site de Rousset. Le repreneur dit qu'il va investir mais quand on voit les montants de l'investissement avant c'était des centaines de millions d'euros maintenant on parle de dizaines de millions d'euros !
Mais on est quand même inquiets pour l'avenir, franchement, parce qu'on a le sentiment qu'on est assez peu écouté et s'est toujours très difficile de faire investir sur le site. S'il n'y a pas d'investissement dans un site industriel il a tendance à péricliter, parce que ça vit un site industriel. Donc il y a des naissances, il y a des morts mais s'il y a plus de morts que de naissances ça commence à décliner et si ça décline trop, les entreprises ne viennent plus s'installer », (E. 6).

Au-delà de l'évolution de la dimension idiosyncrasique liée à la logique « en marché », les managers territoriaux de l'unité d'analyse 2 font état, de manière très factuelle des difficultés institutionnelles qu'ils peuvent rencontrer avec la communauté d'agglomération du pays d'Aix. Ainsi, un manager-développeur nous confie que si à l'époque il s'agissait de développement économique, avec déjà « l'influence de la mondialisation il faut compter en plus aujourd'hui sur les réformes, la décentralisation et surtout la suppression de la taxe professionnelle. Aujourd'hui avec la communauté d'agglomération du pays d'Aix on a perdu la main sur ce genre d'action », (E. 7). La question de la politique locale semble donc entrer pleinement en ligne de compte et faire blocage dans la conduite de certaines actions. C'est pourquoi le Directeur général des services de la commune de Rousset nous explique, « la zone n'est pas encore déclarée d'intérêt communautaire, c'est-à-dire que l'on fait partie de la CAPA mais la zone industrielle de Rousset est encore gérée par la mairie. On n'a pas encore été déclaré d'intérêt communautaire car le maire n'a jamais voulu, car il considère qu'aujourd'hui, la CAPA n'a pas les moyens humains pour gérer la zone d'activité de Rousset, la CAPA n'a pas les compétences, ce n'est peut-être pas faux d'ailleurs », (E. 6). Nous y reviendrons largement dans l'étude de la dimension diachronique, mais force est de constater de manière liminaire que les atermoiements de la politique locale peuvent également handicaper l'évolution des systèmes de compétitivité. En ce sens le principe dialogique de mise en cohérence des processus d'actions publiques peut apporter un commencement de solution.

En définitive, la reconversion ou mutation du système productif vers la photovoltaïque est déjà une « réalité territoriale ». En effet, les projets en cours intéressent les collectivités tout particulièrement dans leur potentialité de création d'emplois, « c'est le secteur qui va soutenir l'activité économique au cours des prochaines années. On le voit, c'est phénoménal on a plusieurs projets, et un seul projet fait entre 400 et 500 emplois », (E. 6). C'est ainsi que nous avons pu observer les pressions et le lobbying d'un manager-développeur auprès de son élu afin de lui faire comprendre l'intérêt de se positionner sur le marché photovoltaïque. Ce dernier argumentant la nécessité de focaliser sur la production car Rousset est une zone industrielle, donc du « mais du photovoltaïque industriel, les poseurs on s'en fout! », (E. 7). La mutation du système productif est en marche puisqu'une plate-forme technologique « photovoltaïque » a été mise en place pour les tests avant la production. Cette initiative montre les avantages des effets d'expérience et d'apprentissage passés ainsi que leur sédimentation historique dans la confrontation des acteurs locaux à des secteurs industriels et technologiques en proies aux influences de l'axiome global. A ce propos donc, les modes de concertation public / privé ont évolués et apparaissent plus réactifs. Ils réunissent la commune de Rousset, la région PACA (CIMPACA) et plus récemment le pôle de compétitivité Solutions Communicantes Sécurisées qui fédère les acteurs de la filière régionale.

Notons enfin, que l'évolution de la dimension idiosyncrasique du système productif de Rousset, pose également des questions. En effet, l'implantation d'unité de fabrication pour du photovoltaïque entrainera à son tour la nécessité d'équipements publics pour le traitement des eaux usées. Les risques naturels doivent alors être anticipés nous met en garde un manageur-aménageur du pays d'Aix, « le photovoltaïque a des aspects séduisants mais cela a quand même des impacts paysagers, c'est quand même très polluant », (E. 22). C'est ici que la vision dialogique entre les deux unités d'analyse doit être prise en compte au niveau du cas dans son ensemble (le pays d'Aix), c'est-à-dire envisager et favoriser par exemple les relations entre les deux systèmes productifs qui s'ils ont des modes de développement différenciés n'en restent pas moins complémentaires. C'est ce que nous confirme un manager de l'innovation du pôle de compétitivité Risques de l'unité d'analyse 1 (Arbois), quand il insiste, « pour le photovoltaïque l'idée pour nous c'est de pouvoir intégrer des notions de risque autour de ses pratiques, des notions de déchets industriels », (E. 18).

L'évolution du système productif de Rousset doit donc appeler une véritable démarche prospective. Dans cette optique, nous avons inséré dans nos entrevues une question de type « carte blanche[168] » afin de laisser libre cours à l'imagination des managers territoriaux interrogés. Ont émergé les éléments suivants :

- œuvrer pour la reconversion dans le photovoltaïque et sortir le territoire de la mono-activité ;

- création d'une sortie d'autoroute pour une meilleure desserte de la zone d'activité ;

- développer encore la zone industrielle ;

- développer la qualité d'accueil, préserver l'environnement.

Les enjeux liés à l'évolution des systèmes productifs en pays d'Aix ont donc peut-être des destins croisés. Au-delà même, les enjeux prospectifs devraient permettre de faire converger les chemins de la prospérité avec ceux de la compétitivité *via* la mise en pratique de la dialogique des processus d'actions publiques. Mettre en cohérence les politiques territoriales avec les politiques publiques volontaristes serait donc souhaitable, c'est pourquoi

---

[168] Une question simple était posée aux managers consistant à leur demander : Si vous aviez carte blanche pour développer l'action de la structure x, que décideriez-vous? Voir notre grille d'entretien proposée en **annexe 5**.

nous allons présenter désormais le pôle ce compétitivité Solutions Communicantes Sécurisées.

2. Le pôle de compétitivité et PRIDES Solutions Communicantes Sécurisées : « ... le futur plus sûr »[169]

Solution Communicantes Sécurisées (SCS) est une association de type loi 1901 crée en juillet 2005. L'ambition du pôle de compétitivité et du PRIDES SCS est de devenir l'acteur incontournable et reconnu dans le domaine des solutions communicantes sécurisées en couvrant l'ensemble de la chaîne de valeur des métiers des technologies de l'information et de la communication, du silicium aux usages. SCS est par excellence un pôle « filière », nous l'avons montré, la filière de la microélectronique, du logiciel, des télécommunications et du multimédia (TIC). Ses objectifs visent à : développer des projets collaboratifs innovants ; créer un écosystème approprié au développement régional des TIC ; contribuer au développement des TPE PME.

- SCS en chiffres :

Le pôle de compétitivité et PRIDES SCS est un réseau de 260 membres destiné à réunir les acteurs de la filière microélectronique régionale qui concerne 41 000 emplois dans les TIC. Au niveau de la typologie des membres, SCS compte 70% de TPE-PME, 30 donneurs d'ordre de rang mondial et 14 financeurs publics. Le pôle rassemble par ailleurs 1200 chercheurs du secteur public, 18 établissements et organismes de recherche et de formation pour 1500 ingénieurs formés par an. Depuis sa création, le pôle a labélisé 280 projets de R&D pour 451 millions d'euros de dépenses engagées. Enfin, les différentes associations professionnelles ont été rassemblées au sein du PRIDES SCS : ARCSIS, MOBISMART, MEDINSOFT, MEDMULTIMED, SAME et TELECOM VALLEY.

- L'équipe opérationnelle du pôle :

La structure opérationnelle qui conduit les actions de l'association est composée de 10 personnes et comme pour les pôles de l'unité d'analyse 1 (Arbois), il n'y a pas de distinction entre la structure opérationnelle du pôle de compétitivité est celle du PRIDES.

---

[169] Source : http://www.pole-scs.org/.

- L'ancrage territorial, la visibilité et la lisibilité du pôle SCS :

Concernant l'ancrage territorial du pôle SCS, les éléments recueillis auprès des managers territoriaux interrogés confirment un ancrage puissant de la filière microélectronique en pays d'Aix (ancrage dans le territoire, dans les esprits et dans les mémoires). C'est ce que confirme un des managers de l'équipe opérationnelle : « c'est une spécificité propre au territoire qui a permis d'accueillir le pôle de compétitivité et le PRIDES ici à Rousset », (E. 8). Par ailleurs, le constat des managers interviewés fait montre d'une masse critique d'acteurs au sein du système productif de Rousset (plus présent encore que sur le système productif de Sophia-Antipolis) qui participe largement de cet ancrage territorial. De ce fait, ancrage territorial, mémoire collective, histoire commune ont participé à la construction d'une communauté technique d'ingénieurs. Elle permet de déceler une généalogie territoriale en matière de microélectronique et d'inscrire cette filière dans le territoire. Un manager public régional en charge spécifiquement du pôle SCS nous confie à ce propos, « on observe au niveau du pôle de compétitivité et du PRIDES SCS, un aspect j'allais dire consanguin, enfin, vraiment familiale de ce réseau de sociétés où les dirigeants se connaissent tous », (E. 10). En cela l'hybridation (Bocquet et Mothe 2008) entre cluster et district sur le modèle-action des pôles de compétitivité apparaît saisissante.

L'ancrage de la filière microélectronique est plus largement régional, il suit globalement une logique « bipolaire » entre la zone de Rousset et celle de Sophia Antipolis. Cette réalité bipolaire au niveau de la région PACA se traduit par un double niveau de réalité :

- d'abord cette double localisation fait montre d'une répartition territoriale de la filière du point de vue régional, « il y a un bi-pôle, les télécommunications et le logiciel se font à Nice, la micro-électronique, le sans contact, la RFID, et la sécurité c'est ici à Rousset », (E. 8), nous explique un chef de projet de SCS. Ce qui permet de constater de manière schématique que la conception se fait historiquement dans les Alpes-Maritimes et que la production de la même manière et plutôt située dans les Bouches-du-Rhône. Avec le pôle de compétitivité et le PRIDES SCS, cette tendance est toutefois à relativiser notamment du point de vue de la constitution d'un écosystème numérique au niveau régional, voir notamment le projet « PACA Labs » que nous présenterons dans la section suivante.

- ensuite, cette bipolarité territoriale pour une seule et même filière avec une spécialisation des deux systèmes productifs montre qu'il y a bien une grappe industrielle régionale (cluster) et deux districts distincts aux cultures différenciées et moins ouvert sur leur environnement de proximité. Par ailleurs, cette bipolarité territoriale constitue un point essentiel de fragilisation au niveau de l'articulation des politiques publiques, nous l'aborderons également dans la section suivante (avec l'examen de l'item Articulation des politiques publiques).

Pour conclure, nous pouvons avancer comme pour le milieu innovateur de l'Arbois que le lien entre le district-cluster microélectronique et la région apprenante doit être assurée par la communauté d'agglomération du pays d'Aix, ceci dans un but d'opérationnalisation de la compétitivité territoriale. En définitive, le mode de développement territorial de l'unité d'analyse 2 (Rousset) montre une logique différenciée de celle qui a présidée à l'Arbois (unité d'analyse 1). Ces premiers éléments de l'analyse des dimensions idiosyncrasiques nous permettent de penser que le milieu innovateur et le district-cluster doivent être mis en relation. A cet effet, la CAPA apparaît comme l'échelon territorial permettant de mettre en œuvre la dialogique des processus d'actions publiques destinée à la synergie des politiques publiques volontaristes et territoriales sur son territoire. La question posée est alors simple, la CAPA assure-t-elle ce rôle d'intermédiation ? Le cas échéant, la métropole Aix-Marseille (dans la pratique mais pas dans le politique) devrait-elle remplir ce rôle vis-à-vis d'une région PACA qui fait montre, de par ses initiatives d'apprentissage et semble se positionner comme une *learning region* ? C'est ce que nous allons déterminer dans la section suivante en examinant les dimensions diachroniques de notre étude de cas.

Section 3. *Analyse des dimensions diachroniques : confronter la « réalité territoriale » aux modèles-actions publics*

Dans cette troisième section le but poursuivi est d'analyser le plus précisément possible les interrelations entretenues par les contextes et les processus de notre étude de cas. Comme pour la section précédente, nous souhaitons apprécier ici l'influence de l'axiome global sur le phénomène de re-territorialisation, ceci d'un point de vue théorique comme empirique. Il ne s'agit plus en revanche de focaliser l'attention sur les facteurs particuliers du territoire mais d'étudier l'importance des processus d'actions publiques dans la construction du phénomène de compétitivité territoriale. La méthode de recueil des données pour la qualification des diachronies territoriales a procédée d'une triangulation entre les données secondaires recueillies lors de l'étude de terrain, les observations et l'analyse des éléments de discours recueillis auprès des managers territoriaux sur des éléments précis. La technique d'analyse, tantôt déductive, tantôt inductive nous permettra comme dans la section précédente des allers-retours entre le niveau holistique et celui des unités encastrées à fins de comparaison ou encore de confrontation à des explications rivales.

Pour ce faire, nous procèderons à l'analyse en suivant trois temps. D'abord nous présenterons les politiques publiques volontaristes (pôles de compétitivité et PRIDES) dans leurs généralités avant de comparer leurs impacts au niveau des unités d'analyse identifiées. Nous analyserons ensuite la politique publique territoriale du cas dans son ensemble en incluant l'épreuve de l'histoire, i.e. l'étude de cas longitudinale. Enfin, nous terminerons par une étude transverse en examinant l'articulation de ces politiques publiques sur le temps long à l'aune du principe de dialogique des processus d'actions publiques développé dans notre chapitre deuxième.

A. *Des politiques publiques volontaristes « thématisées » en faveur de la compétitivité territoriale*

Nous avons dans le deuxième chapitre de ce travail doctoral présenté la politique en faveur des pôles de compétitivité. Cette campagne volontariste sans précédent fait l'objet de toutes attentions académiques à la hauteur, d'ailleurs des attentes que le gouvernement lui adresse. De manière beaucoup plus pragmatique, la région PACA a décidé de se « mettre dans la roue » de l'Etat en proposant sa propre politique régionale, non sans y ajouter une touche « solidaire », les PRIDES étaient nés.

1. Les pôles de compétitivité à l'échelle nationale :

Il s'agit donc d'étudier avec précision la politique des pôles de compétitivité et ses impacts potentiels sur le phénomène de compétitivité territoriale. La méthode d'analyse des données pour la qualifier la perception de la diachronie territoriale des managers territoriaux suit une technique abductive. Comme précisé plus haut, la présentation de la politique publique a été proposée dans notre exploration théorique, il n'est donc pas utile de revenir sur ces éléments dans notre analyse empirique. Le but est d'examiner cette politique publique du point de vue des managers territoriaux qui ont la charge de la mettre en œuvre au sein des structures opérationnelles des pôles de compétitivité. En d'autres termes nous interrogeons la « mise en action publique ».

i. _Un retour critique sur les pôles par les managers territoriaux :_

D'un point de vue général, nous avons d'abord relevés quelques points intéressants qui ont pu être énoncés par les managers territoriaux interviewés sur la politique qu'ils ont la charge de conduire.

- La prise en compte de l'histoire met en relief une analyse critique de certains des managers territoriaux interrogés concernant la non prise en compte des démarches territoriales au travers de l'histoire. En particulier, les managers publics locaux de l'Arbois déplorent le manque de cohérence entre la politique des pôles et les démarches technopolitaines sur lesquelles beaucoup de pôles de compétitivité sont aujourd'hui assis. C'est ce que commente un Directeur général adjoint à l'aménagement du technopôle : « L'Etat quand il fait les pôles de compétitivité et quand il a fait précédemment les incubateurs ne prend pas en compte le fait qu'il y ait des démarches technopolitaines sur les territoires inscrites depuis la décentralisation », (E. 4).

- La complexité du dispositif confirme le constat que la politique publique des pôles de compétitivité est particulièrement complexe, que ce soit dans son implémentation ou même dans la compréhension de la stratégie générale du gouvernement. Autre

419

argument, au départ il devait y avoir une dizaine de pôles de compétitivité dans l'optique d'un rayonnement mondial, les managers territoriaux font remonter l'idée selon laquelle 71 pôles de compétitivité « c'est beaucoup trop » pour être lisible et cohérent (ce qu'à confirmé d'ailleurs, nous l'avons vu, la première évaluation du dispositif par le consortium Boston Consulting Group / CM International, présentée au gouvernement en 2008).

- <u>Financement de l'Etat</u>, la perception des managers territoriaux vis-à-vis des financements de l'État apparaît comme relativement mitigée. Si certains argumentent que sans les financements de l'Etat, la précarité des structures ne permettrait pas de continuer les actions engagées, d'autres en revanche font état de trop faibles financements pour la conduite de leurs missions opérationnelles. Cet argument est directement lié au précédent, un manager de l'innovation du pôle SCS nous indique que « l'initiative est excellente mais je crois qu'il faudrait réduire le nombre de pôles de compétitivité et je pense qu'il faudrait que ces pôles aient une taille critique et plus de moyens », (E. 9).

Suivant une première approche, la politique des pôles est donc globalement bien perçue par les managers territoriaux. L'inscription historique des politiques volontaristes précédentes dans les territoires qui impactent l'unité d'analyse 1 (Arbois) n'est pas relevée pour le système productif de Rousset (unité d'analyse 2). Cela s'explique sans doute par la différenciation des modes de développement que nous avons observée dans la construction des dimensions idiosyncrasiques de chacun des systèmes. A Rousset, les industriels ont emprunté les chemins de la prospérité dans le sillage de la structuration régionale ; sur le plateau du Petit Arbois, la démarche technopolitaine « endogène » doit créer sa propre histoire car elle s'est engagée sur les chemins de la compétitivité.

D'autre part, la complexité inhérente au dispositif national fait montre semble t-il d'une dispersion des « efforts » avec un nombre élevé de pôle. La question fondamentale entre effet de polarisation et souci de péréquation territoriale transparaît encore. La DATAR a dû trancher en faveur de la polarisation mais a compensée en donnant à chaque région des pôles de compétitivité. La réalité financière se fait sentir et la problématique de la masse critique des pôles imposera des ajustements et arbitrages futurs pour assurer la pérennité et

420

l'efficacité de la politique publique. En d'autres termes et comme le résume parfaitement Zimmermann (2005), « s'il y a des régions qui gagnent, il y a aussi des régions qui perdent », ceci est la « réalité », plus encore, c'est la contrepartie de la compétitivité territoriale. Nous le verrons toutefois, il apparaît que d'autres mécanismes, régionaux et locaux notamment, peuvent atténuer cette tendance, ce fatalisme ne doit donc pas faire loi en la matière.

ii. *La compréhension et la maîtrise des objectifs de la politique :*

Les trois objectifs principaux de la politique publique ont émergé dans la plupart des entretiens menés. En effet, nous allons le voir, l'objectif d'innovation pour les entreprises et de compétitivité pour les territoires ; l'objectif d'ancrage territorial ainsi que l'objectif de soutient et de renforcement des PME ont été abordés par les managers territoriaux.

- Objectif Compétitivité-Innovation : cet objectif de compétitivité par la recherche d'innovation est pleinement intégré par l'ensemble des managers territoriaux, « la réponse à la mondialisation c'est l'innovation », (E. 15), nous confie un manager. De ce point de vue la politique publique constitue en elle-même une véritable innovation organisationnelle, dans les procédés d'actions publiques de la DATAR. Les références à la mondialisation (axiome global) sont quasi systématiques et un outil privilégié ressort particulièrement des discours : le projet collaboratif, « La vocation d'un pôle de compétitivité c'est de monter des projets collaboratifs et de R&D », (E. 18). Cet outil qui consiste à rassembler les entreprises, les laboratoires de recherche et éventuellement les PME / TPE ou collectivités territoriales autour d'un projet est devenu le dénominateur commun parfaitement maîtrisé par les managers. L'objectif premier de réunir les acteurs pour dégager des innovations est compris et partagé par les managers territoriaux. De ce point de vue la politique publique est un succès. L'enjeu de « décloisonner les mondes », (E. 12), au travers de la pratique collaborative est devenu une réalité.

- Objectif d'ancrage territorial, la question de l'ancrage territorial des activités productives est au cœur des préoccupations de la politique volontariste. Si la version 1.0 de la politique publique avait pu laisser ce sujet en suspens, la version 2.0 s'est pleinement saisie de la question en proposant le schéma de l'écosystème comme moteur de la croissance (voir **annexe 1**). C'est en ce sens que les « forces vives » du territoire et la question de la croissance endogène ont été pleinement reconnus par les plus hautes

421

sphères de l'Etat. La perception de l'ancrage territorial dans la politique des pôles de compétitivité révèle chez les managers territoriaux deux formes de spécificités selon le système productif envisagé :

En ce qui concerne l'unité d'analyse 1 (Arbois) la problématique de l'ancrage territorial est perçue comme une opportunité par les managers territoriaux puisque les pôles de compétitivité implantés sur le site s'inscrivent peu ou prou dans la thématique de l'environnement. Les entreprises adhérentes ou en création peuvent être accueillies grâce à l'existence d'une réserve foncière importante, et d'une chaîne de valeur de l'innovation assurée (de la pépinière d'entreprises jusqu'à l'hôtel de la compétitivité). « S'ils viennent ici, c'est clairement que les thématiques sur lesquelles on travaille depuis des années correspondent à leurs propres thématiques », (E. 4), explique un manager public technopolitain. L'importance de « l'histoire locale », au travers de la logique technopolitaine constitue donc un facteur explicatif de cette facilité et de cette cohérence au niveau du plateau du petit Arbois.

Pour l'unité d'analyse 2 (Rousset) l'ancrage territorial est une problématique assimilée par les managers territoriaux. Les effets de la mondialisation sur la filière microélectronique sont pleinement pris en compte dans la stratégie du pôle de compétitivité SCS. Pour ainsi dire, les effets d'apprentissage de la logique « en marché » sont avant tout ancrés dans la culture locale, au travers de la grappe industrielle régionale. De ce point de vue, la formalisation d'un écosystème régional et l'implémentation de projets spécifiques comme celui d'un écosystème numérique sur le pays d'Aix démontrent la prise de conscience de cet enjeu. L'objectif de capter et de retenir aussi bien les fondeurs que de conforter les TPE et les PME sur le territoire apparaît comme une évidence. Quant à ce stéréotype de « l'ancien modèle industriel », les effets de l'axiome global sur le système productif posent clairement la question entre l'adoption d'une approche territoriale opposée à une approche par filière, nous y reviendrons dans le paragraphe suivant.

- Objectif soutient des PME, cet objectif de soutenir en particulier le tissu des PME et des TPE françaises vient du constat opéré par le gouvernement vis-à-vis des entreprises allemandes. Les managers territoriaux confirment cet état de fragilité des TPE et des PME française par rapport à l'outre-Rhin, « un des talons d'Achille de l'industrie en France ce que l'on n'a pas de grosses PME », (E. 21). Les managers de l'innovation ont pleinement conscience de la nécessité de les accompagner dans leur développement. Ainsi la plupart des pôles de compétitivité visités ont-ils *a minima* un chargé de mission spécifiquement dédié à l'accompagnement des petites et moyennes entreprises. L'objectif poursuivi vise à « faire en sorte que nos PME atteignent une masse critique et puissent rivaliser au niveau européen avec les entreprises allemandes ou même espagnoles », (E. 18), nous précise un manager du pôle Risques.

De plus, les managers territoriaux se mobilisent en faveur des TPE et des PME car ils ont bien conscience que les grandes entreprises ont des stratégies globales impliquant une volatilité territoriale d'opportunité. A ce titre, une palette d'outils est mise à disposition des entreprises (actions collectives, assistance et formation pour la gestion des ressources humaines, accompagnement pour les business plan, etc.) que nous détaillerons dans l'analyse des modalités de management dans le chapitre suivant.

Par ailleurs, le constat du temps passé en réunion, pour le montage administratif des dossiers montre un grand besoin pour les TPE-PME d'être assistée par les pôles de compétitivité. Un manager de l'innovation nous explique comment il perçoit cet enjeu : « une fois que l'on a une entreprise et que l'on innove, si on ne sait pas vendre l'innovation, si on ne sait pas recruter, si on n'a pas de fonds propres, de toute façon l'entreprise ne peut pas se développer. Donc la problématique de l'entreprise ne se réduit pas à un volet purement innovation. L'innovation est peut-être la condition nécessaire mais pas suffisante », (E. 9). Sur ce dernier point en particulier, la politique publique régionale des PRIDES apparaît comme un complément indispensable dans l'objectif de consolidation du tissu des entreprises régionales.

iii.   *Logique territoriale versus logique de filière ?*

C'est au cours de notre enquête que cette opposition majeure s'est révélée. Mettre dos-à-dos logique territoriale et logique de filière nous a permis de voir émerger certains enjeux inhérents au management de la compétitivité territoriale. Ces enjeux sont à la croisée des politiques publiques volontaristes et territoriales. La politique des pôles de compétitivité doit alors être reliée avec les deux autres politiques publiques à savoir celle des PRIDES du niveau régional et la politique de développement territorial implémentée par les EPCI. Nous traiterons ici des grands enjeux de la confrontation entre l'approche territoriale est l'approche par filière et nous réserverons les constats plus spécifiques dans une analyse transversale dans la section troisième du présent chapitre.

Plus de la moitié des managers territoriaux interrogés ont relevé d'une manière ou d'une autre cette problématique qui vise à soulever l'incompatibilité entre une logique territoriale et une logique de filière : « on est quand même face a deux phénomènes contradictoires : la logique de territorialité par rapport à la logique des thématiques », (E. 8.), relève par exemple un manager du pôle SCS. De manière générale, si cette opposition traduit « la tension entre compétitivité et cohésion », (E. 4), elle emporte toutefois des spécificités selon le système productif analysé ou encore selon la stratégie du pôle de compétitivité considéré.

La politique publique en faveur des pôles de compétitivité sur un niveau d'implémentation nationale a imposée de par la complexité de sa mise en œuvre une approche par filière et donc la polarisation des activités productives, nous l'avons dit. La priorité initiale de la politique est donc clairement affichée : la recherche de compétitivité au travers d'une mise en synergie des acteurs destinée à susciter des innovations. Nous l'avons introduit également, la version 2.0 de la politique publique des pôles, avec la mise en place de l'écosystème a visée à contrebalancer les dérives occasionnées par une approche focalisée sur les filières. En définitive, force est de constater que le niveau national ne peut proposer un modèle d'approche territoriale et que c'est bien de la volonté et de l'initiative des acteurs locaux que peut émerger une telle dynamique. Le meilleur exemple de cette dynamique locale et « endogène » nous est fourni par la construction de l'hôtel de la compétitivité au sein du milieu innovateur des technologies vertes de l'Arbois. A l'instar de Philippe Aydalot (1986), nous pouvons avancer que si les entreprises innovantes sont secrétées par les milieux, l'hôtel de la compétitivité est sécrété par un milieu qui réuni un grand nombre de pôles de compétitivité. Comme nous le confie un manager de l'innovation du Petit Arbois, l'hôtel de la compétitivité est « destiné à rassembler les pôles de compétitivité pour les faire travailler ensemble sur des projets de recherche et de développement, c'est-à-dire à l'intersection des filières car c'est globalement à ce niveau que se font les véritables des innovations », (E. 12). Ainsi au niveau du pays d'Aix, deux tendances se dégagent selon le système productif envisagé.

- Pour l'unité d'analyse 1 (Arbois) plusieurs cas de figure se présentent :

  - Concernant le pôle de compétitivité Risques (bi-régional) qui développe une approche globale par les risques (donc pas une approche par la filière), est un pôle fédérateur réunissant les pôles de compétitivité « filières » au travers d'une approche systémique. De ce point de vue, le pôle Risques permet de mettre en relation les technologies et les innovations avec les territoires qui sont les utilisateurs finaux. Dans ce cas de figure, le pôle de compétitivité joue un rôle d'interface et d'intermédiation entre l'approche filière et l'approche territoriale, « le pôle de compétitivité qui est transversal peut ainsi influencer les stratégies territoriale », (E. 18), nous confie le directeur. Notons toutefois, que cette approche transversale systémique par les risques de l'aveu même de certains managers territoriaux du pôle pose un problème en termes de lisibilité, « il n'y a pas de secteur ou de filière gestion des risques c'est vrai que cela met des briques de compétences qui en fait n'ont rien à avoir entre elles », (E. 11), notamment du point de vue de la gouvernance.

  - Le pôle de compétitivité TRIMATEC qui s'inscrit dans la thématique des Ecotechnologies, à l'instar du pôle de compétitivité Risques a une vocation transversale confortée d'ailleurs par sa dimension tri-régionale.

  - Le pôle de compétitivité Pégase à l'inverse, développe une approche par filière (aéronautique et spatiale) et de ce point de vue, ses modes de production s'apparentent à l'ancien modèle, ceux des chemins de la prospérité. C'est ce que nous confirme un manager de l'innovation : « on n'a pas raisonné par rapport aux collectivités. On a résonné par rapport à notre filière », (E. 21). Cependant, l'ancrage de Pégase au sein du plateau du Petit Arbois et plus largement le manque de lisibilité de la filière aéronautique et spatiale au sein de la région PACA ont poussé le pôle à adopter une démarche territoriale spécifique. C'est ainsi qu'au sein du pôle Pégase un poste de chargé de mission « projets territoriaux » a pu être spécialement créé. Cette prise en compte de la nécessité d'adopter une démarche territoriale par un pôle filière répond à une attente des collectivités territoriales. Parfait exemple de bonne pratique, la mise en place de cette démarche au sein de la structure opérationnelle du pôle lui permet d'être « à la croisée des chemins entre une approche territoriale de notre filière industrielle et les processus d'actions publiques », (E. 21), avance le manager en charge des projets

425

territoriaux de Pégase. Cette démarche répond donc à un besoin des collectivités territoriales et permet d'inscrire un véritable dialogue entre les innovations et le territoire, nous y reviendrons en détail dans le chapitre suivant.

- Pour l'unité d'analyse 2 (Rousset) le pôle de compétitivité SCS, nous l'avons montré est exposé directement aux influences de l'axiome global. A ce titre, il se trouve au cœur de cette opposition entre approche filière et approche territoriale. Les managers territoriaux interrogés relèvent en ce sens l'incompatibilité de ces deux approches pour un système productif engagé depuis plusieurs décennies sur les chemins de la prospérité. De leur point de vue la question posée semble simple : « Pourquoi morceler l'effort national sur des territoires, alors que l'on devrait les regrouper tous ensemble ? », (E. 8), s'interpelle le directeur. En effet, les managers de SCS ne comprennent pas pourquoi il existe trois pôles de compétitivité sur la filière micro-électronique et TIC en France alors que s'ils étaient regroupés ils pèseraient plus lourd sur la scène internationale. S'ils ont bien conscience de la nécessité pour l'Etat de tenir compte des impératifs de la décentralisation, et de la nécessité d'une logique territoriale devant correspondre à la réalité des bassins d'emplois ; la problématique de la filière microélectronique apparaît *a priori* incompatible avec ce type d'approche territoriale. Pour ces derniers, la conciliation entre approche filière et approche territoriale apparaît clairement paradoxales, « si on n'a pas 50 % des acteurs en région PACA on ne peut pas labéliser le projet. Et ce quelle que soit la qualité du projet. C'est une aberration! », (E. 9). Car enfin, inscrit dans une logique globale et « en marché », les managers territoriaux du pôle SCS raisonnent « mondial ».

Au final cette question de l'opposition entre la logique territoriale et la logique de filière qui a largement émergée du discours des managers territoriaux vient conforter notre analyse d'un mode de développement différencié entre les deux systèmes productifs de notre étude de cas. Les effets de l'axiome global sur l'organisation des filières « classiques » engagées sur les chemins de la prospérité peuvent apparaître comme négatifs (pôles de compétitivité SCS). Cependant le pôle de compétitivité Pégase, implanté au sein du technopôle de l'Arbois a adopté en la matière une démarche proactive d'ancrage territorial et de visibilité de sa filière au travers des projets territoriaux. Le facteur contextuel de mondialisation n'est donc pas une fatalité pour les filières industrielles, la dynamique endogène des acteurs locaux et plus largement l'emprunt des chemins de la compétitivité peut semble t-il permettre l'adoption d'outils spécifiques destinés à assurer le passage d'un chemin à un autre.

Enfin, il convient de noter que le dispositif « PACA Labs » développé par les services de la région PACA permet de fédérer les pôles de compétitivité se situant dans les deux systèmes productifs. Nous détaillerons l'intérêt de ce dispositif dans l'étude des modalités de management de la compétitivité territoriale, dans le chapitre suivant.

iv. *Les interconnexions régionales ou la nouvelle carte des zonages R&D :*

Dans la suite du constat précédent, les interconnexions régionales viennent compléter l'analyse de l'opposition entre une logique de filière et une logique territoriale. Plusieurs éléments ont été mis en évidence par les managers interviewés.

Le premier constat opéré par les managers territoriaux se focalise sur l'innovation et l'intérêt de la fertilisation croisée entre les territoires et les filières. Ainsi, l'un d'eux nous confie que « c'est en croisant les thématiques que l'on risque d'avoir les plus belles innovations », (E. 14). La plupart des pôles de compétitivité ont un territoire qui correspond à un zonage R&D sur deux ou plusieurs régions. A ce propos, cette réalité semble facilitée par la proximité géographique, ce que nous indique un manager « les regroupements des pôles de compétitivité restent sur une certaine proximité, c'est-à-dire à l'intersection de plusieurs régions », (E. 14). Concernant notre étude de cas, trois pôles de compétitivité sont confrontés à cette dimension interrégionale : les pôles de compétitivité TRIMATEC, Risques et Eau. Dans ces trois cas de figure, la proximité régionale permet à ces pôles un recours facilité à des processus de co-labellisations dans le but de donner « plus de poids au projet de R&D », (E. 15). Et par la même occasion une meilleure évaluation de chacun des pôles de compétitivité en référence au nombre de projets labélisés. En effet comme le relèvent certains managers « il y a une concurrence et une course à la labellisation des projets », (E. 15).

A l'inverse, lorsque les pôles de compétitivité n'ont pas de connexion interrégionale, pour notre étude, c'est le cas les pôles de compétitivité SCS et Pégase. Cette « réalité » territoriale montre que l'ancien modèle industriel, les chemins de la prospérité ont « éclatés » les systèmes productifs sur le territoire national. Il n'y a dans ces cas pas de proximité géographique permettant des liens resserrés. Comme nous avons pu le préciser deux cas de figure peuvent alors se présenter :

- le cas « stigmatisé » du pôle de compétitivité SCS dont les deux filières similaires sont basées en région parisienne et en région Rhône-Alpes. Du discours des managers on confirme facilement qu'une forme de concurrence territoriale au niveau national est à l'œuvre entre ces trois régions en ce qui concerne la micro-électronique ;

- le cas exemplaire du pôle de compétitivité Pégase, pour lequel même s'il n'y a pas de proximité géographique avec la région Midi-Pyrénées ou la région Ile-de-France, (les deux autres filières similaires), a créé une alliance Tri-pôles avec un comité de labellisation spécifique destiné à « refuser des projets qui se déclineraient de la même manière dans les différents pôles de compétitivité. On évite les doublons », (E. 19).

Ceci étant, concernant les pôles « filières » certaines conclusions peuvent d'ores et déjà être tirées. D'abord, lorsque la filière industrielle est globalisée le rapprochement territorial des acteurs dans le but de produire des innovations est une condition nécessaire mais non suffisante pour l'atteinte de l'objectif de compétitivité territoriale de la politique publique.

Ensuite, des alternatives existent. En effet, l'exemple du pôle de compétitivité Pégase (à l'inverse du pôle SCS) nous montre l'importance d'avoir une démarche à la fois endogène et exogène de développement territorial. Autrement dit, l'importance pour les managers territoriaux de favoriser le croisement des chemins de la prospérité avec ceux de la compétitivité. Ceci car :

- les projets territoriaux développés au niveau régional servent à la fois la lisibilité la visibilité de la filière du pôle et la structuration du tissu industriel régional ;

- l'alliance tri-pôles avec la création d'un comité de labellisation commun pour les projets de R&D permet d'éviter une concurrence interrégionale des pôles de compétitivité malgré la distance entre les acteurs des pôles considérés.

En définitive, la politique des pôles de compétitivité est bien maîtrisée par les managers de l'innovation. L'éternelle question de la polarisation et de la dispersion des activités productives émerge toujours des discours. Certains argumentent d'une logique de filière alors que d'autres développent des approches complexes, territoriales et systémiques. La DATAR quant à elle a une nouvelle fois redistribuée la carte des régions au travers des zonages R&D entérinés en conseil des ministres. Ceci étant, nous venons de le voir sur le terrain, certains pôles, certains acteurs montrent que le fatalisme des « régions qui perdent » doit être relativisé. Cette solution passe apparemment par les chemins de la compétitivité, autrement dit, des voies qui doivent pousser les managers territoriaux à mettre les différentes politiques publiques en synergie par des pratiques communes et concertées.

2. Les PRIDES de l'échelon régional :

Il s'agit désormais d'étudier avec précision la politique publique des PRIDES développée par la Région PACA et ses impacts potentiels sur le phénomène de compétitivité territoriale. Comme pour les pôles, la méthode d'analyse des données pour qualifier la perception de la diachronie territoriale par les managers territoriaux a suivi une technique abductive. La présentation de la politique des PRIDES a été proposée dans notre exploration théorique, il n'est donc pas utile de revenir sur ces éléments dans notre analyse empirique. L'objectif est donc d'examiner la politique publique au travers de la perception que les managers territoriaux ont de leurs pratiques professionnelles. Comme pour les pôles, nous interrogeons la « mise en action publique » ; étant précisé que deux items ont émergé du discours des interviews : la stratégie régionale de l'innovation et le dispositif PACA Labs.

D'un point de vue général, l'analyse de la perception des managers territoriaux vis-à-vis des PRIDES, nous a permis de relier la politique publique vers l'amont avec le schéma régional de l'innovation et vers l'aval avec le dispositif PACA Labs comme exemple de mise en cohérence de la politique du point de vue de la stratégie et de sa mise en pratique.

i. *La politique publique des PRIDES :*

Les PRIDES correspondent au prolongement de la politique publique des pôles de compétitivité en région PACA. Notons que cette initiative unique en France permet de montrer comment une politique publique régionale opère une adaptation en fonction de la dimension idiosyncrasique, donc spécifique à la région. Les PRIDES constituent donc en eux-mêmes une innovation, un outil performant pour la construction de la dimension diachronique de la compétitivité territoriale, « la région PACA est la seule région à ma connaissance avoir développé un dispositif de ce type », (E. 14). La région apparaît donc comme une région apprenante au sens de Lundvall et Johnson (1994), se rapprochant du modèle de la *learning region* que nous avons présenté en première partie. D'autre part, comme ont pu nous le rapporter plusieurs managers territoriaux c'est véritablement le « S » de solidaire qui fait la différence vis-à-vis de la politique des pôles de compétitivité. Ce « S », nous confie un manager de l'innovation « nous fait nous intéresser à des problématiques d'intérêt général, plus sociétale. On sera à ce niveau la plus en relais avec des actions collectives de la région pour aller un petit peu plus évangéliser que ce que ferait un pôle de compétitivité normalement. Cette solidarité trace un lien immédiat avec le territoire », (E. 15). Ainsi l'outil PRIDES permet-il de travailler à la fois sur les logiques de filières et d'ancrage territorial à un niveau d'implémentation régional pouvant s'inscrire à la fois dans le Schéma Régional de l'Innovation (SRI) et le Schéma Régional de Développement Economique (SRDE).

Rappelons-le, la politique des PRIDES est basée sur cinq leviers stratégiques : l'innovation, l'accompagnement à l'international, la formation, les TIC, la responsabilité sociétale des entreprises. En référence à ces leviers stratégiques, la condition principale pour la labellisation PRIDES a consisté dans la représentativité d'une filière identifiée au niveau régional. Le constat des managers régionaux en la matière montre que la plupart des PRIDES se sont appuyés sur des structures collaboratives déjà existantes. C'est ce que nous confirme le responsable de la mission régionale : « les PRIDES ont été créé là où il existait déjà quelque chose avant. Qu'il s'agisse d'une association, d'une association d'entreprises, etc. », (E. 10). Ainsi la plupart des PRIDES se sont-ils appuyés sur des processus réticulaires déjà à l'œuvre. A l'inverse, pour les structures créées *ex nihilo* nous avons pu constater une fragilité, un manque de légitimité et de lisibilité poussant les managers à une recherche de mise en réseaux liée à un processus de structuration d'une filière. « On a des PRIDES qui sont sur le site et dont le niveau de service reste très faible », (E. 12), nous déclare un manager public du technopôle de l'environnement.

La politique des PRIDES a donc permis une meilleure visibilité des filières au niveau régional, elle a servi d'élément d'appui pour le déploiement de la stratégie régionale de l'innovation. Le responsable de la mission au niveau régional témoigne : « la politique des PRIDES a permis d'agrandir et de couvrir les filières plus largement au niveau régional en y intégrant plus d'entreprises. Et on s'aperçoit en fait que c'est véritablement une manière de mailler le territoire », (E. 10). Les managers publics régionaux font donc état d'un effet d'apprentissage lié à la mise en action publique des PRIDES. Par ailleurs, comme pour les pôles, les managers des structures opérationnelles des PRIDES relèvent la richesse des relations inter-PRIDES. Alors que d'autres managers (comme pour les pôles) argumentent d'un trop grand nombre de PRIDES, certains parlent même avec ironie de la nécessité de « créer un PRIDES pour gérer les relations inter-PRIDES », (E. 16).

Une attention particulière est portée par la région PACA à l'accompagnement des TPE et des PME au travers de la politique PRIDES. Pour la mise en place des actions stratégiques spécifiques, la région s'appuie sur les PRIDES existant et a développé un large réseau d'adhérents, deux exemples doivent être mis en lumière.

- La problématique de la responsabilité sociétale des entreprises (RSE) constitue un des points exemplaires de la politique régionale des PRIDES. Il existe en effet un plan de formation à la RSE qui est assuré par le PRIDES Eco-entreprises et développement durable (Arbois) qui joue le rôle de PRIDES pilote en la matière. Ce plan de formation à la thématique RSE s'inscrit dans le cadre du SRI et du SRDE, il est notamment soutenu par le fonds FEDER. Toutefois, sa mise en place n'est pas aisée nous confirme un manager public régional : « L'objectif est de monter des actions collectives sur la RSE, mais il y a des difficultés d'implémentation notamment pour les TPE et des PME. Parce que la RSE, c'est changer toute la stratégie de l'entreprise, ce qui impliquerait de mettre les moyens sur plusieurs années en prenant en compte les parties prenantes internes et externes », (E. 10). De manière concrète, le plan de formation vise à relever l'ensemble des bonnes pratiques de la thématique RSE afin de les populariser auprès des entreprises régionales. « J'ai pour mission de faire monter en puissance la thématique RSE au sein du réseau régional de l'innovation, donc des PRIDES, pour qu'ensuite ces derniers puissent se l'approprier et la diffuser auprès de leurs membres adhérents », (E. 14), témoigne le responsable.

- Autre exemple, un plan de « massification » qui est assuré par le PRIDES Pégase (pilote). Ce plan de massification à destination des TPE et des PME de la région PACA s'inscrit dans le cadre du SRI et du SRDE, il est également soutenu par le fonds FEDER. Il s'est traduit concrètement par la mise en place d'une cinquantaine d'actions collectives (formation aux ressources humaines, business plan, etc.),

431

destinées d'abord aux adhérents du PRIDES Pégase et susceptible par la suite d'être étendues à l'ensemble des PRIDES de la région PACA. La région PACA travaille en étroite collaboration avec le pôle et PRIDES Pégase. Ce dernier a d'ailleurs mis en place un contrat de croissance (voir **encadré 5.4**) partant du constat que les petites entreprises ne savent pas se défendre sur le marché international. Alors témoigne un chargé de mission, « si demain on veut pouvoir rattraper l'Allemagne il faut que l'on muscle ces boîtes là. Donc un de nos rôles principaux c'est d'identifier les boîtes qui ont le meilleur potentiel et les aider à atteindre une masse critique », (E. 21).

Encadré 5.4 L'exemple du contrat de croissance Pégase

« On a développé également un dispositif d'accompagnement à la croissance de nos entreprises avec un outil qui s'appelle le contrat de croissance. C'est un contrat qui est signé entre le pôle et l'adhérent, dans lequel on s'engage à l'accompagner dans sa croissance (en termes de fonds propres, de développement à l'international, etc.). Concrètement, on définit des objectifs avec les chefs d'entreprises. Cela peut être en matière de recrutement, en matière de d'augmentation du chiffre d'affaires, pour des levées de fonds propres, etc. alors nous pôle Pégase on s'engage à l'accompagner et à faire appel à des experts ou des consultants qui vont l'accompagner pour atteindre l'objectif déterminé. Et au bout de trois ou cinq ans le pôle se rétribue. L'objectif est que les membres se développent sur le territoire, augmentent leur chiffre d'affaires et leurs effectifs, tout le monde est gagnant », (E. 19).

On peut donc le constater, la politique des PRIDES permet dans une grande mesure le mettre en relation les réseaux des pôles de compétitivité et la collectivité régionale. A ce titre des partenariats spécifiques se développement dans l'optique d'un maillage régional, du renforcement des TPE et des PME, de leur ancrage territorial, etc., autant d'objectifs inscrits dans le schéma régional de l'innovation.

ii.   *Un schéma régional de l'innovation :*

Les références au schéma régional de l'innovation sont revenues de manière récurrente lors des interviews des managers territoriaux des PRIDES. La stratégie régionale en matière d'innovation trouve ses origines dans l'impulsion des politiques régionales européennes permettant d'identification des objectifs stratégiques pour les régions. Au-delà même, la région PACA, depuis une dizaine d'année veut apprendre. Les premiers résultats sur le terrain sont encore des indices, mais elle est en passe de devenir une *Learning region*. Cependant, la collectivité régionale malgré les différentes phases de décentralisation souffre encore de faiblesses (assise financière trop faible, défaut de proximité avec le citoyen, etc.) qui viennent grever l'impact de ses politiques publiques. Dans ce contexte général, la région PACA si elle dispose d'atouts (dimension idiosyncrasique) a démarré récemment une démarche de prospective en matière de stratégie régionale de l'innovation. Ainsi, est-il possible de la qualifier de Learning région en gestation. L'examen les politiques publiques régionales (dimension diachronique) permet d'apprécier les premiers éléments de cette évolution. Voici quelques résultats.

L'ensemble des PRIDES a été interviewé et consulté lors de l'élaboration du schéma régional de l'innovation afin de déterminer les axes stratégiques pour la région PACA. Les managers territoriaux regrettent cependant que la région PACA ne s'investisse pas plus dans les démarches opérationnelles menées par les PRIDES et certains déplorent le fait que « cela ne marche que dans un sens ! », (E. 8). S'il n'existe pas au sein de la région PACA une agence régionale de l'innovation comme dans les autres régions françaises, c'est un choix politique. La région a confié la mission d'animation du Réseau Régional de l'Innovation (RRI) à une association Méditerranée Technologies, « l'idée de la région ce n'était pas de créer une agence régionale de l'innovation mais de créer un réseau », (E. 12), commente un manager de l'innovation. En ce sens, force est de constater l'existence d'un embryon de chaîne de l'innovation au niveau régional qui réunit « tous les acteurs qui peuplent ce territoire par exemple les chambres de commerce, les incubateurs d'entreprises, les pépinières d'entreprises, les agences de développement du territoire, etc. », (E. 9). Ceci s'explique sans doute par la présence d'un écosystème numérique déjà bien implanté au sein de la région PACA, un facteur idiosyncrasique détecté par la région qui a souhaité le mettre en valeur au travers du dispositif PACA Labs.

La notion d'écosystème régional émerge fréquemment des discours notamment dans la perspective d'une mise en cohérence avec les différents écosystèmes locaux. Pour le PRIDES Pégase en particulier avec l'initiative des projets territoriaux il faut noter une véritable interactivité entre approche territoriale et approche filière destinée à la lisibilité de la région d'un point de vue exogène et à la cohérence de la filière d'un point de vue endogène. C'est ce que nous confirme le responsable des projets territoriaux de Pégase : « quand on dit une dizaine de zones sur la région c'est surtout de faire en sorte d'avoir des zones qui ne soient pas concurrentes, mais qui soient complémentaires », (E. 21). De surcroît, en ce qui concerne la gouvernance territoriale, les managers des PRIDES parlent tous[170] d'une gouvernance au niveau régional. Il ressort toutefois que l'échelon régional s'avère très vaste pour parler d'une gouvernance opérationnelle effective, « mais c'est vrai que le niveau régional est un petit peu trop éloigné de l'échelon local », (E. 21). Et les managers les plus sensibilisés à l'approche territoriale relèvent le manque d'un niveau d'intermédiation entre le local et le régional : « Après il faudrait pouvoir avoir un relais au niveau de chaque territoire est pour l'instant cela n'existe pas vraiment », (E. 22), insiste par exemple le chef du projet PACA Labs.

Ainsi, malgré un travail de mise en cohérence au travers de la stratégie régionale de l'innovation et de l'animation d'un réseau régional par une association « externe » à toutes collectivités territoriales les managers territoriaux constatent encore que « chacun défend un peu ses intérêts sur son territoire », (E.19). Les managers des PRIDES installés sur le plateau du Petit Arbois précisent à ce sujet que « le territoire de l'Arbois est un argument qui nous semble avoir du sens par rapport à notre mission. Ce n'est pas forcément l'échelle que l'on retrouve au travers du portage du technopôle de l'Arbois par la communauté d'agglomération du pays d'Aix », (E. 14). Enfin, la problématique de la gouvernance au niveau régional souffre d'un manque de lisibilité et de visibilité par et pour les acteurs locaux, qui regrettent l'absence « d'un leader qui puisse donner la direction », (E. 12).

Encadré 5.5 Un coup de pied dans la fourmilière régionale…

« Je suis un petit peu trop cash dans ce que je vais dire, mais la problématique des francs-maçons est très forte en région. Et il y a des personnes qui ne le sont pas forcément et qui ont des choses à dire, mais qui ne seront pas écoutées parce que d'autres qui ont peut-être moins de choses à dire ont les réseaux qu'il faut et passe avant eux. Ça, c'est à mon sens un vrai problème », (E. xx).

Si les questions de la gouvernance régionale sont encore difficiles à tranchées, l'espace de la région apparaît trop vaste d'un point de vue managérial. En revanche, l'affirmation de PACA comme une *learning region*, au travers de dispositifs inédits et opérationnels constituent des avancées indiscutables.

---

[170] (E. 9; E. 11; E. 13; E. 14; E. 15; E. 16; E. 19; E. 21).

iii. *Le dispositif PACA Labs pour une learning region PACA :*

L'exemple du dispositif PACA Labs est destiné à mettre en évidence l'opérationnalisation de la stratégie régionale de l'innovation par la mise en cohérence de la politique publique des PRIDES et d'un projet d'écosystème numérique. Le dispositif PACA Labs constitue une expérimentation des innovations en matière de nouvelles technologies sur les territoires de la région PACA. Comme le précise le chef de projet « Innovations numériques » de la région PACA, qui dit expérimentation dit également prise de risque, ainsi, « les élus en votant ce dispositif ont-ils décidé qu'il fallait prendre ce type de risques », (E. 20). Ce dispositif d'expérimentation par les usages des nouvelles technologies sur les territoires de la région PACA constitue une brique opérationnelle du schéma régional de l'innovation et par là même participe à la cohérence de la stratégie régionale en matière d'innovation. « On a souhaité, comme les PRIDES font partie de la politique régionale, ne subventionner que des entreprises qui sont membres d'un PRIDES. Cela participe d'une mise en cohérence de la politique régionale », (E. 20), nous explique un chargé de mission. Nous ne pourrons malheureusement présenter ce dispositif dans les détails, aussi illustrons-nous au travers de la **figure 5.3** un schéma montrant l'intérêt des projets qui en résulte.

Figure 5.3 La mise en place d'un projet partenarial PACA Labs

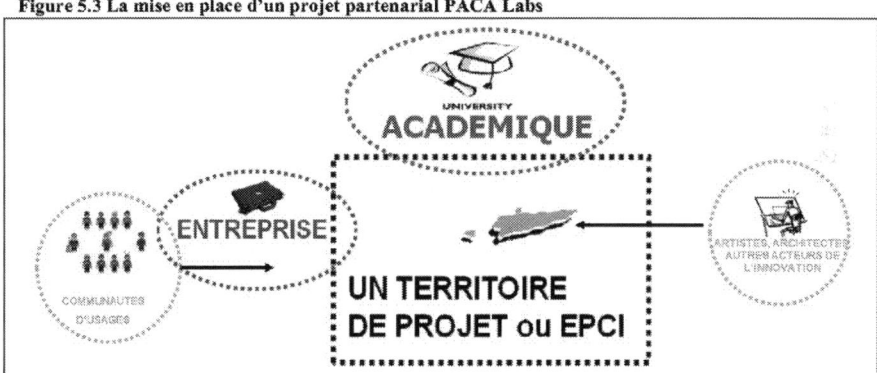

Source : Mission TIC de la région PACA.

Les projets partenariaux du dispositif PACA Labs visent donc à soutenir les expérimentations des innovations. Deux principes fondamentaux président à la conduite de tels projets :

435

- la fertilisation croisée c'est-à-dire que sont financés des projets dans l'objectif de faire travailler des acteurs qui n'ont pas nécessairement l'habitude de travailler ensemble ;

- l'implication des usagers directement dans l'expérimentation.

En définitive, ce type de projet permet « dans l'hypothèse riche de rassembler un territoire, une ou plusieurs entreprises, et le monde académique », (E. 22), nous commente un manager. Ce type de dispositif s'inscrit véritablement dans la définition des *learning region*, il convient de noter qu'un projet de mise en place d'un écosystème numérique est en cours sur le pays d'Aix. A ce propos, nous allons maintenant présenter l'analyse de la politique publique territoriale menée par la communauté d'agglomération du pays d'Aix.

B. *La politique publique territoriale du pays d'Aix :*

Comme les politiques publiques volontaristes, nous avons présenté largement la politique publique territoriale visant à l'élaboration d'un projet de territoire. Il s'agit désormais d'étudier avec précision la politique publique conduite au niveau intercommunal : le projet de territoire ou projet d'agglomération du pays d'Aix et ses impacts sur le phénomène de compétitivité territoriale. Comme pour les autres processus d'actions publiques, la méthode d'analyse des données pour qualifier la perception de la diachronie territoriale des managers territoriaux du pays d'Aix a suivi une technique abductive. De la même manière nous interrogeons la « mise en action publique » des politiques publiques, cette fois-ci celle du niveau local mais également celle du cas dans son ensemble. Nous avons analysé cette politique publique en focalisant sur les perceptions des managers territoriaux qui ont la charge de la mettre en oeuvre au sein des structures opérationnelles, c'est-à-dire, la Communauté d'Agglomération du Pays d'Aix (CAPA), l'agence de développement économique, Pays d'Aix Développement (PAD) et l'Agence d'Urbanisme du Pays d'Aix (AUPA).

1. L'aménagement du territoire en pays d'Aix :

Dans un premier temps, nous avons fait le choix de présenter la perception des managers-aménageurs de l'Agence d'Urbanisme du Pays d'Aix (AUPA). Nous souhaitions apprécier leur vision du projet de territoire ainsi que les principales difficultés qu'ils rencontrent dans leurs pratiques d'aménagement territorial.

L'AUPA est une association de type loi 1901 destinée à établir un programme de travail partenarial entre les acteurs publics (Etat et collectivités territoriales). Ce programme partenarial tente de formaliser « une mémoire des territoires » et s'inscrit dans les nouvelles lois pour l'aménagement et le développement durable. L'AUPA est une force de proposition sur les problématiques d'aménagement et de cohérence territoriale son rôle consiste à « faire passer des messages territoriaux pour les insuffler dans les processus d'actions publiques », (E.22), commente le directeur. L'objectif premier de l'AUPA est d'articuler les politiques publiques d'aménagement sur différentes échelles de territoire pour apporter une certaine cohérence en matière d'aménagement territorial. Il est important de noter que la région PACA et le conseil général des Bouches-du-Rhône ne sont pas membres de l'AUPA « en raison de dissensions politiques », (E.22), ceci au détriment d'une concertation partenariale.

Concernant l'aménagement territorial en pays d'Aix, les points le plus importants révèlent que :

- l'hyper-attractivité du pays d'Aix pour les entreprises se concentre essentiellement sur le bassin de vie « couronne sud », c'est à dire le système productif de l'Arbois, pour des raisons de proximité avec la gare TGV, l'aéroport et le port de Marseille, et l'ouverture sur la métropole ;

- le pôle d'activité des Milles avec 800 ha et 25 000 salariés a atteint une masse critique et pose de sérieux problèmes en termes d'accessibilité ;

- plus globalement le problème de l'accessibilité se pose également sur le technopôle de l'Environnement Arbois-Méditerranée (une seule voie d'accès) et doit être pensée au niveau du pays d'Aix et même sur un territoire plus large ;

- ces externalités négatives montrent un « double mouvement de diffusion de l'habitat et de polarisation de l'économie qui fait que l'on arrive plus à structurer des transports pertinents et performants », (E. 22). Ce problème des transports est relevé par plusieurs managers territoriaux tout comme celui du prix et de la disponibilité du foncier (habitat / entreprise) nous l'avons relevé.

Par ailleurs, le schéma de cohérence territoriale (SCOT) qui selon un manager public local « est bien la seule grande action stratégique », (E. 3), pour le pays d'Aix montre la cohérence et la pertinence de l'échelle du pays d'Aix comme périmètre d'intervention stratégique. Ce périmètre correspond par ailleurs à celui « de l'ancien diocèse de l'évêché d'Aix », (E. 22), qui incluait la commune de Pertuis. La phase de diagnostic technique du SCOT vient à peine de se terminer (beaucoup de retard a été pris) et à ce jour l'AUPA travaille à la formalisation d'un document à fournir à la CAPA pour permettre la discussion politique du projet. Il n'y a pas eu de concertation entre le schéma régional d'aménagement et de Développement du territoire (SRADT) élaboré par la région PACA et le SCOT élaboré au niveau intercommunal. Le niveau départemental a également fait une étude en matière de cohérence territoriale, le constat un peu résigné des techniciens de l'AUPA peut finalement se résumer par ces mots de son président : « il y a tellement d'acteurs, tellement d'échelles et des champs d'intervention, qu'une mise en cohérence apparaît aujourd'hui quasiment impossible », (E. 22).

Face à cette réalité, nous avons montré dans le chapitre deuxième l'importance que pouvaient revêtir les compétences des agences d'urbanisme pour les enjeux du développement local ; à ce titre, on peut penser que la réforme territoriale en cours permettra d'apporter simplification et cohérence en redistribuant des compétences mieux spécifiées à chacune des collectivités territoriales. En effet, de manière générale les acteurs interrogés parlent d'un « manque de concertation entre les différents acteurs pour qu'il y ait une cohérence d'ensemble sur le développement local », (E. 18), nous confirme un manager. Enfin, face aux difficultés rencontrées par les techniciens dans l'exercice de leurs pratiques certains n'hésitent pas à avouer que parfois, « pour des questions de cohérence territoriale, la technique prend le pas sur les compétences politiques », (E. 3). Là encore, la réforme de la carte territoriale doit pouvoir amener plus de lisibilité à un système éprouvé par une inflation décentralisatrice désordonnée qui, depuis vingt ans au moins, a desservi les territoires faisant mine de leur donner plus de pouvoir et d'autonomie.

En matière de prospective, les travaux du conseil de développement du pays d'Aix préconisent une focalisation de la stratégie en matière d'agriculture, d'économie et d'innovation. Le conseil de la société civile local travaille en effet en bonne intelligence avec l'AUPA et l'agence de développement économique afin d'imaginer le futur du pays d'Aix.

2. Le développement économique du pays d'Aix :

Comme pour les managers de l'AUPA, nous avons voulu retracer les perceptions des managers-développeurs sur le projet de développement territorial du pays d'Aix. Pays d'Aix Développement (PAD) est l'agence de développement économique de la CAPA, c'est une association de type loi 1901. Les objectifs de PAD visent la promotion du territoire de l'EPCI et la conduite d'actions de marketing territorial dans le but d'attirer et / ou de retenir des entreprises sur le pays d'Aix. De ce point de vue, le premier élément à constater nous indique un manager-développeur est que le que « le développement économique est exogène », (E. 22). Au travers de la problématique de marketing territorial, les managers territoriaux parlent d'une concurrence féroce entre les collectivités territoriales « on se bât comme cela entre collectivités territoriales », (E. 6). C'est pourquoi, les deux unités d'analyse identifiées au sein du cas étudié travaillent de concert avec les agences de développement économique afin de promouvoir l'image du pays d'Aix. C'est ce que confirme un manager du pôle Pégase : « lorsqu'ils veulent implanter des entreprises étrangères, souvent on participe à la présentation du territoire, on travaille pour ces agences de développement économique en leur apportant nos solutions », (E. 18).

La problématique des aides à l'implantation des entreprises se pose de manière accrue notamment pour l'unité d'analyse 2 (Rousset) avec certains constats d'échec de la politique de développement économique menée par le passé. Un manager-développeur nous livre son sentiment à ce propos : « on a souvent critiqué Atmel parce que l'on avait le sentiment qu'ils étaient des « chasseurs de primes » puis on s'aperçoit dès qu'il n'y a plus d'aides publiques, ils s'en vont ! », (E. 6). Avec le départ d'un des deux géants de la microélectronique, nous l'avons vu plus avant, la question de la reconversion se pose de manière accrue pour la haute vallée de l'Arc. Plus globalement, c'est véritablement la question du sens à donner au développement économique qui semble être soulevée par les managers territoriaux. En effet, la stratégie de développement économique est à revoir *a fortiori* avec la réforme territoriale à l'œuvre et la suppression de la taxe professionnelle. La donne territoriale a changée, les cartes sont redistribuées une fois de plus et la recherche de synergie se fait pressante, les managers territoriaux du pays d'Aix, de ce point vue, apparaissent largement désemparés. Pour beaucoup ils sont dans l'expectative.

Néanmoins, la démarche développée par PAD vise à proposer aux entreprises un ensemble d'accompagnement notamment pour les volets immobilier, financier, ressources humaines, etc. De ce point de vue, les managers-développeurs de l'agence de développement économique ont bien conscience qu'il faut « mettre en accord les actions publiques ou privées de tous les acteurs du territoire pour que le chef d'entreprise puisse avoir l'accompagnement et le réseau qu'il faut », (E. 16). Un dispositif en particulier intitulé Dispositif d'Amorçage Provence[171] (DAP) a été mis en place par l'agence afin de soutenir les entreprises innovantes créées en pays d'Aix notamment sur les thématiques de la photovoltaïque, des biotechnologies et de la bio électronique. Ce DAP existe « pour aider à l'innovation, que ces acteurs soient issus du territoire ou venus d'ailleurs, on a pensé qu'il manquait une politique qui était l'amorçage : c'est-à-dire le point de départ entre l'idée et la création effective de l'entreprise », (E. 16). De manière spécifique, c'est la phase de développement des entreprises en création qui a été ici identifiée et qui fait l'objet d'un accompagnement particulier. Cette première phase a été mise en place car elle répondait à un besoin nous indiquent les managers-développeurs, ensuite, vient le passage en pépinière d'entreprise. En effet, une pépinière d'entreprise[172] et un hôtel d'entreprise ont été créés par la CAPA dans le but d'accompagner les entreprises encore fragile dans leur développement. Notons que la CAPA a mobilisé à cette occasion les fonds du FIBM (Fonds d'Industrialisation du Bassin Minier), donc cela concerne plutôt le système productif de unité d'analyse 2 (Rousset). Cependant, il ne faut pas se méprendre, ce n'est pas parce qu'il n'y a pas de stratégie territoriale dans le projet de la CAPA qu'il ne peut y avoir de compétitivité territoriale en pays d'Aix. Cette question, est cœur de notre recherche. Qu'elles sont donc les sources qui peuvent argumenter en faveur d'une compétitivité territoriale du pays d'Aix? C'est bien là le paradoxe que nous commente le directeur de l'agence de développement économique : « ce phénomène de développement territorial, avec une recherche de compétition, on ne sait pas très bien le cerner, on sait ce que l'on doit faire mais on ne sait pas comment, ni pourquoi », (E. 16).

PAD est donc une structure très active, elle est en relation avec les deux unités d'analyse que nous avons identifiée pour notre étude de cas. Le SCOT terminé, PAD a été missionné très récemment pour conduire une étude avec l'assistance d'un consultant afin de

---

[171] Par le biais de ce Dispositif d'Amorçage Provence, ce sont près de 2 millions d'euros qui ont été prêtés par la CAPA à une cinquantaine d'entreprises dans tous les domaines de la microélectronique, les biotechnologies, etc. nous indique le directeur de PAD.

[172] La communauté d'agglomération du pays d'Aix a rachetée le siège de charbonnages de France (bassin minier de Provence), l'a rénové pour créer la pépinière et l'hôtel d'entreprise de Meyreuil.

déterminer une stratégie pour le territoire. Mais qu'en est-il alors du projet d'agglomération du pays d'Aix qui été élaboré en 2004-2005 ? Comme nous le confie un manager-développeur de l'agence de développement, « le dernier document stratégique, c'est un document qui date de 2004 qui étaient le schéma de développement économique de la communauté d'agglomération du pays d'Aix », (E. 16). Ainsi, comme nous le verrons dans le paragraphe suivant, la CAPA a mené un projet de territoire pendant près de 10 ans, un projet... sans stratégie territoriale !

3. Un projet de territoire sans stratégie territoriale :

Nous venons de le voir, les managers-aménageurs comme les managers-développeurs, malgré un travail de grande qualité, peinent à connaître les grandes lignes du projet de développement de la communauté d'agglomération du pays d'Aix. Ces derniers, doivent donc se contenter de « naviguer à vue », ils aménagement, ils développent mais sans trop savoir pourquoi.

i. *Une « réalité » locale non partagée :*

Qui dit projet de territoire dit normalement stratégie territoriale. Cette assertion triviale n'est pas vérifiée en pays d'Aix. Qu'elles sont les raisons d'un tel désarroi de la prospective locale ? Sans prétendre à l'exhaustivité, nous avancerons ici quelques éléments d'analyse que nous avons pu formuler grâce aux entrevues menées auprès des managers publics locaux. Nous compléterons largement ces éléments d'abord dans le paragraphe suivant en examinant l'articulation des politiques publiques et ensuite tout au long du chapitre sixième avec une étude approfondie sur les modalités de management de la compétitivité territoriale du pays d'Aix.

Un premier élément d'analyse met en évidence un phénomène de relation institutionnelle intéressant. La CAPA se trouve à l'intersection d'une double politique de guichet. En effet, comme nous le confie le directeur du pôle de coordination institutionnelle de l'EPCI, guichet vis-à-vis des communes d'abord car il faut « arriver à forger le couple communauté-communes qui est un couple complexe », (E. 3). Mais dans le même temps, la CAPA est elle même en demande vis-à-vis du guichet de la collectivité régionale, « on sent bien que les régions, c'est vrai ici comme ailleurs, sont à la recherche de sous territoires », (E.

2). C'est que nous confirme par ailleurs les managers publics régionaux : « il y a des échanges réguliers entre les intercommunalités et l'hôtel de région », (E. 10).

Ainsi, il apparaît encore sous de nombreux aspects que la « réalité » locale n'est pas encore assez partagé par l'ensemble des acteurs de la société locale. C'est ce qu'avait observé et conclu Jacques Garnier (2007), après avoir présenté sont analyse du développement territorial du pays d'Aix en six étapes, il écrit : « *Les six étapes qui viennent d'être évoquées scandent le parcours d'un tissu productif territorialisé sorti de rien. Elles dessinent une trajectoire sans généalogie. Elles marquent une accumulation de ressources qui ne puise dans aucune mémoire. Elles racontent une histoire collective locale sans mythe fondateur* », (p. 11). Nous ne pouvons que constater un tel manque d'auto-identification territoriale. Pourtant nous insistons, le pays d'Aix est bel et bien compétitif. Sans doute, le milieu innovateur des technologies vertes à l'ouest et le district-cluster à l'est constituent-ils des « poumons » permettant au pays d'Aix de respirer mais pour combien de temps encore ?

ii. Le projet d'agglomération du pays d'Aix une ébauche de stratégie :

Nous allons revenir sur des éléments rétrospectifs portant sur l'élaboration du projet de territoire de la CAPA afin de donner un début de réponse à cette question. Cette analyse longitudinale a pu être établie grâce à la triangulation de plusieurs modes de collecte de données. En effet, il s'est agit de réunir d'une part des données cueillies rétrospectivement en interrogeant les managers territoriaux chargés de la conduite de ce projet à l'époque et d'autre part d'opérer une triangulation avec l'observation participante et l'analyse menée sur le terrain de recherche en 2004-2005, c'est-à-dire lors de la présentation du projet et la signature du contrat d'agglomération.

La CAPA a été créée dans sa forme actuelle au 1er janvier 2001, et « le projet d'agglomération s'est formellement élaboré, en l'espace de deux ans », (E.2), nous indique le manager en charge du projet à l'époque. Pratiquement, pour l'élaboration de son projet de territoire, l'EPCI a eu recours aux services d'un cabinet de conseil parisien. Notons que pour des raisons d'accointance de politique locale, le conseil général des Bouches-du-Rhône n'a pas souhaité s'impliquer dans le projet.

Le contrat d'agglomération et la traduction contractuelle du projet d'agglomération réunissant l'Etat, la région et la CAPA. Il est articulé à l'époque sur le volet territorial du contrat de plan Etat-région, devenu contrat de projet Etat-région. Comme nous le précise le Directeur général des services de la CAPA à l'époque, les négociations concernant la contractualisation ont permis de réunir « au travers de cet exercice tout-à-fait nouveau les acteurs autour de la table », (E.2). Etaient présents les représentants de CAPA, le préfet de région ainsi que les représentants du SGAR et le sous-préfet. L'objectif des différents acteurs était alors de trouver les possibilités de mettre en synergie les actions publiques menées sur chaque niveau de territoire : « on a essayé de confronter nos points de vue, nos visions du territoire pour essayer de trouver des choses communes », (E.2). Ce qui ressort du discours des managers territoriaux interrogés consiste plus dans l'apprentissage pour les collectivités territoriales et pour l'Etat de travailler ensemble que d'avoir pu élaborer une véritable stratégie pour le territoire, « le territoire intercommunal était un lieu de coproduction de l'action publique », (E.2). En particulier, il est à noter un rapprochement de compétences entre l'échelon intercommunal et l'échelon régional qui vraisemblablement partageaient un certain nombre d'objectifs communs.

A l'inverse les relations avec l'Etat (même si les relations et les techniciens étaient excellentes) se sont avérées beaucoup plus difficiles notamment du point de vue financier nous précise le responsable du projet : « L'Etat ne faisait jamais que redire en précisant ici ou là par rapport aux territoires voilà comment cela doit se passer », (E. 3). Cependant, au niveau de la vision, i.e. de la stratégie territoriale, la position de l'Etat est restée relativement en retrait, « l'Etat était là plus en tant qu'arbitre et il n'avait déjà plus le pouvoir de peser sur tout un tas de trucs. D'une part parce qu'il avait volontairement laissé ce pouvoir et d'autre part parce qu'en plus, sa puissance financière sur ses compétences propres n'était déjà plus terrible », (E.2), nous confie le responsable du projet d'agglomération de l'époque. Le projet d'agglomération élaboré, le contrat d'agglomération signé, que s'est-il passée en termes de prospective en près de dix ans ? La politique publique territoriale de la CAPA est-elle connue et reconnue par les managers territoriaux de notre étude de cas ?

Dans un premier temps, nous avons souhaité, lors de notre phase de recueil des données qualitatives interroger l'ensemble des managers territoriaux sur leur connaissance du projet d'agglomération. Cette démarche visait à mesurer la reconnaissance du projet territoire et de la stratégie territoriale de la communauté d'agglomération du pays d'Aix au niveau du cas dans son ensemble. Les résultats sont surprenant, 100 % des managers de l'innovation des pôles de compétitivité et des PRIDES implantés au sein des deux unités d'analyse que nous avons identifié en pays d'Aix ne connaissent pas l'existence du projet de territoire de la communauté d'agglomération. Les autres managers territoriaux (PAD, AUPA, syndicat mixte de l'Arbois, commune de Rousset) s'ils en ont connaissance, sont incapables en revanche de donner plus de précisions que ce soit sur des actions concrètes ou même sur la stratégie territoriale de l'EPCI.

Dans un second temps, nous avons également voulu apprécier le rôle joué par le conseil de développement du pays d'Aix ceci pour une double raison : d'abord vis-à-vis des managers de l'innovation des pôles de compétitivité des PRIDES pour mesurer la connaissance ou reconnaissance de cet organe de démocratie participative ; ensuite vis-à-vis des managers publics locaux du pays d'Aix afin d'identifier le rôle et l'implication du conseil de développement dans l'action (et / ou la stratégie) de la CAPA.

- En ce qui concerne la connaissance et la reconnaissance de l'organe de démocratie participative conseil de développement par les managers des pôles de compétitivité des PRIDES, de la même manière que pour le projet d'agglomération 100 % des managers sondés ne connaissent pas jusqu'à l'existence de cet organisme.

- Les managers publics locaux du pays d'Aix quant à eux mettent en lumière l'importance du conseil de développement du pays d'Aix dans l'action de la CAPA. Composé de représentants de la socio-économie locale, les conseils de développement des communautés d'agglomérations permettent en effet de dépasser les clivages politiques et de travailler sur des problématiques transversales. En effet, « ils arrivent à travailler ensemble sur des sujets tels que l'économie de la connaissance, de l'environnement, là où les politiques ne s'entendent pas », (E. 12), nous confie un manager.

De plus, il convient de noter que le conseil de développement du pays d'Aix est particulièrement actif. Il a, à ce titre produit récemment un document sur l'innovation en préconisant l'établissement d'une agence de l'innovation pour le pays d'Aix, agence qui permettrait, selon nous de mettre en cohérence les différentes politiques publiques sur ce territoire.

Un seul bémol a cependant émergé des entrevues, la représentativité du conseil de développement, qui, s'il représente une grande partie des acteurs de la société civile et par là même est un organe essentiel de la démocratie participative, il manque selon certains managers de légitimité. En effet, certains managers territoriaux déplorent qu'il n'y ait pas au sein de ce conseil de développement un conseil scientifique indépendant permettant de s'affranchir de toute possibilité de tractations locales ou de délit d'initié. Comme le souligne un manager interrogé, le conseil de développement est constitué par « tout un panel de personnalités de la socio-économie locale qui sont plus ou moins influentes et dont l'influence est plus ou moins légitime », (E. 14). Ainsi, l'une des préconisations de notre recherche vise à proposer la mise en place d'un conseil scientifique et technique au sein de l'organe de démocratie participative du pays d'Aix. Conseil indépendant permettant d'éviter la problématique des intérêts locaux.

Au final, de l'aveu même du Directeur général des services de la CAPA à l'époque (2004) : « ce projet même s'il était vraisemblablement perfectible a constitué un guide pour l'action », (E. 2). L'élaboration du projet à donc plus constituée une démarche d'apprentissage de la coproduction de l'action publique qu'une véritable mise à l'agenda stratégique pour le pays d'Aix. En définitive, durant son premier mandat (2001-2008) la CAPA à tenté de mettre en place les éléments de base pour établir une stratégie territoriale (PDU, PLH, schéma de développement économique et projet d'agglomération). Dans le même continuum temporel, la CAPA c'est aussi et surtout « rendu compte de ses limites en matière d'intervention et de capacité financière », (E. 3), nous renseigne un Directeur général adjoint de l'EPCI. Pour son deuxième mandat, celui en cours, la CAPA entre réellement dans l'action et repart de zéro. Nous l'avons dit, l'EPCI vient de refaire appel à un nouveau cabinet de conseil pour réaliser une étude afin d'élaborer sa stratégie territoriale, « car le premier mandat du développement il y en a pas vraiment eu, au-delà de la stratégie, l'action c'était la remise à niveau des services publics de base », (E. 3). Et comme nous le constatons plus haut, « le dernier document stratégique c'est un document qui date de 2004 qui étaient le schéma de développement économique de la communauté d'agglomération du pays d'Aix. Ça c'est le dernier document que l'on a disant quelque chose sur le développement économique de la

CPA. Depuis il n'y a pas eu d'autres documents », (E. 16), s'exprime un manager-développeur dépité.

En définitive, notre étude de cas longitudinale sur le pays d'Aix nous amène à la conclusion que ce territoire n'a pas à ce jour de stratégie territoriale déterminée. A la réponse que s'est-il passé en près de dix ans pour la prospective du pays d'Aix, la réponse est relativement maigre. Comme le résume très bien un manageur-aménageur interviewé, « pour l'instant le projet se résume au schéma de cohérence territoriale, si on arrive à faire partager une vision des grands principes d'organisation s'est déjà une grande chose, d'avoir une vision commune d'une culture commune. On se rend compte qu'avec 34 communes cela fait quand même un assez grand territoire, il faut déjà qu'ils apprennent à se connaître et à reconnaître les problématiques des uns et des autres. C'est un territoire qui est très diversifié et donc il faut avoir une culture commune pour partager une même vision afin d'apporter une solution cohérente aux problèmes qui se posent. C'est vrai que moi je me suis toujours posé la question : mais c'est quoi finalement la stratégie de développement économique de la communauté d'agglomération du pays d'Aix ? », (E. 22). Il semble donc que depuis l'initiative du projet d'agglomération (2004) et ce jusqu'en 2011, il n'y a pas eu de documents effectifs permettant de déterminer une réelle stratégie territoriale pour le pays d'Aix. C'est finalement le directeur de l'agence de développement économique qui finira par nous le dire clairement : « aujourd'hui il n'y a personne qui peut connaître la stratégie du pays d'Aix puisqu'il n'y en a pas », (E. 16). Si certaines raisons sont avancées par les managers territoriaux pour expliquer cette absence de prospective territoriale : annulation des élections municipales, réorganisation de la communauté d'agglomération du pays d'Aix, remise à niveau des services publics, mise en cohérence par le SCOT, etc., demain peut-être entendrons-nous que c'est la réforme territoriale, la suppression de la taxe professionnelle ou encore la métropolisation qui viennent handicaper la démarche de prospective territoriale.

En tout état de cause, la plupart des managers territoriaux relèvent le défaut d'une stratégie cohérente et lisible au niveau du pays d'Aix, et déplorent le manque de sens et de coordination des différents services de l'EPCI. La véritable question n'est-elle pas alors faut-il une stratégie territoriale au niveau du pays d'Aix ? Ou bien, est-ce l'articulation des politiques publiques volontaristes et territoriales à un niveau plus agrégé qui permettrait de véritablement servir la compétitivité de ce territoire ?

CONCLUSION DU CHAPITRE

Articulations des politiques publiques en pays d'Aix : paradoxe ou dialogique ?

Nous avons pu le constater, tout au long de ce chapitre, les interrelations entretenues par l'axiome global, les contenus idiosyncrasiques et les processus diachroniques permettent de **dégager les contours de la compétitivité territoriale en pays d'Aix**. Dans une première section, nous avons observé que les réformes successives du secteur public permettent de relever deux **espaces de déploiement de l'action publique** : les EPCI et les régions. Entre les deux, le processus de métropolisation au programme de la réforme en cours apparaît comme un médiat stratégique de choix. Globalement, **les politiques publiques ont évoluées dans deux sens différents**, comme pour s'adapter aux chemins tracés par la réorganisation de la production sous les jougs de l'axiome global. D'une part, **les politiques volontaristes ont clairement laissé la charge de la mise en action au secteur associatif**, probablement plus à même de maîtriser les enjeux de la logique « en marché ». D'autre part, **les politiques territoriales se sont perdues dans les méandres des échelons administratifs et ont du mal à donner un sens local** à leurs actions sous une logique « en société ». Par ailleurs, les chemins de la prospérité sont encore inscrits dans les territoires, relevant les processus d'industrialisation de longue date comme nous avons pu l'identifier pour l'unité d'analyse 2, la microélectronique de Rousset. Ce mode de développement territorial doit toutefois cohabiter désormais avec d'autres voies, celles de la compétitivité suivant une trajectoire influencée par le local comme le global, c'est le cas de l'unité d'analyse 1, l'environnement du plateau du Petit Arbois.

Dans une deuxième section nous avons porté l'analyse sur les dimensions idiosyncrasiques des unités d'analyse et du cas dans son ensemble pour définir le cadre de coopération potentiel de la logique « en marché ». A cette occasion nous avons pu conclure que **si le pays d'Aix possède des atouts décisifs en termes de compétitivité il présente aussi des effets d'externalités négatives mettant en relief une problématique d'hyper-attractivité**. Nous avons vu également qu'au-delà de l'héliotropisme cézanien et provençal, deux systèmes productifs apparaissent comme clairement identifiés. Leur **mode de développement territorial différencié permet d'apprécier l'intérêt de qualifier la construction de la dimension idiosyncrasique**. En effet, le milieu innovateur des technologies « vertes » de l'Arbois comme le district-cluster microélectronique de Rousset participent au premier chef de la compétitivité du pays d'Aix. Si l'opportunité d'un tel croisement des chemins de la compétitivité avec ceux de la prospérité n'a pas « officiellement » été prise en compte par l'EPCI, la région PACA montre les premières caractéristiques permettant de la positionner comme une *Learning region*. **Les deux systèmes productifs semblent** *a priori* **plus liés à la région PACA qu'à leur EPCI de référence et à ce titre les éléments de l'analyse des dimensions idiosyncrasiques nous permettent de penser que le milieu innovateur et le district-cluster doivent être mis en relation.**

Dans une troisième section enfin, nous avons abordé ces questions au travers de l'analyse des dimensions diachroniques, i.e. des modèles-actions publics à l'œuvre sur les unités d'analyse et le cas dans son ensemble. L'objectif était notamment d'**apprécier la cohérence des différents processus d'actions publiques comme cadre de finalisation des intentions sous une logique « en société »**. A ce sujet, les réponses que nous avons apportées sont mitigées à l'image de la recherche de synergie telle qu'elle est relevée par les managers territoriaux eux-mêmes. En effet, **les politiques publiques volontaristes** (celle de la DATAR en particulier) sont irrémédiablement **condamnées à l'arbitrage impossible entre polarisation et dispersion des activités productives.** Les choix ont cependant été faits en faveur de la polarisation, axiome global oblige. Dans cet état de chose, **la politique régionale** avec une stratégie de l'innovation, une politique publique spécifique (PRIDES) et des dispositifs d'apprentissage (PACA Labs) fait montre d'un dynamisme insoupçonné. Particulièrement **le « S » de solidaire des PRIDES semble avoir repris à son compte l'opposition entre logique de filière et logique territoriale à la manière d'un filtre régional des intérêts sociétaux, donc territoriaux.** La politique publique territoriale du pays d'Aix quant à elle, alimentée par notre étude longitudinale, nous a permis de conclure qu'**il peut exister un projet de territoire sans stratégie territoriale.** Au-delà même, nous avons pu relever les problèmes du terrain et de la pratique que peuvent rencontrer les manageurs-aménageurs et les manageurs-développeurs dans l'exercice de leur métier. La création d'un sens pour le local apparaît donc primordiale pour le maintien de la compétitivité territoriale du pays d'Aix, **le processus d'auto-identification ne peut se faire tout seul.** A ce titre, la question de l'articulation des politiques publiques devient prégnante.

Nous livrons ici, l'analyse spécifique de cette question de l'articulation des politiques publiques volontaristes et territoriales à l'aune du principe dialogique des processus d'actions publiques que nous avons déterminés dans la construction de la taxonomie proposée en chapitre deuxième. Cette articulation, cette recherche de synergie suivant le principe dialogique peut se lire selon deux axes relevant des deux dimensions constitutives de la compétitivité territoriale.

- Une démarche d'articulation verticale d'abord afin de mettre en cohérence les politiques publiques envisagées comme des moyens d'action : le principe dialogique des processus d'actions publiques. En d'autres termes les intentions différenciées des politiques publiques doivent se gérer par le pragmatisme de la mise en action publique.

Encadré 5.6 Des processus a priori paradoxaux appelant à la poursuite d'un principe dialogique

« Pour le pays d'Aix, ce qui est intéressant c'est la confrontation des projets c'est-à-dire le projet de territoire maintenant, il y a d'autres projet qui viennent plus par le haut, la politique des pôles de compétitivité […] alors ce mécanisme est descendant certes, mais les pôles de compétitivité sont bel et bien présents sur le territoire du pays d'Aix », (E. 2).

« A part un soutien financier on n'a pas forcément d'interlocuteur privilégié comme avec la région PACA. Parce que nous ne savons pas ce que ces collectivités souhaiteraient développer sur leur propre territoire. On ne travaille pas forcément avec eux. On travaille un petit peu avec des agences de développement économique pour nos adhérents », (E. 19).

- Une démarche d'articulation horizontale ensuite pour mettre en synergie les logiques de filières et les logiques territoriales envisagées comme éléments de base de la stratégie territoriale. Autrement dit, les logiques « en marché » et « en société » sous-tendues par les dimensions de la compétitivité doivent être appropriées par les territoires comme élément principal de leur stratégie.

Encadré 5.7 Démarches d'appropriation des dimensions de la compétitivité territoriale comme outil de création de sens

« Les collectivités territoriales n'ont pas les compétences sur nos filières. Et finalement faire appel à un expert extérieur cela donne une légitimité au positionnement, parce qu'en interne c'est plus difficile », (E. 21).

« L'objectif à terme est d'élargir le dispositif PACA Labs à d'autres champs que le numérique mais aussi élargir le champ des possibles en faisant se rencontrer par exemple le pôle SCS qui a les solutions numériques et le pôle risques qui a des besoins qui peuvent compléter par ses solutions », (E. 22).

« Parce qu'une seule chose est claire, c'est que les fruits de cette politique des pôles de compétitivité on ne pourra les récolter que sur du moyen long terme. Les entreprises en tant qu'acteur doivent également apprendre à se servir des mécanismes de subventions proposées par l'Etat, la région et les collectivités territoriales. Si le dispositif se voit modifié tous les deux ans, la dynamique des entreprises se trouve handicapée et par conséquent la dynamique territoriale le sera tout autant », (E. 9).

Avec ces exemples de verbatims choisis, nous avons voulu montrer les enjeux pour les managers territoriaux de saisir les deux types d'articulations des politiques publiques en faveur de la compétitivité territoriale. Les moyens doivent servir à construire la fin autant que la fin doit permettre de réinterroger les moyens. Cette analyse de la complexité territoriale doit alors être mise au service du management de la compétitivité des territoires. En effet, **le pays d'Aix n'est pas compétitif en tant que tel, ce sont les acteurs des systèmes productifs qui le composent qui le sont.** Ce management de la compétitivité territoriale doit proposer des modalités pratiques. C'est ce que note Garnier (2007) qui constate que l'avènement de ce nouveau mode de développement : qu'il ait pour origine « *un processus de création ex-nihilo [i.e. Arbois[173]] ou qu'ils aient bénéficiés d'un profond ancrage local [i.e. Rousset[174]], les tissus productifs locaux ne sont plus soumis à l'isolement et au confinement mais, au contraire, se développent selon la double logique de l'ancrage territorial et de l'insertion dans des espaces dé-territorialisés* ».

En définitive, nous avons donc conduit une étude sur la complexité territoriale en pays d'Aix. Notre objectif était d'apprécier les contours de la compétitivité territoriale. Pour cela, il nous a fallu interroger la perception des managers sur des éléments variés, relatifs aux contextes, aux contenus et aux processus. De manière pragmatique cet exercice nécessite d'interroger trois contenus territoriaux et trois processus d'actions publiques en référence à un contexte d'axiome global en mouvement, voir **tableau 5.1** ci-après. Nous avons donc opéré une **analyse contextuelle** d'abord pour s'assurer de l'influence des contextes de l'axiome global sur l'objet de la recherche. Ensuite, en suivant **une analogie mécanique, il s'est agit de déterminer le capital de ressources des contenus territoriaux.** Enfin, suivant **une analogie biologique cette fois il a été question d'étudier les dynamiques des processus d'actions publiques** à l'œuvre.

---

[173] Rajouté par nous.
[174] Rajouté par nous.

Tableau 5.1 Une analyse contextuelle, synchronique et systémique de l'objet de la recherche ?

CONTEXTES Axiome global	
CONTENUS TERRITORIAUX	**PROCESSUS D'ACTIONS PUBLIQUES**
Pays d'Aix, un territoire institutionnel comme une étude de cas selon une systémique holistique	Politique publique territoriale : projet de territoire, d'agglomération
L'unité d'analyse 1, le milieu innovateur de l'Arbois, comme un système productif engagé sur les chemins de la compétitivité / L'unité d'analyse 2, le district de Rousset comme un système productif engagé sur les chemins de la prospérité	Politique publique en faveur des pôles de compétitivité (échelle nationale)
Un système productif émergent : Energies non génératrices de gaz à effet de serre (CEA Cadarache, ITER), Saint-Paul-lèz-Durance	Politique publique des PRIDES (échelle régionale)

Source : Auteur.

Nous pouvons conclure que **le pays d'Aix présente toutes les caractéristiques d'un système de compétitivité territoriale**. De plus, comme le montre la **figure 5.4** ci-dessous portant résultat de notre analyse, il est possible de faire un état des lieux, mais de proposer également des éléments de prospective territoriale. C'est pourquoi nous pensons que si <u>le milieu innovateur des technologies « vertes » de l'Arbois doit être mis en relation avec le district-cluster microélectronique de Rousset, il doit également être relié au système productif des énergies non génératrices de gaz à effet de serre de Saint-Paul-lèz-Durance</u>. En effet, avec le CEA de Cadarache installé de longue date et surtout le projet ITER d'envergure internationale, ce système productif est situé sur le périmètre d'action du pays d'Aix. Se dessine alors <u>un triangle « vert » permettant de donner au pays d'Aix, et à la CAPA donc, une véritable stratégie axée sur les énergies renouvelables, l'environnement et les nouvelles technologies</u>. Nous pensons que si le principe dialogique des processus d'actions publiques est ici implémenté, il peut permettre au territoire de se positionner comme un leader mondial, une vitrine exemplaire engagée sur les chemins de la compétitivité. Pour étayer ces préconisations nous allons désormais plonger au cœur des modalités de management de la compétitivité territoriale.

Légende :

Pôles de compétitivité

Pôles-PRIDES Cap énergies

PRIDES

Pays d'Aix, délimitation CAPA

Milieu innovateur de l'Arbois

District industriel de Rousset

Systèmes productifs identifiés dans la présente étude de cas.

Système productif émergent : Energies non génératrices de gaz à effet de serre (CEA Cadarache, ITER), Saint-Paul-lèz-Durance

Source : Auteur.

452

– CHAPITRE VI –

DE L'EMERGENCE DES MODALITES DE MANAGEMENT DE LA COMPETITIVITE TERRITORIALE

Nous avons dans le chapitre précédent présenté une analyse contextuelle, synchronique et systémique de notre étude de cas. A cette occasion, nous avons pu vérifier l'importance de cerner les dimensions idiosyncrasiques et diachroniques constitutives de la compétitivité territoriale. Au travers de cette première analyse, c'est le cadre de la compétitivité territoriale que nous avons délimité avec la plus grande précision. C'est au sein de ce construit empirique que nous avons ensuite pu déceler l'émergence des modalités de management de la compétitivité territoriale à l'aune de notre exploration théorique. Comme pour le chapitre précédent, nous avons eu recours à une technique d'analyse abductive. Pour apprécier l'**émergence des modalités de management, nous avons toutefois plus utilisé la technique de la théorie enracinée impliquant l'induction**, (Glaser et Strauss, 1990).

De manière synthétique, nous pouvons reprendre à ce stade les trois étapes fondamentales de la présente recherche afin de caractériser l'essence du management de la compétitivité territoriale :

- Sur un plan conceptuel d'abord, les concepts-clés de la recherche enjoignent une prise en compte des contextes susceptibles d'influencer à la fois les contenus et les processus de l'objet de la recherche. Nous avons proposé de **regrouper ces contextes au travers d'une heuristique d'axiome global incluant des mouvements entre deux logiques axiomatiques « en marché » et « en société »**. La complexité territoriale, est dans ce premier degré d'analyse, poussée à son paroxysme et ne permet pas d'envisager le management de la compétitivité d'un point de vue pratique.

- Au travers de notre exploration théorique ensuite, nous avons tenté d'opérationnaliser les dimensions du construit de la recherche. Une exploration théorique des littératures variées nous a convaincu **de proposer deux dimensions pour délimiter les contours du phénomène relevant des logiques axiomatiques** susmentionnées. A ce titre, l'idiosyncrasie territoriale relève de la logique « en marché », elle requiert une analyse classique et synchronique de formation d'un capital de ressources portant singularité pour chaque système territorial. Relevant d'une analogie mécanique, elle permet la disjonction des éléments du système sous un mode déterministe. A l'inverse, la diachronie territoriale fait référence à la logique « en société » qui impose la prise en compte des dynamiques téléologiques de groupe inhérentes à tout processus de territorialisation. Processus d'auto-identification, de régulation locale ou encore institutionnalisation et convention ne peuvent répondre que d'une analogie biologique nécessitant la conjonction des éléments pour tenter de comprendre le sens ou la finalité que poursuit un système (complexe) de compétitivité territoriale.

- Le management de ces systèmes de compétitivité territoriale enfin, ne peut s'envisager qu'à un troisième degré. La dimension praxéologique du management nécessite une **analyse des pratiques des managers territoriaux afin de dégager les principes directeurs pour la gestion des territoires compétitifs et innovants.** Dans cette optique, il s'agit alors de re-construire le sens donné par les managers territoriaux à leurs pratiques de management. Cette re-construction du sens des politiques publiques par les managers nous amène constater l'émergence d'une double appropriation : d'une part **l'appropriation des enjeux des politiques publiques volontaristes en faveur de la compétitivité territoriale en les adaptant aux spécificités locales. Et d'autre part, l'appropriation des enjeux des politiques publiques territoriales en conservant le système territorial ouvert et réactif face à son environnement global.**

En définitive c'est le principe dialogique des processus d'actions publiques que nous avons pu voir émerger dans notre étude de cas. Le management de la compétitivité territoriale consiste dans cette perspective à influencer le processus créatif en impulsant, en orientant et accompagnant le collectif d'acteurs au travers des structures de projets qui « traversent » le territoire. La compétitivité territoriale se manage donc au troisième degré.

Vers une taxonomie des modalités de management de la compétitivité territoriale ?

Dans notre chapitre troisième, nous avons présenté et développé le régime d'accumulation des modalités de proximité à partir des travaux fondamentaux des économistes hétérodoxes. Il nous est apparu convaincant d'apprécier le diptyque proximité géographique et proximité organisée sous une logique « en marché » comme cadre d'interaction potentiel et de collaboration des acteurs. Nous avons par ailleurs proposé d'ajouter une modalité de proximité sociétale comme phase transitoire de la logique « en marché » à la logique « en société ». Véritable point d'articulation marquant **le passage de l'accumulation des énergies potentielles au déploiement des énergies cinétiques, cette modalité a effectivement émergée de l'empirie.** Au-delà de cette question de la synchronie à la diachronie, l'idée sous-tendue vise à **proposer une alternative au débat entre approche standard et approche interactionniste de la coordination des acteurs territoriaux.** Plus précisément, nous le verrons c'est la question de la logique de similitude, donc de la rationalité des acteurs dont il est fait mention. Selon nos conclusions, la coordination « en société » des acteurs relève alors quasi exclusivement de la gouvernance et laisse à la proximité sociétale la problématique de la convergence des intentions. On l'aura compris interaction et collaboration s'analysent selon nous au travers des proximités géographiques et organisée.

En tout état de cause, concernant notre cas du pays d'Aix, nous nous sommes basés sur les résultats de Jacques Garnier (2007) qui a validé « *l'hypothèse d'un recouvrement à la fois singulier et évolutif des trois types de proximité* » dans son examen du milieu technique aixois. Ce dernier a pu ainsi proposer une approche dynamique et longitudinale destinée à asseoir trois propositions (pp. 2-3) :

- *la possibilité d'apparition ex-nihilo d'un milieu territorialisé pérenne et performant de moyennes et petites entreprises high-tech ;*

- *la tendance à des processus de dé-territorialisation ou de re-territorialisation du tissu productif ;*

- *la combinaison efficiente des trois types de proximité, géographique, organisationnelle et institutionnelle.*

Nous avons souhaité apprécier l'émergence des modalités de management de la compétitivité territoriale en pays d'Aix **en analysant le discours des managers en charge de la mise en action des politiques publiques.** Nous l'avons introduit, ces managers territoriaux ne constituent pas une catégorie homogène. Ils revêtent des compétences et fonctions spécifiques, appartiennent à des organisations différentes et poursuivent des objectifs parfois très diversifiés. Chef de projet, Directeur général des services d'une commune, directeur d'agence économique ou d'urbanisme, chargé de mission animation d'un PRIDES, responsable projet d'un pôle de compétitivité, etc. voici quelques exemples d'intitulés de postes que nous avons pu rencontrer. Une chose est sûre, tous concourent à la formalisation de la compétitivité territoriale. Chacun constitue pour ainsi dire un maillon de la chaîne locale de l'innovation et quand ils mettent leurs réseaux personnels en synergie l'écosystème local peut alors devenir une réalité. C'est pourquoi nous proposons une taxonomie des compétences et des rôles de management de la compétitivité territoriale que nous avons repris dans le **tableau 6.1** ci-dessous :

Tableau 6.1 Proposition d'une taxonomie des fonctions et compétences des managers de la compétitivité territoriale

Logiques en référence à l'axiome global	Dimensions de la compétitivité territoriale	Modalités de management	Questions	Fonctions	Compétences
Logique « en marché »	Dimension idiosyncrasique	*Proximité géographique*	Où ?	Manager-aménageur Manageur-développeur	Délimiter les périmètres d'interactions potentielles
		Proximité organisée	Comment ?	Managers de l'innovation Managers publics locaux & régionaux	Construire des arènes relationnelles pour dégager des innovations
Logique « en société »	Dimension diachronique	*Proximité sociétale*	Pourquoi ?	Managers publics locaux & régionaux Managers de l'innovation	Construire une arène de convergence des intentions finalisées
		Modes de Gouvernance	Comment ?	Tous les managers territoriaux	Favoriser des modes de gouvernance souples partagés et différenciés

Source : Auteur.

456

Nous précisons que si chaque modalité de management de la compétitivité territoriale recouvre des pratiques identifiées, elle répond d'une logique et d'une dimension spécifiée ainsi qu'une compétence déterminée. **L'atteinte de l'objectif global de compétitivité doit donc impliquer l'ensemble des managers territoriaux de la chaîne locale de l'innovation.** Ce sont ces modalités de management que nous allons présenter dans les lignes ci-après.

Nous verrons ainsi dans une première section que les managers-aménageurs et développeurs œuvrent en amont de la chaîne en préparant l'accumulation des énergies potentielles sur le territoire. Ils attirent les entreprises, mettent en place des dispositifs de financement et de soutien à l'entreprenariat et à l'innovation, structurent le territoire et les infrastructures de transport, etc. En bref **ils délimitent l'espace d'interactions potentielles entre les acteurs « créatifs » et fondent ainsi le socle du capital de ressources idiosyncrasique du système territorial.**

Dans une deuxième section, nous plongerons au cœur des compétences développées par les managers de l'innovation et les managers publics locaux et régionaux. A la croisée des processus d'actions publiques *top-down* et *bottom-up* nous retrouvons ici le principe dialogique que nous avons exploré plus avant. Dans ce cadre, il est apparu que **les managers publics locaux avaient préparé le terrain en structurant les réseaux d'acteurs,** les filières ou les associations d'entreprises. **Les managers de l'innovation ont pu par la suite consolider les réseaux, les développer et les animer** confortant d'autant la logique d'appartenance des acteurs avec l'outil générique et privilégié que constitue le projet. **Ces managers territoriaux ont construit des arènes relationnelles propices à l'innovation et permettent ainsi de faciliter la collaboration d'acteurs** aux intentions finalisées pourtant hétérogènes.

La troisième section, montre comment **les managers du pays d'Aix sont en train de construire une arène de convergence des intentions par un management de la proximité sociétale.** A l'intersection des logiques de filières et des logiques territoriales, « en marché » et « en société », ils travaillent à ce stade en aval de l'interaction et de la collaboration des acteurs mais en amont de la coordination. **Les managers des pôles et des PRIDES proposent ainsi de véritables bouquets de services** à leurs adhérents qui peuvent être tant des entreprises que des collectivités territoriales. Alors que **les managers publics locaux et**

457

régionaux ont constitués un écosystème local de l'innovation grâce aux efforts consentis dans les étapes précédentes. Des externalités négatives de proximité sociétale ont pu également émerger et argumentent alors la nécessité d'un management de cet écosystème constitué.

C'est pourquoi la quatrième et dernière section traite de la coordination des acteurs du système de compétitivité territoriale. A ce stade, les enjeux doivent alors viser à **canaliser les énergies cinétiques déployées, i.e. la dimension diachronique, en implémentant des modes de gouvernance souples, partagés et différenciés.** C'est à ce prix que la compétitivité territoriale semble pouvoir se manager. Les managers que nous avons rencontrés sont tous, sans exception des maillons d'une chaîne locale de relations interpersonnelles encastrées dans des réseaux variés. Ces encastrements complexes permettent *in fine* de tricoter le tissu local et de retrouver une cohérence d'ensemble à ce qui ne semblait être au départ qu'un *patchwork* sans patron.

Section 1. Manager la proximité géographique : délimiter les périmètres d'interactions potentielles

De manière liminaire, l'étude de la proximité géographique avait pour objectif de recueillir des éléments de perception des managers territoriaux concernant la nécessité pour les acteurs d'être proche les uns des autres. Nous retrouvons ici les constats du précurseur, Alfred Marshall dont nous avons présenté les travaux et les apports fondamentaux tout au long de cette recherche. Nous l'avons défini dans le chapitre troisième, cette proximité géographique est la condition permissive (Zimmermann, 2008) du régime d'accumulation des modalités de proximité. Inscrite dans la dimension idiosyncrasique constitutive du phénomène de compétitivité territoriale et répondant d'une logique « en marché », la proximité géographique construit un périmètre de rencontres potentielles entre les acteurs d'un territoire.

En d'autres termes, c'est la question du « où ? » celle qui touche donc à la localisation, la colocalisation des acteurs dans un espace ou un périmètre. Finalement, nous l'avons dit, Torre et Rallet (2005) indiquent qu'elle a pour objet de savoir si les acteurs qui appartiennent à des organisations différentes se sentent plus ou moins « *loin de* » ou plus ou moins « *près de* ». Du point de vue du management de la compétitivité territoriale, cette question vise à **déterminer, de manière plus ou moins artificielle, les limites spatiales de la mise en action publique**. A ce propos, les conclusions qui peuvent être tirées concernant la modalité de proximité géographique peuvent être classées en deux catégories. D'abord, nous avons analysé la proximité des membres adhérents des pôles de compétitivité et des PRIDES afin de vérifier l'existence de la proximité géographique dans son sens premier. Ensuite, nous avons étendu le cadre d'analyse à l'ensemble des acteurs locaux impliqués dans les politiques publiques étudiées.

A. *La proximité géographique des adhérents aux réseaux des pôles et des PRIDES :*

Concernant la proximité géographique des entreprises adhérentes aux réseaux des pôles de compétitivité et des PRIDES, nous avons analysés trois éléments principaux qui confirment l'hypothèse initiale. Ainsi, les plus forts taux d'adhésion aux réseaux des politiques volontaristes montrent un ancrage local voire départemental, ensuite une première dispersion discrimine les adhésions au niveau régional, enfin une réelle distanciation apparait pour les adhésions hors-région ou hors-zonage R&D. En d'autres termes, le taux d'adhésions aux pôles de compétitivité ou aux PRIDES augmente à mesure que la distance vis-à-vis de la structure du pôle ou PRIDES diminue et vice-versa.

1. Une polarisation des adhésions aux réseaux des pôles et des PRIDES recherchée :

Nous l'avons analysé dans le chapitre précédent, les deux unités d'analyse de notre étude de cas ont emprunté des chemins différents. Répondant de la logique « en marché » et de la construction de la dimension idiosyncrasique, la proximité géographique est donc perçue différemment selon le système productif. Voici nos conclusions.

- Pour l'unité d'analyse 1 (Arbois) :

Le premier élément qui a émergé du discours des managers de l'innovation s'articule autour d'un ancrage localisé (pays d'Aix ou Bouches-du-Rhône) des membres adhérents aux réseaux des pôles et des PRIDES au sein du milieu innovateur des technologies « vertes ». Un manager du PRIDES BDM nous informe par exemple : « Il y a une forte présence de nos adhérents dans les Bouches-du-Rhône qui correspond à une réalité économique de la filière », (E. 21). Cet élément est expliqué par l'objectif même de polarisation des politiques volontaristes et se manifeste par une centralité géographique. Les managers du pôle Pégase argumentent que la proximité géographique des adhésions répond de plusieurs logiques : d'opportunité foncière, de proximité avec les infrastructures de transport et « d'accessibilité », (E. 19), de « distance égale entre la gare TGV et Eurocopter », (E.21). Ainsi la proximité géographique marque bien la condition *sine qua non* des rencontres potentielles entre les acteurs. Un autre manager du pôle Pégase nous confirme à ce propos que « s'il y a 50 % de nos membres qui sont dans les Bouches-du-Rhône, c'est parce que, bien sûr, on a commencé par construire le réseau autour de nous », (E. 19). Ce qui montre une fois de plus que Pégase, bien que pôle « filière » (donc *a priori* sur les chemins de la prospérité) s'est engagé plus récemment sur les chemins de la compétitivité. Le pôle adopte donc également une logique territoriale en voulant structurer et répartir sa filière sur le territoire régional.

De manière contre-intuitive en revanche, quand ils sont interrogés sur la proximité géographique de leurs adhérents, celle-ci apparaît pour certains managers comme surprenante. Un manager du pôle Risques nous confie par exemple que « la proximité géographique de par notre réseau existe c'est-à-dire que l'on a beaucoup d'acteurs présents mais ce n'est pas le but recherché », (E. 18). Précisons que 60 % du réseau du pôle Risques est implanté dans les Bouches-du-Rhône. En définitive, en ce qui concerne les pôles de compétitivité et PRIDES du milieu innovateur de l'Arbois, la première tendance remarquable est que les adhérents de ces structures sont localisés et implantés au plus proche de l'épicentre du zonage R&D pour les pôles et se concentrent au niveau du département d'implantation de la structure réticulaire pour les PRIDES. Même pour les pôles de compétitivité bi ou tri-régionaux, cette notion de centralité géographique et de proximité des acteurs semble également vérifiée, un manager de l'innovation du pôle TRIMATEC explique à ce sujet : « nos membres sont implantés aux bordures des régions, en fait notre zonage R&D effectif se situe au niveau de la frontière régionale », (E. 15).

- Pour l'unité d'analyse 2 (Rousset) :

Concernant la modalité de proximité géographique des adhérents du pôle de compétitivité SCS, nous l'avons déjà largement présenté dans le chapitre précédent. Rappelons toutefois que l'ancrage de la filière microélectronique est régional et inscrit de longue date. A ce titre, la grappe industrielle est structurée, et elle suit globalement une logique « bipolaire » entre la zone de Rousset et celle de Sophia Antipolis. Le pôle SCS n'a pas œuvré à proprement parler à la structuration de la filière, il est venu plutôt rassembler un grand nombre d'associations professionnelles. En ce sens on peut dire qu'il a structuré un réseau d'associations d'industriels.

Par ailleurs, nous l'avons analysé également, la bipolarité de SCS confirme l'existence de deux systèmes productifs de type district, c'est-à-dire emportant des spécificités techniques, culturelles, etc. Le système productif de Rousset et celui de Sophia Antipolis. Nous retrouvons ici les mêmes conclusions des districtologues de l'école florentine avec les apports majeurs de la nouvelle sociologie économique.

2. Une dispersion des adhésions sur les zonages R&D et les cartes régionales à corriger :

Le deuxième élément montre une forme dispersion de la proximité géographique des adhérents tant au niveau de la région PACA pour les PRIDES, qu'au niveau du zonage R&D

des pôles. Précisons d'emblée que cette question n'est pas à relever concernant le pôle SCS de l'unité d'analyse 2 (Rousset) puisque la structuration de la filière est déjà établie. Cela n'empêche pas, bien sûr, de la renforcer, mais globalement, la carte régionale et le zonage R&D de la microélectronique sont déjà établis[175] comme nous l'avons montré dans le chapitre précédent.

En dehors du cas de Rousset donc, concernant les pôles et les PRIDES du technopôle de l'Environnement nous avons observé une dispersion des adhésions sur les cartes régionales et celles des zonages R&D du ministère.

En effet, malgré un zonage R&D[176] définissant la zone d'intervention des pôles de compétitivité, ou la compétence régionale des PRIDES il semblerait que les structures implantées en pays d'Aix aient beaucoup plus de mal à travailler avec les territoires situés aux confins de la région PACA. C'est ce que nous confirme un manager de l'innovation du pôle Pégase[177] : « Si on prend des membres qui sont basées à Sophia-Antipolis, il n'y aura pas la même proximité qu'avec des membres qui sont basées à Marignane », (E. 21). Ou encore un manager du PRIDES Eco-entreprises et Développement Durable qui avance, « par notre implantation géographique, on représente plus des entreprises situées à Marseille ou à Aix plutôt qu'à Nice », (E.13). Pour expliquer ce phénomène, certains managers territoriaux au-delà de la distance géographique argumentent également d'une distance culturelle « on ne peut pas ne pas parler de la difficulté qu'il y a depuis nos territoires à travailler avec l'extrémité de la région c'est-à-dire les agglomérations de la ville de Nice par exemple. Il y a une différence historique et culturelle, une forme de barrière qu'il faut arriver à dépasser », (E. 14). En effet, il convient de noter que dans la plupart de nos entretiens si l'édiction de l'opposition « classique » entre Aix-en-Provence et Marseille ne nous a pas étonnée, en revanche, celle à l'encontre de Nice s'est avérée surprenante. Beaucoup de managers territoriaux, en effet, font état d'une incohérence régionale relevant globalement une réflexion : « la Côte d'Azur, ce n'est pas la Provence, les Alpes oui... », (E. 15 ; E. 14 ; E. 8 ; etc.).

---

[175] Voir notamment schéma sur la filière microélectronique en PACA proposé par Daviet (2003).
[176] Voir l'exemple de la carte du zonage R&D du pôle de compétitivité Risques en **Annexe 7**.
[177] Voir **Annexe 8** avec la carte de répartition et de densité des acteurs du pôle Pégase.

3. Une distanciation des adhésions hors périmètre regrettée par les pôles « filière » :

Enfin, l'objectif des PRIDES et *a fortiori* celui des pôles reste la polarisation. Nous l'avons déjà expliqué pour le pôle SCS par exemple, dans la conduite des projets collaboratifs, une entreprise située hors zonage R&D ne pourra généralement pas être intégrée à la démarche. Les managers déplorent cette « aberration » argumentant que « quelque soit la qualité et la valeur ajoutée proposée par la boîte, on ne pourra l'intégrer au projet par ce qu'elle n'est pas implanté en PACA [...] nous on raisonne « France », voire « Europe » pour la filière microélectronique », (E. 9). Toutefois, des entreprises adhérentes peuvent être disséminées sur tout le territoire national (voir **annexe 8**) et pour le pôle Pégase, le constat des managers montre que les membres adhérents situés hors région sont ceux avec qui les relations sont les plus distendues : « on a 18 % d'adhérents qui sont hors PACA et ces adhérents sont les plus difficiles à toucher », (E. 19).

Il semblerait donc opportun d'ajuster les cartes des zonages R&D des pôles « filière » en référence notamment à un principe pragmatique de priorisation aux projets collaboratifs, donc à l'innovation. Notons qu'à ce propos, plusieurs managers territoriaux nous ont clairement parlé d'implantation des entreprises qui veulent adhérer à un pôle ou participer à des actions collectives. Cela revient à envisager le problème sous les deux angles : d'abord, l'impératif de structurer les filières est important et suppose de polariser les acteurs sur un périmètre de rencontres potentielles ; mais dans le même temps à une échelle nationale le risque d'appauvrir encore plus certains territoires, certaines régions au détriment des autres reste une vraie question. L'exercice d'arbitrage de la DATAR revient toujours, on le voit bien au cœur de la question car il ne faudrait pas « déshabiller Pierre pour habiller Paul ».

Concernant les PRIDES, la question des adhésions hors région ne se pose pas, sauf rares exceptions. C'est notamment le cas pour les pôles bi ou tri régionaux qui ont un PRIDES en région PACA, dans ce cas, la région ne subventionne que les entreprises implantées en Provence-Alpes-Côte-d'Azur.

Comme nous l'avons précisé, nous avons étendu le cadre d'analyse de la proximité géographique à l'ensemble de notre cas d'étude aux acteurs[178] de la compétitivité. Ainsi, s'agit-il d'étudier la configuration spatiale des collectivités territoriales, des agences et des structures opérationnelles des pôles de compétitivité et PRIDES afin de délimiter les périmètres potentiels de la mise en action publique. La proximité géographique entre les collectivités, les pôles et les PRIDES et les structures de soutien à l'innovation s'avère intéressante à étudier. Cette réalité de la modalité de proximité géographique s'observe au niveau de nos deux unités d'analyse identifiées mais de manière différenciée. En effet alors que sur le plateau du Petit Arbois sont concentrées les unités de conception et les structures de soutien à l'innovation, dans la Haute vallée de l'Arc en revanche, les unités de production sont séparées des acteurs de la compétitivité par l'autoroute A8.

1. L'effet « campus » du milieu innovateur des technologies « vertes » :

Il existe une véritable proximité géographique entre les différentes structures implantées au sein du technopôle de l'Environnement Arbois-Méditerranée. En effet, les acteurs parlent à ce propos d'un effet campus, c'est ce que nous indique le Directeur du pôle Risques : « le pôle de compétitivité Risques, par exemple, a été créé par le technopôle de l'arbois, il y a une proximité et c'est un peu l'effet campus qui veut ça aussi, c'est-à-dire que l'on est à proximité de laboratoires de recherche, d'organismes de formation et une spin off par exemple qui va se créer aura plutôt tendance à rester à proximité de ses origines », (E. 18). C'est par ailleurs le but clairement affiché par les managers publics locaux en charge de la politique technopolitaine. Le responsable de Projets nous précise à cet effet que « l'objectif visé est que les structures des pôles de compétitivité et des PRIDES soient sur le site et puissent être sur le site au plus près, à proximité des organismes qu'elles suivent », (E. 12). De ce point de vue donc, le maître d'ouvrage, i.e. le syndicat mixte mène une politique territoriale volontariste (au sens de Ruffieux, 1991) et tente de rassembler un maximum de structures liées à l'innovation et la compétitivité sur sa thématique de prédilection : l'Environnement.

---

[178] Nous entendons ici toutes les structures associatives, collectivités territoriales, agences, etc. qui participent à un moment ou à un autre de la chaîne locale de l'innovation, donc à la construction de la compétitivité.

Par ailleurs, la proximité spatiale des infrastructures mutualisées est également mise en évidence par les managers territoriaux comme un atout : « il y a quand même une facilité pour nous parce que la plupart de nos rencontres sont organisées ici, avec le technopôle de l'Arbois il y a des structures avec des salles pour accueillir des membres et organiser des réunions », (E. 19), nous confie un animateur du PRIDES Pégase. Il y a donc véritablement une prise en compte de la nécessité de rassembler « physiquement » les acteurs afin de provoquer et de susciter des échanges : « on a créé un espace convivial pour le café et les différents acteurs se croisent et se côtoient ici tous les matins. Cela nous donne l'occasion de parler à ces acteurs, éventuellement de les présenter pour que cela puisse déboucher sur des projets communs. Selon moi, cela, c'est le plus important », (E. 4). Ces mots du Directeur général adjoint à l'aménagement et au développement du technopôle sont éloquents. Les manageurs territoriaux participent à la « création » de l'espace, du périmètre de rencontres potentielles par les interactions, indispensable (i.e. condition permissive) au régime d'accumulation des modalités de proximité. Au-delà même, ces managers construisent et délimitent l'espace de la mise en action publique.

2. L'effet « cluster » du district de la microélectronique :

Concernant l'unité d'analyse 2, nous avons pu observer une même tendance au regroupement des structures de soutien à l'innovation. La spécificité idiosyncrasique du site de Rousset montre nonobstant d'une part que les unités de production de la microélectronique sont regroupées dans les zones industrielles le tout formant une agglomération d'unités de production technologiques de type district et d'autre part, la commune elle-même où sont rassemblées à quelques mètres de distance les structures de soutien à l'innovation. Cette réalité est portée et confortée par la mairie, « la mairie est notre interlocuteur de proximité », (E. 5), nous confirme un manager public local. La mairie de Rousset a bien conscience de l'importance d'accueillir le pôle de compétitivité et le PRIDES et a favorisé son implantation témoigne le Directeur général des services : « On a mis les moyens, on a implanté le siège du pôle de compétitivité ici à deux pas de la mairie, il est mis à disposition gratuitement par la ville », (E. 6).

De l'autre côté de l'autoroute, cet impératif de proximité géographique est également partagé par les manageurs-développeurs de la zone industrielle. L'un d'eux nous confie au sortir de la réunion de présentation du repreneur d'Atmel (LFoundry), qu'en « matière

465

économique, il faut s'associer, la proximité entre les acteurs est indispensable. Si on ne s'associe pas, on meurt », (E. 7).

En définitive, nous le voyons, la modalité de proximité géographique est un objectif pour les politiques publiques volontaristes et une réalité pour les managers territoriaux. Les deux unités d'analyse, si elles emportent leurs spécificités idiosyncrasiques ont été « configurées » pour permettre la création de périmètres de rencontres potentielles. Le management de cette première modalité de la compétitivité territoriale doit donc :

- consister à « **créer** » **un espace délimité susceptible de provoquer les interactions pour la mise en action publique de projets futurs** ;

- **cette création relève alors de la compétence première**[179] **des managers-aménageurs et des managers-développeurs et répond globalement d'une logique « en marché »**.

En tout état de cause, la proximité géographique constitue donc le support, le management de l'espace génomique au sens de Perroux. Ce management doit être appuyé sur une autre proximité, d'essence relationnelle celle-là, la proximité organisée, permettant alors de révéler toute la puissance analytique de la proximité géographique, (Torre, 2006). C'est cette modalité de proximité organisée que nous allons maintenant examiner.

---

[179] Comme nous l'avons précisé en introduction, si chaque modalité de management de la compétitivité territoriale recouvre des pratiques identifiées, répond d'une dimension spécifiée et d'une compétence déterminée, l'atteinte de l'objectif global de compétitivité doit impliquer l'ensemble des mangers territoriaux de la chaîne locale de l'innovation.

Section 2.   *Manager la proximité organisée : construire des arènes relationnelles pour dégager des innovations*

Dans son objectif initial, l'étude de la proximité organisée avait pour finalité de recueillir des éléments de perception des managers territoriaux concernant l'opportunité développée par les acteurs de construire certaines formes de proximité relationnelle. Comme pour la proximité géographique, concernant les éléments théoriques, nous renvoyons le lecteur au chapitre troisième. Partant du cadre permissif de la proximité géographique (Zimmermann, 2008), il s'agit ainsi d'**étudier les possibilités de collaboration offertes aux acteurs lorsqu'ils sont impliqués dans des projets communs**. La proximité organisée constitue, nous l'avons argumenté, la seconde modalité du régime d'accumulation de la dimension idiosyncrasique constitutive du phénomène de compétitivité territoriale répondant d'une logique « en marché ». Autrement dit, **c'est la question du « comment ? », celle qui va s'attacher à décrire la collaboration et comprendre la coordination « en marché » des acteurs au travers des relations tissées à l'occasion de la conduite des projets et des actions développés par les pôles et les PRIDES**. Cette proximité relationnelle se traduit selon deux logiques. D'abord par l'existence de règles et de routines communes dans leurs comportements (explicites ou tacites) c'est la logique d'appartenance. Ensuite par le partage d'un même système de représentation, de croyances et de savoirs communs c'est la logique de similitude. Ce lien social est principalement de nature tacite, deux individus sont dits proches parce qu'ils se ressemblent, précisent Torre et Rallet (2005).

Du point de vue du management de la compétitivité territoriale, cette question vise à formaliser, les cadres de collaboration des acteurs sous le mode synchronique de la logique « en marché ». Véritable aboutissement de la dimension idiosyncrasique, cette modalité de proximité révèle, nous le pensons, pour grande partie **la création d'une ressource spécifique territoriale** telle qu'entendue par la littérature en la matière (notamment Coissard et Pecqueur, 2007). Par là même, la question de la logique de similitude, notamment lorsqu'elle renvoie au système de représentation, i.e. la rationalité endogène au sens premier de Simon (1955), n'a pas véritablement sa place dans cette étape du régime d'accumulation. Elle doit se cantonner à l'analyse de la construction d'un socle de savoirs et d'apprentissages par les croyances communes au sens de Lundvall et Johnson (1994). En effet, touchant à la question de la proximité institutionnelle, donc des préoccupations liées à la théorie de la régulation et /

ou de l'économie des conventions nous la situons dans l'étape suivante, celle de la proximité sociétale. Nous le verrons, la convergence des intentionnalités hétérogènes doit être analysée sous un mode diachronique, par une logique « en société », c'est-à-dire lorsque l'énergie potentielle du système territorial est libérée.

A ce propos, les conclusions concernant l'analyse de la modalité de proximité organisée peuvent être envisagées selon deux catégories. En effet, nous avons d'abord, analysé la logique d'appartenance des acteurs, appartenance à des réseaux, à des filières mais aussi à des projets qui forment une dynamique collaborative. Ensuite, nous avons examiné de manière critique la logique de similitude entre les acteurs. Ces derniers ne peuvent pas partager un même système de représentation ou des croyances communes sous le régime exclusif de la logique « en marché ». A ce stade, il s'agit alors plutôt d'envisager cette logique de similitude en termes de confiance. C'est cet élément essentiel qui laisser penser qu'une fois la confiance établie, la convergence des intentions pourra s'opérer, sous une forme plus poussée que la proximité organisée.

A. *Une logique d'appartenance des acteurs aux réseaux et aux projets :*

Pour analyser la logique d'appartenance des acteurs des structures des pôles de compétitivité et des PRIDES, nous avons regroupé l'ensemble des éléments de perception des managers territoriaux allant dans le sens d'une appropriation des différents dispositifs de projets, d'actions collectives ou de plate-forme technologiques mis en œuvre.

1. Les étapes de la construction des arènes relationnelles :

Par une triangulation des données recueillies, les interviews, les observations et les données secondaires, nous avons re-construit le processus incrémental qui a présidé à l'édification des arènes relationnelles. Il apparaît d'abord que les managers publics locaux ont en amont permis de créer les conditions propices à la construction réticulaire. Les managers de l'innovation, quant à eux, prennent la charge de consolider, développer et animer les réseaux d'acteurs. Enfin, le passage d'une étape à l'autre dénote un choc des cultures et montre les externalités négatives susceptibles d'émerger quand les logiques « en marché » et « en société » sont mises dos-à-dos.

i. *Les managers publics locaux avaient préparé le terrain :*

Les managers publics locaux des collectivités territoriales des deux unités d'analyse de notre étude de cas ont joué un rôle déterminant dans la préparation et la constitution initiale des réseaux. C'est ce que nous explique par exemple le Directeur général des services de la commune de Rousset : « nous on a accompagné le projet, on a mis en relation les différents acteurs au niveau local. Car les acteurs se parlaient peu et il a fallu que l'on arrive à les faire travailler ensemble », (E. 6). Ce dernier complète son analyse et poursuit « on a joué le rôle de support interinstitutionnel si l'on peut dire mais sur la facette interorganisationnelle en revanche, on laisse le pôle SCS faire son travail », (E. 6). Les managers publics locaux ont donc joué un rôle charnière à ce niveau, ce qui confirme l'hypothèse avancée par Ehlinger et al., (2007), selon laquelle ces acteurs remplissent une fonction « *d'agents de coordination, d'arbitrage ou de communication* », (p. 165). Précisons par ailleurs que dans le cas de la microélectronique, le réseau des industriels était en voie de structuration depuis 1992-1993, la valeur ajoutée des managers territoriaux roussetains a donc plus consistée à mettre en relation les différentes et nombreuses associations professionnelles, industrielles, etc. En d'autres termes et de façon triviale, on pourrait dire qu'ils ont mis les réseaux en réseau.

Cependant, cette transition a semble t-il été plus difficile pour les hommes que pour les structures associatives. En effet, si les sept associations d'industriels de la microélectronique se sont vu intégrées dans le PRIDES SCS, ce sont surtout les salariés des associations qui se sont « sentis menacés », notamment du point de vue de leur réseau de relation personnel. C'est ce que nous explique un manageur : « il s'est avéré qu'il fallait que ce soit le PRIDES SCS qui chapeaute toutes les associations d'industriels (comme ARCSIS, MADE IN SOFT, etc.), et il y a eu un clash, puisque les associations ont cru disparaître. Alors qu'en fait elles n'ont pas disparu, elles sont simplement sous la « tutelle » du PRIDES SCS. Donc j'ai dû leur dire : si c'est la fonction de Secrétaire général de l'association que vous voulez garder sur votre carte de visite, il n'y a pas de problème, mais pour le nouveau fonctionnement du pôle c'est comme cela que cela fonctionnera désormais », (E. 7). Nous pouvons le constater, c'est ici la bonne connaissance par les managers territoriaux du réseau local, des personnalités locales importantes qui leur permet d'influencer les acteurs, ici par des procédés proche de la ruse. Par ailleurs, ces managers du monde associatif que nous avons interrogés également ne se sentent pas en concurrence avec les managers territoriaux. Ils ont pour rôle d'animer les relations entre les salariés et les entreprises de la zone industrielle et comme l'un d'eux nous l'explique : « On a un rôle qui est à plus long terme que la mairie, qui a un service développement économique bien développé et qui s'occupe de faire venir les entreprises, nous, nous les accueillons et les aidons à s'implanter. Notre boulot consiste à ce que les entreprises se sentent bien ici et qu'elles n'aient pas envie d'en partir, nous créons du lien », (E. 5).

Concernant le plateau du Petit Arbois, le mode de développement est différencié, la relative « jeunesse » des différents réseaux montre une autre facette de la modalité managériale. En effet, la politique technopolitaine a par exemple littéralement créé un pôle de compétitivité et donc le réseau initial qui lui a permis de se développer. C'est que nous raconte le chef de projets du syndicat mixte de l'Arbois : « j'avais assuré la direction du pôle Risques il y a un moment, et je reste le secrétaire général de l'association. D'où le lien très fort que l'on a avec eux. C'est un petit peu notre enfant, mais, on a coupé la paternité, dans le sens où ce n'est pas l'outil seulement du technopôle, c'est l'outil des acteurs régionaux et inters régionaux, puisque c'est aussi la région PACA et la France qui travaillent dans le domaine des risques », (E. 12). Les propos sont ici éloquents, il y a véritablement eu un rôle joué par les managers publics locaux dans la genèse de la construction des réseaux à l'origine des pôles de compétitivité. De ce point de vue, le Directeur ne manque pas de nous rappeler que cette « réalité territoriale » s'inscrit dans le cadre d'une démarche volontariste, technopolitaine et éminemment locale : « Nous on a créé le pôle de compétitivité Risques et si cela a marché c'est bien que c'était prêt, il est né des compétences qui avaient été travaillées initialement sur l'Europôle [...] et il a trouvé sa pertinence dans cette nouvelle politique publique qui est venue renforcer tout ce qui s'est fait depuis des années en matière de travail sur les filières et de renforcement de la proximité entre la recherche et l'économie », (E. 4).

En définitive, comme nous pouvons le constater, les managers publics locaux ont joué un rôle crucial dans la mise en place des réseaux locaux qui constituent aujourd'hui pour grande part des adhérents des pôles de compétitivité et des PRIDES. Ce qu'il faut sans doute retenir avant tout, c'est que quelque soit le mode de développement, i.e. les chemins de la prospérité (à Rousset) ou ceux de la compétitivité (à l'Arbois), mais aussi quelle que soit la pratique managériale utilisée, la fonction a été remplie avec succès au sein des deux unités d'analyse.

ii. <u>*Les managers de l'innovation consolident, développent et animent le réseau :*</u>

Par la suite, ce sont les managers de l'innovation des structures opérationnelles des pôles et des PRIDES qui ont pris le relais. Ces derniers jouent alors un rôle en termes de consolidation, d'animation et de développement des structures réticulaires existantes. C'est ce que décrit un manager public local de Rousset : « On a mis des moyens humains et financiers pour faire en sorte que la dynamique puisse prendre, ensuite pour la partie technique c'est l'association du pôle de compétitivité et du PRIDES qui a pris le relais », (E. 6). Un manager de l'innovation du PRIDES SCS corrobore ces propos quand il avance que « dans le cadre du PRIDES, on a sept associations qui couvrent le domaine des T IC, […] Alors dans ces associations, certaines préexistaient au pôle de compétitivité par exemple ARCSIS qui existait avant. Donc nous au sein du pôle SCS on est une sorte de fédérateur de toutes ces associations parce qu'à la différence de ces associations, seul le pôle de compétitivité peut par exemple monter des projets collaboratifs », (E. 9).

Par ailleurs, les managers de l'innovation des pôles de compétitivité et des PRIDES font état d'une forte dynamique d'appropriation des structures volontaristes par les adhérents. Cette appropriation si elle traduit une démarche d'opportunité[180] des entreprises qui sous la logique « en marché » recourent aux pôles afin d'utiliser le carnet d'adresse ne se limite cependant pas à cela. Il y a une véritable logique d'appartenance qui se développe au travers d'interactions répétées définissant alors des routines comportementales. Un manager du pôle Pégase témoigne de ce double phénomène : « Il y a quand même énormément d'entreprises qui sont fortement impliquées, qui se l'approprient, qui le revendiquent. Je pense qu'il y a un effet cluster. Cet effet est lié d'abord aux différentes structures de gouvernance qui ont été mise en place, il est lié également à une certaine proximité de la part des techniciens et des salariés du pôle Pégase avec les entreprises », (E. 21). Dans ce cadre d'interaction constitué, l'objectif des managers de l'innovation vise à la formalisation de cette logique d'appartenance.

Véritablement aux frontières des logiques « en marché » et « en société », ces derniers participent à la transition de l'étape de l'interaction à celle de la collaboration. C'est ainsi par

---

[180] De manière résiduelle, il apparaît en effet que certaines entreprises ne « jouent pas le jeu » et font preuve d'un comportement opportuniste, mais cette tendance reste marginale nous indique un manager interviewé, « il y a des entreprises qui paient leur cotisation juste pour accéder aux listes des entreprises de notre réseau », (E. 5).

exemple le cas dans la mise en œuvre du dispositif PACA Labs comme nous le décrit le chef de projets : « on contraint les acteurs qui viennent de sphères différentes à travailler ensemble. Naturellement ils ne se connaissent pas, ils ne parlent pas le même langage ! », (E. 20). La *learning region* PACA montre ici pleinement sa position avant-gardiste en matière d'implémentation d'outils (les Living Labs[181]) issus de l'économie de la connaissance et s'inscrivant dans le cadre de la stratégie régionale de l'innovation. Tous les moyens sont bons pour arriver à structurer et à animer un réseau d'acteurs. Ainsi certains managers de Rousset nous expliquent qu'ils sont amenés à organiser « des manifestations pour les salariés, pour créer du lien entre eux, on organise par exemple un challenge interentreprises de pétanque et là les gens se parlent et partagent leurs expériences de « vie » sur le site », (E. 5). Les premiers résultats du management de cette modalité d'appartenance aux réseaux des pôles de compétitivité et des PRIDES semblent par ailleurs commencer à se manifester. « Le business entre différents membres s'est beaucoup développé depuis que l'on a créé ce pôle », (E.19), nous livre à ce propos un animateur du PRIDES Pégase. Et la dynamique d'appartenance au réseau de chaque pôle de compétitivité apparaît comme autonome et se développe de manière exponentielle : « on a des regroupements d'adhérents qui se sont créés tout seuls », (E.19).

Les raisons avancées par les managers concernant la réussite de cette logique d'appartenance en évolution relèvent essentiellement de leurs efforts d'animation des réseaux d'adhérents et de la qualité des équipes d'animation. Un animateur du pôle Risques nous lance à ce sujet : « On anime notre réseau pour créer des dynamiques, des consortiums dans un monde idéal d'entreprises et de laboratoires publics, qui vont ensemble développer des solutions », (E. 11). Son Directeur nous confirme l'importance de la stabilité des équipes opérationnelles mais aussi d'un « paramétrage équipe » suffisant pour l'exercice de cette mission d'animation : « au début nous étions trois personnes maintenant nous sommes douze ! », (E. 18).

---

[181] Le dispositif PACA Labs s'inscrit dans un programme européen « Living Lab » initié en 2006 par la présidence finlandaise. « *A Living Lab is a city area which operates a full-scale urban laboratory and proving ground for inventing, prototyping and marketing new mobile technology applications. A Living Lab includes interactive testing, but is managed as an innovation environment well beyond the test bed functions* ». Source: http://www.openlivinglabs.eu/.

En ce qui concerne les PRIDES non « portés » par un pôle[182] en revanche, il apparaît d'abord la nécessité de structurer la filière. La construction du réseau est plus difficile nous confient les managers interrogés et ces derniers tentent de déclencher un processus interactif d'appartenance suivant un principe « gagnant-gagnant » : « On va chercher au maximum dans le réseau de nos adhérents », (E. 13). Ainsi, lorsqu'il n'y avait pas d'association préexistante aux PRIDES, la logique d'appartenance de la proximité organisée reste à construire afin de rassembler l'ensemble des acteurs de la filière.

En définitive, l'objectif premier des pôles de compétitivité et des PRIDES qui est de rapprocher[183] les acteurs afin de dégager des innovations est conditionné par la fonction primordiale d'animation et de formalisation d'une logique d'appartenance aux réseaux. Ce rôle est assuré nous l'avons vu par les managers de l'innovation en poste au sein des équipes opérationnelles des pôles de compétitivité et des PRIDES. Dans cette optique, l'animateur du PRIDES SCS (filière microélectronique déjà bien structurée nous l'avons dit) va plus loin et nous explique : « c'est pour cela que l'on cartographie les entreprises, c'est pour essayer de déterminer qui est en amont de qui dans la chaîne de valeur. On se pose des questions du style : « qui aurait besoin de qui ? ». Notre travail d'animation revient à les mettre en relation. Avant que deux d'entreprises puissent collaborer, il faut d'abord qu'elles se connaissent ! », (E. 9). Toutefois, dans le passage de l'interaction à la collaboration, les relations ne vont pas toujours de soi. En effet, mettre des chefs d'entreprise et des chercheurs de laboratoire publics autour d'une table relève de l'exercice de style.

iii. *Le choc des cultures organisationnelles :*

Au-delà de la caricature, cette question du choc des cultures organisationnelle relève et révèle la problématique essentielle de cette recherche. Nous abondons ici dans le sens des travaux de Defelix et al., (2008) qui en examinant la conduite des projets collaboratifs avait déjà relevés cette question des cultures organisationnelles différentes. En effet, le régime d'accumulation des proximités prend toute sa puissance dans la confrontation des logiques « en marché » et « en société ». A ce titre il revient aux managers territoriaux de gérer

---

[182] Nous parlons ici des PRIDES qui n'ont pas une structure opérationnelle commune avec un pôle. En d'autres termes ces PRIDES sont exclusivement d'initiative régionale, pour notre étude de cas il s'agit des PRIDES « Eco-entreprises et Développement Durable » et « Bâtiments Durables Méditerranéens ».
[183] Il serait peut être plus approprié de parler de « réduction de la distance relationnelle ».

l'émergence des externalités négatives de la proximité organisée. Ainsi, de manière générale se dégagent dans ce registre des oppositions classiques mais tenaces entre acteurs publics *versus* acteurs privés, ou grandes entreprises *versus* PME-TPE, que les politiques volontaristes tentent de faire dépasser. C'est un constat partagé par le Directeur du pôle Risques qui nous indique : « On revient de loin parce qu'il y avait hier la crainte que les grands groupes viennent adhérer aux pôles de compétitivité pour bénéficier et exploiter les compétences des PME-TME, cela se passe beaucoup mieux maintenant et on a pu décloisonner sur ces sujets là », (E. 18). Cependant, cette dualité entre les grandes entreprises et les PME-TPE doit faire l'objet d'une attention particulière et concerne l'ensemble de managers territoriaux. Ces derniers doivent travailler en étroite collaboration sur ce sujet et s'atteler à faire dépasser ce clivage. Pour exemple, « moi j'ai beaucoup d'entreprises à qui je dis qu'il faut aller dans tel ou tel pôle de compétitivité, et qui me répondent : « nous sommes en relation avec telle multinationale, qui est différente de celle qui est dans le pôle de compétitivité qui est donc un concurrent direct », (E. 16) nous explique un manageur-développeur du pays d'Aix.

L'autre opposition majeure concerne la confrontation des cultures organisationnelles publiques et privées. Aussi, sur ce point :

- que ce soit au niveau des relations entre les services R&D des entreprises et les laboratoires de recherche publique, nous l'avons montré au travers du dispositif PACA Labs, les acteurs « ne se connaissent pas, ils ne parlent pas le même langage », (E. 20) ;

- ou encore au niveau des relations entre les entreprises et les collectivités territoriales associées dans un projet commun la question reste posée. Un manager du pôle SCS nous explique ainsi qu'il « faut bien avouer qu'au sein de la CAPA, ils n'ont pas les compétences nécessaires dans ce domaine là », (E.9). Ce que nous confirme un manager public local de la commune de Rousset : « moi j'ai représenté le maire à des tas de réunions où l'on ne comprend absolument rien à ce qui se dit tellement les propos sont techniques ! », (E. 8).

Ce constat est partagé par la grande majorité des managers interrogés que ce soient ceux des structures opérationnelles des pôles de compétitivité et des PRIDES, ceux des deux

474

unités d'analyse identifiées (syndicat mixte de l'Arbois, commune Rousset), ou enfin ceux de la communauté d'agglomération du pays d'Aix, tous partagent le même avis sur cette difficulté. Le Directeur du pôle de coordination institutionnelle de la CAPA nous explique lui-même un peu dépourvu : « pour moi les pôles de compétitivité cela reste du domaine de l'initiative privée, c'est-à-dire une association qui fait son truc. Je crois que si on y avait collé encore là-dedans le niveau purement administratif d'une entité comme la notre voire le niveau politique qui vienne se greffer dans les discussions, je crois que, enfin, je pense qu'on aurait un peu raté le truc. C'est mon avis. Surtout ne pas intégrer dedans un partenaire direct au sens présence et action qui par essence n'a pas un mode de fonctionnement, qui ne comprendra pas, qui ne parlera pas le même langage », (E. 3). Ainsi donc, apparaît-il clairement que le secteur associatif, i.e. les managers de l'innovation des structures opérationnelles des pôles de compétitivité ont en la matière des compétences particulières à faire valoir. En effet, le secteur associatif de par son positionnement « ni complètement privé, ni complètement public » se pose en médiat des logiques « en marché » et « en société ». **Les managers de l'innovation, ont en effet pour mission d'opérationnaliser l'intermédiation entre les deux logiques.**

En d'autres termes, seuls les managers de l'innovation du secteur associatif peuvent faire travailler les acteurs privés sous une logique « en société » et inversement, les acteurs publics suivant une logique « en marché ». Les raisons qui expliquent ce processus sont sans doute nombreuses, toutefois, nous avons pu en relever une particulièrement éclairante. Nous avons en effet, introduit dans notre grille d'entretien (voir **annexe 5**) une question portant sur le parcours antérieur des managers interrogés. Il ressort, après analyse que 100% des managers de l'innovation en poste dans les structures des pôles et des PRIDES que nous avons rencontrés ont eu une carrière ou une expérience dans le monde de l'entreprise. A ce titre, ils maîtrisent les routines de comportement, le vocabulaire spécifique et plus globalement l'organisation du monde économique. **Ils possèdent donc la culture organisationnelle de l'entreprise et la mettent désormais au service du secteur associatif.** C'est un point d'analyse que nous confirme un jeune manager public local du syndicat mixte de l'Arbois, sensibilisé à la question puisqu'ayant suivi une formation universitaire liée au champ de l'entreprise : « Les équipes d'animations des pôles, si elles relèvent du secteur associatif, sont des acteurs connectés au monde de l'économie. C'est-à-dire qu'il faut voir que les relations qu'on les pôles de compétitivité ou les PRIDES avec les services des collectivités territoriales sont relativement limitées », (E. 12). Ce dernier d'ajouter, que ce manque de relation est principalement dû à des cultures organisationnelles différentes, « nous ici, sans rire, il n'y a pas un jour où l'on ne part pas du boulot avant 19h, on ne part pas en RTT le jeudi à 17h (rires) », (E. 12).

En ce qui concerne les deux PRIDES de notre étude de cas qui ne sont pas « portés » par un pôle de compétitivité, ceux qui sont en structuration de filière, ce choc des cultures intervient semble-t-il à un double niveau :

- au niveau de la structure opérationnelle d'abord, les managers déplorent un fort *turnover* préjudiciable à la construction, à l'animation et *in fine* à la lisibilité même des filières. Un manager du PRIDES Eco-entreprises témoigne en ce sens, « il y a un *turnover* assez important ce qui est tout à fait préjudiciable pour le réseau, parce que notre cœur de métier s'appuie sur la connaissance de nos adhérents et c'est vraiment beaucoup de relations personnelles pour être en contact avec les entreprises afin d'acquérir leur confiance », (E. 13) ;

- ou au niveau même des corps de métiers de la filière, c'est le cas du PRIDES Bâtiments Durables Méditerranéens, pour lequel, « les adhérents viennent de corps de métiers différents, ils n'ont pas les mêmes objectifs », (E. 17), nous confie un animateur du réseau.

En définitive, au-delà du choc des cultures organisationnelle qui nous le voyons peut être managé par le secteur associatif, il existe certaines questions qui restent largement en suspens. C'est en particulier le cas pour les chemins de la prospérité empruntés à Rousset. C'est la problématique des temporalités, celle d'une logique évolutionniste « en marché » du secteur privé confronté à la temporalité de la mise en action administrative du secteur public. Nous avons relevés un exemple saisissant (voir **encadré 6.1**, ci-dessous) présenté par le Directeur général des services de la commune.

Encadré 6.1 Du bricolage des temporalités d'action divergentes sur les chemins de la prospérité

« Donc c'est un moyen intéressant pour nous d'avoir des informations qui relèvent du marché de la microélectronique et ceci au niveau des tendances mondiales ! Parce que nous, il faut que l'on réponde tout de suite, le vrai problème pour nous c'est ça, c'est de gérer des équipements qui servent à une activité économique donc qui par définition n'a pas le temps d'attendre (dans ces cas là c'est tout de suite, quand ça ne va pas, ça ne va pas, mais quand ça va, les industriels investissent vraiment tout de suite) et nous on est soumis aux règles des

DSP, on est soumis aux règles des marchés publics, donc on a un temps d'attente qui est de six mois, voire plus. Parce que les DSP cela met un certain temps pour les mettre en œuvre.

Et ce temps de « carence », les industriels n'aiment pas ça, mais en même temps, on a fait en sorte au niveau de la délégation de service public de l'assainissement industriel (qui est non obligatoire, c'est nous qui l'avons mis en œuvre à l'époque avec l'appui du préfet et des services de la concurrence et de la consommation, c'est une compétence facultative).

Donc on a mis en place un système un peu différent car ce n'était pas un affermage classique, c'était un affermage concessif, c'est-à-dire qu'en fait on donnait la possibilité aux industriels de payer directement les investissements et de nous le mettre à disposition à l'euro symbolique. Car quand vraiment les industriels sont trop pressés, ils financent eux-mêmes l'équipement public et ils nous le mettent à disposition. Alors c'est très compliqué car ils payent mais cela n'apparaît pas dans leur bilan, mais quand ils doivent être réactifs ils n'ont pas d'autres choix. Donc c'est pour cela qu'ils ont tout intérêt à nous prévenir le plus tôt possible car on le fait financer dans le cadre de notre budget, car s'ils attendent trop c'est eux qui le financent. Au final ça a été un travail de longue haleine réalisé par un ingénieur de très haut niveau pour trouver la meilleure solution pour développer le site industriel sans pénaliser ni les industriels et sans pénaliser non plus l'usager on va dire. On a une véritable station industrielle de traitement des eaux, ce qui revient à dire que pour un village de 4000 habitants et sa zone industrielle, on a une station qui pourrait traiter les eaux usées de 75 000 habitants ! », (E. 6).

On le voit donc, sur les chemins de la prospérité, la question des temporalités différentes entre la logique « en marché » et la logique « en société » nécessite des ajustements qui doivent être opérés par les managers publics locaux. Cela ne correspond pas, au management par le secteur associatif que nous avons décrit plus haut. Les modes de management apparaissent donc ici différenciés selon les chemins empruntés par le système productif considéré. Cette dernière assertion est toutefois à relativiser. En effet, d'abord et comme nous l'avons souligné, il ne semble pas y avoir de fatalité pour un mode de développement plutôt qu'un autre. Ainsi, le système productif de Rousset devra t-il adapter ses outils de management lors de la reconversion photovoltaïque pour devenir plus performant. D'un autre côté, la question des temporalités n'est pas non plus totalement réglée pour les chemins de la compétitivité. C'est bien ce que nous confirme un manager public local de l'Arbois en nous indiquant que « quand une entreprise nous pose une question, il faut que le lendemain elle ait la réponse, alors qu'il y a un temps de carence toujours, lorsque l'on questionne la collectivité et jusqu'au moment de la réponse. Donc ça aussi c'est un vrai frein », (E.12).

Quelque soient les chemins empruntés donc, les temporalités privées et publiques resterons toujours en décalage. Cependant, nous l'avons vu, des pratiques managériales adaptées à la compétitivité territoriale peuvent sensiblement les réduire. C'est pourquoi nous allons examiner maintenant plus en détails les outils de management de la logique d'appartenance au travers des différentes structures proposées par les politiques volontaristes.

2. Un management par les hommes et pour les projets :

Compte tenu de ses implications dans l'accumulation de l'énergie potentielle des systèmes de compétitivité territoriale la logique d'appartenance nous a semblée devoir être particulièrement approfondie. L'analyse des données recueillies nous a amené à conclure que la logique d'appartenance des adhérents des pôles de compétitivité et des PRIDES recouvrait une double réalité. D'abord, il s'agit de porter l'attention sur les capacités du manager territorial, ses aptitudes et compétences personnelles à développer un réseau de relations locales. Nous verrons que quelque soit son réseau, **le manager territorial, pour entrer dans la configuration compétitive, doit connecter son réseau à celui des autres mangers.** Ensuite, nous examinerons les outils proposés pas les politiques volontaristes. A ce propos, si les actions collectives permettent d'engager des opérations de formations, les projets collaboratifs constituent le « nerf de la guerre » de l'innovation, mais plus encore, les plates-formes technologiques seraient l'outil de transition privilégié vers la proximité sociétale tant recherchée.

i. Du lien et du réseau : le credo du manager territorial

Dans cette recherche, les réseaux et les relations interpersonnelles ont montrées une grande faculté explicative. Chaque manager territorial possède et développe un réseau personnel en tissant des liens individuels avec d'autres managers territoriaux : il peut s'agir de relations avec ses pairs, les managers de l'innovation du secteur associatif, les managers territoriaux des collectivités territoriales et des agences ou encore, de relations avec les acteurs du monde de l'entreprise.

- Les managers de l'innovation :

Concernant les managers de l'innovation des pôles de compétitivité et des PRIDES, la prise en compte de l'impératif du réseau personnel apparaît comme une évidence. Hommes d'action, ces managers sont sans cesse confrontés à de nouvelles rencontres qui s'occasionnent au gré des réunions passées et à venir. Le lien social est capital nous explique les Directeur du pôle Risques : « ce sont les rapports humains, les rapports interpersonnels qui font que cela fonctionne bien. Avec une difficulté toutefois, c'est qu'un pôle de compétitivité n'a pas vocation à animer un réseau d'individus, mais il doit animer un réseau de structures. C'est donc difficile, même si on a des contacts individuels on s'adresse à des structures », (E. 18). La grande majorité des managers entretenus nous confirment ce constat, le dénominateur commun est bien le lien interpersonnel, ensuite vient le rapport à la structure nous rapporte un manager dans une discussion informelle. Ce dernier nous dira même, « en fait tout part de la personne et revient toujours à la personne, bien sûr il y a les organisations derrières, mais si tu ne t'entends pas bien avec quelqu'un, cela ne marchera pas ». Nous avons, lors de nos différentes visites, réunions, discussions, etc., dans les structures visitées, pu éprouver cette réalité. Quand ils voient une « tête nouvelle », les managers viennent systématiquement vers elle, se présenter, savoir ce qu'elle fait, ce qu'elle pourrait leur apporter. De ce point de vue, **la curiosité, un sens relationnel développé et des capacités d'écoute sont de grands atouts pour l'exercice des métiers du management de la compétitivité territoriale**.

En revanche et *a contrario*, pour les PRIDES qui ne sont pas « portés » par un pôle de compétitivité, la constitution du réseau interpersonnel peut parfois apparaître comme une contrainte est une difficulté pour les managers. L'un d'eux nous confie ses difficultés à s'insérer dans une filière en structuration : « Je pense que les réseaux sont interpersonnels, si les entreprises se connaissent déjà depuis des années et qu'un nouveau PRIDES arrive au milieu ils vont s'y inscrire. Mais ils n'ont pas besoin du PRIDES pour se connaître, y travaillent déjà ensemble depuis 10 ans et ils ne vont pas nous tenir au courant quand ils font des actions ou des projets avec d'autres acteurs », (E. 13). A ce propos, l'importance des relations interpersonnelles est avérée, les réseaux qui correspondent à des corps de métiers spécifiés et que l'on tente d'insérer dans un cadre de politique publique seront rétifs *a priori*, de plus la « jeunesse » du manager peu parfois être un handicap.

- Les managers publics locaux des unités d'analyse (1 et 2) :

Concernant les managers publics locaux des unités d'analyse que nous avons identifiées, la question des relations interpersonnelles semble véritablement primordiale. En effet, nous l'avons introduit, pour ces managers, la proximité relationnelle est importante car elle permet de gagner du temps et de s'aligner sur la logique de l'entreprise et des entrepreneurs. Ces managers de proximité constituent bien souvent, pour l'ensemble des autres acteurs (entreprises, laboratoires, collectivités, etc.), « LA » personne à contacter. C'est ce que nous confirme le chef de projets du syndicat mixte de l'Arbois : « Après mine de rien, c'est beaucoup les liens interpersonnels qui vont jouer. C'est parce que l'on se connaît bien, que l'on va avoir le bon réflexe au téléphone [...] il faut réellement une proximité, c'est-à-dire qu'il faut pouvoir sans cesse décrocher son téléphone pour pouvoir appeler n'importe quel acteur sur n'importe quel projet », (E. 12). De ce point de vue, les managers publics locaux jouent un rôle d'intermédiation, de relais entre les sphères publiques et privées. Au-delà même, ils doivent maîtriser les deux cultures, savoir passer de l'une à l'autre, d'un appel téléphonique à l'autre. La capacité d'adaptation est sans doute l'un des meilleurs atouts de ces managers, ils doivent de plus avoir un niveau de formation et / ou[184] d'expérience leur permettant de maîtriser les bons langages selon l'interlocuteur visé.

Pour le district microélectronique de Rousset, nous avons pu ainsi confirmer la « complicité » établie de longue date entre le manager-développeur et l'élu local. Stéréotype du style de management territorial en vigueur sur les chemins de la prospérité, le couple élu / techniciens a pu montrer qu'il fonctionne bien : « on se connaît très très bien avec le maire, je sais très bien comment il réagit, il sait comment je réagis. On est en osmose complète avec le maire. Et je réussis sur la zone industrielle parce que j'ai le maire qui me fait entièrement confiance », (E. 7), nous confie le manager en question.

Une fois de plus, si les modes de développement sont différenciés, les modalités de management de la compétitivité territoriale le sont également. Nonobstant, quelque soit le

---

[184] Nous insistons sur le caractère commutatif car pour notre étude de cas, nous avons identifié, au sein des deux unités d'analyse ces « super » managers, ceux par qui tout passe et tout revient. Il se trouve que l'un avait une expérience de plus de trente ans et connaissait l'ensemble des acteurs de la chaîne locale de l'innovation ; alors que l'autre, beaucoup plus jeune avait suivi une formation universitaire destinée au monde de l'entreprise, de la GRH, etc. Il nous est apparu que l'un comme l'autre, sur des trajectoires de carrières très différentes arrivaient à un même résultat : celui d'être incontournable lorsqu'il fallait avoir un avis, un contact ou un conseil.

chemin emprunté, le lien social et les réseaux interpersonnels apparaissent comme indispensable dans l'un ou l'autre cas.

- Les managers publics de la CAPA et de PACA :

Au niveau de la CAPA et de la région PACA enfin, la problématique du réseau interpersonnel est également au cœur des préoccupations des managers. Ainsi au niveau régional, l'analyse « distanciée » des managers publics permet de confirmer l'importance et le poids de l'histoire (associations, groupements préexistant aux pôles de compétitivité ou aux PRIDES) dans la constitution des filières, donc des réseaux. Les managers publics régionaux nous indiquent à cet effet que cette « réalité » réticulaire octroie « un réel avantage car il y a déjà un réseau de formé, l'association a accès à tout un capital relationnel, un réseau d'entreprises, des associations partenaires, des liens interpersonnels déjà créés avec les collectivités territoriales et l'Etat, etc. », (E. 10). Depuis le niveau régional, qui nous l'avons dit est souvent trop vaste, les enjeux du réseau interpersonnel sont donc bien saisis. C'est avec sagesse et justesse que les managers publics régionaux utilisent ces leviers d'action, car ils savent identifier rapidement les interlocuteurs privilégiés de chaque système productif pour faire passer les messages importants en ce qui concerne la stratégie régionale de l'innovation en particulier.

Au niveau du développement territorial du pays d'Aix, les managers-développeurs de PAD relèvent également l'importance du réseau interpersonnel comme un maillon indispensable à la constitution de l'écosystème local d'innovation. Le Directeur de l'agence de développement économique nous explique à ce sujet : « On a établi avec ces acteurs des rapports interpersonnels. On travaille avec eux au niveau de la politique de marketing, de prospection et de promotion. On participe à des salons à tour de rôle, pour la promotion du pays d'Aix au niveau départemental au niveau régional, et même à l'échelle métropolitaine. Donc cela ça existe, cela fonctionne depuis une dizaine d'années », (E. 16). Il y a donc pour notre étude de cas, il faut le noter, un réseau local de l'innovation qui s'est peu à peu mis en place.

Notons également et c'est un résultat important, que nous développerons particulièrement dans la section quatrième, le constat que les managers publics locaux de l'EPCI ne font vraisemblablement pas partie de ce réseau. En effet, au final la CAPA, en dehors des managers du sommet de l'organigramme ne nous a pas ouvert ses portes. Les managers des différents services de développement économique, aménagement du territoire, etc., n'ont pas accédés à nos multiples demandes d'entretien. Nous avons compris, à mesure du déroulement de la recherche, que les réorganisations quasi-permanente de la structure, rendait la cohérence institutionnelle illisible pour ces managers eux-mêmes. Le jeu des « chaises musicale » qui se joue à la communauté d'agglomération du pays d'Aix constitue de ce point de vue un handicap certain tant à l'interne qu'à l'externe. Pour tous les autres acteurs que nous avons pu voir sans exception, l'EPCI se trouve dans une tourmente administrative et institutionnelle qui dénote un manque de professionnalisme empêchant la formalisation d'une stratégie pour le pays d'Aix. Deux réserves doivent être apportées toutefois. D'abord, ces managers publics locaux ont subi de plein fouet les dommages collatéraux des atermoiements de la politique locale (annulation des élections, changements de direction générale, etc.). Sur ce point, le changement de Directeur général, avec la nomination de l'ancien directeur de l'agence d'urbanisme du pays d'Aix pourra sans doute changer la donne, à tout le moins c'est le souhait des autres acteurs de l'écosystème local que nous avons rencontrés. Ensuite, le conseil de développement de l'EPCI est une instance active, qui sous de nombreux aspects joue un rôle de locomotive pour le pays d'Aix notamment vers l'extérieur, nous y reviendrons plus en détail.

En définitive, la constitution d'un réseau que ce soit au niveau de la filière ou au niveau territorial implique nécessairement l'existence et l'entretien de relations interpersonnelles dépassant le cadre de l'organisation, de l'institution, de la filière, et du territoire. En tout état de cause c'est au travers des structures de projet et d'actions collectives que les managers territoriaux sont amenés au à mettre en commun leurs différents réseaux interpersonnels. C'est ce que nous explique le chef de projets du pôle de compétitivité SCS : « A chaque fois cela passe par les projets, c'est le cadre générique qui rassemble les acteurs », (E. 8).

ii. *Une logique incrémentale de relations interorganisationelles :*

Les relations interorganisationnelles suscitées par les politiques publiques volontaristes nous ont permis d'apprécier en profondeur la logique d'appartenance développées par les acteurs locaux. A ce titre, une logique incrémentale a pu être dégagée afin de déterminer le plus précisément possible le point d'articulation pour marquer le passage de la logique « en marché » à la logique « en société ». En d'autres termes, la transition de la proximité organisée passe d'abord par des actions collectives, puis des projets collaboratifs et enfin par la création de plates-formes d'innovation technologique. Avant tout, il est important de noter qu'une certaine confusion sémantique s'est développée au sein des structures visitées entre les termes : actions collectives et projets collaboratifs en particulier, la compréhension de ce que recouvraient alors réellement chacune de ces notions a relevée du « casse-tête ».

- Des actions collectives : animer les réseaux et renforcer les TPE-PME

Les actions collectives constituent un outil générique qui est remonté de manière récurrente dans les entretiens menés. Cette récurrence montre la diversité des actions mise en œuvre dans le but d'animer les réseaux de structures hétérogènes et de développer les capacités des TPE et PME. Ces actions collectives peuvent viser des objectifs très variés mais elles se concentrent toujours sur des problématiques identifiées par les pôles et les PRIDES grâce aux demandes des adhérents. De manière générale, se sont les besoins liés à la formation, les ressources humaines ou encore, la sensibilisation des entreprises à la thématique RSE, etc. Les actions collectives constituent l'outil d'animation le plus simple à mettre en œuvre pour le pôle et les PRIDES. C'est ce qu'explique l'animateur du PRIDES SCS, « l'objectif de l'animation de l'écosystème, c'est d'être au cœur, de relayer un certain nombre d'informations au travers des actions collectives de notre pôle de compétitivité et de notre PRIDES », (E. 9). Par ailleurs, les actions collectives pour les pôles de compétitivité comme pour les PRIDES apparaissent comme un outil intéressant pour la structuration du réseau en particulier à destination des TPE et des PME locales : « En termes d'actions collectives, on s'en sert beaucoup pour proposer des services aux adhérents qui n'ont pas forcément les moyens de se payer une action de formation une prestation par un cabinet de conseil », (E. 19), témoigne l'animateur du PRIDES Pégase.

Une fois n'est pas coutume, pour les PRIDES en cours de structuration de filière (non « porté » par un pôle), l'exercice est difficile, un animateur du PRIDES Eco-entreprises nous nous confirme dépité : « On a beaucoup d'entreprises qui sont toutes petites du coup, le concept des actions collectives par exemple n'est pas forcément toujours adaptable. Donc on va essayer de fédérer des besoins d'entreprises pour leur apporter une solution subventionnée. Mais fédérer le besoin de plein de petites entreprises est un exercice qui relève du grand écart, si bien que parfois on a l'impression qu'il faudrait être le salarié en plus de la PME, de chaque PME », (E. 13). Ces propos montrent bien la difficulté rencontrée lorsque la filière n'est pas structurée en amont. A la différence des pôles-PRIDES qui eux ont une masse critique d'adhérents, une filière structurée et souvent une équipe opérationnelle plus étoffée, les PRIDES de PACA peinent à l'exercice d'actions collectives. Toutefois, les choses évoluent et grâce à leur travail les managers de l'innovation sont récompensés comme en témoigne cet autre manager du PRIDES Eco-entreprises, « effectivement on a fait se rencontrer des gens, mais en trois ans cela commence à peine à émerger maintenant », (E. 13).

L'animation des réseaux consiste pour les managers territoriaux à favoriser les rencontres entre les acteurs, et ce quelque soit le moyen utilisé. Ainsi, parfois, ce sera des situations d'opportunité comme l'explique un manager du pôle SCS, « cela m'est arrivé plusieurs fois de mettre en relation de personnes qui ne se connaissaient pas et qui ont pu monter un projet ensemble, si je ne l'avais pas fait moi, peut-être ne se seraient-ils jamais rencontrés. Et ils ont pu faire du *business* ensemble après », (E. 9). D'autres fois, les rencontres se feront lors d'événements informels destinés à provoquer des échanges interpersonnels comme témoigne ce manager du pôle Risques : « on favorise les rencontres, on permet aux acteurs d'échanger autour d'un buffet, où d'autres manifestations informelles. Alors évidemment parfois les acteurs sont en situation de concurrence, donc ils échangent des informations mais cela reste dans le domaine informel. Alors, cela forme une sorte de club, dans lequel on se surveille, mais cela favorise les rencontres, les échanges de connaissances, les rapports de confiance et de réciprocité », (E. 11). En définitive, force est de constater que l'animation des réseaux recouvre une réalité multiforme : il s'agit en effet d'animer le réseau au niveau de chaque filière, d'animer le réseau entre les filières et enfin d'animer le réseau territorial recouvrant tous les niveaux d'animation. C'est le constat tiré d'ailleurs par le Directeur du pôle Risques : « on ne peut pas animer un réseau de pôles et de structures comme on anime un réseau d'individus. La seule chose qui marche c'est la relation individuelle. Nous on s'est rendu compte que même si on mettait tout le monde autour de la table, s'il n'y a pas de facilitateur et d'animateur les gens ne se parlent pas. Cela ne se fait pas naturellement », (E. 18). **Le passage de l'individuel à l'organisationnel est donc une étape difficile identifiée par les managers.** Toutefois, les actions collectives sont un moyen autant qu'une fin, elles sont le moyen de renforcer les plus « faibles », i.e. TPE-PME et de permettent aux plus « fort » d'aborder des questions stratégiques par exemple.

De leur côté, les managers territoriaux du pays d'Aix, c'est-à-dire du cas dans son ensemble, travaillent également à l'animation du réseau des acteurs, selon une approche territoriale et non pas par filière. C'est ainsi que le Directeur de l'agence économique nous confirme qu'il y a « une dynamique institutionnelle au niveau du pays d'Aix puisque les acteurs se connaissent, ils travaillent ensemble. On travaille effectivement avec des acteurs de la mairie de Rousset comme avec les acteurs du technopôle de l'Arbois », (E. 16). On peut donc conclure que, globalement[185], les managers travaillent de concert et tentent l'exercice difficile d'animer le réseau territorial en bonne intelligence avec le réseau spécifique de chaque filière. A ce niveau des filières, sont organisés des événements destinés à favoriser le rapprochement des animateurs des différents réseaux afin de susciter « autour d'un buffet que l'on offre, les échanges, pour que ces acteurs parlent entre eux de manière informelle. Et cette partie-là, est certainement la plus importante », (E. 12), insiste un manager du syndicat mixte de l'Arbois.

En définitive, les managers territoriaux, ensemble, participent de la mixité, de la rencontre entre ces différents modes d'animation des réseaux (de filières et territoriaux). En effet, les managers sont « à cheval » entre les différents réseaux et permettent de créer une proximité d'essence relationnelle entre des mondes différents, « on participe à des actions collectives avec les pôles de compétitivité au travers d'opérations de promotion, de salons », (E. 16), ajoute un manageur-développeur du pays d'Aix.

- Des projets collaboratifs pour les pôles, des APRF[186] pour les PRIDES :

Nous avons souhaité recueillir les éléments de perception des managers sur la mise en œuvre des dispositifs de financement concernant les projets destinés à réunir les acteurs au sein des pôles de compétitivité et les PRIDES. Les projets collaboratifs correspondent à l'outil de prédilection de la politique des pôles de compétitivité. A ce titre, ils visent à rassembler différents acteurs pour la résolution d'un problème commun et / ou la création de solutions nouvelles en vue de produire des innovations commercialisables à court terme (5 ans). Des comités spécialisés au sein des pôles de compétitivité participent aux processus de sélection des projets qui se matérialisent par une labellisation que seuls les pôles peuvent délivrer. Cette

---

[185] Nous insistons une fois de plus sur l'absence des managers de l'EPCI qui, nous le pensons, empêchent la bonne structuration du réseau local.
[186] Appels à Projet Recherche Finalisée.

spécificité est relevée par un chef de projet du pôle SCS qui nous indique que « la légitimité des pôles de compétitivité vient essentiellement de pouvoir labelliser des projets collaboratifs », (E. 9). Ensuite, comme nous l'avons d'écrit dans le chapitre deuxième, les subventions sont délivrées par des guichets de financement nationaux (FUI, ANR, OSEO) et abondées par les collectivités territoriales intéressées.

Pour la phase de labellisation, il nous faut noter que le pôle Pégase, pour éviter les doublons s'est doté d'un comité de labellisation « tri pôles afin de refuser des projets qui se déclineraient de la même manière dans les différents pôles de compétitivité », (E. 19), nous informe un manager. De l'autre côté du pays d'Aix, le pôle SCS n'a, à notre connaissance pas développé un tel procédé, eu égard nous l'avons abordé à la non « structuration » de la filière microélectronique au niveau national. Que peut-on en conclure ? D'abord que les trois pôles microélectroniques et TIC se livrent une concurrence au niveau national. Cette concurrence est inscrite de longue date et les filières sont engagées depuis des années sur les chemins de la prospérité. De manière différenciée, le pôle Pégase et les deux autres pôles français de l'aéronautique et du spatial ne se livrent pas une telle concurrence. Ils recherchent à l'inverse la complémentarité. Nous l'avons dit aussi, Pégase est engagé sur les chemins de la compétitivité, à ce titre il tente de structurer sa filière en ayant recours à une approche territoriale complémentaire ce qui permet de servir les trois pôles, les trois régions et *in fine* le territoire national. Sur ce sujet en particulier, il conviendrait d'aller vérifier auprès des pôles Aerospace Valley de Toulouse et ASTech Paris Région si une approche territoriale est privilégiée entre ces pôles et leurs régions respectives.

Les appels à projet recherche finalisée (APRF) correspondent quant à eux à l'outil développé par la région PACA. Suivant un principe analogue aux projets collaboratifs de leurs grands frères, les PRIDES se sont vus ajouter par la *learning region* PACA une dimension territoriale. Ainsi, la particularité des appels à projets régionaux réside-t-elle principalement dans l'obligation d'inclure une collectivité territoriale au rang de partenaire afin de susciter l'ancrage territorial des activités. De manière factuelle, ces projets régionaux doivent « associer au minimum une collectivité territoriale, un laboratoire de recherche fondamentale, un laboratoire de recherche appliquée et le service R&D d'une entreprise, (E. 14), nous indique un manager public régional.

En ce qui concerne le financement des projets labélisés par les pôles ou entérinés par la région PACA, les collectivités territoriales sont largement sollicités et répondent selon les managers interviewés de manière réactive et adéquate. Un manager du pôle TRIMATEC nous confirme cette tendance : « le fond unique interministériel donne entre 30 et 50 % des subventions et le reste, se sont généralement des collectivités territoriales qui le prennent en charge », (E. 15). Dans ce cas, d'après nos investigations, la communauté d'agglomération du pays d'Aix est exemplaire en la matière et vient abonder et compléter les financements nationaux et régionaux. Le directeur de PAD nous déclare à ce propos que « la CAPA peut apporter une aide à hauteur de 100 000 € dans le cadre de l'abondement du fonds unique interministériel », (E. 16). L'EPCI, il convient de le noter, joue sur ce point des financements un rôle déterminant, ce que la plupart des managers de l'innovation reconnaissent facilement.

Aussi, pour les financements des projets des pôles et des PRIDES, l'ensemble des acteurs (privés, publics et associatifs) ont développés une démarche partenariale permettant de caractériser l'existence d'un écosystème de l'innovation. En effet, comme l'explique le Directeur du pôle Risques : « L'exemple type c'est lorsque l'on a un projet financé par le FUI, ce projet nécessite alors un cofinancement des collectivités territoriales. Dans ce cas, on met autour de la table les communautés d'agglomérations, les conseils régionaux et les conseils généraux qui viennent abonder le projet. Tout le monde joue bien le jeu, tout le monde se connaît bien et cela se passe très bien », (E. 18). La subvention des projets ainsi que les cofinancements afférents, on peut le conclure, sont des pratiques bien intégrées par les collectivités territoriales. Les objectifs principaux des politiques publiques volontaristes sont de ce point de vue une réussite.

Par ailleurs, les managers de l'innovation jouent un rôle d'accompagnement et de mutualisation pour la formalisation de cet outil de projet : « on accompagne nos membres au niveau de la constitution des projets collaboratifs », (E. 19). Au final, pour notre étude de cas, l'ensemble des pôles de compétitivité et des PRIDES développent des projets collaboratifs et des APRF. Ainsi l'outil « projet » des politiques publiques montre t-il **l'émergence d'un processus d'apprentissage partenarial**, ce que nous confirme un manager, « au sein de notre pôle, nos membres ont expérimenté chacun de ces dispositifs de recherche et d'innovation. Chacun des outils a été utilisé », (E. 14). De plus, comme le constatent certains managers territoriaux, l'élément le plus intéressant des projets collaboratifs et des APRF réside dans la diversité des parties prenantes. Ces structures de projet permettent en effet d'apporter une forme de « mixité » d'acteurs et par là même ne ferment pas les portes *a priori* aux innovations en favorisant les fertilisations croisées. Ainsi, pour exemple, l'innovation collaborative représente une véritable opportunité pour les TPE et les PME de pouvoir « participer à des sauts technologiques réalisés par les gros industriels de la filière. C'est pour cela que dans 80 % de nos projets il y a des PME », (E. 9), décrit le chef de projets du pôle SCS.

En définitive, les procédures collaboratives développées par les pôles de compétitivité et PRIDES ont rencontré un franc succès. Elles font la fierté des managers de l'innovation comme en témoigne le chef de projets du pôle SCS, « quand vous voyez les grandes entreprises de Rousset qui travaillent ensemble ici localement en matière de projets collaboratifs sur de la recherche et développement alors qu'ils sont concurrents sur la scène internationale, ça c'est un truc sur lequel on est très satisfait », (E. 8). L'objectif de regrouper les acteurs pour favoriser l'innovation est donc atteint, il faut noter que les « leaders » dans la conduite des projets restent dans la plupart des cas les entreprises car comme nous le confie un manager, « ces projets de R&D s'inscrivent sur du court terme et plutôt pour le domaine économique, le projet dure pendant trois ou cinq ans et puis il est mis sur le marché », (E. 15). A ce titre donc, ce dernier précise que « le pôle ou le PRIDES labellise, mais ne se mêle pas de la gouvernance du projet, cela reste un accord privé, un accord de consortium entre des entreprises et des laboratoires », (E. 15). **Le management de la compétitivité territoriale n'inclut donc pas l'impératif du management de projet**, au contraire, les objectifs des managers de l'innovation s'arrêtent là ou ceux des parties prenantes des projets collaboratifs ou APRF commencent.

Un point particulier doit cependant être surveillé. Il touche au processus de labellisation lorsqu'il est envisagé comme une fin et non plus un moyen. En effet, les pôles de compétitivité sont évalués en grande partie en référence au nombre de projets qu'ils labellisent. En ce sens, il faut prévenir les éventuelles dérives et deux éléments sont à relever :

- d'abord, comme le relèvent certains managers territoriaux, « il y a une concurrence et une course à la labellisation des projets », (E.15), de ce point de vue l'émulation entre les pôles de compétitivité apparaît comme plutôt positive, mais ;

- la pratique en vigueur montre l'augmentation sensible d'un processus dit de « co-labellisation » des projets collaboratifs qui est devenu rapidement une pratique courante. Si cela permet de « donner plus de chance pour les porteurs de projets de voir accepter la candidature », (E. 12; E. 15) nous déclarent certains managers, cette pratique doit être prise en compte dans les évaluations futures afin de ne pas fausser les résultats « individuels » des pôles interrogés.

Enfin, se dégage une dynamique volontariste d'association au niveau de certains pôles de compétitivité. En effet, les relations entre les réseaux de filière et le réseau territorial de l'innovation montrent la création de passerelles inédites. C'est l'exemple de la convention CORP (Capénergie, Optitec, Risques et Pégase) qui réunie quatre pôles de compétitivité et montre que la dimension collaborative a pleinement été intégrée par les managers de l'innovation. Un constat que nous confirme le responsable des projets du technopôle de l'Arbois : « il y a des comportements volontaristes, c'est l'exemple du projet CORP, ce sont des pôles de compétitivité que l'on aurait jamais mis ensemble mais qui ont réussi eux-mêmes à trouver des liens de proximité pour développer des projets communs », (E. 12). De ce point de vue, nous retrouvons la convention explicite telle qu'explicitée par Dupuy et Gilly (1996) constituant « *un point de passage obligé dans la coopération entre organisations, car elle permet de faire face dans le temps et dans l'espace aux limites de l'action commune* », (p. 166). Les perspectives de développement liées aux pratiques collaboratives sont donc prometteuses et une forme d'association plus poussée encore montre que l'univers des possibles en la matière permet d'ancrer durablement ces pratiques dans les territoires : les plates-formes technologiques.

- <u>Des plates-formes technologiques : le point d'orgue du régime d'accumulation</u>

Les plates-formes technologiques enfin, constituent sans doute la formalisation la plus aboutie de la logique d'appartenance permettant de qualifier la proximité organisée des politiques publiques volontaristes, (voir **figure 6.1**). La « réalité territoriale » rattrape souvent la fiction des grands discours sur les politiques territoriales. L'indissoluble arbitrage que nous retrouvons finalement à tous les échelons : logique « en marché » *versus* logique « en société », polarisation *versus* péréquation-dispersion, logique de « filière » *versus* logique « territoriale », etc., nous l'avons dit, n'est peut-être pas une fatalité. Les actions collectives et les réseaux animés, les projets collaboratifs et les conventions inter-pôles nous l'avons vu apporte à la proximité organisée des solutions inédites. **Les plates-formes technologiques quant à elles viennent littéralement territorialiser ces pratiques** et permettent incontestablement de penser qu'une transition entre les modalités de proximité de la dimension idiosyncrasique et celle de la dimension diachronique est probable. C'est un animateur du pôle Pégase qui nous explique comment, sous la logique « en marché », les managers de l'innovation doivent réussir à inciter les membres des pôles et des PRIDES à l'adoption d'une logique « en société » : « nous avons de plus en plus de collectivités territoriales maintenant qui nous demandent des comptes, des rendus détaillés pour ce que l'on a fait concrètement sur leur territoire. Cela se mesure donc en termes de nombre d'adhérents, en termes de projets financés, d'actions collectives, etc., mais cela ne suffit pas. Pour compenser, sur nos projets de plates-formes on essaye de voir si les implantations peuvent entrer dans leurs stratégies et dans leurs politiques publiques », (E. 19). Nous le comprenons, si les collectivités territoriales jouent le jeu au travers des subventions qu'elles octroient aux équipes opérationnelles des pôles et des PRIDES et surtout dans l'abondement des projets collaboratifs ou des actions collectives, elles attendent un retour sur investissement pour leurs politiques publiques territoriales. C'est ici que le principe dialogique prend de sa substance et déclenche le double processus d'appropriation entre politiques volontaristes et politique territoriales.

Comme le précise un manager du pôle de compétitivité TRIMATEC : « Les projets structurants et fédérateurs au niveau d'un territoire et même au-delà pour les pôles de compétitivité c'est souvent les projets de plate-forme technologique », (E. 15). Les plates-formes technologiques et d'innovation sont des structures de mutualisation utilisables par différents acteurs : des laboratoires de recherche privés ou publics, des entreprises, etc. En effet, pour les managers de l'innovation interviewés c'est grâce aux « plates-formes technologiques qu'il y a clairement une dynamique collective donc un comportement collectif qui s'est mis en œuvre », (E. 21). Ces infrastructures de mutualisation des équipements entre les adhérents des pôles de compétitivité et des PRIDES apportent en effet deux éléments essentiels à la compétitivité d'un territoire :

- d'abord, l'apprentissage par les actions collectives, l'animation des réseaux, et les projets collaboratifs montre un processus de connaissance-reconnaissance des relations entre les différents acteurs, « on se dit parfois que même s'il n'y avait plus le pôle de compétitivité cela pourrait continuer. C'est en cela que je pense que c'est une

490

réussite », (E.8). **Il y a donc bien un passage de l'interaction (proximité géographique) à la collaboration (proximité organisée)** ;

- ensuite, **la matérialisation de ces structures et leur implantation au sein des territoires participe à l'enrichissement de la dimension idiosyncrasique indispensable à la construction de la compétitivité territoriale** : les « plates-formes technologiques mutualisent des équipements et pour cela il faut des lieux d'accueil et d'implantation. Donc nous ont choisi les collectivités territoriales qui viennent nous voir et qui nous proposent quelque chose d'intéressant », (E. 19), nous explique un manager du pôle Pégase.

Figure 6.1 L'offre de services des politiques publiques volontaristes sous une logique « en marché »

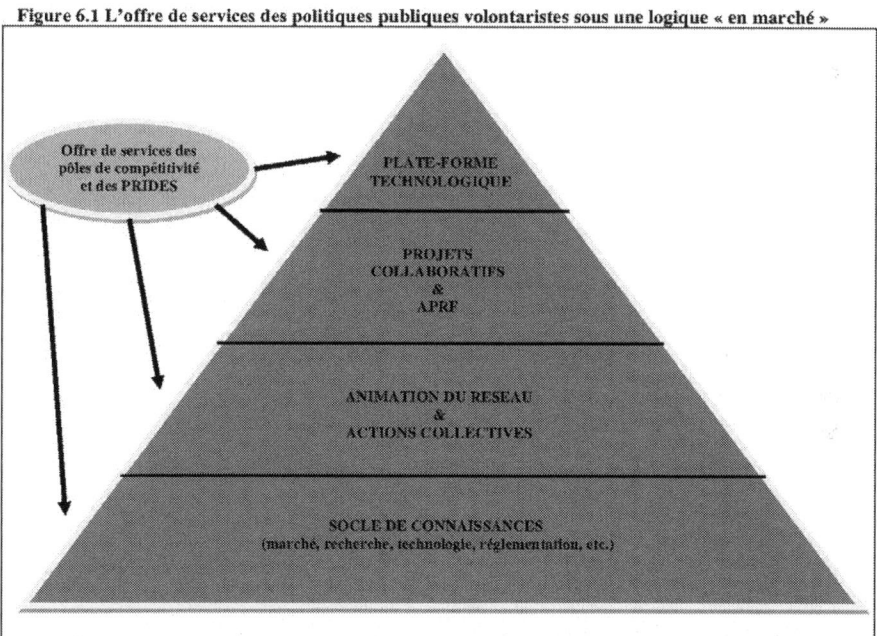

Source : Adapté d'un document de travail du pôle de compétitivité TRIMATEC.

Au final **ces projets structurants mettent en évidence la tendance cumulative de la proximité organisée** et constituent de ce point de vue le point d'articulation primordial marquant le passage pour le système territorial de l'état d'accumulation d'énergie potentielle vers le celui de déclenchement de l'énergie cinétique : « Le super projet de R&D, c'est la plate-forme qui elle est faite pour durer car peuvent venir s'installer autour des entreprises,

491

des laboratoires de recherche », (E. 15). **Cette énergie cinétique ne peut plus alors être contenue dans les critères « classiques » des économies de proximité puisqu'elle dépasse sensiblement le cadre des relations entre les entreprises.** En effet, elle intègre au système une dimension d'intérêt général, au travers de l'ancrage territorial des infrastructures, elle participe à la valorisation du bien commun territorial il s'agit alors de parler d'une proximité sociétale.

A ce propos, un manager du pôle SCS nous explique que l'intérêt des plates-formes technologiques vise un véritable accompagnement du processus d'innovation. A ce titre, les coûts d'accès aux tests avant la mise en marché des produits sont souvent exorbitants *a fortiori* pour les TPE et PME ce qui justifie l'ancrage territorial subventionnées par les collectivités. Les limites de la logique « en marché » et de la logique « en société » se rejoignent alors au point de se confronter, ce que le manager nous confirme en avançant : « Après on ne peut guère aller plus en aval puisque on a des interdictions au niveau de l'union européenne, on ne peut pas financer du commerce », (E. 9). Nos analyses concernant la logique d'appartenance de la proximité organisée s'arrêtent donc ici. Comme le lecteur aura pu le remarquer, nous avons volontairement inséré les éléments relevant de la mise en forme d'un savoir commun dans cette logique d'appartenance et non dans la logique de similitude. Nous pensons en effet que la question de la construction des savoirs communs relève de l'économie de la connaissance au sens de Lundvall et Johnson (1994) et par là même doit être analysée dans les processus d'apprentissage des actions collectives, des projets collaboratifs et des tests avant mise en marché dans les plates-formes technologiques. Les questions de partage des croyances ou de formalisation de systèmes de représentation partagés eux, relèvent selon-nous de la logique de similitude.

B. *Une logique de similitude :*

L'analyse de la logique de similitude de la proximité organisée est destinée à apprécier la perception des managers en ce qui concerne la constitution d'un système de représentation similaire et d'un ensemble de croyances communes aux acteurs ciblés par les politiques volontaristes et impliqués dans des projets communs. D'un point de vue général d'abord, l'évolution de la logique de similitude des adhérents des pôles et des PRIDES montre des résultats plutôt positifs.

1. De la logique de similitude en général :

En ce sens, les managers de l'innovation commencent à parler d'un partage d'objectifs communs entre les acteurs, « après tout le monde n'a pas les mêmes objectifs, et puis ce sont des êtres humains. Mais de façon générale je trouve qu'il y a un vrai partenariat par rapport à un objectif qui est compris par l'ensemble des acteurs », (E. 21). Les croyances communes semblent lentement se diffuser par exemple dans les PRIDES en cours de structuration de filière. Un manager du PRIDES BDM par exemple nous raconte : « Nos acteurs ont un objectif commun : faire en sorte que nos pratiques se développent de plus en plus et que les thèmes du développement durable soient pris en compte dans la filière de la construction », (E. 17). Il faut ici distinguer entre les unités d'analyse. En effet, comme nous venons de le voir les structures de soutien à l'innovation du milieu innovateur de l'Arbois sont pour la plupart en phase de structuration de filière. A ce titre, le partage de croyances communes et *a fortiori* d'un même système de représentation relèvent d'un processus qui s'étale sur un *continuum* temporel plus long. Il s'agit ici de proposer à des acteurs auparavant esseulés, de travailler ensemble et d'apprendre ensemble pour innover, nous venons de le voir, avec la logique d'appartenance. La logique de similitude elle, implique beaucoup plus[187], car le partage de croyances communes et plus encore, de systèmes de représentation similaires se fera à mesure que le milieu avancera sur les chemins de la compétitivité.

De manière différenciée, en ce qui concerne le district microélectronique de Rousset, les chemins de la prospérité ont largement été éprouvés. La filière est structurée et nous avons pu observer que le partage d'un même système de représentation, entre les adhérents du pôle-PRIDES et l'équipe d'animation opérationnelle est facilité par le parcours professionnel des managers de l'innovation. C'est ce que nous indique l'animateur du réseau, « on essaye de réfléchir comme eux, on essaye de se mettre à la place des chefs d'entreprises. Après, on a tous plus ou moins dans l'équipe d'animation des passés d'entrepreneurs », (E. 9). Ce partage là est important, nous l'avons constaté en particulier pour le secteur des TIC et de la microélectronique. Le chef de projets du pôle SCS confirme cette analyse quand il déclare

---

[187] A ce propos, nous pensons qu'en ce qui concerne cette recherche les éléments que les économistes de proximité traitent classiquement dans la logique de similitude doivent être inclus, pour partie au moins, dans la proximité sociétale. En effet, le partage d'un même système de représentation ou de croyances communes doit se comprendre comme relevant du domaine de la convergence des intentions finalisées d'acteurs hétérogènes. Dans ce cas de figure, ces éléments d'analyse relèvent de la dimension diachronique et doivent être analysés sous une logique « en société ». En tout état de cause, c'est pour cela que nous avons placé les développements afférents en transition, juste avant de traiter de la question de la proximité sociétale.

qu'avec « des entreprises qui font entre 500 000 et 1 millions d'euros de chiffre d'affaire, pour aider ce genre d'entreprises, si on ne connaît pas bien le métier, la stratégie etc., c'est très difficile dans une boîte à développer. Donc il faut être au plus près du métier », (E. 8). Ainsi donc, nous le voyons pour la logique de similitude également, les modes de management sont différents puisque guidés par des systèmes de représentation différenciés et à des stades de partage différents.

Par ailleurs, dans certains cas, la logique de similitude a dépassée le cadre des entreprises pour s'étendre aux collectivités territoriales membres et utilisateurs finaux des solutions apportées par les pôles de compétitivité. C'est par exemple le cas du pôle Risques et son approche globale et transversale qui « a pu influencer les stratégies territoriales et on se retrouve en phase sur l'émergence des thématiques mises à l'agenda des collectivités territoriales. Il y a donc vraiment un rapport de proximité où l'on n'est pas juste dans un rapport de financeurs à financé, mais l'on est une véritable démarche partenariale », (E.13), nous précise le Directeur. Il faut noter que parmi les managers territoriaux, les managers-développeurs montrent le meilleur exemple de mise en œuvre de cette logique de similitude surtout pour l'unité d'analyse 2, « quand je parle avec un patron, que ce soit le patron de STMicroelectronics ou le patron de LFoundry, on se comprend, on a le même langage et c'est important », (E. 7).

En tout état de cause, l'analyse de la logique de similitude nous a conduit à introduire la question relative à confiance entre les acteurs à ce stade du régime d'accumulation. En effet, initialement nous avions, ce qui semble logique, placé ces éléments dans la logique d'appartenance dans le paragraphe traitant de l'animation des réseaux et des liens interpersonnels. Toutefois après réflexion, nous pensons que **cette thématique de la confiance doit être envisagée elle aussi comme un élément charnière entre la proximité organisée et la proximité sociétale**. Voici nos conclusions à ce sujet.

2. De la question de la confiance en particulier :

En ce qui concerne la problématique de la confiance dans les relations organisées des acteurs membres des pôles de compétitivité elle se pose essentiellement en matière de propriété intellectuelle et industrielle. Comme nous l'explique le chef de projet du pôle SCS par exemple, les acteurs doivent travailler ensemble, c'est le but de la politique publique,

« donc pas de collaboration, pas de projet. Cela pose bien sûr un certain nombre de contraintes aux entreprises, notamment en termes de propriété intellectuelle et industrielle, de répartition des investissements et des apports. Il y a donc un vrai travail de construction de projets en aval », (E. 9). Les managers de l'innovation des deux unités d'analyse ont à ce propos ont mis en place des dispositifs permettant d'encadrer les relations contractuelles entre les membres. Il s'agit d'accords de consortium, « on a mis en place un dispositif de suivi dans lequel on accompagne le consortium pour la réalisation des projets », (E. 19). Cette question de la propriété industrielle est d'autant plus problématique pour les TPE et PME. En effet, comme nous l'avons souligné, si la logique d'appartenance à une même filière à un même réseau d'innovation et une même structure de projet incite à la confiance, il reste toujours des craintes vis-à-vis des grandes entreprises. C'est le témoignage que nous livre un manager, « en termes de confiance qu'il a toujours l'écran les grands groupes et la méfiance des PME et des TPE vis-à-vis de la R&D. Après du coup nous on travaille peu avec des grands groupes, mais on se ferme des portes », (E. 13). Les accords de consortium permettent aux pôles d'encadrer autant que faire se peut ce type de rapport étant entendu que rien ne remplace une véritable confiance acquise par des interactions et des collaborations répétées encastrées dans les réseaux personnels des acteurs.

Des actions de formation en la matière ont par ailleurs été menées au niveau régional pour l'ensemble des PRIDES. Ainsi par exemple, la chambre régionale de commerce et de l'industrie a proposé aux managers des PRIDES un appui à l'écriture des accords de consortium pour les petites entreprises. Cette action en faveur des TPE et PME régionales qui s'appelait « créAzur PACA », visait au-delà de la sensibilisation à proposer également des subventions à destination du tissu des entreprises locales. C'est ce que relève un manager du PRIDES TRIMATEC, « parce qu'une une fois que les petites entreprises sont préparées sur ces thématiques d'accord de consortium, et bien après ; il faut être capable de rédiger ce qui n'est pas souvent le cas du chef d'entreprise standard et du coup la bonne solution souvent c'est de se payer les services d'un cabinet conseil pour faire le travail », (E. 15).

Ainsi, au-delà de ces actions ponctuelles, de manière générale, il ressort du discours des managers interrogés que **la confiance entre les acteurs est un processus incrémental qui se développe au travers des interactions et des collaborations répétées.** C'est ce que nous confirme un manager du PRIDES Eco-entreprises et Développement Durable, qui témoigne, « on a l'habitude de se rencontrer dans tout un tas d'événements divers et variés, on commence à se connaître de mieux en mieux », (E. 14). Au-delà même, il s'agit pour les managers de développer des outils personnels et relationnels afin « d'amener des petites entreprises qui normalement travaillent dans le secret et la tradition du « tout seul » a travailler ensemble et surtout à les rassurer sur la propriété intellectuelle et industrielle », (E.15). Ces constats doivent être compris pour les deux unités d'analyse, puisque pour le système productif de Rousset, un manager du pôle SCS confirme la même tendance : « Maintenant, c'est vrai, il a des entreprises qui commencent à m'appeler pour discuter de tel ou tel projet, c'est vrai aujourd'hui on s'est un peu rapprochés, on forme un club », (E. 9). Le pôle de compétitivité SCS est, sur ce terrain de la confiance, plus structuré et que les autres pôles. Ses membres montrent de véritables comportements de « coopétion » nous rapporte un animateur du réseau : « je peux vous dire que je vois des choses que je n'aurais jamais imaginées il y a quatre ou cinq ans. En termes de confidentialité notamment. On voit des acteurs travailler ensemble alors qu'ils peuvent être concurrents sur des trucs extrêmement sensibles, on les voit arriver à mutualiser leurs moyens pour être plus performants alors qu'ils sont concurrents sur la scène internationale », (E. 8).

En tout état de cause, les managers de l'innovation remplissent de ce point de vue une fonction d'arbitre voire de protection des petits contre les grands, voir **encadré 6.2** ci-dessous.

Encadré 6.2 Les managers de l'innovation au secours de David contre Goliath

« On amène une assistance complète, car il y a des chefs d'entreprises qui n'ont jamais entendu les mots « accord de consortium », ils ne savent pas du tout comment faire, pourquoi, et comment se protéger, etc. Nous on est là pour les aider, les accompagner sur des contractualisations pour qu'ils ne se fassent pas lésés. Parce que les grands groupes ont l'habitude, ils ont des juristes spécialisés, le combat n'est pas égal », (E. 15).

La question de la confiance ne concerne pas que les relations entre les acteurs privés. En effet, concernant la perception de la confiance par les managers territoriaux du pays d'Aix (Unité d'analyse 1 et 2), il est intéressant de noter qu'elle n'est pas vue comme un moyen mais plutôt comme une fin. **Pour les managers publics locaux, la mission consiste plutôt à instaurer un climat de confiance entre les différents acteurs de l'écosystème local**, « d'essayer de faire en sorte qu'ils apprennent à se connaître, et éventuellement qu'ils arrivent à se faire confiance », (E. 12), nous confie le responsable projets du syndicat mixte de l'Arbois. Cette mission d'arbitre et de « créateur » de climat propice à la confiance transparait dans les propos de certains managers du pays d'Aix sur un ton parfois « angélique », lorsqu'ils s'exclament, « c'est le fait que tous les acteurs aient une vision et une certaine réactivité, une certaine confiance et une certaine solidarité qui fait que tel territoire avec tous les acteurs qu'ils soient publics, semi-publics ou privés va mieux fonctionner dans le sens qu'ils vont plus créer de richesses, rendre les gens plus heureux, qui peut être qualifié d'un territoire plus compétitif », (E. 16). Cette vision quelque peu « acidulée » du processus de formation des relations de confiance montre cependant clairement un attachement particulier au territoire excédant par la même le cadre de la proximité organisée pour tendre vers l'intérêt général du bien commun et collectif porté par la proximité sociétale.

En définitive, **la confiance n'est ni une donnée objective, ni objectivable**. Sa mesure est impossible, au mieux convient-il de s'attacher à observer les faits qui permettent de reconstruire *a posteriori* les relations qui ont présidées à la conduite telle ou telle action. Nous prenons l'exemple ici d'une action d'aménagement sur la zone industrielle de Rousset afin de bien mettre en exergue les éléments qui matérialisent selon nous la confiance au niveau de la compétitivité territoriale, (voir **encadré 6.3**, ci-dessous).

Encadré 6.3 La confiance? Les bidouillages d'un manageur-développeur et de son élu local

« Je vais vous raconter une anecdote, un industriel a voulu s'implanter sur la zone parce qu'il avait besoin de place. Il avait besoin d'un bâtiment de 4 ha. Il savait où il voulait s'implanter, j'en ai discuté avec le maire, qui m'a donné son accord. L'industriel m'a confié qu'il ne souhaitait pas acheter le terrain. Je lui ai rétorqué qu'il n'avait rien n'a acheté. Je lui ai proposé de libérer le terrain, il est intéressé en plus parce qu'il habite à proximité. Je lui ai donc libéré le terrain à la construction, il a pris les 13 ha dont il avait besoin, il a élargi le chemin départemental à ses frais. Je connaissais le prix et la valeur du terrain que je lui avais confié, et je lui ai dit pour le reste c'est-à-dire des neufs hectares restants tu les vendras à qui je te le dirai. On a donc équipé 35 ha, cela n'a pas coûté un sou à la commune et on arrive à des prix de l'ordre de 37 € le mètre carré. Il n'y a pas moins cher. Le terrain est équipé. Et je conserve la possibilité de pouvoir implanter au sein de la zone nouvellement créée les industriels que la commune a choisis. Il n'y a rien informel là-dedans, tout cela est formalisé sous-seing privé.

C'est honnête pour tout le monde, lui ça lui permet d'avoir un terrain pas cher, la commune n'a pas à faire des avances sur sa trésorerie, et surtout l'on conserve la possibilité d'implanter les industriels qui permettront de conforter la filière microélectronique.
Alors quand on a parlé de ce genre d'accord à la communauté d'agglomération du pays Aix, ils ont été sidérés. Ils ne sont pas familiarisés avec ce genre de projets qui permettent de gagner du temps dans l'aménagement de l'espace à des coûts réellement bas. Alors c'est sûr que pour ce genre d'opération il faut de gros industriels, qui aient les moyens et qui aient les reins solides », (E. 7).

En définitive, comme pour la logique d'appartenance, l'existence de la logique de similitude entre les différents acteurs réunis dans les structures collaboratives conduit selon nos conclusions à une forme de proximité qui dépasse le cadre de la proximité d'essence relationnelle. Cette proximité des acteurs est ancrée dans le territoire aux travers des différents processus de collaboration. Le régime d'accumulation des modalités de la dimension idiosyncrasique est passé par les phases initiales d'interactions potentielles à la délimitation plus précise d'arènes relationnelles permettant aux processus collaboratifs de lier les acteurs entre eux. Dans la phase ultime, la logique « en marché » coïncide de manière troublante avec la logique « en société », c'est à se demander trivialement si le secteur associatif ne ferait pas travailler le secteur privé pour compte du secteur public et vice-versa. **Les plates-formes technologiques donnent un ancrage territorial aux processus d'innovation, elles rassurent les territoires pour un moyen terme.** Les acteurs, ne sont, dans ce cadre là, plus issus d'un secteur en particulier, ils se reconnaissent tout simplement. Ils se reconnaissent pour ainsi dire dans écosystème local de l'innovation qui nous laisse penser qu'Alfred Marshall parlait d'atmosphère industrielle quand il observait un phénomène similaire. En réalité, les acteurs poursuivent des objectifs qui ne sont plus totalement du domaine marchand, ils ne sont pas non plus totalement du domaine non-marchand, ils sont à la croisée des chemins.

Section 3. *Manager la proximité sociétale : construire une arène de convergence des intentions finalisées*

La proximité sociétale a pour objectif de recueillir des éléments de perception des managers territoriaux concernant la mise en forme d'une proximité dépassant le cadre analytique des économies de proximité classiquement envisagées. En effet, comme nous l'avons précisé, la confiance établie entre les acteurs locaux et l'ancrage des plates-formes technologiques dans le territoire ne concernent plus exclusivement les arènes relationnelles. Sans être exactement dans la phase de coordination, i.e. celle des modes de gouvernance, les éléments d'analyse que nous allons présenter concernent **la formalisation d'une arène intentionnelle**. Point d'articulation privilégiée de l'analyse de la systémique territoriale, la proximité sociétale marque le passage de l'énergie potentielle à l'énergie cinétique. D'une démarche analytique sous un mode synchronique, il faut transposer l'attention sur **l'analyse de la dynamique du système en cours d'auto-identification sous un mode diachronique**. C'est lors de cette phase que s'opère la convergence des intentions finalisées d'acteurs hétérogènes sous une logique « en société ». Il ne s'agit pas pour autant d'éluder la logique « en marché », celle-ci est pour ainsi dire omniprésente. En effet, la dimension idiosyncrasique a permis le régime d'accumulation des modalités de proximité, la proximité sociétale va permettre, elle, de faire converger les intentions des acteurs vers la dimension diachronique de la compétitivité territoriale. Comment se passe ce passage des intentions déterminées en référence à l'axiome global vers des actions socialement ancrées dans un territoire ?

Ce sont ces différentes étapes que nous avons tenté de reconstituer en utilisant l'ensemble des éléments théoriques que nous avons développé dans la première partie de cette recherche. C'est en particulier notre intuition de la dialogique des processus d'actions publiques qui nous a permis de dégager des points de complémentarité, qui de prime abord, pouvaient apparaître comme paradoxaux. Nous verrons donc que grâce au régime d'accumulation des modalités de proximité de la dimension idiosyncrasique, le processus d'action publique *top-down* permet de dégager une offre de services pour la socio-économie locale. Cette offre de services établie, nous examinerons la constitution d'un écosystème local de l'innovation qui trouve ses origines, lui, dans un processus d'action publique *bottom-up* et formalise la téléologie du système de compétitivité. Nous verrons ensuite que cet écosystème local doit être animé par les managers territoriaux au risque, ce sera notre dernier point de voir émerger des externalités négatives liées à cette proximité sociétale. Ainsi, proposons-nous désormais de retracer les étapes de la construction de l'arène intentionnelle en pays d'Aix.

A. *Les bouquets de services des politiques publiques volontaristes :*

C'est en analysant avec attention l'accumulation des proximités géographiques et organisées des politiques volontaristes sous un mode synchronique que nous avons conclu l'émergence de la notion de « bouquets de services » ou encore de « *package* ». En effet, dans les processus de construction des arènes relationnelles, i.e. de structuration des filières et des réseaux d'animation des pôles et des PRIDES, il est apparu que les managers territoriaux commençaient à réfléchir sur une offre globale de services. Ces bouquets de services, rendus par les structures associatives des pôles-PRIDES s'adressent à l'ensemble des membres adhérents : aux entreprises, aux laboratoires de recherche (privés et publics), aux centres de ressources et de formation ainsi qu'aux collectivités territoriales. Cette offre de services est un processus d'action publique issu des politiques volontaristes et destiné à prendre en compte l'ensemble de la chaîne de valeur de la filière ou du réseau envisagé. Pour bien comprendre le processus, il faut revenir à l'esprit de la politique des pôles de compétitivité. Ainsi, la recherche de compétitivité menée par le gouvernement français sous la forme d'une politique publique ne revêt-elle pas une dimension d'intérêt général liée directement à la prérogative de la puissance publique visant à l'amélioration générale de l'économique, du social et du sociétal ?

Dans cette optique, nous l'avons vu, les objectifs initiaux de la politique des pôles de compétitivité (innovation, ancrage territorial, renforcement des TPE-PME) sont confortés et complétés par la politique publique régionale des PRIDES qui ajoute une dimension de solidarité qui était alors prédestinée à préparer le terrain de la proximité sociétale. C'est le constat éclairé d'un manager de l'innovation qui nous précise que : « Le PRIDES est un petit peu plus large que le pôle de compétitivité en ce qui concerne notamment le « S » de solidaire, c'est celui-là un peu qui fait toute la différence d'avec un pôle de compétitivité. C'est cette thématique qui nous fait nous intéresser à des problématiques d'intérêt général, des problématiques plus sociétales », (E. 15). Ces propos permettent de bien mesurer la « réalité » de la pratique managériale éprouvée par ces managers de l'innovation et laisse entrevoir un système de représentation guidé par des contraintes d'axiome global mais inspiré également de solutions locales et sociétales.

Concrètement, **c'est donc au niveau local que la modalité de proximité sociétale se déclenche avec la confrontation dynamique des réseaux interpersonnels, interinstitutionnels et interorganisationnels d'acteurs aux intentions finalisées hétérogènes mais pourtant situés sur un même « territoire vécu et partagé ».** Dans ce cadre là, au sein de cette arène intentionnelle, les managers de l'innovation nous ont tous à un moment ou à un autre des interviews présentés d'une manière ou d'une autre leur perception de l'offre de services qu'ils entendaient proposer à l'ensemble de leurs membres : ce que nous avons appelé les bouquets de services des politiques publiques volontaristes. Pour étayer au mieux nos propos, nous avons décidé de reporter les discours exacts des managers afin d'offrir au lecteur la possibilité de se forger sa propre conviction. Nous commencerons par le pôle Pégase qui est un cas exemplaire que devraient suivre tous les autres pôles de compétitivité et PRIDES à l'avenir.

1. Le bouquet de services Pégase : « Pack services » et projets territoriaux

Le pôle Pégase, nous l'avons décrit, est engagé sur les chemins de la compétitivité, il constitue par ailleurs la première filière industrielle en région et s'est fixé pour objectif la création de 10 000 emplois à l'horizon 2017. A ce titre il a adopté une double logique, celle de structurer la filière régionale « aéronautique et spatial » en bonne intelligence avec une approche territoriale. Cette structuration territoriale se fait en étroite collaboration avec la *learning region* PACA, elle se trouve donc influencée par la politique des PRIDES et plus largement le schéma régional de l'innovation. Le pôle Pégase propose donc un « Pack services » (voir **encadré 6.4**) qui vise plutôt à structurer la filière sous une logique « en marché » et des projets territoriaux (voir **encadré 6.5**) qui ambitionnent un ancrage territorial de la filière aéronautique et spatial en région sous une logique « en société ».

Les propos recueillis ici sont ceux de l'animateur du réseau Pégase et visent à présenter l'offre de services du pôle :

Encadré 6.4 Le « Pack services » Pégase comme outil de structuration de la filière aéronautique et spatial

« On a comme ça toute une offre de services que l'on décline en fonction des besoins des adhérents. On est en train de proposer un pack d'adhésion simple dans lequel il y a un certain nombre de services qui sont obligatoires vis-à-vis de tous les adhérents (présence dans l'annuaire du pôle, invitation à l'assemblée générale, promotion des membres sur notre site internet, etc.). Ensuite il y a une autre adhésion dans laquelle on propose un autre pack avec un accompagnement individuel et dans lequel il est proposé une prestation plus importante. Le troisième niveau enfin, c'est le contrat de croissance qui englobe tous les services individuels et collectifs que l'on peut proposer dans un contrat. Et on s'engage avec les adhérents à respecter le contrat », (E. 19).

Comme on peut le constater, cette présentation du bouquet de services offert par le pôle Pégase dénote une propension mercantile utilisant le vocabulaire de la logique « en marché ». En effet, c'est une véritable offre de services qui est proposée par l'équipe opérationnelle d'une structure, rappelons-le associative. Ainsi, parle t-on d'adhérents et non de clients. Nous le voyons donc bien ici, la logique n'est plus totalement « en marché », elle n'est pas non plus totalement « en société ». **Les solutions proposées par le pôle sont guidées par une intention non-marchande**, i.e. la structuration de la filière et le renforcement des TPE-PME du tissu régional ; **les actions quant à elles sont déclinées comme un service marchand**, i.e. offre de plusieurs packs de services rendus, avec en définitive un contrat de croissance destiné à objectiver les résultats pour les deux parties. Précisons que ce contrat de croissance s'inscrit dans le cadre d'un plan de massification proposé par la région PACA au PRIDES Pégase dans un objectif d'expérimentation avant de l'étendre à l'ensemble des PRIDES régionaux. Selon-nous, cette initiative apparaît des plus pertinentes puisqu'elle permet de structurer la filière tout en renforçant le tissu des TPE et PME régionales, **il y a manifestement ici un jeu coopératif** « gagnant-gagnant ».

Par ailleurs, nous l'avons dit, le pôle Pégase depuis le dernier trimestre 2010 a mis en place une démarche volontariste et territoriale visant à ancrer et répartir ses activités productives au sein de l'espace régional. A cette fin, un poste de chargé de mission dédié à ces projets territoriaux a été spécialement créé, voici la présentation du manager en charge de ces projets :

Encadré 6.5 Les projets territoriaux de Pégase: la proximité sociétale au service de la solidarité régionale

Présentation des projets territoriaux :

« Notre logique sur chaque territoire, c'est une offre de services que l'on propose à la collectivité territoriale : nous on va vous accompagner dans l'accueil des entreprises, la participation à la sélection, le soutien au développement économique de ces entreprises. Une fois qu'elles sont retenues on va faire en sorte que ces entreprises tiennent leurs promesses avec nos propres outils mais aussi avec les outils que l'on bâtira spécifiquement (ensemble) pour cette zone. [...] pour cela on vient de créer un comité de labellisation pour ces projets territoriaux structurants. Ce comité est différent de celui qui s'occupe de la labellisation des projets de R&D du pôle, il rassemble des représentants des agences de développement économique, des collectivités territoriales, des entreprises, des universitaires. Nous on va proposer une labellisation sur la base de notre analyse et c'est le comité de labellisation qui entérinera le projet ou pas. [...] Donc cela ne peut se faire qu'en partenariat avec l'ensemble des acteurs locaux et en impliquant l'ensemble des fonctions du pôle de compétitivité, c'est-à-dire de la filière », (E. 21).

Premiers retours d'expérience :

« L'autre fois pour le rendez-vous à Vitrolles on est revenu vraiment très enthousiasmés à la fois par l'accueil et l'attente du maire parce que l'on sent qu'il y a une vraie envie de s'investir est vraiment de réfléchir pour spécifier. Même si pour nous après ce n'est pas facile à défendre, il y a un vrai projet qu'il faut bâtir ensemble et le bâtir intelligemment pour éviter qu'il y ait des querelles intestines. Pour que l'entreprise demain, ça tombe sous le sens qu'elle vienne s'implanter sur cette zone, sur ce territoire et qu'il n'y ait pas d'arbitrage à faire. Donc je trouve que le partenariat avec les collectivités territoriales quelles qu'elles soient est vraiment porteur de dynamique notamment dans les Bouches-du-Rhône », (E. 21).

En définitive, la démarche territoriale du pôle Pégase est donc destinée à proposer un partenariat spécifique avec chaque collectivité territoriale et spécifié par un projet structurant. Sur le même principe de renforcement de la dimension idiosyncrasique du système territorial que celui des plates-formes d'innovation, les projets de territoires vont cependant beaucoup plus loin. En effet, ces projets occasionnent un véritable pontage vers l'écosystème local de l'innovation en réunissant des acteurs aux intentions finalisées *a priori* hétérogènes. Le processus d'auto-identification du territoire de projet se trouve alors pleinement actionné notamment au travers d'un comité de labellisation spécifiquement crée et réunissant les acteurs stratégiques de la socio-économie locale. **La convergence des intentions finalisées des différents acteurs s'opère donc au travers d'une cause commune, intimement liée au territoire et arbitrée par une forme de proximité sociétale**. Concernant donc la compétitivité territoriale, nous pensons que c'est ici que doivent être interpellés les similitudes de croyances et l'adoption d'un même système de représentation entre des acteurs aux stratégies initiales différenciées. En d'autres termes, c'est de la rationalité des acteurs dont il est question ici. **Cette rationalité n'est plus limitée par les « brouillages » informationnels de l'axiome global, elle est située ou endogène au sens premier voulu par Herbert Simon (1955)**, comme le rappelle Jean-Louis Le Moigne (1998).

Les objectifs de Pégase sont donc, comme nous le précise le manager territorial, de rendre les meilleurs services possibles à ses membres. Dans ce cadre-là, nous voyons bien que le secteur associatif joue un rôle essentiel qui consiste à pourvoir discuter avec le secteur public sous une logique « en marché » et avec le secteur privé sous une logique « en société ». Ce manager poursuit sa démonstration en argumentant que finalement « la collectivité territoriale va être sollicitée soit pour un FUI, soit pour une plate-forme d'innovation, soit une troisième fois pour aménager une zone : finalement au travers de notre approche territoriale on remet toutes les choses en cohérence. Et on peut dire : voilà notre stratégie pour votre territoire c'est celle-là et voilà comment les choses vont se compléter. Il n'y a donc pas chaque chargé de mission qui va venir solliciter la collectivité territoriale par rapport à son propre projet, mais il y a une vision globale », (E. 21). Il y a donc bien ici un service rendu à la collectivité territoriale.

Si le pôle Pégase apparaît le plus avancé sur les chemins de la compétitivité, les autres pôles de compétitivité et PRIDES ont tous la même démarche à des stades d'avancement différents.

2. Le bouquet de services Risques : une approche globale par les risques

Nous l'avons présenté dans le chapitre précédent, le pôle-PRIDES Risques n'est pas un pôle « filière » comme Pégase ou SCS par exemple. Le pari qui a été pris par Risques est donc véritablement celui des chemins de la compétitivité. Nous y voyons une paternité logique puisque le pôle est issu directement de la politique technopolitaine et s'inscrit donc comme le fer de lance du milieu innovateur des technologies « vertes » de l'Arbois. Quand nous l'avons rencontré, le Directeur du pôle Risques a bien insisté sur le caractère global de l'approche donc sur la démarche d'analyse systémique sur laquelle repose la stratégie poursuivie. C'est ce qu'il nous confirme dans les propos que nous avons reportés dans l'**encadré 6.6** ci-dessous :

Encadré 6.6 Une approche globale par les risques, un bouquet de services à destination des responsables territoriaux

Un réseau d'acteurs hétérogène, une solution unique :

« l'idée c'est de pouvoir apporter une solution unique et intégrée qui reprenne tous les projets, les compétences les solutions et les technologies développées par nos adhérents et qui puisse fournir ces éléments-là à des responsables territoriaux », (E. 18).

« Il y a une thématique phare qui est le CO_2 : elle renvoie à la question à se poser, comment arriver à pérenniser une industrie sur un territoire alors que demain on sait que les industriels devront soit racheter leurs quotas de CO_2 soit trouver des solutions de stockage ou de valorisation. Et donc à travers ce groupe de travail l'idée c'est d'animer une communauté d'utilisateurs et de fournisseurs de solutions qui puissent intégrer ce volet là. Et nous le pôle de compétitivité Risques on vient apporter une approche globale des risques », (E. 18).

Sur le même principe que le pôle Pégase, l'objectif vise donc à fournir un service aux collectivités territoriales, ici en matière de gestion des risques. Moins avancé que Pégase sur les moyens (filière industrielle de production) puisque Risques concentre ses efforts sur la conception de solutions innovantes, il n'en reste pas que l'exemple de la thématique CO_2 que nous avons repris est éloquent. En effet, l'emploi des termes « communauté d'utilisateurs » et de « fournisseurs de solutions » montre bien, qu'il s'agit de réunir autour d'une question sociétale différents acteurs, pour créer une nouveau modèle économique intégrant pleinement les piliers du développement durable. En définitive, il est apparu que les entreprises qui travaillent sur ce projet sont intégrées à la socio-économie locale. Il est donc probable que les tests pour les innovations se feront au sein d'une plate-forme technologique (ancrage territorial) et que les premiers débouchés valoriseront le territoire de proximité. Notons que nous ne représenterons pas le bouquet de services offert par le pôle TRIMATEC, car ce dernier présente de grandes similarités avec celui du pôle Risques. Nous y reviendrons dans la section suivante concernant la stratégie du pays d'Aix.

3. Le bouquet de services du PRIDES Eco-entreprises : les « Eco-cités » :

Comme les exemples précédents, nous avons pu analyser l'existence d'une offre de services globalisée émanant des PRIDES non « portés » par des pôles de compétitivité. Il faut donc en conclure que la politique publique régionale permet d'ajouter une dimension territoriale à la dynamique de structuration des filières PRIDES. Nous avons inséré dans l'**encadré 6.7** ci-après, les propos d'un manager en charge d'un projet intitulé Eco-cités.

Encadré 6.7 Les « Eco-cités » : structurer un réseau d'adhérents pour dégager une solution innovante en matière de développement durable

Un projet et des objectifs identifiés :

« En l'occurrence je vais vous citer l'un des projets dont j'ai la charge qui consiste à identifier une offre globale, un modèle d'affaires au service des Eco-cités. Une offre globale de prestations environnementales au service des Eco-cités. Il s'agit d'un bouquet de services, cela s'inscrit dans la définition d'une économie de solutions pour apporter des packages incluant l'ensemble des services offerts par nos membres adhérents. Donc cela va inclure les sociétés de conseil, les bureaux d'études, les sociétés industrielles en amont d'un appel d'offres, d'une démarche de commercialisation », (E. 14).

Une filière et un réseau d'adhérent à structurer :

« Donc nous raisonnons comme une force de proposition en termes de package global pour que les entreprises articulent leurs offres les unes par rapport aux autres et que cela fasse un effet de masse au service d'un acheteur potentiel. Qu'il n'ait pas à se questionner pour aller voir les différents corps de métiers, les différentes filières, etc. Là ce serait un paquet global qui partirait de l'analyse des besoins du territoire qui pourrait être fait par les cabinets de conseil, mis en cahier des charges par les bureaux d'études et ensuite réalisé, suivi et évalué par les entreprises. C'est un modèle d'économie globale de filière qui a émergé au cours des réflexions de notre club de développement durable au moment où on se dit qu'on avait des moyens pour se renforcer les uns les autres. Si notre vision c'est de proposer des moyens pour limiter les impacts environnementaux on détient tous ici une partie de la solution », (E. 14).

Comme on peut le constater ici, il s'agit encore une fois de proposer une offre de services à destination des territoires donc des collectivités territoriales. A l'instar du pôle Risques en revanche, les solutions ne préexistent pas et sont à créer. Il s'agit en effet pour le PRIDES Eco-entreprises de s'engager sur les chemins de la compétitivité en utilisant les ressources offertes par le milieu innovateur de l'Arbois comme d'un tremplin pour anticiper la transition vers une économie durable.

4. Le bouquet de services du PRIDES BDM : la démarche BDM

Dans le même registre, le PRIDES Bâtiments Durables Méditerranéens ambitionne d'offrir une panoplie de services à une « filière » qui dans une large mesure reste à structurer et à constituer. L'approche du PRIDES est sur ce point très pragmatique puisque ce dernier a déjà constitué une « démarche » relevant les bonnes pratiques identifiées afin de prendre en compte les nouveaux impératifs de durabilité dans les différentes phases de la construction. C'est ce que nous explique un manager du PRIDES dans l'**encadré 6.8** ci-après.

Encadré 6.8 La démarche BDM ou la structuration d'une filière durable par un processus « d'éco-co-construction »

Une démarche BDM : un recueil de bonnes pratiques

« la diffusion d'un savoir-faire concernant l'éco construction c'est notre démarche BDM. Il s'agit donc plus de proposer une offre de formation et des outils référentiels notamment notre démarche BDM qui est un cahier des charges qui définit les moyens à atteindre lorsque l'on veut faire de l'éco-construction. Cela implique après, de se mettre en rapport avec des professionnels pour que chacun puisse répondre dans son domaine de compétence. En réalité, c'est notre démarche BDM qui permet de réunir les différents acteurs vers cet objectif commun en leur offrant une solution globale pour l'atteinte des objectifs sociétaux », (E. 17).

Un double processus itératif : structuration et co-construction

« les décisions sont vraiment collégiales, prises par l'ensemble des corps de métiers de notre profession cela garantit la pratique et l'outil parce qu'il a été établi par des pairs, [...] le processus est donc très vertueux dans la pratique, dans le retour d'expérience, dans le partage des informations et dans une perspective d'amélioration continue », (E. 17).

De manière différenciée, sans doute eu égard à l'inexistence de toute structuration initiale entre des corps de métiers très différents (bâtiment, construction, architecte, maître d'ouvrage, etc.) le PRIDES BDM est une innovation en lui-même. La structuration du réseau suit en effet un modèle participatif et collégial instillé par des cabinets de conseils spécialisés dans la conception de solutions innovantes en matière d'éco-construction. Il est inutile de justifier comme dans le cas précédent l'intérêt pour ce PRIDES d'être implanté au sein du milieu innovateur des technologies « vertes ». La démarche BDM constitue une véritable innovation dans l'approche territoriale de la structuration d'une filière, elle permet surtout aux différents acteurs d'une filière encore peu structurée d'adopter une démarche itérative et réflexive à la fois sur les finalités comme sur les outils.

En définitive, les exemples de **bouquets de services** que nous avons analysés ici nous permettent de montrer **la relation évidente qui peut être impulsée entre les logiques de « filière » et « territoriale » apparemment contradictoires.** Trois enseignements majeurs doivent être tirés de ces exemples :

- d'abord, il est mis en lumière la **complémentarité entre la politique des pôles de compétitivité et celle des PRIDES.** En effet, l'intérêt général poursuivi par la politique volontariste nationale ballotée entre impératif de polarisation et de péréquation est littéralement transformé par la logique de solidarité territoriale impulsée par la *learning region* PACA ;

- ensuite, pour que cette logique territoriale puisse être convenablement insufflée au niveau local, **le milieu innovateur de l'Arbois jour un rôle d'intermédiation et permet de révéler la proximité sociétale** ;

- enfin, il faut comprendre que cette **dialogique des processus d'actions publiques,** i.e. rencontre des principes de transitivité et téléologique **est favorisée par le système productif lui-même qui a emprunté les chemins de la compétitivité.** En ce sens, Pégase, pourtant un pôle « filière » montre que les systèmes productifs de production ne sont pas condamnés à rester sur les chemins de la prospérité. Ils peuvent dans le même temps croiser les chemins de la compétitivité.

Nous le constatons donc, la proximité sociétale, lorsqu'elle est libérée permet de conclure avec plus d'aplomb notre hypothèse selon laquelle l'Arbois est un milieu innovateur qui entretient des liens privilégié avec une région PACA résolument apprenante. Ces assertions nous conduisent naturellement à tourner le cap à l'est et poser la même question pour le district-cluster microélectronique de Rousset.

5. Un bouquet de services SCS, un Living Lab régional :

Comme nous l'avons déjà présenté, le dispositif PACA Labs à l'initiative de la région PACA est directement relié au pôle de compétitivité SCS de Rousset. Sa territorialisation suit la logique de structuration de la filière régionale que nous avons présentée également. Le lien entre le district-cluster microélectronique et la *learning region* PACA est donc ici aussi vérifié. En tout état de cause, si la filière microélectronique est structurée, le pôle SCS, dans un secteur, nous l'avons montré, directement exposé aux turbulences de l'axiome global propose lui aussi une offre de services à ses adhérents. Nous avons recueillis le discours de l'animateur du PRIDES SCS et l'avons présenté dans l'**encadré 6.9** ci-après.

Encadré 6.9 Le district microélectronique comme révélateur d'un écosystème local de l'innovation

<u>Le bouquet de services SCS : maillon d'une chaîne locale de l'innovation</u>

« Donc on a ce souci de développer une palette de services à destination des entreprises pour les aider à accompagner, ou en tout cas à faire levier sur l'innovation. Parce l'innovation c'est un levier mais il faut aussi faire levier sur le levier. Alors nous, on est un des acteurs en tant que pôles de compétitivité, mais on n'est pas les seuls. Il y a également les incubateurs d'entreprises, les pépinières. Alors on est un petit peu plus en aval si on suit la chaîne. Les incubateurs s'occupent des projets d'entreprise, le futur chef d'entreprise réfléchit à son projet et l'incubateur l'aide pour le mettre en œuvre. Quand l'entreprise est créée, elle sort de l'incubateur. Elle peut alors éventuellement entrer dans une pépinière d'entreprises, ou pas, puis on a des chances la retrouver dans notre pôle-PRIDES, (E. 9).

<u>La logique « en société » au service de la logique « en marché »</u> :

« nous avons un rôle d'intermédiation, c'est-à-dire que nous sommes au service des entreprises, mais nous ne sommes pas une entreprise. Donc dans le meilleur des cas on peut les aider à obtenir des financements, à les accompagner sur telle ou telle prestation, à se connaître entre elles, à travailler ensemble mais ce ne sont que des adhérents. Je dirais que l'on fait du conseil plus plus », (E. 9).

Nous l'avons dit ci-dessus, le dispositif PACA Labs permet de montrer l'implication territoriale du pôle SCS au travers du schéma régional de l'innovation. Cela n'induit pas en revanche qu'il n'y a pas de proximité sociétale au sein de l'unité d'analyse 2. En effet, celle-ci se révèle différemment sur un territoire plus large qui recouvre le cas d'étude dans son ensemble. Nous rejoignons ici les travaux de Jacques Garnier (1991, 2007) concernant la constitution d'un milieu technique et technologique en pays d'Aix depuis les années 60. Une fois encore, nous renvoyons le lecteur à l'étude longitudinale passionnante proposée par Garnier sur ce sujet.

En définitive, nos conclusions nous amènent à confirmer une tendance différenciée dans les modes de développement, de management des deux unités d'analyse. Ici, il apparaît clairement que **la proximité sociétale pour un district inscrit de longue date sur les chemins de la prospérité est révélée par la constitution d'un écosystème local de l'innovation sur un temps long.**

L'existence de cet écosystème local de l'innovation en pays d'Aix a donc peu à peu émergé au cours de notre analyse qualitative. Les différents bouquets de services que nous avons présentés en constituent le point de départ. En effet, **c'est par la médiation de la**

proximité sociétale que peut se re-construire la nature de cet écosystème. Plus précisément, c'est par une analyse poussée de l'encastrement (Granovetter 1994) des réseaux personnels des managers territoriaux que peut être identifié une chaîne locale de l'innovation. C'est ce que nous a confirmé un manager du pôle TRIMATEC en indiquant que c'est au « niveau interpersonnel, que chacun [*i.e. manager territorial*[188]] à une forme de sentiment éthique qui aide à la structure », (E. 15).

Au-delà même, c'est ici que se passe **la transition d'un système pouvant être analysé sous un mode synchronique avec les bouquets de services à un système devant être analysé sous un mode diachronique avec l'écosystème local de l'innovation.** Autrement dit cette recherche aboutit à combiner une analogie mécanique pour examiner le régime d'accumulation des modalités de proximité de la dimension idiosyncrasique d'un système territorial avec une analogie biologique pour analyser les modes de coordination et re-construire la proximité sociétale de la dimension diachronique d'un système de compétitivité territoriale.

Encadré 6.10 Tentative de définition de la proximité sociétale

---

La proximité sociétale concerne la mise en œuvre d'un comportement collectif socialement ancré dans un territoire par un processus de prise de conscience et d'auto-identification des intentions finalisées d'acteurs hétérogènes visant la valorisation d'un bien commun au travers d'intérêts locaux partagés.

Source : Auteur.

Ainsi, **pour le management de la compétitivité territoriale, le fondement de la proximité sociétale doit-il être recherché dans des démarches où les managers territoriaux sont « au service de ».** C'est bien ce qu'exprime le responsable de projets du syndicat mixte de l'Arbois quand il énonce : « on est au service « de », et cela n'est pas quelque chose de péjoratif au contraire, c'est une plus-value parce que la meilleure communication que l'on peut vous faire, c'est quand une entreprise vous dit : j'ai bien bossé avec le technopôle de l'Arbois et j'aime bien bosser avec ces gens-là », (E. 12). On le comprend, il n'est plus question d'être au service d'intentions finalisées pouvant s'analyser soit dans une logique « en marché », soit encore dans une logique « en société », c'est-à-dire par exemple, au service des entreprises pour les managers de l'innovation ou encore au

---

[188] Rajouté par nous.

service de la collectivité territoriale pour les managers publics locaux. Il s'agit bel est bien d'être au service d'un phénomène qui dépasse le cadre du territoire et qui dépasse le cadre du marché, un phénomène à la croisée des deux logiques : la compétitivité territoriale.

Pour illustrer au mieux nos propos, nous avons pris deux exemples que nous avons reproduits dans l'**encadré 6.11** ci-dessous. Le premier verbatim retrace les propos du Directeur général Adjoint à l'aménagement et au développement du syndicat mixte de l'Arbois. Le second extrait donne le point de vue d'un manager de l'innovation du PRIDES TRIMATEC.

Encadré 6.11 Les fondements de la proximité sociétale: au service du collectif

La proximité sociétale : le « au service de »

« je trouve que c'est l'un des honneurs de notre métier que d'être l'interface entre ce que l'on appelle le terrain, c'est-à-dire les acteurs qui font l'économie et la recherche et puis, les politiques publiques. […] et d'être vecteur de ce dialogue là, je fais remonter les besoins des acteurs du terrain auprès de la collectivité, la collectivité elle, elle écoute et puis elle a aussi ses propres obligations, ses propres compétences de budget, de fonctionnement de politique enfin tout ce qu'on veut mais l'idée c'est qu'effectivement, à un moment donné, ce dialogue soit fructueux dans un projet collectif et qui permette le développement économique », (E. 4).

La proximité sociétale : « il faut jouer collectif mais cela repose sur la bonne volonté de certains individus » :

« je souhaiterais que l'on travaille plus en réseau, que les acteurs jouent le jeu parce que certains ne jouent pas le jeu. Que les structures soient plus en réseau qu'elles soient interconnectées, qu'elles se parlent plus, que l'on joue plus le territoire. C'est vrai que l'on est quand même un petit peu individualistes toutes les structures de l'innovation et on arrive à se coordonner pour certains mais cela repose un peu sur la bonne volonté des individus, sur le mode de fonctionnement de quelques individus qui préfèrent jouer collectif.
On n'y est pas vraiment incités, en même temps autour de quoi pourrait-on faire jouer collectif qu'est ce qu'il faudrait pour nous fédérer ? Parce que l'innovation en soi cela ne veut rien dire, le développement de la région PACA, c'est trop grand PACA.

Donc, jouent le jeu du réseau ceux qui ont envie de le jouer et on est quelques-uns à avoir décidé de le jouer mais parmi les gens qui travaillent dans des structures homologues il y en a qui ne jouent pas que le jeu et du coup je comprends qu'ils ne connaissent pas ce genre de projet [*le projet d'agglomération du pays d'Aix*[189]] et ce genre d'agences [*AUPA, PAD, conseil de développement*[190]] », (E. 15).

---

[189] Rajouté par nous.
[190] Rajouté par nous.

Comme on peut le constater au travers de ces propos que nous avons recueillis, que ce soit au niveau des managers publics locaux qui mettent en œuvre des politiques territoriales ou même au niveau des managers de l'innovation qui accompagnent (pôles et PRIDES) les politiques volontaristes il existe une communauté, un collectif de managers « au service de ». Ces managers territoriaux par leurs réseaux respectifs, par leurs compétences spécifiques et leur implication au-delà des logiques de leur organisation et / ou institution ont créé une chaîne locale de l'innovation. **Cette chaîne locale de réseaux interpersonnels est connectée à différentes structures de soutien à l'innovation et l'ensemble forme un écosystème local de l'innovation.**

B. *Nature et constitution de l'écosystème local de l'innovation du pays d'Aix :*

C'est au fur et à mesure de notre exploration empirique avec des allers-retours incessants sur la construction de notre exploration théorique que nous avons pris conscience que les managers territoriaux avaient véritablement construit une chaîne locale de l'innovation. Cette chaîne locale de l'innovation emporte certaines spécificités :

- **elle transcende bien sûr les unités d'analyse que nous avons pu identifier** pour l'utilité de cette recherche, les rapports interpersonnels ne s'arrêtent pas aux frontières artificielles que les chercheurs peuvent délimiter ;

- **elle transcende également les relations internes des systèmes de compétitivité territoriale que nous avons pu révéler.** Nous argumenterons ici que le milieu innovateur de l'Arbois tout comme le district de Rousset sont tous les deux connectés avec la *learning region* PACA (au travers de politiques publiques régionales) et nous ajouterons qu'ils sont également connectés dans les pratiques à la métropole marseillaise qui par ailleurs accueille l'hôtel et la préfecture de région.

Cette chaîne locale de l'innovation est donc au départ constituée par la volonté et les réseaux de certains managers territoriaux. Ces managers sont tous employés par diverses structures qui commencent grâce au travail de ces hommes à former un écosystème local de l'innovation. Comme le montre la **figure 6.2** ci-dessous, la constitution de l'écosystème local de l'innovation suit une perspective dynamique[191]. C'est ce que nous confirme le Directeur de l'agence de développement économique du pays d'Aix quand il énonce : « qu'il y a plein d'entreprises qui sont à l'intersection de tous ces nuages, elles doivent avoir plusieurs types de relations dans tous ces différents écosystèmes. Cela pose des problématiques en revanche au niveau des PME pour le temps passé dans les réunions, et plus globalement pour le développement du réseau personnel », (E. 16).

Figure 6.2 Perspective dynamique de l'écosystème local de l'innovation: de l'idée à la proximité sociétale

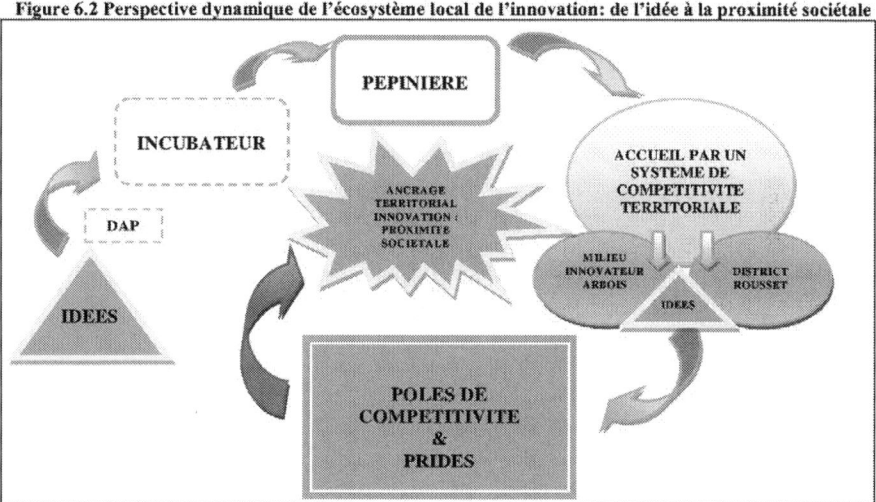

Source : Auteur.

Pour encore mieux illustrer cette figure, il suffit de lire le récit d'un manager public local qui nous explique en quoi a consisté son travail dans le dernier projet qu'il a eu à traiter, (voir **encadré 6.12** ci-dessous) :

Encadré 6.12 La maîtrise de l'écosystème local de l'innovation par les managers territoriaux

« Le dernier projet sur lequel j'ai travaillé, on avait un chercheur qui avait la capacité de transformer les déchets de l'étang de Berre en hydrogène, avec une formule particulière. Nous sur le site on a société qui est une filiale d'AREVA, donc qui se situe dans la chaîne de valeur de l'hydrogène notamment la pile à combustible pour stocker de l'énergie. Donc l'idée était de faire travailler ensemble des gens qui produisaient des déchets autour de

---

[191] Nous précisons que les formes « triangles » matérialisant les idées à la base de toute création d'entreprise ont été placées à l'exogène quand l'entrepreneur n'est pas issu du pays d'Aix et à l'endogène, c'est-à-dire dans le cas de figure où le district voit un cadre d'un des fondeurs créer une start-up microélectronique, ou bien encore lorsqu'une entreprise innovante est secrétée par le milieu innovateur des technologies « vertes » de l'Arbois.

l'étang de Berre, des gens qui étaient en capacité de formuler quelque chose pour transformer le déchet en ressources (les scientifiques) et les utilisateurs finaux. Donc dans ce cas là on a réussi à mettre autour de la table ces acteurs, avant de passer le relais aux pôles de compétitivité pour construire le dossier », (E. 12).

Ainsi, la prise de conscience par les manager territoriaux de **l'utilité de tracer une trajectoire dynamique susceptible d'accompagner les innovations depuis leur stade initial (idée) jusqu'à leur concrétisation territoriale est-elle une préoccupation intégrée par le milieu local**. C'est offre de prise en charge de l'innovation par les managers publics locaux les plus impliqués correspond par ailleurs à une demande des managers de l'innovation qui eux travaillent sur les bouquets de services et sur une échelle territoriale plus vaste (région ou zonage R&D). Un chef de projets du pôle de compétitivité SCS nous confirme ce besoin d'un relais local pour l'accompagnement de l'innovation : « On a déjà 200 adhérents qui sont très exigeants par rapport à ce qu'ils nous demandent, donc on ne peut pas trop s'occuper des relations avec les collectivités territoriales. Je le déplore. », (E. 9).

Au final donc, chacune des structures, grâce à chacun des managers territoriaux, participe à l'accompagnement et au développement des innovations en amenant un savoir-faire, des outils et des pratiques spécifiques. C'est le cas par exemple des manageurs-développeurs, « c'est le territoire que je dois développer, c'est-à-dire sur lequel je dois attirer des entreprises, des laboratoires, créer de la valeur ajoutée », (E. 4). Ou encore, « pour une entreprise innovante il faut mettre en accord toutes les actions publiques ou privées de tous les acteurs du territoire pour que le chef d'entreprise puisse avoir l'accompagnement et le réseau qu'il faut », (E. 16), nous confie un manager-développeur du pays d'Aix. C'est cas aussi des managers publics locaux : « Je travaille sur tout ce qui est collaboration entreprises-recherche, donc tout ce qui est liés au quotidien des relations avec ces organismes là, pour détecter en fait, les projets qui pourraient naître et ensuite, je passe le bébé au pôle de compétitivité », (E. 12). Le responsable de projets du milieu innovateur de l'Arbois poursuit d'ailleurs en insistant sur le fait que : « si on est sur un projet d'entreprise, notamment la vie de l'entreprise, l'idée c'est bien de pouvoir se passer le relais et de faire en sorte qu'il n'y ait pas de confusion entre le métier de d'untel ou d'untel, c'est-à-dire qu'il faut bien savoir qui fait quoi », (E. 12). De ce point de vue l'importance de manager cet écosystème local de l'innovation apparaît comme une impérieuse nécessité.

C'est pourquoi une préconisation de ce travail doctoral vise à la création d'une agence de l'innovation et de la compétitivité territoriale pour le pays d'Aix. Cette dernière devrait avoir la charge de fédérer les acteurs de la chaîne locale de l'innovation. Il faut préciser qu'une étude d'une des commissions du conseil de développement du pays d'Aix a produit un document de travail sur l'innovation en concluant qu'il fallait une agence pour l'innovation. Le besoin est donc identifié et doit être mis en œuvre, nous y reviendrons dans la section suivante.

D'après nos conclusions, cette agence de la compétitivité territoriale devrait de prime abord concentrer ses efforts sur deux types d'action :

- d'abord recenser les forces vives parmi les managers territoriaux des différentes structures de soutien à l'innovation. En effet, nous l'avons déjà abordé, certains managers apparaissent comme incontournables soit qu'ils aient l'expérience, soit qu'ils aient la formation, ou mieux encore les deux ;

- ensuite, il s'agirait de mettre en relation les bouquets de services avec les projets ou stratégies territoriales des différentes collectivités.

Une fois de plus cette agence pourrait être crée au niveau régional, mais d'une part, l'espace régional est résolument trop vaste et d'autre part, la région PACA, nous l'avons dit a fait le choix de déléguer cette mission à une association Méditerranée Technologies. Pourtant il émane des discours des managers territoriaux un véritable besoin en ce sens, comme témoigne un animateur du PRIDES Pégase : « il nous faudrait une plate-forme d'échanges dans laquelle on pourrait se retrouver avec d'autres PRIDES, avec les acteurs institutionnels et les pouvoirs publics qui soutiennent cette politique. Une structure pour pouvoir se connaître et échanger des bonnes pratiques, pour pouvoir se coordonner entre nous. C'est vrai qu'au sein du technopôle de l'Arbois on est cinq pôles de compétitivité ou PRIDES et que l'on ne se parle pas et je trouve qu'il manque une structure qui puisse faire la cohésion de tout cela », (E. 19). Rappelons que **l'hôtel de la compétitivité** est en cours de construction au sein du milieu innovateur et pourrait tout-à-fait assurer la mission de cette agence de l'innovation et de la compétitivité. De plus cet hôtel construit sur le territoire d'un syndicat mixte serait une opportunité parfaite de réunir les acteurs du pays d'Aix et de Marseille Provence Métropole dans une dynamique commune, nous y reviendrons également dans la question de la coordination de la section quatrième de ce chapitre.

Ainsi l'objectif des managers territoriaux est-il de constituer un ensemble cohérent et transversal, pour l'accompagnement des entreprises dans toutes les phases de leur maturation, pour le développement de l'emploi sur leur territoire et plus globalement le développement économique et l'aménagement du territoire harmonieux au sein du pays d'Aix. Les managers territoriaux assurent le rôle d'intermédiaire pour faciliter le passage, la transition des bouquets de services à l'écosystème local de l'innovation et vice-versa : « cela ne peut se faire qu'en partenariat avec l'ensemble des acteurs locaux et en impliquant l'ensemble des fonctions du pôle de compétitivité, c'est-à-dire de la filière », (E. 21), nous confie le responsable des projets territoriaux du pôle Pégase, (voir **encadré 6.13** ci-dessous).

Encadré 6.13 Les projets territoriaux Pégase : une démarche exemplaire de management de la compétitivité territoriale

---

Les projets territoriaux Pégase : le renforcement du capital idiosyncrasique

« La collectivité on lui dit que l'on veut bien être là mais pour les 10 ans à venir voilà ce que cela veut dire pour vous en termes de montant de cofinancements sur des FUI, en termes de montant pour les cofinancements de la ressource en question, de cofinancements pour les investissements en bâtiments, etc., puisque nous on raisonne à 10 ans on lui donne une vision à 10 ans.
Donc on dit aux collectivités : oui, nous on veut bien être là mais il faut vous engager à nos côtés. Donc on est à la croisée des chemins entre une approche territoriale de notre filière industrielle et les processus d'actions publiques », (E. 21).

Les projets territoriaux Pégase : l'aide au management de la dimension diachronique

« En ce sens nous avons un rôle incitatif auprès de ces collectivités territoriales pour qu'elles développent des stratégies de territoire en leur apportant des arguments techniques. C'est-à-dire qu'on leur apporte une expertise en termes de vision, de création d'emplois, d'effet de levier c'est-à-dire pour un euro d'argent public qu'est ce que l'on va de générer derrière. Parce que l'on sait bien que c'est cette lecture là que la collectivité territoriale va avoir et donc le fait de lui amener ces réponses là cela lui permet de se décider en connaissance de cause », (E. 21).

Comme nous pouvons le constater, le pôle Pégase au travers de la démarche des projets territoriaux qu'il est en train de mettre en place actuellement propose aux collectivités territoriales une véritable démarche de management de la compétitivité territoriale. Force est de constater cependant que tous les pôles et les PRIDES ne pourront proposer un tel service aux collectivités sur le territoire desquelles ils sont implantés. Aussi, le management de la compétitivité territoriale, s'il est l'affaire de tous les acteurs de la chaîne locale de l'innovation doit-il trouver des relais privilégiés, nous le pensons au niveau des EPCI / pays et des futures métropoles. En tout état de cause nous allons examiner désormais quelques éléments qui montrent que l'écosystème local de l'innovation doit être managé.

C. *Le management de l'écosystème local de l'innovation du pays d'Aix :*

En 10-15 ans, le pays d'Aix au travers des politiques publiques volontaristes et territoriales s'est donc structuré comme un écosystème local de l'innovation. Le territoire était prêt, la dimension idiosyncrasique avait accumulée suffisamment d'énergie potentielle pour que la dimension diachronique puisse se déclencher : « les services que l'on offre, la mise en relation, les échanges, les proximités que l'on favorise, etc., sont ici travaillées depuis des années et forment une réalité qui s'inscrit dans un territoire pertinent pour leur action et qui leur permet de rayonner vis-à-vis de leurs membres », (E. 4), nous confie par exemple le Directeur du syndicat mixte de l'Arbois. Le management de la compétitivité territoriale vise donc à prendre en compte l'ensemble des éléments que nous avons étudié jusqu'alors. L'**encadré 6.14** ci-dessous montre, avec le témoignage d'un manager du pôle Pégase, comment le management de la compétitivité territoriale est envisagé par les managers de l'innovation :

Encadré 6.14 Manager la compétitivité territoriale : quand les managers de l'innovation font le travail des managers publics locaux

« De toute façon nous on est là pour amener du contenu et des conseils sur le contenant. Le contenant on ne le fait pas. La collectivité territoriale nous propose un projet à la labellisation et nous on lui dit oui cela nous intéresse ou pas. Si cela nous intéresse, compte tenu de nos objectifs on pose des conditions. On essaye de ramener la réalité économique de notre filière sur le projet de territoire de la collectivité. Après tout est affaire de négociations avec la collectivité : jusqu'où elle peut aller et jusqu'où nous on peut aller. Puisque l'on a aussi des adhérents qui ont voté une stratégie et on ne peut pas ne labelliser n'importe qu'elle zone. Parfois malheureusement politiquement on ne peut pas refuser des projets. Alors dans ce cas là notre travail c'est d'injecter notre expertise pour essayer de faire des projets quelque chose de viable. Il faut faire avec quoi ! On a une approche assez pragmatique », (E. 21).

Pour manager la compétitivité territoriale, nous l'avons vu il faut en amont que les dimensions idiosyncrasiques et diachroniques soient réunies. A ce titre, notre analyse nous permet de conclure que ces éléments sont bel et bien réunis en pays d'Aix. Nous envisagerons brièvement ces éléments puisqu'ils ont pour grande partie été déjà développés dans les paragraphes précédents.

1. <u>Une dimension idiosyncrasique renforcée par l'accumulation des proximités</u> :

Le pays d'Aix possède les caractéristiques d'un écosystème local de l'innovation. La dimension idiosyncrasique de la compétitivité territoriale a permis l'accumulation des modalités de proximité géographique et organisée. Plus précisément, les managers territoriaux ont délimités les périmètres des interactions potentielles en préparant les espaces de la mise en action publique des politiques publiques en faveur de la compétitivité. Les arènes relationnelles ont par ailleurs étaient construites par les managers de l'innovation et sous une logique « en marché » ont incitées les acteurs à collaborer en vue de dégager des solutions innovantes. Ainsi, les structures et infrastructures motrices de la compétitivité territoriale se sont implantées depuis quelques années en pats d'Aix nous avons relevé ici les plus importantes :

- L'IRFEDD, l'Institut Régional de Formation à l'Environnement et au Développement Durable est un centre de formation dédié au milieu innovateur des technologies « vertes » de l'Arbois ;

- Le CMP, le Centre de Microélectronique de Provence, est un centre de formation qui permettra de former les ingénieurs, (notamment ceux qui porteront la reconversion numérique et photovoltaïque du district-cluster de la microélectronique) ;

- Les pépinières et hôtels d'entreprises au sein des deux systèmes de compétitivité territoriale identifiés au sein de notre étude de cas ;

- Centre national RFID, à Rousset (le seul en France) ;

- Les plates-formes technologiques (trois à l'Arbois et une à Rousset) ;

- Demain les projets territoriaux du pôle de compétitivité Pégase ;

- L'étude de faisabilité avant la mise en place d'un écosystème numérique sur le pays d'Aix, (Axe 3 du dispositif PACA Labs) ;

- L'hôtel de la compétitivité, comme nous l'avons dit, viendra concrétiser ce renforcement et cette accumulation des potentialités de la dimension idiosyncrasique de la compétitivité territoriale : « sur le territoire, tous les acteurs des pôles et les PRIDES sont engagés dans la dynamique de l'hôtel de la compétitivité, alors ça c'est un projet à mon sens d'ailleurs qui est unique en France. L'idée c'est de pouvoir fédérer ces pôles de compétitivité autour de thématiques croisées », (E. 12), nous confie un manger public local.

En définitive, au travers de cette liste non exhaustive, l'énergie potentielle apparaît comme largement accumulée sur le territoire et doit être libérée pour donner sa dynamique à l'action du territoire. Cela suppose alors, bien sûr qu'un processus d'auto-identification, qu'une identité commune émerge dans les systèmes de représentation des acteurs afin de donner un sens à cette action. Nous l'avons vu, la communauté d'agglomération du pays d'Aix de l'aveu même de ses managers n'a pas su, n'a pas pu remplir ce rôle, le pays d'Aix n'a pas de stratégie territoriale. Dans ce cas de figure, ce dernier est-il condamné à rester un territoire réceptacle, un milieu contexte, un support neutre pour l'accueil des activités productives ? C'est à ce stade que notre analyse montre que des indices peuvent être relevés pour invalider cette hypothèse d'inaction. Il n'y a pas de stratégie commune clairement définie, mais cela ne signifie pas pour autant qu'il n'y a pas de compétitivité territoriale.

2. Une dimension diachronique révélée par la proximité sociétale :

Nous l'avons présenté, les politiques publiques volontaristes suivant un processus d'action publique *top-down* ont formalisé une offre de service à destination tant des entreprises que des collectivités. Les plates-formes technologiques, les projets territoriaux sont autant d'indices qui nous ont permis de re-construire une chaîne locale de l'innovation impliquant des managers territoriaux dans une cause sociétale. **Au travers des encastrements multiples et complexes l'arène intentionnelle se trouve maillée d'une constellation d'acteurs « au service » d'un écosystème local de l'innovation.**

Plus globalement une dynamique est en cours, une dynamique qu'il faut manager. La compétitivité territoriale si elle est un phénomène émergent et construit de manière chaotique est sans doute trop rare pour qu'on la laisse « in-gérée ». Un exemple de délitement de la dynamique territoriale peut être illustré lorsque les réseaux d'animation des filières structurés (ou en cours de structuration) montrent des comportements autonomes avec par exemple les conventions partenariales qui transcendent désormais les filières comme les territoires (CORP, France Eco-extraction, etc.). Ce phénomène est une bonne nouvelle pour la compétitivité comme le décrit un manager du pôle TRIMATEC : « on a souvent aussi un intérêt à s'associer avec d'autres pôles de compétitivités qui souvent sont sur des filières connexes par exemple on travaille très bien avec le PRIDES fruits et légumes et le PRIDES parfum arômes senteurs et saveurs et avec ces deux autres PRIDES on a créé une structure qui s'appelle France Éco extraction parce que nous on a apporté technologies et eux ont apporté les filières », (E. 15). C'est donc souvent des croisements inter-pôles ou inter-PRIDES que se dégagent les innovations, nous l'avons dit, mais ces mouvements transversaux doivent être managés. Cela doit inciter les managers publics locaux à se saisir de la question.

C'est bien ce que nous précise un manager du pôle Pégase en avançant que « bien évidemment il faut qu'il y ait une synergie au niveau de l'écosystème local, c'est-à-dire, si on raisonne au niveau de la communauté d'agglomération du pays d'Aix : comment raisonner de façon globale pour cet écosystème et comment faire en sorte que les entreprises qui seront à l'Arbois puissent travailler avec les entreprises qui sont à Vitrolles par exemple ? Comment elles peuvent utiliser au mieux les plates-formes technologiques ? C'est cela ce que ça veut dire un écosystème local », (E. 21). **Pourtant les initiatives, les animations de l'écosystème de l'innovation existent. Seulement elles sont parcellaires, spontanées, inopinées et finalement restent soumises à la bonne volonté des managers « au service de ».** Un exemple nous est livré par un manager-développeur du district de Rousset quand il participe à l'accompagnement de l'évolution du système production vers la photovoltaïque : « J'ai organisé une réunion avec tous les acteurs de la photovoltaïque située au sein de la haute vallée de l'arc. Il y avait une quinzaine de petites sociétés à la mairie, et les acteurs ont pu se rencontrer et se parler », (E. 7). Voici clairement une initiative de management de la compétitivité territoriale et de l'autre côté de la ville d'art, les managers publics locaux de l'Arbois, fort de la logique technopolitaine font preuve également d'un tel dynamisme : « on est vraiment à la limite du public et du privé. L'idée c'est de partager l'information, parce qu'en partageant l'information on partage le projet. L'objectif ce n'est pas de mener chacun son projet dans son coin, parce que dans ces cas-là nous ne saurions pas efficaces », (E. 12). Il y a donc un potentiel, il y a donc des énergies et de l'information, les éléments pour que la dynamique du système se déploie sont, selon nous, évidemment réunis. C'est le discours tenu par le Directeur du syndicat mixte de l'Arbois qui résume bien cette situation : « c'est notre bonne connaissance du réseau, qui nous permet de mettre en relation tout ces acteurs qui travaillent à côté mais ne se connaissent pas forcément. C'est-à-dire que beaucoup de personnes ne réfléchissent pas comme ça, et nous on en a fait notre mode de travail, nous on parle de chaîne de valeur de l'innovation », (E. 4).

Cette prise de conscience d'animer l'écosystème local de l'innovation est également comprise et finalisée par les managers-développeurs du pays d'Aix, le Directeur de PAD nous explique : « on participe à des actions collectives avec les pôles de compétitivité au travers d'opérations de promotion de salons. Par exemple l'association ARCSIS qui est la brique microélectronique du pôle de compétitivité SCS on les soutient sur les conférences qu'ils organisent sur des thématiques précises. C'est une opération de marketing territorial qui est forte », (E. 16). Aussi, les managers territoriaux ont-ils pris la mesure de leur mission d'animer un réseau ce local de l'innovation destiné à l'accompagnement des entreprises de leur territoire et ceci sur toutes les phases de leur développement, « aujourd'hui mon travail consiste à faire de l'animation sur le site, c'est-à-dire la réalisation de manifestations », (E.12).

Cette animation de l'écosystème local de l'innovation est partagée et co-construite entre les managers territoriaux, les managers-développeurs, les managers-aménageurs, les managers publics locaux et régionaux et les managers de l'innovation. Il n'est donc pas surprenant que les managers de l'innovation (secteur associatif) viennent offrir leurs bouquets de services, leurs « packs » aux collectivités territoriales, c'est l'exemple pilote des projets territoriaux du pôle Pégase que nous avons présenté. C'est encore l'exemple du pôle Risques qui par son approche globale a préparé le terrain en « favorisant la mise en relation entre des futurs utilisateurs qui sont souvent des services de l'Etat ou de communes, car en matière de gestion des risques se sont souvent des communes qui ont la compétence. Voilà nous on a cette capacité à mettre en relation des gens comme le ministère de l'environnement et des entreprises parce que l'on est un peu entre les deux, ce genre d'action à mon avis c'est innovant dans le sens où ça permet de faire des trucs qui ne se faisaient pas avant », (E. 11). C'est enfin aussi l'exemple du dispositif PACA Labs de la *learning region* dont le chef de projet nous explique qu'à « terme l'objectif est d'élargir le dispositif PACA Labs à d'autres champs que le numérique, mais aussi élargir le champ des possibles en faisant se rencontrer par exemple le pôle SCS qui a les solutions numériques et le pôle Risques qui a des besoins qui peuvent compléter par ces solutions », (E. 20).

En définitive, **les politiques publiques volontaristes jouent résolument la carte territoriale.** Concernant **les politiques publiques territoriales, il semble également qu'elles commencent à jouer la carte de l'innovation et de la compétitivité. C'est de la rencontre de ces deux processus d'actions publiques, de leur dialogique, que peut émerger un management de la compétitivité territoriale efficient.** Cependant, la dynamique ne créée pas que des effets positifs. Au cours de notre investigation empirique nous avons ainsi pu relever des éléments qui pourraient être assimilés à des externalités négatives sociétales.

D. *Des limites de la proximité sociétale jusqu'aux ajustements prospectifs :*

Ce dernier paragraphe est destiné à adopter une démarche réflexive sur les propos développés dans cette section. En effet, si nous pensons que la révélation de la proximité sociétale est une avancée dans la compréhension du phénomène de compétitivité territoriale, il ne faut pas toutefois faire l'économie d'une approche critique sur cette nouvelle forme de proximité. Il s'agit plus précisément de mettre en perspective nos observations et nos conclusions avec la perception que les managers territoriaux ont de leurs pratiques présentes et à venir. Autrement dit, nous voulons ici **articuler les éléments du système de représentation des managers à l'endroit de notre objet de recherche** : tenir compte du passé pour construire le présent tout en envisageant les différents avenirs possibles. Dans notre analyse qualitative, ces verbatims ont été regroupés dans deux items que nous avions intitulés *externalités négatives sociétales* et *prospective normative sociétale*. Ils faisaient ressortir les éléments d'interrogation tels qu'ils étaient perçus par les managers territoriaux. Ainsi, comme pour les autres formes de proximité (géographique et relationnelle), avons-nous découvert que la réduction de la « distance sociétale » telle qu'opérée par la proximité sociétale provoquait de nouvelles formes de nuisances. A ce titre, il s'avère que des groupes de réflexion et de pression impliquant des acteurs d'échelles territoriales diverses préparent, anticipent et mettent en place les solutions normatives destinées à l'encadrement des nouveaux modes de développement, i.e. transition de la société de marchés à la concurrence des territoires. Les deux unités d'analyse qui implémentent, nous l'avons montré, des modes de développement économique et de management territorial différenciés se trouvent confrontées à des éléments prospectifs qu'il conviendrait de mettre en synergie à un niveau plus agrégé. C'est une crainte que nous confie le manager des projets territoriaux du pôle Pégase : « Parce qu'aujourd'hui c'est vrai que l'on agrège des choses un petit peu hétéroclites et à mon sens cela va être le talon d'Achille de notre démarche. On aura du mal à avoir un affichage global et à montrer une dynamique territoriale forte », (E. 21).

1. Le pays d'Aix : le politique et le management public à développer

D'un point de vue général et au niveau de notre étude de cas dans son ensemble, force est de constater qu'un certain nombre d'externalités négatives sociétales sont dues à la problématique du politique. Sans entrer dans une telle discussion qui ne relève pas de notre recherche, constatons simplement que certains managers territoriaux déplorent le manque de contact direct avec les élus locaux. C'est ce que nous apprend un manageur-aménageur du pays d'Aix, à propos des élus locaux, « souvent les techniciens des collectivités territoriales se les accaparent, ils les instrumentalisent. Et quand on arrive à avoir un contact direct avec un élu local notre travail et notre message a beaucoup plus d'impact », (E. 22). Pourtant et dans le même temps, cette relation privilégiée entre l'élu et le technicien est porteuse d'évolution nous confie un manager public local : « les élus, sont sensibilisés à certaines questions grâce à leurs techniciens qui vont les harceler sur tel ou tel projet jusqu'à ce que il y ait une vraie prise de conscience. Souvent, les techniciens jouent un rôle de liaison entre les politiques, c'est-à-dire les élus et les projets qui nous ramènent à la réalité économique », (E. 12). La question des arbitrages politiques locaux est donc au cœur des préoccupations. Si sous de nombreux aspects, ces arbitrages sont la manifestation même de la démocratie de proximité et montrent que les sociétés locales sont des espaces de vie à part entière, il ne faut pas cependant que cela nuise au déploiement de l'action. Finalement, comme pour la prise en comptes par les managers territoriaux de l'impératif local, les politiques locaux sont plus ou moins sensibles aux thématiques et problématiques de la transition sociétale.

Toutefois, les managers territoriaux semblent avoir pu saisir les opportunités qui peuvent leur permettre de « contourner » certaines de ces contraintes politiques en montrant une réelle capacité à « jongler » entre les sphères publiques et privées, entre les proximités organisée et sociétale afin de conduire et mener à bien les actions structurantes sur leur territoire. C'est le témoignage d'un manager public local de la mairie de Rousset : « quand vous mettez en place des projets pour mutualiser les compétences et que vous vous heurtez aux guerres intestines de nos territoires, c'est très compliqué à arbitrer pour nous.

Heureusement qu'il y a une grande partie des financements qui sont privés ce qui permet souvent de passer au-delà de ces problèmes purement locaux », (E. 6). Les politiques publiques de type *top-down* permettent donc de disperser les financements et par là même de réduire les dangers de dérives localistes et « localisantes ».

Un autre point intéressant a pu émerger du discours des managers interviewés. Il concerne l'articulation des différentes temporalités entre le politique et le management public, envisagée comme une contrainte territoriale et sociétale opposant le court terme au long terme. Un manager-aménageurs de l'AUPA nous explique alors qu'à « chaque fois qu'il y a des élections, les élus locaux il faut qu'on retourne les voir pour se présenter : qui on est, à quoi on sert, on repart presque de zéro », (E. 22). Plus globalement enfin, certains managers territoriaux (les plus aguerris) font ressortir une problématique plus fondamentale et propre management public : « un vrai frein à notre compétitivité, au niveau des collectivités territoriales, à mon sens il y a un manque de formation des agents qui suivent les organismes », (E.12). Ce constat met en relief des décalages importants qui existent de façon certaine entre les collectivités territoriales, les agences et les structures de soutien à l'innovation. Une chose est sûre à ce propos, **la CAPA est largement déficitaire en compétences permettant de soutenir un management de la compétitivité territoriale en pays d'Aix.** Plus largement, beaucoup de managers territoriaux « pensent » encore les chemins de la prospérité alors qu'il serait indispensable qu'ils apprennent à saisir les enjeux que leur offrent les voies de la compétitivité. Fort heureusement, au sein des unités d'analyse encastrées de notre étude de cas, ces mêmes enjeux sont saisis, relayés et questionnés par des managers territoriaux avertis.

2. Le district de Rousset et les chemins de la prospérité comme producteurs d'externalités négatives sociétales :

Concernant le district de Rousset, les problématiques de proximité sociétale ne manquent pas d'émerger. En effet, les chemins de la prospérité, l'ancien modèle de la production industrielle est révélateur d'un grand nombre d'externalités négatives. La production microélectronique par exemple est une grande consommatrice d'eau, ce qui nécessite la mise en place d'équipements publics destinés à limiter les impacts des rejets industriels sur l'environnement. Dans ce cadre là, les industriels de la microélectronique doivent respecter des arrêtés préfectoraux qui constituent pour eux « une contrainte puisqu'ils n'ont aucun moyen de pression sur le préfet ! C'est-à-dire que l'arrêté préfectoral qui impose telle qualité de rejet doit s'appliquer », (E. 6), nous explique le Directeur général des services de la mairie de Rousset. Face à cette réalité, les arguments déjà relevés en ce qui concerne les influences de l'axiome global se trouvent renforcées. En effet comme nous le précise ce manager : « Ce n'est pas parce que cela leur coûte cher qu'ils vont pouvoir changer cela, alors qu'à Singapour par exemple, ce n'est pas du tout le même seuil de tolérance en matière d'assainissement par exemple. Et ça, le fait d'être contraint par la puissance publique, ils ne le supportent pas nos industriels ! Eux, ils voient combien ça leur coûte en dollars et ils disent, en France ça coûte plus cher qu'à Singapour, ou qu'en Chine, etc. », (E.6). On le voit bien ici mis en relief : **la proximité sociétale a un prix** ! De ce point de vue l'évolution des législations des pays européens à la pointe des enjeux de la transition vers une économie durable, propre et basée sur les savoirs et les connaissances se révèle comme un handicap à la concurrence sur les secteurs aux chaînes de valeur globalisées.

Les managers territoriaux du district de la microélectronique qui est largement tributaire encore de cet ancien modèle industriel doivent donc arbitrer sur de nouvelles externalités négatives sociétales en plus de la concurrence des pays émergents sur les salaires. Ainsi, la commune de Rousset qui possède une station d'épuration industrielle (capacité d'une ville de 70 000 personnes pour une commune de 4000 habitants), impose-t-elle aux industriels en vertu de la contrainte normative (DRIRE[192]) un « rejet dans l'Arc qui est un fleuve, une sortie de station « eau qualité baignade ». Ca coûte très cher et les industriels pleurent », (E. 7), nous confie un manager-développeur de la zone industrielle.

Encadré 6.15 Production industrielle *versus* protection de l'environnement : une externalité négative sociétale

« on essaye de voir l'impact qu'aurait le développement industriel sur l'environnement », […] les industriels utilisent aujourd'hui des produits chimiques qu'ils n'avaient pas il y a cinq ans. Donc nous, il faut que l'on soit capable de faire évoluer nos unités de traitement de déchets. […] Cela nécessite des investissements pour nous ne serait-ce qu'en termes d'énergie, d'eau pour l'alimentation et l'assainissement donc *in fine* nos outils doivent aussi être capables de gérer ce qu'ils produisent. On est donc amené nous aussi à augmenter notre capacité d'accueil si on veut qu'ils restent ici », (E. 6).

---

[192] Direction Régionale de l'Industrie, de la Recherche et de l'Environnement.

En définitive, comme nous avons pu le constater la problématique des managers territoriaux face à l'ancien modèle de la production industrielle (chemins de la prospérité) *a fortiori* impactée par l'accélération de l'axiome global impose la résolution de contraintes sociétales. Ces questions viennent alors empêcher, amoindrir les modalités de la proximité géographique, i.e. la délimitation de l'espace de mise en action publique, en d'autres termes l'attraction, la captation et la rétention des industriels sur le territoire roussetain. Les questions qui peuvent apparaître sont alors nombreuses, du point de vue des investissements en matière d'équipements publics notamment et comme le relève le premier manager de la commune : « A ce propos, pour ne rien vous cacher, il y en a beaucoup qui s'interrogent, est-ce que cela relève vraiment du service public ? Dans l'absolu, cette question peut apparaître légitime, pourquoi est-ce les contribuables qui devraient payer pour des multinationales ? », (E. 6). On le voit bien ici qu'**il s'agit de questions sociétales soulevées par la logique « en marché » mais devant être arbitrées sous une logique « en société »**. Dans la perspective de l'évolution du système productif vers la photovoltaïque des problématiques similaires risquent de se poser, d'où l'intérêt pressant d'articuler de nouveaux modes de production plus propres et respectueux de l'environnement local. Ces solutions peuvent certainement venir du poumon « vert » du pays d'Aix, le milieu innovateur de l'Arbois.

3. Le milieu innovateur de l'Arbois sur les chemins de la compétitivité comme apporteur de solutions nouvelles et « vertes » :

Pour le milieu innovateur des technologies « vertes » de l'Arbois, les perspectives d'évolution apparaissent clairement différenciées. D'abord, le pôle de compétitivité Risques, a adopté nous l'avons dit, une approche globale et transversale. Avec « la norme ISO 31 000 qui concernent une approche globale des risques et qui tente de pousser vers ce type de pratiques », (E. 18), nous explique le Directeur. Le milieu innovateur est porté par cette structure de gestion des risques environnement et permet d'envisager les solutions réglementaires non plus comme des contraintes mais comme des opportunités. Les objectifs sont véritablement de se baser sur une approche de la gouvernance territoriale au travers du développement durable avec par exemple la norme ISO 26 000 qui permet de dégager une méthodologie sur cette question. Il s'agit alors véritablement d'aller plus loin afin de trouver de nouvelles solutions nous précise le directeur du pôle Risques, « on a quelques prescripteurs qui sont un peu en avance pour pouvoir proposer des solutions qui vont au-delà des contraintes réglementaires », (E. 18). Il s'agit bien ici de prospective, d'anticiper le futur et de trouver de nouveaux outils qui permettront d'accompagner les transitions engagées par l'axiome global.

Cette volonté d'anticiper sur les réglementations en matière environnementale se concrétise sur différentes échelles politiques et s'articule « au niveau local, national et européen notamment auprès de la commission à Bruxelles pour pouvoir aussi influer sur les futures directives et faire en sorte que cette approche globale des risques soit prise en compte », (E. 11). Il y a donc une véritable dimension proactive sur le volet normatif vis-à-vis de la thématique de l'environnement et du développement durable, dimension pleinement prise en compte par les managers du pôle Risques qui argumentent de la nécessité « d'être en veille sur la réglementation qui sera en vigueur dans trois ou quatre ans », (E. 11).

En tout état de cause, comme nous avons pu le voir jusqu'alors, la construction du phénomène de compétitivité territoriale apparaît effective pour notre étude de cas en pays d'Aix. Le capital de ressources idiosyncrasiques est formé, la proximité sociétale est en cours de déploiement et les externalités négatives afférentes posent de nouvelles questions. **Interactions, collaboration et convergence des intentions imposent la coordination des acteurs du territoire afin de porter la compétitivité du territoire.** La compétitivité se manage au troisième degré, nous l'avons dit. A ce titre, les modalités managériales doivent être mises en synergie par des modes de gouvernance souples, partagés et différenciés.

Section 4.   Manager la gouvernance territoriale : favoriser des modes de gouvernance souples, partagés et différenciés

Nous arrivons au terme de ce travail de recherche et paradoxalement, c'est ici que se posent le plus grand nombre de questions. Le chapitre troisième de ce travail doctoral a abordé les enjeux liés à la gouvernance territoriale. Nous y avons conclu plusieurs éléments. D'abord que la gouvernance est un concept vague et fourre-tout dont on parle beaucoup sans forcément lui octroyer un véritable contenu tant empirique que conceptuel. A ce titre, la gouvernance interroge, elle dérange même et ceci est une bonne chose, car le concept est vivant, donc appelé à évoluer. Aussi, faut-il surement rester très prudent et pragmatique sur le sens à donner aux conclusions qui s'y réfèrent.

En tout état de cause, nous avons dans le présent chapitre envisagé le management de la compétitivité territoriale selon des étapes incrémentales pour re-construire le plus fidèlement possible un phénomène complexe. Cette approche nous a conduit à montrer que la construction de la dimension idiosyncrasique de tout système de compétitivité territorial doit être analyse selon un mode synchronique articulant les impacts de l'axiome global avec une logique directrice « en marché » comme guide des intentions des acteurs tant privés que publics. La proximité géographique dans sa dimension managériale permet donc de délimiter un cadre spatial pour l'établissement d'interactions potentielles et un espace de mise en action publique potentiellement actionnable. Le management de la proximité organisée a montré comment se construisent des arènes relationnelles entre les acteurs qui sous un mode collaboratif peuvent dégager des solutions innovantes. Ces collaborations s'établissent en particulier selon une d'appartenance à des réseaux spécifiques et à des structures de projets qui font que les acteurs apprennent à se connaître et se reconnaître. Dans une moindre mesure, une forme de logique de similitude leur permet dans certains cas de se faire confiance. Cette confiance est un sujet sensible et nous a permis entre autre chose de proposer une modalité de proximité supplémentaire.

C'est ainsi que nous avons positionné la proximité sociétale comme la phase de transition vers la construction d'une dimension diachronique devant cette fois être analysée en référence à une logique « en société ». La proximité sociétale, nous l'avons proposé, est alors l'arène de convergence des intentions finalisées des acteurs et procède d'un processus d'auto-identification territorial. Elle permet ainsi de révéler par **une dialogique des processus d'actions publiques l'existence d'une chaîne locale de l'innovation liant les mangers territoriaux et par là même la construction d'un écosystème local de l'innovation reliant les structures organisationnelles.** Cette convergence des intentions finalisées, nous avons insisté si elle est animée par des managers méritants « au service de », doit être managée pour que le système de compétitivité territoriale assure sa propre pérennité dans le temps. C'est ici, selon nous que doit être posée la question de la coordination des acteurs par le recours à des modes de gouvernance. L'exercice n'est pas facile. **Le constat du passage de la rationalité limitée par les incertitudes de l'axiome global à celle de la rationalité endogène de l'arène intentionnelle du local ne règle en rien la question de la coordination.** Car enfin, il existe autant de variantes de cette rationalité endogène que d'acteurs susceptibles de l'éprouver. Le système de représentation des managers territoriaux converge lentement, lui, vers l'adoption d'un comportement collectif, les acteurs privés eux, sont managés avec grande qualité par les professionnels du secteur associatif des pôles et des PRIDES. Mais bien d'autres acteurs veulent faire valoir leur point de vue au cœur de la société civile locale. Comme nous l'avons déduit par ailleurs, le pays d'Aix n'a pas de stratégie territoriale et sous de nombreux aspects ainsi que pour diverses raisons son projet de territoire est resté lettre morte. Cela n'empêche pas cependant l'existence d'indices en faveur de la compétitivité territoriale au sein de ce territoire.

Aussi, que doit-on en conclure ? Faut-il laisser finalement les logiques « en marché » et « en société » s'attirer et se repousser sans cesse dans un ballet infini ? Ou au contraire doit-on adopter une démarche visant à prescrire un mode de gouvernance territoriale spécifique ? Qu'en est-il alors du risque d'hypostasier des styles de leadership territoriaux purement locaux sous couvert de proposer d'hypothétiques typologies de mode de gouvernance ou pire de coordination ?

Les questions sont acérées mais nous les posons à la hauteur des enjeux qui les suscitent. Aussi, dans cette dernière section nous étudierons les différents modes de gouvernance selon les politiques publiques étudiées ou encore selon les échelles de territoires identifiées. Dans cette optique nous apprécierons d'abord les modes de gouvernance des politiques volontaristes (cinq pôles de compétitivité et six PRIDES). Nous envisagerons ensuite si les unités d'analyse encastrées dans notre étude de cas unique montrent des modes de gouvernance spécifiques ou au contraire similaires. Enfin, nous porterons l'analyse au niveau du cas dans son ensemble, et plus largement, pour découvrir que la gouvernance territoriale gagne parfois à ne pas être définie précisément.

A. *La gouvernance associative des politiques volontaristes : du pragmatisme de la logique « en marché » pour des résultats avérés*

Nous l'avons largement abordé au travers de cette recherche, le régime associatif choisi pour les structures de soutien à l'innovation et à la compétitivité semble sous de nombreux aspects un véritable atout pour la conduite des politiques volontaristes. Dans une optique différente, dans ce paragraphe nous allons restituer nos conclusions concernant l'analyse du fonctionnement des structures de gouvernance des pôles de compétitivité et des PRIDES tel qu'il est perçu dans la pratique des managers de l'innovation.

Nous avons présenté le modèle de gouvernance des pôles dans le chapitre deuxième de cette recherche. Il prend la forme classique qui est celle des structures associatives. Nous reprenons ici ces éléments structurels pour les pôles de compétitivité afin bien situer nos propos.

- D'abord, les assemblées générales (tous les membres) se réunissent une à deux fois par an afin de donner *quitus* sur les comptes et les grands axes de la stratégie du pôle.

- Les conseils d'administration sont organisés en collèges (entreprises, groupes, organismes consulaires, collectivités territoriales, technopôles et associations, etc.), valident les grandes lignes de la stratégie et le mandat du bureau, « il y a une participation de toutes les parties prenantes dans la gouvernance », (E. 15), nous précise un manager.

- Les décisions stratégiques sont prises par les bureaux des associations qui déterminent alors les grands axes et les plans d'action en fonction de la stratégie définie par le conseil d'administration, ils nomment et organisent les équipes opérationnelles qui vont mettre en œuvre les actions.

Même si les managers territoriaux font état d'un très grand nombre d'acteurs impliqués dans la gouvernance de ces structures associatives, les bureaux restent les seuls

« maîtres à bord » et la gouvernance de ce point de vue est pilotée par les acteurs privés (notamment les grandes entreprises) : c'est l'analyse que nous livre un manager de l'innovation : « Au bout du compte on peut parler d'une gouvernance par les acteurs privés car c'est le bureau de l'association qui fait tout », (E. 15). Ainsi, de manière générale, si les structures de gouvernance sont pilotées par les acteurs privés, les relations avec l'Etat et les collectivités territoriales sont généralement bonnes, mais relativement distantes (ces derniers sont d'ailleurs consultés mais ne peuvent infléchir les décisions stratégiques). Il ressort du discours managers de l'innovation interrogés en pays d'Aix que les acteurs publics sont en effet un petit peu en retrait dans les structures de gouvernance. Et comme l'explique un manager, ceci s'explique peut-être car dans le cas contraire, « on pourrait dire : que la puissance publique intervient dans une association dont l'objet est complètement privé », (E. 9).

Concernant les relations des pôles et PRIDES de l'unité d'analyse 1 (Arbois) avec la communauté d'agglomération du pays d'Aix, elles sont, du point de vue des acteurs interrogés, très faibles. Ainsi, les managers constatent-ils que « la communauté du pays d'Aix n'est pas un interlocuteur privilégié ni pour nous orienter, ni pour faire appel à nous pour développer certains sujets. Voilà, les relations sont à travailler en la matière. Elles gagneraient certainement à être renforcées », (E. 14). Alors qu'à l'inverse, la gouvernance est largement partagée avec l'échelle régionale au travers des PRIDES, « c'est la région PACA qui est la plus impliquée, avec laquelle nous avons des retours, et des échanges », (E. 13). Nous y reviendrons, mais notons toutefois que la CAPA et la région PACA sont associées au travers du syndicat mixte de l'Arbois. La CAPA si elle est le deuxième financeur du technopôle se trouve moins impliquée que la région PACA qui est financeur à titre symbolique. Il ressort ici le lien que nous avons pu établir entre la *learning region* et le milieu innovateur. En effet, les accointances liées au partage d'une même conception de l'apprentissage, de la connaissance permet de montrer une convergence des intentions finalisées, donc de la proximité sociétale entre un milieu innovateur et une *learning region* engagés sur les chemins de la compétitivité.

De manière différente, il est particulièrement intéressant de constater qu'en ce qui concerne le pôle SCS de l'unité d'analyse 2 (Rousset) les relations avec la CAPA sont particulièrement resserrées. De ce point de vue l'analyse nous pousse à déduire que la filière microélectronique est implantée sur le territoire du pays d'Aix depuis assez longtemps pour que les managers territoriaux en aient saisi les enjeux. A ce sujet, le chef de projets du pôle nous indique que « le pays d'Aix est un acteur dynamique et réactif qui, en général, est toujours aligné avec nous sur l'intérêt de financer des projets, il met de l'argent sur la table, en PACA c'est la communauté d'agglomération qui nous donne le plus de subventions », (E. 8). Il faut noter de surcroît que le système productif de Rousset est un territoire mono-activité ce qui implique donc une attention toute particulière. Enfin, de manière quasi symétrique et inversée, en ce qui concerne la microélectronique de Rousset, c'est à l'inverse la région PACA qui se trouve moins impliquée au niveau du PRIDES, et comme le note un manager interviewé, « la situation est très particulière puisqu'il y a le pôle de compétitivité d'une part et d'autre part le PRIDES qui est la conjonction de sept associations d'entreprises et d'industriels du secteur », (E. 9). Rappelons à cet effet que la structuration de la filière microélectronique en grappe industrielle (cluster) est régionale et date de 1993 (création du CREMSI), cela explique sans doute ce rapport privilégié.

C'est ainsi que ces spécificités importantes concernant le pôle SCS sont également la résultante du caractère bipolaire que nous avons précédemment présenté. Cette ubiquité territoriale du pôle de compétitivité du point de vue des managers de l'innovation est largement handicapante en ce qui concerne la gouvernance. Ces derniers nous expliquent en effet que l'alternance entre le pays d'Aix et la ville de Nice pour la localisation du siège du pôle de compétitivité relève de l'aberration politique : « cela nous oblige à forcer le choix des acteurs. Si vous aviez un bon président pour le pôle mais que c'est alternance, cela nous oblige à prendre forcément un président de l'autre côté. Il ne sera pas forcément bon. Donc nous, on comprend bien la logique des acteurs territoriaux, mais pour nous les managers, dans le quotidien pour les principes de gouvernance également c'est un vrai problème, voire une aberration », (E. 8). Ces propos dépités d'un animateur du PRIDES SCS montre les problématiques managériales liées au « grand écart » de la grappe industrielle de la microélectronique en PACA pour s'engager sur les chemins de la prospérité. Le chef de projets du pôle va plus loin et n'hésite pas à nous confier que « ce sont les acteurs politiques et administratifs du territoire qui viennent, au travers de cette démarche, nous mettre des bâtons dans les roues, notamment au niveau de principes absurdes de gouvernance. En aucun cas, ce sont les acteurs privés ou les acteurs du monde économique qui ont de telles les exigences », (E. 9). Comme ont le voit ici les chemins de la prospérité emportent des spécificités qui ont tendance à disperser les modalités de management. La grappe industrielle régionale avec ses deux clusters locaux montre bien qu'en l'absence de proximité sociétale, la non convergence des intentions finalisées, même avec le temps, dissipe les efforts en faveur d'une coordination optimales des activités productives.

Pour revenir à des préconisations globales, des éléments de spécifiques sont toutefois à relever au sens de bonnes pratiques en matière de gouvernance :

- Certains pôles de compétitivité, comme le pôle Risques par exemple, ont un **comité stratégique**, « qui accompagne les évolutions stratégiques en intégrant le volet systémique et prospectif », (E. 18).

- D'autres comme le pôle Pégase, nous l'avons dit, ont un **comité de labellisation tripôle** pour éviter les doublons avec les autres pôles aéronautique français.

- Le pôle de compétitivité TRIMATEC enfin, de par la technicité de ses procédés possède comme d'autres pôles un **comité scientifique** destiné à alimenter la stratégie du conseil d'administration et du bureau. A ce sujet le directeur du PRIDES nous précise qu'en « général ce sont des experts européens qui viennent et qui choisissent les directions vers lesquelles le pôle doit aller », (E. 15).

En définitive, force est de constater que la gouvernance des pôles de compétitivité est assez variable d'une structure à l'autre. La filière spécifique peut alors justifier l'existence d'un comité spécifique pour la labellisation ou à l'inverse une approche globale pour un pôle transversal va imposer un comité stratégique destiné à piloter la prospective pour ajuster chemin faisant les axes et les thématiques. Ainsi, le pôle de compétitivité Risques développe t-il un modèle de gouvernance particulier qui articule les relations privilégiées avec le technopôle de l'Environnement Arbois-Méditerranée, donc très ancrées localement et d'autres relations beaucoup plus distantes avec des services de l'Etat voire la commission européenne. Car enfin, comme nous le rappelle un manager de l'innovation, « 80 % des réglementations sont issus des directives européennes transposées en droit français », (E. 18). Ceci semble s'expliquer par le fait que ce pôle de compétitivité à une particularité bien précise qui est d'avoir des collectivités territoriales à la fois comme financeurs et comme utilisateurs finaux.

Pour prendre un autre exemple, le pôle de compétitivité Pégase apparaît avoir des relations avec l'ensemble des acteurs des politiques volontaristes, l'Etat et les collectivités territoriales. A ce propos, « on a autant de contacts avec les acteurs publics du pôle de compétitivité que les acteurs publics du PRIDES », (E. 19), nous précise l'animateur du PRIDES. Par ailleurs, le pôle Pégase est le plus avancé en matière d'ancrage territorial de ses activités, les projets territoriaux constituent en effet un dispositif pilote au sein de la région PACA. Concernant ces projets territoriaux, l'objectif du pôle de compétitivité Pégase est en effet, de proposer non seulement une action sur la dimension idiosyncrasique avec un ancrage territorial mais aussi un accompagnement en matière de gouvernance donc des éléments concernant la dimension diachronique de la compétitivité territoriale. Concrètement, il s'agit de mettre en place sur la zone une gouvernance spécifique et de « proposer à la collectivité territoriale de l'aider dans la gouvernance de la zone et aussi bâtir des partenariats pour de l'animation […] finalement on crée une chaîne de valeur », (E. 21), nous explique le responsable des projets. Cet exemple des projets territoriaux du pôle Pégase permet de confirmer les avantages que peuvent retirer les acteurs quand ils se trouvent dans une situation de proximité sociétale.

Au-delà même, il s'agit de constater que le pôle de compétitivité offre ses services à la collectivité territoriale en matière d'animation et de gouvernance de la zone. Il s'agit là indubitablement d'un cas exemplaire de co-construction par les acteurs d'un système complexe de compétitivité territoriale au travers de ses deux dimensions et de l'accumulation des modalités de proximité et de gouvernance. C'est d'ailleurs bien l'objectif de ces projets territoriaux nous précise t-on : « c'est vraiment du donnant-donnant, c'est vraiment une discussion avec le partenaire public », (E. 21). Le pôle de compétitivité Pégase dans le cadre de ces projets territoriaux va plus loin puisqu'il rend un service pour le compte de la collectivité territoriale. Il s'agit là véritablement de montrer comment **le secteur associatif** permet au-delà de l'intermédiation, de **réaliser le passage de la logique « en marché » à la logique « en société »**. Ainsi le responsable nous explique t-il qu'une « zone qui n'a pas un modèle de gouvernance qui puisse lui permettre d'assurer la pérennité et l'atteinte de ses objectifs à dix ans, ce n'est pas une zone que l'on va labelliser, parce que pour nous c'est un facteur de risque », (E. 21). Finalement, à bien des égards, sur le principe ces projets territoriaux du pôle Pégase qui se mettent en place actuellement présentent une véritable approche de management de la compétitivité territoriale, voir **encadré 6.16** ci-dessous :

La dialogique des processus d'actions publiques :

« Donc les collectivités avec lesquelles on travaille aujourd'hui sont toutes en recherche de dialogue et de partenariat. Les collectivités territoriales doivent se doter de projets de développement économique, elles souhaitent donc se rapprocher de structure comme la nôtre. Et finalement elles sont preneuses de cela, c'est-à-dire de donner une teinte, un sens, une réalité économique à leurs projets », (E. 21).

Une co-construction de la proximité sociétale :

On propose aux collectivités territoriales une animation de la zone, c'est-à-dire que l'on n'est pas là pour faire le travail de la collectivité territoriale qui fait de la promotion de sa zone ou bien de son agence de développement économique qui a ses propres outils etc., mais nous on a nos propres canaux, on a notre réseau et on a un autre écho et une autre résonance auprès des entreprises et cela doit venir en complémentarité », (E. 21).

Enfin, ajoutons que la possibilité reste ouverte à la collectivité territoriale de s'impliquer plus encore dans le projet territorial porté par le pôle Pégase dès lors qu'il s'agit d'une zone stratégique du point de vue de l'intérêt local. Le manager nous précise à cet effet que « l'EPCI peut déterminer notre territoire, on notre zone Pégase, comme une zone d'intérêt communautaire. Donc la communauté d'agglomération sera pleinement active et chef de file pour le projet », (E. 21).

Au final, comme nous avons pu le constater, **le mode de gouvernance de type associatif choisi pour les pôles de compétitivité semble être approprié à l'objectif de la politique publique volontariste**. Le complément apporté par les PRIDES permet dans la plupart des cas d'apporter une approche territoriale, mais le moteur de la stratégie reste le secteur public. Garants d'une bonne compréhension des signaux de l'axiome global, **les acteurs privés permettent d'aborder la question de l'innovation et de la compétitivité sous une logique « en marché »**. Les modalités de management des dimensions idiosyncrasiques sont alors délimitées et construites grâce aux managers territoriaux. Parmi eux, **les managers de l'innovation jouent un rôle crucial puisque bien souvent, ils raisonnent « en marché » pour accomplir des finalités « en société »**. Au niveau de notre étude de cas et au sein du milieu innovateur de l'Arbois, le pôle de compétitivité Pégase montre l'exemple à suivre, pour ainsi dire il adopte une démarche de management de la compétitivité territoriale, notamment avec son initiative des projets territoriaux. De l'autre côté du pays d'Aix, le pôle SCS lui, est embourbé dans les chemins de la prospérité. Il montre cependant un dynamisme convaincant, sans doute grâce au travail des managers territoriaux du district qui parviennent à maintenir le cap face à un axiome global toujours plus menaçant. Ces deux cas de figure méritent d'être envisagés dans leur dimension diachronique, aussi, allons-nous maintenant comparer les modes de gouvernance spécifique à chacune des deux unités d'analyse encastrée dans notre étude cas.

B. *Le milieu innovateur de l'Arbois et le District de Rousset : des modes de gouvernance sur des chemins différenciés*

Après avoir examiné les modes de gouvernance de chacune des structures de soutien à l'innovation, nous avons analysé les modes de gouvernance du milieu innovateur de l'Arbois et du district de Rousset. Tout au long de cette recherche nous avons pu constater que ces deux systèmes productifs n'avaient pas grand chose en commun, qu'ils montraient des logiques de développement et des modes de management différenciés.

1. Le milieu innovateur de l'Arbois : un mode de gouvernance souple et partagé

L'étude de la gouvernance de la zone du petit Arbois est un exercice difficile. En effet, le milieu innovateur des technologies « vertes » est attaché à un système productif constitué à la croisée des logiques de politiques « locales » et ouvert sur la métropole euro-méditerranéenne. De plus comme nous l'avons vérifié, fort d'une logique technopolitaine depuis 1993, l'Arbois a très tôt pris le pari de s'engager sur les chemins de la compétitivité. Finalement, comme le précise son Directeur, « c'est aujourd'hui que les choses sérieuses commencent ». Par ailleurs, parler d'une gouvernance territoriale est une entreprise risquée, en effet comme nous le confirme Jacques Garnier que nous avons pu interroger sur le sujet : « Les logiques des acteurs publics sont trop divergentes, en fait on ne peut pas parler d'une logique de gouvernance propre à ce territoire, les prises de décisions sont éparses, les enjeux politiques prégnants », (E. 1). Le maître d'ouvrage public, un syndicat mixte rassemble en effet sur le site plusieurs collectivités territoriales, de couleurs politiques diverses et aux degrés d'implication différents.

Comme nous l'avons présenté plus haut, le technopôle de l'Environnement Arbois-Méditerranée a pour partie prenante principale le conseil général des Bouches-du-Rhône. En termes de financement, la communauté d'agglomération du pays d'Aix est le deuxième financeur, elle ne joue cependant pas un rôle dans la gouvernance à la hauteur de son implication financière. Pour s'en convaincre il suffit d'interviewer un manager public local du pays d'Aix lui-même qui nous confirme qu'au-delà « des subventions il ne me semble pas que la CAPA soit vraiment associée à la stratégie du territoire notamment eu égard à des considérations politiques », (E. 22). En définitive, la gouvernance de l'Arbois est assurée par le syndicat mixte déjà en place depuis près d'une vingtaine d'années et qui a acquis une expérience certaine en la matière. Comme nous le confie le chef de projets du syndicat mixte : « Je trouve que ce qui manque dans certains territoires, c'est une gouvernance, nous c'est le syndicat mixte. A Rousset il n'y a personne, à Sophia-Antipolis il y a 10 000 structures il y a le syndicat mixte, il y a la société d'économie mixte, il y a la fondation Sophia-Antipolis, il y a le club des dirigeants, etc., on pourrait en citer encore beaucoup. Alors ces situations, pour les entreprises c'est difficile parce que déjà un entrepreneur quand il se lance il se sent tout seul, s'il n'est pas aidé dans ce monde là pour être bien orienté, il perd du temps », (E. 12).

Un élément primordial qui permet d'ailleurs de qualifier l'existence d'une gouvernance au niveau de la zone du petit Arbois se matérialise par l'existence d'une stratégie qui a toujours visé la thématique de l'environnement et du développement durable. Cette stratégie a été renouvelé en 2010, (nous avons présenté ces éléments dans l'analyse systémique du chapitre précédent). Finalement comme le résume le Directeur Général Adjoint à l'aménagement et au développement : « Nous, on est le technopôle de tout le monde mais on est aussi le technopôle de personnes. Après les relations avec les techniciens des collectivités territoriales sont extrêmement bonnes, on travaille quotidiennement avec eux », (E. 4). A ce propos, des réunions de coordination ont été mises en place au niveau du technopôle de l'Environnement afin de coordonner les actions des différents acteurs de l'écosystème local de l'innovation (agence de promotion et de développement économique, collectivités territoriales, incubateurs et pépinières d'entreprises, etc.). Ainsi, malgré les dissensions et atermoiements de la politique locale, le milieu innovateur de l'Arbois peut largement compter sur une structure de gouvernance relativement stable. Il faut comprendre par là que **les managers publics locaux que nous avons pu rencontrer là-bas, sont des professionnels, sensibles aux questions environnementales et sensibilisés à la question de la compétitivité, de l'innovation et plus globalement de l'économie de la connaissance et de l'apprentissage.** De plus, ces managers ont développés une véritable proximité sociétale, avec l'effet campus que nous avons mis en relief. Le Directeur nous dira lors d'une visite : « Alors au technopôle, il n'y a pas de souci au niveau de la gouvernance, personne ne veut de s'accaparer le leadership. Parce que l'on est tous au service du technopôle », (E. 4). Nous avons reporté dans l'**encadré 6.17** ci-dessous les propos des managers interrogés qui permettent selon nous de bien comprendre en quoi consiste la gouvernance du milieu innovateur de l'Arbois.

Encadré 6.17 Un projet technopolitain, une stratégie environnementale, une gouvernance souple et partagée

<u>Un milieu innovateur à la croisée du pays d'Aix et de la métropole marseillaise :</u>

« On a toujours été un territoire instrumentalisé au gré des dissensions politiques. Dans nos statuts, par exemple sur la ZAC de la gare TGV on nous dit de ne pas accepter d'entreprises du domaine de la mer, pour ne pas faire concurrence au projet Euro-Méditerranée. D'ailleurs cette opération a dû être freinée à un moment donné pour que l'opération Euromed à Marseille puisse se développer. La tendance aujourd'hui est au rapprochement, même politiquement. Parce que notre action est une opération volontariste qui a des résultats et du coup, on s'intéresse à l'Arbois. Aujourd'hui, on est visible. L'enjeu notamment vis-à-vis de la communauté d'agglomération du pays d'Aix c'est d'arriver à trouver un équilibre entre le développement de nos zones d'activité et la forte demande en termes de foncier du pays d'Aix. Il faudra faire des choix, mais le choix sera politique », (E. 12).

<u>Une politique volontariste, une main tendue vers le pays d'Aix :</u>

« La valeur ajoutée du technopôle c'est justement de favoriser et d'amener les entreprises à l'innovation par le rapprochement, en particulier avec le monde de la recherche et de l'enseignement supérieur par ce que l'on considère que cette proximité là est créative de nouvelles entreprises et de nouveaux produits, de projets, etc. L'objet, la raison de l'existence de ce technopôle, c'est le développement économique, la création d'emploi, la création d'entreprise par l'innovation en l'occurrence, c'est notre valeur ajoutée sur le territoire et c'est une politique volontariste. C'est-à-dire que sur le pays d'Aix qui est un océan de marché à cause de l'attractivité naturelle de cet espace on a une opération volontariste. […] ce que l'on propose nous à l'Arbois c'est d'aligner à cette image classique d'Aix-en-Provence qui est très attractive et qui va le rester (mais qui a aussi ses limites) une trajectoire de développement économique qui s'appuie aussi sur l'innovation, sur le rapprochement avec le monde de la recherche dans cette thématique de l'environnement qui est aujourd'hui porteuse de croissance économique », (E. 4).

Un manager de l'innovation du PRIDES TRIMATEC dont la structure est implantée au sein du plateau du petit Arbois, nous le confirme par ailleurs : « Il y a aussi un gros travail d'animation du technopôle de l'Arbois. Ce qui fait qu'il y a une certaine cohérence entre les acteurs et une cohérence thématique dans cet espace, mais aussi une cohérence comportementale ou en tout cas une cohérence de préoccupations », (E. 15). Finalement, c'est ce travail d'animation et l'état d'esprit des managers publics locaux qui semble permettre ce mode de gouvernance souple basé avant tout sur la coopération avec tous les acteurs de l'écosystème local de l'innovation. Pour mesurer cet état d'esprit il suffit d'entendre le discours du responsable de projets du syndicat mixte : « L'idée c'est que l'on puisse se passer le relais, on ne dit pas « ça c'est mon dossier », non cela n'est pas un dossier, c'est l'entreprise, et l'entreprise elle est indépendante. Chacun doit pouvoir apporter une touche sur le projet de l'entreprise et cela c'est très important en termes de gouvernance parce qu'aujourd'hui beaucoup de personnes ont tendance à faire tout et n'importe quoi. Alors je pense que c'est ce type d'organisation territoriale qu'il faut mettre en place, et cela marche plutôt bien », (E. 12).

Nous le voyons, les managers du syndicat mixte semblent avoir réussi à construire l'arène de convergence des intentions finalisées, étape indispensable pour permettre à la dimension diachronique de se déployer. La coordination des différents acteurs est donc facilitée par ces éléments et à ce titre, la convergence des intentions sur le thème de l'environnement permet de mettre en place des moyens d'action propres aux chemins de la compétitivité.

2. Le district industriel de Rousset : un mode de gouvernance par les industriels et la *learning region* PACA

Un élément important doit être souligné en ce qui concerne l'unité d'analyse 2 (Rousset), comme nous l'avons dit, c'est la tradition associative développée par les industriels de la microélectronique depuis les années 1960. En effet, stéréotype de l'ancien modèle industriel, le système productif de Rousset s'est constitué par une généalogie territorialement ancrée des activités productives. Les industriels de la Haute vallée de l'Arc se sont constitués en association de leur propre initiative et ont par là même occasion développés leur propre modalité de proximité organisée afin de parler d'une seule voix à l'Etat et aux collectivités territoriales. Cette réalité existe encore aujourd'hui et l'association des industriels de la Haute vallée de l'Arc (GIHVA) participe activement à la vie des zones d'activité. Pour ne prendre qu'un exemple, ce groupement qui représente 7000 emplois sur le site, a mis en place un Plan de Déplacement Inter-Entreprises (PDIE) destiné à la mise en cohérence des accès et à faciliter les échanges au sein de la zone. Un des managers interrogés nous livre son retour d'expérience : « quand on fait un PDIE par exemple, on arrive à mettre autour de la table le conseil général du Var, le conseil général des Bouches-du-Rhône, la CAPA donc des gens et des structures ne qui avant ne se parlaient pas », (E. 5). Il ressort ainsi des entretiens réalisés pour l'unité d'analyse roussetaine que le secteur associatif joue un double rôle d'intermédiation :

- classiquement, il s'agit de **représenter les intérêts des industriels** face aux collectivités, rôle repris aujourd'hui par les pôles de compétitivité et le PRIDES (qui fédère les sept associations d'entreprises et d'industriels) ;

- le GIHVA conserve néanmoins tout son intérêt dans sa capacité à provoquer les rencontres des collectivités territoriales sur des sujets pratiques mais indispensables à la bonne marche des zones d'activité. « On a des rapports directs avec les techniciens de la CAPA pour le Plan de Déplacement Inter-Entreprises par exemple, ou pour la collecte des déchets de la zone industrielle », (E. 5), nous précise le Directeur.

De ce point de vue, le groupement d'industriel joue un rôle modérateur dans les problématiques liées au contexte de décentralisation, il passe outre les oppositions politiques entre la commune et l'EPCI. Dans le même temps, **la problématique du rapport communauté-commune reste entière puisque la zone industrielle de Rousset n'a pas été déclarée zone d'intérêt communautaire** : « on fait partie de la CAPA mais la zone industrielle de Rousset est encore gérée par la mairie ! Le maire n'a jamais voulu car il considère qu'aujourd'hui, la CAPA n'a pas les moyens humains pour gérer la zone d'activité de Rousset, la CAPA n'a pas les compétences, ce n'est peut-être pas faux d'ailleurs », (E. 6), nous avait précisé le Directeur général des services de la commune. La situation telle qu'elle subsiste, semble donc finalement convenir aux acteurs publics. Toutefois, il reste une problématique au niveau de la gestion financière de la zone qui est assurée par la commune alors que les recettes de la taxe professionnelle vont à la CAPA. Avec la suppression de la taxe professionnelle il semble qu'il va y avoir un rééquilibrage du rapport de force, ce qui risque de pérenniser la situation actuelle.

De plus, il apparait que la compréhension des enjeux de l'ancien modèle de la production industrielle ne soit pas maîtrisée par les managers du pays d'Aix pas plus que par les politiques. Comme le fait remarquer un manager de Rousset, « on a perdu beaucoup de projets uniquement pour en avoir trop parlé. On a perdu récemment un « gros » qui est parti sur Bordeaux. Donc le maire de Rousset pour lui c'est très clair, le développement économique ne se fait pas en première page des journaux, ça se fait dans des bureaux en catimini et uniquement quand on est sûr que cela va être signé, on en parle. Ce n'est absolument pas la conception du pays d'Aix, pour eux c'est plus de la politique que du développement économique », (E. 6). Et finalement, au travers de l'organisation intercommunale c'est le développement économique qui transparaît handicapé dans la perception des développeurs de la zone industrielle de Rousset « c'est le bordel. Vous savez je vais vous dire, avant quand il y avait un industriel il n'y avait pas de problème j'allais voir le maire et tout était réglé. Maintenant, il faut tenir compte de l'action de la communauté d'agglomération du pays d'Aix et de tous ses services. On ne s'en sort plus », (E. 7).

On le comprend, il est encore plus difficile pour l'unité d'analyse 2 de parler d'une gouvernance territoriale au sens local du terme. En effet, comme le notent certains managers territoriaux, « pour un territoire comme Rousset, je crois qu'il y a clairement une gouvernance de type privé. Il y a un leader avec une grosse entreprise, et les sous-traitants. D'autant que la filière est aisément identifiable », (E. 12). Le mode de gouvernance est donc plutôt de type privé. Cependant, nous avons pu observé que deux collectivités territoriales jouent un rôle actif dans la gouvernance : la commune de Rousset, « la zone industrielle de Rousset si elle est sous la responsabilité de la CAPA, elle est dans sa gestion sous la responsabilité de la commune de Rousset en particulier de son Maire », (E. 7), et la région PACA, « au début des années 1990, une véritable gouvernance s'est organisée à l'échelon régional, il y a une vraie gouvernance publique », (E. 1). De ce point de vue, nous avons pu relier le district et plus largement la grappe industrielle régionale à la *learning region* PACA qui par ailleurs observe des liens particuliers avec le pôle de compétitivité SCS en ce qui concerne le dispositif PACA Labs.

Finalement, la CAPA intervient peu dans la vie du district industriel de Rousset, sauf pour les subventions. A cette occasion, elle apporte des cofinancements importants pour projets innovants, nous l'avons montré, avec le pôle de compétitivité SCS. Ainsi, comme le souligne le Directeur général des services de la commune, « je gère deux villes : je gère la ville de Rousset et je gère la zone d'activité, on a vraiment interdit les établissements recevant du public dans la zone d'activité et on a interdit le développement des entreprises dans le village. C'est beaucoup critiqué mais c'est notre position, validée d'ailleurs par les industriels.

On est contre par exemple les choses qui se sont faites à Vitrolles là où on ne sait plus où est la ville et où est la zone d'activité ! », (E. 6). En tout état de cause, en ce qui concerne le système productif de la microélectronique, les relations de la commune de Rousset avec la CAPA demeurent largement problématiques et empêchent pour ainsi dire l'établissement d'un mode de gouvernance publique stabilisé. Nous avons illustré ce problème au travers des propos recueillis auprès du Directeur général des services de la commune dans l'**encadré 6.18** ci-dessous :

Encadré 6.18 Des querelles de clochers au détriment de la mise en action publique

« Donc pour l'instant la fermeture du site a été évitée mais on ne peut pas dire que c'est grâce à la CAPA, parce que là aussi il ya eu trop de tractations politiques. Et le problème il est là, nous on ne fait pas de politique, il faut savoir que Rousset est une Mairie de gauche alors que l'on fait du développement avec les meilleurs relations du monde avec les industriels !

Pourquoi ? Parce que l'on ne fait pas de politique ! Notre politique c'est le développement économique, et cela n'a pas été facile puisque Rousset est au départ une ville qui rassemble les socialistes et les communistes, ces derniers ont très mal vécu ce que l'on faisait, à chaque fois que l'on donnait un peu d'argent c'était scandaleux, etc. Donc très rapidement le maire s'est détaché des communistes et il a même fait une liste électorale sans les communistes puisque c'était ingérable. Alors après, est-ce qu'il est vraiment socialiste notre maire, je ne sais pas, surement mais de manière un peu différente. Il n'est pas stupide, il dit : « moi je ne suis pas contre le fait de redistribuer de la richesse mais encore faut-il qu'il y ait de la richesse ! », (E. 6).

D'un autre point de vue, les relations entre la commune et le pôle de compétitivité SCS sont en revanche excellentes comme nous le confirme un manager public local, « la municipalité de Rousset est très impliquée dans ce pôle SCS, les politiques ont joués un vrai rôle, mais nos industriels (les gros) ils auraient pu s'en sortir seuls. Mais nous on a voulu développer cela pour les PME du territoire car s'est très important pour nous », (E. 6). L'approche territoriale est au sein du district instillée directement par la commune, ceci en bonne intelligence avec le schéma régional de l'innovation porté par la région PACA. Un manager-développeur de la zone industrielle insiste d'ailleurs sur le rôle joué par la commune et déclare : « Vous savez sur la commune de Rousset, le pôle de compétitivité SCS, ils ne payent rien. Tout est payé par la commune, ils ne payent que le téléphone, même pas la femme de ménage. On a intérêt à soigner nos acteurs et à les garder ici sur notre territoire. Quand le pôle organise des conférences et des réunions pour ses projets collaboratifs, tous les acteurs autour de la table sont accueillis par la mairie de Rousset », (E. 7). Il y a donc ici un exemple parfait de l'ancien modèle industriel avec les chemins de la prospérité, une communauté technique, une atmosphère industrielle, des liens resserrés entre les acteurs, etc. le processus d'auto-identification se fait selon un modèle discriminatoire du district vis-à-vis de l'axiome global.

Au final, comme les logiques de développement, comme les modalités de management précédentes, les modes de gouvernance des deux unités d'analyse de notre étude de cas apparaissent largement différenciées. Au-delà de l'opposition, il faut bien comprendre qu'**une stratégie territoriale pour le pays d'Aix devrait prendre en compte les complémentarités de ces deux « poumons » du territoire**. Le constat est cependant sans appel, la CAPA n'a pas su développer des relations interorganisationnelles et interinstitutionnelles suffisamment poussées avec aucun de ces deux systèmes productifs. La réalité du local rattrape une fois de plus la fiction du management territorial, que ce soit à l'encontre de la Commune de Rousset ou bien à l'endroit du conseil général des Bouches-du-Rhône et de la métropole marseillaise, le pays d'Aix apparaît comme le village d'irréductible gaulois dessiné par Goscinny. La vraie question à se poser est alors simple, **le pays d'Aix peut-il rester encore en retrait et laisser à d'autres collectivités la charge de faire des choix stratégiques ainsi que de manager sa compétitivité territoriale ?**

C. *Des écueils de la CAPA aux succès de la learning region PACA : la métropolisation comme processus d'arbitrage ?*

Finalement, nous allons envisager pour terminer l'éventualité d'existence d'un mode de gouvernance territoriale du pays d'Aix. Existe t-il une gouvernance territoriale au niveau du pays d'Aix? Ce mode de gouvernance est-il clairement repérable? Consiste t-il dans l'agrégation des modes de gouvernance des structures (pôles de compétitivité et PRIDES) et des unités d'analyse de l'Arbois et de Rousset? Autrement dit, la gouvernance territoriale du pays d'Aix procède-t-elle de la dialogique des processus d'action publiques, i.e. de la confrontation des processus *top-down* et *bottom-up* ?

De prime abord, nous pouvons répondre à une partie de la question en reprenant les mots utilisés par un des managers public local interviewé : « alors on peut parler de gouvernance territoriale oui sur plusieurs échelles de territoire », (E. 12). Il nous est apparu en effet que s'il existait bel et bien une gouvernance territoriale pour le pays d'Aix, celle-ci ne suit aucunement une trajectoire claire et explicite, en d'autres termes elle ne s'aligne pas sur les échelles institutionnelles mais semble suivre plutôt les systèmes productifs ainsi que les territoires de vie et de pratiques.

Les managers de la CAPA font état d'un projet global, « la CAPA essaye d'avoir cette vision globale au travers de sa stratégie de développement économique », (E. 2), pour le territoire, le projet d'agglomération que nous avons pu suivre lors de son élaboration en 2004. Comme nous avons pu le décrire, l'élaboration de ce projet de territoire ainsi que la mise à niveau des services publics sur le pays d'Aix et les relations communes / communauté ont finalement mobilisés les efforts de l'EPCI jusqu'en 2008.

A la suite de ce premier mandat, le parcours professionnel du Directeur général adjoint en charge de la conduite du projet de territoire montre par lui même les difficultés rencontrées par la structure. C'est en effet, face à des difficultés interne à l'organisation que ce dernier a proposé la création d'un Pôle de coordination institutionnelle parce que nous confie t-il : « il y a un travail à faire, de coordination interne d'abord, dans l'action même des services de la CAPA qui n'est pas terrible, d'où le nom du pôle », (E. 3). Notons que nous avions identifié cette problématique lors de notre observation participante dans la structure en 2005, qui se trouvent consignée dans une étude qui visait à réaliser une analyse de capacité institutionnelle du projet d'agglomération à mi-parcours. Les résultats de notre étude avaient alors aboutis (un peu naïvement à l'époque) à une préconisation, celle de la « création d'une cellule de veille et d'intelligence économique afin de doter l'EPCI d'outils, d'informations et de procédés de mangement novateurs permettant de positionner le pays d'Aix face aux nouveaux impératifs imposés par la mondialisation », (Brétéché, 2005, p. 84). C'est ici que notre étude longitudinale prend son aboutissement. En effet, nous avons pu mesurer en 2005, lors de notre immersion dans l'EPCI, d'importantes carences en matière de relations interorganisationnelles entre la CAPA et les autres acteurs. Cette problématique est aujourd'hui encore en 2011 une réalité. Le point de vue des managers public locaux du pays d'Aix, en particulier ceux des agences (AUPA et PAD), nous a amené à recueillir des conclusions allant dans le même sens.

- En effet, concernant l'aménagement du territoire d'abord, le constat émergent confirme **une politique de « guichet » des communes vis-à-vis de la CAPA** empêchant l'établissement d'une véritable gouvernance pour le territoire, « cela a été souvent plus du clientélisme de la part des maires des différentes communes », (E. 22), nous confie le Directeur de l'agence d'urbanisme. Par ailleurs, la question de la cohérence territoriale revient de manière récurrente à l'échelle intercommunale et semble finalement devoir être assimilée à un puits sans fond dans lequel il vaudrait mieux éviter de s'engouffrer, voir **encadré 6.19** ci-dessous :

Encadré 6.19 PLU & SCOT : une boîte de pandore inefficiente pour la stratégie intercommunale

Des élus de petites communes dépassés par la technicité croissante de l'intercommunalité :

« Pour les plans locaux d'urbanisme au niveau local ou pour les schémas de cohérence territoriaux il faut aussi avoir des élus qui sont porteurs du projet. La technicité de ce genre de considérations ont trop souvent découragées beaucoup d'élus, parce qu'ils pensent qu'ils n'ont pas forcément le niveau pour comprendre et vont s'autocensurer. Il nous incombe donc de leur expliquer les choses de manière simplifiée. Il faut arriver à faire passer le message essentiel ». […]

Un diagnostic territorial pour conclure qu'il faut s'ouvrir sur la métropole marseillaise :

« Les territoires frontaliers de l'EPCI apparaissent clairement comme des territoires d'articulation, permettant non pas d'enfermer l'action dans un périmètre déterminé mais au contraire de favoriser les échanges avec les agglomérations voisines. C'est une bonne manière de se positionner dans la métropolisation », (E. 22).

Comme nous l'observons au travers de ces propos, il faut impérativement **arbitrer entre la technicité des procédures liées à l'intercommunalité et les impératifs de compétitivité.** Le Directeur de l'AUPA nous confirme ces enjeux et nous avons pu par ailleurs constater que malgré les nombreux travaux de très grande qualité proposés par l'agence, la force de proposition des experts de l'aménagement n'est que très peu écoutée.

- Par ailleurs, selon l'agence de développement économique, les atermoiements « administratifs » et « politiques » permettent de dresser un constat dur et sans concession : « aujourd'hui *il n'y a personne qui peut connaître la stratégie du pays d'Aix, puisqu'il n'y en a pas.* Nous en tant qu'agence de développement économique, cela fait un moment que l'on tire les sonnettes d'alarme, parce que l'on veut bien faire du marketing territorial mais il faut aussi avoir une stratégie globale pour un projet », (E. 16). Ces mots du directeur de PAD sont sans équivoque et abondent dans le sens de nos conclusions sur une étude de la CAPA que nous avons mené pendant près de sept années.

Par ailleurs, comme nous l'explique un manager, beaucoup de raisons locales peuvent expliquer la non existence d'une stratégie globale pour le pays d'Aix : l'annulation des élections municipales en 2009, le changement de Directeur général des services à la CAPA et la réorganisation des services, etc. A cela peuvent s'ajouter les constats tiré par les autres managers interviewés, « fronde des petites communes vis-à-vis de la communauté », (E. 7); immixtion du politique dans l'évolution de la généalogie industrielle à Rousset, (E. 6); manque de compétence, de formation voire de professionnalisme des managers en poste à la CAPA, (E. 6). Ou encore, « le problème est peut-être le statut de fonctionnaire, nous, sans blaguer, il n'y a pas un jour où on ne part pas à 19:00 voir 21:00 le soir, ce n'est pas le cas de tout le monde. C'est un problème de culture », (E.12), nous confie le responsable de projets de l'Arbois.

Ainsi, en ce qui concerne la gouvernance territoriale au niveau de notre cas, le pays d'Aix, le constat est sans appel : en près de 10 ans il ne s'est rien passé! Preuve en est la récente décision de **recourir une nouvelle fois aux services d'un cabinet de conseil pour reprendre une démarche de prospective sur les 10 ans à venir**. Sauf que cette démarche avait déjà était faite, en 2003-2004 par un cabinet de conseil parisien qui avait facturé sa prestation par une somme avoisinant les 40 000 euros. La démarche est donc reprise à zéro, **l'histoire institutionnelle locale semble se répéter, sauf que la donne à changée. La suppression de la taxe professionnelle est venue largement resserrer les cordons de la bourse pour la CAPA**, comme nous le livrait d'ailleurs un des hauts responsables en poste à la communauté, « la poule aux œufs d'or elle commence à s'essouffler! », (E. 3).

Pour autant, s'il n'y a pas de stratégie, doit-on conclure qu'il n'y a pas de gouvernance et qu'il n'y a pas de compétitivité territoriale en pays d'Aix? La réponse à cette question est deux fois non!

La gouvernance au niveau du pays, n'est pas territoriale au sens du périmètre de compétence de la CAPA, c'est la réalité partagée par l'ensemble des managers territoriaux que nous avons rencontrés : « au niveau de la gouvernance du pays d'Aix, ils sont franchement à la ramasse depuis quelques années. Le pays d'Aix est vraiment très attractif, il y a vraiment de très belles entreprises, mais il n'y a pas de gouvernance car il y a un réel manque de formation des effectifs de cette collectivité territoriale », (E. 12). Pourtant, force est de constater, comme nous avons pu le montrer au travers de ce chapitre, avec l'accumulation des modalités de proximité (géographique, organisée et sociétale) qu'**il existe bel et bien une forme de compétitivité pour ce territoire**. **La chaîne locale de l'innovation a été construite par les managers méritants**, « les acteurs se connaissent, ils travaillent ensemble. On travaille effectivement avec des acteurs de la mairie de Rousset comme avec les acteurs du technopôle de l'Arbois », (E. 16), nous précisait le Directeur de PAD. Par ailleurs, nous l'avons montré également, **l'écosystème local de l'innovation est constitué et montre que le pays d'Aix est prêt pour entrer sur la scène de la compétitivité territoriale**. Sauf que sans stratégie, avec un projet vide de sens et des managers déboussolés au gré des dissensions de la politique locale, cette compétitivité « spontanée » n'est pas et ne peut être managée au niveau de l'EPCI.

En définitive, le mode de gouvernance du pays d'Aix peut être qualifié par un partage de la gouvernance entre de multiples acteurs publics, associatifs et privés. **Ce mode de gouvernance territoriale se base sur des partenariats souples entre des organisations poursuivant des objectifs communs à des occasions sporadiques dictées par des politiques publiques.** Les managers territoriaux des ces structures sont les véritables acteurs de cette gouvernance et maintiennent une chaîne qui permet de relier organisations et institutions de l'écosystème local. Aussi, comme nous le précise le directeur de l'agence économique, « cela avance mais pas de manière coordonnée », (E. 16). Ce dernier nous explique (voir **encadré 6.20** ci-dessous) en effet, que finalement chacune des structures qui forme l'écosystème local de l'innovation est d'une manière ou d'une autre connectée aux autres structures. *In fine*, le mode de gouvernance ne montre pas de leadership particulier, **on peut parler de mode de gouvernance basée sur un mode coopératif et partenarial** sur différentes échelles de territoire et coordonné par les managers territoriaux à l'échelle particulière du pays d'Aix.

Encadré 6.20 Le pays d'Aix un mode de gouvernance approprié par les managers territoriaux

« On peut parler de finalité commune, la CAPA siège au syndicat mixte de l'arbois. Le syndicat mixte de l'arbois est au conseil d'administration de PAD est donc détermine la stratégie de marketing territorial de notre agence : donc de manière indirecte on peut dire qu'il y a des implications communes, réciproques partagées.

PAD est membre du CEEI et siège au sein du comité de sélection de la pépinière de Meyreuil, donc il y a des interconnexions qu'elles soient statutaires, organiques ou d'objectifs entre tous les organismes. On est aussi membre du conseil d'administration de Provence promotion on est en rapport étroit également avec les services de l'innovation au

Comme nous pouvons le constater d'après les propos du Directeur de PAD, il faut bien chercher pour trouver les connexions qui peuvent relier la CAPA à l'écosystème local de l'innovation. En revanche, nous pensons qu'effectivement **il existe une formalisation de la proximité sociétale** comme nous avons pu le présenter plus haut. **Cette proximité sociétale est entérinée par la chaîne locale de l'innovation que les managers territoriaux ont construite en mettant leurs réseaux personnels au service de l'écosystème local.**

De manière prospective enfin, nous avons voulu relever dans le discours des managers rencontrés l'importance du rôle joué par la société civile dans la structuration du mode de gouvernance du pays d'Aix. Il faut toutefois noter d'abord que, concernant les pôles de compétitivité et les PRIDES du pays d'Aix, la plupart des managers de l'innovation ne connaissent pas, jusqu'à l'existence même, de cet organisme de la démocratie participative en pays d'Aix. Certains managers en revanche, sont sensibilisés à cette question pour deux raisons essentielles :

- soit de par leur approche territoriale comme nous avons pu le montrer pour le pôle de compétitivité Pégase : « on est membre du conseil de développement, on a désigné un élu de nos instances de gouvernance qui est président de l'association des entreprises du pays d'Aix et c'est lui qui représente le pôle Pégase à ce conseil de développement de la CAPA », (E. 19), nous explique l'animateur du PRIDES Pégase ;

- soit encore par l'approche thématique (et non pas par filière) de leur structure qui les amènent à considérer l'ensemble des acteurs de l'écosystème local de l'innovation. C'est le cas du pôle Risques dont le Directeur, par exemple, juge que « la démarche de la CAPA, au travers de la démocratie proximité est intéressante mais encore faudrait-il qu'il y ait de véritables transferts de responsabilité et à ce moment-là les communautés d'agglomérations seraient le bon niveau, une bonne échelle du territoire », (E. 18).

En tout état de cause, d'autres managers territoriaux portent un regard critique sur la question de la démocratie de proximité. S'ils sont persuadés de son importance, ils déplorent cependant l'absence d'un véritable comité scientifique (comme il en existe dans la plupart des pôles) permettant de « faire monter en conscience les décisions » et aussi, nous l'avons souligné, de réguler l'influence « tout un panel de personnalités de la socio économie locales qui sont plus ou moins influentes et dont l'influence est plus ou moins légitime », (E. 14), s'exprime un manager du PRIDES Eco-entreprises. Ainsi, la **démarche de démocratie de proximité apparaît primordiale comme élément de structuration de l'écosystème local de l'innovation**, i.e. de la formalisation de la proximité sociétale. Une préconisation pourrait être de **proposer à ce niveau un comité scientifique extérieur permettant de définir la stratégie à suivre avant de distribuer les actions aux différents collèges de personnalités forcément impliquées de multiples manières dans la socio-économie locale**. L'enjeu de cette préconisation n'est pas anodin, il vise à tenter de neutraliser l'effet « multi-casquettes » de certaines personnalités locales parfois prépondérantes au détriment de la démocratie participative elle-même, (voir **encadré 6.21**). La construction de l'arène de convergence des intentions finalisées de la proximité sociétale devrait donc être accompagnée par un conseil scientifique indépendant afin d'éviter la poursuite exclusive d'intérêts locaux et de garantir une certaine représentativité de la socio-économie locale dans l'émergence de la proximité sociétale.

Encadré 6.21 De l'inextricable question de la représentativité des sociétés locales

« La question est ici importante et revient à dire comment je fais participer ensemble des acteurs, et comment je fais interagir ceux qui sont toujours présents, parce que l'on s'aperçoit que l'on retrouve quelque part toujours les mêmes qui ont un certain avis mais qu'il s'agit d'une toute petite partie émergée de l'iceberg des entreprises et des acteurs.
C'est la problématique que l'on a toujours tendance à écouter les mêmes et que du coup on n'écoute pas les 90 % qui restent dans leur coin », (E. 16).

Si nous avons pu conclure que la politique publique locale de la CAPA en faveur de son projet de territoire s'est avérée non constructive, non lisible et non visible. En revanche, au sein de l'écosystème local de l'innovation, a clairement émergé l'importance et le rôle joué par la société civile dans la construction de la compétitivité territoriale : « il y a une collaboration non pas avec le citoyen, mais avec des représentants organisés de la société civile », (E. 2). C'est d'ailleurs l'une des commissions du conseil de développement du pays d'Aix qui a permis de mettre en exergue la nécessité de prendre en compte la problématique de l'innovation. A ce propos, les managers territoriaux de la CAPA nous confient leur impuissance pour mettre en synergie l'action de la CAPA avec celle du conseil de développement : « le conseil de développement il est aujourd'hui arrivé à maturité, si bien qu'on a du mal à les suivre, la démocratie participative elle a un prix quand même », (E. 3).

Ainsi, la CAPA a-t-elle pleinement intégré l'importance de la démocratie de proximité et dans une certaine mesure ce dernier est plus influent que l'EPCI lui-même, « le président du conseil de développement assiste et est assis à la droite du président de la communauté pendant le bureau de la communauté, c'est comme un symbole », (E. 3), nous confie le Directeur du pôle de coordination institutionnelle. La question de la légitimité pourrait alors être posée, elle ne concerne pas, notre objet de recherche.

En définitive, il convient de replacer le mode de gouvernance du pays d'Aix à un niveau infra territorial pour en comprendre les enjeux. Cette mise en perspective peut alors s'analyser au travers des relations entre la CAPA et les unités d'analyse identifiées (Arbois et Rousset) et les structures associatives chargées de la mise en oeuvre des politiques publiques en faveur de la compétitivité territoriale. C'est le constat des managers publics locaux de l'Arbois, dont le Directeur nous indique que la stratégie du technopôle de l'Environnement « va complètement dans le sens de ce que font les conseils de développement enfin c'est clairement un projet collectif, donc là faut continuer à travailler dans ce sens », (E. 4). Les managers territoriaux vont même plus loin, puisqu'ils constatent qu'en ce qui concerne l'ouverture du pays d'Aix vers la méditerranée *via* la métropole, les conseils de développement des EPCI (MPM, pays d'Aubagne et du pays d'Aix) travaillent ensemble sur les sujets majeurs tels que l'économie de la connaissance, l'innovation et l'environnement. Ainsi, un manager nous livre son expérience lors d'une réunion des trois conseils de développement et nous indique que « c'était très intéressant, parce que les politiques qui sont aussi venus n'ont pas fait leurs « show » en parlant de la taxe professionnelle ou de la métropolisation, ils ont parlé et écoutés sur des sujets et des thématiques concrètes », (E. 12).

En ce qui concerne le district de Rousset, nous l'avons déjà précisé, les relations avec la CAPA sont uniquement centrées sur les financements. Les relations interinstitutionnelles sont pour le moins difficiles entre l'EPCI et la commune de Rousset. En revanche, certaines évolutions sont notables. En effet, le CMP de Gardanne ou encore la pépinière et l'hôtel d'entreprises de Meyreuil renforcent les liens entre le système productif et l'EPCI. Notons toutefois que cela se produit par l'intermédiaire de l'agence économique du pays d'Aix qui joue ici un rôle évident de médiateur. Un autre indice sur un rapprochement probable entre la commune et la communauté peut sans doute être décelé dans la future recomposition de la carte de l'intercommunalité à l'occasion de l'acte III de la décentralisation en cours. En effet, nous l'avons dit, la commune de Gardanne sera vraisemblablement rattachée à la CAPA et le reliquat du bassin minier et de ses cultures sociologiques risque de disparaître peu à peu pour se dissoudre dans le pays d'Aix.

En ce qui concerne les managers de l'innovation des pôles et des PRIDES, ils déplorent un manque de relations directes : « on voit peu dans la zone la présence et la représentation de l'institution pays d'Aix ils sont très peu présents en termes d'animation à nos côtés », (E. 14), ou indirectes avec l'instance intercommunale : « le portage de la zone de l'arbois par le pays d'Aix n'est pas aussi lisible que ça de mon point de vue », (E. 14). Les relations qui existent entre la CAPA et les pôles de compétitivité ou les PRIDES se résument dans presque tous cas à des subventions pour les projets collaboratifs avec l'abondement sur les guichets de financement nationaux (FUI, ANR, OSEO) : « la communauté d'agglomération du pays d'Aix, ils nous soutiennent mais on n'a pas vraiment de relations avec eux, on parle beaucoup plus avec les autres intercommunalités de la région. On parle plus sur le pays d'Aix avec l'agence de développement économique pays d'Aix développement », (E. 19), nous confie un animateur du PRIDES Pégase. C'est par ailleurs ce que nous confirme un technicien de la CAPA « la communauté elle est partenaire financier du fonctionnement des pôles de compétitivité, après, elle n'est pas directement impliquée dans le fonctionnement des pôles eux-mêmes », (E. 3). Ces mots, une fois de plus sont éloquents et ont permis de forger notre conviction sur les relations interinstitutionnelles à l'œuvre en pays d'Aix. Elles sont dans un sens très développées entre les structures de soutien à la compétitivité et à l'innovation alors qu'elles sont très distantes entre ces mêmes structures et l'EPCI en charge de la gouvernance administrative du pays d'Aix.

Manager la compétitivité territoriale du pays d'Aix par l'appropriation dialogique des processus d'actions publiques :

Comme nous avons pu le voir tout au long de ce chapitre, la compétitivité se manage au troisième degré. **La maîtrise des dimensions de la compétitivité, si elle relève de logiques axiomatiques impose aux managers territoriaux l'implémentation de modalités managériales spécifiques.** L'analyse des modalités de proximité sur le terrain de recherche du pays d'Aix a confirmée un caractère cumulatif. De plus, si chaque manager apporte des compétences particulières, le management de la compétitivité est l'affaire de tous, sa construction impose la conjonction des énergies sur un même territoire. De fait, **c'est de la dialogique des processus d'actions publiques que peut naître la créativité nécessaire à l'auto-identification territoriale**, ceci au travers des pratiques que les managers ont su développer (voir **figure 6.3** ci-dessous). D'abord, les acteurs peuvent se rencontrer parce qu'ils sont localisés à proximité, les managers territoriaux ont délimité les périmètres de la mise en action publique et d'interactions potentielles. Comme a pu le souligner Torre (2006) les bienfaits de la proximité géographique sont pleinement activés par la découverte des effets de la proximité organisée. C'est ainsi que des réseaux territoriaux et de filières avaient été préparés par les managers publics locaux que les managers de l'innovation des pôles et des PRIDES consolident, animent et développent. Ces derniers proposent ainsi à leurs adhérents de véritables bouquets de services, suivant un processus incrémental. Actions collectives, projets collaboratifs puis plates-formes technologiques sont des outils permettant de susciter la collaboration incrémentale, ils développent l'appartenance des acteurs et précisent des effets de similitude. Dans ce cadre, les acteurs se connaissent parce qu'ils appartiennent à une même structure de projet ; dans une certaine mesure ils se reconnaissent parce qu'ils partagent certains objectifs communs (ils se font confiance).

C'est ensuite **par l'ancrage territorial des structures de soutien à l'innovation** (plates-formes technologiques) ou bien des innovations elles-mêmes (projets territoriaux, écosystèmes numériques, etc.) **que les intentions peuvent converger vers le territoire.** Cette construction de l'arène de la société locale est alors la résultante de la confrontation des paradoxes des logiques axiomatiques, des dimensions de la compétitivité, des pratiques des managers de l'innovation avec celles des managers publics locaux.

Figure 6.3 Le management de la compétitivité territoriale par l'appropriation dialogique des processus d'actions publiques

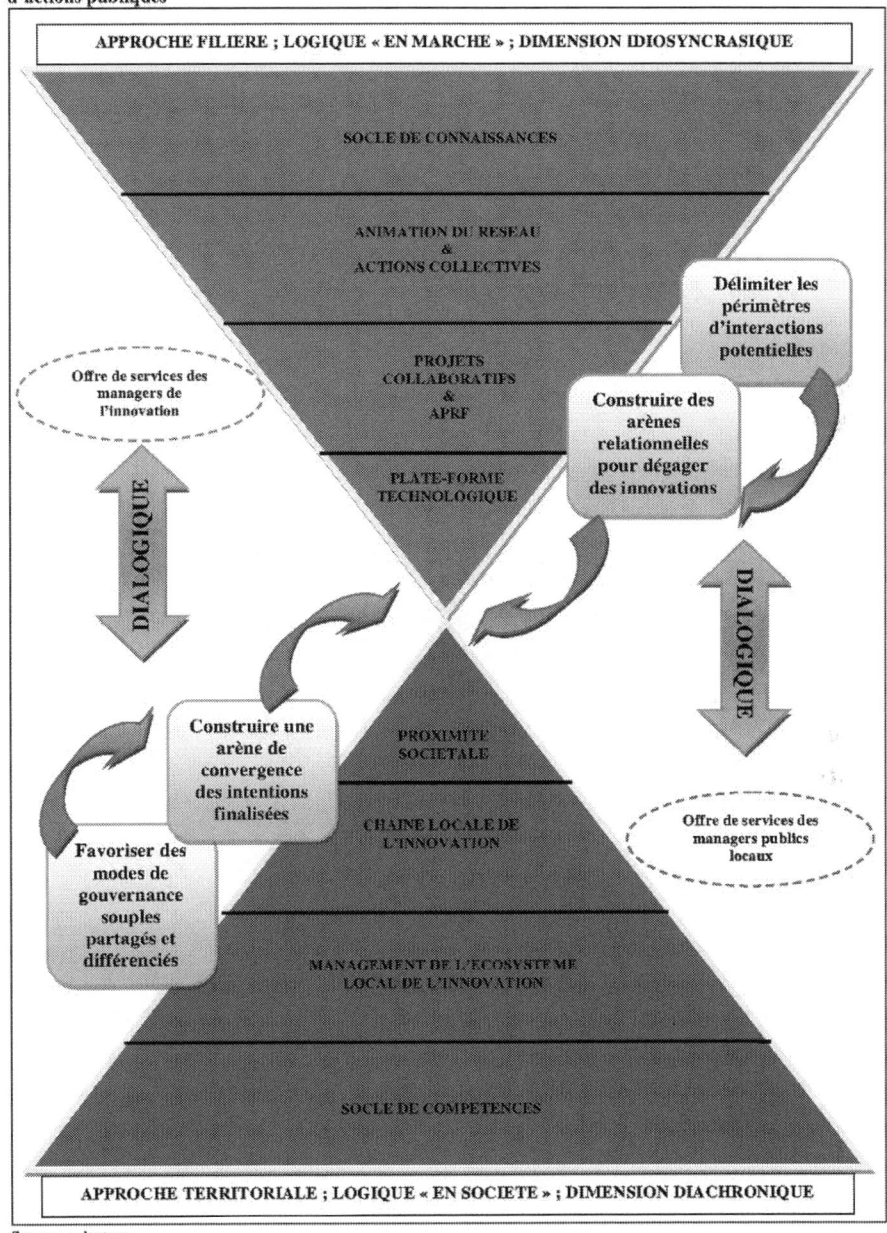

Source : Auteur.

Le territoire est ainsi pleinement mis en concurrence sous un mode discriminant vis-à-vis de sont environnement. On produit, on sait, on innove ici et non ailleurs. Cette proximité sociétale est née de la dialogique des processus d'action publique *top-down* et *bottom-up*. Dans ce dernier cas, les managers publics locaux ont construit une véritable chaîne locale de l'innovation dans laquelle ils encastrent leurs réseaux de relations personnels avec ceux des managers de l'innovation. **De cette mise en synergie entre des managers « au service du marché » et d'autres « au service de la société » a pu naître en pays d'Aix un écosystème local de l'innovation.** Les organisations suivent les hommes et non l'inverse. Les institutions, *a fortiori*, sont le fruit des compromis sociétaux. Ce sont donc véritablement les managers qui font la compétitivité du territoire, ils mobilisent des énergies de charges pourtant inverses et parviennent à les faire converger le temps et l'espace d'un projet. Cet écosystème local doit enfin être managé, conduit et piloté au travers le temps. La coordination des acteurs sur le temps plus long de la logique « en société » est l'affaire des modes de gouvernance. Véritable « boîte noire » des compromis, des négociations et des conflits locaux, ces modes de gouvernance doivent être souples, partagés et différenciés pour permettre l'ouverture du système à son environnement. En d'autres termes **les modes de la gouvernance de la compétitivité territoriale doivent être assez perméables pour se laisser traverser par les flux issus des logiques axiomatiques ; ils doivent dans le même temps être plus opaques afin de conserver l'énergie et l'information nécessaires pour maintenir le système en état d'homéostasie.** Cette opacité constitue le choix. Ce choix, dans nos sociétés est du domaine du politique. C'est ainsi que se termine notre recherche, par ce constat qui montre que <u>les managers territoriaux peuvent s'approprier les politiques publiques, les bricoler pour permettre des convergences d'intentionnalités que le, la et les politiques ne peuvent, ne veulent ou ne savent s'autoriser.</u> Le management de la compétitivité territoriale est au service des politiques publiques, il doit les questionner, les réinterroger, les transformer pour les adapter aux ingrédients de chaque territoire. Les managers territoriaux font bien leurs métiers, ils ont développés des compétences insoupçonnées. Ils apprennent à connaître en empruntant des chemins différenciés et tentent de les faire converger vers un projet sociétal le plus souvent indicible et sous-entendu. Comme le résume un manager du pôle de compétitivité Pégase : « notre objectif est de mettre tous ces écosystèmes locaux en synergie et en cohérence avec l'écosystème de la région PACA », (E. 21). Ces mots permettent de comprendre la dynamique l'œuvre en pays d'Aix et en région PACA, l'avenir est assurément envisagé par ces managers territoriaux, hommes de l'ombre et hommes d'action.

– CONCLUSION GENERALE –

L'exercice de conclusion n'est jamais facile. Il doit s'agir en effet de récapituler le travail effectué tout en adoptant une démarche critique. Nous l'avons précisé, cette recherche est basée sur une démarche réflexive et itérative. L'appréciation de la construction d'un phénomène aussi complexe que la compétitivité territoriale, nous en sommes convaincus ne peut se faire qu'à ce prix. D'un point de vue général, cette recherche est plus qu'un exercice de style. Notre objet de recherche est aussi un projet de recherche. Nous avons tenté de poser des bases, de relier des champs théoriques, de **re-coller ce que l'analyse classique avait parfois tendance à disjoindre facilement.**

La construction du cadre conceptuel :

C'est au prix de nombreuses lectures, de l'alternance de phases d'euphorie et de déception que notre cadre conceptuel a pu revêtir sa forme définitive. L'enjeu, pour la compétitivité territoriale était pourtant relativement simple, celle-ci n'existait pas ! Elle n'existait pas dans la forme que nous lui avions donnée initialement, mais nous la pressentions en filigrane à l'occasion de lectures sur les concepts-clés de la recherche. A ce titre, le territoire dans les littératures pouvait prendre toutes les formes que l'on voulait bien lui donner. L'action publique, champ relativement pauvre n'était traitée qu'à la manière des politiques publiques, sans s'interroger sur l'avant et sur l'après. L'innovation enfin, trop souvent encore perçue et entendue comme le champ de déploiement de la technologie laissait à la marge les hypothèses de création heureuse, d'intelligence collective, de créativité organisationnelle, etc. En bref, les concepts-clé de la recherche ont été paralysant pour la mise en route de la recherche. Pourquoi ? Ceci est une question importante. Sous bien des aspects, les concepts que nous avons mobilisés et qui constituent le titre de la recherche sont des concepts fourre-tout, omnibus et inopérants. Au-delà même ils sont polymorphes, polysémiques et renvoient à des « disciplines » cartésiennes bien délimitées proposant par incidence des points de vue parcellaires comme pour s'assurer d'une certaine objectivité.

C'est finalement en se replaçant dans l'action, en développant ce que nous pensons être une **nouvelle sociologie de l'action publique teintée d'un rationalisme critique**, que l'objet de la recherche a pu évoluer. Le management de la compétitivité territoriale exige trois niveaux de raisonnement et de compréhension pour son déploiement : les logiques, les dimensions et les modalités. Si les deux premiers niveaux sont destinés à fonder les concepts, à relier les champs théoriques et à questionner le construit de l'objet même, le troisième niveau est praxéologique. La compétitivité territoriale se manage au troisième degré. L'opérationnalisation des modalités que nous avons examinées, construites, déconstruites et reconstruites a finalement permis de voir émerger les pratiques des acteurs eux-mêmes. Toute systémique qu'elle soit, l'analyse que nous avons pu avoir du construit, n'est pas la notre c'est celle des managers territoriaux. C'est à ces derniers que doit revenir tout le mérite de la compétitivité territoriale.

Nous avons proposé un premier niveau de conceptualisation pure dans lequel s'entrechoqueraient une logique en « marché » et une logique « en société » dans un ballet sans musique. La musique, l'axiome global, est une heuristique qui nous a permis à bien des égards de faciliter notre compréhension des multiples paramètres qui conditionnent la construction de la compétitivité territoriale. Participant d'une lente transition, agrémentée de moments et de mouvements, l'axiome global traduit un changement fondamental, le passage de la société de marché à la concurrence des territoires. Finalement, cet **axiome global soulève et réinterroge la question du sens, des finalités que les acteurs souhaitent donner depuis les intentions jusqu'aux actions.**

Dans le deuxième niveau d'abstraction, nous avons pu tenter de relier les éléments entre eux. Nous avons voulu délimiter des contours. De ce point de vue, **le management de la compétitivité territoriale consiste dans la pratique des contours de l'action publique.** Cette pratique nous a imposé de recourir pour l'analyse contextuelle du construit à une analogie mécanique puis à une analogie biologique.

En effet, le chapitre premier, avec la typologie des systèmes de compétitivité territoriale nous a finalement permis de retrouver deux grandes voies. Les chemins de la prospérité (Marshall 1890 ; Piore et Sabel, 1984) et ceux de la compétitivité que l'on devrait, sans hésiter attribuer à Philippe Aydalot et à George Benko pour leur œuvres respectives. **La compétitivité territoriale se construit à la croisée des chemins de l'économie industrielle et de l'économie territoriale.** Les dimensions idiosyncrasiques et diachroniques permettent en ce sens de qualifier n'importe quel système de compétitivité territoriale. Nous parlons bien de système et de construits car notre conclusion révèle qu'il est déraisonnable de vouloir proposer un « modèle » pour le développement territorial. Le contenu ne s'y prête pas. Ceci est le premier apport de notre recherche.

Le chapitre deuxième s'est attaché quant à lui à la complexité en univers public. L'épistémologie des recherches sur les actions publiques proposée par Jean-Claude Thoenig (2005) permet en ce sens de donner un peu d'air frais à la traditionnelle analyse des politiques publique. **Le management est une « discipline » d'action.** A ce titre, il relève de l'art et de la pratique, nous le pensons, **de la mise en action.** Nous avons, dans ce chapitre, construit une taxonomie des politiques publiques en faveur de la compétitivité territoriale. L'objectif était de dégager des processus d'actions publiques, qui, influencés par l'axiome global apparaissaient comme paradoxaux. Finalement, le processus *top-down* et ses effets polarisateurs et le processus *bottom-up* nous sont apparus dialogiques. **La préséance de la logique « en société » ne fait aucun doute en la matière et l'infinie gradation de l'intérêt général est une constante protéiforme.** Le sens, la finalité du local doivent être recherchés dans la confrontation des politiques publiques, non pas dans leur exclusion. Ceci est le deuxième apport de notre recherche.

L'analyse que nous avons élaborée dans le chapitre troisième est bien sûr alimentée par les deux premiers. Nous y avons défini les dimensions constitutives de la compétitivité territoriale, celles-ci sont portées par les logiques de l'axiome global. **La dimension idiosyncrasique se réfère principalement d'une logique « en marché », elle touche à la singularité territoriale et peut être analysée, classiquement sous le mode synchronique.** Cette photographie, permet de qualifier le « capital potentiel » du territoire. Nous avons ainsi pu relever un régime d'accumulation des modalités de proximité. Partant des apports à la matière de Jean-Benoît Zimmermann (2008) nous avons interrogés la proximité géographique comme un cadre potentiel d'interaction (la condition permissive). La dimension spatiale est bien pauvre sans les dimensions temporelles, c'est pour cela nous avons ensuite proposé une analyse critique de la proximité organisée. Sans aller jusqu'à la coordination qui selon-nous se référait à la dimension dynamique du système, nous avons perçu l'importance de la logique d'appartenance « collaborative » des acteurs à l'organisation et critiqué le cadre de la logique de similitude. En définitive, **les deux modalités de proximité de la dimension idiosyncrasiques proposent un régime d'accumulation d'énergie potentielle sur un territoire,** ceci sous une logique « en marché ».

La dimension diachronique, de manière différenciée, se positionne sur une logique « en société », elle cherche à faire sens. Notre intuition de la proximité sociétale a alors été discutée, influencée par les travaux de la théorie de la régulation et ceux de l'économie des conventions. La question de la convergence des intentions a été clairement posée et ce point en particulier devait passer l'épreuve de l'empirie. Nous avons par ailleurs discuté le concept de gouvernance afin de poser la question ultime, celle de la coordination. D'un point de vue conceptuel, le concept soulève plus d'interrogation qu'il ne donne de réponse à la *praxis*, il est un effet de mode. En tout état de cause, la dimension diachronique marque le passage du système à sa dynamique, quand le territoire (et non plus les acteurs ou groupes d'acteurs), passe à l'action. **L'énergie cinétique du système libérée, les processus d'auto-identification du territoire et ceux de convergence d'intentions finalisées d'acteurs hétérogènes pouvaient se confronter.** En définitive, cette analyse contextuelle, synchronique et systémique permet d'abord de décrire l'accumulation d'un capital de ressources sur le système territorial, elle permet ensuite de comprendre comment le sens du local se construit et donne au système-territoire sa dynamique, donc sa compétitivité. Ceci est le troisième apport de la recherche.

Les méthodes d'une recherche sur la compétitivité territoriale :

Le chapitre quatrième est constitué de méthodes. Notre façon de voir le monde, notre perception de la réalité y ont été consignées. **Eminemment constructiviste, cette recherche tente d'interpréter et de re-construire la « réalité territoriale » des managers qui la fondent par leurs intentions et leurs actions.** L'étude en profondeur du cas d'Aix-en-Provence se prêtait à notre entreprise. Opportunité pratique d'abord, véritable terreau académique ensuite, le terrain de la recherche avait déjà été identifié par des chercheurs de renom (Aydalot (1986) ; Rychen et Zimmermann (2002) ; Garnier (1994, 2007), pour ne citer qu'eux. Etudier le cas du pays d'Aix tant dans ses processus que dans ses contenus et sur une période longue nous a permis de cueillir un très grand nombre de données à exploiter. A cette occasion, la technique d'analyse, qualitative s'est révélée résolument abductive. En effet, nous avons utilisé autant la méthode de la théorie enracinée hétérodoxe (Strauss et Corbin, 1989) pour l'induction de conclusions empiriques, que la technique plus standard (Miles et Huberman, 2003) d'une l'analyse au plus près du contenu afin de favoriser (ou d'invalider) la déduction des résultats de notre exploration théorique. En définitive, la méthode d'investigation empirique de notre objet de recherche a suivi logiquement les enjeux relatifs à une exploration hybride. Nous avons décidé, pour assurer un maximum de transparence à nos démarches d'expliquer à mesure de la présentation des résultats, les moyens qui nous avaient permis de les conclure.

<u>Les résultats de la recherche :</u>

Les résultats de cette recherche peuvent ainsi être déclinés en trois grandes catégories. D'abord, l'encastrement des unités d'analyse identifiées dans notre étude de cas a permis de valider notre hypothèse selon laquelle il été vain de vouloir proposer un modèle, unique et universel pour le développement territorial. L'étude des idiosyncrasies territoriales nous a en effet révélée que sur **un espace relativement restreint deux systèmes de compétitivité territoriale aux logiques très différenciées pouvaient cohabiter**. Le milieu innovateur des technologies « vertes » de l'Arbois et le district-cluster Rousset ont montré des logiques de développement, modes de management et de gouvernance apparemment opposés. Alors que le premier s'inscrivait sur les chemins de la compétitivité et proposait une interaction privilégiée avec l'axiome global, le second subissait les turbulences du secteur de la microélectronique et devait sa survie à son inscription de longue date sur les chemins de la prospérité. En tout état de cause, **ces deux systèmes productifs si différenciés qu'ils soient était en interaction, non pas avec leur territoire de proximité : le pays d'Aix, mais avec une *learning region* PACA surprenante de par son dynamisme**.

Le deuxième résultat est fondamental. Il touche au cœur de la recherche. **Nous avons pu vérifier empiriquement le caractère cumulatif des modalités de management de la compétitivité territoriale.** A ce titre, la proximité géographique suppose que les managers territoriaux puissent délimiter un cadre d'interaction potentielle et de mise en action publique actionnable. La logique d'appartenance de la proximité organisée, nous a permis de montrer la construction des arènes relationnelles par les managers de l'innovation du secteur associatif des politiques publiques volontaristes. Elément crucial de la recherche, il s'avère en effet que **le management de la collaboration des acteurs doit se faire par des associations, permettant des processus de connaissance-reconnaissance au travers des réseaux interpersonnels et des collaboratives de projet.**

Les managers de l'innovation permettent également l'accumulation de l'énergie potentielle et accompagnent la proximité organisée jusqu'à la proximité sociétale. Les bouquets de services offerts par les pôles de compétitivité et les PRIDES ont en amont structuré les filières industrielles et les réseaux interpersonnels. La question de la convergence des intentions finalisées a alors pu être révélée par une chaîne locale de l'innovation entre des managers « au service » d'un territoire à rendre compétitif. Nous avons pu identifier par là même l'**existence d'un écosystème local de l'innovation sur le pays d'Aix nécessitant véritablement un management de la compétitivité territoriale au troisième degré.**

L'étude des différents modes de gouvernance enfin constitue le troisième résultat de notre recherche. L'analyse des différents modes de gouvernance nous a permis de questionner la coordination des acteurs dans la recherche de la compétitivité territoriale. Nous avons successivement examiné les modes de gouvernance des pôles de compétitivité et des PRIDES, les modes de gouvernance des unités d'analyse encastrées dans notre étude de cas puis les modes de gouvernance du cas dans son ensemble et à un niveau plus agrégé. De ces analyses il apparaît que manager la gouvernance territoriale doit pousser **les managers à favoriser des modes de gouvernance souples, différenciés et partagés.** En effet, la gouvernance associative des pôles de compétitivité et des PRIDES s'avère d'un pragmatisme avéré et permet sous de nombreux aspect de capter les flux de la logique « en marché ». Les managers de l'innovation sont à ce titre de véritables professionnels de leurs secteurs, de leurs filières et animent des réseaux en vue d'offrir des bouquets de services complets aux adhérents.

Pour le milieu innovateur de l'Arbois et le district industriel de Rousset, c'est sans grande surprise que nous avons découvert **des modes de gouvernance différenciés pour des systèmes de compétitivité territoriale engagés sur des chemins différents.** Le premier, le **milieu innovateur de l'Arbois propose une gouvernance mixte, souple et partagée indispensable à la poursuite du chemin de la compétitivité.** Le second, le **district de Rousset, a montré une gouvernance à dominante industrialisée et au niveau régional correspondant par ailleurs à la grappe industrielle structurée** de longue date. Au niveau du cas dans son ensemble enfin. Le pays d'Aix nous l'avons conclu a toutes les caractéristiques d'un système de compétitivité territoriale. Il dispose d'une chaîne locale de l'innovation, d'un écosystème local bien délimité et de managers territoriaux compétents. La CAPA dans ce cadre là se distingue cependant. Enferrée dans des problématiques de politique locale récurrentes, **l'EPCI en prés de 10 ans n'a pas su établir sa stratégie territoriale.** La tourmente institutionnelle dans laquelle s'est embourbé le pays d'Aix l'empêche alors sans nul doute de prendre sa véritable place au cœur de la Méditerranée et face à l'axiome global. **La région PACA qui est apprenante à bien des égards** est trop vaste pour assurer la stratégie de chaque intercommunalité. En ce sens la réforme territoriale en cours, en particulier **la métropolisation est une occasion de positionner un échelon d'intermédiation entre les EPCI et les régions.**

La question de la formation des managers territoriaux reste fondamentale. Car s'il faut réformer les institutions, cela ne concerne pas que les collectivités territoriales. Il est plus qu'urgent de former des cadres pour le management de la compétitivité territoriale afin que ceux-ci puissent, à l'instar des managers de l'innovation pour la dimension idiosyncrasique, participer activement à la construction de la dimension diachronique. Ces managers territoriaux devront être « placés » stratégiquement à la croisée de tous les chemins : ceux de la compétitivité et de la prospérité, ceux des politiques volontaristes et territoriales, ceux des dimensions constitutives de la compétitivité. *In fine* ils devront travailler à l'articulation de la proximité sociétale en délimitant et construisant l'arène de convergence des intentions finalisées afin de créer du sens pour le local. C'est à ce prix que la compétitivité territoriale peut être atteinte, lorsque la logique « en société » et « en marché » sont articulées par les territoires en références aux mouvements incertains de l'axiome global.

Le chemin est donc encore long. La réforme territoriale était indispensable. Elle relève cependant du choix politique et pour l'instant une certaine incertitude règne encore sur l'opérationnalisation de ces choix. Une chose est sûre, le fatalisme est question de circonstance, l'optimisme est question de rigueur. Tant que l'on n'a pas fait de choix, tout reste possible, d'autant que c'est du chaos que naissent les étoiles.

Les apports théoriques de la recherche :

Nous avons identifié quatre apports découlant de l'exploration théorique de notre objet de recherche.

Le premier consiste dans le recours à l'heuristique des logiques axiomatiques « en marché » et « en société » pour caractériser les contextes impactant les contenus territoriaux comme les processus d'actions publiques. **Le concept d'axiome global permet en ce sens de dé-complexifier, le temps de l'analyse, les facteurs contextuels fondamentaux en matière de compétitivité territoriale.** Les logiques axiomatiques nous ont par ailleurs permis de déterminer par la suite les dimensions constitutives de l'objet de la recherche.

Le deuxième apport théorique s'est matérialisé au travers de notre typologie des systèmes de compétitivité territoriale. Non contraints par les champs disciplinaires classiques nous avons pu dégager deux chemins privilégiés pour l'étude de la concurrence des territoires. A cette occasion, nous avons réuni des travaux de l'économie industrielle, de la nouvelle sociologie économique, de l'économie spatiale, de l'économie territoriale, etc. C'est ainsi que nous avons clairement identifié **les chemins de la prospérité comme relevant du mode de production de l'ancien paradigme et les chemins de la compétitivité comme nouveau mode de développement territorial basé sur l'innovation, la connaissance et l'apprentissage**.

Le troisième apport de notre exploration théorique doit être recherché dans notre taxonomie des modèles-actions publics. **Le principe dialogique des processus d'actions publiques en faveurs de la compétitivité des territoires constitue selon-nous un moyen inédit pour l'arbitrage des enjeux lancinants de la polarisation et de la dispersion des activités productives.** Nous avons pu expérimenter ce principe au travers de notre cas d'étude et conclure ainsi qu'il pouvait présenter de nombreux avantages, en particulier pour le management public.

Le quatrième apport de la recherche est le régime d'accumulation des modalités de proximité et de gouvernance. Le recours à une analogie mécanique pour l'identification des idiosyncrasies territoriales permet de qualifier le capital de ressources potentiellement mobilisable pour chaque système territorial. L'analogie biologique et le passage « au vivant », la recherche du sens et des téléologies, i.e. **la convergence des intentionnalités d'acteurs hétérogène vers une action sociétale et située**, constituent sans doute notre apport fondamental. La proximité sociétale, en effet, nous a permis de sortir du débat entre les approches interactionniste et standard des économies de proximités. Dans la lignée des travaux de Zimmermann (2008) nous avons ainsi pu identifier les phases du régime d'accumulation des énergies sur un territoire. Partant des interactions potentielles entre les acteurs (condition permissive), en passant par les collaborations occasionnées par les projets. Nous avons ajouté la phase de convergence des intentions de la proximité sociétale avec l'ancrage des activités créatives sur un territoire devenu une solution durable pour la formalisation d'un bien commun dans lequel les loques axiomatiques se mélangent. Bien commun, mais aussi bien partagé par des acteurs de tous horizons, qui entérinent un processus d'auto-identification d'une société locale par rapport à une société globale. Le partage de la compétitivité territoriale doit alors être conduit et guidé dans le temps. Les modes de gouvernance de la compétitivité territoriale sont alors souples, différenciés et partagés pour rendre compte de la richesse des énergies qui le constituent.

Les apports méthodologiques de la recherche :

Nous avons mené une recherche portant à la fois sur les contenus et sur les processus influençant les comportements dans l'espace et dans le temps de notre objet de recherche. En ce sens seule une exploration hybride distinguant clairement la théorie et la pratique pouvait permettre l'aboutissement de la recherche. Les mouvements des contextes, i.e. l'environnement, sans être éludés ont été introduits au travers des logiques axiomatiques. Au final nous avons pu réaliser **des allers-retours entre l'analyse classique et analyse systémique** méthode indispensable pour l'étude d'un phénomène aussi complexe que la compétitivité territoriale.

Notre positionnement épistémologique constructiviste sans équivoque a voulu par ailleurs faire passer un message aux sciences de gestion en général et au management public en particulier. L'étude de certains phénomènes impose une telle posture épistémique. L'étude critique de la science par la science participe d'un objectif de discussion et d'ouverture vis-à-vis des autres disciplines. La critique systématique et l'exclusion, i.e. l'incommensurabilité des paradigmes ne doivent pas handicaper les perspectives de recherches d'une société qui évolue inexorablement. C'est pourquoi nous avons mis en œuvre une technique d'analyse résolument abductive en mobilisant tantôt l'induction et tantôt l'abduction. Cette flexibilité dans la méthode d'analyse a permis d'ouvrir le champ des possibles. La fiabilité de notre recherche a été questionnée chemin faisant et s'en remet essentiellement au partage d'une communauté de sens avec nos pairs. En cela nous avons souhaité proposer un cadre de méthodologie reproductible.

Enfin, un apport méthodologique tient sans doute plus à la sémantique. En effet, à l'occasion d'une approche constructiviste et complexe telle que la notre, nous avons conclu qu'il est impropre d'opposer les études de cas de type 1 (holistique) et de type 2 (encastrée) telles que définies par Yin (2003a). En effet, la prise en comptes des facteurs contextuels influençant les contenus comme les processus ainsi qu'une analyse systémique excluent de confondre le cas d'ensemble avec l'environnement lors de l'étude des unités d'analyse. Il convient dans ce cas de parler d'une systémique holistique comme niveau d'étude primaire, l'étude des unités d'analyse relevant alors d'un niveau secondaire.

<u>Les apports managériaux :</u>

Les apports inhérents à notre discipline, le management public, sont au nombre de trois. Le premier apport se réfère à l'idiosyncrasie territoriale et nous permet d'affirmer que **la recherche d'un « modèle » de développement territorial est improductive**. En effet, il nous semble qu'il vaut mieux se cantonner à proposer une grille d'analyse permettant de tenir compte des singularités caractéristiques de chaque système territorial afin d'en dégager sous un mode déterministe un capital de ressources à valoriser dans une perspective de compétition. Ce sont ensuite les diachronies territoriales qui peuvent arbitrer les dynamiques et véritablement permettre une démarche prospective.

Le deuxième apport de notre étude de cas se situe indubitablement dans la découverte des compétences des managers de l'innovation. Le secteur associatif en charge des politiques publiques volontaristes joue un rôle primordial. Les managers de l'innovation, de ce point de vue, sont les garants de la dialogique des processus d'actions publiques puisqu'ils permettent de réconcilier logique « en marché » et logique « en société » en offrant des bouquets de services aux entreprises comme aux acteurs publics. Les managers publics locaux quant à eux permettent la constitution des chaînes locales de l'innovation et formalisent l'écosystème local. **En définitive, la compétitivité territoriale se manage au troisième degré. Elle est l'affaire de tous les managers qui participent à la construction de la proximité sociétale. La convergence des intentions dans une arène socialement située doit ici être envisagée comme le transfert holistique des rationalités endogènes (au sens de Simon 1955) des acteurs vers une finalité commune guidée par des managers territoriaux « au service de ».**

Enfin, la gouvernance territoriale est un concept à relativiser dans son acception commune. Il ne doit pas s'agir d'identifier et de lister différents modes de leadership territoriaux pour opposer les intentions d'un acteur (ou d'un groupe d'acteur) à celles d'un autre acteur (ou groupe d'acteurs). Le politique conserve la préséance et la responsabilité du choix, il assume à ce titre le pouvoir de décision. **Les managers territoriaux eux, doivent s'approprier les politiques publiques** *top-down* **et** *bottom-up* **suivant un principe dialogique. C'est dans la mise en action publique que doit être adaptée, transformée et bricolée la décision.** Cette appropriation des intentions des politiques publiques devient alors le garant de la compétitivité car elle permet de réconcilier des temporalités « en marché » et « en société » *a priori* paradoxales. **Les modes de gouvernance de la compétitivité territoriale doivent donc favoriser des configurations souples, différenciées et partagées.** Des configurations susceptibles de voir se croiser les chemins de la prospérité avec ceux de la compétitivité (*__différenciées__*) ; des configurations susceptibles encore de permettre la dialogique des processus d'actions publiques pour arbitrer entre polarisation et dispersion des activités productives (*__souples__*) ; des configurations susceptibles enfin de permettre à l'énergie cinétique de se déployer sur un territoire pour le rendre compétitif au travers de la construction d'une arène de convergence des intentions par la proximité sociétale (*__partagées__*).

Les limites et voies de recherches :

La compétitivité territoriale est un construit et non une donnée. Ce construit émerge du terrain et non de la théorie. En ce sens notre objet de recherche, c'est sa principale limite, constitue également un projet de recherche à part entière. **Le management de la compétitivité territoriale doit donc être éprouvé, partagé et critiqué.**

Par ailleurs, nous n'avons mené qu'une seul étude de cas. D'aucuns argumenteront d'une faible généralisation externe de nos résultats. Si nous pensons à l'instar de Yin (2003a) qu'à défaut d'échantillonnage probabiliste les perspectives de généralisation ne s'appliquent pas à notre recherche, nous remettons la perspective de la communauté de sens entre les mains de chercheurs expérimentés venant de disciplines diverses.

Il n'a pas non plus été réalisé d'étude cross-culturelle permettant de vérifier la pertinence de notre objet de recherche. Cette limite constitue une voie de recherche primordiale et nécessite une acculturation de notre grille d'analyse pour tout ce qui concerne la logique « en société », la dimension diachronique et, partant, la proximité sociétale et les modes de gouvernance susceptibles de varier d'une culture à une autre.

565

– BIBLIOGRAPHIE –

A

ABDEMALKI L., DUFOURT D., KIRAT T., REQUIER-DESJARDINS D., (1996), « Technologie, institutions et territoires : le territoire comme création collective et ressources institutionnelle », in *Dynamiques territoriales et mutations économiques*, Pecqueur B., éd., L'Harmattan, Paris, pp. 177-194.

ABOIRON J. et NICOULAUD B., (2008), « L'émergence des pôles de compétitivité : des cloîtres aux neurones », *Revue du Panthéon*, n° 2, 3ème trimestre, Paris.

ALBERTINI J.B, (2006), « De la DATAR à la nouvelle DIACT : la place des questions économiques dans la politique d'aménagement du territoire », *Revue française d'administration publique*, n° 119, pp. 415-426.

ALLARD-POESI F., MARECHAL G., (2007), « Construction de l'objet de la recherche », in *Méthodes de recherche en management*, Thiétart R-A. et coll., 3ème éd., Dunod, pp. 34-57.

ARAB N., (2007), « Activité de projet et aménagement urbain : les sciences de gestion à l'épreuve de l'urbanisme », *Revue management et avenir*, vol. 2, n° 12, pp. 147-164.

ARGYRIS C., SCHON D.A., (1996), *Apprentissage organisationnel, théorie, méthode, pratique*, De Boeck, Paris.

ASCHER F., (1995), *Métapolis ou l'avenir des villes*, éds. Odile Jacob, Paris.

ASHEIM B., (1995), « Industrial districts as « *learning region* ». A Condition for Prosperity ? », *Studies in technology, innovation and economic policy*, University of Oslo, Oslo.

ATLAN H., (1979), *Entre le Cristal et la Fumée, Essai sur l'Organisation du Vivant*, éd. du Seuil, Paris.

AUBERT F., LEPICIER D., PERRIERCORNET P., WAVRESKY P., (2004), « Structure économique des territoires : une analyse des disparités micro-régionales à l'échelle des pays en France », XLème Colloque de l'ASRDLF, *Convergence et disparités régionales au sein de l'espace européen : Les politiques régionales à l'épreuve des faits*, Bruxelles.

AYDALOT Ph., (1980), *Dynamique spatiale et développement inégal*, Economica, Paris, 2ème éd.

AYDALOT Ph., (1983), « La division spatiale du travail », in *Espace et localisation*, Paelinck J.H.P et Sallez A., Economica, Paris, pp. 175-200.

AYDALOT Ph., (1983), « Les dynamismes actuels dans l'espace français », *communication au colloque de l'association canadienne des sciences régionales : Redéploiement industriel et aménagement de l'espace : expérience étrangère et réalisations québécoises*, Université de Montréal.

AYDALOT Ph., 1985, *Economie Régionale et Urbaine*, Economica, Paris.

AYDALOT Ph., (1986), *Les milieux innovateurs en Europe*, GREMI, Paris.

AYDALOT Ph., 1987, « Les technologies nouvelles et les formes actuelles de la division spatiale du travail », *Dossiers du Centre Economie Espace Environnement*, n° 47, Université Paris 1-Panthéon-Sorbonne.

AYDALOT Ph., 1988, « Technological Trajectories and Regional Innovation in Europe », in *High technology industry and innovative environments: the European Experience*, Aydalot Ph., et Keeble D., éds., Rootledge, London, pp. 22-47.

AYERBE C., MISSONIER A., (2006), « Validité externe et validité interne de l'étude de cas : une opposition à dépasser ? », *Actes de la XVème conférence de l'AIMS*, 22 juin, Annecy.

AYERBE C., MISSONIER A., (2007), « Validité interne et validité externe de l'étude de cas : Principes et mise en oeuvre pour un renforcement mutuel », *Finance, Contrôle, Stratégie,* vol. 10 (2), pp. 37-62.

B

BACHELARD G., (1938), *La formation de l'esprit scientifique*, Paris, Vrin, 1ère éd.

BAILLY A., BEAUMONT C., HURIOT J.-M., SALLEZ A., (1995), *Représenter la ville. Paris*, Economica, coll., Géo Poche.

BAGNASCO A., (1977), *Tre Italia. La problematica territoriale dello sviluppo italiano*, Il Mulino, Bologne.

BALESTRI A., (1996), « Le club des districts industriels », in *Réseaux d'entreprise et développement local*, OCDE, Paris.

BARON C., (2003), « La gouvernance : débats autour d'un concept polysémique », *Droits et société*, vol. 2, n° 54, pp. 329-349.

BARTOLI A., (1997), *Le management dans les organisations publiques*, Dunod, 2ème éd.

BAUMARD P., (2004), « Les stratégies de puissance technologique des nations : de la maîtrise des actifs critiques à la stratégie de dominance », in *La France a-t-elle une stratégie de puissance économique ?*, Harbulot C., Lucas D., éds., Lavauzelle, Paris.

BAUMARD P., DONADA C., IBERT J., XUEREB J-M., (2007), « La collecte des données et la gestion de leurs sources », in *Méthodes de recherche en management*, Thiétart R-A. et coll., 3ème éd., Dunod, pp. 228-262.

BAUMARD P., IBERT J., (2007), « Quelles approches avec quelles données ? », in *Méthodes de recherche en management*, Thiétart R-A. et coll., 3ème éd., Dunod, pp.84-106.

BECATTINI G., (1979), « Dal settore industriale al distretto industriale. Alcune considerazioni sull'unità di indagine dell'economia industriale », *Rivista di economia e politica industriale*, n° 1, (V).

BECATTINI G., (1981), « Le district industriel : milieu créatif », *Espace et Société*, n° 66-67, pp. 147-164.

BECATTINI G., (1989), « Some Thoughts on the Marshallian Industrial Districts as a Socio-Economic Notion », *rapport de conférence*, Florence.

BECATTINI G., (1989), « Réflexions sur le district industriel marshallien comme concept socio-économique », *Stato e Mercato*, pp. 111-128.

BECATTINI, G., (1992), « Le district industriel : milieu créatif », *in Restructurations économiques et territoires*, espaces et sociétés, n° 66/67, L'Harmattan.

BECATTINI, G., (2000), *Dal distretto industriale allo sviluppo locale*, Turin, Bollati Boringhieri.

BEHAR D., (2010), « Métropolisations : version française d'un paradigme universel », in *La France une géographie urbaine*, Cailly L., Vanier M., (dir.), coll. U, Armand Colin, pp. 113-124.

BEHAR D., ESTEBE P., (2003), *Intercommunalité : le local entre en politique, l'Etat des régions françaises*, La Découverte.

BEHAR D., et ESTEBE P., (2003), « Aménagement du territoire : une mise en perspective », in *L'état des régions française*, (Dir.) CORDELLIER S., LAU E., pp. 268, La Découverte.

BENICHI R., (2008), *Histoire de la mondialisation*, 3ème édition, Vuibert, Paris.

BENKO G., (2000), « Le district industriel d'Alfred Marshall, classiques revisités, extraits reproduits de *Principes d'économie politique* (livre IV, chapitre X) ; *L'industrie et le commerce* (livre II, chapitre VI, section 6) », *Géographie, Économie, Société,* vol. 2, n° 1, 2000 pp. 123-148.

BENKO G., LIPIETZ A., (1992), *Les régions qui gagnent. Districts et réseaux : les nouveaux paradigmes de la géographie économique*, PUF, Paris.

BENKO G., LIPIETZ A., (1995), « De la régulation des espaces aux espaces de régulation », in *Théorie de la régulation, état des savoirs*, Boyer R., Saillard Y., éds., La Découverte, Paris.

BENKO G., DUNFORD M., LIPIETZ A., (1996), « Les district industriels revisités », in *Dynamiques territoriales et mutations économiques*, B. Pecqueur éd., L'Harmattan, Paris.

BENKO G. (2007), « Economie urbaine et régionale au tournant du siècle », *Revue électronique consacrée à l'analyse interdisciplinaire des villes et du fait urbain*, n° 1.

BERGER G., (1957), « Sciences humaines et prévision », *La revue des deux mondes*, pp. 3-12.

BERGER P., LUCKMAN T., (1996), *La Construction sociale de la réalité*, Méridiens Klincksieck, 2ème éd. Traduit de : *The Social Construction of Reality*, (1966), Doubleday, New York.

BERNARD BRUNHES CONSULTANTS, GROUPE BPI, DUPONT J-B. et VIBERT I., (2008), « Etude portant sur l'évaluation des systèmes productifs locaux », Etude pour la DATAR.

BERTRAND N., MOQUAY P., (2004), « La gouvernance locale, un retour à la proximité », *Economie rurale*, vol. 280, n° 1, pp. 77-95.

BLANC C., (2004), *Pour un écosystème de la croissance*, rapport au premier ministre, Mission Parlementaire.

BLAUG M., (1982), « Des idées reçues aux idées de Popper », in *La Méthodologie économique*, Economica, Paris, pp. 4-25.

BOUBA-OLGA O., CARRINCAZEAUX C., CORIS M., (2008), « La proximité, 15 ans déjà ! », *Revue d'Économie Régionale et Urbaine*, n° 3, pp. 1-9.

BOURDIEU P., PASSERON J-C., (1964), *Les héritiers*, Paris, éd.de Minuit.

BOCQUET R., MOTHE C., (2008), « Quelle place pour les institutions publiques locales dans la gouvernance des pôles de compétitivité à forte dominante PME ?», *XLVème colloque ASRDLF*, Rimouski.

BOCQUET R., MOTHE C., (2009), « Gouvernance et performance des pôles de PME », *Revue Française de Gestion*, n° 190, pp. 101-122.

BODIGUEL J-L., (2006), « La DATAR : quarante ans d'histoire », *Revue française d'administration publique*, n° 119, pp.401-414.

BOYER R. (1986) *La Théorie de la Régulation : Une Analyse Critique*, La Découverte, Paris.

BOYER R., (1992), « Les alternatives au fordisme », in *Les régions qui gagnent. Districts et réseaux : les nouveaux paradigmes de la géographie économique*, Benko G., Lipietz A., éds., Paris, PUF, pp. 189-223.

BOYER R., SAILLARD Y., éd., (1995), *Théorie de la régulation. L'état des savoirs*, La Découverte, Paris.

BRAMANTI A., RATTI R., (1997), « The Multi-Faced Dimensions of Local Development », in *The Dynamics of Innovatives Regions. The GREMI Approach*, Ratti R., Bramanti A., Gordon R., éds., Ashgate, Aldershot, pp. 3-45.

BRETECHE P., (2005), *Démarches vers une concrétisation des politiques publiques territoriales*, Mémoire de Master professionnel, IMPGT, Aix-en-Provence.

BRETECHE P., (2006), *Vers une approche par les ressources des actions publiques: les mutations territoriales comme vecteur d'efficience*, Mémoire de Master recherche, IAE, Aix-en-Provence.

BRETECHE P., (2009), « Action publique et territoire innovants : Analyse contextuelle de l'évolution d'un milieu : le cas du « Pays d'Aix-en-Provence » (France) », *Deuxième Dialogue Euro Méditerranéen de Management Public – EGPA-IMPGT*, Portoroz-Piran, Slovénie, 7-10 octobre.

BRETECHE P., ARNAUD C., (2010), « Emergence de nouvelles modalités managériales : une analyse par les projets de territoire », *Troisième Dialogue Euro Méditerranéen de Management Public – EGPA-IMPGT*, Tunis, Tunisie, 6-8 octobre.

BRETTE O., CHAPPOZ Y., (2007), « The French Competitiveness Clusters: Toward a New Public Policy for Innovation and Research? », *Journal of Economic Issues*, vol.XLI, n° 2.

BRUSCO S., (1986), « Small firms and industrial districts: the experience of Italy », in New *Firms and Regional Development in Europe*, Keeble D., Weaver E., éds., Croom Helm, London.

BURREL G., MORGAN G., (1979), *Sociological Paradigm and Organizational Analysis*, Heineman Educational Books, Londres.

C

CAMAGNI R., (1991), « From the local « milieu » to innovation through cooperation network », in *Innovation network, spatial perspectives*, Camagni R., éd., GREMI, Belhaven Press, pp. 1-9.

CAMAGNI R., (1999), « Les milieux urbains : innovation, systèmes de production et ancrage », avant-propos, *IRER-GREMI*, Neuchâtel, pp. 1-5.

CAMAGNI R., (2006), « Changements technologiques, milieu local et réseaux d'entreprises : pour une théorie dynamique de l'espace économique », in *Milieux Innovateurs : Théories et Politiques*, Camagni R., et Maillat D., éd. Economica.

CAMAGNI R. et MAILLAT D., (2006), *Milieux innovateurs : Théories et politiques*, Economica.

CALME I., CHABAULT D., (2007), « Les Pôles de Compétitivité : renouvellement ou continuité dans l'étude des systèmes territorialisés ? », *XVIème Conférence Internationale de Management Stratégique*, Montréal.

CASTEIGTS M., (2003), « Le management territorial stratégique », in *Gouvernance et conduite de l'action stratégique au 21ème siècle*, Sedjari A., L'Harmattan, GRET, pp. 287-314.

CDIF (Club des districts industriels français), (2005), « SPL et ressources humaines : les plans collectifs de formation », (cahier n°1), « Gestion collective des ressources humaines dans les SPL », (cahier n°3), mai 2005.

CDU (Centre de documentation de l'urbanisme), (2000), « Introduction », in *Gouvernance, dossier documentaire*, Paris, Ministère de l'équipement.

CERTAINES (de) J., (1988), *La fièvre des technopôles*, Paris, Syros.

CHABAUD D., (2009), *Gouvernance et trajectoire des réseaux territoriaux d'organisations : une application aux pôles de compétitivité*, Thèse de doctorat en Sciences de Gestion, CERMAT, Université François-Rabelais de Tours.

CHARREIRE S., (2003), « Les innovations en tant qu'objet d'apprentissage organisationnel : une mise en perspective », *XIIème Conférence de l'Association Internationale de Management Stratégique*, les Côtes de Carthage, 3-6 juin.

CHARREIRE PETIT S., DURIEUX F., (2007), « Explorer et Tester : les deux voies de la recherche », in *Méthodes de recherche en management*, Thiétart R-A. et coll., 3ème éd., Dunod, pp. 58-83.

CHARREIRE S., HUAULT I., (2001), « Cohérence épistémologique et recherche en management stratégique », *XIème Conférence de l'Association Internationale de Management Stratégique*, 13-15 juin.

CHEVALLIER J., (2003), « La gouvernance, un nouveau paradigme étatique ? », *Revue française d'administration publique,* vol. 1/2, n° 105-106, pp. 203-217.

CASTRO GONCALVES L., TIXIER J., (2008), « Les compétences au sein des pôles de compétitivité : le cœur d'une réussite attendue ? », *Actes de l'AGRH*, Dakar, novembre 2008.

COASE R., (1937), « La nature de la firme », *Revue Française d'Economie*, vol. 2, n° 1, (1987), pp. 903-918.

COISSARD S., PECQUEUR B., (2007), « Les dynamiques territoriales : débats et enjeux des différentes approches disciplinaires », *XLIIIème Colloque de l'ASRDLF*, Grenoble et Chambéry.

COMMONS J.R., (1951), *The Economics of Collective Action*, London, McMillan.

COLLE R., CULIE J-D., DEFELIX C., HATT F. et RAPIAU M-T., (2009), « Quelle GRH pour les pôles de compétitivité ? », *Revue française de gestion*, n° 190, pp. 143-161.

COLLETIS G., PECQUEUR B., (1995), « Politiques technologiques locales et création de ressources spécifiques », in *Economie industrielle et économie spatiale*, Rallet A., Torre A., dir., Paris, Economica

COLLETIS G., GILLY J-P., LEROUX I., PECQUEUR B., PERRAT J., RYCHEN F., ZIMMERMANN J-B., (1995), « Dynamiques industrielles, le paradoxe du local », in *Economie industrielle et Economie spatiale,* Rallet A., Torre A., éds., Economica, Paris, pp. 145-168.

COLLETIS G., GILLY J.P., LEROUX I., PECQUEUR B., PERRAT J., RYCHEN F., ZIMMERMANN J.B., (1999), « Construction territoriale et dynamique productive », *Sciences de la société*, vol. 48, pp. 25-46.

COOKE P., HUGGINS R., (2003), « High-technology clustering in Cambridge (UK) », in *The institutions of local development*, Amin A., Goglio S., Sforzi F., éds.

COOKE P., MORGAN K., (1998), *The associational economy. Firms, Regions and innovation*, Oxford University Press, Oxford.

COSSETTE, P., AUDET, M., (1994), « Qu'est-ce qu'une carte cognitive? », in *Cartes cognitives et organisations*, Cossette P., dir., Collection « Sciences de l'administration », Québec / Paris : Les Presses de l'Université Laval / Éditions ESKA, pp. 13-33.

COURLET C., (1996), « Globalisation et frontières », *Sciences de la société*, n° 37, février, pp. 27-36

COURLET C., (2000), « Le district industriel d'Alfred Marshall, classiques revisités, extraits reproduits de *Principes d'économie politique* (livre IV, chapitre X) ; *L'industrie et le commerce* (livre II, chapitre VI, section 6) », *Géographie, Économie, Société,* vol. 2, n° 1, 2000 pp. 123-148.

COURLET C., (2001), « Les systèmes productifs locaux : de la définition au modèle », in *DATAR, Réseaux d'entreprise et territoire. Regards sur les systèmes productifs locaux*, Paris, La Documentation française.

COURLET C., FERGUENE A., (2003), « Globalisation et territoire : Le cas des SPL dans les pays en développement », *FACEF PESQUISA*, vol. 6, n°3.

COURLET C., PECQUEUR B., (1992), « Les systèmes industriels localisés en France : un nouveau modèle de développement », in *Les régions qui gagnent, Districts et réseaux : les nouveaux paradigmes de la géographie économique*, G. Benko, A. Lipietz dir., Paris, PUF, p. 81-102.

COURLET C., PECQUEUR B., SANSON G., (1992), « Diagnostic d'actions de développement local : le cas de la Vallée de l'Arve », *rapport pour le CRIDEL*, Grenoble, IREPD.

COUTELLE P., (2005), « Introduction aux méthodes qualitatives en sciences de gestion », *Cours du CEFAG-Séminaire d'Etudes Qualitatives.*

CRABBE P., (1998), « François Perroux et Ilya Prigogine : Systèmes complexes et science économique », *Études internationales*, vol. 29, n° 2, pp. 405-421. Article en ligne disponible à l'adresse suivante : http://id.erudit.org/iderudit/703883ar.

CREVOISIER O., (2001), « L'approche par les milieux innovateurs : état des lieux et perspectives », *Revue d'Economie Régionale et Urbaine*, n° 1, pp. 153-166.

CREVOISIER O., MAILLAT D., (1989), *Milieu, organisation et système de production territorial : vers une nouvelle théorie du développement spatial*, Dossier n° 24, IRER, Université de Neuchâtel.

D

DATAR, (2001), *Contrats d'agglomération : le classeur.*

DATAR, (2002), *Territoires en mouvement : les systèmes productifs locaux*, Ministère de l'Aménagement du Territoire et de l'Environnement, La documentation Française.

DATAR, (2004), *La France puissance industrielle : Une nouvelle politique industrielle par les territoires*, La documentation Française.

DATEM (ingénieurs Conseils Associés), (2002), *Panorama des Technologies Clés en Région Provence Alpes Côte d'Azur*, Direction Régionale de l'Industrie, de la Recherche et de l'Environnement.

DAUMAS J-C., (2006), « Districts industriels : le concept et l'histoire », *XIVème International Economic History Congress*, Helsinki, Session 28.

DAVID A., (1999), « Logique, épistémologie et méthodologie en sciences de gestion », *Actes de la XIIème Conférence Annuelle de l'Association Internationale de Management Stratégique*, mai.

DAVID A., (2002), « Décision, conception et recherche en gestion », *Revue française de gestion*, vol. 3/4, n° 139, pp. 173-185.

DAVID A., (2004), « Etude de cas et généralisation en sciences de gestion », *13ème Conférence internationale de Management Stratégique*, AIMS, Normandie Vallée de Seine, Le Havre, 1-4 juin.

DAVID A., HATCHUEL A. et LAUFER R., (2001), *Les nouvelles fondations des sciences de gestion*, coord. par FNEGE-Vuibert, Paris.

DAVIET S., (2001), « Mondialisation et ancrage territorial chez ST Microelectronics », *Rives méditerranéennes*, [En ligne], 9 | 2001, mis en ligne le 21 juillet 2005, pp. 61-81.

DAVIET S., (2003), « Mise en cohérence, fragilités et nouvelles dynamiques de la microélectronique en PACA », *Synthèse de l'étude MDER.*

DAVIET S., (2005), « Mondialisation et ancrage territorial chez ST Microelectronics », *Rives méditerranéennes* [En ligne], 9 | 2001, mis en ligne le 21 juillet 2005, pp. 67-81.

DECOUTERE S., (1997), « La nouvelle gestion publique vue en termes de management territorial et de milieu innovateur, l'exemple du Valais », in FINGER M., RUCHAT B., (eds), *Nouvelle approche du management public : réflexions autour de Michel Crozier*, Seli Arslan, Paris, pp. 75-96.

DECLERCK R.P., EYMERY P., CRENER M.A., (1979), *Le management stratégique des projets*, éditions Hommes et Techniques, Suresnes.

DEFELIX C., MAZZILLI I., PICQ T., RETOUR D., (2008), « La conduite des projets collaboratifs au sein des pôles de compétitivité : l'insoutenable légèreté du management et de la GRH », *Actes de l'AGRH*, Dakar.

DEFELIX C., CULIE J.D., RETOUR D., VALETTE A., (2008), « Travailler au sein d'un pôle de compétitivité : un défi pour la gestion des ressources humaines ? », in *Le travail, un défi pour la GRH*, coordonné par BEAUJOLI-BELLET R., LOUART P., PARLIER M., Editions de l'Anact, pp. 174-191.

DENZIN N.K. (1978), *Sociological methods :a sourcebook*, Adline Publisching Compagny.

DESAGE F., GODARD J., (2005), « Désenchantement idéologique et réenchantement mythique des politiques locales », *Revue française de science politique*, vol. 55, pp. 633-651.

DESCHENAUX F., (2007), « Guide d'introduction au logiciel Nvivo 7 », *Cahier pédagogique*, Association pour la recherche qualitative.

DESLAURIERS J-P., (1991), *Recherche qualitative : guide pratique*, McGraw-Hill, Montréal.

DIMAGGIO P.J., POWELL W.W., (1983), « The Iron cage revisited: institutional isomorphism and collective rationality in organizational fields », *American Sociological Review*, vol. 48, iss. 2, pp. 147-160.

DIVAY G., MAZOUZ B., (2008), « L'émergence du stratège local », in *Le métier de gestionnaire public à l'aube de la gestion par résultats*, Mazouz B., éd., Presses de l'Université du Québec, pp. 333-360.

DOSI G., MARENGO L., (1994), « Some Elements of an Evolutionary Theory of Organizational Competences », in *Evolutionary Concepts in Contemporary Economics*, Englander, R.W. éds., University of Michigan Press, Ann Arbor.

DOSI G., FREEMAN R., NELSON G., SILVERBERG G., SOETE I., (1988), *Technological change and economic theory*, London Printer.

DOSI G., TEECE D.J., WINTER, S., (1990), « Les Frontières des entreprises : vers une théorie de la cohérence de la grande entreprise », *Revue d'Économie Industrielle*, vol. 51, pp. 238-254.

DOUGHERTY D., (2002), « Grounded Theory Research Methods », in *Companion to Organizations*, Baum J. A. C., éd., Oxford, Blackwell, pp. 849-866.

DOUGLAS J.D., (1985), *Creative interviewing*, Beverly Hill, Sage.

DRAETTA L., FERNANDEZ V., GADILLE M., (2009), « Nouvelle politique industrielle et constitution de systèmes territoriaux d'innovation : le cas du secteur TIC », *Revue d'Économie Régionale et Urbaine*, à paraître.

DRUCKER-GODARD C., EHLINGER S., GRENIER C., (2007), « Validité et fiabilité de la recherche », in *Méthodes de recherche en management*, Thiétart R-A., éd., Dunod, Paris, pp 263-293.

DUBOIS J., (2009), *Les politiques publiques territoriales : la gouvernance multi-niveaux face aux défis de l'aménagement*, Res Publica, Presse Universitaires de Rennes.

DUFOURT D., (1991), « Innovations technologiques et structures d'organisation : les technopôles comme vecteurs de la transformation des fonctions des agents de la création technique », *Economies et Sociétés*, série Progrès et Croissance, n° 32, pp. 83-116.

DUPUY C., (1994), « Rationalité et apprentissage dans la théorie évolutionniste des jeux », *Working Paper*, Séminaire ADES-LEREP.

DUPUY C., GILLY J.P., (1996), « Apprentissage organisationnel et dynamiques territoriales : une nouvelle approche des rapports entre groupes industriels et systèmes locaux d'innovation », in *Dynamiques territoriales et mutations économiques*, Pecqueur B., éd., L'Harmattan, Paris, pp. 157-175.

DURANTON G., MARTIN P., MAYER T., MAYNERIS F., (2008), *Les pôles de compétitivité. Que peut-on en attendre ?*, coll. CEPREMAP, éd., Rue d'Ulm/Presses de l'École normale supérieure.

DURKHEIM E., (1988), *Les Règles de la méthode sociologique*, Paris, Flammarion.

E

EHLINGER S., PERRET V., CHABAUD D., (2007), « Quelle gouvernance pour les réseaux territorialisés d'organisations ? », *Revue Française de Gestion*, n° 170, pp. 155-171.

EISENHARDT K.M., (1989), « Building Theory from Case Study Research », *Academy of Management Review*, vol. 14, n° 4, pp. 532-550.

ENRIGHT, M. J., (1996), « Regional Clusters and Economic Development: A Research Agenda », in *Prospects for Regional Development*, Staber U., Schaefer N. V., and Sharma B., éds., Business Networks, New-York, De Gruyter.

ESTEBE P., (2010), « Métropolitique : au-delà des politiques urbaines », in *La France une géographie urbaine*, Cailly L., Vanier M., (dir.), coll. U, Armand Colin, pp. 257-270.

EVRARD Y., PRAS B., ROUX E., (2003), *Market, études et recherches marketing*, 3ème éd., Dunod.

F

FABERON J-Y., (1990), « Technopôles et développement », *Revue française de science politique*, n° 1, 1990. pp. 46-63.

FAURE A., POLLET G., WARIN P., (dir.), (1995), *La construction du sens dans les politiques publiques : débats autour de la notion de référentiel*, l'Harmattan, Paris.

FAVEREAU O., (1989), « Marchés internes, marchés externes », *Revue Economique*, vol. 40, n° 2, mars 1989, pp. 273-328.

FEAGIN J., ORUM A., SJOBERG G., éds., (1991), *A case for case study*, Chapel Hill, University of North Carolina Press.

FESER E. J., (1998), « Old and new theories of industry clusters », *Clusters and regional specialisation*, in Steiner M. éd., Pion Ltd, Londres.

FILIPPI M., TORRE A., (2003), « Local organizations and institutions. How can geographical proximity be activated by collective projects? », *International Journal of Technology Management*, n° 26, pp. 386-400.

FLORIDA R., (2002), *The Rise of the Creative Class : and How Its Transforming Work, Leisure, Community and Everyday Life*, p. 8sv, New York, Basic Books.

FONTANA A., FREY J.H., (1994), « Interviewing: The art of science », *Handbook of qualitative research*, in Denzin N., Lincoln Y., éds., London: Sage, pp. 361-377.

FORGUES B., VANDANGEON-DERUMES I., (2007), « Analyses longitudinales », in *Méthodes de recherche en management*, Thiétart R-A. et coll., Dunod, pp. 439-465.

FOSS N.J., (1993), « Theories of the Firm: Contractual and Competence Perspective », *Journal of Evolutionary Economics*, vol. 3, pp. 127-144.

FOSS N.J., (1996a), « Capabilities and the theory of the firm », *Revue d'Economie industrielle*, n° 77, pp. 7-28.

FOSS N.J., (1996b), « Knowledge-based Approaches to the Theory of the Firm : Some Critical Comments », *Organization Science*, Vol. 7, n° 5 pp. 470-476.

FOUCHET R., LOPEZ J.R., (2000), « Processus de décision et aménagement territorial », *contribution aux 4ème rencontres Ville-Management*, GREFIGE, Université de Nancy, 16-17 novembre.

FREMONT A., (2002), « La recomposition des territoires en France », in *La politique d'aménagement du territoire : racines, logiques et résultats*, CARO P., DARD O., DAUMAS J-C., dir., Presses Universitaires de Rennes.

FRIEDBERG E., (1993), *Le pouvoir et la règle*, Seuil, Paris.

G

GAFFARD J. L., ROMANI P. M., (1990), « A propos de la localisation des activités industrielles : le district marshallien », *Revue Française d'Economie*, vol. 3, pp. 171-185.

GARNIER J-P., (1988), « Montpellier entre tekné et polis », in BRUNET, R. (dir.), *Montpellier Europole*, Montpellier : GIP-Reclus, 1988.

GARNIER J., (1991), « Hautes technologies dans le Pays d'Aix-en-Provence », Laboratoire d'Economie et de Sociologie du travail, Ville d'Aix-en-Provence.

GARNIER J., (2004), « La question de la sous-traitance sur la zone de l'ancien bassin minier de Provence : de l'assujettissement à l'émancipation, de la dépendance au positionnement stratégique », note complémentaire au *rapport du LEST-UMR* portant sur « La transition du tissu productif régional en PACA », en collaboration avec Lanciano-Morandat C.

GARNIER J., (2005), « Restructuration de l'appareil productif local, articulations spatio-temporelles, identité et capacité collectives d'agir », *Temporalités*, n° 4, octobre-décembre.

GARNIER J., (2007), « L'émergence ex-nihilo et la dynamique territoriale d'une agglomération de petite entreprises High-Tech à Aix-en-Provence (France) », *Clusters and Regional Development Workshop*, IDEGA-USC, Santiago de Compostela, 19-20 avril.

GARNIER J., ZIMMERMANN J-B., (2006), « L'aire métropolitaine marseillaise et les territoires de l'industrie », *Géographie, économie et société*, vol. 8 (2), pp. 215-238.

GAROFOLI G., (1994), « Développement endogène et rôle des acteurs locaux : un défi pour la théorie du développement », in *Nouveaux dynamismes industriels en économie du développement*, publication de l'IREPD, série Actes de colloques, Grenoble, pp. 493-499.

GENELOT D., (2001), *Manager dans la complexité : Réflexions à l'usage des dirigeants*, Insep Consulting, Paris.

GERBIER B., (1979), « Industrie and Trade d'Alfred Marshall, Note de lecture », *Revue d'économie industrielle*, Vol. 9, n° 1, pp. 159-173.

GIDDENS A., (1984), *The Constitution of Society*, Polity Press, Cambridge.

GILLY J-P., GROSSETTI M., (1993), « Organisations, individus et territoires : le cas des systèmes locaux d'innovation », *Revue d'Economie Régionale et Urbaine*, n° 3, pp. 449-469.

GILLY J-P., LUNG Y., (2008), « Proximités, secteur et territoire », in *Secteurs et territoires dans les régulations émergentes*, coord. par Laurent C., Du Tertre C., L'Harmattan, Paris, pp. 161-180.

GILLY J-P. PERRAT J., (2003), « La dynamique institutionnelle des territoires : entre gouvernance locale et régulation globale », *Cahiers du GRES*, n° 5, 2003.

GILLY J-P., TORRE A., (2000), *Dynamiques de proximité*, L'Harmattan.

GILLY J-P., WALLET F., (1998), « Proximités, hybridation et gouvernance locale : contribution à l'analyse des dynamiques territoriales », *Colloque ASRDLF*, Puebla, Septembre.

GILLY J-P., WALLET F., (2001), « Proximities, Local Governance, and Dynamics of Local Economic Spaces : the Case of Industrial Conversion Processes », *International Journal of Urban and Regional Research,* vol. 23, n° 3, pp. 553-570.

GIRIN J., (1989), « L'opportunisme méthodique dans les recherches sur la gestion des organisations », *Communication à la journée d'étude « la recherche-action en action et en question »*, AFCET, Collège de systémique, Ecole centrale de Paris.

GLASER B., STRAUSS A., (1967), *The Discovery of Grounded Theory : Strategies for Qualitative Research*, Aldine Publishing Company, New York.

GOBO C., (2004), « Sampling, Representativeness and Generalizability », in *Qualitative Research Practice*, Seale C., Gobo G., Gubrium J., Silverman D., Sage Publications.

GOUTTEBEL J-Y., (2001), *Stratégies de développement territorial*, éd. Economica.

GRANOVETTER M., (1985), « Economic Action and Social Culture : the Problem of Embeddedness », *American Journal of Sociology*, vol. 91.

GRANOVETTER M., (1994), « Les institutions économiques comme constructions sociales », in *analyse économique des conventions*, Orléan A., éd., Paris, PUF, pp. 79-94.

GRAWITZ M., (1996), *Méthodes des sciences sociales*, Dalloz, 10ème éd., Paris.

GREGERSEN A., JOHNSON B., (1997), « Learning Economies, Innovation Systems and European Integration », *Regional Studies*, vol. 31, n° 5, pp. 479-490.

GRENIER C., JOSSERAND E., (2007), « Recherches sur le contenu et recherche sur le processus », in *Méthodes de recherche en management*, Thiétart R-A. et coll., 3ème éd., Dunod, pp. 107-139.

GROSSETTI M., (2000), « Les effets de proximité spatiale dans les relations entre organisations : une question d'encastrements », *Espace et Société*, n° 101-102, pp. 203-219.

GROSSETTI M., BES M-P., (2001), « Interacting Individuals and Organizations : a Case Study on Cooperations between Firms and Research Laboratories », in *Economics with Heterogeneous Interacting Agents*, Kirman A., Zimmermann J-B., dir., Springer, pp.287-302.

GUESNIER B., (2008), « Vingt cinq années de décentralisation en France : bilan et perspective pour l'action publique territoriale », *XLVème colloque ASRDLF*, Territoire et action publique territoriale : nouvelles ressources pour le développement régional, 25-27 août, Rimouski.

GUIGOU J-L., (1996), « Pour une conception positive et renouvelée de l'aménagement du territoire », *Revue d'Economie Régionale et Urbaine*, n° 4.

H

HABIB J., (2008), *La dynamique de création de connaissance dans les processus d'innovation : Etudes de cas et simulation multi-agents*, Thèse de Doctorat en Sciences de Gestion, Université Paul Cézanne, Aix-Marseille III.

HAMEL J., DUFOUR S., FORTIN D., (1993), *Case study Methods*, Newbury Park, CA : Sage Publications.

HERNANDEZ S., (2006), *Paradoxe et management stratégique des territoires : Etude comparée de métropoles européennes*, Thèse de Doctorat en Sciences de Gestion, Université Paul Cézanne, Aix-Marseille III.

HIVERNAT H., (2004), *Intelligence Economique et Intelligence Territoriale. Application à la Commune de Rousset, (Bouches du Rhône)*, Thèse de Doctorat en Sciences de l'Information et de la Communication, Aix-Marseille III.

HLADY-RISPAL M., (2002), *La méthode des cas. Application à la recherche en Gestion*, De Boeck Université.

HLADY-RISPAL M., (2008), « La conduite d'études de cas encastrés : une stratégie de recherche adaptée à la configuration résiliaire de petites entités française de l'économie solidaire », *9ème CIPEPME*, AIREPME, Louvain-la-Neuve.

HUFTY M., (2007), « La gouvernance est-elle un concept opérationnel ? Proposition pour un cadre analytique », *Fédéralisme Régionalisme*, vol. 7, n° 2.

HUSSLER C., MULLER P. et RONDE P., (2010), « Les pôles de compétitivité : morphologies et performances », *Séminaire EuroLIO*, Les indicateurs d'innovation localisés, 10 juin.

HUTEAU S., (2002), *Le management public territorial : Eléments de stratégie, d'organisation, d'animation et de pilotage des collectivités*, Editions du Papyrus.

I

ISARD W., (1956), *Location and Space-economy: a General Theory Relating to Industrial Location, Market Areas, Land Use, Trade, and Urban Structure*, Technology Press of Massachusetts Institute of Technology and Wiley, Cambridge.

ISARD W., (1975), *Introduction to regional science*, Englewood Cliffs, Prenctice-Hall.

J

JAUCH L., (1983), « An Inventory of Selected Academic Research on Strategic Management », *Advances in Strategic Management*, vol. 1, n° 2, pp. 141-175.

JEMISON D., (1981), « The Importance of an Integrative Approach to Strategic Management Research », *Academy of Management Review*, vol. 1, n° 6, pp. 601-608.

JODELET D., (2003), « Aperçus sur les méthodologies qualitative », in *Les méthodes des sciences humaines*, Moscovici S., Buschini F., orgs., PUF, Paris, pp 139-162.

JOHNSON B., LUNDVALL B-A., (1992), « Closing the institutional gap », *Revue d'Economie Industrielle*, n° 59.

JORGENSEN D., (1989), *Participant observation : A methodology for human studies*, Newbury Park, CA : Sage.

JOUVE B., LEFEVRE C., (1999), « De la gouvernance urbaine au gouvernement des villes ? Permanence ou recomposition des cadres de l'action publique en Europe », *Revue française de science politique*, n° 6, pp. 835-854.

K

KERVERN G.Y., (1989), « Le coût de l'excellence », *Annales des Mines*, Décembre 1989.

KIRAT T., (1993), « Innovation technologique et apprentissage institutionnel : institutions et proximité dans la dynamique des systèmes d'innovation territorialisés », *Revue d'Economie Régionale et Urbaine*, vol. 3, pp. 547-564.

KIRAT T., LUNG Y., (1995), « Innovations et proximités : le territoire, lieu de déploiement des apprentissages », in *Coordination économique et apprentissage des firmes*, Lazaric N., Monnier J-M., éds. Paris, Economica, pp. 206-227.

KOENIG G., (1993), « Production de la connaissance et constitution des pratiques organisationnelles », *Revue de Gestion des Ressources Humaines*, n° 9, pp. 4-17.

KOENIG, G., (1994), « L'apprentissage organisationnel : repérage des lieux », *Revue française de gestion*, pp. 76-83.

KOENIG, G., (2005), « Etudes de cas et évaluation de programmes : une perspective campbellienne », *Actes de la XIVème Conférence de l'Association Internationale de Management Stratégique*, Angers.

KOENIG G., (2006), « Théories mode d'emploi », *Revue Française de Gestion*, n° 160, pp. 9-27.

KOGUT B., ZANDER U., (1992), « Knowledge of the Firm, Combinative Capabilities, and the Replication of Technology », *Organization Science*, n° 3, pp. 383-397.

KOGUT B., ZANDER U., (1996), « What firms do? coordination, identity and learning », *Organization Science*, n° 7, pp. 502-518.

KUHN T., (1983), *La structure des révolutions scientifiques*, Paris, Flammarion. Traduit de : *The Structure of Scientific Revolutions*, Ill, The University of Chicago Press, 1962.

L

LACOUR C., (1996), « La tectonique des territoires : d'une métaphore à une théorisation », in *Dynamiques territoriales et mutations économiques*, Pecqueur B. éd., L'Harmattan, Paris, pp. 25-48.

LAJARGE R., (2000), « Patrimoine et légitimité des territoires. De la construction d'un autre espace et d'un autre temps », in *Utopie pour le territoire : cohérence ou complexité ?*, Gerbeaux F., éd., Aube, pp. 79-100.

LAMARZELLE D., (1997), *Le management territorial : une clarification des rôles entre élus et cadres territoriaux*, Editions du Papyrus.

LANGLEY A., (1999), « Strategies for Theorizing from Process Data », *Academy of Management Review*, vol. 24 (4), pp. 691-710.

LANGLOIS R.N., FOSS, N.J., (1996), « Capabilities and Governance: the Rebirth of Production in the Theory of Economic Organization », *Kyklos*, vol. 52, pp. 201-218.

LARCENEUX A., (1996), « Les nouveaux chantiers de la théorie économique spatiale », in *Dynamiques territoriales et mutations économiques*, Pecqueur B., éd., L'Harmattan, Paris, pp. 137-156.

LASCOUMES P., LE BOURHIS J.P., (1998), « Le bien commun comme construit territorial : identités d'action et procédures », *Politix*, vol.42, pp. 37-66.

LAWRENCE P. R., LORSCH J. W., (1967), *Organization and Environment: Managing Differentiation and Integration*, Harvard University, Graduate School of Business Administration, Boston.

LAURIOL, J., PERRET, V., TANNERY, F., (2008), « Stratégies, espaces et territoires : Une introduction sous un prisme géographique », *Revue Française de Gestion*, n° 184, pp. 91-103.

LE BAS C., (1993), « La firme et la nature de l'apprentissage », *Economies et Sociétés, Série Dynamique technologique et organisation*, n° 1, pp. 7-24.

LE BAS C., ZUSCOVITCH E., (1993), « Apprentissage technologique et organisation », *Economies et Sociétés*, Série *Dynamique technologique et organisation*, vol. 1, n° 5, pp. 153-195.

LECHOT G., CREVOISIER O., (1996), « Dynamique urbaine et développement régional : le cas d'une région de tradition industrielle », in *Dynamiques territoriales et mutations économiques*, Pecqueur B., éd., L'Harmattan, Paris, pp. 49-72.

LECOQ B., (1995), « La relation technologie-territoire et les milieux innovateurs », *Revue International de PME*, vol. 8, n° 1, pp. 81-106.

LE GALES P., THATCHER M., (1995), *Les réseaux de politiques publiques. Débats autour des policy networks*, Paris, L'Harmattan.

LELOUP F., MOYART L., PECQUEUR B., (2005), « La gouvernance territoriale comme nouveau mode de coordination territoriale ? », *Géographie Economie Société*, n° 4, vol. 7, pp. 321-332.

LEURQUIN B., (2002), « La politique des pays : points clés et difficultés d'application », in *La politique d'aménagement du territoire : racines, logiques et résultats*, Caro P., Dard O., Daumas J-C., (dir), Presses Universitaires de Rennes, pp. 265-298.

LE MOIGNE J-L., (1990a), *La modélisation des systèmes complexes*, Ed. Dunod.

LE MOIGNE J-L., (1990b), « Epistémologies constructivistes et sciences de l'organisation », in *Epistémologies et sciences de gestion*, coord. par MARTINET A.C., Economica, Paris, pp. 81-139.

LE MOIGNE, J-L., (1994a), *La théorie du système général*, coll. Les Classiques du réseau intelligence de la complexité, www.mcxapc.org - mcxapc@mcxapc.org.

LE MOIGNE, J-L., (1994b), *Le constructivisme tome 1 : Des fondements*, Paris, ESF.

LE MOIGNE J.L., (1995), *Les Epistémologies constructivistes*, coll. Que Sais-je ?, Paris, PUF.

LESCURE M., (2006), « Le territoire comme organisation et comme institution », in *La mobilisation du territoire. Les districts industriels en Europe occidentale du XVIIe au XXe siècle*, Lescure M., éd., Paris, Comité pour l'histoire économique et financière de la France, pp. 1-7.

LEVY P., (1997), *L'intelligence collective : pour une anthropologie du cyberespace*, Paris, France, éd. La Découverte.

LIPIETZ A., (1986), « New tendencies in the international division of labor: regimes of accumulation and modes of social regulation », in *Production, Work, Territory: The Geographical Anatomy of Industrial Capitalism*, Scott A. J., Storper M., éds., Allen & Unwin, Boston, MA.

LIVET P., (1994), *La communauté virtuelle, action et communication*, Paris, éd. de l'Eclat.

LUNDVALL B.A., (1992), *National Systems of Innovation*, Pinter Publisher, London.

LUNDVALL B.A., JOHNSON B., (1994), « The Learning Economy », *Journal of Industry Studies*, vol. 1, n° 2, pp. 23-42.

LOILIER T., (2010), « Innovation et territoire : le rôle de la proximité géographique ne doit pas être surestimé », *Revue française de gestion*, n° 200, pp. 17-35.

LOPEZ J-R., (2005), « Systémique et management public », IMPGT-CERGAM, *Working Paper*, Aix-en-Provence.

M

MAILLAT D., (1992), « La relation des entreprises innovatrices avec leur milieu », in *Entreprises innovatrices et développement territorial*, Maillat D., Perrin J-C., éd., GREMI-IRER-EDES, Neuchâtel.

MAILLAT D., (1994), « Comportements spatiaux et milieux innovateurs », in *Encyclopédie d'économie spatiale*, Auray J.P, Bailly A., Derycke P.H et Huriot J.M éds., Economica, Paris, pp. 255-262.

MAILLAT, D., (1996), « Regional Productive Systems and Innovative Milieux », in *Networks of Enterprises and Local Development*, OCDE dir., Paris OCDE.

MAILLAT D., CREVOISIER O. et VASSEROT J-Y., (1992), « Innovation et district industriel : l'arc jurassien suisse », in *Entreprise innovatrices et Développement territorial*, Maillat D., Perrin J-C., éd., GREMI, EDES, Neuchâtel, pp. 105-124.

MAILLAT D., KEBIR L., (1999), « *Learning region* et systèmes territoriaux de production », *Revue d'économie régionale et urbaine*, n° 3, pp. 429-448.

MAILLAT D. et PERRIN J-C. éds., (1992), *Entreprise innovatrices et Développement territorial*, GREMI, EDES, Neuchâtel.

MAILLAT D., QUEVIT M., SEEN L., éd., (1993), *Réseaux d'innovation et Milieux innovateurs : Un pari pour le développement régional*, GREMI, EDES, Neuchâtel.

MALMBERG A., MASKELL P., (2002), « The elusive concept of localization economies : Towards a knowledge-based theory of spatial clustering », *Environment and Planning*, vol. 34, pp. 429-449.

MARIS B., (1996), « Institutions et régulations locales : des concepts pertinents ? », in *Dynamiques territoriales et mutations économiques*, Pecqueur B., éd., L'Harmattan, Paris.

MARSHALL A., 1890, *Principes d'Economie politique*, Giard et Brière, 1906, Paris et 1919, *l'industrie et le commerce*, *Giard*, Paris, 1934.

MARSHALL A., (1898), « Analogies mécaniques et biologiques en économie », in, *Revue française d'économie*, vol. 6, n° 1, 1991, pp. 103-113.

MARTIN R., SUNLEY P., (2003), « Deconstructing clusters : Chaotic concept or policy panacea », *Journal of Economic Geography*, vol. 1, n° 3, pp. 3-35.

MARTINET A.C., (1990), « Grandes questions épistémologiques et sciences de gestion », in MARTINET A.C., (Ed.), *Epistémologies et sciences de gestion*, Paris, Economica, pp. 9-29.

MASKELL P., KEBIR L., (2005), « What qualifies as a cluster theory? », DRUID, *Working Paper*, n° 9, http://www.druid.dk/wp/wp.html.

MASKELL P., MALMBERG A., (1995), « Localised Learning and Industrial Competitiveness », *Brie Working Paper*, n° 80, Berkeley.

MASSEY D., MEEGAN R., (1982), *The Anatomy of Job Loss. The how, why and where of employment decline*, Methuen, London.

MATTEACCIOLI A., (2004), *Philippe Aydalot, pionnier de l'économie territoriale*, Paris, L'Harmattan.

MATTEACCIOLI A., TABARIES M., (2006), « Historique du GREMI- Les apports du GREMI à l'analyse territoriale de l'innovation », in *Milieux innovateurs. Théorie et politiques*, textes réunis par Camagni R., Maillat D., Economica, Anthropos, pp. 3-19.

MATTHEWS R. C. O., (1985), « The Economics of Institutiond and the Sources of Growth », *Economic Journal*, vol. 36, pp. 903-918.

MAURAND-VALET A., (2010), « Choix méthodologiques en sciences de gestion : pourquoi tant de chiffres ? », *Crises et nouvelles problématiques de la Valeur*, Nice, France.

MEGIE G., (2003), « Introduction », in *Un nouvel esprit scientifique, Ingénierie de l'interdisciplinarité*, Kourilsky F., (Dir.), Paris, L'Harmattan.

MENDEZ A., (2005), « Les effets de la mondialisation sur l'organisation et la compétitivité des districts industriels », *Revue internationale sur le travail et la société*, vol. 3, n° 2, pp. 756-786.

MENDEZ A., MERCIER D., (2006) « Compétences-clés de territoires : le rôle des relations interorganisationnelles », *Revue Française de Gestion*, n° 164, pp. 253-275.

MENDEZ A., BARDET., (2009), « Quelle gouvernance pour les pôles de compétitivité constitués de PME ? », *Revue Française de Gestion*, n° 190, pp. 123-142.

MERMET L., DUBIEN I., EMERIT A., LAURANS Y., (2004), « Les porteurs de projets face à leurs opposants : six critères pour évaluer la concertation en aménagement », *Revue Politiques et Management Public*, vol. 22, n° 1, pp. 1-23.

MILES M.B., HUBERMAN A.M., (1991), *Analyses des données qualitatives : Recueil de nouvelles méthodes*, (2003), De Boeck Université.

MOINE A., (2002), « La notion de pays préfigure-t-elle l'émergence d'une nouvelle collectivité territoriale ? », in *La politique d'aménagement du territoire : racines, logiques et résultats*, CARO P., DARD O., DAUMAS J-C., dir., Presses Universitaires de Rennes, pp. 359.

MOINE A., (2006), « Le territoire comme un système complexe : un concept opératoire pour l'aménagement et la géographie», *l'Espace géographique*, pp. 115-132.

MORIN E., (1982), *Science avec conscience*, 1982, Edition du Seuil, 1990, 2ème éd.

MOULAERT F., SEKIA F., (2003), « Territorial Innovation Models : A Critical Survey », *Regional Studies*, vol. 37-3, pp. 289-302.

MUKAMURERA J., LACOURSE F., COUTURIER Y., (2006), « Des avancées en analyse qualitative : pour une transparence et une systématisation des pratiques », *Recherches qualitatives*, vol. 26 (1), pp. 110-138.

MULLER P., SUREL Y., (1998), *L'analyse des politiques publiques*, Montchrestien, Paris.

MUSCA G., (2006), « Une stratégie de recherche processuelle : l'étude longitudinale de cas enchâssés », *M@n@gement*, vol. 9, n° 3, pp. 145-168.

N

NELSON R.R. and WINTER S.G., 1982, *An Evolutionary Theory of Economic Change*, MA: The Belknap press, Cambridge.

NORTH D.C., (1990), *Institutions, Institutional Change and Economic Performance*, Cambridge University Press, Cambridge.

O

OCDE, (1999), *Boosting Innovation : the Cluster Approach*, Paris, Editions OCDE.

OCDE, (2001), *Innovative Clusters : Drivers of National Innovation Systems*, Paris, Editions OCDE.

P

PADIOLEAU J.G., (2001), « La gouvernance ou comment s'en débarrasser », (Stratégies de corruption), *Espaces et Sociétés*, n° 101-102, Anciens débats, nouvelles questions.

PADIOLEAU J.G., (2003), *Arts Pratiques de l'Action Publique Ultra-Moderne*, L'Harmattan, Paris.

PAILLE P., (1996), « De l'analyse qualitative en général et de l'analyse thématique en particulier », *Recherches qualitatives*, n° 15, pp. 179-194.

PAILLE P., MUCCHIELLI A., (2003), *L'analyse qualitative en sciences sociales et humaines*, Armand Colin, Paris.

PANICO R., POULLE F., (2005), « Le projet comme outil de gouvernement. De Foucault aux territoires de projets », *Etudes et communication*, n° 28, p.141-155, mis en ligne le 19 janvier 2009. URL : http://edc.revues.org/index316.html.

PASCAL B., (1671), *Pensées*, Paris ; coll. Essai, Points, éd. (2000).

PASSERON J.C., (1991), *Le raisonnement sociologique : l'espace non poppérien du raisonnement naturel*, Paris, Nathan.

PECQUEUR B., éd., (1996), *Dynamiques territoriales et mutations économiques*, L'Harmattan, Paris.

PECQUEUR B., (1996), *Dynamiques territoriales et mutations économiques*, Introduction, pp. 13-22, Pecqueur B. (éd.), Paris, L'Harmattan.

PECQUEUR B., (1996), « Processus cognitifs et construction des territoires économiques », in *Dynamiques territoriales et mutations économiques*, Pecqueur B., éd., L'Harmattan, Paris, pp. 209-226.

PECQUEUR B., (2003), « Territoire et gouvernance : quel outil pertinent pour le développement? », *Actes du colloque international Umr Sagert*, Montpellier, France.

PECQUEUR B., ZIMMERMANN J-B., (2004), *Economie de proximités*, éd. Lavoisier, Paris.

PECQUEUR B., 2005, « La « clustérisation » de l'économie nationale », *Revue Sciences Humaines*, Hors-série : la France en 2005, pp. 48-51.

PECQUEUR B., (2006), « Le tournant territorial de l'économie globale », Revue Espaces et Sociétés, n°124-125.

PENROSE E., (1959), « Theory of Growth of the Firms », John Wiley, New York.

PERRET V., (1994), « Les difficultés de l'action intentionnelle de changement : dualité de l'action et ambivalence des représentations », Thèse de doctorat en Sciences de Gestion, Université Paris-Dauphine.

PERRET V., SEVILLE M., (2007), « Fondements épistémologique de la recherche », in *Méthodes de recherche en management*, Thiétart R-A. et coll., 3ème éd., Dunod.

PERRIN J-C., (1991), « Regional Development Trajectories and the Attainment of the European Market : the GREMI approach », in *Regional Development Trajectories and theAttainment of the European Internal Market*, Quévit M., éd., RIDER, GREMI, pp. 33-56.

PERROUX F., (1976), « Critique de la raison économique et de la raison statistique », *Economie appliquée*, XL (2), pp. 303-323.

PETTIGREW A. M., (1990), « Longitudinal Field Research on Change : Theory and Practice », *Organization Science*, vol.1, n° 3, pp. 267-292.

PETTIGREW A. M., WOODMAN R. W., CAMERON K. S., (2001), « Studying Organizational Change and Development : Challenges for Future Research », *Academy of Management Journal*, vol. 44 (4), pp. 697-713.

PEYRACHE-GADEAU V., (1999), « La contribution de P. Aydalot à l'édification de la théorie des milieux innovateurs », *Revue d'Economie Régionale et Urbaine*, n° 3, pp. 617-632.

PIAGET J., (1937), *La Construction du réel chez l'enfant*, Genève, Delachaux et Niestlé.

PIAGET J., (1967), *Logique et Connaissance Scientifique,* Paris, Gallimard.

PINSON G., (2006), « Projets de ville et gouvernance urbaine : Pluralisation des espaces politiques et recomposition d'une capacité d'action collective dans les villes européennes », *Revue française de science politique*, vol. 56, n° 4, pp. 619-651.

PIORE M. J., SABEL C. F., (1984), *The second industrial divide: possibilities for prosperity*, Basic Books, New-York. Traduction française chez Hachette sous le titre : *Les chemins de la prospérité. De la production de masse à la spécialisation souple*, (1989).

PHILIPS A., STEVENSON R.E., (1974), « The historical development of industrial Organization », *H.O.P.E*, VI. 3., Fall.

PLANQUE B., (1990), «Réseaux d'innovation contractuelles et embryons de réseaux d'innovation conventionnels : Etudes de cas », *cahiers du CER*, n° 121.

POISSON Y., (1991), *La recherche qualitative en éducation*, Sillery : Presses de l'Université du Québec.

POPPER K.R., (1991), *La connaissance objective*, Aubier, 2ème éd. Traduit de : *Objective Knowledge*, (1972), Londres, Oxford University Press.

PORTER M. E., (1990), *The Competitive Advantage of Nations*, Free Press.

PORTER M. E., 2000, « Location, competition and economic development: local clusters in a global economy », *Economic Development Quarterly*, Vol. 14, n° 1, pp.15-34.

PRIGOGINE I., STENGERS I., (1984), *Order out of Chaos: Man's New Dialogue with Nature*, Benta, New York.

PRAX J-Y., (2002), *Le management territorial à l'ère des réseaux*, collection Service Public, Editions d'Organisation.

PREVOT M., BENTAYOU G., CHATELAN O., DESAGE F., GARDON S., LINOSSIER R., MEILLERAND M-C., VERDEIL E., (2008), « Les agences d'urbanisme en France. Perspectives de recherches pluridisciplinaires et premiers résultats autour d'un nouvel objet », *Métropoles*, n° 3, varia, pp. 42. URL : http://metropoles.revues.org/2322.

Q

QUEVIT M., (1991), « Innovative Environments and Local-International Linkages in Enterprise Strategy: a Framework for Analysis », in *Innovation network, spatial perspectives*, Camagni R., éd., GREMI, Belhaven Press, pp. 55-70.

QUEVIT M., (2007), « Territoires innovants et compétitivité territoriale : de nouveaux enjeux pour le développement territorial en Wallonie », *Territoire(s) wallon(s), hors série*, pp. 59-80.

QUIVY R., VAN CAMPENHOUDT L., (1988), *Manuel de recherche en sciences sociales*, Dunod, Paris.

R

RAINES, P. (2001), « The Cluster Approach and the Dynamics of Regional Policy-Making », *41ème Congrès de l'European Regional Science Association*, Zagreb.

RALLET A., (2002), « L'Economie de proximités, propos d'étape », *Etudes et Recherches sur les Systèmes Agraires et le Développement*, n° 33, pp. 11-25.

RALLET A., TORRE A., (1995), *Economie industrielle et économique spatiale*, Paris, Economica.

TORRE A., RALLET A., (2005), « Proximity and localization », *Regional Studies*, vol. 39, n° 1, pp. 47-60.

RAULET-CROSET N., (2008), « La dimension territoriale des situations de gestion », *Revue Française de Gestion*, n° 184, pp. 137-150.

RERU, (1993), « Économie de proximités », *Revue d'Economie Régionale et Urbaine*, numéro spécial, n° 3.

RETOUR D., (2008), « Pôles de compétitivité, propos d'étape », *Revue Française de Gestion*, n° 190, pp. 93-99.

ROCHA H., (2004), « Entrepreneurship and Development : The Role of Clusters », *Small Business Economics*, n° 23, pp. 363-400.

ROSNAY (de) J., (1975), *Le macroscope, vers une vision globale*, Paris, éd. du Seuil.

ROSNAY (de) J., (1995), *L'homme symbiotique, regards sur le troisième millénaire*, Paris, éd. du Seuil.

ROYER I., (2005), « Le management de projet. Evolutions et perspectives de recherche », *Revue Française de Gestion*, vol. 31, n° 154, pp.111-122.

ROYER I., ZARLOWSKI P., (2007), « Le design de la recherche », in *Méthodes de recherche en management*, Thiétart R-A. et coll., 3ème éd., Dunod, pp. 143-172.

RUBIN H.J., (1994), « There aren't going to be any bakeries here if there is no money afford jellyrolls : The Organic Theory of Community Based Development », *Social Problems*, vol. 41(3), pp. 401-424.

RUFFIEUX B., 1991, « Micro-système d'innovation et formes spatiales de développement industriel », in *Traité d'économie industrielle*, Arena R., Benzoni L., éds., Economica, pp. 373-382.

RYCHEN F., ZIMMERMANN J.B., (2000), « Du bassin houiller de Gardanne au pôle micro-électronique provençal : reconversion ou mutation? », *Rives méditerranéennes* [En ligne], 4 | 2000, mis en ligne le 22 juillet 2005, pp. 47-60.

RYCHEN F., ZIMMERNANN J-B., (2002), « Birth of a cluster: the microelectronics industry in the Marseilles Metropolitan Area », *International Journal of Technology Management*, vol. 24, n° 7/8, pp. 792-817.

S

SAXENIAN A., (1994), *Regional Advantage: culture and competition in Silicon Valley and route 128*, Cambridge Harvard University Press.

SCOTT A.J., (1988), *Metropolis: from the division of labour to urban form*, University of California Press, Berkeley.

SCOTT A.J., (1999), « Les bases géographiques de la performance industrielle », *Revue Géographie, Economie, Société*, vol. 1-2, pp. 259-280.

SCOTT A.J., SOJA E., éds., (1996), *The City: Los Angeles and Urban Theory at the End of the Twentieth Century, Berkeley and Los Angeles*, University of California Press.

SCOTT A.J., (2001), Les régions et l'économie mondiale, éd. L'Harmattan, Paris, France.

SIMON H. A., (1974), *Sciences des systèmes, sciences de l'artificiel*, EPI éd., Paris. Traduit de : *The science of the artificial*, (1969), MIT Press.

SIMON H. A., (1993), « Altruism and Economics », *American Economic Review*, vol. 83, n° 2, pp. 156-161.

SLAPPENDEL C., (1996), « Perspectives on Innovation in Organizations », Organization Studies, vol. 17, n° 1, pp. 107-129

STAKE R.E., (1995), *The art of case study research*, Thousand Oaks, CA : Sage Publishing.

STENGERS I., (1993), *L'invention des sciences modernes*, Coll. Champs, Flammarion, Paris.

STOKER G., (1998) « Governance as theory : five propositions », *International Social Science Journal*, vol. 155, pp. 17-28.

STORPER M., (1996), « Economie Régionale Evolutionniste », in *Dynamiques territoriales et mutations économiques*, Pecqueur B., éd., L'Harmattan, Paris, pp. 227-244.

STORPER M., SCOTT A.J., (1989), « The geographical foundations and social regulation of flexible production systems », in *The Power of geography: how territory shapes social life*, Wolch J., Dear M., dir., Unwin Hyman, Boston, pp. 19-40.

STORPER M., HARRISON B., (1992), « Flexibilité, hiérarchie et développement régional : les changements de structure des systèmes productifs industriels et leurs nouveaux modes de gouvernance dans les années 1990 », in *Les régions qui gagnent. Districts et réseaux: les nouveaux paradigmes de la géographie économique*, Benko G. B., Lipietz A., éds., Paris, PUF, pp. 265-291.

STRAUSS A., CORBIN J., (1990), *Basics of qualitative research. Grounded theory procedures and techniques*, Newbury Park : SAGE Publications.

SUIRE R., et VICENTE J., (2008), « Théorie économique des clusters et management des réseaux d'entreprises innovantes », *Revue française de gestion*, n° 184, pp. 119-136.

T

TALBOT D., (2001), « Mondialisation et dynamiques des coordinations inter-firmes : le cas dans la sous-traitance aéronautique », *Revue Sciences de la Société*, n° 54, pp. 153-165.

TEECE D.J., (1988), « Technological change and the nature of the firm », in *Technical Change and Economic Theory*, Dosi G., Freeman C., Nelson R., Silverberg G., Soete C., éds., Francis Pinter, London.

TEECE D.J. (1990), « Contributions and Impediments of Economic Analysis to the Study of Strategic Management », *in Perspectives on Strategic Management*, Fredrickson, J.M. éd., Harper Business, Grand Rapids.

TESCH R., (1990), *Qualitative research. Analysis types and software tools*, The Falmer Press, New York.

THIETART R-A., (2007), « Introduction », *Méthodes de recherche en management*, Thiétart R-A. et coll., 3ème éd., Dunod, pp. 1-10.

THISSE J-F., (1997), « L'oubli de l'espace dans la pensée économique », *Revue Région et Développement*, n° 6, pp. 13-39.

THOENIG J-C., (1992), « La décentralisation, dix ans après », *Revue Pouvoirs,* n° 60, pp. 5-16.

THOENIG, J-C., (2005), « Pour une épistémologie des recherches sur l'action publique », in *Les dynamiques intermédiaires au cœur de l'action publique*, Filatre D., De Terssac G., éds., Toulouse, Octarès, pp. 285-306.

TIXIER J., CASTRO GONÇALVES L., (2008), « Les compétences au sein des pôles de compétitivité : le cœur d'une réussite attendue ? », *Actes du Congrès de l'AGRH*, novembre.

TOLMAN E. C., (1948), « Cognitive maps in rats and men », *Psychological Rewiew*, vol. 55, pp. 189-208.

TORRE A., (2006), « Clusters et systèmes locaux d'innovation. Un retour critique sur les hypothèses naturalistes de la transmission des connaissances à l'aide des catégories de l'économie de la proximité », *Régions et Développement*, n° 24, pp. 15-44.

TORRE A., RALLET A., 2005, « Proximity and localization », *Regional Studies*, vol. 39, n°1, pp. 47-60.

TORRE A., ZUINDEAU B., (2007), « Économie de la proximité et environnement : état des lieux et perspectives », *XLIIIème colloque de l'ASRDLF*, Grenoble et Chambéry.

TOURNIER C., (2007), « Le concept de gouvernance en science politique », *Pap. Polít. Bogotá* (Colombia), vol. 12, n° 1, pp. 63-92, enero-junio.

TREMBLAY D-G., (2007), « Réseaux, clusters, communautés de pratique et développement des connaissances », *Note de recherche*, n° 2007-06, Chaire Bell en technologies et organisation du travail.

V

VAN DE VEN A., (1992), « Suggesting for Studying Startegy Process : a Resaerch Note », Strategic Management Journal, vol. 13, pp. 169-188.

VAN DOREN P., (2007), « Itinéraires vers les regions de la connaissance : de l'usage de la prospective à la mise en mouvement des territoires wallons », in *Territoires wallons*, Maréchal L., dir., Conférence Permanente du Développement Territorial, pp. 91-102.

VAN MAANEN J., (1979), « Reclaiming qualitative methods for organizational research : a preface », *Administrative Science Quaterly*, vol. 24, pp. 520-527.

VEBLEN T., (1919), *The place of science on modern civilization and other essays*, New York, Huebsch.

VELTZ P., (1999), « Territoires innovateurs : de quelle innovation parle-t-on ? », *RERU*, n°3, pp.607-616

VERPEAUX M., (1999), « La décentralisation depuis les lois de 1992 », in *Les collectivités locales en mutation*, Cahiers Français, n° 293, pp. 3-11.

VICENTE J. (2005), *Les espaces de la net-économie: clusters TIC et aménagement numérique du territoire*, Economica, Paris.

VON GLASERFELD E., (1988), « Introduction à un constructivisme radical », in *L'Invention de la Réalité*, Watzlawick P., Le Seuil, Paris, pp. 19-43.

W

WACHEUX F., (1996), *Méthodes Qualitatives de Recherche en Gestion*, Economica, Paris.

WEICK K.E., (1993), « The collapse of sense making in organizations : The Mann Gulch disaster », *Administravive Science Quaterly*, vol. 38 (4), December, pp. 628-652.

WILLIAMSON O. E., (1985), *The Economic Institutions of Capitalism*, New York, The Free Press.

Y

YIN R.K., (1989), *Case study research: Design and methods*, Beverly Hills, CA: Sage Publishing, Rev. Edition.

YIN R. K., (1994), *Case Study Research, Design and Methods*, Newbury Park, CA, Sage, 1984, 2nd éd., 1994.

YIN R.K., (2003a), *Applications of Case Study Research*, Applied Social Research Series, Second Edition, vol. 34, Sage Publications.

YIN R.K., (2003b), *Case Study Research : Design and Methods, Applied Social Research Methods Series*, Third Edition, vol. 5, Sage Publications.

Z

ZIMMERMANN J-B., (2000), « De la proximité dans les relations firmes-territoires : nomadisme et ancrage territorial », in *Dynamiques de proximité*, Gilly J-P., Torre A., éds., L'Harmattan, Paris.

ZIMMERMANN J.B., (2005), « Entreprises et Territoires : entre nomadisme et ancrage territorial », *Revue de l'Ires*, n° 47, pp. 21-36.

ZIMMERMANN J.B., (2008), « Le territoire dans l'analyse économique. Proximité géographique et proximité organisée », *Revue Française de Gestion*, n° 184, pp. 105-118.

– LISTE DES ILLUSTRATIONS –

Encadré 6.15 : « Production industrielle *versus* protection de l'environnement : une externalité négative sociétale », (Source : E. 6).

Encadré 6.16 : « Les projets territoriaux Pégase: une aide à la construction de la dimension diachronique », (Source : E. 21).

Encadré 6.17 : « Un projet technopolitain, une stratégie environnementale, une gouvernance souple et partagée », (Sources : E. 12 ; E. 4).

Encadré 6.18 : « Des querelles de clochers au détriment de la mise en action publique », (Source : E. 6).

Encadré 6.19 : « PLU & SCOT : une boîte de pandore inefficiente pour la stratégie intercommunale », (Source : E. 22).

Encadré 6.20 : « Le pays d'Aix un mode de gouvernance approprié par les managers territoriaux », (Source : E. 16).

Encadré 6.21 : « De l'inextricable question de la représentativité des sociétés locales », (Source : E. 16).

605

– LISTE DES ANNEXES –

ANNEXE 1

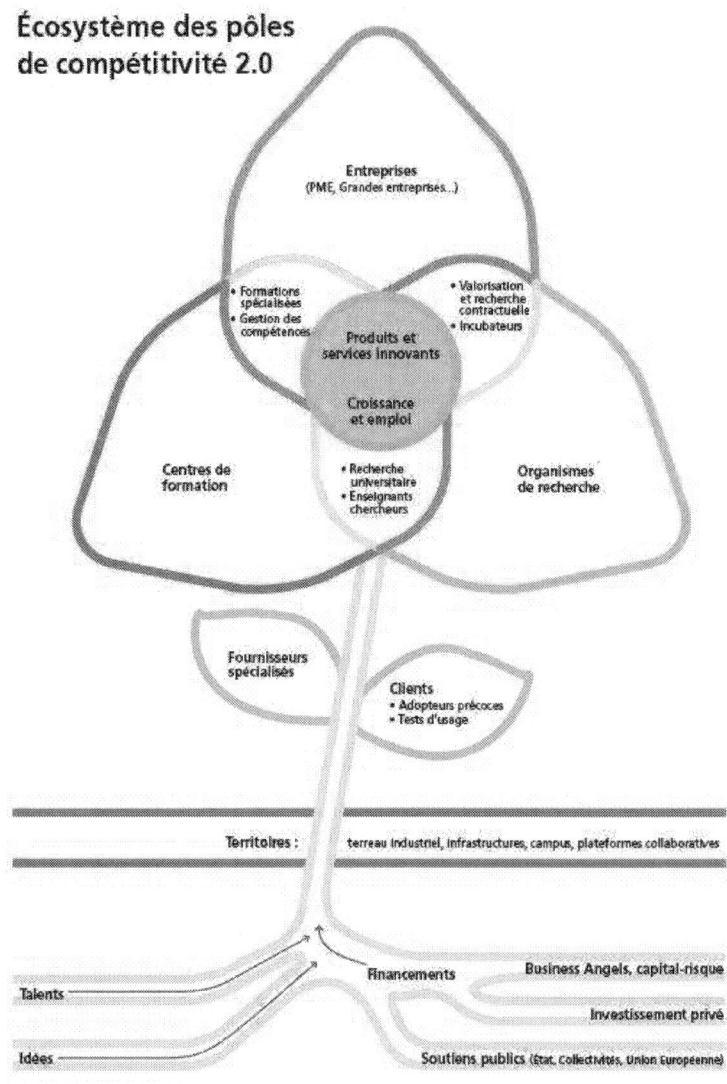

Écosystème des pôles de compétitivité 2.0

Carte des 71 pôles de compétitivité français

Source : http://competitivite.gouv.fr/documents/commun/Documentation_poles/cartes-poles/carte.pdf. Consulté le 30 mai 2011.

ANNEXE 3

NATURE FISCALE DES INTERCOMMUNALITÉS À FISCALITÉ PROPRE AU 1er JANVIER 2010

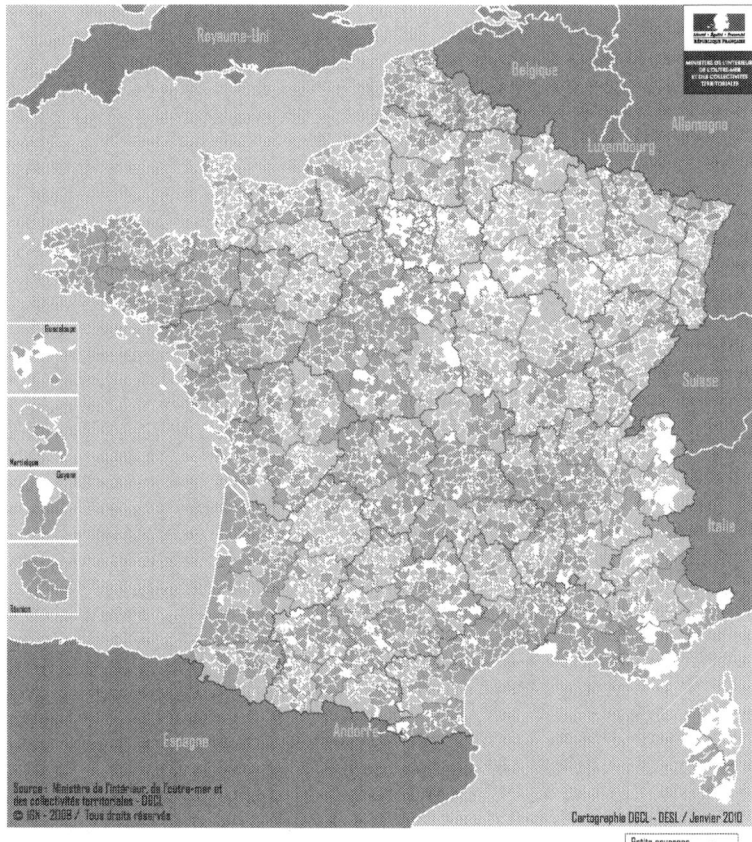

Nature fiscale des intercommunalités à fiscalité propre :

- Taxe professionnelle unique
- Fiscalité additionnelle

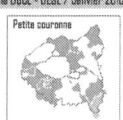

ANNEXE 4

TABLEAU RECAPITULATIF DES ENTRETIENS

STRUCTURES	SERVICES	FONCTIONS	NOMBRE D'ENTRETIENS
REGION PACA	Direction de l'Economie Régionale, de l'Innovation et de l'Enseignement Supérieur (DERIES)	Directeur	1
REGION PACA	(DERIES) Service Appui aux Entreprises	Directeur	1
REGION PACA	(DERIES) Mission PRIDES	Coordinateur de la mission PRIDES	1
REGION PACA	(DERIES) Mission PRIDES	Chargé de mission PRIDES	1
REGION PACA	Direction Développement des Territoires	Chargé de mission territorial	1
REGION PACA	(DERIES) Service Innovation et Economie Numérique	Chef de projet innovation numérique	1
REGION PACA	(DERIES) Service Innovation et Economie Numérique	Chargé de mission innovation numérique	1
CCIMP	Compétitivité des territoires / Maison des PME-PMI et Zones d'Activités	Elue / Vice président délégué	1
CAPA		Conseiller spécial du président	1
CAPA	Direction Générale Adjointe Aménagement de l'espace, service Projet d'Agglomération	Directeur Général Adjoint	1
CAPA	Pôle de Coordination Institutionnelle	Directeur	1
CAPA	Direction Générale Adjointe Aménagement du territoire	Directeur	1
CAPA	Direction Générale Adjointe Aménagement du territoire, pôle prospective	Directeur	1
CAPA	Direction Générale Adjointe Développement économique,	Directeur	1

611

	innovation et cohésion sociale		
PAD	Agence de Développement Economique	Directeur	1
AUPA	Agence d'urbanisme	Directeur	1
AUPA	Agence d'urbanisme	Chef de projet	1
Conseil de Développement du pays d'Aix	Collège « Entreprises »	Membre	1
Mairie D'Aix-en-Provence	Direction Générale des Services	Ancien Directeur Général des Services	1
Technopôle de l'ARBOIS		Directeur délégué au développement technologique 1994-1998	1
Technopôle de l'ARBOIS	Direction Générale Adjointe Aménagement et Développement	Directeur	1
Technopôle de l'ARBOIS	Direction Générale Adjointe Aménagement et Développement	Responsable de Projets	1
Mairie de Rousset	Direction Générale des Services	Directeur Général des Services	1
Mairie de Rousset	Service Economie	Directeur	1
Association GIHVA		Directeur	1
Pôle de compétitivité « Solutions communicantes Sécurisées »		Directeur Projets	1
Pôle de compétitivité « Solutions communicantes Sécurisées »		Chargé de mission Ecosystème et Animation	1
Pôle de compétitivité « Solutions communicantes Sécurisées »		Chargé de mission Projets	1
Pôle de compétitivité « Risques »		Directeur Adjoint	1
Pôle de compétitivité « Risques »		Secrétaire général	1
Pôle de compétitivité « Risques »		Chargé de mission Projets	1
Pôle de compétitivité « TRIMATEC »		Chargé de mission développement	1
Pôle de compétitivité « PEGASE »		Coordinatrice réseau	1
Pôle de compétitivité « PEGASE »		Chargé des projets territoriaux	1
PRIDES « EA ECO-ENTREPRISES »		Chargé de mission Appui aux PME-PMI	1
PRIDES « EA ECO-ENTREPRISES »		Chargé de mission Animation et Développement Durable	1

PRIDES « BATIMENTS DURABLES MEDITERRANEENS »		Chargé de développement	1
PRIDES « BATIMENTS DURABLES MEDITERRANEENS »		Chargé de mission stratégie globale	1
PRIDES « TRIMATEC »		Directeur	1
PRIDES « PEGASE »		Coordinatrice réseau	1
PRIDES « PEGASE »		Chargé de mission projets territoriaux	1
PRIDES « Solutions communicantes Sécurisées »		Directeur Projets	1
PRIDES « Solutions communicantes Sécurisées »		Chargé de mission Ecosystème et Animation	1
PRIDES « Solutions communicantes Sécurisées »		Chargé de mission Projets	1

Source : Auteur.

ANNEXE 5

GUIDE D'ENTRETIEN
n°xx

1. PRESENTATIONS

Brève présentation de l'objet de l'étude. Enoncés des attentes, du déroulement de l'entrevue, questions pratiques. Présentation de l'interviewé, temps de parole libre.

2. ENREGISTREMENT/ANONYMAT

Demande d'autorisation d'enregistrer l'entretien, signature d'une décharge de confidentialité.

3. CARACTERISTIQUES DE L'ORGANISATION

Structure ?
Combien de personnes travaillent dans la structure ?
Combien de personnes travaillent dans le service ?

4. CARACTERISTIQUES INDIVIDUELLES

Poste occupé ?
Ancienneté dans l'organisation ?
Ancienneté dans le poste ?
Fonctionnaire ou contractuel ?
Niveau de diplôme ?
Parcours professionnel antérieur ?

5. QUESTIONNAIRE

CONCEPTS GENERAUX

TERRITOIRE

1. En quelques mots comment définiriez-vous un territoire ?
2. Selon-vous un territoire peut-il être compétitif ?
3. L'appellation « pays d'Aix », vous apparaît-elle cohérente ?
4. Si vous aviez « carte blanche » pour développer les actions de la structure x que décideriez-vous ?

MONDIALISATION

1. Quel regard portez-vous sur la mondialisation ?
2. Selon vous, quels sont, dans ce contexte, les atouts et les faiblesses du pays d'Aix, de région PACA pour les entreprises?

INNOVATION / COMPETITIVITE

614

1. Pensez-vous que des innovations et/ou de la compétitivité se dégagent des actions menées par la structure x ?
2. Pour les entreprises ? Pour le territoire ? Pour les processus d'action publique ? Pour des projets spécifiques ?

PROCESSUS D'ACTION PUBLIQUE

TERRITOIRE DE PROJETS
[Top down]

1. Quel regard portez-vous sur les politiques publiques volontaristes nationale (PC) et régionale (PRIDES) ?
2. Etes-vous en relation avec les pôles de compétitivité et les PRIDES implantés en pays d'Aix ?
3. Etes-vous partie prenante avec des PC ou PRIDES dans des projets communs ?

PROJET DE TERRITOIRE
[Bottom up]

1. En quelques mots comment définiriez-vous le projet de territoire du pays d'Aix?
2. Pensez-vous qu'il corresponde aux attentes de la socio-économie locale ?
3. Quelles difficultés rencontrez-vous dans l'exercice de votre mission ?
4. Travaillez-vous en collaboration avec le conseil de développement du pays d'Aix ? Si oui comment ?

MODALITES & PRINCIPES DIRECTEURS

PROXIMITE

1. Peut-on parler de proximité géographique entre les acteurs du développement économique et de l'innovation en pays d'Aix ?
2. Peut-on parler de proximité organisée entre les acteurs du développement économique et de l'innovation en pays d'Aix ?
3. Peut-on parler de proximité sociétale entre les acteurs du développement économique et de l'innovation en pays d'Aix ?
4. Quels sont les moyens d'action mis en œuvre afin de conduire les projets de territoire ?
5. La structure x est-elle engagée de manière stable et durable dans des projets communs avec d'autres parties prenantes du pays d'Aix ? (PC / PRIDES)
6. La structure x a-t-elle établi des rapports de confiance et de loyauté avec les autres acteurs en pays d'Aix ? Peut-on parler de comportement collectif ?

GOUVERNANCE

1. Peut-on parler de gouvernance territoriale pour le pays d'Aix ?
2. Peut-on parler de gouvernance par les acteurs privés, mixte ?
3. Peut-on parler de gouvernance de projet ?

PROSPECTIVE / REFORMES

1. Pensez-vous qu'il y a une cohérence institutionnelle et organisationnelle en pays d'Aix ?
2. Deux mots sur la suppression de la taxe professionnelle ?
3. La réforme des collectivités territoriales ?

Remerciements.

ANNEXE 6

Généalogie de la micro-éléctronique dans les BdR

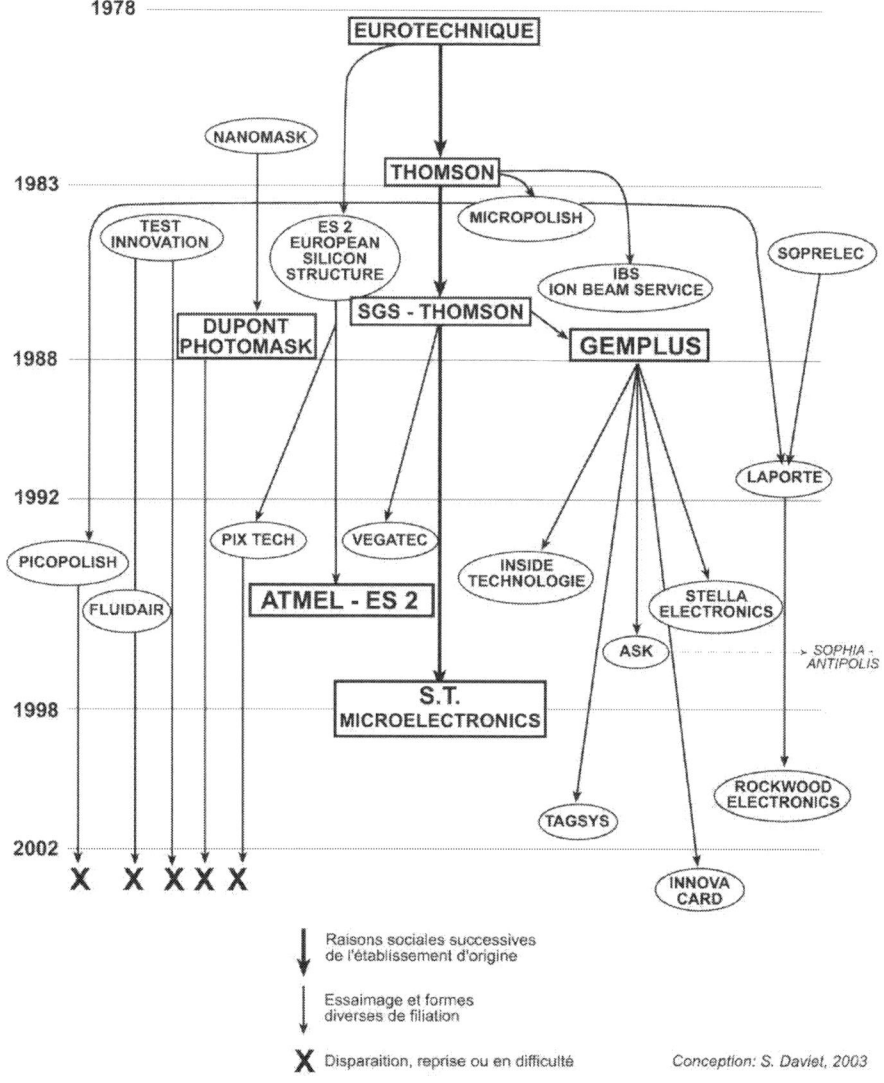

1978

EUROTECHNIQUE

NANOMASK

1983

THOMSON

MICROPOLISH

TEST
INNOVATION

ES 2
EUROPEAN
SILICON
STRUCTURE

SOPRELEC

IBS
ION BEAM SERVICE

DUPONT
PHOTOMASK

SGS - THOMSON

GEMPLUS

1988

LAPORTE

1992

PICOPOLISH

PIX TECH

VEGATEC

INSIDE
TECHNOLOGIE

FLUIDAIR

ATMEL - ES 2

STELLA
ELECTRONICS

ASK

*SOPHIA -
ANTIPOLIS*

1998

S.T.
MICROELECTRONICS

ROCKWOOD
ELECTRONICS

TAGSYS

2002

X   X X X

INNOVA
CARD

Raisons sociales successives
de l'établissement d'origine

Essaimage et formes
diverses de filiation

X Disparaition, reprise ou en difficulté

Conception: S. Daviet, 2003

617

ANNEXE 7

La répartition et la densité des acteurs du pôle de compétitivité Pégase

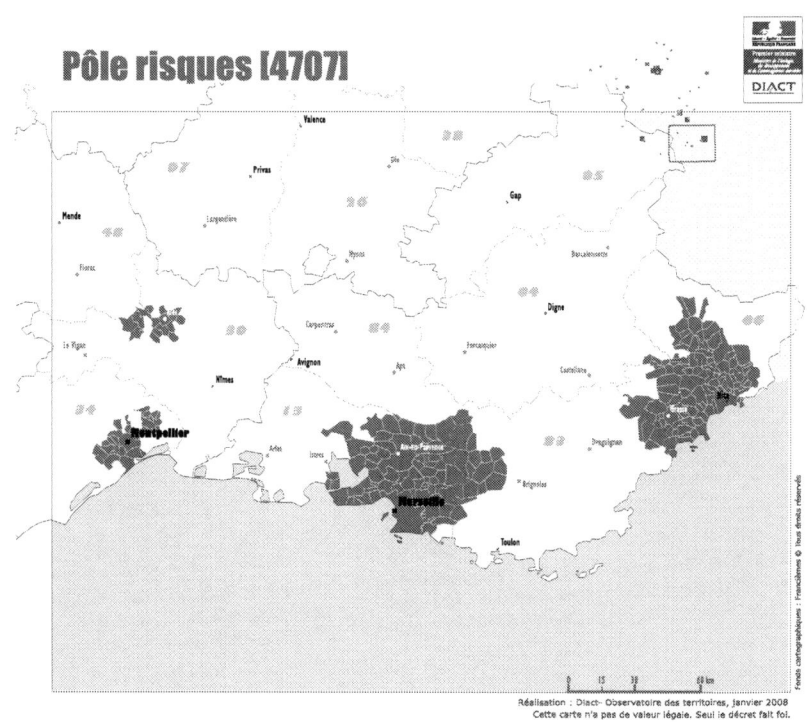

Catégorie

Pôle mondial

Pôle à vocation mondiale

Pôle national

Décret de référence

2007-193 du 12 février 2007

618

ANNEXE 8

Exemple du zonage R& D du pôle de compétitivité Risques

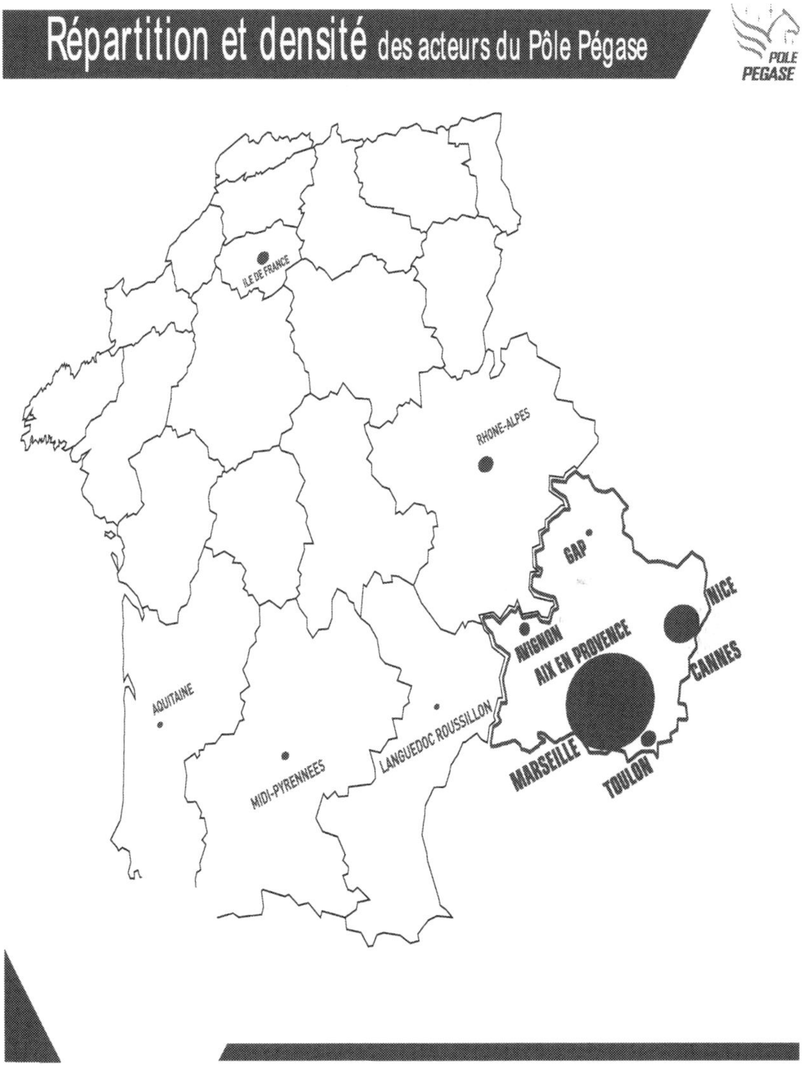
Répartition et densité des acteurs du Pôle Pégase
POLE
PEGASE
ILE DE FRANCE
RHONE-ALPES
GAP
AVIGNON
AIX EN PROVENCE
NICE
CANNES
MARSEILLE
TOULON
AQUITAINE
MIDI-PYRENNEES
LANGUEDOC ROUSSILLON

10875207R00336

Printed in Great Britain
by Amazon